Der Zinssatz im Steuerschuldverhältnis

Bochumer Schriften zum Steuerrecht

Herausgegeben von Roman Seer

Band 35

PETER LANG

Michael Dust

Der Zinssatz im Steuerschuldverhältnis

Eine Analyse des aktuellen Zinssatzes in § 238 AO unter ausführlicher Berücksichtigung der Historie der Verzinsung im Steuerschuldrecht

PETER LANG

Bibliografische Information der Deutschen Nationalbibliothek
Die Deutsche Nationalbibliothek verzeichnet diese Publikation in der Deutschen Nationalbibliografie; detaillierte bibliografische Daten sind im Internet über http://dnb.d-nb.de abrufbar.

Zugl.: Bochum, Univ., Diss., 2018

Abbildung auf dem Umschlag: Siegel der Universität Bochum.
mit freundlicher Genehmigung der Universität Bochum.

D 294
ISSN 1613-933X
ISBN 978-3-631-78660-4 (Print)
E-ISBN 978-3-631-78860-8 (E-PDF)
E-ISBN 978-3-631-78861-5 (EPUB)
E-ISBN 978-3-631-78862-2 (MOBI)
DOI 10.3726/b15570

Peter Lang – Berlin · Bern · Bruxelles · New York ·
Oxford · Warszawa · Wien

Diese Publikation wurde begutachtet.

www.peterlang.com

Vorwort

Die folgende Abhandlung wurde im Mai 2017 als Dissertation zur Erlangung der Doktorwürde einer rechtswissenschaftlichen Fakultät an der Ruhruniversität in Bochum vorgelegt.

Mein Dank gilt meiner Familie. Ohne ihre Unterstützung wäre meine lange Ausbildung und damit letztlich auch diese Dissertation nicht möglich gewesen. Überdies möchte ich meinen Freunden danken, die die gut dreijährige Schreibphase mit viel Zerstreuung zu einer der schönsten Abschnitte meines Lebens gemacht haben. Euch ist es zu verdanken, dass ich nie Angst vor dem Scheitern hatte, da die Promotionszeit schon ihrer selbst wert war. Schließlich möchte ich auch der Konrad Adenauer Stiftung danken, die mich mit einem Stipendium unterstützt hat.

Widmen möchte ich diese Arbeit jedoch allen Doktoranden und Habilitanden, die am Anfang ihrer Arbeit vor einem leeren Textdokument sitzen und die noch keine Ahnung haben, was einmal das Resultat ihrer Arbeit werden wird. Denen, die sich dem Ziel verschrieben haben, ihren Beitrag zur Wissenschaft zu leisten und tatsächlich (mit offenem Ergebnis) forschen wollen. Aus diesem Grund habe ich mich entschieden, auf der folgenden Seite anstelle einer klassischen Widmung eine leere Seite zu drucken. Das leere Blatt vor dem ich selbst im Oktober 2013 gesessen habe.

In der Hoffnung diese Arbeit möge ihren Nutzen finden.

Düsseldorf im Januar 2019

Michael Dust

Inhaltsverzeichnis – Übersicht

Inhaltsverzeichnis - Detailliert

Dieses Werk enthält zusätzliche Informationen als Anhang. Sie können von unserer Website heruntergeladen werden. Die Zugangsdaten entnehmen Sie bitte der letzten Seite der Publikation.

A. Die Entstehung der Verzinsung im Steuerschuldrecht

„*Die folgenden Erörterungen mögen auf den ersten Blick überflüssig erscheinen, weil es sich um überholte Dinge handelt. Sie sind es bei der Gesamtbetrachtung des Problems aber nicht, weil, wie wir sehen werden, aus der historischen Betrachtung sich eine Reihe von Gesichtspunkten ergibt, die für die Beurteilung der heutigen Verhältnisse von erheblicher Bedeutung ist.*“[1] Dies schrieb Rudolf Mitze im Auftrag des Bundes der Steuerzahler als Einleitung seiner kurzen historischen Betrachtung der Verzinsung im Steuerschuldrecht anlässlich der bevorstehenden Reform des Steuersäumnisrechtes 1961. Mehr als ein halbes Jahrhundert später hat eine umfassende Aufarbeitung der Historie eine umso größere Bedeutung. Anders als die Arbeit von Mitze, die lediglich den Zeitraum von 1919 bis 1953 abdeckt, soll jedoch eine vollumfassende Betrachtung der Verzinsung des Steuerschuldrechtes erfolgen, die diese bis auf ihren Ursprung zurückführt.

Zwar bestehen die §§ 233a ff. AO in ihrem jetzigen Gefüge erst seit der Abgabenordnung von 1977. Gleichwohl ist der in ihnen verkörperte Rechtsgedanke einer Verzinsung im Steuerschuldrecht schon deutlich früher im deutschen Recht zu finden. Er lässt sich in gerader Linie zurückverfolgen bis zum ersten allgemeinen Steuerschuldrecht in der Reichsabgabenordnung von 1919, dem Ausgangspunkt der Betrachtung von Mitze. Mit der als „*Mantelgesetz*“[2] konzipierten Reichsabgabenordnung hatte Enno Becker jedoch den Anspruch die gemeinsamen Vorschriften der einzelnen Steuergesetze zusammenzutragen, um das Recht zu vereinheitlichen und vor allem übersichtlicher zu gestalten.[3] Unter den Steuergesetzen auf die er dabei ausdrücklich Bezug nimmt, befinden sich das Wehrbeitragsgesetz und das Besitzsteuergesetz von 1913 sowie das Kriegssteuergesetz von 1916.[4] In ihnen sind bereits einzelne Verzinsungen normiert.

Insbesondere die Erstattungsverzinsung kann jedoch noch deutlich weiter zurückverfolgt werden. Sie erfolgte zunächst durch einen Rückgriff auf die Normen des zivilrechtlichen Bereicherungsrechtes und basierte, bevor sich das Reich 1900 mit dem Bürgerlichen Gesetzbuch ein einheitliches Zivilrecht gab, auf dem Recht der einzelnen Länder.

---

1 Bund der Steuerzahler/*Mitze*, Einzeldarstellung Nr. 60 – Steuersäumnisrecht S. 16.

2 Becker, Reichsabgabenordnung 7. Aufl. S. XIII.

3 Becker, Reichsabgabenordnung 7. Aufl. S. XIII f.

4 Becker, Reichsabgabenordnung 7. Aufl. S. XIII.

In der Folge muss der gedankliche Ursprung der Verzinsung im Steuerschuldrecht auf die ersten Verzinsungen im reichsrechtlichen Steuerschuldverhältnis zurückverfolgt werden. Die Herkunft des in der steuerrechtlichen Verzinsung genutzten Zinssatzes ist indes auf Grund des Rückgriffes auf die Normen des Zivilrechtes in einer eigenen Entwicklung aufzuzeigen.

I. Die Entstehung der Verzinsung dem Grunde nach

Die folgende historische Betrachtung beschränkt sich auf die Entstehung der Verzinsung von Steuerschulden nach deutschem Recht. Dabei ergründet sie die Vorgänger der heutigen Verzinsungsregeln in § 233 ff. AO. Die Verzinsung im Steuerschuldverhältnis wurde ursprünglich aus dem allgemeinen Schuldrecht, insbesondere dem Preußischen Allgemeinen Landrecht, abgeleitet. Es ist zwar nicht auszuschließen, dass im Steuerrecht von einzelnen Hoheitsgebieten, die Teil der Bundesrepublik Deutschland sind oder ihrer Vorgänger waren, bereits vereinzelte Spezialregelungen zur Verzinsung existierten. Jedoch konnte der Verfasser dieser Arbeit weder in den Gesetzgebungsmaterialien noch in der Literatur zum Reichssteuerrecht Hinweise auf entsprechende Regelungen ausmachen. Selbst wenn solche Regelungen existiert haben sollten, so hatten sie jedenfalls keinen erkennbaren Einfluss auf die Entstehung der Verzinsung im Reichssteuerrecht.

1. Historischer Kontext

a) Erwachsen des Reichssteuerwesens

Als 1871 der Norddeutsche Bund und die Südstaaten das zweite Deutsche Reich gründeten, sicherte die Bismarcksche Reichsverfassung (BsRV)[5] den Monarchen der einzelnen Länder einen starken territorialstaatlichen Partikularismus.[6] Die Gesetzgebungszuständigkeiten des Deutschen Reiches beschränkten sich, bis auf einzelne Ausnahmen (z. B. das Wahlrecht: Art. 20 Abs. 2 BsRV oder das Haushaltsrecht: Art. 69 BsRV), auf die sechzehn in Art. 4 der Reichsverfassung gelisteten Titel.[7] Deren Hauptzweck war, neben der Beseitigung zwischenstaatlicher Handelshemmnisse (Art. 4 Nr. 1–13 BsRV), vor allem der Schutz nach außen, durch ein gemeinsames Militär (Art. 4 Nr. 14 BsRV). Im Laufe der 1880er kamen

5 Limbach/Herzog/Grimm, Die deutschen Verfassungen S. 127.
6 Frotscher/Pieroth, Verfassungsgeschichte S. 208 Rn. 385.
7 Eisenhardt, Deutsche Rechtsgeschichte S. 368.

überdies soziale Aufgaben hinzu, die durch das Reich übernahm.[8] Zur Erfüllung dieser Aufgaben standen dem Reich die Zolleinnahmen, einige Verkehrs- und Verbrauchssteuern (Art. 38, 35 BsRV), sowie die Überschüsse aus dem Post- und Telegraphenwesen zu (Art. 49 BsRV).[9] Zwar war der Umfang der legislativen Kompetenzen vergleichbar mit dem der Paulskirchenverfassung von 1848[10] und damit ein deutliches Mehr als noch die bloße völkerrechtliche Vereinigung im Deutschen Bund 1815. Gleichwohl wurde das Reich, anders als die ihm folgende Weimarer Republik, nicht als starkes, selbstständiges Organ ausgestaltet,[11] sondern vielmehr als beschränkt selbstständiger Verbund seiner Gliedstaaten.[12] In der Folge blieb die Vereinnahmung von Steuern zunächst den Ländern vorbehalten, während das Reich als *„lästiger Kostgänger bei den Einzelstaaten"*[13] auf die ihm zugewiesenen Abgaben der Länder angewiesen war.[14]

Ebenso wie Überschüsse des Reiches an die Länder ausgekehrt wurden, mussten Fehlbeträge durch Zahlung von Reichsmatrikeln, den sogenannten „Matrikularbeiträgen", gedeckt werden.[15] Bis zum Jahre 1875 reichten die zugewiesenen Einnahmen aus. Dies lag zunächst an den Reparationszahlungen Frankreichs und später an den hohen Schutzzöllen.[16] Phasenweise kam es sogar dazu, dass Überschüsse an die Länder zurückflossen.[17]

---

8 Schremmer, Steuern und Staatsfinanzen während der Industrialisierung Europas S. 177; Roesler, Finanzpolitik im Ersten Weltkrieg S. 13.

9 Ausführlich Auflistung der einzelnen Steuern: Nipperdey, Deutsche Geschichte Bd. 2 S. 169; Böhmer, Preußische Steuern S. 16 f.

10 Holste, Der deutsche Bundesstaat im Wandel S. 110.

11 Stolleis, Geschichte des öffentlichen Rechtes in Deutschland Bd. 3 S. 119.

12 Nipperdey, Deutsche Geschichte Bd. 2 S. 85 ff.; Schremmer, Steuern und Staatsfinanzen während der Industrialisierung Europas S. 198. Das Maß an Souveränität ist umstritten (Holste, Der deutsche Bundesstaat im Wandel S. 250 ff.). Jedenfalls für die hiermaßgebliche Bewertung des Finanzsystems, dürfte die Einschätzung einer zunächst beschränkten Selbstständigkeit jedoch vorzugswürdig sein.

13 Otto von Bismarck 36. Sitzung des Deutschen Reichstages am 02.05.1879 – Abgedruckt in: Schüßler, Gesammelte Werke Bd. 12 S. 58 f.
Vgl. Protokoll zur 173. Sitzung des Reichstages vom 30.06.1913 S. 5928.

14 Gerloff, Handbuch der Finanzwissenschaften Bd. 1,1 S. 45; Strickrodt, Steuerrecht Bd. 1 S. 42.

15 Nipperdey, Deutsche Geschichte Bd. 2 S. 169; Gerloff, Handbuch der Finanzwissenschaften Bd. 1,1 S. 45; Strickrodt, Steuerrecht Bd. 1 S. 42.

16 Gerloff, Handbuch der Finanzwissenschaften Bd. 1,1 S. 46; Thier, Steuergesetzgebung und Verfassung S. 142; Roesler, Finanzpolitik im Ersten Weltkrieg S. 17.

17 Nipperdey, Deutsche Geschichte Bd. 2 S. 169, 170; Gerloff, Handbuch der Finanzwissenschaften Bd. 1,1 S. 46; Westphal, Das Wehrbeitragsgesetz 1913 S. 8.

In der Folgezeit stieg der Finanzbedarf des Reiches jedoch schnell.[18] Da durch mehrere kleinere Steuererhöhungen der Finanzbedarf nicht gedeckt werden konnte, waren die Länder zur Zahlung von Matrikularbeiträgen gezwungen und das Reich zur Aufnahme von Krediten.[19] Insbesondere die Heeresreform und das teure Prestigeprojekt, der Aufbau der eigenen Flotte ab 1893, steigerten die Ausgaben um ein Vielfaches.[20] Sie wurden jedoch als außerordentliche, einmalige Ausgaben nicht durch Erträge oder Matrikularbeiträge gedeckt, sondern durch die Aufnahme von Fremdmitteln finanziert.[21] Damit entstand bis zum Jahr 1914 eine Reichsverschuldung von insgesamt mehr als 5 Milliarden Reichsmark.[22]

Erst durch die Einführung des Wehrbeitrages, durch das Wehrbeitragsgesetz 1913, unternahm das Reich Anstrengungen, auch außerordentliche Ausgaben unmittelbar zu decken.[23] Zeitgleich mit diesem Schritt, der eine außerordentliche Belastung für die Bürger darstellte, erforderten es die Geschehnisse der Zeit, auch zur Deckung der laufenden Ausgaben weitere, neue Steuern einzuführen und bestehende zu erhöhen.[24] Exemplarisch seien hier die Besitzsteuer, der Wegfall der Ermäßigung der Zuckersteuer, die Reichsstempelnovelle und die Erhöhung der Erbschaftssteuer genannt.[25]

Parallel zum wachsenden Umfang des Reichshaushaltes zogen sich die Länder aus der finanziellen Verantwortung zurück. Machten zwischen 1872 und 1882 die Matrikularbeiträge noch durchschnittlich 15–20 % der Reichseinnahmen aus, wurde zwischen 1883 und 1898 gänzlich auf sie verzichtet, während das Reich gemäß der Franckensteinschen Klausel sogar Erlöse aus Schutzzöllen und der

---

18 Thier, Steuergesetzgebung und Verfassung S. 142; Funk, Kleine Geschichte vom Föderalismus S. 241.

19 Thier, Steuergesetzgebung und Verfassung S. 142 ff.

20 Gerloff, Die Finanz- und Zollpolitik des Deutschen Reiches S. 79 f.; Schremmer, Steuern und Staatsfinanzen während der Industrialisierung Europas S. 186 f.; Roesler, Finanzpolitik im Ersten Weltkrieg S. 14.

21 Nipperdey, Deutsche Geschichte Bd. 2 S. 171; Schremmer, Steuern und Staatsfinanzen während der Industrialisierung Europas S. 177; Westphal, Das Wehrbeitragsgesetz 1913 S. 9.

22 Gerloff, Handbuch der Finanzwissenschaften Bd. 1,1 S. 46; Nipperdey, Deutsche Geschichte Bd. 2 S. 173.

23 Denkschrift über die finanzielle Lage des Reichs = Reichstagsdrucksache Nr. 254 vom 29.07.1920 S. 2; Humar, Wehrbeitragsgesetz S. 11.

24 Humar, Wehrbeitragsgesetz S. 5 ff.

25 Hoffmann, Wehrbeitragsgesetz S. 1; Rheinstrom, Besitzsteuergesetz S. IX; Humar, Wehrbeitragsgesetz S. 5 ff.

Tabaksteuer an die Länder ausschütteten musste, sogenannte „*undeckte*"[26] Matrikularbeiträge.[27] Neben dem Anstieg der Neuverschuldung beruhte die Entlastung der Länder vor allem auf der Erschließung neuer reichseigener Steuerquellen.[28] So kam es 1906 dazu, dass das Reich, neben einer Beteiligung an indirekten Steuern, mit einem Anteil an der Erbschaftssteuer erstmalig auch an einer direkten Steuer partizipierte.[29] Offiziell wurde dafür die Erbschaftssteuer zur indirekten Steuer deklariert, um den Bruch zum tradierten Finanzprinzip zu verschleiern, demnach die Erhebung direkter Steuern ausschließlich den Ländern vorbehalten war.[30] Es folgten Beteiligungen an der Vermögenssteuer und der vom Einkommen und Vermögen zu erhebende Wehrbeitrag, womit der Reichshaushalt von 294 Millionen Reichsmark im Jahre 1871 auf bis zu 3,4 Milliarden Reichsmark im Jahre 1913 wuchs.[31]

In den Folgejahren sollte das Reichssteuerwesen deutlich an Umfang zunehmen. So wurde auch das Recht des Reiches zur Erhebung direkter Steuern nicht mehr ernsthaft bestritten.[32]

Schon vor dem Ersten Weltkrieg machten die Aufwendungen für Verteidigung den Großteil des Reichshaushaltes aus. Alle indirekten Kosten hinzugerechnet, summieren sie sich für das Jahr 1913 auf ca. 2,4 Milliarden Reichsmark.[33] Mit den Ereignissen am Balkan und dem kurz darauf folgenden Ausbruch des Krieges unter deutscher Beteiligung wuchsen die Ausgaben um ein Vielfaches.[34] Insgesamt werden die Kosten des Krieges mit bis zu 155 Milliarden Reichsmark veranschlagt.[35] Im Glauben an ein schnelles Ende des Krieges und in der Hoffnung,

---

26 Schremmer, Steuern und Staatsfinanzen während der Industrialisierung Europas S. 194.

27 Nipperdey, Deutsche Geschichte Bd. 2 S. 173; Schremmer, Steuern und Staatsfinanzen während der Industrialisierung Europas S. 179.

28 Übersicht bei Strickrodt, Steuerrecht Bd. 1 S. 42 f.; Gerloff, Handbuch der Finanzwissenschaften Bd. 1,1 S. 47; Schremmer, Steuern und Staatsfinanzen während der Industrialisierung Europas S. 180.

29 Mayer, Deutsches Verwaltungsrecht Bd. 1 S. 333 ff.

30 Schremmer, Steuern und Staatsfinanzen während der Industrialisierung Europas S. 194; Holtferich, Due deutsche Inflation 1914–1923 S. 106.

31 Nipperdey, Deutsche Geschichte Bd. 2 S. 174.

32 Gerloff, Die Finanz- und Zollpolitik des Deutschen Reiches S. 505.

33 Nipperdey, Deutsche Geschichte Bd. 2 S. 174; Denkschrift über die finanzielle Lage des Reichs = Reichstagsdrucksache Nr. 254 vom 29.07.1920 S. 2.

34 Rheinstrom, Wehrbeitragsgesetz 2. Aufl. S. XII.

35 Nipperdey, Deutsche Geschichte Bd. 2 S. 788. Möller beziffert die Kosten alternativ auf 194 Milliarden Goldmark (Möller, Europa zwischen den Weltkriegen S. 2).

ähnlich wie nach dem Krieg gegen Frankreich, erneut Reparationszahlungen zu erhalten, wurde zunächst versucht, dem kriegsbedingten Anstieg des Finanzbedarfes durch die Ausgabe von Anleihen Herr zu werden.[36] Mit zunehmender Dauer des Krieges und dem Ausbleiben des schnellen Erfolges, stieg jedoch der Bedarf an alternativen Finanzierungsquellen. Um nicht gegen die legislativen Voraussetzungen der Goldeinlösungspflicht für Banknoten zu verstoßen, wurden diese bereits kurz nach Kriegsbeginn am 04.08.1914 aufgehoben. Damit konnte die Zentralbank als Quelle ungedeckter Geldschöpfung genutzt werden.[37] Zudem beschloss der Reichstag im Jahr 1916, bestehende Steuern, beispielsweise die Tabaksteuer, anzuheben und verabschiedete die Einführung neuer Steuern, wie etwa dem Warenumsatzstempel, der den Ursprung der heutigen Umsatzsteuer bildet.[38]

b) Die Begründung einer Reichssteuerverwaltung

Von der Geburt des ersten gesamtdeutschen Steuersystems im Jahre 1871[39] bis zum Ende des Ersten Weltkrieges wuchsen die Ausgaben des Reiches auf jährlich 63 Milliarden Reichsmark.[40] Hinzu kamen eine Schuldenlast von 150 Milliarden Reichsmark, Reparationszahlungsverpflichtungen von 130 Milliarden Goldmark und eine völlig zerstörte Infrastruktur.[41] Die Inflation betrug kumuliert über die vier Kriegsjahre ca. 250 %.[42] Teilweise wird sogar behauptet, dieser Wert sein nur künstlich durch staatlich angeordnete Höchstpreise erreicht worden, während die wahre Inflation deutlich höher gelegen habe.[43] Indiz dafür ist z. B. dass sich der Bargeldumlauf in diesem Zeitraum fast vervierfachte.[44]

---

36 Gerloff, Handbuch der Finanzwissenschaften Bd. 1,1 S. 50; Nipperdey, Deutsche Geschichte Bd. 2 S. 788 f.; Roesler, Finanzpolitik im Ersten Weltkrieg S. 17 f.

37 Gerloff, Handbuch der Finanzwissenschaften Bd. 1,1 S. 50; Schremmer, Steuern und Staatsfinanzen während der Industrialisierung Europas S. 212; Nipperdey, Deutsche Geschichte Bd. 2 S. 789.

38 Hensel, Steuerrecht S. 8.

39 Hensel, Steuerrecht S. 7; Strickrodt, Steuerrecht Bd. 1 S. 42.

40 Gellert, Zollkodex und Abgabenordnung S. 3; Festsprache Möller zum 50. Jahrestag der Reichsabgabenordnung = BMF-Finanznachrichten 1969 Nr. 164 S. 6.

41 Gellert, Zollkodex und Abgabenordnung S. 3. Möller beziffert das Defizit alternativ auf 137,2 Milliarden Reichsmark Goldmark (Möller, Europa zwischen den Weltkriegen S. 2).

42 Nipperdey, Deutsche Geschichte Bd. 2 S. 789.

43 Möller, Europa zwischen den Weltkriegen S. 2

44 Holtferich, Due deutsche Inflation 1914–1923 S. 42, 48 f.

Der immer umfassender werdende Reichshaushalt und die zunehmende finanzielle Selbstständigkeit des Reiches machte es im Jahr 1877 zunächst nötig, eine eigene Abteilung im Kanzleramt zur Verwaltung des Finanzwesens zu schaffen, bevor kurze Zeit später, im Jahre 1879, entschieden wurde, eine reichseigene oberste Finanzbehörde einzuführen: das Reichsschatzamt.[45] Bismarck sprach insoweit von einer „*Centralisation im Bezahlen, in der Finanz*"[46].

Wenngleich das Reichsteuerwesen selbst im Jahr 1913 immer noch eine den Gemeinden und Ländern nachgeordnete Rolle spielte und nur zu 5 % zur Steuerbelastung der Bürger beitrug,[47] ist in der Zeit der Bismarck'schen Verfassung erstmalig in der deutschen Geschichte ein länderübergreifendes deutsches Steuerwesen erwachsen.[48]

2. Die Erstattungsverzinsung als Ursprung der Verzinsung im Steuerschuldrecht

Schon bevor mit der Reichsabgabenordnung von 1919 ein allgemeines Steuerrecht entstand, welches das Steuerschuldverhältnis weitreichend regelte und auch eine Verzinsung vorsah, gab es das Bedürfnis, Steuererstattungen zu verzinsen. Während der Staat als Steuergläubiger sich gegenüber dem Bürger durch die Anwendung von Zwangsmitteln erwehren konnte und so die Eintreibung der – seiner Ansicht nach zutreffenden – Steuern in der Hand hatte,[49] war der Zensit zunächst im Nachteil. Er musste den Aufforderungen zur Steuerzahlung nachkommen, um Repressalien zu vermeiden.[50] So fasste im Jahr 1881 das Bezirksverwaltungsgericht zu Königberg zutreffend zusammen, es gäbe den „*bei allen direkten Steuern und ähnlichen öffentlichen Abgaben geltende*(n) *Grundsatz, daß der Pflichtige trotz Reklamation einstweilen – unter Vorbehalt der späteren Erstattung des etwa ganz oder theilweise*

---

45 Die Causula Franckenstein im Jahr 1879 wurde als zweite Reichsgründung bezeichnet (Thier, Steuergesetzgebung und Verfassung S. 183); Festsprache Möller zum 50. Jahrestag der Reichsabgabenordnung = BMF-Finanznachrichten 1969 Nr. 164 S. 3.

46 Zitiert in Poschinger, Fürst Bismarck als Volkswirth Bd. 3 S. 22.

47 Gerloff, Handbuch der Finanzwissenschaften Bd. 1,1 S. 47.

48 Kritische Zusammenfassung aus dem Jahre 1913: Gerloff, Die Finanz- und Zollpolitik des Deutschen Reiches S. 505. Übersicht über die Steuerbelastung in Deutschland 1913: Humar, Wehrbeitragsgesetz S. 6 ff.

49 Mayer, Deutsches Verwaltungsrecht Bd. 1 S. 388 ff.

50 Mayer, Deutsches Verwaltungsrecht Bd. 1 S. 346, 348, 363 ff.; Vgl. Bezirksverwaltungsgericht zu Königberg vom 04.04.1881 = Entscheidungen des Preußischen Oberverwaltungsgerichts Bd. 8 S. 16; Reichsgericht vom 15.05.1899 = RGZ Bd. 44 S. 207; Reichsgericht vom 17.02.1903 = RGZ Bd. 54 S. 24.

ohne schließliche rechtliche Verpflichtung Bezahlten – die veranlagte Abgabe entrichten muß."[51] Selbst bei den indirekten Steuern, wie etwa der Stempelsteuer, war der Zensit nur vor potentiellen Strafen geschützt, indem er im Falle einer unsicheren Steuerschuld zunächst unter Vorbehalt in Vorleistung ging. Erst durch Bestreiten des Rechtsweges konnte der Zensit sodann die Festsetzung einer geringeren Steuerschuld und eine daran anknüpfende Erstattung erwirken.[52] Eine Entscheidung der letzten Instanz herbeizuführen, konnte – sei es in den einzelnen Ländern oder ab dem Jahr 1879 durch die Reichsgerichtsbarkeit – einige Zeit dauern.[53] Bereits in den ersten Jahren des Reichsgerichtes waren schnell mehrere Jahre vergangen, ehe der Bürger sämtliche Instanzen, bis hin zur einer Entscheidung des Reichsgerichtes, durchlaufen hatte.[54] In diesem Fall konnte er als Vorleistungspflichtiger bis zur letztinstanzlichen Entscheidung nicht über seine Mittel verfügen. Zwar erreichte die Steuerlast erst Anfang des 20. Jahrhunderts im Rahmen der Vorbereitungen des Ersten Weltkrieges ein der heutigen Besteuerung vergleichbares Ausmaß und stand in den ersten Jahren des jungen Deutschen Reiches noch deutlich dahinter zurück.[55] Dies gilt sowohl für Reichs- und Landessteuern als auch die Gemeindesteuern.[56] Dennoch bestand auch bei vergleichsweise niedrigerer Belastung ein begründetes Interesse des Zensiten, unberechtigte Steuerzahlungen nicht nur erstattet zu bekommen, sondern auch eine gerechte Entschädigung bzw. einen Nutzungsersatz für den zwischenzeitlichen Mittelverzicht zu erhalten.[57]

---

51 Bezirksverwaltungsgericht zu Königberg vom 04.04.1881 = Entscheidungen des Preußischen Oberverwaltungsgerichts Bd. 8 S. 16 (22). Ein Grundsatz der in Preußen schon 1808 normiert wurde: § 42 der Verordnung wegen verbesserter Einrichtung der Provinzial-, Polizei- und Finanzbehörden von 1808: „*Das indessen durch frivole Klagen keine Verwirrung und Stockung in die Finanzverwaltung gebracht werden kann, so autorisieren wir hiermit die Regierungen, des gegen ihre Verfügungen erhobenen Widerspruchs ungeachtet: 1. Alle Landes- sowohl als grundherrlichen Revenüen, Abgaben und Dienstleistungen unbeschränkt zur Leistungszeit zu betreiben.*"

52 Mayer, Deutsches Verwaltungsrecht Bd. 1 S. 346 f.; Heinitz, Preußisches Stempelsteuergesetz S. 212 f.

53 Vgl. Mayer, Deutsches Verwaltungsrecht Bd. 1 S. 35.

54 Vgl. z.B.: Reichsgericht vom 19.06.1883 = RGZ Bd. 9 S. 174; Reichsgericht vom 29.10.1909 = RGZ Bd. 72 S. 152.

55 Lassar, Der Erstattungsanspruch S. 146; Humar, Wehrbeitragsgesetz S. 7 ff.

56 Humar, Wehrbeitragsgesetz S. 7 ff.

57 Fleiner äußerte im Jahr 1912 (Fleiner, Deutsches Verwaltungsrecht S. 379):„*Man hat häufig behauptet, es gehöre zu den Privilegien der öffentlichen Verwaltung, daß sie gegen Forderungen des Abgabenpflichtigen auf Rückerstattung des aus Irrtum zuviel Gezahlten geschützt sei. Diese Behauptung geht zu weit. …die Behörde* (muss) *den zuviel gezahlten*

Bevor mit dem Zolltarifgesetz von 1902 erstmalig, in einem sehr beschränkten Umfang, Stundungen zinspflichtig wurden und mehr als zehn Jahre später mit dem Wehrbeitragsgesetz von 1913 auch die Verzinsung von Erstattungen spezialgesetzlich normiert wurde, kannte das Steuerrecht selbst keine Verzinsung.[58] Gleichwohl blieb das Steuerschuldverhältnis zwischen Bürger und Reich nicht gänzlich unverzinst.[59] Stattdessen ergaben sich der Ansprüche aus dem zivilen Recht, insbesondere dem Bereicherungsrecht. Der aus dem Zivilrecht abgeleitete Erstattungsanspruch kann daher als Ursprung der Verzinsung im deutschen Steuerschulrecht erachtet werden.[60]

a) Rechtsnatur des Erstattungsanspruches vor 1919

Bis mit dem Erlass der Reichsabgabenordnung in §§ 127–136 RAO 1919 die Erstattung für die viele Steuerschuldverhältnisse normiert wurde, herrschte im Steuerrecht des Reiches für Erstattungsansprüche eine uneinheitliche Rechtslage.[61] Anders als Stundungen oder Vergütungen, die im Steuerrecht ausführlich geregelt waren, wurde die Erstattung nur in den Verjährungsregeln vorausgesetzt.[62] Nur sehr wenige Gesetze enthielten bis dato weiterführende Ausführungen zum Erstattungsverhältnis.[63] Allein besondere Erstattungsfälle wurden explizit in den Steuergesetzen angeordnet.[64] Weitere Regeln oder gar eine umfassende

Betrag zurückerstatten."; Lassar, Der Erstattungsanspruch S. 146; Hensel, Steuerrecht S. 177.

58 Gerhard Lassar geht davon aus, dass es zuvor sowohl im preußischen Steuerrecht, als auch im Reichssteuerrecht vor 1913 keinen kodifizierten Zinsanspruch gab (Lassar, Der Erstattungsanspruch S. 145). Ebenso, für das preußische Steuerrecht: Fuisting, Die preußischen direkten Steuern Bd. 2 S. 380.

59 Heinitz, Preußisches Stempelsteuergesetz S. 212 f.; Koch, Allgemeines Landrecht, 8. Aufl. Bd. 2 S. 396 Fn. 28; Reichsgericht vom 17.02.1903 = RGZ Bd. 54 S. 24.

60 Dies gilt nur für den Bereich des Deutschen Reichs und seiner Länder, insb. Preußen. In Österreich beispielsweise wurde zunächst im Jahr 1856 eine Verzinsung von Steuerrückständen verordnet (*Bauer*, Finanzarchiv 1905, 5 (8)).

61 Hensel, Steuerrecht S. 177.

62 Die Stundung war z. B. in § 3 Abs. 3 des Zuckersteuergesetzes vom 27.07.1896 vorgesehen. Die Vergütung z. B. im Gesetz betreffend die Vergütung des Kakaozolles bei der Ausfuhr von Kakaowaren 22.04.1892.

63 Die Erstattung wurde in den Verjährungsvorschriften vorausgesetzt z. B. § 4 des Zuckersteuergesetz vom 27.07.1896; Weitere Beispiele: Mayer, Deutsches Verwaltungsrecht Bd. 1 S. 349 Fn. 14; Lassar Der Erstattungsanspruch S. 115 f.

64 Vgl. u. a. in § 7 Brausteuergesetz vom 31.05.1872, § 42 Erbschaftssteuergesetz vom 10.09.1919 oder § 23 Grunderwerbssteuergesetz vom 12.12.1919.

Generalklausel, wie sie erst in § 37 Abs. 2 der Abgabenordnung 1977 zu finden ist, bestanden daneben jedoch noch nicht.[65] Der Richter und spätere Oberbürgermeister von Darmstadt, Wilhelm Glässing, beschrieb die rechtliche Situation im Erstattungsrecht in den Annalen des Jahres 1896 daher als *„Zustand einer völligen Rechtsunsicherheit“*[66]. Diese Einschätzung beruht auf den rechtlichen Entwicklungen seiner Zeit.[67] Lange war es im Bereich des gesamten öffentlichen Rechtes umstritten, ob sich die Lücke der fehlende Normierung eines Erstattungsanspruchs durch einen Rückgriff auf die Normen des zivilrechtlichen Bereicherungsrechtes schließen ließe oder andere Rechtsinstitute zur Anwendung kommen sollten, insbesondere der ungeschriebene öffentlich-rechtliche Bereicherungsanspruch.[68]

Da sich der öffentlich-rechtliche Rechtsschutz des Bürgers gegen den Staat noch in seiner Entwicklung befand, wurde das Erstattungsverhältnis ursprünglich zum zivilrechtlichen Rechtsverhältnis erklärt.[69] Der Fiskus sollte als Träger des Staatsvermögens in Form einer juristischen Person des Zivilrechtes neben dem übrigen Staat stehen.[70] Denn der übrige Staat sollte selbst nicht in der Lage sein, Eigentum zu haben, sondern nur *„gebieten und verbieten“*[71]. Dieser, als *„Lehre vom Fiskus“*[72]

65 Koenig/*Koenig*, Abgabenordnung § 37 Rn. 13; Klein/*Ratschow*, Abgabenordnung § 37 Rn. 10; Freiherr von Canstein, Erstattungsanspruch im Steuerrecht S. 10. Ein nicht ausdrücklich normierter, aber aus der Zusammenschau der einzelnen Erstattungsansprüche abgeleiteter, allgemeiner Erstattungsanspruch wurde bereits der Reichsabgabenordnung von 1919 entnommen (*Reimann*, Vierteljahresschrift für Steuer- und Finanzrecht 1928, 355 (383 ff.).

66 *Glässig*, Annalen des Deutschen Reiches 1896, 46 (47). Ähnliche: Liese, Condictio indebiti S. 38.

67 Albers, Handwörterbuch der Wirtschaftswissenschaft Bd. 3 S. 302 f.

68 Wilke/*Burmeister*, FS 125j. Jur. Gesellschaft Berlin S. 62 ff.; Klein/*Ratschow*, Abgabenordnung § 37 Rn. 10.

69 Wilke/*Burmeister*, FS 125j. Jur. Gesellschaft Berlin S. 62 ff.; Albers, Handwörterbuch der Wirtschaftswissenschaft Bd. 3 S. 302 f.; Mayer, Deutsches Verwaltungsrecht Bd. 1 S. 50 ff.; Freiherr von Canstein, Erstattungsanspruch im Steuerrecht S. 3 f.; Fleiner, Deutsches Verwaltungsrecht S. 30 ff., 215 ff.; Lassar Der Erstattungsanspruch S. 1 ff.; Skaupy, Bereicherung im öffentlichen Recht S. 16 ff.; Liese, Condictio indebiti S. 52.

70 Mayer, Deutsches Verwaltungsrecht Bd. 1 S. 50 ff.; Freiherr von Canstein, Erstattungsanspruch im Steuerrecht S. 4; Fleiner, Deutsches Verwaltungsrecht S. 34 f.; Lassar Der Erstattungsanspruch S. 1 ff.; Liese, Condictio indebiti S. 20.

71 Wappäus, Dem Rechtsverkehr entzogene Sachen S. 103.

72 Mayer, Deutsches Verwaltungsrecht Bd. 1 S. 50; überwiegend auch *„Fiskuslehre“* (u.a. Freiherr von Canstein, Erstattungsanspruch im Steuerrecht S. 3 f.; Skaupy, Bereicherung im öffentlichen Recht S. 16). Die umgangssprachliche Verwendung des Begriffes Fiskus, welche sich im allgemeinen Sprachgebrauch auf den Staat als Steuergläubiger

bezeichnete Ansatz, sollte nicht nur einen Rückgriff auf die Regelungen des zivilrechtlichen Bereicherungsrechtes ermöglichen, sondern vor allem auch den Bürgern, durch die Zuständigkeit der ordentlichen Gerichte, die Möglichkeit des Rechtschutzes im Erstattungsfall eröffnen.[73] Erst mit dem Erstarken des Rechtsschutzes im öffentlichen Recht fand die Lehre vom Fiskus langsam immer weniger Zuspruch.[74]

Obwohl sich gegen Ende des 19. Jahrhunderts zunehmen die Erkenntnis verbreitete, dass der Erstattungsanspruch im Steuerrecht die Kehrseite des eigentlichen Steueranspruches sei, und als solches ebenfalls öffentlich-rechtlicher Natur (sog. „*Umkehrformel*"[75]), fehlte es weiterhin an einer gesetzlich normierten Grundlage.[76] Es stellte sich daher auch für den Bereich des Steuerrechtes die allgemeine Frage, auf welche Rechtsgrundlage eine Erstattung im öffentlichen Recht zu stützen sei.[77] In Ermangelung anderer Alternativen beschränkten sich die Antwortmöglichkeiten jedoch auf die verschiedenen Abstufungen einer Anwendung der Normen des zivilrechtlichen Bereicherungsrechtes.[78] Die verschiedenen hierzu vertretenen Auffassungen reichten von einer unmittelbaren oder analogen Anwendung des zivilrechtlichen Bereicherungsrechtes, bis hin zu einem vollständig unabhängigen öffentlich-rechtlichen Anspruch, der mit dem zivilrechtlichen Bereicherungsrecht lediglich den Ursprung in einem zwingenden allgemeinen Rechtsgedanken teilt.[79] In der Folge kam es trotz dogmatischer Diskussionen bis

---

beschränkt, lässt annehmen, die Lehre vom Fiskus beschränke sich auf Erstattungen im Steuerschuldverhältnis. Das ist jedoch nicht der Fall. Die Lehre vom Fiskus erstreckt sich, der ursprünglichen Bedeutung des Begriffes Fiskus entsprechend, auf sämtliche Rückabwicklungen von Vermögensverschiebungen in der Beziehung zwischen Bürger und Hoheitsträger (Weber, Der Erstattungsanspruch S. 13).

73 Wilke/*Burmeister*, FS 125j. Jur. Gesellschaft Berlin S. 62 ff.; Merk, Deutsches Verwaltungsrecht S. 228; Mayer, Deutsches Verwaltungsrecht Bd. 1 S. 348 f., 52 ff., 178 ff.; Drenseck, Erstattungsrecht der AO 1977 S. 7; Wollschläger, GoA im öffentlichen Recht S. 103; Fleiner, Deutsches Verwaltungsrecht S. 34 f.; Skaupy, Bereicherung im öffentlichen Recht S. 16; Liese, Condictio indebiti S. 20.

74 Mayer, Deutsches Verwaltungsrecht Bd. 1 S. 52; Freiherr von Canstein, Erstattungsanspruch im Steuerrecht S. 4; Jellinek, Allgemeine Staatslehre S. 386.

75 Drenseck, Erstattungsrecht der AO 1977 S. 7.

76 Zuerst wohl: Zachäria, Staats- und Bundesrecht S. 402 ff.; Fleiner, Deutsches Verwaltungsrecht S. 41 f., 380 f.; Freiherr von Canstein, Erstattungsanspruch im Steuerrecht S. 5 m.w.N; Hensel, Steuerrecht S. 177; Mayer, Deutsches Verwaltungsrecht Bd. 1 S. 346, 348.

77 Fleiner, Deutsches Verwaltungsrecht S. 380 f.

78 Freiherr von Canstein, Erstattungsanspruch im Steuerrecht S. 11 f.

79 Letzteres entsprich der gegenwärtigen Auffassung der Rechtsprechung zum öffentlich-rechtlichen Erstattungsanspruch (vgl. BVerwG vom 15.06. 2006 – 2 C 10/05 = NJW

zur Reichsabgabenordnung nicht zu einer Abkehr von der effektiven Anwendung des zivilrechtlichen Bereicherungsrechtes im Steuerrecht.[80]

b) Rechtsweg des Erstattungsanspruches vor 1919

Mit der Abkehr von der Fiskuslehre und der Zuordnung zum öffentlichen Recht stellte sich auch die Frage nach der Zuständigkeit der ordentlichen Gerichtsbarkeit erneut.[81] Zwar gab es insbesondere im Recht der Länder zunehmend spezialgesetzliche Normierungen, welche den Gang zu einem Verwaltungsgericht vorsahen.[82] Es wurde sogar erwogen eine spezielle Steuergerichtsbarkeit zu erschaffen, den Steuergerichtshof.[83] Dennoch sah für das Reichsgericht 1888, in erkennbarer Anlehnung an die Fiskuslehre, für den verbleibenden Bereich den ordentlichen Rechtsweg als eröffnet: „*Eine die Regel des § 13 GVG einschränkende Rechtsnorm, des Inhaltes, daß die aus öffentlichen Verhältnissen hervorgehenden privatrechtlichen, insbesondere vermögensrechtlichen Ansprüche von der Verfolgung im ordentlichen Rechtsweg ausgeschlossen seien, besteht aber sowenig für das Gebiet des deutschen Reichsrechtes oder des gemeinen Rechtes... wie für das Gebiet des preußischen Rechtes.*“[84] Trotz Andeutungen in der Folgezeit, sich der Umkehrformel anschließen zu wollen, hielt das Reichsgericht, vor allem aus praktischen Erwägungen, auch insoweit noch einige Jahre an seiner Rechtsprechung fest.[85]

2006, 3225). Übersichten bei: Freiherr von Canstein, Erstattungsanspruch im Steuerrecht S. 12; Hensel, Steuerrecht S. 177 f.; Weber, Der Erstattungsanspruch S. 11 f.; *Unger*, Zeitschrift für das Privat- und öff. Recht 1904, 107 (116).

80 Dietze, Recht der Rückforderung S. 66; Fleiner, Deutsches Verwaltungsrecht S. 40 ff.; Lassar Der Erstattungsanspruch S. 144; Skaupy, Bereicherung im öffentlichen Recht S. 18 ff.

81 Nur sehr vereinzelnd enthielten die Steuergesetze bereits selbst Normen zur Regelung des einschlägigen Rechtsweges: Vgl. z. B. § 12 S. 2 Vereinszollgesetz vom 01.07.1869.

82 Z.B.: § 44 Preußische Einkommensteuergesetz vom 05.08.1891. Anders dagegen § 94 Reichsstempelgesetz vom 15. Juli 1909, welcher, dem Ansatz des französischen Rechts entsprechend (Reichsgericht vom 06.10.1911 = RGZ Bd. 77 S. 229 [229 f.]), für die indirekte Steuer den Weg zu den ordentlichen Gerichten anordnet.

83 Fuisting, Preußische Einkommensteuergesetz S. 210 f.

84 Reichsgericht vom 22.09.1888 = RGZ Bd. 22 S. 285 (288); Mayer, Deutsches Verwaltungsrecht Bd. 1 S. 348 f. Das Gericht hätte sich auch schon ohne diese Argumentation, gestützt auf § 17 des Gerichtsverfassungsgesetzes vom 27.01.1877 für zuständig erklären können (Fleiner, Deutsches Verwaltungsrecht S. 25 ff.).

85 Vgl. u. a. Reichsgericht vom 29.10.1909 = RGZ Bd. 72 S. 152; Reichsgericht vom 12.05.1911 = RGZ Bd. 76 S. 270 (275): „*Der Rückforderungsanspruch als solcher ist aber gleichwohl privatrechtlicher Art. Der Fiskus, der eine Steuer erhoben hat, obwohl ein Tat-*

Selbst 1918 urteile das Reichsgericht noch: „*Die Heranziehung der Bestimmungen des bürgerlichen Rechtes über die Verpflichtung zur Zahlung von Zinsen und insbesondere Verzugszinsen bei öffentlichrechtlichen Ansprüchen... entspricht der ständigen Rechtsprechung des Reichsgerichts.*“[86]

c) Rechtlichte Klarstellung 1919

Erst mit der Reichsabgabenordnung von 1919 gab es umfassende Regelungen zum Steuerschuldverhältnis.[87] Nicht nur der steuerrechtliche Erstattungsanspruch wurde in §§ 127–136 RAO 1919 ausdrücklich normiert, auch die Zuständigkeit des Reichsfinanzhofes in Steuersachen wurde in §§ 32 S. 1 RAO 1919 unmissverständlich klargestellt.[88] Das Reichsgericht gab in der Folge mit dem Urteil vom 30.04.1920 die Fiskuslehre endgültig auf.[89]

Ob das privatrechtliche Institut der ungerechtfertigten Bereicherung durch das öffentliche Recht als lex specialis verdrängt wurde oder das Privatrecht durch eine nunmehr eindeutige Zuordnung des Erstattungsschuldverhältnisses zum öffentlichen Recht per se nicht mehr oder nicht mehr direkt anwendbar war, war für die Praxis des Reichssteuerrechtes unerheblich.[90] Einzig soweit die Reichs-

---

bestand, auf den die Steuervorschrift Anwendung zu finden hätte, nicht vorliegt, hat durch die Zahlung den Steuerbetrag ohne rechtlichen Grund erlangt und ist darum unter dem privatrechtlichen Gesichtspunkte der ungerechtfertigten Bereicherung zur Herausgabe des Erlangten verpflichtet (§ 812 BGB).“; RGZ 09.07.1918 (93, 271, (272)): Zögerlicher Verweis auf die Entscheidung vom 12.05.1911; *Glässig*, Annalen des Deutschen Reiches 1896, 46 (59 f.); Drenseck, Erstattungsrecht der AO 1977 S. 7; Liese, Condictio indebiti S. 21, 52 f.; Skaupy, Bereicherung im öffentlichen Recht S. 17 S. 28 ff.; Dietze, Recht der Rückforderung S. 66; Gerhard Lassar begründet dies damit, dass die Zuständigkeitsgesetze (insb. § 13 GVG) noch unter dem Eindruck der Fiskuslehre entstanden seien und dass das Reichsgericht trotz der nun nicht mehr passenden Bezeichnungen weiter der Intention des Gesetzgebers folgen wollte. (Lassar Der Erstattungsanspruch S. 11 ff.; 63 ff.).

86 Reichsgericht vom 12.04.1918 = RGZ Bd. 29 S. 376 (379).

87 Weber erklärt sogar, die, aus dem Wandel der Literaturauffassung resultierende Situation, habe erst zur Regelung des Erstattungsanspruches in der RAO geführt (Weber, Der Erstattungsanspruch S. 13).

88 Hensel, Steuerrecht S. 177.

89 RGZ 99, 41; Drenseck, Erstattungsrecht der AO 1977 S. 7; Wilke/*Burmeister*, FS 125j. Jur. Gesellschaft Berlin S. 65 Fn. 11; Weber, Der Erstattungsanspruch S. 13.

90 Hensel, Steuerrecht S. 177 f. Dies betraf nur die Frage der Rechtsnatur des Anspruches. Im Ergebnis wurde zwar der allgemeine Erstattungsanspruch von der Rechtsprechung dem öffentlichen Recht zugeordnet. Gleichwohl bediente sie sich, soweit es an spe-

abgabenordnung in einigen Ländern noch keine Geltung beanspruchte, stellte sich die dogmatische Frage, ob sich die Erstattung auf öffentliches oder privates Recht zu stützen hatte.[91]

d) Zivilrechtlichte Erstattungsverzinsung vor 1919

Bis zu den speziellen Normen des Steuerschuldrechtes in der Reichsabgabenordnung 1919 teilte das Steuerrecht das Schicksal des übrigen öffentlichen Rechtes einer mangelnden Normierung des Erstattungsanspruches.[92] Dies führte in weiten Teilen des Reiches zu einer Anwendung der Regelungen des Zivilrechtes auf das steuerrechtliche Erstattungsverhältnis.[93] Bevor am 01.01.1900 mit dem Bürgerlichen Gesetzbuch das Zivilrecht des Reiches vereinheitlicht wurde, war daher das Zivilrecht der Länder berufen, das steuerrechtliche Erstattungsverhältnis zu regeln.[94]

(1) Zivilrecht vor dem BGB

Ende des 19. Jahrhunderts galten im Privatrecht des Reiches regional unterschiedliche Rechtsordnungen.[95] Während im Westen der aus Frankreich stammende Code Civil vorherrschend war, existierten weiter östlich verschiedenste Gesetze. In der nördlichsten Provinz des Reiches, Schleswig, galt das Dänische Gesetzbuch und teilweise noch das Jütische Recht aus dem Jahr 1241. Andere Provinzen, wie beispielsweise das Königreich Sachsen oder das Großherzogtum Baden, hatten sich ihr eigenes Gesetzbuch gegeben und in Teilen Bayerns galt der Codex Maximilianeus Bavaricus Civilis. Vielerorts im Reich galt sogar noch das gemeine Recht, welches seit dem 11. Jahrhundert, abgeleitet aus dem knapp 1500 Jahre alten Römischen Recht, zur Anwendung kam.[96] An anderen Stellen galten lokale

---

ziellen öffentlich-rechtlichen Normen fehlte, einer entsprechenden Anwendung der privatrechtlichen Normen (vgl. Skaupy, Bereicherung im öffentlichen Recht S. 32 ff.).

91 Z.B. in weiten Teilen des Staats- und Gemeindesteuerrechtes in Preußen. Skaupy, Bereicherung im öffentlichen Recht S. 94 ff.; Hensel, Steuerrecht S. 177 f.; Lassar Der Erstattungsanspruch S. 143.

92 Skaupy, Bereicherung im öffentlichen Recht S. 16 f.

93 Wilke/*Burmeister*, FS 125j. Jur. Gesellschaft Berlin S. 62 ff.; Albers, Handwörterbuch der Wirtschaftswissenschaft Bd. 3 S. 302 f.; Mayer, Deutsches Verwaltungsrecht Bd. 1 S. 50 ff.; Freiherr von Canstein, Erstattungsanspruch im Steuerrecht S. 3 f.

94 Reichsgericht vom 16.02.1900 = RGZ Bd. 46 S. 74.

95 Eisenhardt, Deutsche Rechtsgeschichte S. 368 f.; Protokoll zur 30. Sitzung des Reichstages vom 03.02.1896 S. 706.

96 Protokoll zur 30. Sitzung des Reichstages vom 03.02.1896 S. 706.

Rechtsordnungen, welche in mehr als 100 regionalen Variationen mit jeweils geringem Anwendungsgebiet auftraten.[97] Der größte Teil des deutschen Reiches wurde jedoch durch das Preußische Allgemeine Landrecht (ALR) dominiert. Neben dem gesamten Osten und einigen Teilen Mitteldeutschlands, sowie kleineren Teilen des Königreiches Bayern, galt es auch in der Provinz Westfalen und in Wilhelmshafen.

(2) Verzinsung im Preußischen Landrecht

(a) Bedeutung des preußischen Landrechtes

Das Königreich Preußen war nicht nur flächenmäßig das größte Land des deutschen Reiches. Sein Territorium erstreckte sich auf 348.607 km^2 und deckte damit knapp zwei Drittel des gesamten Reichsgebietes von 540.657 km^2 ab.[98] Es beheimatete mit knapp 32 Millionen Menschen zudem mehr als 60 % der gut 52 Millionen Einwohner des Deutschen Reiches.[99] Daraus resultiere ein gravierender Einfluss Preußens auf die politischen Geschehnisse und Rechtsentwicklung des Reiches, insbesondere auch im Bereich des Steuerwesens.[100] Der Einfluss verstärkte sich zudem durch die starken personellen Verflechtungen zwischen Preußen und dem Deutschen Reich. Während der gesamten Zeit des Deutschen Reiches, von dem Jahr 1871 bis zur Novemberrevolution im Jahr 1918, war der preußische König zugleich Kaiser des Deutschen Reiches.[101] Auch der preußische Ministerpräsident war, abgesehen von wenigen Ausnahmen, stets Kanzler des Deutschen Reiches.[102]

In der Folge kam es zu einem großen preußischen Einfluss auf die Entwicklung des Steuerschuldrechtes des Reiches. Insbesondere das Preußische Allgemeine Landrecht steht dabei in erkennbarer Bezugnahme zur späteren reichsrechtlichen

97 Protokoll zur 30. Sitzung des Reichstages vom 03.02.1896 S. 706.

98 Kaiserliches Statistisches Amt, Statistisches Jahrbuch für das Deutsche Reich, Jahrgang 1899 S. 1.

99 Bezogen auf die Zählung vom 02.12.1895: Kaiserliches Statistisches Amt, Statistisches Jahrbuch für das Deutsche Reich, Jahrgang 1899 S. 1.

100 Thier, Steuergesetzgebung und Verfassung S. 129 ff.; Eisenhardt, Deutsche Rechtsgeschichte S. 368; Ullmann, Politik im deutschen Kaiserreicht S. 3 f.

101 1871–1888 Kaiser Wilhelm I.; 1888 sein Sohn Friedrich III.; 1888–1918 dessen Sohn Wilhelm II.

102 Als Ausnahmen gab es, neben der kurzen Zeit des preußischen Ministerpräsidenten Albrecht Graf von Roons in Jahr 1873, nur den preußischen Ministerpräsidenten Botho Wendt zu Eulenburg vom Frühjahr 1892 bis zum Herbst 1894. Während der restlichen Zeit war der Kanzler durch sein Amt auch preußischer Ministerpräsident (Ullmann, Politik im deutschen Kaiserreicht S. 3).

Verzinsung von Steuerschulden.[103] Es erstreckte sich auf den überwiegenden Teil Preußens und galt für ca. 20 Millionen Menschen.[104] Darüber hinaus war das Preußische Allgemeine Landrecht auch in weiteren Regionen anwendbar, wenngleich es auf Grund seiner subsidiären Geltung hinter anderem geltenden Recht zurück trat; häufig stand es hinter dem oktroyierten französischem Code Civil zurück, teils sogar hinter dem tradierten Gemeinen Recht.[105]

Selbstverständlich waren andere Zivilrechtskodifikationen insbesondere im späten 19. Jahrhundert in gewissen Punkten bereits deutlich weiter entwickelt und für die gesamte Rechtsentwicklung ebenfalls sehr bedeutsam.[106] Jedoch behauptet Jürgen von Gerlach zum 200-jährigen Jubiläum des Preußischen Allgemeinen Landrechtes nicht ohne Grund, dass es *„ohne Zweifel... als der wichtigste Vorläufer des BGB"*[107] und damit der ersten reichsrechtlichen Erstattungsgesetzgebung gesehen werden kann.[108] Es ist überdies die älteste Kodifikation des bereicherungsrechtlichen Grundgedankens und bildet somit im Bereich der Steuererstattungen und ihrer Verzinsung die bedeutendste Brücke von den jahrhundertealten Rechtssätzen des römischen und Gemeinen Rechtes, hin zur reichseinheitlichen Gesetzgebung.[109]

Im Bereich der Erstattungsverzinsung, die sich nur im Bereich der Reichssteuern zwischen den Jahren 1900 bis 1919 auf das Bürgerliche Gesetzbuch stützte, stellte das Preußische Allgemeine Landrecht zudem seit der ersten Verzinsung im Steuerschuldverhältnis im Rahmen der Lehre vom Fiskus bis zur Reichsabgabenordnung die gesetzliche Grundlage für den überwiegenden Teil des deutschen Reiches dar.

(b) Erstattungsansprüche nach Preußischem Allgemeinen Landrecht

Das Preußische Allgemeine Landrecht beschränkt sich nicht auf ein einzelnes Rechtsgebiet, sondern erfasst sowohl das zivile Recht als auch das öffentliche

103 Thier, Steuergesetzgebung und Verfassung S. 375; Hattenhauer, Allgemeines Landrecht 2. Aufl. S. V.

104 Eisenhardt, Deutsche Rechtsgeschichte S. 382.

105 Eisenhardt, Deutsche Rechtsgeschichte S. 382 f.; Wolff / *Krause*, Allgemeines Landrecht S. 69 ff.; Protokoll zur 30. Sitzung des Reichstages vom 03.02.1896 S. 706 f.

106 Eisenhardt, Deutsche Rechtsgeschichte S. 382. Siehe speziell für das Bereicherungsrecht die ausführliche Darstellung von Robert von Mayr (Von Mayr, Der Bereicherungsanspruch S. 11 ff.)

107 Wolff / *Von Gerlach*, Allgemeines Landrecht S. 266.

108 Wolff / *Von Gerlach*, Allgemeines Landrecht S. 265 f.

109 Mayr, Der Bereicherungsanspruch S. 13.

Recht, einschließlich des Strafrechtes.[110] Dabei gliedert es sich in zwei große Teile. Der erste „*Theil*" widmet sich dem Eigentum und behandelt neben den dinglichen Rechten, das allgemeine und besondere Schuldrecht.[111] Der zweite „*Theil*" bezieht sich dagegen auf die Gesellschaft und die Assoziationsformen des Menschen.[112] Als solches enthält der zweite Teil auch einen vierzehnten Titel zum Steuerrecht mit der Überschrift „*Von Staatseinkünften und fiskalischen Rechten*". Dieser enthält zwei für das steuerrechtliche Rechtsschutzverfahren bedeutsame Normen: § 78 ALR II 14 und § 79 ALR II 14.

§ 78 ALR II 14 schloss zunächst den Rechtsweg in Steuersachen grundsätzlich aus,

> § 78 ALR II 14: *„Ueber die Verbindlichkeit zur Entrichtung allgemeiner Anlagen, denen sämmtliche Einwohner des Staats, oder alle Mitglieder einer gewissen Classe derselben, nach der bestehenden Landesverfassung unterworfen sind, (§. 2. 3.) findet kein Prozeß statt."*

ehe § 79 ALR II 14 eine Ausnahme statuierte.

> § 79 ALR II 14: *„Behauptet aber jemand aus besondern Gründen die Befreyung von einer solchen Abgabe, (§. 4–8.) oder behauptet er in der Bestimmung seines Antheils über die Gebühr belastet zu seyn: (§. 9.) so soll er darüber rechtlich gehört werden."*

Obwohl einzelne Gesetze, wie etwa das Gesetz über die Verjährungsfristen,[113] bei öffentlichen Abgaben schon im Jahr 1840 für Rückerstattungen eine Frist vorsahen und sie damit gesetzlich voraussetzten, fehlte es bis auf die wenigen Ausnahmefälle in § 79 ALR II 14 schon an der Eröffnung eines Rechtsweges. Bis zur Verabschiedung des Gesetzes über die Erweiterung des Rechtswegs vom 24.05.1861 konnte eine Erstattung daher ausschließlich in diesen Fällen verfolgt werden.[114] Ab 1861 wurde auch in wenigen darüberhinausgehenden Fällen, insbesondere im wichtigen Falle einer fehlerhaft zu hohen Veranlagung der Stempelsteuer,[115] der Rechtsweg zu den ordentlichen Gerichten eröffnet. Daneben gestand das preußische Recht jedoch dem Zensit nur den verwal-

110 Frotscher/Pieroth, Verfassungsgeschichte S. 70 Rn. 138.
111 Ebel, Rechtsgeschichte S. 48.
112 Ebel, Rechtsgeschichte S. 48.
113 Gesetz von 18.06.1840 § 1 Abs. 2.
114 Lassar Der Erstattungsanspruch S. 115.
115 § 11 des Gesetzes vom 24. Mai 1861, betreffend die Erweiterung des Rechtsweges.

tungsinternen Weg zu.[116] Sofern dieser überhaupt eine gerichtliche Kontrolle ermöglichte, beschränkte sie sich auf eine Überprüfung durch ein von der Verwaltung selbst besetztes Gericht. Dass das effektive Rechtsschutzniveau des Bürgers in Steuersachen dadurch selbst hinter den Maßstäben der damaligen Zeit zurück blieb, zeigt nicht zuletzt die Etablierung der Lehre vom Fiskus in der Folgezeit, welche eine erweiterte Überprüfungszuständigkeit der vom Fiskus unabhängigen ordentlichen Gerichtsbarkeit eröffnete.[117] Gerhard Lassar hält dazu fest: *„Bei dieser Sachlage konnte es nicht zu einem rechtsinstitutionellen Ausbau der Rückforderung kommen."*[118]

In den wenigen Ausnahmefällen, für die bereits § 79 ALR II 14 den Rechtsweg eröffnete, war das Geheime Königliche Obertribunal zur Entscheidung berufen. Die erste Aufzeichnung einer Auseinandersetzung des Obertribunals mit der Erstattung von Steuern ist im fünften Band der Entscheidungen des Geheimen Königlichen Obertribunals zu finden. Die Entscheidung vom 20.11.1840 ist jedoch lediglich die erste, im amtlichen Auftrag dokumentierte und veröffentlichte Entscheidung des Obertribunals.[119] Ausweislich des offiziellen Abdruckes dieser Plenumsentscheidung hatte sich bereits zuvor der zweite Senat mit vergleichbaren Fragen beschäftigt.[120] Die Senate hatten die für die Entscheidung maßgeblichen Rechtsfragen verschieden beantwortet, woraus die Notwendigkeit der aus dem Jahre 1840 veröffentlichten Entscheidung des Plenums resultierte. Eine Erstattung war jedoch unabhängig davon in allen Entscheidungen gewährt worden.[121]

In der genannten Entscheidung stellte sich dem Plenum auch die Frage nach einer Verzinsung des Erstattungsanspruches, konkret nach dem Beginn der Verzinsung des bereits von den Vorinstanzen zugesprochenen Erstattungsanspruches. Dabei ging das Plenum des Geheimen Obertribunals ohne weitere Begründung von der Anwendbarkeit der privatrechtlichen Normen des ersten Teiles, sechzehnter Abschnitt des Preußischen Allgemeinen Landrechts aus – insbesondere von § 207 ALR I 16. Das Heranziehen des Privatrechtes im steuerrechtlichen

116 Heinitz, Preußisches Stempelsteuergesetz S. 204; Lassar Der Erstattungsanspruch S. 116.

117 Lassar Der Erstattungsanspruch S. 116 f.

118 Lassar Der Erstattungsanspruch S. 117.

119 Geheimes Königliches Obertribunal vom 24.08.1840 = Entscheidungen des Geheimen Königlichen Obertribunals Bd. 5 S. 283.

120 Geheimes Königliches Obertribunal vom 24.08.1840 = Entscheidungen des Geheimen Königlichen Obertribunals Bd. 5 S. 283 (285).

121 Geheimes Königliches Obertribunal vom 24.08.1840 = Entscheidungen des Geheimen Königlichen Obertribunals Bd. 5 S. 283 (285 f.).

Erstattungsverhältnis kam damit sogar noch deutlich vor der Etablierung der Lehre vom Fiskus auf.

§ 207 ALR I 16: *„Was dem Geber widerrechtlicher Weise abgenöthigt worden, muß demselben zurückgegeben werden."*

Der Fiskus hatte die Möglichkeit, auch ohne eine besondere Begründung, die Steuer im Wege der vorläufigen Vollstreckung einzuziehen.[122] Den Einzug von Laudemialgefällen[123], trotz gesetzlicher Befreiung des in Anspruch Genommenen, erachtete das Gericht in der Folge als widerrechtliche Abnötigung im Sinne von § 207 ALR I 16.

Einige Jahre später, im Jahr 1861, erwähnte zwar das Gesetz über die Erweiterung des Rechtsweges explizit die gerichtliche Überprüfbarkeit der zu erhebenden Stempelsteuer. Gleichwohl fehlte es weiterhin an Normen, die den abstrakt erwähnten Erstattungsanspruch konkretisierten. Das Preußische Obertribunal berief sich daher auch hier auf die Normen des Privatrechtes im sechzehnten Abschnitt des ersten Teiles des Preußischen Allgemeinen Landrechtes.[124] Für die Rückforderung von Stempelsteuern stützten sich die Entscheidungen des Obertribunals maßgeblich auf § 193 ALR I 16:[125]

§ 193 ALR I 16: *„Wer eine Geldsumme oder andere verbrauchbare Sache, die er nicht zu fordern hatte, als Zahlung annimmt, haftet dafür, in so fern überhaupt eine Rückforderung statt findet, als für ein Darlehen."*

Als sich in der Folgezeit eine umfassende gerichtliche Überprüfung zunehmend etablierte, befürchtete der Finanzminister, eine Prozesssucht werde gefördert.[126] Ein Gedanke, der in engem Zusammenhang mit der Begründung der Verzinsung steht. Denn die offensichtliche Sorge hinter der Prozesssucht ist, dass Zahlungspflichten ausgesetzt werden und ein nicht ausgeglichener Nachteil für den Fiskus

---

122 § 42 der Verordnung wegen verbesserter Einrichtung der Provinzial-, Polizei- und Finanzbehörden von 1808. Norm im Wortlaut: Fn. 51.

123 Bedeutet: Lehngelder/Erbzinsen.

124 Erstmals in einer amtlichen Sammlung dokumentiert: Geheimes Königliches Obertribunal vom 16.05.1865 = Entscheidungen des Geheimen Königlichen Obertribunals Bd. 54 S. 393. Vgl. Lassar Der Erstattungsanspruch S. 122.

125 Geheimes Königliches Obertribunal vom 10.01.1865 = Entscheidungen des Geheimen Königlichen Obertribunals Bd. 56 S. 424 (424); Geheimes Königliches Obertribunal vom 20.01.1865 = Entscheidungen des Geheimen Königlichen Obertribunals Bd. 54 S. 369 (387); Geheimes Königliches Obertribunal vom 04.10.1867 = Entscheidungen des Geheimen Königlichen Obertribunals Bd. 57 S. 246 (247).

126 Lassar Der Erstattungsanspruch S. 118.

durch die verspätete Steuerzahlung verbleibt. Die Sorge war jedoch unbegründet, da in § 42 der Verordnung wegen verbesserter Einrichtung der Provinzial-, Polizei- und Finanzbehörden von 1808 die aufschiebende Wirkung von Rechtsmitteln in Finanzsachen ausgeschlossen wurde.[127]

(c) Verzinsung nach Preußischem Landrecht

Im Rahmen des Bereicherungsrechtes des Preußischen Allgemeinen Landrechtes kamen im Wesentlichen zwei Formen der Verzinsung zur Anwendung, die unter dem Begriff Erstattungsverzinsung subsumierbar sind: Zum einen die Verzinsung für den Nutzungsvorteil der temporären Verfügbarkeit der Geldmittel (Nutzungszins) in § 194 ALR I 16. Zum anderen die Verzinsung für die verspätete Rückgewähr der Bereicherung, der „*Verzögerungszins*" in § 195 ALR I 16.[128]

§ 194 ALR I 16: *„Hat er gewußt, daß er eine solche Zahlung nicht zu fordern habe, so muß er davon den höchsten erlaubten Zinssatz, vom Tage des Empfanges an, entrichten."*

§ 195 ALR I 16: *„Ist er selbst im Irrthume gewesen, so wird er zu Verzögerungszinsen nur vom Tage der eingehändigten Vorladung verpflichtet."*

(i) Verzögerungsverzinsung

Das römische Formularrecht sah vor, dass der Bereicherte grundsätzlich nur das ursprünglich Gegebene und nicht auch Zinsen herauszugeben hatte.[129] Dieser Grundsatz floss auch in das gemeine Recht.[130] Allerdings erkannte die Rechtsprechung dazu zwei maßgebliche Ausnahmen.

Eine dieser beiden Ausnahmen wurde für den Fall anerkannt, dass sich die Rückzahlung des Erlangten verzögerte.[131] In diesem Fall ging es folglich nicht um die Herausgabe der Bereicherung selbst, sondern um einen Ersatz für die Verzögerung. Über die Frage, ab wann eine solche Verzögerung anzunehmen war, bestand Uneinigkeit. Neben einer mit dem Verzug einsetzenden Verzinsung wurde

---

127 Vgl. Freiherr von Canstein, Erstattungsanspruch im Steuerrecht S. 4.

128 *Glässig*, Annalen des Deutschen Reiches 1896, 46 (57); Freiherr von Canstein, Erstattungsanspruch im Steuerrecht S. 6.

129 Koch, Allgemeines Landrecht 8. Aufl. Bd. 2 S. 393 Fn. 14; Pickert, Condictio indebiti S. 77 f. m. w. N.

130 Windscheid / Kipp, Pandektenrecht Bd. 2 S. 887 Fn. 2; Von Glück, Erläuterungen Pandecten 12. Buch 6. Titel § 835 S. 155.

131 Pickert, Condictio indebiti S. 81, *Unger*, Zeitschrift für das Privat- und öff. Recht 1904, 107 (114).

vertreten, dass die Verzinsung erst ab der Rechtshängigkeit oder gar ab dem Urteil eines entscheidenden Gerichtes beginnen sollte.[132] Mit § 195 ALR I 16 übernahm das Preußische Allgemeine Landrecht die Verzögerung als Grund für eine Verzinsung der herauszugebenden Bereicherung und löste die Frage zu Gunsten eines Verzinsungsbeginnes mit Rechtshängigkeit.[133] Dabei bezeichnet das Landrecht die Verzinsung als „Verzögerungszinsen". Diese Bezeichnung wurde synonym mit der Verwendung des Begriffes „Zögerungszinsen" oder „Verzugszinsen" an anderen Stellen verwendet.[134] Sie galt als Oberbegriff für die Prozesszinsen und die Verzugsverzinsung nach heutiger Definition.[135] Eine selbstständige Verwendung des Begriffes „Prozesszins" enthielt das Preußische Allgemeine Landrecht nicht. Gleichwohl sind Zinsen im Sinne des § 195 ALR I 16 als Prozesszinsen zu erachten, da sie unabhängig von einem verschuldensabhängigen Verzugseintritt mit der Klagezustellung begannen.

§ 195 ALR I 16 war jedoch keine abschließende Regelung, sondern eröffnete nur die Anwendung der allgemeinen Normen zu den Zögerungszinsen in §§ 827 ff. ALR I 11 mit der Maßgabe, dass der Tag, an dem die Rückleistung geschuldet wurde, der war, an dem die Klage zugestellt wurde. Dadurch war dem Bereicherungsgläubiger die Möglichkeit gegeben, eine pauschale Verzinsung in Höhe von 5 % pro Jahr zu erhalten.[136] Sofern der Schuldner „*bey vorhandenen hinlänglichen Zahlungsmitteln, aus Vorsatz oder grobem Versehen*"[137] nicht entrichtete, konnte der Bereicherungsgläubiger ab diesem Zeitpunkt alternativ auch den tatsächlichen Schaden ersetzt verlangen.[138] Unter Berücksichtigung der §§ 827 ff. ALR I 11 kam § 195 ALR I 16 demnach eine Doppelfunktion zu. Zum einen bestand eine verschuldensunabhängige Prozessverzinsung, zum anderen die weiterreichende Verzugsverzinsung. Ein Duplex, wie er heute mit § 288 BGB und § 291 BGB in zwei selbstständigen Normen zu finden ist.

---

132 Von Glück, Erläuterungen Pandecten 12. Buch 6. Titel § 835 S. 162; Pickert, Condictio indebiti S. 81.

133 Pickert, Condictio indebiti S. 81.

134 Geheimes Königliches Obertribunal vom 20.11.1846 = Entscheidungen des Geheimen Königlichen Obertribunals Bd. 14 S. 12 (13).

135 Koch, Allgemeines Landrecht 8. Aufl. Bd. 2 S. 393 Fn. 14.

136 Der Zins betrug gemäß § 830 ALR I 11 regelmäßig 5 % pro Jahr. Für Kaufleute bestand außerhalb des Steuerrechtes gemäß §§ 832, 804, 805 ALR I 11 grundsätzlich eine erhöhte Verzinsung.

137 § 834 ALR I 11.

138 Geheimes Königliches Obertribunal Präjudiz 2386 vom 05.07.1852 = Entscheidungen des Geheimen Königlichen Obertribunals Bd. 23 S. 271 (277).

Gemäß § 3 des Gesetzes über vertragsmäßige Zinsen vom 14.11.1867 bedurfte es jedoch des Nachweises eines Verschuldens für einen weitergehenden Schaden dann nicht, wenn der Schaden aus einer verzögerten Zahlung aus einem kreditierten Vertragsverhältnis resultierte. In diesem Fall sollte der Gläubiger zwischen dem gesetzlichen und dem vertragsmäßigen Zins wählen können.

Die Zögerungsverzinsung des Preußischen Allgemeinen Landrechts galt auch fort nachdem das BGB in Kraft getreten war, sofern die Entrichtung der Steuer vor dem 01.01.1900 datierte.[139]

(ii) Nutzungsverzinsung

Neben dem Verzögerungszins, der als Schadenersatz verstanden wurde, kannte das gemeine Recht einen Anspruch des Bereicherungsgläubigers auf Verzinsung des Erlangten für den Fall, dass der Bereicherungsschuldner selbst weitere Nutzungen in Form von Zinsen gezogen hatte.[140] Die Herausgabe von selbst gezogenem Nutzen stellte als Chance das Spiegelbild zum Risiko des Unterganges dar. Musste schon der Bereicherungsschuldner nicht das Risiko des Untergangs der Bereicherung tragen, da er sich auf eine Entreicherung berufen konnte, so standen ihm auch nicht die Nutzungen im positiven Fall zu.[141] Insofern traten an die Stelle des Erlangten und des durch den Bereicherungsgläubiger Investierten die Chancen und Risiken aus der Investition. Dies galt jedoch nur, insoweit die Zinsen aus dem Wert des Bereicherten resultieren (ex re) und nicht aus dem geschäftlichen Geschick des Bereicherten (ex negotiatione).[142]

Im Falle einer Bereicherung um Geld wurde von einer strengen Anwendung dieser Spiegelbildlichkeit jedoch eine Ausnahme gemacht. Denn der um Geld Bereicherte hatte gezogene Zinsen herauszugeben, obwohl ihm die Berufung auf eine Entreicherung versagt war.[143] Erst mit dem § 818 Abs. 3 BGB entwickelte sich die Ansicht, dass auch im Falle einer Bereicherung um Geld dieses nicht zwangsläufig als abstrakte Bereicherung im Vermögen des Bereicherungsschuldners verbleiben muss, sondern in Einzelfällen in einer Weise verbraucht werden kann, die

---

139 Heinitz, Preußisches Stempelsteuergesetz S. 213; Reichsgericht vom 16.02.1900 = RGZ Bd. 46 S. 74.

140 Pickert, Condictio indebiti S. 79; Von Glück, Erläuterungen Pandecten 12. Buch 6. Titel § 835 S. 159.

141 *Glässig*, Annalen des Deutschen Reiches 1896, 46 (54 f.); Von Glück, Erläuterungen Pandecten 12. Buch 6. Titel § 835 S. 160.

142 Von Lübtow, Lehre von der Condictio S. 29; Pickert, Condictio indebiti S. 79.

143 Von Glück, Erläuterungen Pandecten 12. Buch 6. Titel § 835 S. 160, Pickert, Condictio indebiti S. 73 f.

als konkrete Mittelverwendung zu erachten ist und nicht ersatzweise mit eigenem Geld vorgenommen worden wäre.[144]

Anders als im gemeinen Recht, in dem sowohl im Fall des gutgläubigen Empfanges der Bereicherung (*condictio indebiti*)[145], als auch im Falle der Kenntnis von der fehlenden rechtlichen Grundlage (*condictione furtiva*)[146] die tatsächlich gezogenen Vorteile auszukehren waren, kannte das Preußische Allgemeine Landrecht für den zweiten Fall eine pauschale Verzinsung zu Gunsten des Bereicherungsgläubigers. § 194 ALR I 16 sah für diesen Fall vor, dass der höchste erlaubte Zinssatz zu entrichten war. Das führte dazu, dass ein Teil der Literatur auch in § 194 ALR I 16, ähnlich wie § 195 Abs. 1 ALR 16, einen Fall der Verzögerungsverzinsung erblickte.[147] Auch die Rechtsprechung äußerte, dass der Nutzungszins dem Verzögerungszins entsprechend auf dem Grundsatz beruhe, *„daß demjenigen, welchem ein Anderer die Benutzung einer Summe rechtsverletzend entzogen hat, dafür Schadloshaltung…“*[148] gebühre.[149]

Die gesetzgeberische Intention, einen Schadenersatz zu normieren, lässt sich jedoch nicht eindeutig ausmachen. Noch im gemeinen Recht waren auch die Zinsen als tatsächlich erzielte Bereicherung vom Erstattungsanspruch selbst mitumfasst. Es ist daher nicht ausgeschlossen, dass der auf den ersten Blick mit dem Anspruch nach § 195 ALR I 16 verwandte § 194 ALR I 16 ein bereicherungsrechtliches Prinzip verkörperte, welches lediglich durch die identische Zinshöhe und die unmittelbare Nähe beider Normen nicht mehr ausreichend deutlich hervorzutreten vermochte. Ein Auseinanderfallen des Wesens eines Anspruches und des an ihn anknüpfenden Zinsanspruches findet üblicherweise nur dann statt, wenn ein weiteres Ereignis, wie der Eintritt des Verzuges, gesondert hinzutritt, welches sodann den Zinsanspruch auslöst. Ein solches erfordert § 194 ALR I 16 jedoch nicht.

Die Zweifel an der Deutung des § 194 ALR I 16 als Schadenersatz werden auch durch den Wortlaut der Normen gestützt. Während § 195 ALR I 16 von

144 Staudinger/*Lorenz*, Bürgerliches Recht § 818 Rn. 33.

145 Deutsch: Kondiktion des Ungebührlichen (frei: des ohne Verpflichtung Gegebenen).

146 Deutsch: Kondiktion des Gestohlenen.

147 Koch, Allgemeines Landrecht 8. Aufl. Bd. 2 S. 393 Fn. 13; Pickert, Condictio indebiti S. 81.

148 Geheimes Königliches Obertribunal Präjudiz 2386 vom 05.07.1852 = Entscheidungen des Geheimen Königlichen Obertribunals Bd. 23 S. 271 (277).

149 Geheimes Königliches Obertribunal vom 24.08.1840 = Entscheidungen des Geheimen Königlichen Obertribunals Bd. 5 S. 283 (289); Geheimes Königliches Obertribunal Präjudiz 2386 vom 05.07.1852 = Entscheidungen des Geheimen Königlichen Obertribunals Bd. 23 S. 271 (277).

Verzögerungszinsen spricht, verweist § 194 ALR I auf den höchsten erlaubten Zins. Als solcher wurde nicht nur der Zögerungszins der §§ 827 ff. ALR I 11 in § 832 ALR I 11 bezeichnet, sondern auch der Darlehenszins der §§ 804 f. ALR I 11 in § 817 ALR I 16.

Zudem würde die Ansicht in der Literatur und Rechtsprechung, wonach auch § 194 ALR I 16 als Schadenersatz anzusehen wäre, einen Bruch mit der in § 208 ALR I 16 zum Ausdruck gebrachten Systematik bedeuten, welche Zinsen mit Nutzungen auf eine Ebene stellt.

§ 208 ALR I 16: *„Wegen der Nutzungen und Zinsen finden die Vorschriften § 189, 194 Anwendung."*

Und schließlich würde die Qualifizierung als Schadenersatzanspruch einen Bruch in der Rechtsentwicklung darstellen. Sie würde einen Rückschritt von den Erkenntnissen des gemeinen Rechtes, zurück zum römischen Formularrecht bedeuten, bevor später, mit dem Bürgerlichen Gesetzbuch, wieder Zinsen im Rahmen der tatsächlich erzielten Bereicherung auszukehren sind.

Die Verzinsung nach § 194 ALR I 16 war der wichtigste Fall der steuerrechtlichen Erstattungsverzinsung im Preußischen Allgemeinen Landrecht. Denn das Preußische Königliche Obertribunal sah in der Veranlagung zugleich die Androhung der Verwaltungsvollstreckung bei Nichtzahlung und erkannte in dieser Androhung eine wiederrechtliche Abnötigung einer Leistung im Sinne des § 207 ALR I 16.[150] Wenngleich das Obertribunal im Jahr 1840 noch davon ausging, dass in § 208 ALR I 16 ein Rechtsgrundverweis auf § 194 ALR I 16 und § 195 ALR I 16 zu sehen sei,[151] entschied es sechs Jahre später, dass § 208 ALR I 16 als Rechtsfolgenverweis zu erachten sei, der, unabhängig vom Vorliegen eines tatsächlichen Irrtums über das Bestehen eines Rechtsgrundes, die Rechtsfolge des § 194 ALR I 16 auslöse.[152]

Dabei bemühte das Obertribunal nicht nur den Wortlaut des § 208 ALR I 16, der ausschließlich auf § 194 ALR I 16 verwies, sondern zog auch einen Vergleich zwischen der Vorwerfbarkeit der Annahme einer fremden, nicht geschuldeten Leistung und der Ausübung von Zwang in der irrtümlichen Ansicht, zum Erhalt der Leistung berechtigt zu sein: *„Wer solchen Zwang anwendet, um eine bestrittene*

---

150 Geheimes Königliches Obertribunal vom 24.08.1840 = Entscheidungen des Geheimen Königlichen Obertribunals Bd. 5 S. 283.

151 Geheimes Königliches Obertribunal vom 24.08.1840 = Entscheidungen des Geheimen Königlichen Obertribunals Bd. 5 S. 283.

152 Geheimes Königliches Obertribunal vom 20.11.1846 = Entscheidungen des Geheimen Königlichen Obertribunals Bd. 14 S. 12.

oder versagte Leistung zu erlangen, sei es auch, daß ihm an sich die Exekutivgewalt im Allgemeinen zur Betreibung aller rechtmäßigen Forderungen dieser Art anvertraut worden, kann auch da, wo sich demnächst auf die Klage des Gezwungenen oder Genöthigten die Unrechtmäßigkeit der Forderung in legaler Weise herausstellt, gerechterweise keinen Anspruch haben auf eine gleiche Behandlung mit dem, der die Sache oder Zahlung bloß hinnimmt.“[153]

(d) Aufgabe des Zinsprivilegs des Fiskus

Ursprünglich wurde angenommen, der Fiskus würde mit dem Preußischen Allgemeinen Landrecht auf sein althergebrachtes Zinsprivileg verzichten,[154] welches noch auf das römische Recht zurückzuführen war: „*Fiscus ex suis contractibus usuras non dat, sed ipse accipit.*“.[155] Durch allerhöchste Kabinettsordre vom 28.10.1799 wurde jedoch das Preußische Allgemeine Landrecht bereits dahingehend ergänzt: „*...daß der Fiskus ohne Stipulation Zinsen zu bezahlen nicht schuldig, dergleichen aber ohne Versprechen, ohne vorhergegangene Mahnung und bestimmten Zahlungstag zu empfangen wohl befugt sei.*“[156]

---

153 Geheimes Königliches Obertribunal vom 20.11.1846 = Entscheidungen des Geheimen Königlichen Obertribunals Bd. 14 S. 12 (16).

154 Eisenberg / Stengel, Beiträge Justizverfassung Bd. 5 S. 401 ff.; Von Rönne, Preußische Rechtsbücher Bd. 1 S. 392; Geheimes Königliches Obertribunal vom 24.08.1840 = Entscheidungen des Geheimen Königlichen Obertribunals Bd. 5 S. 283, (286); Geheimes Königliches Obertribunal Präjudiz 2386 vom 05.07.1852 = Entscheidungen des Geheimen Königlichen Obertribunals Bd. 23 S. 271 (272).

155 Geheimes Königliches Obertribunal vom 24.08.1840 = Entscheidungen des Geheimen Königlichen Obertribunals Bd. 5 S. 283, (286). Die zitierte Stelle ist besonders interessant. Denn der volle Wortlaut des, vom Obertribunal nur unvollständig zitierten Rechtssatzes aus den Digesten von Paulus (D. 22,1; 17,5 PAULUS; de usuris – abgedruckt bei Fürstenthal, Corpus juris S. 391) lautet: „*Fiscus ex suis contractibus usuras non dat, sed ipse accipit: ut solet a foricariis, qui tardius pecuniam inferunt, item ex vectigalibus.*“. Dies bedeutet frei übersetzt: „Der Staat gibt aus Verträgen keine Zinsen, aber er bekommt sie; dies gilt für Latrinenbetreiber üblicherweise dann, wenn sie verspätet ihre Abgaben zahlen.“ Erachtet man diese Zahlungen der Latrinenbetreiber als frühe Form der Besteuerung, handelt es sich um die wohl erste Form der Verzinsung von Steuerschulden überhaupt. Die Digesten sind der Zeit des dritten Jahrhunderts nach Christus zuzuordnen. Diese Verzinsung steht jedoch in keiner weiteren Verbindung mit der späteren Entwicklung der Verzinsungen des heutigen Steuerrechtes.

156 Abgedruckt bei: Eisenberg / Stengel, Beiträge Justizverfassung Bd. 9 S. 422. Von Rönne, Preußische Rechtsbücher Bd. 1 S. 392.

Der daraus folgende Anhang § 26 zu § 827 ALR I 11 lautete:

§ 26 Anh. zum ALR: „*Der Fiskus ist nur vorbedungene Zinsen zu zahlen schuldig.*“

Entgegen dem Wortlaut der Ordre und insbesondere entgegen dem Ursprung des Rechtssatzes im römischen Recht, erstreckte sich das in § 26 des Anhanges des ALR kodifizierte Zinsverbot nach höchstrichterlicher Rechtsprechung nicht bloß auf Zinsen aus Verträgen, sondern galt als allgemeines Privileg des Staates, welches auch die Erstattungsverzinsung ausschloss.[157]

Nach Angabe mehrerer Autoren soll es eine Kabinettsordre vom 16.11.1831 gegeben haben.[158] Demnach seien die Gerichte nicht befugt gewesen, über Schadensersatzansprüche aus der Ausübung von Hoheitsrechten zu entscheiden. Daraus folgert Raban Freiherr von Canstein, dass auch die Geltendmachung von Zögerungszinsen hierdurch ausgeschlossen gewesen sei.[159] Dies ist jedoch unzutreffend. Die vermeidliche Kabinettsordre ist nur der Immediat-Bericht[160] des Staatsministeriums und entfaltet als solcher selbst keine Regelungskraft.[161] Zwar ist der Bericht bereits zum Jahreswechsel durch eine tatsächliche Kabinettsordre zu geltendem Recht geworden.[162] Gleichwohl brachte dies im Bereich der Verzinsung von Steuererstattungen keine Neuerung, da insoweit bereits der Verzinsungsausschluss aus dem Jahr 1799 galt.[163]

Eine Neuerung und Klarstellung über die Reichweite des Zins-Privilegs brachte erst das Gesetz über die Rechte des Fiskus hinsichtlich der Zinsen vom 07.07.1833

---

157 Geheimes Königliches Obertribunal Präjudiz 2386 vom 05.07.1852 = Entscheidungen des Geheimen Königlichen Obertribunals Bd. 23 S. 271 (S. 271 ff.). A.A. Geheimes Königliches Obertribunal vom 24.08.1840 = Entscheidungen des Geheimen Königlichen Obertribunals Bd. 5 S. 283 (287 f.).

158 Dölemeyer, 200 Jahre Landrecht S. 141; Freiherr von Canstein, Erstattungsanspruch im Steuerrecht S. 6.

159 Freiherr von Canstein, Erstattungsanspruch im Steuerrecht S. 6.

160 Direkte Berichterstattung an den preußischen König.

161 Gesetzsammlung Preußen 1831 S. VII, 256 ff.

162 Ordre vom 04.12.1831 = Königlich Preußische Staaten, Gesetzsammlung 1831 S. 255 f.

163 Geheimes Königliches Obertribunal vom 24.08.1840 = Entscheidungen des Geheimen Königlichen Obertribunals Bd. 5 S. 283, (286); Geheimes Königliches Obertribunal Präjudiz 2386 vom 05.07.1852 = Entscheidungen des Geheimen Königlichen Obertribunals Bd. 23 S. 271 (S. 271 ff.). Anders der zweite Senat vom 27.03.1949, der in der Verzinsung nach § 194 ALR I 16 einen Schadenersatz sah, welcher nicht durch § 26 Anh. ausgeschlossen gewesen sei. Das Urteil ist nicht selbstständig abgedruckt. Es gab jedoch Anlass zum Präjudiz 2386 und wurde dort einleitend erwähnt (Geheimes Königliches Obertribunal Präjudiz 2386 vom 05.07.1852 = Entscheidungen des Geheimen Königlichen Obertribunals Bd. 23 S. 271 (S. 271 ff.).

(RFZ 1833).[164] Zunächst ordneten die §§ 1, 2 RFZ 1833 an, dass das Zinsprivileg des Fiskus grundsätzlich aufgehoben sei:

§ 1 RFZ 1833: *„In Ansehung des Rechts, Zinsen zu fordern, ist der Fiskus lediglich nach den allgemeinen Rechtsregeln zu beurteilen."*[165]

§ 2 RFZ 1833: *„Eben so gelten die allgemeinen Rechtsregeln in Hinsicht der Verpflichtung des Fiskus, vorbedungene Zinsen sowohl als solche Zinsen zu zahlen, welche in Folge besonderer gesetzlicher Vorschriften bei gewissen Geschäften eintreten."*

Bevor gemäß § 3 RFZ 1833 eine Ausnahme hinsichtlich Zögerungszinsen gemacht wurde:

§ 3 RFZ 1833: *„Eigentliche Zögerungszinsen dagegen ist der Fiskus nur von dem Tage der in dem rechtskräftigen Erkenntnisse bestimmten Zahlungsfrist mit Fünf vom Hundert zu entrichten."*

Damit schloss § 3 RFZ 1833 die Zahlung von Zögerungszinsen nach § 195 ALR I 16 aus, wie das Plenum des Obertribunals im Jahr 1940, nach zuvor uneinheitlicher Rechtsprechung der Senate, entschied.[166] Das Obertribunal ließ ausdrücklich offen, ob auch die Verzinsung in § 194 ALR I 16 unter § 3 RFZ1833 zu subsumieren sei oder der Fiskus auf Grund von § 2 RFZ 1833 zur Verzinsung von Steuererstattungen verpflichtet war.[167]

Sechs Jahre später, am 20.11.1846, entschied das Obertribunal, dass auch die Anwendung von exekutivem Zwang eine widerrechtliche Abnötigung im Sinne des § 207 ALR I 16 sei und dass § 208 ALR I 16 ausschließlich auf § 194 ALR I 16 verwiese und nicht auch auf § 195 ALR I 16.[168] Damit stellte sich nun die Frage, ob auch der Zins in § 194 ALR I 16 eine Form des eigentlichen Zögerungszins im Sinne des § 3 RFZ 1833 war oder ob er ein darlehensähnlicher Nutzungszins und damit ein Zins aus besonderer gesetzlicher Vorschrift bei gewissen Ge-

164 Geheimes Königliches Obertribunal Präjudiz 2386 vom 05.07.1852 = Entscheidungen des Geheimen Königlichen Obertribunals Bd. 23 S. 271 (S. 274).

165 Gesetzes-Sammlung 1833 Nr. 1443 S. 79 = Stoepel, Preußisch-Deutscher Gesetz-Codex, Bd. 1 1881 Nr. 309 S. 533.

166 Geheimes Königliches Obertribunal vom 24.08.1840 = Entscheidungen des Geheimen Königlichen Obertribunals Bd. 5 S. 283; Koch, Allgemeines Landrecht 8. Aufl. Bd. 2 S. 393 Fn. 13.

167 Geheimes Königliches Obertribunal vom 24.08.1840 = Entscheidungen des Geheimen Königlichen Obertribunals Bd. 5 S. 283 (289):

168 Geheimes Königliches Obertribunal vom 20.11.1846 = Entscheidungen des Geheimen Königlichen Obertribunals Bd. 14 S. 12.

schäften im Sinne des § 2 RFZ 1833 war.[169] Zu einer Entscheidung dieser Frage kam es jedoch nicht, da ihr eine Rechtsänderung zuvor kam. Auf den Wunsch seiner *„getreuen Ständen mehrerer Provinzen"* erließ Friedrich Wilhelm, König von Preußen das Gesetz über die Verpflichtung des Fiskus zur Zahlung von Zögerungszinsen vom 07.03.1845.[170] Mit Ausnahme von Zeiten des Krieges entfiel damit das Zinsprivileg des Fiskus und die Frage der Qualifikation der Nutzungsverzinsung nachdem Gesetz über die Rechte des Fiskus hinsichtlich der Zinsen vom 07.07.1833 erübrigte sich.[171] Der Zensit sollte auf Basis der neuen Rechtslage nun von der Zahlung[172] bis zur ihrer Erstattung eine Verzinsung in Höhe von 5 % erhalten.[173]

Auch das Reichsgericht folgte in seiner Rechtsprechung zunächst den Grundsätzen, die durch das Preußische Königliche Obertribunal für das Preußische Recht aufgestellt wurden.[174] Im Jahr 1895 befand jedoch das Preußische Oberverwaltungsgericht, dass durch *„die Veranlagung... eine formale Zahlungsverbindlichkeit..."*[175] bestünde. *„Diese formale Zahlungsverbindlichkeit wird auch nicht durch die Einlegung der Rechtsbehelfe allein, sondern erst durch die Aufhebung beseitigt; bis dahin bleibt der Steuerpflichtige nach den positiven Vorschriften der Steuer- bezw. der Gemeindeverfassungsgesetze verpflichtet."*[176] Die Entscheidung wurde noch viele Jahre später auf Grund ihrer mangelnden Berücksichtigung einer ex-tunc wirksamen Aufhebung des veranlagenden Verwaltungsaktes stark kritisiert.[177] Dennoch schloss sich ihr im Jahr 1899 der siebte Senat des Reichsgerichtes insoweit an, als er jedenfalls eine widerrechtliche Abnötigung im Sinne des § 207 ALR I 16 dann nicht erkannte, wenn der Kläger *„...auf Grund der*

169 Geheimes Königliches Obertribunal Präjudiz 2386 vom 05.07.1852 = Entscheidungen des Geheimen Königlichen Obertribunals Bd. 23 S. 271 (S. 271 f.).

170 Vgl. Lassar, Der Erstattungsanspruch S. 125. Gerhard Lassar datiert das Gesetz jedoch fälschlicherweise auf den 07.03.1855.

171 Geheimes Königliches Obertribunal Präjudiz 2386 vom 05.07.1852 = Entscheidungen des Geheimen Königlichen Obertribunals Bd. 23 S. 271 (S. 274).

172 Im Urteil ging es erneut um Laudemien. Vgl. Fn. 123.

173 Geheimes Königliches Obertribunal vom 20.11.1846 = Entscheidungen des Geheimen Königlichen Obertribunals Bd. 14 S. 12. Kritisch dazu: Koch, Allgemeines Landrecht 4. Aufl. Teil 1 Bd. 2 S. 365.

174 Lassar, Der Erstattungsanspruch S. 133.

175 Preußisches Oberverwaltungsgericht vom 14.05.1895 = Entscheidungen des Preußischen Oberverwaltungsgerichts Bd. 28 S. 115 (117).

176 Preußisches Oberverwaltungsgericht vom 14.05.1895 = Entscheidungen des Preußischen Oberverwaltungsgerichts Bd. 28 S. 115 (117).

177 *Haueisen*, NJW 1954, 977 (980); Weber, Der Erstattungsanspruch S. 14.

Feststellungsbescheinigung zur Zahlung des, wie sich erst durch spätere Ermittlung herausgestellt hat, überhobenen Steuerbetrages unbedingt verpflichtet war...".[178] Damit war eine Anwendung des § 194 ALR I 16 in Steuersachen nicht mehr möglich. Eine Verzinsung der Steuerschuld konnte nur noch ab Rechtshängigkeit eintreten. In dem der Entscheidung zu Grunde liegenden Fall war die Steuerzahlung zu diesem Zeitpunkt jedoch bereits erstattet worden.

Nach dem Wortlaut dieser Entscheidung ließe sich der Rechtssatz auf alle direkten Steuern übertragen. Leider lässt sich der Entscheidung nicht entnehmen, worin das Gericht den Unterschied zur bis dato geltenden Rechtsprechung zu anderen Steuern sah. Ehe es zu weiteren Entscheidungen und somit zu einer differenzierteren Begründung kommen konnte, wurden weite Teile des steuerrechtlichen Anwendungsspielraumes des § 207 ALR I durch das Bürgerliche Gesetzbuch beerbt.

(e) Zinspflicht des Steuerschuldners

Der zweite Senat des Preußischen Oberverwaltungsgerichtes wies in seiner Entscheidung vom 04.04.1881 nicht nur das Zinsbegehren des Zensiten zurück. Er erwähnte auch den gegenläufigen Fall der Verzinsung, bei dem der Zensit durch eine spätere Steuerzahlung zur Leistung von Zinsen verpflichtet war.[179] Der Zinsanspruch verblieb jedoch als ein weitgehend theoretisches Konstrukt, welches keine Umsetzung in der Praxis fand;[180] Nicht zuletzt weil eine dahingehende Rechtsgrundlage fehlte.

(f) Besonderheiten bei indirekten Steuern

Die bisher dargestellten Maßgaben sind auf die indirekten Steuern übertragbar. Sofern jedoch der Anspruch mangels Veranlagung nicht auf eine widerrechtliche Abnötigung im Sinne des § 207 ALR I 16 gestützt werden konnte, wurde der Fiskus als unredlicher Besitzer erachtet.[181] Nach § 232 ALR I 7 hatte er in diesem Fall für die ganze Zeit seines Besitzes statt der Nutzungen, landesübliche Zinsen zu entrichten.[182] Der landesübliche Zins betrug gemäß § 841 ALR I 11 5 %. Die

178 Reichsgericht vom 15.05.1899 = RGZ Bd. 44 S. 207 (210).

179 Bezirksverwaltungsgericht zu Königberg vom 04.04.1881 = Entscheidungen des Preußischen Oberverwaltungsgerichts Bd. 8 S. 16 (22).

180 *Lemke*, ZfZ 1909, 206 (206 f.).

181 Lassar, Der Erstattungsanspruch S. 137; Hoyer/Gaupp, Preußische Stempelgesetzgebung S. 43 Rn. 46. a. 1.

182 Heinitz, Preußisches Stempelsteuergesetz S. 212; Hoyer/Gaupp, Preußische Stempelgesetzgebung S. 43 Rn. 46. a. 1.

Anwendung des § 207 ALR I 16 blieb bei den indirekten Steuern bestehen, insbesondere, wenn es ausnahmsweise zur Androhung oder gar zur Anwendung des Verwaltungszwangsverfahrens kam.[183]

(3) Verzinsung nach BGB

Zum 01.01.1900 löste im Bereich des zivilen Rechtes das Bürgerliche Gesetzbuch (BGB) weite Teile der individuellen landesrechtlichen Normen ab und sorgte damit erstmals für ein reichsweit einheitliches Zivilrecht.[184] Dies war für das Gebiet des Privatrechts ein Meilenstein, der auch heute, mehr als ein Jahrhundert und zwei Weltkriege später, noch in vielen Teilen unverändert fortbesteht. Dahingegen wirkte sich die Einführung des Bürgerlichen Gesetzbuchs nur beschränkt auf die steuerrechtliche Verzinsung aus. Zum einen bestand auf Grund von Art. 104 des Einführungsgesetzes zum Bürgerlichen Gesetzbuch vom 18.08.1896 im Bereich des Steuerrechtes nur ein sehr schmaler Anwendungsbereich für das Bürgerlichen Gesetzbuchs, zum anderen galt bereits im Jahr 1919, nicht einmal 20 Jahre später, die Reichsabgabenordnung, welche als spezialgesetzliche Regelung dem Bürgerlichen Gesetzbuch vorging. Gleichwohl bildet das Bereicherungsrecht der §§ 812 ff. BGB in diesem vergleichsweise kurzen Zeitraum die Brücke und gedankliche Grundlage für die späteren Erstattungsverzinsungen einzelner Steuergesetze, für die Verzinsung der Reichsabgabenordnung 1919 und letztlich auch für die heutige Abgabenordnung.

(a) Art. 104 EGBGB

Die Regelungen des Bürgerlichen Gesetzbuchs hatten im Bereich der Erstattung von Abgaben einen begrenzten Anwendungsbereich. Art. 104 EGBGB sah vor, dass die landesrechtlichen Vorschriften über die Erstattung von Abgaben nicht durch das Bürgerliche Gesetzbuch tangiert werden sollten.[185] Die spezialgesetzlichen Normen der Länder, insbesondere die prozessrechtlichen, sollten nicht durch das Bürgerliche Gesetzbuch verdrängt werden.[186]

---

183 Geheimes Königliches Obertribunal vom 20.11.1846 = Entscheidungen des Geheimen Königlichen Obertribunals Bd. 14 S. 12; Lassar, Der Erstattungsanspruch S. 133.

184 Fischer/Henle, Kommentar BGB S. XIV.

185 So auch in den Motiven der 1. Kommission zum EGBGB = Mugdan, Materialien BGB Bd. 1 S. 43; Staudinger/*Merten*, Bürgerliches Recht Art. 104 EGBGB Rn. 2.

186 Siehe Motive der 2. Kommission zum EGBGB = Mugdan, Materialien BGB Bd. 1 S. 169.

Art. 104 EGBGB: *„Unberührt bleiben die landesgesetzlichen Vorschriften über den Anspruch auf Rückerstattung mit Unrecht erhobener öffentlicher Abgaben oder Kosten eines Verfahrens.“*

Soweit spezialgesetzliche Normen der Länder jedoch nicht vorhanden waren, sollte das Bürgerliche Gesetzbuch die bestehenden Lücken füllen.[187] Zudem verblieb für die Anwendung des Bürgerlichen Gesetzbuchs der sich ausbreitende Bereich der Erstattungen von Reichssteuern.[188] Insbesondere auf dem Gebiet der Erstattung von Reichsstempelsteuern trat das Bürgerliche Gesetzbuch die Nachfolge des Preußischen Allgemeinen Landrechts an.[189]

(b) Der steuerrechtliche Erstattungsanspruch

Im Rahmen des beschränkten steuerrechtlichen Anwendungsbereiches des Bürgerlichen Gesetzbuchs wurden die Erstattungsansprüche auf die bereicherungsrechtlichen Normen in §§ 812 ff. BGB gestützt. Die für das Steuerrecht wesentlichen Fälle waren die condictio indebiti in § 812 Abs. 1 S. 1 1. Var. für Leistungen ohne eine bestehende Zahlungsverpflichtung und die condictio ob causam finitam in § 812 Abs. 1 S. 2 1. Var. für Leistungen bei denen die bestehende Zahlungsverpflichtung durch Aufhebung des Verwaltungsaktes nachträglich, rückwirkend entfiel. Eine ausdrückliche condicito iustam causam kannte und kennt das Bürgerliche Gesetzbuch im Gegensatz zum Preußischen Allgemeinen Landrecht hingegen nicht.[190] Sie ist in der condictio indebiti bzw. der condictio ob causam finitam aufgegangen.

Ein weiterer wesentlicher Unterschied des Preußischen Allgemeinen Landrechtes bestand darin, dass nur die vom Fiskus eingeforderten indirekten Steuern dem Bereicherungsrecht unterlagen (§ 207 ALR I 16) und freiwillige Stempelentrichtungen in Ansehung einer vermeintlichen Verpflichtung unter die Ansprüche aus unredlichem Besitz (§§ 223, 232 ALR I 7) fielen, während im Bürgerlichen Gesetzbuchs auch bei freiwilligen Zahlungen das Bereicherungsrecht in §§ 812 ff. zur Anwendung kam.[191]

187 Lassar, Der Erstattungsanspruch S. 102.

188 Lassar, Der Erstattungsanspruch S. 101.

189 Heinitz, Preußisches Stempelsteuergesetz S. 212.

190 Heinitz, Preußisches Stempelsteuergesetz S. 212.

191 Heinitz, Preußisches Stempelsteuergesetz S. 212; Hoyer/Gaupp, Preußische Stempelgesetzgebung S. 43 Rn. 46. a. 1.

(c) Nutzungsverzinsung

Sofern aus § 812 BGB die Erstattung einer Steuerzahlung folgte, regelte neben der Herausgabe des Erlangten selbst, als unmittelbar aus § 812 BGB zu ziehender Rechtfolge, § 818 BGB den weiteren Umfang des Bereicherungsanspruchs. Zwar sah und sieht § 818 Abs. 1 BGB anders als § 208 ALR I 16 nur die Verpflichtung zur Herausgabe von gezogenen Nutzungen vor und nicht auch die von Zinsen. Gleichwohl erfasst § 818 Abs. 1 BGB auch die Herausgabe von Zinsen, soweit sie tatsächlich gezogen wurden.[192] Die fehlende explizite Benennung der Herausgabepflicht von Zinsen, neben der Herausgabe von Nutzungen ist bereits ein erster Hinweis darauf, dass – anders als im Preußischen Allgemeinen Landrecht – kein Verweis von der condictio iustam causam auf die Rechtsfolgen einer condictio furtiva bestand, aus der eine pauschale Verzinsung mit gesetzlichem Zinssatz erfolgte, unabhängig davon ob der Erstattungsschuldner tatsächlich Nutzen in Form von Zinsen gezogen hatte.[193]

Zwar kennt das Bereicherungsrecht des Bürgerlichen Gesetzbuchs die Herausgabe von Nutzungen, unabhängig von ihrer tatsächlichen Ziehung über einen Verweis in § 818 Abs. 4 BGB auf § 292 Abs. 2 BGB und § 987 Abs. 2 BGB. Dieser gilt jedoch nur für die Zeit ab Rechtshängigkeit oder ab positiver Kenntnis vom Mangel des rechtlichen Grundes und erfüllt damit einen schadensersetzenden Zweck bzw. tritt hinter der Prozessverzinsung in § 291 BGB zurück. Auch eine dahin gehende Vermutung, dass der Fiskus aus dem Erhalt der finanziellen Mittel Nutzungen ziehen konnte, lehnte das Reichsgericht im Jahr 1909 explizit ab.[194] Es urteilte, dass die konkrete Verwendung der Bereicherung im Staatshaushalt und die daraus gezogenen Nutzungen durch der Erstattungsgläubiger nachzuweisen seien: „*Bei öffentlichen Abgaben und anderen Staatseinnahmen, die zur allgemeinen*

192 *Unger,* Zeitschrift für das Privat- und öff. Recht 1904, 107 (131); Weber, Der Erstattungsanspruch S. 134; Reichsgericht vom 28.01.1903 = RGZ Bd. 53 S. 371; Liese, Condictio indebiti S. 33; Stier-Somlo/*Fischer*, Festschrift Zitelmann S. 33 f. Streitig für weitergehende gezogene Nutzungen, etwa Renditen aus Wertpapieren: siehe Stier-Somlo/*Fischer*, Festschrift Zitelmann S. 32; *Crisolli*, DJZ 1926, 167; *Soltermann*, JW 1926, 1791 (1791). Freiherr von Canstein sieht ebenfalls die Möglichkeit ersparte Zinsen bereits als erlangtes Etwas i.S. v. § 812 Abs. 1 S. 1 BGB zu erachten. Er ordnet sie jedoch im Ergebnis den Nutzungen zu (Freiherr von Canstein, Erstattungsanspruch im Steuerrecht S. 132). Dies entspricht, wie er a. a. O. belegt, der Auffassung der Rechtsprechung.

193 *Unger,* Zeitschrift für das Privat- und öff. Recht 1904, 107 (131); Heinitz, Preußisches Stempelsteuergesetz S. 212.

194 Reichsgericht vom 29.10.1909 = RGZ Bd. 72 S. 152 (155).

Staatskasse fließen, wird es in den meisten Fällen nicht möglich sein, das Schicksal der von dem einzelnen gezahlten Geldbeträge dahin zu verfolgen, wie sie vom Staate verwendet, und ob sie insbesondere von ihm zinsbar angelegt worden sind. Sollten, wie der Berufungsrichter als möglich unterstellt, die vom Beklagten später zurückgezahlten 15.600 M sich unter den zur Bestreitung von Staatsausgaben bereits gehaltenen Geldern befunden haben, so wäre es doch nicht geboten, hieraus mit der Revision zu folgern, daß auf diese Weise zum mindesten Anleihezinsen für den Beklagten erspart worden sind. Denn bei dem Verhältnis zu dem Gesamtbedürfnissen des Staates immerhin geringfügigen Betrage von 15.600 M ist keineswegs anzunehmen, daß schon sein Fehlen den Staat veranlaßt haben würde, Anleihen in höherem Betrage aufzunehmen, als er sie wirklich aufgenommen hat."[195]

Dieser Rechtsprechung ist nicht nur entgegenzuhalten, dass Inhaber großer Erstattungsansprüche privilegiert werden, sondern auch dass sie durch den Blick auf den jeweiligen Einzelfall vernachlässigt, dass eine Großzahl kleinerer Einzelfälle durchaus Auswirkungen auf die Anleihenausgabe des Staates haben.[196] Gleichwohl verstetigte sie sich und setzte sich auch im Bereich anderer öffentlichenrechtlichen Erstattungsansprüche durch.[197] Erst zur Jahrtausendwende wurde die Rechtsprechung von mehreren Gerichten relativiert,[198] bevor sich der Bundesgerichtshof im Jahr 2012 – unter ausdrücklicher Bezugnahme auf die Rechtsprechung des Reichsgerichtes aus dem Jahr 1909 – von ihr löste.[199] Wenngleich durch die ausdrücklichen Regelungen der Reichsabgabenordnung die Rechtsprechung des Reichsgerichtes für die steuerschuldrechtliche Erstattung nach dem Jahr 1919 grundsätzlich keine Bedeutung mehr hatte, ging es in dem Fall aus dem Jahr 2012 ausgerechnet erneut um die Erstattung von Steuerzahlungen. Über den Umweg einer Insolvenzanfechtung nach § 143 InsO hatte sich im Jahr 2012 erneut ein höchstes deutsches Zivilgericht mit einem steuerrechtlichen Erstattungsanspruch

195 Reichsgericht vom 29.10.1909 = RGZ Bd. 72 S. 152 (155).

196 Freiherr von Canstein, Erstattungsanspruch im Steuerrecht S. 146 f.

197 Zuletzt: BVerwG vom 27.10.1998 - 1 C 38/97 = NJW 1999, 1201.

198 Vgl. BGH vom 06.03 1998 - V ZR 244/96 = NJW 1998, 2354; BayObLG vom 09.12. 1998 - 3 Z BR 273/98 = NJW 1999, 1194; BVerwG vom 27.10.1998 - 1 C 38/97 = NJW 1999, 1201; Staudinger (1999), Vorbem zu § 812 ff. Rn. 74. Zuvor schon zur Nachweispflicht eines Verzugsschadens durch den Staates: BGH vom 17.04.1978 - II ZR 77/77 = BeckRS 1978, 31114243 und für den Britischen Staat als Gläubiger: BGH vom 18.10.1988 - VI ZR 223/87 = NJW-RR 1989, 670. Abweichend: BVerwG vom 16.12.1988 - 6 C 35/86 = NJW 1989, 1232. Jedoch gegenläufig noch: BGH vom 03.02.2004 - XI ZR 125/03 = DStR 2004, 1010.

199 BGH vom 24.05.2012 - IX ZR 125/11 = DStR 2012, 1668. Zuletzt bestätigt durch: BGH vom 14.10.2015 - IV ZR 438/14 = NJW 2016, 156.

auseinanderzusetzen und entschied dahingehend, dass jedenfalls eine Beweislastumkehr auf die Behauptung hin entstehe, dass der Fiskus durch den Erhalt der Leistung eigene Aufwendungen in Form von Zinsen für die Aufnahme von Krediten erspart habe.[200] Zuvor bestand zwar für den Zensit der rechtliche Anspruch auf eine Nutzungsverzinsung seiner zu erstattenden Steuerzahlungen. Bis in die jüngere Vergangenheit scheiterte dieser jedoch in seiner tatsächlichen Durchsetzung an der praktischen Unmöglichkeit, einen konkreten, durch den Fiskus gezogenen Nutzungsvorteil nachzuweisen.

(d) Verzögerungsverzinsung

Abweichend vom Preußischen Allgemeinen Landrecht differenziert das Bürgerliche Gesetzbuch ausdrücklich zwischen der Verzugsverzinsung in § 288 BGB und der Prozessverzinsung in § 291 BGB.[201]

§ 288 BGB 1900:	*„Eine Geldschuld ist während des Verzugs mit vier vom Hundert für das Jahr zu verzinsen. Kann der Gläubiger aus einem anderen Rechtsgrunde höhere Zinsen verlangen, so sind diese fortzuentrichten.* *Die Geltendmachung eines weiteren Schadens ist nicht ausgeschlossen.“*
§ 291 BGB 1900:	*„Eine Geldschuld hat der Schuldner von dem Eintritte der Rechtshängigkeit an zu verzinsen, auch wenn er nicht im Verzug ist; wird die Schuld erst später fällig, so ist sie von der Fälligkeit an zu verzinsen. Die Vorschriften des § 288 Abs. 1 und des § 289 S. 1 finden entsprechende Anwendung.“*

Sowohl die Verzugsverzinsung, als auch die Prozessverzinsung verortet das Bürgerliche Gesetzbuch in seinem Allgemeinen Teil. Ihre Anwendung ist daher auch im Rahmen des Bereicherungsrechtes eröffnet, sie wird in den §§ 812 ff. BGB jedoch eingeschränkt.[202] Insbesondere sieht § 818 Abs. 4 BGB vor, dass für den gutgläubigen Besitzer eine Haftung nach den allgemeinen Vorschriften erst mit dem Eintritt der Rechtshängigkeit einsetzt.[203]

200 BGH vom 24.05.2012 – IX ZR 125/11 = DStR 2012, 1668.

201 RGBl. 1896, 245.

202 Reichsgericht vom 12.03.1937 = RGZ Bd. 154 S. 257 (265).

203 Reichsgericht vom 09.07.1918 = RGZ Bd. 93 S. 271 (272). Sofern der Verzug der Erstattung bereits vor 1900 nach Landesrecht begründet wurde, welches zum 01.01.1900 durch das Bürgerliche Gesetzbuch abgelöst wurde, konnte sich eine Verzugsverzinsung ergeben, welche unmittelbar auf § 288 BGB fußte, ohne dass § 818 Abs. 4 BGB die Anwendung der allgemeinen Vorschriften sperrte (vgl. z. B. Reichsgericht vom 16.02.1900 = RGZ Bd. 46 S. 74).

Für den bösgläubigen Bereicherungsschuldner ordnet § 819 Abs. 1 BGB eine verschärfte Haftung an. Er haftet als wäre der Herausgabeanspruch bereits rechtshängig. § 819 Abs. 2 BGB erweitert diese verschärfte Haftung auf Fälle, in denen der Empfänger der Leistung durch die Annahme gegen ein gesetzliches Verbot oder die guten Sitten verstößt.

§ 819 BGB lässt auf den ersten Blick ein Abbild der Verzinsung in § 194 ALR I 16 annehmen, insbesondere sofern mit der herrschenden Meinung in § 194 ALR I 16 eine Form der Verzögerungsverzinsung gesehen wird.[204] Anders als § 194 ALR 16 ordnet § 819 BGB jedoch keine eigenständige Verzinsung für den speziellen Fall des Bereicherungsrechtes an, welche als pauschaler Nutzungsersatz erachtet werden könnte. Stattdessen verweist er über die Fiktion der Rechtshängigkeit auf den allgemeinen Teil des BGB und bringt dadurch die Prozessverzinsung und regelmäßig auch die Verzugsverzinsung zur Anwendung. In ihrer Rechtsfolge kommt dieser Unterscheidung jedoch keine Bedeutung zu.

Von praktischer Bedeutung war hingegen der Unterschied zwischen § 819 BGB und § 207 ALR I 16. Denn § 819 BGB spricht nicht wie § 207 ALR I 16, von einer in widerrechtlicher Weise abgenötigten Bereicherung, sondern von einer gegen ein gesetzliches Verbot bzw. die guten Sitten verstoßenden Bereicherung oder der positiven Kenntnis vom Fehlen des rechtlichen Grundes. Ein spezieller Tatbestand für Fälle widerrechtlich abgenötigter Zahlungen ist dem Bereicherungsrecht des Bürgerlichen Gesetzbuchs hingegen nicht zu entnehmen. Im Vergleich zum Preußischen Allgemeinen Landrecht fand daher eine Besserstellung des Fiskus in Erstattungsfällen statt.[205] Die Pflicht, den Erstattungsbetrag pauschal zu verzinsen, setzte demnach nicht mehr mit der Steuerzahlung ein, sondern – sofern dem Fiskus nicht ausnahmsweise eine positive Kenntnis der Rechtswidrigkeit nachzuweisen war – erst mit der Rechtshängigkeit einer Klage.[206]

Neben der pauschalen Prozessverzinsung, die durch den Verweis in § 291 BGB 1900 auf § 288 BGB 1900 dem gesetzlichen Zinssatz von 4 % entsprach, bestand die Möglichkeit, einen weitergehenden tatsächlichen Verzugsschaden nach §§ 291 II, 286 BGB 1900 geltend zu machen. Hierfür war zwar der Nachweis des Verschuldens zu erbringen. Anders als nach gegenwärtiger Rechtsprechung,

---

204 Koch, Allgemeines Landrecht 8. Aufl. 1 Bd. 2 S. 393 Fn. 13; Pickert, Condictio indebiti S. 81.

205 Heinitz, Preußisches Stempelsteuergesetz S. 212 f.

206 Reichsgericht vom 17.02.1903 = RGZ Bd. 54 S. 24 (27); Reichsgericht vom 29.10.1909 = RGZ Bd. 72 S. 152 (155).

nahm das Reichsgericht jedoch an, dass selbst ein Rechtsirrtum unterhalb der Fahrlässigkeit nicht den Eintritt des Schuldnerverzuges ausschließt.[207]

e) Fazit

Die Geschichte der Verzinsung im Steuerschuldverhältnis auf deutschem Boden beginnt mit der Emanzipation der Bürgerrechte. Anhand des preußischen Rechtes ist zu sehen, wie die Gesetzgebung der rasanten zeitgeschichtlichen Entwicklung folgte. Als im Jahr 1845, auf den Wunsch seiner *„getreuen Ständen mehrerer Provinzen“*[208], Friedrich Wilhelm, König von Preußen das Gesetz über die Verpflichtung des Fiskus zur Zahlung von Zögerungszinsen[209] erließ und damit erstmalig der Staat seinen Bürgern gegenüber ausdrücklich zur Verzinsung verpflichtet wurde, fehlte es noch an umfassenden Normen, die das neu gewonnene Recht konkret regelten. Ein Rückgriff auf die Prinzipien des bereits deutlich weiter entwickelten Zivilrechtes war daher die logische Folge.[210] Im Bereich des Zivilrechtes begegnen sich die Parteien seit jeher in einer Stellung wechselseitiger gleichmäßiger Rechte.[211] Über die „Lehre vom Fiskus“ wurde daher die direkte Anwendung des Zivilrechtes dogmatisch begründet.

Die Normen des Zivilrechtes vermochten dem Bereich der Steuererstattungen den notwendigen Rechtsrahmen zu geben. Aus ihnen ließ sich eine Erstattungsverzinsung zu Gunsten des Zensiten entnehmen. Zunächst galt die Verzinsung für die gesamte Zeit der Vorenthaltung der finanziellen Mittel.[212] Noch im Rahmen des Preußischen Allgemeinen Landrechts beschränkte die Rechtsprechung sie auf die Zeit ab Rechtshängigkeit, wodurch sie den Charakter einer Prozessverzinsung bekam.[213] Zwar eröffnete das Bereicherungsrecht des Bürgerlichen Gesetzbuches

---

207 *„Entgegen der ursprünglich vom Reichsgericht vertretenen, erst in der Entscheidung RGZ 146, 144 gemilderten Auffassung hat der BGH von jeher unverschuldeten Rechtsirrtum grundsätzlich als Verzugshindernis anerkannt.“* BGH vom 07.03.1972 – VI ZR 169/70 = NJW 1972, 1045.

208 Gesetzeswortlaut a. a. O.

209 Gesetz vom 07.03.1845. Vgl. Lassar, Der Erstattungsanspruch S. 125. Lassar datiert das Gesetz jedoch fälschlicherweise auf den 07.03.1855.

210 Lassar, Der Erstattungsanspruch S. 4.

211 Cambeis, Der öffentlichrechtliche Erstattungsanspruch S. 67.

212 Geheimes Königliches Obertribunal vom 20.11.1846 = Entscheidungen des Geheimen Königlichen Obertribunals Bd. 14 S. 12. Kritisch dazu: Koch, Allgemeines Landrecht 4. Aufl. Teil 1 Bd. 2 S. 365, Fn 49.

213 Preußisches Oberverwaltungsgericht vom 14.05.1895 = Entscheidungen des Preußischen Oberverwaltungsgerichts Bd. 28 S. 115 (117).

dem Zensiten erneut die Möglichkeit über die gesamte Dauer, von der Zahlung bis zur Erstattung, Zinsen zu erhalten. Jedoch verhinderte die Rechtsprechung die praktische Durchsetzung dieses Anspruches durch die hohen Anforderungen an den Nachweis der tatsächlich gezogenen Vorteile, so dass der Zensit effektiv auf eine Verzugsverzinsung ab Rechtshängigkeit beschränkt wurde.[214]

Insgesamt ergab sich mit dem Bürgerlichen Gesetzbuch gleichwohl eine starke Rechtsposition des Zensiten gegenüber dem Fiskus. Der Zensit konnte den Nachweis erbringen, dass der Fiskus Vorteile ziehen konnte, er konnte seinen eigenen Schaden darlegen oder sich auf den Erhalt einer pauschalen Verzinsung in Höhe des gesetzlichen Zinssatzes beschränken. Zinsforderungen des Fiskus an den Zensiten blieben hingegen lediglich theoretischer Natur.[215]

3. Erste Verzinsungen in einzelnen Reichssteuergesetzen

Neben einer aus dem zivilen Recht abgeleiteten Verzinsung im Steuerschuldverhältnis entwickelten sich bereits in einzelnen Steuergesetzen Formen der Verzinsung im Rahmen der jeweiligen Steuern. Die Gesetze führten – in Ergänzung der aus dem Zivilrecht abgeleiteten Verzinsung – einzelne Verzinsungen ein, wie etwa eine Stundungsverzinsung zum Vorteil des Fiskus. Oder sie dienten der Klarstellung und Sicherung der Verzinsung im Steuerschuldverhältnis, als Reaktion auf die wachsende Abkehr von der Lehre vom Fiskus in der Literatur und einer sich daraus abzeichnenden Unanwendbarkeit der zivilrechtlichen Normen im Steuerschuldverhältnis.

a) Zolltarifgesetz von 1902

Wenn Gerhard Lassar schreibt, „*Es gab aber vor der Reichsfinanzgesetzgebung des Jahres 1913... im preußischen und Reichsabgabenrecht weder allgemein, noch für eine spezielle Abgabe einen geschriebenen Steuerrechtssatz, der eine Zinsverpflichtung bestimmte,*“[216] so ist es wichtig, seine Aussage im Kontext zu lesen. Denn die Untersuchungen von Lassar beschränken sich dem Titel seines Buches gemäß auf den „*Erstattungsanspruch im Verwaltungs- und Finanzrecht*“.[217] Tatsächlich

214 Reichsgericht vom 29.10.1909 = RGZ Bd. 72 S. 152 (155).

215 Bezirksverwaltungsgericht zu Königberg vom 04.04.1881 = Entscheidungen des Preußischen Oberverwaltungsgerichts Bd. 8 S. 16 (22).

216 Lassar, Der Erstattungsanspruch S. 145.

217 Die Annahme von Rainer Krein, dass die erste Verzinsung im Steuerrecht des Reichs das Wehrbeitragsgesetz vom 03.07.1913 sei, ist daher unzutreffend (Krein, Die Reformvorschläge zur Abgabenordnung S. 52).

wurde schon knapp elf Jahre vor dem Wehrbeitragsgesetz und dem Besitzsteuergesetz, auf welches Lassar Bezug nimmt, die Verzinsung in einem Reichssteuerrecht normiert. Das Zolltarifgesetz vom 25.12.1902 enthält die erste im deutschen Steuerrecht kodifizierte Verzinsung.[218]

§ 12 Abs. 2 S. 2 ZolltarifG: *„Im Falle der Aufnahme dieser Waaren in ein Zolllager (öffentliche Niederlage oder Privatlager mit oder ohne amtlichen Mitverschluß) sind bei der Ueberführung der Waaren in den freien Verkehr die zu entrichtenden Zollgefälle für die Dauer der Lagerung mit vier vom Hundert nach den vom Bundesrathe zu erlassenden Vorschriften zu verzinsen."*

Der Einfuhrzoll hatte zur Jahrhundertwende nicht nur eine große Bedeutung für den Reichshaushalt, er war auch über seine protektionistische Wirkung außen- wie innenpolitisch wichtig. Reichskanzler von Bülow bezeichnete daher den am 02.12.1901 vorgestellten Entwurf eines Zolltarifgesetzes als den *„wichtigste*(n) *und bedeutendste*(n) *Gegenstand, welcher in dieser Session den Reichstag beschäftigen"* werde.[219]

Der eingebrachte Entwurf[220] entstand in einer dreijährigen Erarbeitung, bei der nicht nur die Bundesregierung, die Reichsämter und die *„gesammten Erwerbsstände"*[221] beteiligt wurden, sondern, seiner außenpolitischen Bedeutung gemäß, auch die verbündeten Regierungen.[222] Er sollte die Industrie, den Handel und vor allem die nationale Landwirtschaft vor ausländischem Wettbewerb schützen, ohne zugleich zu einer zu großen Teuerung der importierten Waren zu führen.[223] Insbesondere für die Landwirtschaft sah das Parlament seit vielen Jahren eine schwierige Lage, die durch eine Anpassung der Zolltarife verbessert werden sollte.[224] Neben der Anpassung der Zolltarife selbst wurde von Seiten der Landwirtschaft insbesondere die Möglichkeit der Zollstundung bemängelt.[225] Dieses – seit

---

218 RGBl. 1902, 310 f.

219 Protokoll zur 102. Sitzung des Reichstages vom 02.12.1901 S. 2884.

220 Entwurf eines Zolltarifgesetzes = Reichstagsdrucksache Nr. 373/10 vom 19.11.1901 S. 1 ff.

221 Protokoll zur 102. Sitzung des Reichstages vom 02.12.1901 S. 2885.

222 Protokoll zur 102. Sitzung des Reichstages vom 02.12.1901 S. 2884 f.

223 Anlage zum Entwurf eines Zolltarifgesetzes = Reichstagsdrucksache Nr. 373 (A)/10 vom 19.11.1901 S. 5 ff.; Protokoll zur 102. Sitzung des Reichstages vom 02.12.1901 S. 2884.

224 Protokoll zur 102. Sitzung des Reichstages vom 02.12.1901 S. 2885.

225 Anlage zum Entwurf eines Zolltarifgesetzes = Reichstagsdrucksache Nr. 373 (A)/10 vom 19.11.1901 S. 35 f. = http://www.reichstagsprotokolle.de/Blatt_k10_bsb00002802_00242.html f.; Protokoll zur 102. Sitzung des Reichstages vom 02.12.1901 S. 2885.

dem Zollvereinigungsvertrag von 22.03.1833 zugelassene – Instrument wurde lediglich durch die Beschlüsse des Bundesrates auf eine Höchstdauer von drei Monaten beschränkt. Die Zollstundung wurde jedoch seit jeher zinslos gewährt.[226] Zwar handele es sich bei der Stundung nur um eine Nebenbestimmung des Zolltarifgesetzes, gleichwohl, so der Staatssekretär des Reichsschatzamtes Thielmann, habe sie *„in den letzten Jahren den Reichstag mehr beschäftigt... als irgend ein anderer Theil des betreffenden Gesetzes.“*[227]

In der Nutzungsmöglichkeit der zinslosen Zollstundung sahen Vertreter der Landwirtschaft einen falschen Anreiz zur Getreidespekulation und zur übermäßigen Einfuhr ausländischen Getreides.[228] Zudem seien durch die Voraussetzung von Sicherheitsleistungen Großhändler bevorzugt, die diese leichter stellen könnten als kleinere Händler.[229] Aus der Stundung resultiere somit eine Wettbewerbsverzerrung. Zudem führe der durch sie erzielbare Zinsvorteil zu einer effektiven Verkürzung des Zollschutzes.[230] Daher wurde bereits seit mehreren Jahrzehnten die Abschaffung der Stundung gefordert.[231]

Der Kritik durch die Landwirte entgegneten Vertreter des Getreidehandels, dass eine Aufhebung oder Einschränkung der Stundungsmöglichkeiten die Händler zu einer Nutzung von ausländischen Lagern, Freihäfen und Freibezirken dränge.[232] Wodurch es effektiv wieder zu einer zinsfreien Stundung kommen werde.

Vgl. zu den verschiedenen Stundungsverfahren: Mayer, Deutsches Verwaltungsrecht Bd. 1 S. 354 f.

226 Anlage zum Entwurf eines Zolltarifgesetzes = Reichstagsdrucksache Nr. 373 (A)/10 vom 19.11.1901 S. 35; *Schmauser*, AöR 1903, 423 (478).

227 Anlage zum Entwurf eines Zolltarifgesetzes = Reichstagsdrucksache Nr. 373 (A)/10 vom 19.11.1901 S. 35.

228 Anlage zum Entwurf eines Zolltarifgesetzes = Reichstagsdrucksache Nr. 373 (A)/10 vom 19.11.1901 S. 35 f.; Protokoll zur 102. Sitzung des Reichstages vom 02.12.1901 S. 2885.

229 Anlage zum Entwurf eines Zolltarifgesetzes = Reichstagsdrucksache Nr. 373 (A)/10 vom 19.11.1901 S. 36; *Schmauser*, AöR 1903, 423 (477).

230 Anlage zum Entwurf eines Zolltarifgesetzes = Reichstagsdrucksache Nr. 373 (A)/10 vom 19.11.1901 S. 36.

231 Anlage zum Entwurf eines Zolltarifgesetzes = Reichstagsdrucksache Nr. 373 (A)/10 vom 19.11.1901 S. 35; U.A. im Jahr 1894 durch eine Reihe von Abgeordneten um den Grafen von Schwerin-Löwitz von Puttkamer-Plauth: Protokoll zur 71. Sitzung des Reichstages vom 14.03.1894 S. 1858 f.; Antrag Nr. 258 = Reichstagsdrucksache Nr. 258/9 vom 13.03.1894.

232 Anlage zum Entwurf eines Zolltarifgesetzes = Reichstagsdrucksache Nr. 373 (A)/10 vom 19.11.1901 S. 36.

Dem folgte der Entwurf des Zolltarifgesetzes jedoch nicht, da die Lager in den steuerbefreiten Gebieten nicht für eine vollständige Verlegung des Getreidehandels ausgelegt seien.[233] Auch die Nachrüstung entsprechender Ausstattungen sei mit zu großen Kosten verbunden.[234] Anstatt jedoch die Stundung gänzlich auszuschließen, sah der mit dem Zolltarifgesetz wortlautgleiche § 10 des Entwurfes vor, den entstehenden Zinsvorteil abzuschöpfen. Dies sollte geschehen, indem für die Dauer der Lagerung eine vierprozentige Stundungsverzinsung erhoben wurde. Da die Beschwerden in dieser Sache ausschließlich von Seiten der Landwirtschaft vorgetragen wurden, beschränkte sich der Entwurf und mit ihm die finale Gesetzesfassung auf eine Stundungsverzinsung für „*Getreide, Hülsenfruchte, Raps und Rübsen sowie für die daraus hergestellten Müllerei- und Mälzereierzeugnisse*".[235] Für andere Waren wurde es indes nicht für notwendig erachtet, einen entsprechenden Schutz zu normieren.[236]

Damit enthielt das Zolltarifgesetz vom 25.12.1902 die erste im Reichssteuerrecht kodifizierte Verzinsung innerhalb von Steuerschuldverhältnissen. In Kraft trat das Zolltarifgesetz erst zum 01.03.1906.[237]

b) Wehrbeitragsgesetz von 1913

Die ersten umfassenderen Regelungen zur Verzinsung in Steuerschuldverhältnissen sind dem Gesetz über einen einmaligen außerordentlichen Wehrbeitrag (Wehrbeitragsgesetz) vom 03.07.1913 zu entnehmen.[238] Dort hieß es:[239]

§ 50 WBG: *„Durch Einlegung eines Rechtsmittels wird die Erhebung des veranlagten Wehrbeitrages zu den gesetzlichen Zahlungsfristen nicht aufgehalten. Die auf Grund rechtskräftiger Entscheidung zu erstattenden Beträge sind mit 4. v. H. für das Jahr zu verzinsen."*

233 Anlage zum Entwurf eines Zolltarifgesetzes = Reichstagsdrucksache Nr. 373 (A)/10 vom 19.11.1901 S. 36.

234 Anlage zum Entwurf eines Zolltarifgesetzes = Reichstagsdrucksache Nr. 373 (A)/10 vom 19.11.1901 S. 36.

235 Entwurf eines Zolltarifgesetzes = Reichstagsdrucksache Nr. 373/10 vom 19.11.1901 S. 8; RGBl. 1902, 310.

236 Anlage zum Entwurf eines Zolltarifgesetzes = Reichstagsdrucksache Nr. 373 (A)/10 vom 19.11.1901 S. 36.

237 RGBl. 1905, 155.

238 Das Besitzsteuergesetz enthielt ebenfalls eine Verzinsung und trat zeitgleich in Kraft. Seine Beratung erfolgte jedoch erst im Anschluss an die des Wehrbeitragsgesetzes. Vgl. A.I.3.c) Besitzsteuergesetz von 1913 S. 69.

239 RGBl. 1913, 505.

§ 51 WBG: *„Der einmalige Wehrbeitrag ist zu einem Drittel mit der Zustellung des Veranlagungsbescheides fällig du binnen drei Monaten zu entrichten Das zweite Drittel ist bis zum 15. Februar 1915, das letzte Drittel bis zum 15. Februar 1916 zu entrichten.*
Den Beitragspflichtigen steht es frei, die späteren Teilbeträge zum voraus zu zahlen. Erfolgt die Zahlung mindestens drei Monate vor dem gesetzlichen Zahlungstage, so ist der Beitragspflichtige berechtigt, 4 von Hundert Jahreszinsen vom Tage der Einzahlung bis zum gesetzlichen Zahlungstag in Abzug zu bringen."

Im Jahr 1913 stand das Deutsche Reich vor den größten Ausgaben seit seiner Gründung.[240] Durch die vorangehenden Ereignisse in der Balkanregion sah sich das Reich mehr denn je einem Mehrfronten-Krieg gegenübergestellt.[241] Um den Frieden durch Abschreckung zu wahren und für den Fall eines Kriegsausbruches diesem militärisch gewachsen zu sein, wurde eine Heeresvorlage aufgestellt, die über den Zeitraum der nächsten drei Jahre eine deutliche Aufrüstung des Deutschen Heeres vorsah.[242] Während die Heeresvorlage selbst schnell eine deutliche Zustimmung im Reichstag erreichen konnte, bereitete ihre Finanzierung größere Schwierigkeiten.[243] Die Deckung der laufenden Kosten sollten eine Besitzsteuer, der Wegfall der Ermäßigung der Zuckersteuer, die Reichsstempelnovelle und eine Erhöhung der Erbschaftssteuer gewährleisten.[244] Zusätzlich zu den laufenden Kosten wurde für diese Maßnahme jedoch noch ein einmaliger Investitionsbedarf von knapp 1,3 Milliarden Reichsmark veranschlagt.[245] Zu dessen Ausgleich war es erforderlich, dem Reichshaushalt eine

---

240 Protokoll zur 135. Sitzung des Reichstages vom 09.46.1913 S. 4611; Rheinstrom, Besitzsteuergesetz S. IX, XVI.

241 Görlitz, Aufzeichnungen über die Ära Wilhelms II. S. 124 ff.
Während in Kreisen des Kaisers und des Generalstabes von einem potentiellen (teils unvermeidlichen) Zweifronten-Krieg gesprochen wurde, stütze der Staatssekretär des Reichsschatzamtes Kühne öffentlichkeitswirksam die Erhebung des Wehrbeitrages auf den dadurch zu erwartenden Erhalt des Friedens.
Vgl.: Protokoll zur 169. Sitzung des Reichstages vom 25.06.1913 S. 5786; Rheinstrom, Wehrbeitragsgesetz 2. Aufl. S. XII; Humar, Wehrbeitragsgesetz S. 5.

242 Insgesamt sollte das Heer um mehr als100 000 Soldaten wachsen (Absolon, Die Wehrmacht im Dritten Reich Bd. 1 S. 4); Rheinstrom, Wehrbeitragsgesetz 2. Aufl. S. XII.

243 Wank, Wehrbeitragsgesetz S. 2; Beusch, Besitzsteuergesetz und Kriegssteuergesetz S. 7.

244 Hoffmann, Wehrbeitragsgesetz S. 1; Rheinstrom, Besitzsteuergesetz S. IX.

245 Protokoll zur 135. Sitzung des Reichstages vom 09.46.1913 S. 4611, Moesle, Wehrbeitrag S. XIII.

entsprechende Finanzierungsquelle zuzuführen.[246] Zunächst stand zur Diskussion, den Finanzbedarf mit der Ausgabe einer Anleihe zu decken.[247] Dagegen sprachen jedoch nicht nur das im Reichstag vorgetragene Argument, dies würde die Versäumnisse der Vergangenheit kommenden Generationen zur Last legen, sondern – auf Grund der außerordentlichen Höhe – auch, dass der Finanzmarkt deutliche Abschläge erwarten ließ und negative Synergieeffekte auf die bestehende Reichsverschuldung und ihre Refinanzierung hätten durchschlagen können.[248] Daher orientierte sich die Reichsregierung an ihren verbündeten Mächten und unterbreitete dem Reichstag den Vorschlag des Reichsschatzamtes, eine Vermögensabgabe zu erheben: den Wehrbeitrag.[249]

Am 28. März 1913 wurde dem Reichstag zu diesem Zweck der Entwurf eines Wehrbeitragsgesetzes vorgelegt.[250] Der Entwurf sah die Erhebung eines ausdrücklich *„einmaligen und außerordentlichen"*[251] Wehrbeitrages vor. Seine Höhe sollte zunächst pauschal 0,5 % eines jeden Vermögens oberhalb eines kleineren Freibetrages betragen.[252] In zweiter Lesung wurde der Wehrbeitrag – auf die Forderung der Sozialdemokraten hin – aus Gerechtigkeitsgründen um eine einmalige einkommensabhängige Abgabe ergänzt.[253] Zudem wurde eine Progression integriert, welche die Besteuerung von einer 0,15-prozentigen Besteuerung für kleinere Vermögen, die nur geringfügig größer als der Freibetrag von 10.000 Reichsmark waren, bis zu einer 1,5-prozentigen für große Vermögen steigerte. Schließlich wurde noch ein Spitzensteuersatz von 2,5 % hinzugefügt, der das 10 Millionen Mark übersteigende Vermögen erfasste. Die Progression für die Besteuerung des jährlichen über 50.000 Mark hinausgehenden Einkommens erstreckte sich derweil von 1–8 %.

---

246 Hoffmann, Wehrbeitragsgesetz S. 1.

247 Protokoll zur 135. Sitzung des Reichstages vom 09.04.1913 S. 4612.

248 Protokoll zur 135. Sitzung des Reichstages vom 09.04.1913 S. 4612; Rheinstrom, Wehrbeitragsgesetz 2. Aufl. S. XIII; Hoffmann, Wehrbeitragsgesetz S. 1; Westphal, Das Wehrbeitragsgesetz 1913 S. 11 f.; Humar, Wehrbeitragsgesetz S. 6; Moesle, Wehrbeitrag S. XIII.

249 Protokoll zur 135. Sitzung des Reichstages vom 09.04.1913 S. 4612.

250 Entwurf eines Wehrbeitragsgesetzes = Reichstagsdrucksache Nr. 871/13 vom 28.03.1913.

251 Entwurf eines Wehrbeitragsgesetzes = Reichstagsdrucksache Nr. 871/13 vom 28.03.1913.

252 Entwurf eines Wehrbeitragsgesetzes = Reichstagsdrucksache Nr. 871/13 vom 28.03.1913 S. 1.

253 Entwurf eines Gesetzes wegen Änderungen des Reichsstempelgesetzes = Reichstagsdrucksache Nr. 1122/13 vom 26.06.1913.

(1) Verzinsung von Vorauszahlungen

Der Regierungsentwurf des Wehrbeitragsgesetzes, welcher in der ersten Beratung des Reichstages behandelt wurde, sah noch keine Verzinsungen vor.[254] Zur Vorbereitung der zweiten Lesung im Reichstag wurde mit Beschluss vom 12.04.1913 die Kommission für den Reichshaushalts-Etat beauftragt, die Erkenntnisse der ersten Debatte aufzunehmen und weitere Vorberatungen durchzuführen.[255] Aus der Mitte dieser Kommission wurde in der ersten von zwei Lesungen unter anderem auch der Antrag Nr. 230, 3 gestellt, welcher im Wesentlichen darauf zielte, die in § 50 des Entwurfes (§ 51 im WBG) geregelten Erhebungstermine des Wehrbeitrages zu erweitern. Zu der ursprünglichen Erhebung der Steuer in zwei Teilen, welche zunächst mit Zustellung des Veranlagungsbescheides und sodann am 31.03.1915 angestanden hätte, wurde ein dritter Termin zum 31.03.1916 ergänzt und entsprechend die Erhebung auf drei gleiche Teile erstreckt.[256] Dies sollte dem langsam ansteigenden Finanzbedarf durch die Heeresvorlage besser entsprechen und die Steuerpflichtigen mit Rücksicht auf die besondere Höhe des Beitrages nicht unnötig früh belasten.[257] Der Antrag ging jedoch über diese Änderung hinaus und sah daneben auch vor, § 50 um einen zweiten Absatz zu ergänzen und eine Verzinsung für Vorauszahlungen zu ergänzen:

> *„Den Beitragspflichtigen steht es frei, die späteren Teilbeträge zum voraus zu zahlen. Erfolgt die Zahlung mindestens drei Monate vor dem gesetzlichen Zahlungstage, so ist der Beitragspflichtige berechtigt, 4 von Hundert Jahreszinsen vom Tage der Einzahlung bis zum gesetzlichen Zahlungstag in Abzug zu bringen.“*[258]

Die Verzinsung der Vorauszahlung betraf den Fall, dass der Steuerpflichtige zwar eine Steuerzahlung schuldete, die Steuerzahlung jedoch noch nicht fällig war oder die bereits fällige Steuerschuld überstieg. Da der Steuerpflichtige zunächst zwar eine Überzahlung bewirkte, er jedoch mit dem Eintritt der Fälligkeit des entsprechenden Teiles des Wehrbeitrages zur Leistung verpflichtet werden würde,

---

254 Vgl. § 49 / § 50 Entwurf eines Wehrbeitragsgesetzes = Reichstagsdrucksache Nr. 871/13 vom 28.03.1913 S. 12.

255 Protokoll zur 138. Sitzung des Reichstages vom 12.04.1913 S. 4725.

256 Bericht der Kommission für den Reichshaushalts-Etat = Reichstagsdrucksache Nr. 1083/13 vom 24.06.1913 S. 2056.

257 Bericht der Kommission für den Reichshaushalts-Etat = Reichstagsdrucksache Nr. 1083/13 vom 24.06.1913 S. 2056.
Letztlich wurde beschlossen, den 15. Februar statt den 15. März ins Gesetz aufzunehmen (Protokoll zur 170. Sitzung des Reichstages vom 26.06.1913 S. 5816).

258 Bericht der Kommission für den Reichshaushalts-Etat = Reichstagsdrucksache Nr. 1083/13 vom 24.06.1913 S. 2056.

entstand dem Steuerpflichtigen nur ein temporärer Entzug seiner finanziellen Mittel. Anders als beim Erstattungsanspruch, mit dem der Steuerpflichtige die dauerhafte Rückgewähr seiner Leistung bestrebte, beschränkte sich sein Interesse hier auf die zwischenzeitliche Nutzungsmöglichkeit seines Kapitals. Nur ausnahmsweise, sofern der vorausgezahlte Betrag den später veranlagten überstieg, bestand auch ein Interesse an einer finalen Erstattung.

Hätte der Steuerpflichtige dieses Interesse ohne das Vorliegen des § 51 Abs. 2 S. 2 WBG gerichtlich verfolgt, so hätte das Reichsgericht höchstwahrscheinlich, auf Grund der damals noch etablierten Anwendung der Lehre vom Fiskus, in diesem Fall die Regelungen des Bürgerlichen Gesetzbuches herangezogen. Unter Vernachlässigung der Tatsache, dass § 51 Abs. 2 S. 2 WBG insbesondere auch die freiwillige und nicht bloß die versehentliche Vorauszahlung erfasste, die zu einem Ausschluss des Erstattungsanspruches auf Grund des § 814 BGB 1900 geführt hätte, hätte dem Steuerzahler ein Anspruch auf den Ersatz seiner entgangenen Nutzungsmöglichkeiten zugestanden. Dieser Anspruch wäre auf Basis der Prozessverzinsung in § 291 BGB 1900 pauschal mit ebenfalls 4 % zu bemessen gewesen, er hätte jedoch erst ab Rechtshängigkeit eingesetzt.[259] Zudem hätte der Steuerzahler ab Rechtshängigkeit gemäß §§ 818 IV, 286 BGB 1900 auch die Möglichkeit gehabt, einen höheren Verzugsschaden geltend zu machen. Zinsen ab Leistung der Vorauszahlung hätte er hingegen nur durch Nachweis einer entsprechenden Bereicherung des Fiskus erhalten.[260]

Demnach erweiterte § 51 Abs. 2 S. 2 WBG im Vergleich zu einem Anspruch auf Basis des Bürgerlichen Gesetzbuches die Rechtsposition des Steuerzahlers auf eine pauschale Verzinsung ab Entrichtung der Zahlung. Gleichzeitig beschränkte er jedoch auch die Verzinsung auf die vierprozentige Pauschale, indem er als abschließende Regelung weder die Geltendmachung eines weitergehenden Schadens ermöglichte, noch einen Anspruch auf die Herausgabe der durch den Fiskus tatsächlich gezogenen Nutzungen gewährte.

Trotz der sich zunächst aufdrängenden Ähnlichkeit zur Erstattungsverzinsung stellte § 51 Abs. 2 S. 2 WBG in seiner vornehmlichen Erscheinungsform nicht eine Nutzungsverzinsung oder Zögerungsverzinsung dar, sondern eine Art vertraglich vereinbarter Verzinsung. Denn der wesentliche Bezugspunkt des § 51 Abs. 2 S. 2 WBG ist die freiwillige Vorauszahlung in § 51 Abs. 2 S. 1WBG. Dem Steuer-

---

259 Kahn/Obermeyer, Wehrbeitragsgesetz S. 106 f., § 50 Nr. II.

260 Reichsgericht vom 29.10.1909 = RGZ Bd. 72 S. 152 (155); Kahn/Obermeyer, Wehrbeitragsgesetz S. 106, § 50 Nr. II. A.A.: Hoffmann, Wehrbeitragsgesetz S. 81, § 50 Rn. 3. Hoffmann verkennt allerdings, dass der Wegfall des rechtlichen Grundes eine Rückwirkung besitzt.

schuldner stand es demnach frei, eine Vorauszahlung zu leisten und in den Genuss des gesetzlich bestimmten Zinssatzes von 4 % zu kommen oder eine alternative Anlage zu tätigen. Dies bestätigt auch § 64 Abs. 1 S. 1 der Ausführungsbestimmungen zum Gesetz über einen einmaligen außerordentlichen Wehrbeitrag vom 03.07.1913 (Ausf.-WBG) welcher Vorauszahlungen auch unabhängig von einer Veranlagung ermöglichte.

§ 64 Ausf.-WBG: *„Will ein Beitragspflichtiger vor Veranlagung den Wehrbeitrag oder einen Teil hiervon im voraus zahlen, so ist der angebotene Betrag anzunehmen…*
Nach Veranlagung des Wehrbeitrages… ist der vorausgezahlte Betrag auf den festgestellten Wehrbeitrag… anzurechnen. Übersteigt der festgesetzte Wehrbeitrag den vorausgezahlten Betrag, so ist die gezahlte Summe auf die zuerst fälligen Teilbeträge zu verrechnen. Bleibt der geschuldete Wehrbeitrag hinter dem zum voraus gezahlten Betrage zurück so ist der Wehrbeitrag als freiwilliger Beitrag anzusehen, falls er nicht zurückgefordert wird…“[261]

Somit konnte der Steuerpflichtige sogar nach freiem Ermessen eine Vorauszahlung auf die noch nicht veranlagte Steuerschuld tätigen. Vorsicht war jedoch dann geboten, wenn die Vorauszahlungen die veranlagte Steuerschuld überstiegen. In diesen Fällen musste der Steuerzahler tätig werden. Ansonsten sah § 64 Abs. 2 S. 3 Ausf.-WBG vor, dass die Überzahlung als freiwilliger Beitrag anzusehen war. Wurde jedoch rechtzeitig ein Antrag auf Erstattung der Überzahlung gestellt, so bestimmte § 64 Abs. 2 S. 3 Ausf.-WBG über einen Verweis auf § 60 Abs. 4 S. 1, 2 Ausf.-WBG – in konsequenter Anlehnung an vergleichbare Anlagen – eine Verzinsung der freiwilligen Überzahlung, welche sich bis zum Tage der Rückzahlung erstreckte.[262]

Heinrich Rheinstrom hält dazu in seiner noch im Monat der Gesetzesverabschiedung verfassten ersten Auflage der Kommentierung des Wehrbeitragsgesetzes fest: *„Die Bestimmung bildet in ihrer Gesetz gewordenen Form… einen erfreulichen Schritt auf dem Wege der Modernisierung unseres Steuerwesens.“*[263] Zwar war für Rheinstrom zu diesem Zeitpunkt noch nicht zu erahnen, dass sich aus diesem Anstoß der Kommission in den Folgejahren eine Vielzahl verschiedener Verzinsungen im Steuerwesen entwickeln sollten, gleichwohl

261 Reichsamt des Innern, Zentralblatt für das Deutsche Reich 1913 S. 1087 ff.

262 Hoffmann, Wehrbeitragsgesetz S. 82, § 51 Rn. 4; Rheinstrom, Wehrbeitragsgesetz 2. Aufl. S. 149 § 51 Rn. 7.

263 Rheinstrom, Wehrbeitragsgesetz 1. Aufl. S. 132, § 51 Rn. 6; wortgleich in Rheinstrom, Wehrbeitragsgesetz 2. Aufl. S. 149, § 51 Rn. 6.

vermochte er eine weitreichende Bedeutung für das Steuerwesen bereits zu erahnen. Umso überraschender erscheint es daher, dass, ausweislich des Berichtes der Kommission, in ihrer ersten Sitzung ausschließlich über die Änderung der Erhebungszeitpunkte im ersten Absatz debattiert wurde, während zur Einführung der Verzinsung keinerlei Auseinandersetzungen dokumentiert sind.[264] Stattdessen passierte der Antrag zunächst als Ganzes die Abstimmung und wurde unbeanstandet angenommen.[265] Erst in der zweiten Lesung der Kommission meldete der bayerische Bundesratsbevollmächtigte Wolf Bedenken gegen die Verzinsung von Vorauszahlungen an und kritisierte den Antrag mit dem Argument, dass die Berechnung des Abzuges das Verfahren durch die erforderlichen Dokumentationen und Berechnungen ungemein erschweren könnte.[266] Sein Einspruch wurde jedoch mit dem Argument zurückgewiesen, dass nur eine geringe Inanspruchnahme der Vorauszahlungen erwartet werde und der Mehraufwand durch Zinsberechnungen daher unbedeutend bleiben werde.[267] Mit der Ablehnung des Antrages von Wolf erschöpfte sich auch schon die Debatte um die Einführung der Verzinsung.

In der 170. Sitzung vom 26.06.1913 fand die Debatte schließlich Einzug in den Reichstag.[268] In diesem wurde der Vorschlag der Kommission ohne weitere Diskussion angenommen.[269]

(2) Verzinsung von Erstattungen

In der zweiten Lesung der Kommission für den Reichshaushalts-Etat am 24.06.1913 wurde Antrag Nr. 297, 8 gestellt.[270] Dieser beabsichtigte die Erweiterung von § 49 des Entwurfes (§ 50 im WBG) um einen zweiten Satz:

> *„Die auf Grund rechtskräftiger Entscheidung zu erstattenden Beträge sind mit 4 v. H. für das Jahr zu verzinsen.“*

---

264 Bericht der Kommission für den Reichshaushalts-Etat = Reichstagsdrucksache Nr. 1083/13 vom 24.06.1913 S. 2056 f.

265 Bericht der Kommission für den Reichshaushalts-Etat = Reichstagsdrucksache Nr. 1083/13 vom 24.06.1913 S. 2057.

266 Bericht der Kommission für den Reichshaushalts-Etat = Reichstagsdrucksache Nr. 1083/13 vom 24.06.1913 S. 2069.

267 Bericht der Kommission für den Reichshaushalts-Etat = Reichstagsdrucksache Nr. 1083/13 vom 24.06.1913 S. 2069.

268 Protokoll zur 170. Sitzung des Reichstages vom 26.06.1913 S. 5816.

269 Protokoll zur 170. Sitzung des Reichstages vom 26.06.1913 S. 5816.

270 Bericht der Kommission für den Reichshaushalts-Etat = Reichstagsdrucksache Nr. 1083/13 vom 24.06.1913 S. 2068.

Beachtenswert ist, dass gemäß dem Bericht der Kommission der Antragsseller angab, *„Er wisse wohl, dass mit Antrag ein ganz neues Prinzip in die Reichsgesetzgebung eingeführt werde, und daß die preußische Gesetzgebung …, in solchen Fällen einen Zinsanspruch bisher nicht anerkennten.“*[271] Denn bei der durch § 50 WBG eingeführten Verzinsung handelt es sich um einen Fall der Erstattungsverzinsung, wie er in seiner effektiven Wirkung schon seit dem Jahr 1845 vom Preußische Obertribunal auf Basis des Preußischen Allgemeinen Landrechtes dem Zensiten zugesprochen wurde.[272]

Ähnlich überraschend ist, dass zur Begründung des Antrages vorgebracht wurde, dass es als unbillig empfunden werde, wenn dem Steuerpflichtigen größere Summen bis zur Verurteilung zur Rückzahlung *„ohne Zinsgenuss entzogen bleiben“*[273]. Diese Begründung ist nicht stichhaltig. Denn auch ohne § 50 S. 2 WBG wäre es zu einer Verzinsung von Steuererstattungen gekommen, da in der überkommenden Rechtsprechung des Reichsgerichtes dem Zensiten eine auf §§ 818 IV, 291 BGB 1900 basierende Erstattungsverzinsung zugesprochen wurde.[274] Richtig ist folglich nur, wie auch schon Stephan Moesle präziser ausführte, dass es sich bei § 50 S. 2 WBG um einen neuen Grundsatz im Bereich des Steuerrechtes handelte.[275] Denn dem Steuerrecht selbst war bis dato keine Erstattungsverzinsung zu entnehmen.[276]

Ohne dass es dem Wortlaut der Norm zu entnehmen war, sollte § 50 S. 2 WBG nicht nur eine spezialgesetzliche Grundlage für die Erstattungsverzinsung schaffen, sondern auch eine Erweiterung gegenüber der zivilrechtlichen Erstattungsverzinsung darstellen, indem er den Beginn des Zinslaufes deutlich vorverlegte. Die Verzinsung sollte ohne Hinzutreten positiver Kenntnis der Rechtswidrigkeit

---

271 Bericht der Kommission für den Reichshaushalts-Etat = Reichstagsdrucksache Nr. 1083/13 vom 24.06.1913 S. 2069.

272 Geheimes Königliches Obertribunal vom 24.08.1840 = Entscheidungen des Geheimen Königlichen Obertribunals Bd. 5 S. 283; Dietze, Recht der Rückforderung S. 65 ff.; Lassar, Der Erstattungsanspruch S. 181, 183; Vgl. A.I.2.d)(2)(c) Verzinsung nach Preußischem Landrecht S. 38ff.

273 Bericht der Kommission für den Reichshaushalts-Etat = Reichstagsdrucksache Nr. 1083/13 vom 24.06.1913 S. 2068 f.

274 Hoffmann, Wehrbeitragsgesetz S. 81, § 50 Rn. 3; Lassar, Der Erstattungsanspruch S. 183; Bericht der Kommission für den Reichshaushalts-Etat = Reichstagsdrucksache Nr. 1083/13 vom 24.06.1913 S. 2056 f.; Vgl.: Reichsgericht vom 16.02.1900 = RGZ Bd. 46 S. 74; Reichsgericht vom 17.02.1903 = RGZ Bd. 54 S. 24 (25); Reichsgericht vom 29.10.1909 = RGZ Bd. 72 S. 152.

275 Moesle, Wehrbeitrag S. XX.

276 Dietze, Recht der Rückforderung S. 67.

nicht mehr erst ab Rechtshängigkeit beginnen – wie vorangehend vom Reichsgericht auf Grundlage des BGB 1900 entschieden[277] – sondern bereits ab tatsächlicher Steuerentrichtung einsetzen.[278] Zwar war lediglich in § 51 Abs. 2 WBG klar definiert, dass der Zinslauf mit dem Tage der Einzahlung beginnen sollte und fehlte es neben dem Gesetzeswortlaut von § 50 S. 2 WBG auch in seinen Ausführungsbestimmungen an einer ausdrücklichen Anordnung zum Beginn der Verzinsung.[279] So dass sogar in den Kommentierungen zum Wehrbeitragsgesetz teilweise diskutiert wurde, ob die Verzinsung ab der Einlegung eines Rechtsmittels, ab Rechtskraft der Entscheidung oder bereits vom Tage der Zahlung an erfolgen sollte.[280] Jedoch konnte der Begründung zum Wehrbeitragsgesetz entnommen werden, dass die Erstattungen bereits ab Entrichtung der Steuer verzinst werden sollten, da mit ihr dem jahrelangen zinslosen Einbehalten bis zur Erstattung entgegen gewirkt werden sollte.[281] Anderenfalls wäre § 50 S. 2 BGB zudem neben einer bereits aus §§ 818 IV, 291 BGB 1900 gewährbaren Prozessverzinsung allenfalls klarstellend gewesen bzw. hätte die Verzinsung sogar weiter eingeschränkt auf einen Verzinsungsbeginn ab Rechtskraft des Urteiles.

Damit sprach sich der Gesetzgeber bei der Normierung der ersten Erstattungsverzinsung für eine Verzinsung aus, die vergleichbar mit der ersten Verzinsung von Steuererstattungen Mitte des 19. Jahrhunderts im Bereich des Preußischen Allgemeinen Landrechtes war. Sowohl die dem Zensiten vom Preußischen Obertribunal zugesprochene Erstattungsverzinsung als auch die Erstattungsverzinsung im Rahmen des Wehrbeitragsgesetzes hatten einen pauschalen Zinssatz und sahen einen Beginn der Verzinsung bereits ab Entrichtung der Steuer vor.

Während die Verzinsung der Vorauszahlungen den Charakter eines Darlehensvertrages hatte, bei dem das Reich ein Angebot zur Verzinsung machte, welches der Steuerzahler annahm, verhielt es sich bei der Erstattung auf Grund rechtskräftiger Entscheidungen anders. In diesen Fällen war die Leistung des Steuerzahlers nicht freiwillig. Zwar konnte es auch hier dazu kommen, dass ein Steuerschuldner über überschüssiges Kapital verfügte und alternativ eine vergleichbare Anlage-

277 Reichsgericht vom 17.02.1903 = RGZ Bd. 54 S. 24; Reichsgericht vom 29.10.1909 = RGZ Bd. 72 S. 152.

278 Kahn/Obermeyer, Wehrbeitragsgesetz S. 106 f., § 50 Nr. II.

279 Dietze, Recht der Rückforderung S. 67; Lassar, Der Erstattungsanspruch S. 183.

280 Hoffmann, Wehrbeitragsgesetz S. 81 f., § 50 Rn. 3.

281 Ausdrücklich Hoffmann widersprechend: Rheinstrom, Wehrbeitragsgesetz 2. Aufl. S. 147, § 50 Rn. 3a. Gleicher Ansicht: Kahn/Obermeyer, Wehrbeitragsgesetz S. 106 f., § 50 Nr. II; Bericht der Kommission für den Reichshaushalts-Etat = Reichstagsdrucksache Nr. 1083/13 vom 24.06.1913 S. 2068 f.

entscheidung getroffen hätte. Es konnte jedoch ebenso gut der Fall eintreten, dass sich dem Schuldner weitere, bessere Anlageoptionen offenbart hätten, die er anstelle einer Anleihezeichnung gewählt hätte oder gar dass der Steuerschuldner bei Fälligkeit der Steuer nicht über ausreichend Kapital verfügte, um seine Schuld zu begleichen. In diesen Fällen hätte der Steuerschuldner die darlehensgleiche Hingabe von Mitteln an den Staat unterlassen. Von einer Dispositionsfreiheit des Steuerschuldners konnte daher nicht gesprochen werden. Weshalb eine Vergleichbarkeit mit Darlehensverträgen bei Erstattungsansprüchen nicht vorlag.

Stattdessen muss bei dem hinter der Erstattungsverzinsung stehenden Rechtsgedanken eine Parallele zu den gesetzlichen Schuldverhältnissen gezogen werden. In Frage kommt hier, neben einem bereicherungsrechtlichen Anspruch, die Anlehnung an Schadensersatzansprüche. Eine bewusste Entscheidung hat der Gesetzgeber indes nicht getroffen.[282] Zwar wurde bereits in der Kommission versucht, den Erstattungsanspruch zu qualifizieren, wobei auch *„die Analogie der ungerechtfertigten Bereicherung“*[283] erwogen wurde.[284] Jedoch erachteten andere Teile der Kommission den Erstattungsanspruch als Erweiterung der bestehenden Staatshaftung.[285] Was nicht zuletzt aus dem Ziel resultieren dürfte, den Nachteil auszugleichen, den der Steuerpflichtige durch den Entzug des Kapitals erlitten hatte.[286] Den Vertretern dieser Ansicht wurde einzig entgegengehalten, ihre Überlegung ginge fehl, da die Verzinsung des Erstattungsanspruches kein Verschuldenselement enthalte.[287] Die Abrede ist jedoch unzulänglich, da die Verschuldensunabhängigkeit das Vorliegen eines Staatshaftungsanspruches nicht zwangsläufig ausschließt, wie § 39 Abs. 1 b OBG NRW oder § 198 GVG belegen.

Somit kann nicht eindeutig geklärt werden, ob die Erstattungsverzinsung lediglich eine pauschale Herausgabe gezogener Nutzungen darstellen sollte oder ob sie einen pauschalisierten Schadenersatz für den Vorenthalt des Geldes darstellte.

---

282 Dietze, Recht der Rückforderung S. 67.

283 Bericht der Kommission für den Reichshaushalts-Etat = Reichstagsdrucksache Nr. 1083/13 vom 24.06.1913 S. 2069.

284 Bericht der Kommission für den Reichshaushalts-Etat = Reichstagsdrucksache Nr. 1083/13 vom 24.06.1913 S. 2069. So auch sinngemäß: Hoffmann, Wehrbeitragsgesetz S. 81, § 50 Rn. 3.

285 Bericht der Kommission für den Reichshaushalts-Etat = Reichstagsdrucksache Nr. 1083/13 vom 24.06.1913 S. 2069.

286 Bericht der Kommission für den Reichshaushalts-Etat = Reichstagsdrucksache Nr. 1083/13 vom 24.06.1913 S. 2069.

287 Bericht der Kommission für den Reichshaushalts-Etat = Reichstagsdrucksache Nr. 1083/13 vom 24.06.1913 S. 2069.

Zusammen mit der Verzinsung von Vorauszahlungen wurde auch die Verzinsung von Erstattungen in der 170. Reichstagssitzung am 26.06.1913 ohne Gegenrede angenommen.[288]

(3) Einseitigkeit der Verzinsung

Beachtenswert ist, dass das Wehrbeitragsgesetz die Einführung der Verzinsung ausschließlich für die Vorauszahlungen und die Erstattungen von Zahlungen des Steuerschuldners vorsah. Eine korrespondierende Zinsregelung zum Vorteil des Fiskus sah das Wehrbeitragsgesetz hingegen nicht vor. Obwohl das Wehrbeitragsgesetz die Stundung in § 52 WBG kannte und das Prinzip der Stundungsverzinsung bereits 1902 Einzug in die Reichsgesetzgebung gefunden hatte,[289] sah das WGB keine Stundungsverzinsung vor.[290] Ähnlich verhielt es sich im Falle der Steuerhinterziehung. Diese wurde einzig in den Strafnormen der §§ 56 ff. WBG bedacht. Auf eine ergänzende Hinterziehungsverzinsung verzichtete der Gesetzgeber jedoch. Auch eine Vorfälligkeitsverzinsung sollte nicht erfolgen, obwohl dem Gesetzgeber bekannt gewesen sein musste, dass es zu deutlich nachgelagerten Veranlagungen kommen konnte, da er beispielsweise in § 54 WBG eine nachträgliche Neuveranlagung vorsah.

In allen Fällen ist davon auszugehen, dass der Verzicht auf eine Verzinsung bewusst erfolgte, da in der Kommission von einem Vertreter des Reichsschatzamtes ausdrücklich auf die Notwendigkeit einer korrespondierenden Zuerkennung von Zinsen zu Gunsten des Staates hingewiesen wurde.[291] Die Anregung wurde jedoch weder von der Kommission noch vom Reichstag aufgegriffen.[292]

(4) Fazit

Wie schon Heinrich Rheinstrom einschätzte, handelt es sich bei der Normierung der Verzinsungen im Rahmen des Wehrbeitragsgesetzes um einen äußerst bedeutenden Schritt für das Steuerschuldrecht.[293] Während das Zolltarifgesetz 1902 noch lediglich den Spezialfall der Stundungsverzinsung behandelte, kodifizierte das Wehrbeitragsgesetz erstmals im öffentlichen Recht die bis dato bedeutsamste Form der Verzinsung im Steuerschuldrecht: die Erstattungsverzinsung. Dabei unterlässt es der Gesetz-

---

288 Protokoll zur 170. Sitzung des Reichstages vom 26.06.1913 S. 5816.

289 S.o.; § 12 Abs. 2 S. 2 des Zolltarifgesetzes vom 25.12.1902.

290 Hoffmann, Wehrbeitragsgesetz S. 83, § 52 Rn. 2.

291 Bericht der Kommission für den Reichshaushalts-Etat = Reichstagsdrucksache Nr. 1083/13 vom 24.06.1913 S. 2069.

292 Dies wurde auch in der Literatur bemängelt: Wank, Wehrbeitragsgesetz, S. 56 Fn. 1.

293 Rheinstrom, Wehrbeitragsgesetz 1. Aufl. S. 132, § 51 Rn. 6; Wortgleich in Rheinstrom, Wehrbeitragsgesetz 2. Aufl. S. 149, § 51 Rn. 6.

geber ausgerechnet im Gesetzestext den Teil zu bestimmen, der zuvor im Rahmen der Erstattungsverzinsung der streitbarste war: den Beginn der Verzinsung. War der Anspruch auf eine Erstattungsverzinsung seit der Aufgabe des Zinsprivilegs des Fiskus nie ernstlich bestritten worden, so wurde auf Basis der Zivilgesetze teils eine Verzinsung ab Entrichtung der Zahlung, teils ab Rechtshängigkeit und spätestens eine Verzinsung ab Rechtskraft eines auf Erstattung lautenden Urteils vertreten.[294]

Daneben fällt auf, dass obwohl das Preußische Königliche Oberverwaltungsgericht bereits grundsätzlich auch die Bereicherung des Steuerschuldners für abschöpfbar erachtete[295] und sowohl im Parlament, als auch in der Literatur Stimmen für eine Verzinsung zu Gunsten des Fiskus sprachen,[296] diese im Reichstag jedoch ohne eine umfassende Auseinandersetzung abgelehnt wurde.[297]

c) *Besitzsteuergesetz von 1913*

Neben dem Wehrbeitragsgesetz ist auch in das Besitzsteuergesetz (BStG) vom 03.07.1913 eine Regelung zur Verzinsung im Steuerschuldverhältnis eingeflossen. Dort hieß es fast wortgleich zu § 50 Wehrbeitragsgesetz:[298]

§ 69 BStG: *„Durch Einlegung eines Rechtsmittels wird die Erhebung der veranlagten Steuer zu den gesetzlichen Zahlungsfristen nicht aufgehalten. Die auf Grund rechtskräftiger Entscheidung zu erstattenden Beträge sind mit 4. v. H. für das Jahr zu verzinsen."*

Zur Finanzierung der im Rahmen der Wehrvorlage vorgesehenen Aufrüstung des Reichsheeres, bedurfte es neben dem Wehrbeitrag, der lediglich die Deckung der einmaligen Investitionen vorsah, der Erhebung weiterer Steuern, um den erhöhten, laufenden Finanzbedarf zu decken.[299] Zu diesem Zweck wurde unter anderem auch das Besitzsteuergesetz verabschiedet.[300] Es wurde unmittelbar nach

---

294 Hoffmann, Wehrbeitragsgesetz S. 81 f., § 50 Rn. 3. A.A.: Rheinstrom, Wehrbeitragsgesetz 2. Aufl. S. 147, § 50 Rn. 3a; Kahn/Obermeyer, Wehrbeitragsgesetz S. 106 f., § 50 Nr. II.

295 Bezirksverwaltungsgericht zu Königberg vom 04.04.1881 = Entscheidungen des Preußischen Oberverwaltungsgerichts Bd. 8 S. 16 (22).

296 Wank, Wehrbeitragsgesetz S. 56 Fn. 1.

297 Bericht der Kommission für den Reichshaushalts-Etat = Reichstagsdrucksache Nr. 1083/13 vom 24.06.1913 S. 2069.

298 RGBl. 1913, 524 = Finanzarchiv 1913, 348.

299 Mollat, Einführung in das Kriegssteuergesetz S. 1; Hoffmann, Wehrbeitragsgesetz S. 1; Rheinstrom, Besitzsteuergesetz S. IX; Mrozek, Besitzsteuergesetz S. VII.

300 Beusch, Besitzsteuergesetz und Kriegssteuergesetz S. 7; Mollat, Einführung in das Kriegssteuergesetz S. 1

dem Wehrbeitragsgesetz in der 173. Sitzung des Reichstages am 30.06.1913 beschlossen.[301] Beide Gesetze traten zeitgleich zum 07.03.1913 in Kraft.

Der Ursprung des Besitzsteuergesetzes geht auf den Entwurf des Gesetzes, betreffend der Änderung im Finanzwesen vom 28.03.1913 zurück.[302] Es sah zunächst eine Gestaltungsfreiheit der Länder vor, denen lediglich vorgeschrieben wurde, bis zum 01.04.1916 durch Einführung von – wahlweise oder auch kumulativ – einer Besteuerung der Erbschaft, der Einkünfte oder des Vermögens einen zusätzlichen Beitrag zum Reichshaushalt zu erheben.[303] Nur für den Fall, dass der Bundesrat feststellen sollte, dass eines der Länder seiner Steuererhebungsverpflichtung nicht nachkommen würde, sollte ein Besitzsteuergesetz zur Geltung kommen.[304] Dafür enthielt der Entwurf des Gesetzes, betreffend der Änderung im Finanzwesen bereits den Entwurf eines Besitzsteuergesetzes. Der Reichstag entschied sich jedoch dazu, von der Konzeption der Regierung abzuweichen und das Besitzsteuergesetzes unmittelbar als Reichsgesetz zu verabschieden.[305]

Das Besitzsteuergesetz baute nicht nur systematisch auf dem Wehrbeitragsgesetz auf, an vielen Stellen wurden die Ausführungen des Wehrbeitragsgesetzes sogar wörtlich übernommen.[306] Dabei ist der Name „Besitzsteuer" missverständlich.[307] Weder ging es darum den Besitzer zum Steuerschuldner zu erklären, noch wurde das Eigentum im Sinne des Vermögens besteuert. Steuergegenstand war ausschließlich der Vermögenszuwachs.[308] Teilweise firmierte es während der Beratungen daher auch unter der deutlich zutreffenderen Bezeichnung „Vermögenszuwachssteuergesetz".[309]

---

301 Protokoll zur 172. Sitzung des Reichstages vom 28.06.1913 S. 5893.

302 Rheinstrom, Besitzsteuergesetz S. IX.

303 Mrozek, Besitzsteuergesetz S. VII; Moesle, Wehrbeitrag S. VIII f.

304 Rheinstrom, Besitzsteuergesetz S. X; Mrozek, Besitzsteuergesetz S. VII.

305 Buck, Besitzsteuergesetz S. 16 f., Rheinstrom, Besitzsteuergesetz S. X; Mrozek, Besitzsteuergesetz S. VII.

306 Buck, Besitzsteuergesetz S. 5, 11.

307 Mollat, Einführung in das Kriegssteuergesetz S. 1; Merkel, Kriegssteuergesetz und Besitzsteuergesetz S. 37.

308 Merkel, Kriegssteuergesetz und Besitzsteuergesetz S. 37.

309 Vgl. u. a. Entwurf eines Gesetzes über Änderungen im Finanzwesen = Reichstagsdrucksache Nr. 872/13 vom 28.03.1913 S. 22; Begründung zum Entwurf Kriegssteuergesetzes = Reichstagsdrucksache Nr. 149/13 vom 26.11.1915 S. 5; Mollat, Einführung in das Kriegssteuergesetz S. 1; Beusch, Besitzsteuergesetz und Kriegssteuergesetz S. 5; Rheinstrom, Besitzsteuergesetz S. X; Merkel, Kriegssteuergesetz und Besitzsteuergesetz S. 37; Begründung zum Entwurf Kriegssteuergesetzes = Reichstagsdrucksache Nr. 149/13 vom 26.11.1915 S. 5.

Steuerbarer Vermögenszuwachs im Sinne des Besitzsteuergesetzes waren Schenkungen, Erbschaften, Spekulations- und Glückspielgewinne, Wertsteigerungen ausgewählter Vermögensgegenstände und Vermögensbildung aus Ersparnissen.[310]

(1) Verzinsung von Erstattungen

Der dem späteren § 69 BStG 1913 entsprechende § 62 des Regierungsentwurfes sah, ähnlich wie der Entwurf des Wehrbeitragsgesetzes, zunächst noch keine Verzinsung vor.[311] Erst im Zuge der letzten Beratung am 30.06.1913 stellte der spätere Finanzminister Matthias Erzberger zusammen mit Ernst Bassermann, *„und Genossen"*[312] den Antrag Nr. 1156, der vorsah, dass § 62 BStG-E um einen zweiten Satz *„Die auf Grund rechtskräftiger Entscheidung zu erstattenden Steuern sind mit 4 vom Hundert für das Jahr zu verzinsen."*[313] zu ergänzen ist.[314] Zu dem Antrag wurde weder eine Begründung gereicht, noch gab es eine Debatte im Reichstag.[315] Obwohl dem wortlautgleichen § 50 S. 2 WBG noch eine umfassende Diskussion voranging,[316] fand § 69 BStG 1913 (§ 62 BStG-E) kommentarlos die erforderliche Zustimmung.[317] Dies mag zum einen daran liegen, dass schon im Rahmen des § 50 S. 2 WBG die maßgebliche Diskussion nicht im Reichstag, sondern vorher in der Kommission geführt worden war.[318] Zum anderen aber auch daran, dass auf

310 Mrozek, Besitzsteuergesetz S. 2; Buck, Besitzsteuergesetz S. 12 f; Merkel, Kriegssteuergesetz und Besitzsteuergesetz S. 40.

311 Entwurf eines Gesetzes über Änderungen im Finanzwesen = Reichstagsdrucksache Nr. 872/13 vom 28.03.1913 S. 17.

312 Protokoll zur 173. Sitzung des Reichstages vom 30.06.1913 S. 5935.
Die Genossen im Einzelnen: Bassermann, Erzberger, Gothein, Gröber, von Paher, Schiffer und Südetum. Antrag Nr. 1156 = Reichstagsdrucksache Nr. 1156/13 vom 30.06.1913.

313 Antrag Nr. 1156 = Reichstagsdrucksache Nr. 1156/13 vom 30.06.1913.

314 Protokoll zur 173. Sitzung des Reichstages vom 30.06.1913 S. 5935.

315 Protokoll zur 173. Sitzung des Reichstages vom 30.06.1913 S. 5935.

316 Bericht der Kommission für den Reichshaushalts-Etat = Reichstagsdrucksache Nr. 1083/13 vom 24.06.1913 S. 2068.

317 Antrag Nr. 1156 = Reichstagsdrucksache Nr. 1156/13 vom 30.06.1913; Protokoll zur 173. Sitzung des Reichstages vom 30.06.1913 S. 5935.

318 Protokoll zur 170. Sitzung des Reichstages vom 26.06.1913 S. 5816; Bericht der Kommission für den Reichshaushalts-Etat = Reichstagsdrucksache Nr. 1083/13 vom 24.06.1913 S. 2068 f.
Auch Rheinstrom verweist in seiner Kommentierung zum Besitzsteuergesetz auf die Debatte der Kommission um die Einführung der Erstattungsverzinsung im Rahmen des Wehrbeitragsgesetz (Rheinstrom, Besitzsteuergesetz S. 229)

Grund der nahezu identischen Diskussionslage beim Wehrbeitragsgesetz knapp eine Woche zuvor, alle Argumente bereits ausgetauscht waren.[319] Nur durch die Annahme eines solchen, simultanen Gesetzgebungsprozesses zwischen Wehrbeitragsgesetz und Besitzsteuergesetz, lässt sich schließlich auch erklären, dass Erich Merkel in seiner Kommentierung zum Besitzsteuergesetz, den Erstattungszins als *„ganz neuer Grundsatz“*[320] bezeichnete, obwohl er schon zuvor wortgleich ins Wehrbeitragsgesetz eingeflossen war.[321]

(2) Verzinsung von Vorauszahlungen

§ 51 Absatz 2 des Wehrbeitragsgesetzes stellte es dem Beitragspflichtigen frei, die später fällig werdenden Beiträge im Voraus zu zahlen. Sofern die Vorauszahlungen mit mindestens drei Monaten Vorlauf entrichtet wurden, wurde dem Zensiten eine Verzinsung seiner Vorauszahlungen in Höhe von 4 % gewährt. Auch im Besitzsteuergesetz gab es für den Zensiten die Möglichkeit Vorauszahlungen zu leisten.

In § 70 Abs. 4 BStG 1913 hieß es dazu:[322]

§ 70 Abs. 4 BStG: *„Der Steuerpflichtige ist berechtigt, die Steuer für den Rest des ganzen Veranlagungszeitraums im voraus zu bezahlen.“*

Verglichen mit der Regel zu den Vorauszahlungen im Wehrbeitragsgesetz fällt auf, dass das Besitzsteuergesetz keinen zweiten Satz enthielt, der eine Verzinsung der Vorauszahlungen vorsah.[323]

Die Entscheidung, auf eine Verzinsung für Vorauszahlungen zu verzichten, scheint derart unzweifelhaft gewesen zu sein, dass es weder im Reichstag noch in der Kommission zu diesem Punkt zu einer Debatte kam. Einzig in einigen Kommentierungen des Besitzsteuergesetzes wurde auf diesen Unterschied zum Wehrbeitragsgesetz hingewiesen.[324] Dies überrascht zunächst, da sowohl der Erhebungszeitraum des Wehrbeitrages, als auch der der Besitzsteuer jeweils drei Jahre betrugen (§ 24 BStG).[325] Jedoch wurde schon beim Wehrbeitrag die Ver-

---

319 Bericht der Kommission für den Reichshaushalts-Etat = Reichstagsdrucksache Nr. 1083/13 vom 24.06.1913 S. 2068.

320 Merkel, Kriegssteuergesetz und Besitzsteuergesetz S. 68.

321 Merkel, Kriegssteuergesetz und Besitzsteuergesetz S. 68.

322 RGBl. 1913, 524 = Finanzarchiv 1913, 348.

323 Buck, Besitzsteuergesetz § 70, Nr. 2 S. 217.

324 U.A. Buck, Besitzsteuergesetz § 70, Nr. 2 S. 217; Rheinstrom, Besitzsteuergesetz S. 231.

325 Vgl. § 24 BStG: *„Die Entrichtung der Besitzsteuer verteilt sich auf einen dem Veranlagungszeitraum (§18) folgenden, mit dem 1. April beginnenden dreijährigen Zeitraum (Erhebungszeitraum).“*

zinsung auf Vorauszahlungen am durch sie verursachten Verwaltungsaufwand gemessen.[326] Für Vorauszahlungen mit einer Vorlaufzeit von weniger als drei Monaten sah § 51 Abs. 2 2 WBG keine Verzinsung vor. Es wurde folglich ein Mindestmaß an Zinserlös vorausgesetzt, um den verursachten Verwaltungsaufwand zu rechtfertigen. Das Wehrbeitragsgesetz besteuerte in der Spitze bis zu 2,5 % des Vermögens des Steuerpflichtigen. Zwar betrug der Spitzensteuersatz des Besitzsteuergesetzes ebenfalls 2,5 % (§ 25 BStG). Allerdings war die Bemessungsgrundlage nicht das gesamte Vermögen, sondern nur der Vermögenszuwachs.[327] Damit belastete das Wehrbeitragsgesetz den Steuerzahler regelmäßig um ein Vielfaches mehr als das Besitzsteuergesetz. Entsprechend höher war die Notwendigkeit Vorauszahlungen zu verzinsen.[328]

Eine andere mögliche Erklärung für die Abweichung des Besitzsteuergesetzes in dieser Frage ist, dass der Wehrbeitrag nur als vorübergehende Steuer angelegt war, die in drei Jahren auslaufen sollte.[329] Für diesen begrenzten Zeitraum wurden auch Kriegsanleihen ausgegeben, so dass eine gewisse Sicherheit bezüglich der anzusetzenden Höhe der Verzinsung gegeben war. Eine vergleichbare Sicherheit fehlte hingegen bei der Besitzsteuer, die unbefristet angelegt war.[330] Bei einer Dauer von mehreren Jahren musste insbesondere auf Grund der Gefahr eines Krieges, mit mittel- oder langfristigen Veränderungen von Inflation und Verzinsung gerechnet werden, die eine Anpassung des Zinssatzes erfordert hätten. Der Vorteil eines vereinfachten Verwaltungsverfahrens musste daher auch an der Unsicherheit von Zinswechseln gemessen werden. So hätte der Vorteil entfallen können, wenn durch eine Veränderung des Zinssatzes und einer daraus folgenden Notwendigkeit einer Berechnung der Zinsen für eine Vielzahl unterschiedlicher Fälle, zusätzlicher Verwaltungsaufwand entstanden wäre.

Gegen diesen Erklärungsansatz spricht jedoch, dass für Erstattungen auf Grund rechtskräftiger Entscheidungen ein fester Zinssatz normiert wurde.

326 Bericht der Kommission für den Reichshaushalts-Etat = Reichstagsdrucksache Nr. 1083/13 vom 24.06.1913 S. 2069.

327 Beusch, Besitzsteuergesetz und Kriegssteuergesetz S. 5.

328 Vgl.: Ludwig Buck zur Verzinsung vom Erstattungen auf Grund rechtskräftiger Entscheidung (Buck, Besitzsteuergesetz § 69 S. 216). Auch Buck erachten die Verzinsung nur auf Grund der außergewöhnlichen Höhe des Wehrbeitragsgesetzes für gerechtfertigt und berichtet, dass selbst dort die Zinsbeträge vielfach nur 1 Pfennig ausmachten.

329 Beusch, Besitzsteuergesetz und Kriegssteuergesetz S. 5; Norden/Friedländer, Das Kriegssteuergesetz S. 17.

330 Norden/Friedländer, Das Kriegssteuergesetz S. 17.

Wäre tatsächlich eine Änderung des Zinssatzes zu erwarten gewesen, hätte der Zinssatz dynamisch ausgestaltet oder aber in die Hände der Verwaltung und letztlich eines Gerichtes gelegt werden können. Schließlich musste dem Erstattungszins zwangsläufig ein gesondertes Verfahren vorangehen. In diesem Verfahren wäre die individuelle Bemessung eines angemessenen Zinssatzes möglich gewesen.

(3) Fazit

Bei der Betrachtung der Verzinsung im Rahmen des Besitzsteuergesetzes fällt besonders auf, dass sie stark an die Verzinsung des Wehrbeitragsgesetzes angelehnt war. So wurde die Verzinsung von Steuererstattungen kommentarlos in ein weiteres Gesetz übernommen und war damit auf dem Weg, sich im Steuerrecht als grundsätzliches Prinzip zu etablieren.

Während die Äußerung des Antragssteller bei der Einführung der Erstattungsverzinsung im Wehrbeitragsgesetz, *„Er wisse wohl, dass mit dem Antrag ein ganz neues Prinzip in die Reichsgesetzgebung eingeführt werde…"*,[331] zwar vor dem Hintergrund einer schon viele Jahre praktizierten Erstattungsverzinsung inhaltlich nicht zweifelsfrei ist, so lässt sie doch erahnen, dass die spezialgesetzliche Regelung nicht nur als einmalige Ausnahmeregelung erachtete wurde, sondern eine prinzipielle Veränderung der Steuergesetzgebung in diesem Punkt vorgesehen war.

Diese Prinzipienänderung erstreckte sich jedoch ausschließlich auf die Verzinsung von Steuererstattungen. Die Verzinsung von Vorauszahlungen wurde im Besitzsteuergesetz nicht übernommen. Durch diese Beschränkung wurde der Einführung eines weitergehenden, umfassenden Verzinsungsprinzips jedenfalls mittelbar zunächst eine Absage erteilt.

d) Kriegssteuergesetz von 1916

Ein weiterer, bedeutender Schritt in der Verzinsung von Steuerschuldverhältnissen, wurde mit der Verabschiedung des Kriegssteuergesetzes vom 21.06.1916 gemacht. Dort hieß es in § 31 III–V:[332]

§ 31 Abs. 3 KrStG: *„Vom 01. Juli 1917 ab sind die bis dahin noch nicht gezahlten Abgabebeträge mit fünf von hundert Jährlich zu verzinsen."*

331 Bericht der Kommission für den Reichshaushalts-Etat = Reichstagsdrucksache Nr. 1083/13 vom 24.06.1913 S. 2069.

332 RGBl. 1916, 561.

§ 31 Abs. 4 KrStG: *„Von dem im Voraus gezahlten Betrage sind fünf vom Hundert vom Tage der Einzahlung bis zum 1. Juli 1917 oder bis zum dem früheren Fälligkeitstag auf Verlangen des Steuerpflichtigen zu dessen Gunsten zu berechnen."*

§ 31 Abs. 5 KrStG: *„Die auf Grund rechtskräftiger Entscheidung zu erstattenden Beträge sind mit fünf vom Hundert für das Jahr zu verzinsen."*

Schon bald nach Kriegsausbruch entstand die Überlegung, durch eine gesonderte Kriegsgewinnbesteuerung, diejenigen stärker an den enormen Kosten des Krieges zu beteiligen, die durch den Verlauf des Krieges profitierten und ihr Vermögen mehren konnten, während zugleich der Großteil der Bevölkerung finanzielle Einbußen erlitt.[333] Zu diesem Zweck wurde die Erhebung einer einmaligen außerordentlichen Abgabe geplant, deren Bezeichnung zunächst noch offen gelassen wurde: Kriegsgewinnsteuer oder Kriegsvermögenszuwachssteuer.[334] Die Abgabe sollte maßgeblich an die Systematik des Besitzsteuergesetzes anknüpfen, jedoch darüber hinaus auch eine Abgabepflicht für juristische Personen enthalten.[335]

Zunächst erklärte der Staatssekretär des Reichsschatzamtes Karl Helfferich im Reichstag, dass beabsichtigt sei mit der Fertigstellung des Gesetzes bis zur Beendigung des Krieges zu warten, um den hohen, geplanten Steuersätzen und der damit verbundenen starken Belastung der Bürger gerecht zu werden.[336] Noch bevor der Bundesrat dem Reichstag den *„Entwurf eines Gesetzes über vorbereitende Maßnahmen*

333 Begründung zum Entwurf Kriegssteuergesetzes = Reichstagsdrucksache Nr. 149/13 vom 26.11.1915 S. 5; Protokoll zur 21. Sitzung des Reichstages vom 30.11.1915 S. 420; Begründung zum Entwurf eines Kriegsgewinnsteuergesetzes = Reichstagsdrucksache Nr. 223/13 vom 13.03.1916 S. 9 11 f.; Stier-Somlo, Kriegssteuergesetz und Besitzsteuergesetz 2. Aufl. S. 5; Strutz, Kriegssteuergesetz S. 2 f.; Beusch, Besitzsteuergesetz und Kriegssteuergesetz S. 52 ff.; Zimmermann, Kriegsgewinn- und Besitzsteuergesetz S. 1; Norden/Friedländer, Das Kriegssteuergesetz S. 10.

334 Begründung zum Entwurf Kriegssteuergesetzes = Reichstagsdrucksache Nr. 149/13 vom 26.11.1915 S. 5; Merkel, Kriegssteuergesetz und Besitzsteuergesetz S. 5.

335 Begründung zum Entwurf Kriegssteuergesetzes = Reichstagsdrucksache Nr. 149/13 vom 26.11.1915 S. 5; Protokoll zur 21. Sitzung des Reichstages vom 30.11.1915 S. 420; Strutz, Kriegssteuergesetz S. 3; Zimmermann, Kriegsgewinn- und Besitzsteuergesetz S. 1.

336 Protokoll zur 14. Sitzung des Reichstages vom 20.08.1915 S. 223; Strutz, Kriegssteuergesetz S. 4; Zimmermann, Kriegsgewinn- und Besitzsteuergesetz S. 1 (fälschlicherweise mit dem Verweis auf die Sitzung des Reichstages vom 21. August 1915).

zur Besteuerung der Kriegsgewinne"[337] vorlegte,[338] korrigierte Helfferich jedoch, dass man ihn nicht richtig verstanden habe und lediglich mit der „*Erhebung der Steuer*"[339] gewartet werden solle.[340] Wenige Monate nach der Verabschiedung des Gesetzes über vorbereitende Maßnahmen zur Besteuerung der Kriegsgewinne am 20.12.15 nahm der Reichstag in der Folge die Beratung des Kriegssteuergesetzes[341] auf.[342] Im März 1916 zwang der andauernde Krieg Helfferich schließlich, erneut seine erklärten Absichten vor dem Reichstag zu korrigieren.[343] Der zunehmende Finanzbedarf drängte den Reichstag zur ersten Kriegssteuervorlage, die dem Reichshaushalt weitere Steuerquellen erschließen sollte. Im Rahmen dieser Vorlage war auch vorgesehen, dass die Erhebung der Kriegssteuer bereits vor dem Ende des Krieges erfolgen sollte.[344]

Das verabschiedete Gesetz bestand aus drei Elementen der Besteuerung:[345]

1. Einer Abgabe vom Vermögensbestand, sofern dieser sich im Laufe des Krieges nicht um mehr als 10 % gemindert hatte („*Nichtverminderungsabgabe*"[346]);
2. Einer Abgabe vom Vermögenszuwachs;
3. Einer Mehrgewinnabgabe, die den Mehrgewinn von Gesellschaften erfasste, sofern während des Krieges ein solcher erzielt werden konnte.

Damit kombinierte es Elemente aus dem Wehrbeitragsgesetz und dem Besitzsteuergesetz.

---

337 Entwurf eines Gesetzes über vorbereitende Maßnahmen zur Besteuerung der Kriegsgewinne = Reichstagsdrucksache Nr. 149/13 vom 26.11.1915.

338 Protokoll zur 21. Sitzung des Reichstages vom 30.11.1915 S. 422.
Protokoll zur 24. Sitzung des Reichstages vom 20.12.1915 S. 460; Stier-Somlo, Kriegssteuergesetz und Besitzsteuergesetz 2. Aufl. S. 6 f.

339 Protokoll zur 21. Sitzung des Reichstages vom 30.11.1915 S. 422.

340 Protokoll zur 21. Sitzung des Reichstages vom 30.11.1915 S. 422; Vgl. § 31 Abs. 1 KrStG; Strutz, Kriegssteuergesetz S. 4.

341 Der amtliche Name wurde zwischen der Verfassung des Entwurfes und der Verabschiedung des Gesetzes von „Kriegsgewinnsteuergesetz" zu „Kriegssteuergesetz" geändert (Norden/Friedländer, Das Kriegssteuergesetz S. 9 f.).

342 Protokoll zur 24. Sitzung des Reichstages vom 20.12.1915 S. 498; Protokoll zur 35. Sitzung des Reichstages vom 23.03.1916 S. 777; Protokoll zur 35. Sitzung des Reichstages vom 23.03.1916 S. 782.

343 Protokoll zur 34. Sitzung des Reichstages vom 16.03.1916 S. 768 ff.

344 Koppe/Varnhagen, Umsatzsteuergesetz S. X.

345 RGBl. 1916, 561 ff.; Merkel, Kriegssteuergesetz und Besitzsteuergesetz S. 5 f.; Mollat, Einführung in das Kriegssteuergesetz S. 2, Beusch, Besitzsteuergesetz und Kriegssteuergesetz S. 59.

346 Stier-Somlo, Kriegssteuergesetz und Besitzsteuergesetz 1. Aufl. S. 11.

(1) Verzinsung von Vorauszahlungen

Bereits im Entwurf (KrStG-E) vom 13.03.1916 hieß es:[347]

§ 36 Abs. 3 S. 3 KrStG-E: *„Von dem im Voraus gezahlten Betrage sind fünf vom Hundert vom Tage der Einzahlung bis zum gesetzlichen Fälligkeitstage auf Verlangen des Steuerpflichtigen zu dessen Gunsten zu berechnen."*

In der endgültigen Fassung des Kriegssteuergesetzes[348] (KrStG) vom 21.06.1916 befand sich die Regel zur Verzinsung der Vorauszahlungen nahezu gleichlautend in § 31 IV. Es wurde lediglich der im Entwurf noch unbestimmte, gesetzliche Fälligkeitstag durch den Stichtag 01.07.1917 ersetzt, sofern die tatsächliche Fälligkeit sich nicht bereits früher ergab.

§ 31 Abs. 4 KrStG: *„Von dem im Voraus gezahlten Betrage sind fünf vom Hundert vom Tage der Einzahlung bis zum ~~gesetzlichen Fälligkeitstage~~ 1. Juli 1917 oder bis zum dem früheren Fälligkeitstag auf Verlangen des Steuerpflichtigen zu dessen Gunsten zu berechnen."*[349]

Damit sah das Kriegssteuergesetz zum zweiten Mal seit dem Wehrbeitragsgesetz 1913 eine Verzinsung von freiwilligen Vorauszahlungen vor. Einer vorherigen Veranlagung bedurfte es, wie schon beim Wehrbeitragsgesetz, nicht.[350] Während beim Besitzsteuergesetz trotz Übernahme der Erstattungsverzinsung noch kommentarlos auf die Verzinsung von Vorauszahlungen verzichtet worden war, wurde dieses Prinzip im Kriegssteuergesetz, gleichfalls undebattiert, wieder aufgenommen.[351]

Dies bestätigt die im Abschnitt „*Verzinsung von Vorauszahlungen*" zum Besitzsteuergesetz gemachten Überlegungen, dass der Reichsgesetzgeber die Verzinsung auf Vorauszahlungen im Rahmen einer Aufwand/Nutzen-Rechnung an die Dauer des Vorauszahlungszeitraumes und die Höhe der Belastung der Bürger

---

347 Begründung zum Entwurf eines Kriegsgewinnsteuergesetzes = Reichstagsdrucksache Nr. 223/13 vom 13.03.1916 S. 9 9.

348 Der amtliche Name wurde von der Verfassung des Entwurfes bis zur Verabschiedung des Gesetzes von „Kriegsgewinnsteuergesetz" zu „Kriegssteuergesetz" geändert.

349 RGBl. 1916, 561.

350 § 40 AusfAnw. Abgedruckt in Buck, Kriegssteuergesetz S. 389; Stier-Somlo, Kriegssteuergesetz und Besitzsteuergesetz 2. Aufl. S. 354.

351 Der Begriff der Erstattungsverzinsung beschränkt sich innerhalb dieser Ausführungen auf die Verzinsung von Steuererstattungen denen eine zu hohe Veranlagung zu Grunde liegt. Erstattungen überhöhter freiwilliger Vorauszahlungen beinhaltet hingegen die Vorauszahlungsverzinsung.

geknüpft hat.[352] So ergab sich nicht nur der Veranlagungszeitraum des Kriegsgewinnsteuergesetzes in drei über mehrere Jahre verteilte Raten, wie es schon beim Wehrbeitragsgesetz der Fall war, sondern nahm auch die Steuerbelastung einen ähnlich einschneidenden Umfang an.[353] Sie konnte für natürliche Personen auf bis zu 50 % des Vermögenszuwachses[354] zuzüglich 0,1 % des Vorkriegsvermögens ansteigen[355]. Für juristische Personen konnte sich eine Besteuerung von bis 45 % des im einschlägigen Zeitraum erwirtschafteten Gewinnes ergeben.[356] Die steuerliche Belastung konnte damit mehr als das Zwanzigfache des ursprünglichen Besitzsteuergesetzes erreichen.[357]

Zudem teilten sich das Wehrbeitragsgesetz und das Kriegssteuergesetz die Gemeinsamkeit einer einmaligen, außerordentlichen Besteuerung, während das Besitzsteuergesetz eine regelmäßig wiederkehrende Besteuerung vorsah. Dies vereinfachte die Berechnungen der Vorauszahlungsverzinsung.

Auch konnten mit den Erfahrungen der Steuererhebung im Rahmen des Wehrbeitragsgesetzes die zunächst in dessen Gesetzgebungsverfahren gemachten Bedenken gegen einen unverhältnismäßigen Verwaltungsaufwand aus dem Weg geräumt werden.[358]

Allerdings war, anders als noch beim Wehrbeitragsgesetz, beim Kriegssteuergesetz keine mit § 64 Abs. 2 Ausf. WBG vergleichbare Regelung zu finden, die vorsah, dass eine über den insgesamt geschuldeten Betrag hinausgehende Voraus-

---

352 Vgl. A.I.3.c)(2) Verzinsung von Vorauszahlungen S. 72ff.

353 Ursprünglich sollte das Kriegssteuergesetz in einer einzelnen Rate erhoben werden. Erst in der Kommission wurde der Vorschlag (Antrag Nr. 259) eingebracht, die Erhebung auf drei Raten auszuweiten (Bericht der Kommission für den Reichshaushalts-Etat = Reichstagsdrucksache Nr. 320/13 vom 27.05.1916 S. 581; Bericht der Kommission für den Reichshaushalts-Etat = Reichstagsdrucksache Nr. 320/13 vom 27.05.1916 S. 628; Koppe/Varnhagen, Kriegssteuergesetz und Besitzsteuergesetz S. 209).

354 § 9 Abs. 1 Nr. 1 KrStG. Mollat, Einführung in das Kriegssteuergesetz S. 7.

355 § 9 Abs. 1 Nr. 2 KrStG. Steuerpflichtig war das Vermögen nur soweit es 90 % des Vorkriegsvermögens überstieg. Sofern ein Vermögenszuwachs erzielt werden konnte unterfiel dieser der Vermögenszuwachsbesteuerung. Somit konnten maximal 10 % des Vorkriegsvermögens mit dem pauschalen Steuersatz von 1 % besteuert werden. Dies entspricht einer maximalen Besteuerung des Vorkriegsvermögens von 0,1 %. Vgl. Beispielrechnungen bei Mollat, Einführung in das Kriegssteuergesetz S. 13 f.

356 § 19 KrStG, Mollat, Einführung in das Kriegssteuergesetz S. 25 f.

357 Protokoll zur 34. Sitzung des Reichstages vom 16.03.1916 S. 772.

358 Bericht der Kommission für den Reichshaushalts-Etat = Reichstagsdrucksache Nr. 1083/13 vom 24.06.1913 S. 2069.

zahlung zu erstatten oder gar zu verzinsen war. § 40 Abs. 3 Ausf. KrStG[359] sah einzig den umgekehrten Fall vor, indem die Vorauszahlung hinter der Steuerschuld zurückblieb. Die Leistung von Vorauszahlungen war für den Zensiten jedoch – anders als noch bei Wehrbeitragsgesetz – ohnehin nicht zweckmäßig. Während beim Wehrbeitragsgesetz §§ 64 Abs. 2 S. 3, 60 Abs. 4 S. 1,2 Ausf. WBG den Zinslauf für Erstattungen des Wehrbeitrages bis zur tatsächlichen Rückzahlung erstreckten, begrenzte § 31 Abs. 4 KrStG den Zinslauf von Vorauszahlungen der Kriegssteuer auf den Zeitraum bis zum 01.07.1917.

(2) Verzinsung von Erstattungen

Bemerkenswert ist, dass sich der Entwurf des Kriegssteuergesetzes auf eine Vorauszahlungsverzinsung beschränkte, obwohl schon das Wehrbeitragsgesetz und sogar das Besitzsteuergesetz eine Erstattungsverzinsung vorsahen.[360] Da dem Kriegssteuergesetz das Wehrbeitragsgesetz und insbesondere das Besitzsteuergesetz zu Grunde lagen,[361] zahlreiche Formulierungen übernommen wurden und es sogar direkte Verweise enthält,[362] muss der Verzicht auf diese Verzinsung im Gesetzesentwurf als bewusste Entscheidung betrachtet werden. Möglicherweise bezog das Reichsschatzamt, welches die Regierungsentwürfe vorbereitete, auf diese Weise gegen eine Erstattungsverzinsung Position.[363] Denn auch schon die Entwürfe des Wehrbeitragsgesetzes und des Besitzsteuergesetzes sahen keine Erstattungsverzinsung vor.[364] Die Erstattungsverzinsung wurde jeweils erst im Rahmen der laufenden Beratungen durch den Reichstag, beziehungsweise durch die Kommission für den Reichshaushaltsetat, ergänzt.[365] Dafür spricht auch, dass das Reichsschatzamt ein Interesse an der Vermeidung von finanziellen Aufwendungen für Zinsleistungen hatte und dass Vertreter des Reichsschatzamtes gegen

359 Rheinstrom/Blum, Ausf. Kriegssteuergesetz S. 22.

360 § 50 WBG, § 69 BStG.

361 Buck, Kriegssteuergesetz S. 97; Norden/Friedländer, Das Kriegssteuergesetz S. 17.

362 Vgl. u. a. §§ 1–5 KrStG.

363 Bereits Gerhard Lassar begründet, dass der Entwurf des Besitzsteuergesetzes nicht seitens des Reichsschatzamtes um eine Erstattungsverzinsung ergänzt wurde (Lassar, Der Erstattungsanspruch S. 184).

364 Entwurf eines Wehrbeitragsgesetzes = Reichstagsdrucksache Nr. 871/13 vom 28.03.1913 S. 12; Entwurf eines Gesetzes über Änderungen im Finanzwesen = Reichstagsdrucksache Nr. 872/13 vom 28.03.1913 S. 17.

365 Protokoll zur 173. Sitzung des Reichstages vom 30.06.1913 S. 5935; Bericht der Kommission für den Reichshaushalts-Etat = Reichstagsdrucksache Nr. 1083/13 vom 24.06.1913 S. 2068 f.

die Einführung der Erstattungsverzinsung im Rahmen des Wehrbeitragsgesetzes „*entschiedenen und grundsätzlichen Widerspruch*"[366] erhoben hatten.[367]

Gleichwohl kam es bereits im Rahmen der ersten Lesung der vom Reichstag eingesetzten Kommission für den Reichshaushaltsetat zur Stellung des Antrages Nr. 263,[368] der vorsah, § 36 KrStG-E um einen Absatz zu ergänzen:

> „*Die auf Grund rechtskräftiger Entscheidung zu erstattenden Beträge sind mit 5 vom Hundert für das Jahr zu verzinsen.*"[369]

Zur Begründung wurde angeführt, dass die Erstattungsverzinsung sich im Rahmen des Wehrbeitragsgesetzes bewährt habe, da weiterhin unabgeschlossene Streitfälle vorlägen.[370] Der Antrag fand die nötige Zustimmung und blieb auch im Reichstag ohne weitere Beanstandungen.[371]

(3) Verzinsung von Nachzahlungen

In direktem Zusammenhang mit der Erstattungsverzinsung schlug ein im Protokoll nicht namentlich benannter Abgeordneter der Kommission die Einführung einer bis dato den Reichssteuergesetzen unbekannten, neuen Verzinsung vor.[372] Neben der Erstattung zu Gunsten des Zensit im Falle einer rechtskräftigen Entscheidung sollte § 36 KrStG-E durch Antrag Nr. 264 um einen Absatz ergänzt werden und eine Verzinsung zu Gunsten des Reiches eingeführt werden.[373] Der Gedanke neben einer Verzinsung von verfrühten (Vorauszahlungsverzinsung)

---

366 Bericht der Kommission für den Reichshaushalts-Etat = Reichstagsdrucksache Nr. 1083/13 vom 24.06.1913 S. 2069.

367 Bericht der Kommission für den Reichshaushalts-Etat = Reichstagsdrucksache Nr. 1083/13 vom 24.06.1913 S. 2069.

368 Bericht der Kommission für den Reichshaushalts-Etat = Reichstagsdrucksache Nr. 320/13 vom 27.05.1916 S. 536.

369 Bericht der Kommission für den Reichshaushalts-Etat = Reichstagsdrucksache Nr. 320/13 vom 27.05.1916 S. 581.

370 Bericht der Kommission für den Reichshaushalts-Etat = Reichstagsdrucksache Nr. 320/13 vom 27.05.1916 S. 581.

371 Bericht der Kommission für den Reichshaushalts-Etat = Reichstagsdrucksache Nr. 320/13 vom 27.05.1916 S. 581.

372 Bericht der Kommission für den Reichshaushalts-Etat = Reichstagsdrucksache Nr. 320/13 vom 27.05.1916 S. 581; Stier-Somlo, Kriegssteuergesetz und Besitzsteuergesetz 2. Aufl. S. 354; Strutz, Kriegssteuergesetz S. 436; Koppe/Varnhagen, Kriegssteuergesetz und Besitzsteuergesetz S. 209.

373 Bericht der Kommission für den Reichshaushalts-Etat = Reichstagsdrucksache Nr. 320/13 vom 27.05.1916 S. 581.

und überhöhten Zahlungen (Erstattungsverzinsung), die jeweils vom Staat an den Bürger zu leisten waren, auch eine korrespondierende Verzinsung zu Gunsten des Staates einzuführen kam schon viele Jahre zuvor auf, als das Preußische Königliche Oberverwaltungsgericht die durch verspätete Steuerentrichtung erlangte Bereicherung des Steuerschuldners grundsätzlich für abschöpfbar erachtete.[374] In die gleiche Richtung zielten die Einwendungen eines Vertreters des Reichsschatzamtes im Jahr 1913, als er im Rahmen der Debatte um eine Ergänzung des Wehrbeitragsgesetzes um eine Erstattungsverzinsung äußerte, dass durch eine solche Verzinsung auch korrespondierende „*Verzugsverzinsen*"[375] zu Gunsten des Staates notwendig seien.[376] Sein Begehren fand allerdings im Jahr 1913, anders als der Antrag des Abgeordneten im Jahr 1916, noch keine Mehrheit im Plenum.

Letztlich wurde jedoch 1916 nicht nur die Ergänzung einer reinen Verzugsverzinsung beantragt, sondern eine darüberhinausgehende Verzinsung, die grundsätzlich unabhängig zur Fälligkeit, an einem fixen Tag einsetzen sollte, auch ohne dass bereits ein entsprechender Veranlagungsbescheid zugestellt worden war.[377] Die Verzinsung deckte damit beide Fälle der Zahlung nach Ablauf eines Veranlagungszeitraumes ab: Die Säumnis bei Fälligkeit der Steuerschuld und die schlichte Nachforderung ohne Eintritt der Fälligkeit. Der Zinslauf sollte am 01.07.1917 beginnen und erst mit der Entrichtung der Steuer enden.

> *„Soweit die Abgabe nicht bis zum 1. Juli 1917 bezahlt ist, ist sie von diesem Tage ab mit 5 vom Hundert jährlich zu verzinsen."*[378]

Der Antrag auf die Ergänzung einer Verzinsung, die mit einem festen Stichtag beginnen sollte, wurde mit den Erfahrungen der Praxis begründet.[379] Der empfehlende Abgeordnete schilderte einen ihm bekannten Fall, in dem sich die

374 Bezirksverwaltungsgericht zu Königberg vom 04.04.1881 = Entscheidungen des Preußischen Oberverwaltungsgerichts Bd. 8 S. 16 (22).

375 Bericht der Kommission für den Reichshaushalts-Etat = Reichstagsdrucksache Nr. 1083/13 vom 24.06.1913 S. 2069.

376 Bericht der Kommission für den Reichshaushalts-Etat = Reichstagsdrucksache Nr. 1083/13 vom 24.06.1913 S. 2069.

377 Strutz, Kriegssteuergesetz S. 436; Koppe/Varnhagen, Kriegssteuergesetz und Besitzsteuergesetz S. 209; Zimmermann, Kriegsgewinn- und Besitzsteuergesetz S. 79; Stier-Somlo, Kriegssteuergesetz und Besitzsteuergesetz 2. Aufl. S. 354.

378 Bericht der Kommission für den Reichshaushalts-Etat = Reichstagsdrucksache Nr. 320/13 vom 27.05.1916 S. 581.

379 Bericht der Kommission für den Reichshaushalts-Etat = Reichstagsdrucksache Nr. 320/13 vom 27.05.1916 S. 581.

Steuerbehörde und der Steuerschuldner über eine längere Phase nicht über die Veranlagung des Grundbesitzes einigen konnten.[380] Ohne eine Einigung oder eine rechtskräftige Entscheidung hätte im Fall die Steuer jedoch nicht erhoben werden können, so dass der Zensit weiter in den Genuss kam, Zinsen aus dem Kapital zu ziehen. „(Demnach) *werde es richtig sein, im Gesetz einen Zeitpunkt festzusetzen, von dem aus die Abgabe mit fünf von Hundert zu verzinsen sei.*“, äußerte der Abgeordnete.[381]

Die Begründung des Abgeordneten lässt die Intention der vorgeschlagenen Verzinsung sehr deutlich erkennen. Die Verzinsung sollte dem Steuerschuldner den Zinsvorteil nehmen, den dieser aus einem langen Verfahren ziehen konnte. Das Vorliegen eines Verzuges oder eines Verschuldens wurde hingegen nicht vorausgesetzt, wie das vom Abgeordneten angeführte Beispiel aufzeigt. Damit besitzt diese erste Form einer Nachzahlungsverzinsung den Charakter einer Kondiktion. Sie unterscheidet sich von der im Jahr 1913 von Vertretern des Reichsschatzamtes als „*Verzugsverzinsung*“ vorgeschlagenen Verzinsung, die jedenfalls ihrem Namen nach nicht dem Bereicherungsrecht, sondern dem Schadenersatz zuzuordnen gewesen wäre.[382]

Mit § 31 Abs. 3 KrStG wurde erstmals eine Verzinsung zu Gunsten des Fiskus in das deutsche Steuerrecht aufgenommen.[383]

(4) Allererste Vollverzinsung

Der Begriff der Vollverzinsung beschreibt eine „*Verzinsung von Steuernachzahlungen und Steuererstattungen unabhängig vom Zeitpunkt der Fälligkeit der Beträge für einen Zeitraum nach der Entstehung des jeweiligen Anspruchs bis zu dessen Festsetzung bzw. Zahlung.*“[384] Mit dem Zusammenspiel der Erstattungsverzinsung, der Verzinsung von Vorauszahlungen und der Nachzahlungsverzinsung wurde im Rahmen des Kriegssteuergesetzes erstmalig im deutschen Steuerrecht eine

380 Bericht der Kommission für den Reichshaushalts-Etat = Reichstagsdrucksache Nr. 320/13 vom 27.05.1916 S. 581.

381 Bericht der Kommission für den Reichshaushalts-Etat = Reichstagsdrucksache Nr. 320/13 vom 27.05.1916 S. 581.

382 Bericht der Kommission für den Reichshaushalts-Etat = Reichstagsdrucksache Nr. 1083/13 vom 24.06.1913 S. 2069.

383 Stier-Somlo, Kriegssteuergesetz und Besitzsteuergesetz 2. Aufl. S. 354; Strutz, Kriegssteuergesetz S. 436.

384 Unterrichtung durch die Bundesregierung vom 06.01.1978 = BT-Drucksache 8/1410 S. 4; Begründung zum Entwurf eines Steuerreformgesetzes 1990 vom 19.04.1988 = BT-Drucksache 11/2157 S. 118.

Form der Vollverzinsung kodifiziert. Im Vergleich zur heutigen Vollverzinsung in § 233a AO gab es jedoch noch wesentliche Unterscheide.

Zum einen kannte das Kriegssteuergesetz noch keine generelle Karenzzeit, wie sie heute in § 233a Abs. 2 AO normiert ist. Erstattungen waren im Rahmen einer Ist-Verzinsung ab ihrer tatsächlichen Zahlung zu verzinsen. Lediglich für Nachzahlungen konnte es zu einer Art Karenzzeit kommen, da die Fälligkeit in Einzelfällen bereits vor dem Stichtag am 01.07.1917 lag und damit die Entstehung des Anspruches vor den Beginn des Zinslaufes fiel.

Zum anderen bestand die Möglichkeit, freiwillige Vorauszahlungen zu leisten, für die der Steuerschuldner eine Verzinsung erhielt. Die Verzinsung beschränkte sich zwar auf den Zeitraum vor dem 01.07.1917. Durch die Leistung freiwilliger Vorauszahlungen konnte der Zensit jedoch der Verpflichtung entgegenwirken, ab dem 01.07.1917 selbst Nachzahlungszinsen leisten zu müssen.

(5) Verzinsung von Stundungen

Da das Kriegssteuergesetz, anders als noch das Wehrbeitragsgesetz (§52 WBG) und das Besitzsteuergesetz (§ 71 BStG), keine explizite Regelung zur Stundung von Steuerforderungen enthielt, war zunächst unklar, ob die Regelungen des Besitzsteuergesetzes zur Stundung auf das Kriegssteuergesetz übertragbar waren.[385] Zwar gab es in § 36 KrStG einen weitgehenden Verweis auf das Besitzsteuergesetz. Dieser erfasste jedoch nur die Anwendung der §§ 78 bis 83 BStG 1913 und schloss damit nicht die Stundung in § 71 BStG 1913 mit ein. Ein Verweis auf § 71 BStG 1913 konnte damit nur aus § 25 Abs. 2 KrStG abgeleitet werden, der als Generalverweis die Vorschriften zur Erhebung und Veranlagung des Besitzsteuergesetzes für anwendbar erklärte.[386]

Letztendlich wurde überwiegend die Möglichkeit zur Gewährung einer Stundung angenommen, da es keine besondere Regelung gab, welche die Anwendbarkeit der Stundungsregeln ausgeschlossen hätte.[387] Angesichts der enormen Belastung für den Zensiten und der Vergleichbarkeit mit dem Besitzsteuergesetz oder dem Wehrbeitragsgesetz ist auch nicht ersichtlich, dass der Gesetzgeber beim Kriegssteuergesetz eine bewusste Ausnahme von der bisherigen Systematik vornehmen wollte.

385 Stier-Somlo, Kriegssteuergesetz und Besitzsteuergesetz 2. Aufl. S. 357.

386 Zimmermann, Kriegsgewinn- und Besitzsteuergesetz S. 79.

387 Zimmermann, Kriegsgewinn- und Besitzsteuergesetz S. 79; Buck, Kriegssteuergesetz S. 389; Koppe/Varnhagen, Kriegssteuergesetz und Besitzsteuergesetz S. 204 f.; Norden/Friedländer, Das Kriegssteuergesetz S. 172. A.A. Stier-Somlo, Kriegssteuergesetz und Besitzsteuergesetz 2. Aufl. S. 357.

Von der Wirkung der Stundung sollte jedoch die stichtagsbezogene Verzinsung des § 31 Abs. 3 KrStG unbetroffen bleiben.[388] In der Folge kam es erstmalig seit der Stundungsverzinsung im Rahmen des Zolltarifgesetzes 1902 zu einer faktischen Stundungsverzinsung. Anders als im Zolltarifgesetzes 1902 oder in der gegenwärtige Stundungsverzinsung in § 234 AO handelt es sich dabei jedoch nicht um eine originäre Stundungsverzinsung, sondern lediglich – als Reflex der Beschränkung der Stundungswirkung auf die Steuerforderung selbst – um einen Fortlauf der stichtagsbezogenen Nachzahlungsverzinsung für gestundete Forderungen.

(6) Fazit

Mit der Vollverzinsung im Kriegssteuergesetz wurde erstmalig der Versuch unternommen, die Zeitkomponente in der Steuererhebung zu neutralisieren. Unabhängig davon, ob die Steuerschuld durch eine freiwillige Vorauszahlung vor dem 01.07.1917, möglicherweise sogar noch vor der Veranlagung erfolgte, die Steuerschuld erst nach dem 01.07.1917 bedient wurde oder der Zensit eine Steuererstattung erwarten konnte, wurde nicht länger eine betragsmäßige Gleichbehandlung verfolgt, sondern durch die umfassende Verzinsung in § 31 KrStG eine wertmäßige Gleichbehandlung. Selbst die Stundung sollte lediglich die Erhebung aussetzen, nicht jedoch den Zinslauf beeinträchtigen.

e) Gesetz über die Besteuerung des Personen- und Güterverkehrs von 1917

Der Vollständigkeit halber ist noch auch kurz das Gesetz über die Besteuerung des Personen- und Güterverkehrs (GBPG) von 1917 hinzuweisen. Ohne besondere Neuerungen zu bringen, reihte es sich in die gängige Praxis der Steuergesetzgebung ein und normierte in § 20 Abs. 2 GBPG 1917 eine Erstattungsverzinsung:

> § 20 Abs. 2 GBPG: *„Die auf Grund rechtkräftiger Entscheidung zu erstattenden Steuern sind 5 vom Hundert für das Jahr zu verzinsen.“*

Erst in der ersten Sitzung des Ausschusses für den Reichshaushalt wurde, unter Hinweis auf eine entsprechende Regelung des Besitzsteuergesetzes, eine Erstattungsverzinsung ergänzt.[389] Wie schon zuvor hatte das Reichsschatzamt im

388 Buck, Kriegssteuergesetz S. 389.

389 Bericht des Ausschusses für den Reichhaushalt = Reichstagsdrucksache Nr. 709/13 vom 02.03.1917 S. 1311, 1319, 1320.

vorbereitenden Entwurf zunächst keine Erstattungsverzinsung vorgesehen.[390] Der bereits im Rahmen des Kriegssteuergesetzes aufkommende Eindruck einer systematischen Unterschlagung der gängigen Praxis durch das Reichsschatzamt, wird dadurch weiter bekräftigt.

f) Umsatzsteuergesetz von 1918

Auch im Bereich der indirekten Steuern etablierte sich eine umfassende Verzinsung. Nachdem das Zolltarifgesetz 1902 sich auf eine Stundungsverzinsung beschränkte und das Gesetz über die Besteuerung des Personen- und Güterverkehrs 1917 lediglich einen Anspruch auf eine Erstattungsverzinsung kannte – der auch ohne das Gesetz bereits aus dem Bürgerlichen Gesetzbuch bestanden hätte –, wurde mit dem Umsatzsteuergesetz von 1918 eine weitergehende Verzinsung im Bereich der indirekten Besteuerung in einem Reichssteuergesetz normiert.

§ 23 Abs. 3 UStG: *„Die auf Grund unanfechtbarer Entscheidung zu erstattenden Steuerbeträge sind vom Tage ihrer Entrichtung mit fünf vom Hundert zu verzinsen."*

§ 24 Abs. 2 UStG: *„Wird die Steuer nicht im Falle des § 16 Abs. 1 innerhalb dreier Monate und im Falle des § 16 Abs. 2* (Luxussteuer) *innerhalb eines Monates nach Schluß des Steuerabschnitts gezahlt, so sind neben der Steuer Zinsen in Höhe von fünf vom Hundert, vom Ablauf dieser Fristen gerechnet, zu entrichten; diese Verpflichtung tritt nicht ein, wenn der geschuldete Steuerbetrag eintausend Mark nicht überschreiet."*

§ 24 Abs. 3 S. 2 UStG: *„Die Abschlagzahlungen sind bei der Festsetzung der für das folgenden Kalenderjahr fällig werdenden Steuern auf diese anzurechnen; ein hiernach etwa zuviel gezahlter Betrag ist nebst Zinsen in Höhe von fünf vom Hundert vom Tage der Entrichtung des überschießenden Betrags ab dem Steuerpflichtigen zurückzuzahlen."*

Die Verzinsung im Umsatzsteuergesetz von 1918 knüpft erkennbar an die Verzinsungsnormen der voran gegangenen Gesetze an.[391] Bereits der erste Entwurf des UStG 1918 enthielt in §§ 19 Abs. 3 und 20 II, Abs. 3 die Erstattungsverzinsung und die Nachzahlungsverzinsung in der Form, in der sie letztlich ins finale Gesetz flossen.

---

390 Entwurf eines Gesetzes über die Besteuerung des Personen- und Güterverkehrs = Reichstagsdrucksache Nr. 631/13 vom 26.06.1913 S. 6.

391 Ausdrückliche Bezugnahme auf das Kriegssteuergesetz bereits in der Gesetzesbegründung: Begründung zum Entwurf eines Umsatzsteuergesetzes = Reichstagsdrucksache Nr. 1461/13 vom 27.04.1918 S. 41.

(1) Verzinsung von Erstattungen

Der Wortlaut der Erstattungsverzinsung in § 23 Abs. 3 UStG 1918 entspricht weitgehend der Erstattungsverzinsung des Wehrbeitragsgesetzes, des Besitzsteuergesetzes und des Kriegssteuergesetzes. Jedoch wurde eine wichtige Ergänzung aufgenommen. Das Umsatzsteuergesetz von 1918 ordnete ausdrücklich an, dass die Erstattungsverzinsung bereits vom Tage der Entrichtung der Steuer an zu gewähren sei. Der bis dato offene Gesetzestext hatte insbesondere im Rahmen des Wehrbeitragsgesetzes 1913 noch zu unterschiedlichen Auffassung über den Beginn der Verzinsung geführt.[392] Durch die Klarstellung in § 23 Abs. 3 UStG 1918 wurde eine eindeutige Auslegung gewährleistet.

(2) Verzinsung von Vorauszahlungen

Die Erstattung von Abschlagzahlungen in § 24 Abs. 3 UStG stellt eine wortgetreue Übernahme der entsprechenden Normierung in § 77 Abs. 2 des Warenumsatzstempelgesetzes von 1916 dar. Sie wurde jedoch im zweiten Halbsatz um eine Verzinsung erweitert. Der in § 24 Abs. 3 S. 2 2. HS. UStG 1918 normierte Sonderfall der Erstattungsverzinsung, wäre bereits vom Wortlaut des § 23 Abs. 3 UStG 1918 erfasst gewesen, da die Auslegung der entsprechenden Normen des Wehrbeitragsgesetzes, des Besitzsteuergesetzes und des Kriegssteuergesetzes eine Erstreckung der Erstattungsverzinsung auf verwaltungsinterne Erstattungsverfahren vorsahen. Die Erweiterung der Norm wurde damit begründet, dass *„den Vorschriften der Verzinsung auch hier durch eine entsprechende Bestimmung Rechnung getragen“*[393] werden musste.

Die klassische Vorauszahlungsverzinsung war hingegen im Bereich der indirekten Steuern lange fremd. Zwar bestand die Möglichkeit, vorgezogene Abschlagszahlungen auf die noch nicht festgesetzte Steuer zu leisten, bereits seit dem Warenumsatzstempelgesetz vom 26.06.1916. Allerdings wurden – anders als noch beim wenig zuvor verabschiedetem Kriegssteuergesetz – ausschließlich zu erstattende Vorauszahlungen verzinst. Erst im Dezember 1920 ergänzte ein Erlass des Reichsfinanzministers eine entsprechende Verzinsung.[394] Der Gesetzgeber ging davon aus, dass es sinnvoll sei, die finanziellen Mittel so lange wie möglich,

---

392 Beginn ab Rechtskraft der Erstattungsentscheidung: Hoffmann, Wehrbeitragsgesetz S. 81 f., § 50 Rn. 3. Beginn ab Zahlung: Rheinstrom, Wehrbeitragsgesetz 2. Aufl. S. 147, § 50 Rn. 3a; Kahn/Obermeyer, Wehrbeitragsgesetz S. 106 f., § 50 Nr. II.

393 Begründung zum Entwurf eines Umsatzsteuergesetzes = Reichstagsdrucksache Nr. 1461/13 vom 27.04.1918 S. 42.

394 Popitz, DStZ 1921, 288.

dem Unternehmer zur Stärkung seines Betriebes zu überlassen.[395] Um dem Unternehmer dennoch einen Anreiz zu geben, von Vorauszahlungen Gebrauch zu machen, erstreckte der Reichsfinanzminister die Verzinsung auf sie.[396]

(3) Verzinsung von Nachzahlungen

Neben einer Verzinsung von Erstattungen, sah § 24 Abs. 2 UStG 1918 eine Verzinsung zu Lasten des Steuerschuldners für den Fall vor, dass dieser ein bzw. drei Monate nach Schluss des Veranlagungszeitraumes die Steuer nicht entrichtet hatte. Die Verzinsung setzte unabhängig von der Veranlagung ein, die jedoch Voraussetzung der Fälligkeit war (§ 24 Abs. 1 S. 1 UStG).[397] Das Umsatzsteuergesetz von 1918 differenzierte somit nicht zwischen einer Vorfälligkeitsverzinsung und einer Säumnisverzinsung. Damit knüpft § 24 Abs. 2 UStG 1918 an die Verzinsung in § 31 Abs. 3 KrStG an, die bereits eine entsprechende, fälligkeitsunabhängige Verzinsung von Nachzahlungen anordnete.

Durch das Umsatzsteuergesetz neu eingeführt wurde jedoch die – nach damaligem Geldwert sehr hohe – Freigrenze in § 24 Abs. 2 a.E. UStG 1918. Unterhalb einer ausstehenden Steuerschuld von 1000 Mark sollte keine Verzinsungsverpflichtung bestehen. Zusammen mit der ebenfalls neuen, ein, bzw. drei-monatigen Karenzzeit von der Entstehung der Schuld bis zum Einsetzen der Verzinsung, die es ermöglichte, bereits vor dem Beginn der Verzinsungspflicht einen Großteil der Veranlagungen abzuschließen, schloss die Freigrenze eine Vielzahl von Nachzahlungen von der Verzinsungspflicht aus. Damit wurde auch im Umsatzsteuergesetz der zusätzliche Verwaltungsaufwand der Zinsbrechung am potentiellen Zinserlös gemessen und nur bei längeren und hohen Veranlagungsverfahren eine Verzinsung betrieben.

Ziel der Nachzahlungsverzinsung im Rahmen des Umsatzsteuergesetzes von 1918 war es, die steuerliche Belastung „*von dem mehr oder minder zufälligen Zeitpunkt der Steuerfestsetzung zu lösen*“[398], indem im Sinne einer gleichmäßigen Belastung alle Steuerpflichtigen so behandelt werden sollten, „*als ob die Steuer spätestens mit dem Beginn des vierten Monats nach Schluss des Steuerabschnitts fällig geworden wäre*“.[399] Das Umsatzsteuergesetz knüpfte folglich an die Position

395 Popitz, DStZ 1921, 288.

396 Popitz, DStZ 1921, 288.

397 Marcuse, Umsatzsteuergesetz § 24 Rn. 4 S. 109; Koppe/Varnhagen, Umsatzsteuergesetz § 24 Rn. 4 S. 153; Reichsfinanzhof vom 29.11.1921 = RFHE Bd. 7 S. 287 (287 ff.).

398 Reichsfinanzhof vom 29.11.1921 = RFHE Bd. 7 S. 287 (288).

399 Reichsfinanzhof vom 29.11.1921 = RFHE Bd. 7 S. 287 (288).

des Steuerpflichtgen an und beabsichtigte, die Vorteile einer späten Veranlagung bei ihm abzuschöpfen, um eine gerechtere Besteuerung zu erzielen. Damit ist die Nachzahlungsverzinsung des Umsatzsteuergesetzes ihrem Bestreben nach als Form der Kondiktion einer Bereicherung von Vorteilen zu sehen, die der Steuerpflichtige, insbesondere im Vergleich zu anderen Steuerpflichtigen, unberechtigt ziehen konnte.

4. Reichsabgabenordnung von 1919

Nach der auf dem Zivilrecht basierenden Verzinsung von Steuererstattungen und der Verzinsung im Rahmen ausgewählter Steuern wurde mit der Reichsabgabenordnung von 1919 erstmalig eine Verzinsung im Steuerrecht normiert, die für das gesamte Steuerrecht des Reiches Geltung beanspruchen sollte. Sie umfasste die Säumnisverzinsung in § 104 S. 1 RAO 1919, die Hinterziehungsverzinsung in § 104 S. 2 RAO 1919, die Stundungsverzinsung[400] in § 105 S. 1 RAO 1919, die – in der gegenwärtigen Abgabenordnung nicht mehr vorgesehene – Verzinsung von hinterlegtem Bargeld in § 119 Abs. 2 RAO 1919 und die Erstattungsverzinsung in § 132 RAO 1919:[401]

§ 104 RAO: *„Wird eine Zahlung, die nach den Steuergesetzen zu leisten ist nicht rechtzeitig entrichtet, so sind soweit nicht anderes vorgeschrieben ist, Zinsen zu fünf von Hundert von der Fälligkeit an zu zahlen. Hinterzogene Steuerbeträge sind wenn die Zeit, wo die Beträge fällig geworden wären nicht festgestellt werden kann, vom Beginne der Verjährungsfrist an zu verzinsen. Ausführungsbestimmungen können die Verzinsungspflicht beschränken."*

§ 105 RAO: *„Bei Zöllen und Verbrauchsabgaben hat das Finanzamt die Zahlung fälliger Beträge auf Antrag des Steuerpflichtigen gegen Sicherheit und Verzinsung, soweit nicht eine kürzere Frist vorgeschrieben ist, auf sechs Monate hinauszuschieben. Das Landesfinanzamt kann auch ohne Sicherheit und ohne Verzinsung einen Aufschub bis zu drei Monate bewilligen. Bei Kriegsgefahr kann ein Zahlungsaufschub widerrufen werden.*

Im übrigen können Zahlungen von Steuern und sonstigen Geldleistungen gestundet werden wenn ihre Einziehung mit erheblichen Härten für den Steuerpflichtigen verbunden wäre und der Anspruch durch die Stundung nicht gefährdet wird. Die Stundung soll in der Regel nur gegen

400 Der Begriff der Stundung soll sich im Folgenden auch auf den wesensgleichen Zahlungsaufschub erstrecken.

401 RAO vom 13.12.1919 = RGBl. 1919, 1993.

	Sicherheitsleistung und Verzinsung gewährt werden. Bei Stundungen über ein Jahr ist die Zustimmung des Landesfinanzamtes einzuholen."
§ 119 Abs. 2 RAO:	*„Soweit bares Geld in das Eigentum des Fiskus oder der als Hinterlegungsstelle bestimmten Anstalt überlegt, ist es mit vier von Hundert von dem auf den Tag der Hinterlegung folgenden Werktag ab zu verzinsen."*
§ 132 RAO:	*„Wenn die nach den §§ 128, 129 zu erstattenden Beträge dreihundert Mark übersteigen, sind sie von der Entrichtung an mit fünf vom Hundert zu verzinsen; Zinsbeträge unter zehn Mark werden nicht ausbezahlt."*

a) Entstehung der Reichsabgabenordnung

Der Grundstein der Reichsabgabenordnung wurde am 30.10.1918 gelegt, als Ministerialdirektor Stephan Moesle an den Juristen Enno Becker herantrat und ihn beauftrage, ein einheitliches Verfahrensrecht für die Steuergesetze des Reiches zu verfassen.[402] Damit datiere die Initiative noch vor dem Ende des Ersten Weltkrieges.[403] Zu diesem Zeitpunkt war noch nicht absehbar, dass die Monarchie in Folge der Niederlage des Ersten Weltkrieges abdanken würde. Enno Becker ging selbst bei Beginn seiner Arbeit sogar noch von einer starken Beteiligung der Länder an der Finanzverwaltung aus.[404] Der jährliche Finanzbedarf des Reiches war durch den fortdauernden Krieg bereits auf ein Vielfaches der Vorkriegszeit gestiegen und es bestanden Verbindlichkeiten aus Kriegsanleihen und Reparationszahlungsverpflichtungen von mehreren 100 Milliarden Mark.[405] Das Reich hatte versucht, dem durch eine Vielzahl neuer und erhöhter Steuern zu begegnen, deren Verfahren jeweils in den einzelnen Gesetzen normiert waren und die auf Grund ihrer eiligen Entstehung lückenhaft und ungleichmäßig waren.[406] Die Schaffung eines einheitlichen gesetzlichen Rahmens erschien daher zweckmäßig.[407] Den von Enno Becker geäußerten Bedenken, dass er selbst *„keine steuertechnische Ausbildung genossen"*[408]

402 Giese, Abgabenordnung im Dritten Reich S. 18; Koch, DStZ 1976, 451 (451); Becker, Reichsabgabenordnung 7. Aufl. S. XIII.

403 11.11.1918 mit dem Waffenstillstand von Compiégne.

404 Becker, Reichsabgabenordnung 7. Aufl. S. XIV.

405 Strickrodt, Steuerrecht Bd. 1 S. 45; Gellert, Zollkodex und Abgabenordnung S. 3.

406 Übersicht bei Strickrodt, Steuerrecht Bd. 1 S. 45 f.; Becker, Reichsabgabenordnung 7. Aufl. S. XIII.

407 Becker, Reichsabgabenordnung 7. Aufl. S. XIII.

408 Becker, Reichsabgabenordnung 7. Aufl. S. XIV; Diese Bedenken stehen jedoch in Widerspruch zu seiner Tätigkeit als Richter am Oberverwaltungsgericht mit einer

habe, wurde begegnet, indem ihm die Referenten der einzelnen Gesetze beigestellt wurden.[409]

Mit dem Ende des Ersten Weltkrieges überschlugen sich jedoch die Ereignisse. Es kam zum Zusammenbruch der Monarchie.[410] Im Reich dankten der Kaiser und sein Nachfolger Prinz Max von Baden ab und vom Fenster des Reichstages wurde die Republik ausgerufen, während die Monarchen der Länder von Umsturzregierungen beerbt wurden.[411] Der starke Föderalismus wurde durch die Weimarer Reichsverfassung massiv reduziert und das Reich konnte seine Kompetenzen erheblich ausbauen.[412] Im Zuge dessen erhielt das Reich auch in der Finanz- und Steuerpolitik neue Gesetzgebungskompetenzen, die es ihm ermöglichte nicht nur quantitativ, sondern auch qualitativ die Finanzhoheit der Länder weiter zurückzudrängen.[413] Die Länder behielten zwar ein Mitspracherecht auf nationaler Ebene. Jedoch konnte der den Bundesrat ersetzende Reichsrat mit einer Zweidrittelmehrheit vom Reich überstimmt werden. Die selbstständigen Staaten im Reich waren nur noch „*Gebiete des Reiches*".[414] Betrug der Anteil des Reiches am gesamten Steueraufkommen im Jahr 1913 noch 5 %, so sollten es im Jahr 1919 bereits 75 % sein.[415] Spätestens mit der Unterzeichnung der Kapitulation im Jahr 1918 entfielen zudem sämtliche Hoffnungen Reparationszahlungen zu erhalten und so die Kriegsschulden ausgleichen zu können. Stattdessen wurde das Deutsche Reich mit dem Friedensvertrag von Versailles selbst zum Schuldner von Reparationszahlungen. Eine weitere Ausdehnung der Reichssteuern wurde damit unabdingbar.

---

vornehmlichen Zuständigkeit für Steuer- und Finanzangelegenheiten ab 1906 und seinem Ruf als Steuerexperten am Oberlandesgericht (Theisen/*Milde*, Gedenkschrift zum 50. Todestag von Enno Becker S. 12; Giese, Abgabenordnung im Dritten Reich S. 18 m. w. N.). Der Bundesminister der Finanzen Möller sprach im Jahr 1969 davon, dass ein Rätsel über die Herkunft der steuerrechtlichen Kenntnisse Beckers bestand bis die Steuergeschichtlichen Sammlungen der Bundesfinanzakademie ausgewertet werden konnten (Festsprache Möller zum 50. Jahrestag der Reichsabgabenordnung = BMF-Finanznachrichten 1969 Nr. 164 S. 9).

409 Becker, Reichsabgabenordnung 7. Aufl. S. XIV.

410 Möller, Europa zwischen den Weltkriegen S. 6.

411 Frotscher/Pieroth, Verfassungsgeschichte S. 251 Rn. 471; Möller, Europa zwischen den Weltkriegen S. 8; Holste, Der deutsche Bundesstaat im Wandel S. 265 ff.

412 Frotscher/Pieroth, Verfassungsgeschichte S. 263 Rn. 483.

413 Möller, Europa zwischen den Weltkriegen S. 19.

414 Möller, Europa zwischen den Weltkriegen S. 18.

415 Gerloff, Handbuch der Finanzwissenschaften Bd. 1,1 S. 47; Giese, Abgabenordnung im Dritten Reich S. 19.

Vor diesem Hintergrund erscheint es nur konsequent, dass Matthias Erzberger, der wenige Wochen zuvor das Amt des Finanzministers angetreten hatte, auf der Weimarer Ministerkonferenz am 13. Juli 1919 verkündete, die Finanzverwaltung künftig nicht mehr durch die Länder auszuüben zu wollen, sondern eine reichseigene Finanzverwaltung zu etablieren.[416] Es sollte ein „*Neubau des ganzen Finanzgebäudes auf dem Prinzip der sozialen Gerechtigkeit*"[417] erfolgen. Dies diene trotz ihrer Proteste auch den Ländern, da die Erhebung der Reichssteuern in den einzelnen Ländern bisher ungleichmäßig verfolgt worden sei und es so zu einer ungerechten Verteilung der Lasten gekommen sei. Insbesondere da der Friedensvertrag vorsah, dass die Länder für die Kriegsschulden des Reiches haften, müssten sie ein hohes Interesse an der wirklichen Durchführung der Steuergesetze haben.[418]

Die Zeitgeschichte überholte somit Enno Becker, der sich erst Mitte November 1918 an die Erschaffung eines Mantelgesetzes für das damalige Reichssteuerrecht gemacht hatte. Denn die neuen Absichten sollten nicht im Rahmen eines gesonderten Gesetzes über die Finanzverwaltung geregelt werden, sondern in den an Pfingsten im Jahr 1919 präsentierten, ersten Entwurf Beckers eingefügt werden.[419] Becker fiel es daher nunmehr zu, Teile seiner Arbeit innerhalb von kürzester Zeit an die neue Zielsetzung anzupassen und die geplante, weitreichende Umstrukturierung der bisherigen Finanzverwaltung zu ergänzen.[420] Er äußerte im Nachhinein mit dem Blick auf diese Entwicklungen, es sei „*... was vorher zweckmäßig geschienen hatte, notwendig geworden.*"[421]

Möglicherweise wäre es ohne die sich überschlagenden Geschehnisse nie dazu kommen, dass eine Einzelperson allein mit einem so weitreichenden Projekt betraut worden wäre und das ein solch umfassendes Gesetz schon am 23. Dezember 1919 und damit nur gut ein Jahr nach dem Beginn der Arbeiten bereits in Kraft treten konnte.[422]

---

416 Becker/Riewald, Reichsabgabenordnung 9. Aufl. S. 2; Theisen/*Theise*, Gedenkschrift zum 50. Todestag von Enno Becker S. 31. Erste Andeutungen von Erzbergers Bestrebungen waren bereits in der 50. Sitzung der Nationalversammlung vom 08.07.1919 erkennbar (Protokoll zur 50. Sitzung der Nationalversammlung vom 08.07.1919 S. 1376 ff.).

417 *Van der Borght*, Finanzarchiv 1920, 136 (147).

418 Theisen/*Theisen*, Gedenkschrift zum 50. Todestag von Enno Becker S. 27.

419 Giese, Abgabenordnung im Dritten Reich S. 19.

420 Giese, Abgabenordnung im Dritten Reich S. 19 f.

421 Becker, Reichsabgabenordnung 7. Aufl. S. XIII.

422 Theisen/*Theisen*, Gedenkschrift zum 50. Todestag von Enno Becker S. 31.

b) *Verzinsung bei Säumnis*

§ 104 RAO 1919 sah eine Verzinsung vor, sofern die Steuer *„nicht rechtzeitig entrichtet"* wurde. Damit unterschied sich die in die Reichsabgabenordnung aufgenommene Verzinsung von der im Kriegssteuergesetz 1916 und im Umsatzsteuergesetz 1918 verwendeten Nachzahlungsverzinsung. Anders als diese, wurde die Verzinsungspflicht ausschließlich durch Nichtzahlung bei Fälligkeit (Säumnis) ausgelöst und nicht auch durch Zahlung nach Ablauf eines – evtl. an die Entstehung der Steuer anknüpfenden – Stichtages, bei späterem Eintritt der Fälligkeit (Nachforderung).

Diese Säumnisverzinsung ist trotz der gelegentlichen Bezeichnung als Verzugsverzinsung keine Verzugsverzinsung.[423] Bereits in der ersten Auflage seines Kommentares stellte Enno Becker fest: *„ Voraussetzung ist nicht Verzug, der für die AO. keine Rolle spielt, sondern nur nicht rechtzeitige Entrichtung".*[424] Drei Jahre später, ab der dritten Auflage führte er hinzu: *„Manche Gesetze sprechen irrig von Verzugszinsen".*[425] Der wesentliche Unterschied zur im bürgerlichen Recht etablierten Verzugsverzinsung ist die Unabhängigkeit der Verzinsung vom Vertretenmüssen einer nicht rechtzeitigen Zahlung.[426] Während im bürgerlichen Recht der Eintritt des die Zinszahlungspflicht vorausgehenden Verzuges gemäß § 285 BGB 1900 ausgeschlossen war, sofern der Schuldner die Nichtleistung nicht zu vertreten hatte, setzte die Säumnisverzinsung der Reichsabgabenordnung unabhängig davon ein.[427] Die fehlende Notwendigkeit einer Mahnung stellte hingegen keinen Unterschied zur zivilrechtlichen Verzinsung dar.[428] Denn auch im bürgerlichen Recht trat gemäß § 284 Abs. 2 BGB 1900 der Verzug ohne die Voraussetzung einer

423 A.A.: Lottner, Reichsabgabenordnung S. 68; Nieberl, Reichsabgabenordnung 1. Aufl. § 104 Fn. 2 S. 93; *Zarden*, DJZ 1923, 74 (74); *Weber*, DStR 1969, 72 (74); *Kruse*, FR 1988, 1 (1).

424 Becker, Reichsabgabenordnung 1. Aufl. § 104 Rn. 1.

425 Becker, Reichsabgabenordnung 3. Aufl. § 104 Rn. 1.

426 Bensch, Die Steuerschuld S. 12.

427 Erlass des Reichsministers der Finanzen vom 01.09.1930 – II 2060 – 4104 I II/III = RZollBl. A 1930, 389; Reichsfinanzhof vom 13.05.1931 = RFHE Bd. 28 S. 342. Diesen Umstand ungläubig feststellend, in einer der ersten Kommentierungen der Reichsabgabenordnung aus dem Jahre 1920: *„Die Steuerschuld wäre dagegen wäre gleichwohl zu verzinsen !?"* (Buck/Lucas, Reichsabgabenordnung 2. Aufl. § 104 Nr. 2 S. 173). Beispiele für den Unterschied zwischen Verzug und Säumnis: Reichsfinanzhof vom 08.02.1921 = RFHE Bd. 5 S. 59 (60); *Strauß*, DStZ 1931, 371 (372).

428 Buck/Lucas, Reichsabgabenordnung 2. Aufl. § 104 Nr. 2 S. 173; Lottner, Reichsabgabenordnung S. 112; *Weber*, DStR 1969, 74.

Mahnung ein, sofern für die Leistung eine Zeit nach dem Kalender bestimmt war und im Steuerrecht war die Fälligkeit der Steuerschuld stets klar bestimmt.[429]

Die Säumnisverzinsung unterschied sich jedoch trotz ihrer erkennbaren Nähe zu den Verzugsregeln des Bürgerlichen Gesetzbuches nicht nur in ihrer inhaltlichen Ausgestaltung von der Verzugsverzinsung, sie war auch ihrem erklärten Ziel nach kein Schadenersatz und damit keine Form der Verzugsverzinsung. Ausweislich der Begründung zu § 104 RAO 1919 sollte die Säumnisverzinsung der bewussten Verschleppung der Steuerzahlung bis zur Mahnung oder Betreibung entgegenwirken, die Steuerpflichtige in der Absicht vornähmen, Zinsvorteile generieren zu können, indem sie ihnen diese Zinsvorteile entzog.[430] Damit bezweckte die Säumnisverzinsung nicht die Kompensation eines Schadens des Gläubigers, sondern die Herausgabe eines ohne Rechtsgrund erzielten Vorteiles des Schuldners. Sie ist folglich eine durch den Zinssatz pauschalisierte Form der Herausgabe der Bereicherung. Soweit Albert Nieberl im Jahr 1922 in der ersten Auflage seiner Kommentierung zur Reichsabgabenordnung noch erklärt, „*Diese Zinsen tragen den Charakter von Verzugszinsen…*“[431] und im weiteren auf die Anmerkung zu § 1 verweist, in der es heißt „*…Zinsen, die in den einzelnen Steuergesetzen als Ausgleich für einen dem Fiskus durch längeren Nichteingang geschuldeter Steuern entstehenden wirtschaftlichen Schaden festgelegt sind (Beisp. § 30 Absatz 2 GrunderwerbStG., § 37 UmsStG.). …Das Gleiche wird zu gelten haben für solche Zinsen, die den Charakter von eigentlichen Verzugszinsen tragen. Denn auch ihre Anordnung beruht in erster Linie auf fiskalischen Erwägungen im obigen Sinne*“, geht seine Einschätzung daher fehl. Weder den Materialien zur Gesetzgebung seiner als Beispiel angeführten Gesetze noch den Ausführungen zur Reichsabgabenordnung lässt sich eine solche Charakterisierung als Verzugszinsen im Sinne eines Schadenersatzes entnehmen. Nieberl verzichtete daher in den Folgeauflagen seiner Kommentierung zu Recht auf diese Qualifikation aus der ersten Auflage.[432]

Es kann unterstellt werden, dass die Verzinsung bewusst auf eine Säumnisverzinsung beschränkt wurde, da Enno Becker das Gesetz nicht nur unter Mit-

---

429 Buck/Lucas, Reichsabgabenordnung 2. Aufl. § 104 Nr. 2 S. 173; Lottner, Reichsabgabenordnung S. 112; *Weber*, DStR 1969, 74.

430 Entwurf der Reichsabgabenordnung = Drucksache der Verfassungsgebenden deutschen Nationalversammlung Nr. 759 vom 06.08.1919 S. 587; Becker, Reichsabgabenordnung 3. Aufl. § 104 Rn. 1.

431 Nieberl, Reichsabgabenordnung 1. Aufl. § 104 Fn. 2 S. 93.

432 Nieberl, Reichsabgabenordnung 2. Aufl. § 104 S. 128 ff.; Nieberl, Reichsabgabenordnung 3. Aufl. § 126 S. 179 ff.

wirkung der Autoren der bisherigen Gesetze erstellte, sondern bereits in seiner ersten Kommentierung speziell auf die dazu vorgenommene Abweichung verwies.[433] Ihren Grund könnte die Entscheidung dabei in den nach Enno Beckers Ansicht „*widersinnigen Ergebnissen*"[434] der Nachzahlungsverzinsung des § 30 des Grunderwerbsteuergesetzes (GrEStG) vom 12.09.1919 finden.

§ 30 GrEStG: *„Die Steuer ist innerhalb einer Frist von zwei Wochen nach der Bekanntgabe des Bescheides zu entrichten. Die Steuerstelle kann die Frist verlängern.*
Wird die Steuer nicht innerhalb dreier Monate nach dem steuerpflichtigem Rechtsvorgang,... gezahlt, so sind neben der Steuer vom Tage des steuerpflichtigen Rechtsvorganges an Zinsen in Höhe von fünf vom Hundert zu entrichten..."

Anders als die Nachzahlungsverzinsung im Kriegssteuergesetz 1916 und im Umsatzsteuergesetz 1918 sollte die im Grunderwerbsteuergesetz 1919 ausgelöste Zinszahlung nicht ab dem Ablauf einer Karenzzeit berechnet werden, sondern rückwirkend ab dem Tage des steuerpflichtigen Rechtsvorganges. Eine streng am Wortlaut orientierte Auslegung dieser Norm hätte zur Folge gehabt, dass der Steuerpflichtige auch dann für die vollen drei Monate Zinsen zu zahlen gehabt hätte, wenn vor Ablauf der dreimonatigen Frist keine Veranlagung erfolgt wäre und das Verstreichen der Frist für den Steuerpflichtigen nicht vermeidbar war. Ein Steuerpflichtiger, der unmittelbar vor Ablauf der dreimonatigen Frist noch veranlagt wurde, hätte die Zinszahlungspflicht durch rasche Zahlung noch abwenden können. Ein Steuerpflichtiger, der erst unmittelbar nach Ablauf der Frist veranlagt wurde, hatte diese Möglichkeit nicht. Da er jedoch auch keinen wesentlichen, zusätzlichen Nutzungsvorteil ziehen konnte, bedeutete die Zinsverpflichtung für ihn eine besondere Härte, bzw. die Zinsbefreiung für den Steuerpflichtigen, der noch vor dem Ablauf der Frist zahlen konnte, einen unberechtigten Vorteil.[435]

Diese Ungleichheit – die noch dadurch intensiviert wurde, dass dem Steuerpflichtigen, abweichend vom Kriegssteuergesetz 1916, auch nicht die Möglichkeit einer freiwilligen Vorauszahlung eröffnet wurde – nahm der Reichsfinanzhof zum Anlass, um mit dem Urteil vom 18.02.1921 zu entscheiden, dass „*Die Verzinsungspflicht nach § 30 Abs. 2 GrunderwerbStG...* (voraussetzt), *dass der Steuerbescheid*

433 Becker, Reichsabgabenordnung 1. Aufl. § 104 Nr. 1, 3.

434 Becker, Reichsabgabenordnung 1. Aufl. § 104 Nr. 3. Formulierung wahrscheinlich in Anlehnung an das kurz vor seiner Kommentierung erschienene Urteil des Reichsfinanzhof vom 08.02.1921 = RFHE Bd. 5 S. 59 (60) zu diesem Konflikt: „*Diese* (wörtliche) *Auslegung führt zu seltsamen und widersinnigen Ergebnissen.*"

435 Reichsfinanzhof vom 08.02.1921 = RFHE Bd. 5 S. 59 (59 ff.)

spätestens zwei Wochen vor Ablauf der dort vorgesehenen Frist von drei Monaten zugestellt ist"[436]. Zudem führte das Gericht in einem obiter dictum aus, dass die Voraussetzung einer Fälligkeit der Steuerschuld vor Ablauf der Frist sich auch auf §§ 23, 24 Abs. 1, 2 des UStG 1918, sowie auf die wortlautgetreue Fassung des UStG 1919 in §§ 36, 37 Abs. 1, 2 erstrecken sollte.

Nach dieser Auslegung, der Enno Becker in der ersten Auflage seiner Kommentierung der Reichsabgabenordnung ausdrücklich zustimmte, wäre sowohl im Umsatzsteuergesetz 1918, als auch im Grunderwerbsteuergesetz 1918/1919 keine fälligkeitsunabhängige Nachzahlungsverzinsung normiert worden, sondern lediglich eine Säumnisverzinsung zuzüglich einer ein- bis dreimonatigen zinsfreien Zeit. Die von Enno Becker in § 104 RAO 1919 normierte Verzinsung würde demnach dazu keine Abweichung bedeuten, sondern lediglich die Säumnisverzinsung übernehmen und die Bestimmung der zinsfreien Zeit im Rahmen der Säumnisverzinsung an die jeweiligen Einzelgesetze verweisen. Vor dem Hintergrund, dass bereits das Umsatzsteuergesetz 1918/1919 zwischen einer einmonatigen zinsfreien Zeit für die Luxussteuer und einer dreimonatigen zinsfreien Zeit für die weitere Umsatzsteuer unterschied, scheint der Verweis an die Einzelgesetze für die Zwecke der Bestimmung der zinsfreien Zeit nur konsequent, da ihre Länge den Eigenarten der jeweiligen Steuer geschuldet war und eine Verallgemeinerung im Rahmen der Reichsabgabenordnung folglich nicht geboten war. Enno Becker hätte demnach seinem Grundsatz entsprochen: „*zusammenzufassen, was die einzelnen Steuergesetze an gemeinsamen Vorschriften enthielten*"[437].

Noch im selben Jahr hatte der Reichsfinanzhof jedoch in einem Fall über die Verzinsungspflicht im Rahmen des § 37 Abs. 2 UStG zu entscheiden. Mit seinem Urteil vom 29.11.1921 wich er vom zuvor verfassten obiter dictum ab. Da das Umsatzsteuergesetz, anders als das Grunderwerbsteuergesetz, die Verzinsung erst vom Ablauf der Frist vorsähe und nicht rückwirkend von der Entstehung der Steuer und zudem die Möglichkeit einer Vorauszahlung auf die Steuer eröffnet sei, läge für die Verzinsung im Rahmen des Umsatzsteuergesetzes keine vergleichbare besondere Härte vor, die den Eintritt der Fälligkeit als Voraussetzung der Verzinsungspflicht erfordere.[438] Somit blieb das Grunderwerbsteuergesetz 1919 das einzige Gesetz, das für die Verzinsung sowohl die Fälligkeit, als auch den Ablauf der Frist voraussetzte. Statt der dem Wortlaut zu entnehmenden alternativen

436 Leitsatz Reichsfinanzhof vom 08.02.1921 = RFHE Bd. 5 S. 59 (59).

437 Becker, Reichsabgabenordnung 7. Aufl. S. XIV.

438 Reichsfinanzhof vom 29.11.1921 = RFHE Bd. 7 S. 287 (287 ff.).

Voraussetzung und einer daraus folgenden Verschärfung der Verzinsung, führte § 30 Abs. 2 UStG somit zu einer Abmilderung der Verzinsung.[439]

In der zweiten Auflage Kommentierung von Enno Becker ist noch die Verwunderung über die Rechtsprechung der Reichsfinanzhofes zu erkennen: „*Das gleiche* (Die Säumnisverzinsung im Rahmen der Grunderwerbsbesteuerung) *gilt nicht für den anscheinend ähnlich liegenden § 37 Abs. 2 des Umsatzsteuergesetzes von 1919...*".[440] Enno Becker sah als maßgeblichen Unterschied zur Grunderwerbsteuer die vom Reichsfinanzhof im Urteil angesprochene Besonderheit der Abwälzbarkeit der Steuern im Rahmen der Umsatzbesteuerung. In den Folgeauflagen der Kommentierung ist sodann nur noch der kurze Verweis zu finden: „*Abweichende Vorschriften in Steuergesetzen: vgl. Grunderwerbsteuergesetz § 30.*"[441]

Eine alternative Erklärung für die Einführung einer Säumnisverzinsung statt einer Nachzahlungsverzinsung ist dem Landesrecht zu entnehmen. Wenngleich in Preußen eine Verzinsung nicht rechtzeitig entrichteter Steuern letztlich nicht eingeführt wurde, gab es Verwaltungsvorschriften, die ihre potentielle Anwendung regelten.[442] § 26 Nr. 7 d der Etatvorschriften für die Verwaltung der Zölle und indirekten Steuern von 1908 bestimmte, dass der Steuerschuldner etwaige „*Verzugszinsen*" vom Fälligkeitstage an zu entrichten gehabt hätte.

c) *Verzinsung von Erstattungen*

Die in § 132 RAO 1919 geregelte Erstattungsverzinsung erstreckte sich ihrem Wortlaut nach auf die Fälle der §§ 128 und 129 RAO 1919. Darüber hinaus sollten auch die Fälle des §§ 430 Abs. 3 RAO 1919 und 108 RAO 1919 mit erfasst sein.[443]

Die Erstattungsverzinsung war bereits seit 1845 Bestandteil des Steuerrechtes. Einzig über den Beginn des Zinslaufes gab es im Laufe der Zeit unterschiedliche Ansichten. Sie überdauerten sogar die ersten gesetzlichen Normierungen der Erstattungsverzinsung im Steuerrecht. Zwar verstand es der Gesetzgeber 1918 mit der ausdrücklichen Anordnung einer Erstattung „*vom Tage ihrer Entrichtung*" im Umsatzsteuergesetz 1918 eine klare Anordnung zu treffen. Jedoch zeigen nachfolgende Gesetze deutlich die Uneinheitlichkeit der gesetzgeberischen Ver-

439 Becker, Reichsabgabenordnung 2. Aufl. § 104 Nr. 3.

440 Becker, Reichsabgabenordnung 2. Aufl. § 104 Nr. 3.

441 Becker, Reichsabgabenordnung 3. Aufl. § 104 Nr. 1; 4. Aufl. § 104 Nr. 1; 5. Aufl. § 104 Nr. 1; 7. Aufl. § 104 Nr. 1.

442 *Lemke*, ZfZ 1909, 206 (206 f.).

443 Entwurf der Reichsabgabenordnung = Drucksache der Verfassungsgebenden deutschen Nationalversammlung Nr. 759 vom 06.08.1919 S. 588.

schriftlichungen, indem etwa § 24 Abs. 7 des Gesetzes über eine Kriegsabgabe vom Vermögenszuwachse[444] oder § 31 Abs. 3 des Gesetzes über eine außerordentliche Kriegsabgabe für das Rechnungsjahr 1919[445] jeweils vom 10.09.1919 auf die Bestimmung des Beginnes des Zinslaufes der Erstattungsverzinsung wieder verzichten. Enno Becker hingegen übernahm die deutliche Formulierung des Umsatzsteuergesetzes 1918 und ordnete ausdrücklich eine Verzinsung ab der Entrichtung der Steuer an. Damit ging er deutlich weiter als die bis dato bestehende, auf dem Bürgerlichen Gesetzbuch beruhende, steuerrechtliche Verzinsung und erreichte insbesondere unter dem Aspekt eines gerechten Ausgleichs der Überzahlung einen Fortschritt.[446]

Eine Besonderheit im Vergleich zu den Vorgängern in den einzelnen Reichssteuergesetzen stellt die in § 132 RAO 1919 integrierte doppelte Mindestschwelle dar, die für die Verzinsung einen Mindesterstattungsbetrag von 300 Mark verlangte und für die Auszahlung der Zinsen zusätzlich einen Mindestzinsbetrag von 10 Mark erreichte.[447] Damit trug Enno Becker dem Konflikt zwischen einem ausufernden Verwaltungsaufwand und der Billigkeit der Verzinsung Rechnung. Schon bei den Beratungen der Kommission zum Wehrbeitragsgesetz wurde für die Verzinsung von Vorauszahlungen auf einen befürchteten, erheblichen Mehraufwand der Verwaltung hingewiesen.[448] Die bestehenden Verzinsungsnormen des Reichssteuerrechtes fanden sich zunächst jedoch ausschließlich in Gesetzen, die zu einer besonders intensiven Besteuerung führten. Auch die Erstattungsbeträge dürften daher selten von geringer Höhe gewesen sein und somit den mit ihnen verbundenen Verwaltungsaufwand gerechtfertigt haben. Anders verhielt es sich hingegen im Rahmen Umsatzsteuergesetzes 1918, bei dem die einzelnen steuerpflichtigen Ereignisse häufig nur sehr geringe Steuerzahlungen und entsprechende Erstattungen bedingten. Zur Auslösung einer Verzinsungspflicht von Nachzahlungen sah das Umsatzsteuergesetz 1918 daher nicht nur eine Karenzzeit, sondern überdies eine Schwelle von 1000 Mark vor. Dies dürfte auch Enno Becker inspiriert haben, bei einer Erstreckung der Erstattungsverzinsung auf das gesamte Steuerrecht des Reiches, den potentiellen Mehraufwand der Verwaltung zu be-

444 RGBl. 1919 S. 1570, 1588.

445 RGBl. 1919 S. 1567, 1575.

446 Skaupy, Bereicherung im öffentlichen Recht S. 93.

447 Ab 1922 durch Verordnung Abänderung des Betrages. Zunächst Anhebung auf 50 Mark (RGBl 1922, 760, 761).

448 Bericht der Kommission für den Reichshaushalts-Etat = Reichstagsdrucksache Nr. 1083/13 vom 24.06.1913 S. 2069.

schränken und ihn an der Schwere der Beeinträchtigung des Steuerschuldners zu bemessen.[449]

Die Erstattungsreglungen der Reichsabgabenordnung basieren unzweifelhaft auf dem Bereicherungsrecht.[450] Der Gesetzesbegründung nach sollte die Erstattungsverzinsung *„einem vielfach geäußertem Bedürfnis*[451] *und der Billigkeit“*[452] entsprechen. Enno Becker selbst erklärt, dass dem § 129 RAO 1919 die condictio indebiti zu Grunde lag und den §§ 128 und 130 RAO 1919 die condictio ob causam datorum, bzw. ob causam finitam.[453] Die Normen sind nicht nur im Bereich des Steuerrechtes die ersten allgemein[454] geltenden und ausdrücklich normierten Kondiktionen, sondern sogar die ersten im gesamten öffentlichen Recht. Durch sie erübrigte sich für einen erheblichen Teil des öffentlichen Rechtes der Streit einer Anwendbarkeit des zivilen Rechtes.[455] Selbst für weiter fortbestehende Regelungslücken war vornehmlich eine Weiterentwicklung der Reichsabgabenordnung vorgesehen. Das zivile Recht, insbesondere in Form des Bürgerlichen Gesetzbuches sollte daneben nicht weiter zur Rechtsfindung dienen.[456]

Die Erstattungsverzinsung wurde anders als der Erstattungsanspruch selbst nicht ausdrücklich dem Recht der Kondiktionen zugeordnet. Als eine von wenigen Stimmen lässt sich bei Lassar die Aussage finden: *„Die Zinsen* (in § 132 RAO) *haben daher die Natur von Gebrauchszinsen, welche der Erstattungsberechtigte neben der Hauptsumme erhält als Ausgleich dafür, daß er die Hauptsumme ent-*

449 Gerhard Lassar benennt demgegenüber die Förderung des bargeldlosen Verkehrs als Grund für die Mindesthöhe der Auszahlung (Lassar, Der Erstattungsanspruch S. 190). Sein angeführtes Argument – die nicht ausgeschlossene Aufrechnung – kann jedoch nicht die, für die Verzinsung geforderte, Mindesterstattungssumme von 300 Mark begründen.

450 Skaupy, Bereicherung im öffentlichen Recht S. 91; Dietze, Recht der Rückforderung S. 17, 20; Drenseck, Erstattungsrecht der AO 1977 S. 4.

451 Genauere Angaben zu diesem Bedürfnis enthält die Gesetzesbegründung nicht.

452 Entwurf der Reichsabgabenordnung = Drucksache der Verfassungsgebenden deutschen Nationalversammlung Nr. 759 vom 06.08.1919 S. 588.

453 Becker, Reichsabgabenordnung 7. Aufl., Vor § 127 RAO Nr. 1a. Insbesondere die Bezeichnung als condictio indebiti scheint zweifelhaft, da diese eine freiwillige, irrtümliche Leistung voraussetzt, welche bei Steuerzahlung nach öffentlich-rechtlicher Aufforderung regelmäßig nicht anzunehmen ist.

454 „Allgemein“ bedeutet in diesem Zusammenhang: nicht auf eine Steuerart beschränkt.

455 Lassar, Der Erstattungsanspruch S. 187; Dietze, Recht der Rückforderung S. 65.

456 Becker, Reichsabgabenordnung 7. Aufl. vor 127 Rn. 7.

behrt hat.“[457] Das lässt darauf schließen, dass er in der Erstattungsverzinsung der Reichsabgabenordnung eine Form des Schadenersatzes sah, genauer der Verzugsverzinsung. Kurt Dietze führt sogar explizit aus: „*…hier handelt es sich zweifellos um Vergütungszinsen. Der ungerechtfertigt Herangezogene soll die ihm durch die Gebrauchsentziehung des Kapitals zugefügte Vermögensbeschädigung ersetzt bekommen.*“[458] Diese Auffassung ist jedoch abzulehnen. Denn Verzugszinsen zeichnen sich grundsätzlich durch zwei wesentliche Merkmale aus: Zum einen die nicht rechtzeitige Leistung, zum anderen ein Verschulden der nicht rechtzeitigen Leistung. Bei der Erstattungsverzinsung der Reichsabgabenordnung fehlt es jedoch regelmäßig an beiden Merkmalen. An einem Verschulden fehlt es bereits, da unterstellt werden muss, dass der Fiskus die Steuerzahlung grundsätzlich nicht schuldhaft ohne Anspruch einbehalten hat.[459] Ansonsten wäre sogar der Erstattungsanspruch selbst schon auf Deliktsrecht begründbar.[460] Daneben fehlt es an der Verzögerung der Leistung. Denn durch den Steuerbescheid wird grundsätzlich ein vorläufiges Recht geschaffen, welches den Fiskus befugt, die Steuerentrichtung zu verlangen und das Gezahlte bis zur Beseitigung der Wirkung des Bescheides zu behalten (§ 235 S. 1 RAO 1919).[461] Der Bescheid ist sogar

457 Lassar, Der Erstattungsanspruch S. 191.

458 Dietze, Recht der Rückforderung S. 68. Dietze äußert dies jedoch im Zuge seiner Ausführungen zum Zeitpunkt des Beginnes der Verzinsung. Es ist nicht unwahrscheinlich, dass er mit der Aussage nicht eine Unterscheidung zwischen Schadenersatz und Nutzungsherausgabe treffen wollte, sondern schlicht darzustellen versuchte, dass der gesamte Zeitraum des Mittelverzichtes abgedeckt sein sollte. Denn die Verzinsung begann ausdrücklich nicht erst ab einer Mahnung oder mit der Rechtshängigkeit. Zudem findet sich der Begriff der *Vergütungszinsen* insbesondere im Schweizer Recht, teilweise auch im Österreichischen Recht, für Zinsen in Form einer Bereicherungsherausgabe. „*Die Zahlung der Differenz zwischen gesetzlichen und marktüblichen Zinsen geht im Fall des Verzugs auf ein Schadenersatzrecht zurück, bei den Vergütungszinsen dagegen auf die Rückerstattung bei ungerechtfertigter Bereicherung nach Art. 1207 II ZGB.*“ (Giovanni Valcavi, Scritti Giuridici Scelti S 169. Ins Deutsche übersetzt: http://fondazionegiovannivalcavi.it/deutsch/juristische-schriften/Das-Problem-der-Geldzinsen-beim-Schadenersatz.pdf S. 7). „*Vergütungszinsen, denen bereicherungsrechtlicher Charakter zukommt*“ (Österreichischer Verfassungsgerichtshof vom 11.03.1998 - B 2307/97). Entsprechend auch: Österreichischer Verfassungsgerichtshof vom 20.06.1994 - G85/93.

459 Liese, Condictio indebiti S. 33.

460 Dietze, Recht der Rückforderung S. 71.

461 Becker, Reichsabgabenordnung 7. Aufl. vor 127 Rn. 10; Liese, Condictio indebiti S. 43. So schon im Jahr 1881 vom Bezirksverwaltungsgericht zu Königsberg als Grundsatz des Steuerrechtes bezeichnet (Bezirksverwaltungsgericht zu Könighberg

vorläufig vollsteckbar. Zudem sollte die Erstattungsverzinsung erst an dem Tag einsetzen, an dem die Finanzverwaltung über die Steuer verfügen konnte und nicht schon an dem Tage, an dem die Steuer zu Lasten des Zensit vom Steuerentrichtungspflichtigen einbehalten wurde.[462] Damit steht nicht die Kompensation des Zensiten im Vordergrund sondern die Herausgabe möglicher gezogener Vorteile des Fiskus.

Richtigerweise kann daher die Erstattungsverzinsung nur als pauschale Nutzungsherausgabe gesehen werden, die, neben der Erstattung der entrichteten Steuer selbst, den durch die Gebrauchsmöglichkeit vermittelten Vorteil herausgibt, ohne dass der Erstattungsgläubiger den Nachweis einer durch den Fiskus tatsächlich erzielten Bereicherung zu erbringen hatte. Dafür spricht nicht zuletzt auch der Verweis von Enno Becker: „*§ 132* (RAO 1919) *ist das Gegenstück zu § 104* (RAO 1919)".[463] Denn, wie bereits dargestellt, verfolgte auch die Säumnisverzinsung den Zweck, gezogene Vorteile abzuschöpfen.[464]

Damit bildet die Erstattungsverzinsung eine Reaktion auf die Rechtsprechung des Reichsgerichtes von 1909, demnach für eine Erstattungsanspruch auf Basis des Bürgerlichen Gesetzbuches der Nachweis erforderlich sein sollte, in welcher Form der Fiskus konkret Vorteile aus der zeitweisen Überzahlung ziehen konnte.[465]

d) *Verzinsung bei Hinterziehung*

Des Weiteren wurde eine Verzinsung für den Fall von Hinterziehungen speziell normiert. Bei der Nachforderungsverzinsung war die Hinterziehungsverzinsung bereits unweigerlich miterfasst, da es für den Beginn der Verzinsung nur auf den Ablauf des Veranlagungszeitraumes, bzw. auf eine daran anschließende Frist oder einen Stichtag ankam. Dagegen war es bei der Säumnisverzinsung, auf Grund der Anknüpfung an die Fälligkeit der Steuerforderung, geboten, für hinterzogene Steuern einen gesonderten Beginn der Verzinsung zu normieren. § 104 Abs. 1 S. 2 verweist daher für diesen Fall auf die hypothetische Fälligkeit der hinterzogenen Steuer und – sofern diese nicht festgestellt werden kann – ersatzweise auf den Beginn der Verjährungsfrist.

---

vom 04.04.1881 = Entscheidungen des Preußischen Oberverwaltungsgerichts Bd. 8 S. 16 [22]).

462 Becker, Reichsabgabenordnung 7. Aufl. § 132 Rn. 1.

463 Becker, Reichsabgabenordnung 7. Aufl. § 132 Rn. 1.

464 Entwurf der Reichsabgabenordnung = Drucksache der Verfassungsgebenden deutschen Nationalversammlung Nr. 759 vom 06.08.1919 S. 587.

465 Reichsgericht vom 29.10.1909 = RGZ Bd. 72 S. 152 (155).

Da das Grunderwerbsteuergesetz vom 12.09.1919 – welches effektiv ebenfalls eine Säumnisverzinsung vorsah – noch keine Hinterziehungsverzinsung kannte, ist die Reichsabgabenordnung das erste Steuergesetz des Reiches, das eine gesonderte Hinterziehungsverzinsung normierte.

e) Verzinsung bei Stundung

§ 105 der Reichsabgabenordnung sah die Möglichkeit der Stundung vor.[466] Damit griff die Reichsabgabenordnung die erste Form der auf Reichsebene kodifizierten Verzinsung im Steuerschuldverhältnis auf und machte aus der strengen Ausnahme einer Verzinsung von Stundungen den Regelfall.

Bei Zöllen und Verbrauchabgaben war die Gewährung einer Stundung an keine besonderen Voraussetzungen geknüpft, da aus dem Gedanken der Abwälzung der Steuerlast die Belastung den zur Abführung der Steuer Verpflichteten nicht final treffen sollte und über die Stundung eine Zwischenfinanzierung vermieden werden konnte. Anders war es hingegen bei den weiteren Steuern und Zahlungen. Die Gewährung der Stundung sollte hier nur eine Ausnahme für den Fall bilden, dass die Einziehung der Steuer mit einer erheblichen Härte für den Steuerpflichtigen verbunden wäre. In beiden Fällen wurde die Stundung nur gegen Sicherheitsleistung und Verzinsung gewährt.[467]

§ 105 RAO 1919 nannte selbst keinen Zinssatz. Es wurde jedoch angenommen, dass der in § 104 RAO 1919 genannte fünfprozentige Zinssatz auch für die Stundung gelten sollte.[468]

f) Keine Verzinsung bei Aussetzung

Die Aussetzung der Vollziehung in § 235 S. 2 RAO wurde als Unterfall der Stundung angesehen.[469]

§ 235 RAO:	*„Durch Einlegung eines Rechtsmittels wird die Wirksamkeit des angefochtenen Bescheides nicht gehemmt, insbesondere die Erhebung der Steuer nicht aufgehalten. Die Behörde, die den Bescheid erlassen hat, kann die Vollziehung aussetzen, geeignetenfalls gegen Sicherheitsleistung."*

---

466 Der Begriff der Stundung soll sich im Folgenden auch auf die als Zahlungsaufschub titulierte Stundung von Zöllen und Verbrauchsabgaben erstrecken.

467 Mrozek, Reichsabgabenordnung 3. Aufl. § 104 Anm. 6 Nr. 1 S. 229.

468 Bergkemper, Steuerliche Nebenleistungen S. 11; *Kiesling*, DStZ 1990, 159 (160); Nieberl, Reichsabgabenordnung 1. Aufl. § 105 Anm. 3 S. 95.

469 Mrozek, Reichsabgabenordnung 3. Aufl. § 104 Anm. 6 Nr. 1 S. 229.

Auf Grund des letzten Teiles des zweiten Satzes, der explizit auf die Möglichkeit hinweist, eine Sicherheitsleistung für die Aussetzung der Vollziehung zu verlangen, der aber nicht auch eine Verzinsung vorsieht, wurde angenommen, dass die Aussetzung der Vollziehung ohne Verzinsung zu gewähren gewesen sei.[470]

g) Verzinsung von Hinterlegungen

In enger Anlehnung an die Normen zur Sicherheitsleistung des Bürgerlichen Gesetzbuches (§§ 232 ff. BGB 1900) regelten die §§ 109 ff. RAO 1919 die Stellung von Sicherheiten im Steuerschuldrecht.[471] Bis dato wurden die näheren Bestimmungen zu den Sicherheitsleistungen gemäß Art. 145 EGBGB durch die Länder getroffen.[472] Gleiches galt grundsätzlich auch für öffentlich-rechtliche Hinterlegungen.[473] Mit der Reichsabgabenordnung sollte jedoch eine weitreichende Vereinheitlichung des Rechtes erreicht werden.[474] Daher sahen die §§ 109 ff. RAO 1919 einheitliche Regelungen zur Sicherheitsstellung vor. Unter anderem wurde in § 119 Abs. 2 RAO 1919 auch eine Verzinsung von Hinterlegungen angeordnet. Die Verzinsung beschränkte sich jedoch, wie schon im preußischen Recht,[475] auf bar hinterlegtes Geld. Bereits zeitgenössische Kommentatoren kritisierten, dass andere hinterlegte Sicherheiten, wie etwa Zins-, Renten und Gewinnanteilscheine, unverzinst blieben und die Vorteile dem Fiskus zufielen.[476]

Die Einführung von Hinterlegungsverzinsung ist neben der Erstattungsverzinsung konsequent. Für den Steuerzahler ist es unerheblich, ob er auf Grund einer Hinterlegung oder auf Grund einer temporären Entrichtung der Steuer zeitweise auf seine Mittel verzichten muss und auch aus Sicht des Fiskus stellen sich beide Zahlungen in ihrer praktischen Bedeutung unterschiedslos dar.

---

470 Mrozek, Reichsabgabenordnung 3. Aufl. § 104 Anm. 6 Nr. 1 S. 229; Nieberl, Reichsabgabenordnung 1. Aufl. § 235 Anm. 2 S. 206.

471 Entwurf der Reichsabgabenordnung = Drucksache der Verfassungsgebenden deutschen Nationalversammlung Nr. 759 vom 06.08.1919 S. 587.

472 Hagemann, Hinterlegungsordnung § 7 Anm. 1 S. 36 f.; Z.B. durch die Preußische Hinterlegungsordnung vom 21.04.1913.

473 Mrozek, Reichsabgabenordnung 1. Aufl. § 119 Anm. 3 S. 417.

474 Becker, Reichsabgabenordnung 7. Aufl. S. XIV.

475 Hagemann, Hinterlegungsordnung § 7 Anm. 1 S. 63.

476 Buck/Lucas, Reichsabgabenordnung 2. Aufl. § 119 Nr. 2 S. 185. Seit der Stundungsordnung vom 29.01.1923 konnten jedoch auf Anordnung der Finanzbehörde dem Berechtigten auch Zinserträge anderer Sicherheiten ausgekehrt werden (§ 39 Abs. 3 der Stundungsverordnung vom 29.01.1923 = RGBl. I 1923, 75).

h) Anwendung der Verzinsungen der RAO in den Ländern

Es sei darauf hingewiesen, dass lange Zeit neben der Reichsabgabenordnung in einzelnen Ländern noch andere Gesetze zur Anwendung berufen waren, bzw. die Reichsabgabenordnung trotz fehlender landesrechtlicher Normen nicht auf Landessteuern anwendbar war. Obwohl beispielsweise in Preußen kein allgemeines Steuerrecht existierte, welches die Erstattung regelte, wurde die Zinsnormen der Reichsabgabenordnung nur im Rahmen der Grund- und Gewerbesteuer für anwendbar erklärt. Im Bereich der weiteren preußischen Steuern, mit Ausnahme der Stempelsteuer, die zur Verzinsung auf das Bürgerliche Gesetzbuch verweis, wurde in Preußen bis zum Jahr 1926 nur eine Erstattungsverzinsung zugesprochen, deren Zinslauf erst ab einem rechtskräftigem Urteil, bzw. ab einer Berichtigung der Veranlagung einsetzte.[477] Mit der Goldabgabenverordnung vom 24.11.1926 wurde schließlich auch eine allgemeine, für alle Steuern geltende Erstattungsverzinsung von 5 % im preußischen Recht verankert.[478]

i) Fazit

Mit der Reichsabgabenordnung wurde erstmalig im Reichssteuerrecht die Verzinsung in Steuerschuldverhältnissen allgemeinverbindlich für alle Steuerarten eingeführt. Damit bildete sie die Grundlage für einen dauerhaften, weitgehenden Gleichlauf zwischen den einzelnen Steuergesetzen in dieser nicht unwesentlichen Frage des Besteuerungsverfahrens.

Gleichwohl verbleiben aus heutiger Sicht Kritikpunkte. Insbesondere ist als solches fraglich, weshalb Enno Becker die fortschrittliche Nachforderungsverzinsung aufgab und stattdessen nur eine Säumnisverzinsung einführte. Durch eine umfassende Nachzahlungsverzinsung hätte sich nicht nur eine gesonderte Regelung der Stundungsverzinsung und der Hinterziehungsverzinsung erübrigt, die Nachzahlungsverzinsung hätte überdies zu einer vom Zeitpunkt der tatsächlichen Veranlagung unabhängigeren Steuerbelastung geführt. Dies hätte gegenüber den Regelungen der Reichsabgabenordnung ein Mehr an Gerechtigkeit bedeutet.[479] Beachtet man, dass Enno Becker mit der Reichsabgabenordnung ansonsten die Unterscheidung zwischen Entstehung und Fälligkeit weitgehend aufgegeben hat-

---

477 Reichsgericht vom 09.07.1918 = RGZ Bd. 93 S. 271 (272).

478 Skaupy, Bereicherung im öffentlichen Recht S. 96.

479 So auch Unterstaatssekretär Moesle im Rahmen des Gesetzgebungsausschusses zum Gesetz über das Reichsnotopfer (Bericht des 10. Ausschusses = Drucksache der Verfassungsgebenden deutschen Nationalversammlung Nr. 1611 vom 06.08.1919 S. 1575).

te, ist dieser Schritt umso unverständlicher.[480] Entsprechend wurde auch bereits wenige Monate später, durch das Gesetz über das Reichsnotopfer vom 31.12.1919 (RNotO) erneut eine umfassende Nachzahlungsverzinsung eingeführt. Zwar galt § 30 RNotO nur im Rahmen des Gesetzes selbst und entfaltete darüber hinaus keine Wirkung auf andere Gesetze. Der Steuerumfang des Reichsnotopfers war jedoch so bedeutend, dass Reichsfinanzminister Erzberger im Gesetzgebungsausschuss ausdrücklich auf die finanzielle Bedeutung der Nachzahlungsverzinsung für den Fiskus hinwies.[481] Ein handwerklicher Fehler ist Enno Becker indes in der Umsetzung der Verzinsung bei der Aussetzung der Vollziehung unterlaufen. Durch die Erwähnung der Sicherheitsleistung, ohne zugleich auch die Verzinsung zu nennen, kam es in der Anwendung der Reichsabgabenordnung zu einem Unterschied im Vergleich zur grundsätzlich zinspflichtigen Stundung, der nicht sinnvoll zu begründen ist. Schließlich ist noch der Verzicht auf die Übernahme der Vorauszahlungsverzinsung zu bemängeln. Der Verzicht ist jedoch vor dem Hintergrund der Beschränkung auf eine Säumnisverzinsung statt der Etablierung einer umfassenden Nachzahlungsverzinsung konsequent.

Insgesamt kann es gleichwohl als Fortschritt gewertet werden, dass das zuvor aus dem Zivilrecht konstruierte Prinzip einer Verzinsung im Steuerschuldrecht, welches bis dato lediglich in einzelnen jüngeren Steuergesetzen explizit geregelt war, eine ausdrückliche und umfassende Regelung erfahren hatte. In anderen Bereichen des öffentlichen Rechtes fehlt es auch heute – fast 100 Jahre nach der Reichsabgabenordnung – noch an ausdrücklichen Regelungen. Sowohl bei verspäteter Zahlung des Bürgers zu seinen Lasten[482] als auch im Erstattungsfall zu seinen Gunsten kommt es, mit Ausnahme der Prozessverzinsung,[483] in der Folge dort immer noch zu keiner Verzinsung.[484]

II. Die Entstehung der Verzinsung der Höhe nach

Die ersten Verzinsungen in Steuerschuldverhältnissen basierten auf einer Anwendung des Zivilrechtes und übernahmen die jeweiligen zivilrechtlichen ge-

480 Bensch, Die Steuerschuld S. 10 f.

481 Bericht des 10. Ausschusses = Drucksache der Verfassungsgebenden deutschen Nationalversammlung Nr. 1611 vom 06.08.1919 S. 1575.

482 BVerwG vom 18.05.1994 – 11 A 1/92 = NVwZ 1995, 56; BVerwG vom 03.11.1988 – 5 C 38/84 = NVwZ 1989, 870; BVerwG vom 28.09.1979 – 7 C 22/78 = NJW 1980, 852. A.A.: *Wolff*, DÖV 1998, 872; *Zimmerling/Jung*, DÖV 1987, 94.

483 VG Düsseldorf vom 19.03.2015 – 6 K 7535/13 = BeckRS 2015, 44535 m. w. N.

484 OVG Berlin-Brandenburg vom 28.11.2013 – 5 N 21/13 = BeckRS 2014, 46002 m. w. N.

setzlichen Zinssätze. Selbst die erste Verzinsung in den Steuergesetzen im Jahr 1902 enthielt keine eigens eruierte Zinshöhe. Der Gesetzgeber übertrug auf § 12 Abs. 2 S. 2 ZolltarifG schlicht den gesetzlichen Zinssatz des Bürgerlichen Gesetzbuches.[485] Auch die Steuergesetze in den Folgejahren besaßen eine mit dem gesetzlichen Zinssatz in § 246 BGB 1900 identische Zinshöhe von 4 %. Erst das Kriegssteuergesetz aus dem Jahr 1916 kannte einen eigenständigen, von der zivilrechtlichen Verzinsung abweichenden Zinssatz von 5 %, der im Jahr 1919 auch in die Reichsabgabenordnung Einzug fand.

Für eine umfassende Ergründung der Zinshöhe des Steuerschuldrechtes ist folglich die Betrachtung des zivilrechtlichen gesetzlichen Zinssatzes anzustellen. Sie soll im Folgenden daher zunächst isoliert von der steuerschuldrechtlichen Verzinsung selbst nachvollzogen werden. Sodann sollen die möglichen gesetzgeberischen Motivationen dargestellt werden, die Zinshöhe der gesetzlichen Verzinsung zu übernehmen, bzw. ab 1916 von ihr abzuweichen.

1. Ursprung des gesetzlichen Zinses

Die rechtliche Regelung der Verzinsung ist seit jeher ein gewichtiger Punkt in der Rechtssetzung. Sie ist bereits in den ältesten überlieferten Gesetzen enthalten. Sowohl der Codex Ur-Nammu, welcher auf ca. 2.100 v. Chr. datiert wird, der Codex Lipit-Ištar von ca. 1900 v. Chr., als auch der Codex Hammurapi von ca. 1.800 v. Chr. widmen sich in einzelnen Normen der Verzinsung.[486] Damit sind die Regelungen über die Verzinsung von Korn- und Metalldarlehen noch älter als die ersten Münzwährungen, welche erst gut 1000 Jahre später auftraten.[487]

Auch in den Ursprüngen des römischen Rechtes lassen sich Bestimmungen zur Zinshöhe finden. Wenngleich dem Zwölftafelgesetz aus der Zeit um 450 v. Chr. noch kein originärer gesetzlicher Zinssatz bekannt war, enthielt es doch Regelungen zum Darlehen (*fenus*).[488] Die achte Tafel regelte unter der achtzehnten Nummer, dass für Zinsversprechen ein Höchstsatz von einem Zwölftel zu nehmen sei (*fenus unciarium*). Anderenfalls sei eine Buße vom Vierfachen des widerrechtlich genommenen Betrages als Bußgeld zu entrichten.[489] Im klassischen römischen

---

485 Anlage zum Entwurf eines Zolltarifgesetzes = Reichstagsdrucksache Nr. 373 (A)/10 vom 19.11.1901 S. 36.

486 Seckelmann, Zinsen in Recht und Wirtschaft S. 16.

487 Homer, A history of interest rates S. 17.

488 Waldstein/Rainer, Römische Rechtsgeschichte § 9 Rn. 24, §10 Rn. 5; Kaser/Knütel Römische Privatrecht § 1 Rn. 5.

489 Dem Gesetz selbst ist nicht zu entnehmen, ob die Zinsen pro Jahr bemessen wurden oder ob maximal ein Zwölftel pro Monat genommen werden durfte. Für die Monats-

Recht etablierte sich im ersten Jahrhundert vor Christus ein maximaler Zins von 12 % pro Jahr, welcher auf Cicero zurückgeführt wird.[490] Gut tausend Jahre nach dem Zwölftafelgesetz beschränkte Justinian ihn auf die Hälfte und setzte eine Höchstgrenze von 6 % fest.[491] Dieser Beschränkung sollte auch der Staat in seinen Zinsforderungen unterliegen.[492] Einen einheitlichen gesetzlichen Zinssatz kannte das römische Recht hingegen nicht. Stattdessen wurde ein mittleres Maß der landesüblichen Zinsen festgesetzt.[493]

Im achten Jahrhundert nach Christus konnte die katholische Kirche in weiten Teilen Europas an Einfluss gewinnen. Mit der Synode von Aachen Karls des Großen im Jahre 789 gelang es ihr schließlich ein kanonisches Zinsverbot zu etablieren.[494] Auch auf dem Gebiet der heutigen Bundesrepublik wurde dadurch jegliche Verzinsung rechtswidrig.[495] Einzig über die Umgehungskonstruktionen wie die eines vorbestimmten, zeitabhängigen Schadenersatzes (Interesse)[496] für die verspätete Rückzahlung eines sofort fälligen Darlehens oder die Vereinbarung von Rentenkäufen konnte das strikte Zinsverbot umgangen und mit der Zeit immer weiter ausgehöhlt werden.[497] Erst im Jahr 1553 wurde das Zinsverbot zunächst in Bayern gesetzlich außer Kraft gesetzt, bevor es durch die Reichsdeputationsabschiede aus den Jahren 1600 und 1654 schließlich in allen deutschen Ländern aufgegeben wurde.[498] Der gesetzliche Zinssatz wurde bei 5 % festgesetzt.[499] Dieser Zinssatz war auch schon seit dem Jahr 1542 von der katholischen Kirche als Aus-

---

verzinsung von einem Zwölftel spricht jedoch unter anderem die Aufteilung, die über das Jahr gesehen eine exakte Verdoppelung des Kapitals bewirkt und die zeitgemäße Üblichkeit solch hoher Zinsen. (Kaser/Knütel Römische Privatrecht § 34 Rn. 26 f.)

490 Homer, A history of interest rates S. 47. Eine ausführliche, tabellarische Darstellung der gesetzlichen Zinsbeschränkungen bis zum vierten Jahrhundert ist bei Homer auf Seite 53 zu finden.

491 Windscheid / Kipp, Pandektenrecht Bd. 2 S. 78 Fn. 3.

492 Windscheid / Kipp, Pandektenrecht Bd. 2 S. 78 Fn. 2.

493 Mugdan, Materialien BGB Bd. 2 S. 1271.

494 Seckelmann, Zinsen in Recht und Wirtschaft S. 19.

495 Windscheid / Kipp, Pandektenrecht Bd. 2 S. 78 Fn. 3.

496 Kniep, Die Mora des Schuldners Bd. 2 S. 196; Seckelmann, Zinsen in Recht und Wirtschaft S. 14.

497 Windscheid / Kipp, Pandektenrecht Bd. 2 S. 78 Fn. 3; Seckelmann, Zinsen in Recht und Wirtschaft S. 22 f.

498 Seckelmann, Zinsen in Recht und Wirtschaft S. 24; *Unger*, Zeitschrift für das Privat- und öff. Recht 1904, 107 (115, Fn. 29).

499 Mugdan, Materialien BGB Bd. 2 S. 1271.

nahme vom Zinsverbot dem Franziskanerorden für die gemeinnützige Darlehensvergabe ausdrücklich zugestanden worden.[500]

2. Zinsen des Preußischen Landrechtes

Knapp 150 Jahre nach dem Ende des Zinsverbotes fand der fünfprozentige Zinssatz Einzug in das Preußische Allgemeine Landrecht von 1794. § 804 ALR I beschränkte die Darlehensverzinsung auf maximal 5 %. Kaufleuten gestand das Preußische Allgemeine Landrecht grundsätzlich eine erhöhte Verzinsung von 6 % zu. Juden standen zunächst sogar 8 % zu (§ 805 ALR I 11). Ihnen wurde dieses Privileg jedoch mit einer Allerhöchsten Erklärung schon im Jahr 1812 wieder abgesprochen.[501]

Mit § 1 des Bundesgesetzes betreffend die vertragsmäßigen Zinsen vom 14.11.1867 wurde sodann die starre Begrenzung vertragsmäßiger Zinsen gelockert. Bei einem Zinsversprechen von mehr als 6 % sollte der Vertrag nicht mehr rechtswidrig sein, sondern lediglich dem Zinsschuldner ein Sonderkündigungsrecht zustehen.[502]

Neben der Beschränkung vertragsmäßiger Zinsen kannte das Preußische Allgemeine Landrecht auch gesetzliche Zinssätze. In § 841 ALR I 11 wurde eine „landesübliche Verzinsung" von 5 % normiert und in § 830 ALR I 11 ein Zögerungszins von ebenfalls 5 %. Für Kaufleute und Juden gab es einen erhöhten Zögerungszins in § 832ALR I 11 von 6 %, welcher im Rahmen des Steuerrechtes jedoch nicht zur Anwendung kam. Die „üblichen Zinsen" ersetzten zunehmend die vorherigen Obergrenzen vertraglicher Zinsen.[503]

Zum Ende des 19. Jahrhunderts galt schließlich in fast allen Teilen des Reiches ein gesetzlicher Zinssatz von 5 % – sowohl in den Gebieten des Gemeinen Rechtes, des französischen Rechtes, für Bayern, für Sachsen, für Baden, für Lübeck als auch für Württemberg.[504] Die Einheitlichkeit der Zinshöhe in den verschiedenen Rechtsgebieten ist nicht dem Zufall geschuldet. Sie resultierte auf der im 17.Jahrhunderte festgelegten Höchstgrenze und bildete folglich den Rand dessen, was ethisch noch vertretbar war.[505]

---

500 Windscheid / Kipp, Pandektenrecht Bd. 2 S. 78 Fn. 3; Seckelmann, Zinsen in Recht und Wirtschaft S. 23; *Unger*, Zeitschrift für das Privat- und öff. Recht 1904, 107 (115, Fn. 29).

501 Mannkopff. Ergänzung Preußischer Gesetzbücher S. 225.

502 Windscheid / Kipp, Pandektenrecht Bd. 2 S. 79 Fn. 3, 4; Denkschrift zum Entwurf eines Bürgerlichen Gesetzbuchs = Reichstagsdrucksache Nr. 87/9 vom 17.01.1896 S. 624.

503 Kindler, Gesetzliche Zinsansprüche S. 203.

504 Kindler, Gesetzliche Zinsansprüche S. 204.

505 Kindler, Gesetzliche Zinsansprüche S. 204.

3. Gesetzlicher Zinssatz im BGB 1900

Während das besondere Kündigungsrecht für vertraglich vereinbarte Zinsen von mehr als 6 % durch § 247 BGB 1900 unverändert in das Bürgerliche Gesetzbuch übertragen wurde und sich dort bis 1986 hielt, kam es bei den, für das Steuerschuldrecht bedeutenden, gesetzlichen Zinssätzen mit der Einführung des Bürgerlichen Gesetzbuches zu einer Änderung.[506] Der gesetzliche Zinssatz in § 246 BGB 1900, der der „landüblichen Verzinsung" des Preußischen Allgemeinen Landrechtes entsprach, wurde nach einer umfassenden Diskussion des Gesetzgebers von 5 % auf 4 % gesenkt.[507] Gleiches galt für den zwar selbstständig justiziablen, aber dennoch als wichtigsten Unterfall des § 246 BGB 1900 zu erachtenden Verzugszins in § 288 BGB 1900.[508] Auch er wurde im Vergleich zu den Zögerungszinsen des Allgemeinen Preußischen Landrechtes von 5 % auf nunmehr 4 % gekürzt.

Tabelle 1: Normenübersicht Gesetzgebungsprozess Bürgerliches Gesetzbuch
Während des Gesetzgebungsprozesses veränderte sich vielfach die Nummerierung der einzelnen Paragraphen. Die folgenden Übersichten stellen die Nummerierung innerhalb der einzelnen Phasen dar.

Gesetzlicher Zinssatz (§ 246 BGB)	
In der Fassung…	Norm
… des Entwurfes der ersten Kommission	§ 217 BGB-I
… der Beratungsgrundlage der zweiten Kommission in erster Lesung	§ 217 BGB-I
… der Beratungsgrundlage der zweiten Kommission in zweiter Lesung	§ 219 BGB-II
… der Beratungsgrundlage des Bundesrates und des Reichstages[509]	§ 240 BGB-B/R
… BGB 1900	§ 246 BGB 1900

506 Denkschrift zum Entwurf eines Bürgerlichen Gesetzbuchs = Reichstagsdrucksache Nr. 87/9 vom 17.01.1896 S. 624.

507 Bericht über den Entwurf eines Bürgerlichen Gesetzbuchs = Reichstagsdrucksache Nr. 440/9 vom 12.07.1896 S. 1962; Planck, Bürgerliches Gesetzbuch S. 15; Mugdan, Materialien BGB Bd. 2 S. 9.

508 Denkschrift zum Entwurf eines Bürgerlichen Gesetzbuchs = Reichstagsdrucksache Nr. 87/9 vom 17.01.1896 S. 623.

509 Inkl. des Justizausschusses und der Kommission des Reichstages.

Verzugszinsen (§ 288 BGB)	
In der Fassung…	Norm
… des Entwurfes der ersten Kommission	§ 248 BGB-I
… der Beratungsgrundlage der zweiten Kommission in erster Lesung	§ 248 BGB-I
… der Beratungsgrundlage der zweiten Kommission in zweiter Lesung	§ 244 BGB-II
… der Beratungsgrundlage des Bundesrates und des Reichstages[510]	§ 282 BGB-B/R
… des BGB und des BGB 1900	§ 288 BGB 1900

a) Erster Kommissionsentwurf

Noch in ihrem Entwurf aus dem Jahre 1887 (BGB-I) beabsichtigte die erste Kommission zur Erstellung eines Bürgerlichen Gesetzbuches an die vorangehende Rechtslage anzuknüpfen und sowohl für den gesetzlichen Zinssatz in § 217 BGB-I, als auch für den Unterfall der Verzugsverzinsen in § 248 BGB-I, einen Zinssatz in Höhe von 5 % zu etablieren.[511]

§ 217 BGB-I: *„Ist eine Schuld nach Gesetz oder Rechtsgeschäft zu verzinsen, die Höhe der Zinsen jedoch nicht bestimmt, so sind die Zinsen mit 5 % auf das Jahr zu entrichten.“*[512]

§ 248 BGB-I: *„Bei einer Geldschuld hat der Schuldner dem Gläubiger von de Beginn des Verzuges an Zinsen mit 5 % auf das Jahr zu entrichten, auch wenn die aus einem anderen Rechtsgrunde zu entrichtenden Zinsen weniger betragen. Ist der Betrg der letzteren Zinsen höher, so hat der Schuldner während des Verzuges den höheren Betrag fortzuzahlen. Übersteigt der dem Gläubiger durch den Verzug verursachte Schaden die Vergütung, welche er durch die Verzugszinsen erhält, so hat der Schuldner den höheren Schaden zu vergüten…“*

Die Beratungen der Kommission wurden in den genehmigten Beratungsprotokollen, den sogenannten „Motiven“ dokumentiert.[513] Sie weisen aus, dass die Kommission erkannte, dass: *„Der Zinsfuß… im geschäftlichen Verkehre seit*

510 Inkl. des Justizausschusses und der Kommission des Reichstages.

511 Mugdan, Materialien BGB Bd. 1 S. II, III, X, 9.

512 Mugdan, Materialien BGB Bd. 2 S. II f.

513 Denkschrift zum Entwurf eines Bürgerlichen Gesetzbuchs = Reichstagsdrucksache Nr. 87/9 vom 17.01.1896 S. 604.

geraumer Zeit gegen früher erheblich, jedenfalls unter 5 %, gesunken“[514] sei und „*keine Aussicht vorhanden* (sei), *daß er sich in nächster Zeit wieder hebe.*“[515] Die Kommission sah jedoch zugleich keine Anhaltpunkte dafür, dass sich der Zinsfuß dauerhaft auf einem Niveau unter 5 % einstellen oder wenigstens so lange auf einem tiefen Niveau verbleiben würde, dass das Gesetz „*an diesem Ort*“[516] den niedrigen Zins berücksichtigen müsse.[517] Die Kommission ging schlicht davon aus, dass auf eine andauernde Phase niedriger Verzinsung eine Phase höherer Verzinsung folgen würde; dies sei erfahrungsgemäß auch in früheren Zeiten der Fall gewesen.[518]

Zusammen mit der Aussage: „*Das Gesetz kann nur einen festen Zinsfuß aufstellen, der für alle in Betracht kommenden Fälle gilt, und hierbei auf das Schwanken des Kapitalmarktes keine Rücksicht nehmen*“[519], lässt sich nicht nur erkennen, dass die Kommission mit dem Bürgerlichen Gesetzbuches ein Werk von langer Beständigkeit schaffen wollte. Durch den Verweis, dass das Gesetz nicht „*an diesem Orte hiermit rechnen müßte*“[520], wird überdies auch deutlich, dass die gesetzliche Verzinsung nur ein Regelfall sein sollte. An einem anderen Ort war es demnach durchaus vorgesehen, speziellere Zinssätze zu etablieren. Dies konnte eine inhaltliche Spezialität bedeuten – wie etwa spezielle Zinssätze für Steuerschuldverhältnisse – oder auch temporärere Modifikationen, um auf extreme Hoch- oder Niedrigzinsphasen zu reagieren – wie etwa das Gesetz über die Berücksichtigung der Geldentwertung vom 20.03.1923.

In den Motiven der Kommission zur Verzugsverzinsung in § 248 BGB-I wird nicht erneut auf die Höhe des Zinssatzes eingegangen.[521] Sie betonten lediglich, dass es sich bei der Pauschalisierung der Verzugsverzinsung um eine Erleichterung für den Gläubiger handeln sollte. Ohne weitere Nachweise konnte dieser entsprechend § 248 S. 1 BGB-I einen „*Durchschnittsbetrag…, von dem angenommen wird, daß ihn der Gläubiger jedenfalls hätte ziehen können…*“[522] ersetzt verlangen.[523] § 248 S. 3 BGB-I sah darüber hinaus die Möglichkeit vor, einen weiter-

514 Mugdan, Materialien BGB Bd. 2 S. 9.
515 Mugdan, Materialien BGB Bd. 2 S. 9.
516 Mugdan, Materialien BGB Bd. 2 S. 9.
517 Mugdan, Materialien BGB Bd. 2 S. 9.
518 Mugdan, Materialien BGB Bd. 2 S. 9.
519 Mugdan, Materialien BGB Bd. 2 S. 9.
520 Mugdan, Materialien BGB Bd. 2 S. 9.
521 Mugdan, Materialien BGB Bd. 2 S. 34.
522 Mugdan, Materialien BGB Bd. 2 S. 34.
523 Mugdan, Materialien BGB Bd. 2 S. 34.

gehenden Schaden nachzuweisen und vom Schuldner ersetzt zu verlangen.[524] Ein niedrigerer Zinssatz als der gesetzliche sollte umgekehrt jedoch selbst dann nicht gelten, wenn dieser aus einem anderen Rechtsgrund zu entnehmen gewesen wäre. Damit wird deutlich, dass die Kommission mit dem Schadenersatz nicht nur eine Beweiserleichterung für den Gläubiger, sondern auch einen Mindestschaden zu normieren beabsichtigte. In jedem Fall sollte zumindest der Schaden ersetzt werden, der einem durchschnittlichen Gläubiger durch die Vorenthaltung der Mittel entstanden wäre. Umgekehrt bestand für den Schuldner nicht die Möglichkeit durch den Nachweis eines geringeren Schadens seine Zinszahlungsverpflichtung zu reduzieren. Der Gläubiger sollte somit eine klare Privilegierung erfahren.

b) Zweiter Kommissionsentwurf

Die 1890 bestellte, zweite Kommission – die anders als die erste Kommission nicht aus Richtern, Beamten und Rechtswissenschaftlern bestand, sondern aus 22 Praktikern und Abgeordneten – ging erneut auf die Höhe des gesetzlichen Zinssatzes ein.[525] Gleich mehrfach wurde in der Kommission der Antrag beraten, den gesetzlichen Zinssatz von 5 % auf 4 % zu senken.[526] Zwischenzeitlich wurden die Ergebnisse der Beratungen im Reichsanzeiger veröffentlicht, um Stellungsnahmen einzuholen und gegebenenfalls Kritiken zu berücksichtigen.[527]

(1) Erste Lesung

Bereits der erste Antrag, in der in der ersten Lesung zum gesetzlichen Zinssatz, ging auf die Zinshöhe ein und bestrebte erneut eine Senkung. Zur Begründung wurden selbige Erwägungen angebracht, die schon im Rahmen der Beratungen der ersten Kommission für eine Senkung des gesetzlichen Zinssatzes sprachen.[528] Neben der Feststellung einer länger andauernden Phase niedriger Verzinsung, prognostizierten die Antragssteller ein weiteres Sinken des Zinssatzes. In ihrer volkswirtschaftlichen Vorausschau beriefen sie sich auf eine zunehmende Ansammlung von Kapital, den Wegfall größerer Kapitalnachfrage durch die anstehende Vervollständigung des

---

524 Mugdan, Materialien BGB Bd. 2 S. X.

525 Mugdan, Materialien BGB Bd. 2 S. 508; Denkschrift zum Entwurf eines Bürgerlichen Gesetzbuchs = Reichstagsdrucksache Nr. 87/9 vom 17.01.1896 S. 604.

526 1. Lesung der Kommission: Mugdan, Materialien BGB Bd. 2 S. 508; 2. Lesung der Kommission: Mugdan, Materialien BGB Bd. 2 S. 509.

527 Denkschrift zum Entwurf eines Bürgerlichen Gesetzbuchs = Reichstagsdrucksache Nr. 87/9 vom 17.01.1896 S. 604.

528 Mugdan, Materialien BGB Bd. 2 S. 508.

Eisenbahnausbaues und eine fortschreitende Anpassung an die niedrige Verzinsung der westlichen Binnenländer.[529] Der Mehrheit der Kommission genügten die angeführten Argumente jedoch nicht. Sie verwies darauf, dass mit der Verzinsung nicht nur eine sichere Anlage abgebildet werden muss, die der Gläubiger bei rechtzeitiger Zahlung hätte tätigen können, sondern regelmäßig auch die Aufnahme eines Darlehens, welches der Gläubiger kurzfristig aufnehmen müsse, um die fehlenden Mittel zu kompensieren.[530] Damit thematisierte die Kommission die – auch für die Verzinsung im Steuerschuldrecht maßgebliche – Frage: Auf welche Situation bei der Bestimmung des Zinssatzes abzustellen ist.

Ein weiterer Antrag sah vor, § 217 BGB-I um einen Satz zu ergänzen: „*Beruht die Verzinslichkeit auf Rechtsgeschäft, so sind die zur Zeit der Vornahme des Rechtsgeschäftes üblichen Zinsen zu nehmen.*“[531] Dies hätte für die betroffenen Fälle eine Dynamisierung der Norm bedeutet, da jeweils der zeitlich zutreffende Zins einschlägig gewesen wäre. Jedoch wäre es auf Grund der Notwendigkeit den zutreffenden Zinssatz zu ermitteln, zu rechtlichen Unsicherheiten gekommen. Diese hätten sich noch dadurch verschärft, dass die beantragte Ergänzung vorsah, die individuellen Ausgestaltungen des konkreten Rechtsgeschäftes zu berücksichtigen. Die persönlichen Verhältnisse der Vertragsparteien sollten demgegenüber für die Zinshöhe unerheblich bleiben. Somit hätte die beantragte Änderung zusätzliches Streitpotential geschaffen, ohne dem Anspruch gerecht zu werden, einen wirklich angemessenen Zins zu ermitteln. „*Mit Rücksicht auf die Seltenheit derartiger Fälle*“[532] und „*aus Gründen der Einfachheit und Sicherheit des Rechtes*“[533] beschloss die Mehrheit der Kommission daher, dass der gesetzliche Zinsfuß auch in diese Fälle zur Anwendung kommen sollte.[534]

Ein in die Kommission eingebrachter Eventualantrag beabsichtigte gar, eine umfassende zeitliche Dynamisierung des gesetzlichen Zinssatzes einzuführen. Demnach sollte die Möglichkeit geschaffen werden, durch kaiserliche Verordnung, auf Antrag eines Bundesstaates und mit Zustimmung des Bundesrates, den gesetzlichen Zinsfuß temporär herabzusetzen.[535] Damit griffen die Antragssteller das Argument auf: „*…dass das Gesetz* (nicht) *an diesem Ort…*“ flexibel

529 Mugdan, Materialien BGB Bd. 2 S. 508.
530 Mugdan, Materialien BGB Bd. 2 S. 508.
531 Mugdan, Materialien BGB Bd. 2 S. 508.
532 Mugdan, Materialien BGB Bd. 2 S. 509.
533 Mugdan, Materialien BGB Bd. 2 S. 509.
534 Mugdan, Materialien BGB Bd. 2 S. 509.
535 Mugdan, Materialien BGB Bd. 2 S. 508.

auf Schwankungen der Bezugsgrößen für den gesetzlichen Zinssatz reagieren müsse.[536] Der Antrag wurde jedoch in der ersten Lesung ohne weitergehende Begründung zurückgenommen.[537] Die Ablehnung steht im Einklang mit dem Ziel der Schaffung eines einfachen und verlässlichen Rechtes, welches schon gegen die Ausnahmeregelung für rechtsgeschäftliche Zinsen hervorgehoben wurde.

Insgesamt vermochte die Kommission selbst unter der Prämisse der Beschränkung der Betrachtung auf die Kompensation der Nachteile des Gläubigers keine Referenzen zu benennen, an denen sich die Höhe des gesetzlichen Zinses orientieren sollte.[538] Sie stellte lediglich klar, dass sowohl die möglicherweise erforderliche Fremdfinanzierung als auch der Verzicht auf eigene Anlagemöglichkeiten für die Bemessung eines angemessenen Zinssatzes relevant seien. Insbesondere bei der Kompensation einer notwendigen Fremdfinanzierung vermochte die Kommission jedoch lediglich näherungsweise eine Untergrenze festzustellen, indem sie einen Zinsfuß von 5 % als Zins der billigsten, verfügbaren Darlehen anführte.[539]

Letztlich entschied die Mehrheit der Kommission, alle erwähnten Änderungen abzulehnen und einen gesetzlichen Zinssatz von 5 % beizubehalten.

(2) Zweite Lesung

In der zweiten Lesung der Kommission, vier Jahre nach der ersten Beratung, wurde erneut über den Antrag beraten, sowohl den gesetzlichen Zinssatz, als die Verzugsverzinsung auf 4 % zu senken. Die Antragssteller wiesen darauf hin, dass in der Zwischenzeit die Veränderungen der wirtschaftlichen Verhältnisse weiter fortgeschritten seien und noch deutlicher für eine Senkung des Zinssatzes sprächen, als noch bei der ersten Beratung.[540] Sowohl international, als auch national sei das Zinsniveau weiter gefallen. Zudem seien Anzeichen gegeben, die darauf deuten, dass sich das Zinsniveau dauerhaft auf einem niedrigen Stand halten werde.[541] Nicht nur auf Grund der Fertigstellung des Eisenbahnausbaues aller europäischer Länder, sondern auch auf Grund der bereits erfolgten technischen Modernisierung der Industrie, bestände ein verringerter

536 Mugdan, Materialien BGB Bd. 2 S. 9.
537 Mugdan, Materialien BGB Bd. 2 S. 508.
538 Mugdan, Materialien BGB Bd. 2 S. 508 f.
539 Mugdan, Materialien BGB Bd. 2 S. 508.
540 Mugdan, Materialien BGB Bd. 2 S. 509.
541 Mugdan, Materialien BGB Bd. 2 S. 509.

Kapitalbedarf, der zu fehlenden Anlage- und Investitionsmöglichkeiten führe.[542] Zudem befände sich – als Folge des gewaltigen Kulturfortschrittes der jüngeren Vergangenheit – weiterhin eine große Geldmenge im Umlauf, welche in allen Ländern zu einer Überfüllung der Geldmärkte geführt habe.[543] Auch hätten die westeuropäischen Nachbarländer bereits einen niedrigeren gesetzlichen Zins eingeführt.[544]

Neben der Betrachtung der Anlageperspektive gingen die Antragssteller auch auf die in der ersten Lesung angemahnte Perspektive der Kreditaufnahme ein. Sie äußerten, dass zwar beispielsweise von Genossenschaften höhere Zinsen genommen werden, dies jedoch im Wesentlichen auf die geringere Kreditwürdigkeit ihrer Mitglieder zurückzuführen sei, die häufig Gewerbe niedrigerer Bonität betrieben, wie z. B. Handwerksunternehmen.[545]

Des Weiteren erklärten die Antragssteller, dass der *„landesübliche Zinsfuß“*[546] gegenwärtig bei 3,5 % läge. Auf welchen „landesüblichen Zinsfuß“ sich die Antragssteller damit genau bezogen, ist nicht überliefert. Durchschnittlich notierte die Verzinsung sicherer Anleihen im Jahr 1894 ebenfalls bei ca. 3,5 % (3,36 %).[547] Die Reichsbank gab zugleich einen Diskontzinssatz von ca. 3,12 % aus.[548] Bei dem als landesüblich bezeichneten Zins scheint es sich daher um den Zins der möglichen Anlageoptionen zu handeln.

Der landesübliche Zins sollte jedoch nicht exakt übernommen werden, so die Forderung des Antragsstellers.[549] Da es sich um ein aufgedrängtes Darlehen handele, müsse der Zinssatz etwas höher sein.[550] Der Aufschlag dürfe jedoch auch nicht zu groß sein, da dies in einigen Fällen zu einer ungerechtfertigten Benachteiligung für den Schuldner führen könne.[551]

Von Vertretern der Gegenansicht wurde bestritten, dass die gegenwärtige Lage einen Schluss für die Zukunft zulasse.[552] Einige trugen daneben vor, dass der Hypothekenzins immer noch höher liege, als der von den Antragsstellern geltend

---

542 Mugdan, Materialien BGB Bd. 2 S. 509.
543 Mugdan, Materialien BGB Bd. 2 S. 509.
544 Mugdan, Materialien BGB Bd. 2 S. 509.
545 Mugdan, Materialien BGB Bd. 2 S. 509.
546 Mugdan, Materialien BGB Bd. 2 S. 509.
547 Homer, A history of interest rates S. 261.
548 Homer, A history of interest rates S. 266
549 Mugdan, Materialien BGB Bd. 2 S. 509.
550 Mugdan, Materialien BGB Bd. 2 S. 509.
551 Mugdan, Materialien BGB Bd. 2 S. 509.
552 Mugdan, Materialien BGB Bd. 2 S. 510.

gemachte Zinssatz.[553] Auch hätten sich weite Kreise von Sachverständigen für eine Beibehaltung des fünfprozentigen Zinssatzes ausgesprochen.[554] Zudem lägen die Antragssteller den Fokus zu sehr auf die Anlageverzinsung, während die Praxis zeige, dass der Zinsgläubiger häufig selbst genötigt sei, die ausstehende Zahlung zu finanzieren.[555] Als Vergleichsgrundlage sei daher nicht auf Anlageoptionen abzustellen, sondern auf einen unbesicherten Kredit, welcher dem Kreditnehmer regelmäßig höhere Zinsen abverlange.[556] Einzig sofern der gesetzliche Zins nicht den Verzugsfall betreffe, sondern zur Ergänzung eines Darlehensvertrages herangezogen werde, bei dem die Bestimmung eines Zinsfußes fehle, sei es sachgerecht, einen gesonderten, reduzierten Zinssatz zu normieren, der dem landesüblichen Zinssatz entspreche.[557]

Selbst die Gegner einer Reduzierung des gesetzlichen Zinssatzes bestritten in der zweiten Lesung der Kommission nicht, dass die landesüblichen Zinsen in der jüngeren Vergangenheit deutlich gesunken waren. Neben dem Argument, dass das niedrige Zinsniveau nicht zwingend konstant blieben müsse, verblieb daher als Hauptstreitpunkt lediglich die Diskussion über das dem gesetzlichen Zinssatz zu Grunde liegende Szenario, bzw. die für die Zinsbemessung relevante Perspektive. Die Spanne reichte dabei von der Verzinsung sicherer Anlagen bis zu unbesicherten Krediten.

c) *Denkschrift des Justizausschusses*

Der Justizausschuss verfasste zur Einbringung des von der Kommission entwickelten Entwurfes in den Reichstag im Jahr 1896 eine Denkschrift.[558] Darin erklärt er, dass beabsichtigt sei, im Bürgerlichen Gesetzbuch in *„wesentlicher Übereinstimmung mit dem bestehenden Recht… die Höhe der* (gesetzlichen) *Zinsen auf fünf vom Hundert für das Jahr*“[559] festzusetzen. Zwar habe man erkannt, dass die Verzinsung im geschäftlichen Verkehr der letzten Jahre geringer war. Gleichwohl

---

553 Mugdan, Materialien BGB Bd. 2 S. 510.

554 Mugdan, Materialien BGB Bd. 2 S. 510.

555 Mugdan, Materialien BGB Bd. 2 S. 510.

556 Mugdan, Materialien BGB Bd. 2 S. 510.

557 Mugdan, Materialien BGB Bd. 2 S. 510.

558 Entwurf: Entwurf eines Bürgerlichen Gesetzbuchs = Reichstagsdrucksache Nr. 87/9 vom 17.01.11896 S. 446; Denkschrift: Entwurf eines Bürgerlichen Gesetzbuchs = Reichstagsdrucksache Nr. 87/9 vom 17.01.11896 S. 446.

559 Denkschrift zum Entwurf eines Bürgerlichen Gesetzbuchs = Reichstagsdrucksache Nr. 87/9 vom 17.01.1896 S. 623.

würde diese Betrachtung nicht ausreichend berücksichtigen, dass nicht nur auf den Gewinn abzustellen sei, den der Gläubiger bei rechtzeitigem Erhalt einer Zahlung durch eine Anlage hätte erzielen können, sondern auch auf den Schaden, den er durch das Ausbleiben einer Zahlung erleiden könne.[560] Insbesondere in den Fällen des Verzuges, wäre der Gläubiger zur Aufnahme eines Darlehens genötigt, für welches er – selbst bei genossenschaftlichen Vorschussvereinen – mindestens eine fünfprozentige Verzinsung zu leisten habe.[561] Wolle das Parlament gleichwohl eine Zinssenkung beschließen, so müsse es berücksichtigen, dass dies den Gläubiger regelmäßig dazu dränge, seinen tatsächlichen Schaden nachzuweisen, um diesen ersetzt zu bekommen und dafür gegebenenfalls den Rechtsweg zu bestreiten.[562]

Daneben erwähnte die Denkschrift den in der zweiten Kommission diskutierten Vorschlag, auf Grund des niedrigen Zinsniveaus, neben dem allgemeinen gesetzlichen Zins, der im Wesentlichen den Verzugsfall erfasse, einen gesonderten Zinssatz für Rechtsgeschäfte mit unbestimmter Zinshöhe zu normieren.[563] Der Ausschuss erklärte in der Denkschrift, dass für eine solche Sonderregelung keine Notwendigkeit bestehe, da die betreffenden Lücken durch die Auslegung des Vertrages und des Parteiwillens geschlossen werden könnten.[564]

Insgesamt fasst die Denkschrift damit die Aufzeichnungen der Beratungen der Kommissionen in stark verkürzter Fassung zusammen. Aus ihr wird jedoch noch deutlicher, dass die Kommission bei der Ermittlung eines angemessenen gesetzlichen Zinssatzes vor allem den Verzug vor Augen hatte und für diesen auf die Perspektive des Ersatzes eines Schadens abstellte, der durch die günstigste Möglichkeit der Kreditaufnahme im geschäftlichen Verkehr entstehe.

---

560 Denkschrift zum Entwurf eines Bürgerlichen Gesetzbuchs = Reichstagsdrucksache Nr. 87/9 vom 17.01.1896 S. 623.

561 Denkschrift zum Entwurf eines Bürgerlichen Gesetzbuchs = Reichstagsdrucksache Nr. 87/9 vom 17.01.1896 S. 623.

562 Denkschrift zum Entwurf eines Bürgerlichen Gesetzbuchs = Reichstagsdrucksache Nr. 87/9 vom 17.01.1896 S. 623.

563 Denkschrift zum Entwurf eines Bürgerlichen Gesetzbuchs = Reichstagsdrucksache Nr. 87/9 vom 17.01.1896 S. 623.

564 Denkschrift zum Entwurf eines Bürgerlichen Gesetzbuchs = Reichstagsdrucksache Nr. 87/9 vom 17.01.1896 S. 623.

d) XII. Kommission des Reichstages

Die erste Lesung des Bürgerlichen Gesetzbuches im Reichstag in der 30.-33. Sitzung vom 03.-06.02.1896 ging nicht auf den gesetzlichen Zinssatzes ein.[565] Erst der Bericht der Kommission vom 12.07.1896 wies wieder eine Auseinandersetzung mit der Zinshöhe aus.[566]

Im Rahmen der Kommission wurde abermals beantragt, den gesetzlichen Zinssatz von 5 % auf 4 % zu reduzieren.[567] Die gesetzliche Verzinsung bezwecke keine Sanktionierung, sondern beabsichtige lediglich, den Nachteil zu ersetzen, den der Gläubiger dadurch erlitten habe, dass der Schuldner nicht rechtzeitig leiste.[568] Gegenwärtig sei jedoch weder mit Anlagen ein fünfprozentiger Vermögenszuwachs erzielbar, noch für Kredite eine solch hohe Verzinsung zu leisten.[569] Der Hypothekenzins sei in den letzten Jahrzehnten stark gefallen und betrage statt wie vor 40 Jahren nicht mehr 4,5 % bis 5 %, sondern 3,5 % bis maximal 4 % und auch für die zuvor häufig zitierten genossenschaftlichen Kredite seien kaum mehr als 4 % Zinsen zu zahlen.[570] Eine Reduzierung des gesetzlichen Zinssatzes sei daher sachgerecht und angesichts der Möglichkeit des Nachweises eines höheren Schadens auch bedenkenlos möglich.[571]

Die Regierungsvertreter hielten dagegen, dass hauptsächlich auf den Schaden abzustellen sei, der entstehe, wenn auf Grund der verspäteten Zahlung Kredite aufgenommen werden müssten.[572] Dass die Zinsen dafür jedoch regelmäßig nicht deutlicher über 4 % lägen – wie von den Antragstellern behauptet –, sei unzutreffend.[573] Zudem sei geplant, mittelfristig den erhöhten Zins des Handelsgesetzbuches aufzugeben und einen einheitlichen Zins für das Bürgerliche Gesetzbuch und das Handelsgesetzbuch zu etablieren. Ein solch niedriger Zins wäre

565 Protokoll zur 30. Sitzung des Reichstages vom 03.02.1896 S. 705 ff.; Protokoll zur 31. Sitzung des Reichstages vom 04.02.1896 S. 727 ff.; Protokoll zur 32. Sitzung des Reichstages vom 05.02.1896 S. 751 ff.; Protokoll zur 33. Sitzung des Reichstages vom 06.02.1896 S. 775 ff.

566 Mugdan, Materialien BGB Bd. 2 S. 1271.

567 Mugdan, Materialien BGB Bd. 2 S. 1271.

568 Mugdan, Materialien BGB Bd. 2 S. 1271.

569 Mugdan, Materialien BGB Bd. 2 S. 1271.

570 Mugdan, Materialien BGB Bd. 2 S. 1271.

571 Mugdan, Materialien BGB Bd. 2 S. 1271.

572 Mugdan, Materialien BGB Bd. 2 S. 1271.

573 Mugdan, Materialien BGB Bd. 2 S. 1271.

allerdings für das Handwerk und die Händler zu gering und würde daher diese Pläne konterkarieren.[574]

Diese Argumente waren für die Mitte der Kommission nicht ausreichend. Aus ihr wurde schon bestritten, dass Gläubiger sich beim Verzug der Leistung regelmäßig verschulden müssten.[575] Falls dem jedoch so sei, wäre ein höherer Schaden problemlos nachweisbar.[576] Auch eine Angleichung der Zinssätze des Bürgerlichen Gesetzbuchs und des Handelsgesetzbuchs wurde abgelehnt.[577] Der erhöhte Zinssatz des Handelsgesetzbuchs habe sich über die Jahre bewehrt und stelle keinen Störfaktor dar, der behoben werden müsse.[578]

In der Folge wurde mehrheitlich für eine Reduzierung des gesetzlichen Zinssatzes auf 4 % votiert.[579] Klar erkennbar ist, dass die Darlehensverzinsung die Referenz darstellte. Obwohl Vertreter der Mehrheitsmeinung darauf hinwiesen, dass die Notwendigkeit ein Darlehen aufzunehmen keineswegs der Regelfall des Verzuges sei, wurde ausschließlich auf entsprechende Vergleichsgrößen Bezug genommen. Insbesondere die Zinsentwicklung des Hypothekenzinses diente als greifbare Bezugsgröße, neben der umstrittenen Zinshöhe genossenschaftlicher Darlehen und der kaum konkretisierten Möglichkeit, bei rechtzeitigem Erhalt der Mittel Anlagen zu tätigen.

Das tragende Argument der Nachweisbarkeit eines höheren tatsächlichen Schadens zeigt daneben erneut, dass im Rahmen des gesetzlichen Zinssatzes nahezu ausschließlich auf den Verzugsfall abgestellt wurde. Erst in der zweiten Lesung setzte sich die Kommission eingehender mit dem Fall auseinander, dass der gesetzliche Zinssatz unbestimmte vertragliche Abreden über die Verzinsungen zu ergänzen habe.

In zweiter und dritter Beratung stimmte der Reichstag der Reduzierung des Zinssatzes ohne weitere Thematisierung zu.[580]

---

574 Mugdan, Materialien BGB Bd. 2 S. 1271.
575 Mugdan, Materialien BGB Bd. 2 S. 1271.
576 Mugdan, Materialien BGB Bd. 2 S. 1271.
577 Mugdan, Materialien BGB Bd. 2 S. 1271.
578 Mugdan, Materialien BGB Bd. 2 S. 1271.
579 Mugdan, Materialien BGB Bd. 2 S. 1272.
580 Protokoll zur 109. Sitzung des Reichstages vom 19.06.1896 S. 2717; Protokoll zur 110. Sitzung des Reichstages vom 20.06.1896 S. 2755; Protokoll zur 112. Sitzung des Reichstages vom 23.06.1896 S. 2821; Protokoll zur 117. Sitzung des Reichstages vom 30.06.1896 S. 3039.

e) Fazit

Die Diskussionen über die richtige Höhe des gesetzlichen Zinssatzes erstreckten sich insgesamt über 9 Jahre. Nie zuvor, aber auch nie mehr seit dem, wurde so ausgedehnt über einen für das Steuerschuldverhältnis relevanten Zins im Rahmen eines Gesetzgebungsprozesses debattiert. Auffallend ist dabei, dass in jeder Kommission die Höhe des gesetzlichen Zinssatzes umfassend thematisiert wurde, während die Protokolle zu den Sitzungen des Reichstages, trotz der fortgesetzten Kontroversen, von keiner Befassung mit der Debatte zeugen.

Den Motiven zum ersten Kommissionsentwurf 1887 ist zunächst eine sehr intensive Debatte über die langfristige Zinsenwicklung zu entnehmen. Diese wich in den folgenden Beratungen immer konkreteren Argumentationen, bis hin zur Bezugnahme auf konkrete Zinssätze. Zwar sollte der gesetzliche Zinssatz für eine Vielzahl von verschiedenen Fällen zum Tragen kommen und sogar noch ins öffentliche Recht wirkten. Dennoch konnte sich die Diskussion nicht davon lösen, dem Fall der Verzugsverzinsung eine nahezu absolute Bedeutung zukommen zu lassen. An keiner Stelle wurde bezweifelt, dass dem gesetzlichen Zinssatz der Zweck zukommen sollte, einen Schaden des Gläubigers zu kompensieren. Für den einzigen, daneben behandelten Fall, die Schließung vertraglicher Lücken, wurde stattdessen eine zusätzliche Regelung ins Gespräch gebracht und auf die vorrangige Beachtung des Parteiwillens verwiesen. Folgerichtig wurde daher hauptsächlich diskutiert, ob der Zinssatz eines Darlehens oder einer möglichen Anlage den Vergleich zu stellen habe. In dieser Diskussion vermochten die Vertreter eines Abstellens auf den niedrigeren Anlagezins schlagende Argumente ins Feld zu führen, indem sie bemerkten, dass für den Fall einer notwendigen Darlehensaufnahme die dafür erforderlichen Zinsaufwendungen problemlos im Zuge des Ersatzes eines weitergehenden Schadens zu erstatten seien. Sie konnten sich damit, gegen den Widerspruch von Teilen der Regierung, in der Kommission durchsetzen.

Den Leser des Berichtes der Kommission mag es zunächst verwirren, dass ausgerechnet im Zuge der Argumentation für eine Bezugnahme auf den niedrigeren Anlagezins, die Entwicklung des genossenschaftliche Darlehenszinses und des Hypothekenzinses aufgezeigt wurde und dargelegt wurde, dass sie ebenfalls bei ca. 4 % notierten.[581] Dies sollte jedoch nicht als Argument dienen, auf Darlehenszinsen abzustellen, sondern lediglich aufzeigen, dass auch diese, wie das gesamte

581 Z.B.: *Roll*, DRiZ 1973, 339 (342). Das Abstellen auf den Anleihezins erkennend hingegen: Kindler, Gesetzliche Zinsansprüche S. 205 f.

Zinsniveau, in der Vergangenheit um ca. 1 % gefallen waren.[582] Ein Vergleich mit der Anleiheverzinsung besonders risikoarmer Anleihen, zeigt, dass zum besagten Zeitpunkt der gängige Anleihezinssatz und der Darlehenszinssatz sehr dicht beieinander lagen.[583]

Der Anleihezins wurde lediglich im Rahmen der Kommissionsberichte nicht ausgewiesen. Eine Betrachtung des Anleihezinsniveaus für sichere Anleihen sowie Preußische Staatsanliehen und Reichsanliehen zeigt jedoch ein kontinuierliches Sinken des Zinsniveaus seit Beginn des Deutschen Reiches. 1870 wiesen sowohl die Preußischen Staatsanleihen, als auch die durchschnittlichen sicheren Anleihen einen jährlichen Zins von mehr als 4,5 % aus.[584] Die mit einer 3,5 prozentigen Kuponverzinsung auf den Nennwert ausgestattete Preußische Staatsanleihe kam 1870 sogar noch durch ihre Verzinsung auf einen effektiven Jahresertrag von 4,82 %.[585] Im Jahr 1878 lag die Preußische Staatsanleihe bei einer Verzinsung von 4,11 % und der Schnitt der sicheren Anleiheverzinsung noch bei 4,26 %, ehe beide, zu Beginn der Beratungen der Kommission, bei einer Verzinsung von ca. 3,7 % lagen.[586] Acht Jahre später wies der letzte Zinssatz, den die Gesetzgebungskommission berücksichtigen konnte, der Zinssatz für sichere Anleihen aus dem Jahr 1896 einen Zins von 3,35 % aus.[587] Die dreiprozentige Reichsanleihe kam derweil auf eine Verzinsung von 3,02 % pro Jahr.[588]

Für die Kommission wurde das stetig sinkende Zinsniveau zu einem immer deutlicheren Grund, den gesetzlichen Zinssatz nicht weiter bei 5 % zu belassen, sondern auf 4 % herabzusenken. Zuletzt konnte sie ihre anfänglichen Prognosen durch die tatsächliche Entwicklung bestätigt sehen und auf eine 15-jährige Dauer zurückblicken, in der weder die Reichsanleihen, noch die Preußischen Anleihen oder der Durchschnitt der sicheren Anleihen eine Verzinsung von 4 % erreichten. Selbst der durchschnittliche Preußische Hypothekenzins lag in den Jahren der Beratung der XII. Reichstagskommission unter 4 %.[589]

582 Staudinger/*Blaschczok*, Bürgerliches Recht, § 246 Rn. 193; Schmidt, Geldrecht § 246 Rn. 52.

583 *Roll*, DRiZ 1973, 339 (342); Spiethoff, Die wirtschaftlichen Wechsellagen Bd. 2 Tafel 11.

584 Vgl. Abbildung 1: Langfristige Entwicklung der Anleihenerträge 1870–1897 S. 121.

585 Vgl. Abbildung 1: Langfristige Entwicklung der Anleihenerträge 1870–1897 S. 121.

586 Vgl. Abbildung 1: Langfristige Entwicklung der Anleihenerträge 1870–1897 S. 121.

587 Vgl. Abbildung 1: Langfristige Entwicklung der Anleihenerträge 1870–1897 S. 121.

588 Vgl. Abbildung 1: Langfristige Entwicklung der Anleihenerträge 1870–1897 S. 121.

589 Vgl. Abbildung 2: Differenz zwischen dem Hypothekenzinssatz in Preußen und dem durchschnittlichen Ertrag sicherer Anleihen im Dt. Reich 1880–1897 S. 121.

Abbildung 1: Langfristige Entwicklung der Anleihenerträge 1870–1897

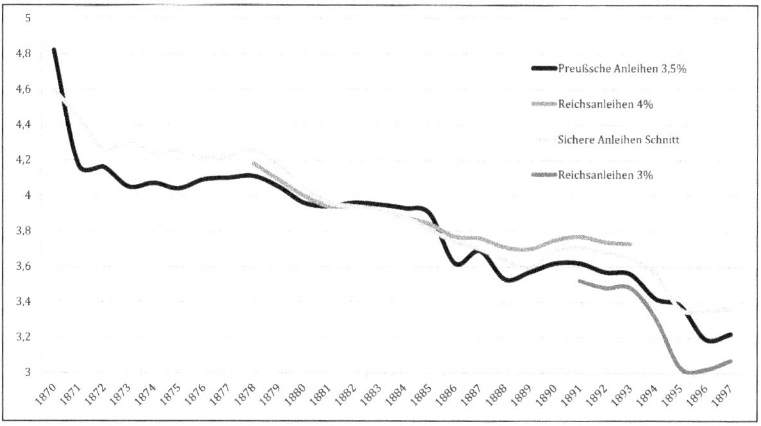

Die Abbildung zeigt die Entwicklung der Anleihenerträge (y-Achse [in %]) der 3,5 %igen Preußischen Staatsanleihen, der 3 %igen und 4 %igen Reichsanleihen, sowie der sicheren Anleihen im Deutschen Reich während der Jahre 1870 bis 1897 (x-Achse [in Jahren]).

Quelle: Homer, A history of interest rates 4. Aufl. S. 256 f.

Abbildung 2: Differenz zwischen dem Hypothekenzinssatz in Preußen und dem durchschnittlichen Ertrag sicherer Anleihen im Dt. Reich 1880–1897

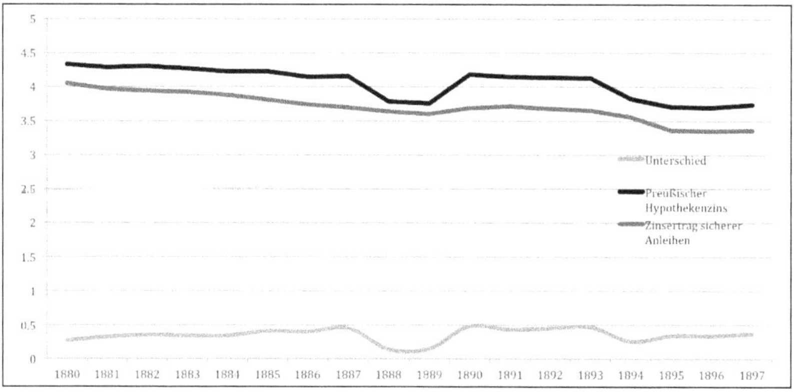

Die Abbildung zeigt die Höhe des Preußischen Hypothekenzinses und des Ertrages sicherer Anleihen im Deutschen Reich (y-Achse [in %]) während des Gesetzgebungsprozesses des Bürgerlichen Gesetzbuches (x-Achse [in Jahren]), sowie den jeweils sehr geringen Unterschied zwischen beiden in den dargestellten Jahren.

Quellen: Anleihen (Computed Average of High Grade Bond Yields): Homer, A history of interest rates 4. Aufl. S. 256 f.; Hypotheken: Homburger, Die Entwicklung des Zinsfußes in Deutschland S. 97 (Werte jeweils niedrigster angegebener Durchschnittswert).

Trotz der intensiven Diskussion um eine verhältnismäßig geringe Reduzierung des bis dato geltenden Zinssatzes sollte der gesetzliche Zinssatz des Bürgerlichen Gesetzbuches über das gesamte 20. Jahrhundert bei 4 % verbleiben, bis er im Jahr 2000 zunächst auf 5 % erhöht wurde und wenig später, im Rahmen der Schuldrechtsreform, durch eine Bezugnahme auf den dynamischen Basiszins ersetzt wurde.[590] Verschwiegen werden darf dabei jedoch nicht, dass in Phasen besonderer Zinssituationen, wie beispielsweise der Hyperinflation, von der Rechtsprechung ohne weitere Nachweise, Kreditzinsen oder ein Aufschlag von vier Prozentpunkten auf Diskontzinsen statt der vierprozentigen Verzugszinsen, als ungefähre Höhe von Kreditzinsen, gewährt wurden.[591]

4. Erhöhter kaufmännischer Zinssatz

Sowohl das Preußische Allgemeine Landrecht als auch das unmittelbar vor dem Bürgerlichen Gesetzbuch in Kraft getretene Handelsgesetzbuch kannten einen speziellen Zinssatz für Kaufleute.

Gemäß §§ 830, 805 ALR I 11 konnten Kaufleute grundsätzlich statt dem fünfprozentigen Zögerungszins den höchsten erlaubten Zins fordern, der 6 % betrug. Dies galt jedoch nicht im Rahmen des Steuerrechtes. Die Pflicht zur Entrichtung von Steuern wurde als staatsbürgerliche Pflicht gesehen, die selbst dann nicht dem Betrieb des Kaufmannes zugeordnet wurde, wenn die Steuerschuld einen kaufmännischen Ursprung hatte.[592] Entsprechend fand auch der erhöhte kaufmännische Zinssatz keine Anwendung im Rahmen der Verzinsung von steuerrechtlichen Erstattungsansprüchen.[593]

Dass bei der Verzinsung im Rahmen des steuerrechtlichen Erstattungsanspruches auf die Perspektive des Staates abgestellt wurde, ist auch daran erkennbar, dass zwar das Preußische Allgemeine Landrecht einen speziellen Zinssatz für kaufmännische Forderungen in Höhe von 6 % vorsah, dessen Zweck die Herstellung einer angemessenen Verzinsung für die unfreiwillige Darreichungen eines Darlehens durch Kaufleute war, dieser jedoch für die Erstattung von Steuerschul-

590 Vgl. Staudinger/*Löwisch,* Bürgerliches Recht § 288 Rn. 3.

591 Reichsgericht vom 15.01.1927 = JR 1927 Beilage Die Rechtsprechung S. 321 Nr. 570; Reichsgericht vom 11.01.1928 = HRR 1928, Nr. 823; Reichsgericht vom 14.02.1930 = Warneyer, Rechtsprechung des Reichsgerichtes 22. Jahrgang S. 176 Nr. 91. Abkehr von der freigiebigen Linie und Forderung strenger Nachweise höheren Schadens in der Nachkriegszeit: BGH vom 29.10.1952 – II ZR 47/52 = NJW 1953, 337.

592 Heinitz, Preußisches Stempelsteuergesetz S. 213.

593 Koch, Allgemeines Landrecht, 8. Aufl. Bd. 2 S. 392 Fn. 10.

den nicht zur Anwendung kam.[594] Sofern die Rechtsprechung und die Literatur die Verzinsung als schadenersetzend erachten, hätte konsequenterweise auch auf den geschädigten Kaufmann abgestellt werden müssen und ihm der erhöhte Zinssatz gewährt werden müssen.

Überdies fand der Verweis auf eine staatsbürgerliche Pflicht, bzw. eine daraus resultierende Beschränkung der Verzinsung auf 5 %, keine Anknüpfung im Wortlaut des Preußischen Allgemeinen Landrechtes. § 194 ALR I 16 benannte den *„höchsten erlaubten Zinssatz"* und suggerierte damit, dass es mehrere mögliche Zinssätze gab, während die §§ 832 ALR I 11 bzw. §§ 805 ALR I 11 sogar auf die Sicht des Zinsgläubigers abstellten, indem sie davon sprachen, dass es Kaufleuten erlaubt sei, eine Verzinsung zu *„fordern"* bzw. sich einen *„Zins verschreiben zu lassen"*.

Die Nichtanwendung des erhöhten Zinssatzes ist daher vor dem Hintergrund der weiteren Rechtsprechung des Reichsfinanzhofs inkonsequent und, mangels Anknüpfungspunkt im Wortlaut, auch rechtsfehlerhaft.

Im Jahr 1897 trat das Handelsgesetzbuch in Kraft. § 352 HGB1897 sah für Handelsgeschäfte vor, dass der gesetzliche Zinssatz 5 % statt der 4 % des Bürgerlichen Gesetzbuches betragen sollte. Dabei erklärte § 352 HGB 1897 ausdrücklich, dass nicht nur der gesetzliche Zinssatz in § 246 BGB 1900 entsprechend zu erhöhen sei, sondern auch die Verzugsverzinsung in § 288 BGB 1900 als wichtigster Sonderfall des gesetzlichen Zinssatzes.[595] Voraussetzung für die Anwendung des erhöhten Zinssatzes war allerdings, dass ein beiderseitiges Handelsgeschäft vorlag. Zu den Handelsgeschäften zählten nach § 343 Abs. 1 HGB 1897 die zum Handelsgewerbe gehörenden Geschäfte eines Kaufmannes. Als Handelsgewerbe eines Kaufmannes im Sinne der Legaldefinition in § 1 HGB 1897 ließ sich jedoch die Besteuerung durch den Fiskus nicht erachten.[596] Folglich blieb es für Steuererstattungen bei der Regelverzinsung nach § 288 BGB 1900.

Dadurch, dass das Handelsgesetzbuch im Gegensatz zum Preußischen Allgemeinen Landrecht ein beiderseitiges Handelsgeschäft voraussetzte, war nunmehr die Heranziehung des gesetzlichen Zinssatzes von 4 % im Wortlaut des Gesetzes verankert. Des zum Preußischen Allgemeinen Landrecht bemühten Arguments, es handle sich bei der Steuerschuld um eine staatsbürgerliche Pflicht, weshalb eine erhöhte Verzinsung nach den Normen des Handelsrechtes ausgeschlossen sei, bedurfte es nicht mehr.[597] Das Argument konnte allenfalls

594 Heinitz, Preußisches Stempelsteuergesetz S. 213.

595 Mugdan, Materialien BGB Bd. 2 S. 508 f.

596 Staub/*Canaris*, Handelsgesetzbuch, Vor §§ 343 ff. Rn. 41.

597 Heinitz, Preußisches Stempelsteuergesetz S. 212.

herangezogen werden, um zu rechtfertigen, dass der Gesetzgeber keine Norm geschaffen hatte, die ausdrücklich den erhöhten Zinssatz des Handelsgesetzbuchs zur Anwendung berief, da der im Steuerschuldverhältnis anwendbare Verzugszins des Bürgerlichen Gesetzbuchs auf die Kompensation einer Schädigung des Zinsgläubigers abstellte.

5. Zinssätze in den einzelnen Reichssteuergesetzen

a) Zolltarifgesetz von 1902

Der Zinssatz der Stundungsverzinsung in § 12 Abs. 2 S. 2 ZolltarifG betrug 4 % und entsprach damit dem gesetzlichen Zinssatz des Bürgerlichen Gesetzbuches.[598] Zwar sah das Gesetz selbst keinen Verweis auf den Zins des Bürgerlichen Gesetzbuches vor, jedoch dokumentierte die Begründung des Entwurfs zum Zolltarifgesetz ausdrücklich die Anknüpfung an den Zinssatz des Bürgerlichen Gesetzbuches.[599]

Diese Anknüpfung an den gesetzlichen Zinssatz ist methodisch konsequent, da die Stundungsverzinsung im Zolltarifgesetz bezweckte, den Importeuren von bestimmten Waren den Zinsvorteil der Stundung zu entziehen und so eine Verzerrung des Wettbewerbes und Spekulationen zu verhindern. Denn auch der gesetzliche Zinssatz des Bürgerlichen Gesetzbuches war an der üblichen Zinshöhe zeitgenössischer Anleihen bemessen worden.[600] Spiegelbildlich zur Kompensation des Schadens der durch den Verzug entgangenen Anlagezinsen, schöpfte § 12 Abs. 2 S. 2 ZolltarifG die unberechtigt erlangten Anlagezinsen aus den gestundeten Zollzahlungen ab. Anders als im Bürgerlichen Gesetzbuch, wo dem Zins eine schadensersetzende Funktion zukam, hatte der Stundungszins des Zolltarifgesetzes damit einen Kondiktionscharakter. Dabei ist der zu Grunde liegende Zinssatz sicherer Anlagen der geringstmögliche Vorteil, den jeder Zollschuldner durch die temporäre Verfügbarkeit zusätzlicher Mittel erzielen konnte. Sofern der Zollschuldner höhere Vorteile erzielen konnte, etwa durch die Tilgung von Krediten oder besonderer Investitionsmöglichkeiten, verblieb ihm dieser Vorteil.

---

598 Anlage zum Entwurf eines Zolltarifgesetzes = Reichstagsdrucksache Nr. 373 (A)/10 vom 19.11.1901 S. 36.

599 Anlage zum Entwurf eines Zolltarifgesetzes = Reichstagsdrucksache Nr. 373 (A)/10 vom 19.11.1901 S. 36.

600 Anlage zum Entwurf eines Zolltarifgesetzes = Reichstagsdrucksache Nr. 373 (A)/10 vom 19.11.1901 S. 35 f.; Protokoll zur 102. Sitzung des Reichstages vom 02.12.1901 S. 2885.

Praktisch hätte der Gesetzgeber jedoch das aktuelle Zinsniveau erneut betrachten müssen. Die letzte ausführliche Debatte um eine zutreffende Zinshöhe lag im Jahr 1902 bereits fünf Jahre zurück. In dieser Zeit waren sowohl die Verzinsungen der Preußischen Staatsanleihen als auch die der Reichsanleihen und die der durchschnittlichen sicheren Anleihen erkennbar gestiegen.[601] Gleichwohl verharrten die Zinssätze weiterhin deutlich unter 4 %. Im Ergebnis lag die vierprozentige Stundungsverzinsung des Zolltarifgesetzes noch immer ca. einen halben Prozentpunkt über dem Zinsniveau, welches durch eine Anleihe hätte erzielt werden können. Unter dem Gesichtspunkt einer Aufrundung auf volle Prozentpunkte vermag die Bezugnahme des Zinssatzes des Zolltarifgesetzes auf den gesetzlichen Zinssatzes des Bürgerlichen Gesetzbuches daher zu überzeugen.

b) Wehrbeitragsgesetz 1913

Auch das Wehrbeitragsgesetz aus dem Jahre 1913 enthielt eine vierprozentige Verzinsung. Diese erstreckte sich erstmals im deutschen Steuerrecht ausdrücklich auf Erstattungen und Vorauszahlungen. Die Materialien zur Gesetzgebung enthalten jedoch, anders als noch beim Zolltarifgesetz, weder eine explizite Anknüpfung an den Zinssatz des Bürgerlichen Gesetzbuches noch anderweitige Ausführungen, nach welchen Faktoren die Zinshöhe bemessen wurde.

Soweit ein Gesetz ausschließlich eine Verzinsung anordnet und zugleich darauf verzichtet, eigens eine Zinshöhe zu benennen, ist der gesetzliche Zinssatz in § 246 BGB anwendbar.[602] So könnte es auch im Rahmen des Wehrbeitragsgesetzes gewesen sein. Zwar nannten § 50 WBG und § 51 WBG ausdrücklich einen Zinssatz. Jedoch entsprach dieser exakt dem gesetzlichen Zinssatz in § 246 BGB und lautete ebenfalls auf 4 %. Zudem benannte auch das Zolltarifgesetz von 1902 einen vierprozentigen Zinssatz und knüpfte damit ausweislich der Gesetzgebungsmaterialien an den gesetzlichen Zinssatz des Bürgerlichen Gesetzesbuches an. Auch kam der gesetzliche Zinssatz bis dato, mangels abweichender Normen, in allen Fällen der Verzinsung des Steuerschuldrechtes zur Anwendung.[603] Hatte der Gesetzgeber beabsichtigt, den gesetzlichen Zinssatz zu übernehmen, so hätte er

601 Homer, A history of interest rates S. 507.

602 Staudinger/*Blaschczok*, Bürgerliches Recht, § 246 Rn. 193; Staudinger/*Omlor*, Bürgerliches Recht, § 246 Rn. 1; Reichsgericht vom 12.04.1918 = RGZ Bd. 92 S. 376 (379).

603 Reichsgericht vom 17.02.1903 = RGZ Bd. 54 S. 24 (26 f.); Reichsgericht vom 29.10.1909 = RGZ Bd. 72 S. 152 (155); Reichsgericht vom 12.04.1918 = RGZ Bd. 92 S. 376 (379).

folglich nahtlos an die damalige Praxis angeknüpft und stünde insbesondere in guter Tradition zur Verzinsung im Zolltarifgesetz 1902.[604]

Ein alternativer Erklärungsansatz ist dem Entstehungsprozess der Verzinsung zu entnehmen. Die in die erste Sitzung der Gesetzgebungskommission eingebrachte Verzinsung bezog sich zunächst nur auf Steuervorauszahlungen. § 64 Abs. 1 S. 1 Ausf.-WBG eröffnete ausdrücklich die Möglichkeit, Vorauszahlungen – auch ohne vorherige Veranlagung – freiwillig zu leisten. Damit wiesen die Steuervorauszahlungen eine vergleichbare Struktur auf, wie die sonstigen Zahlungen an den Staat, die ohne eine vorangehende Verpflichtung der Bürger erfolgten und regelmäßig einer Verzinsung unterlagen: Staatsanleihen. Dies erklärt auch, dass die Diskussion sich ausschließlich auf einen potentiellen Mehraufwand beschränkte, während eine weitergehende Diskussion entfiel und die Verzinslichkeit der freiwilligen Steuervorauszahlungen unbeanstandet blieb. Durch die Verzinslichkeit wurden Vorauszahlungen lediglich des Nachteils entkleidet, wegen dem eine Anlage in Reichsschatzanweisungen bis zur Fälligkeit der Steuer vorzugswürdig gewesen wäre. Indem sich der Zinssatz folglich mindestens auf dem Niveau von vergleichbaren Anleihen bewegte, konnte durch diese Gestaltung nicht nur den Steuerpflichtigen unnötiger Aufwand erspart werden, sondern auch verhindert werden, dass durch die kurzfristige Notwendigkeit der Veräußerungen einer Vielzahl von Schatzanweisungen der Finanzmarkt erschüttert worden wäre.

Da auch der gesetzliche Zinssatz an die Zinshöhe von Anleihen anknüpfte, kann mit einiger Sicherheit gesagt werden, dass der Zinssatz der Vorauszahlungsverzinsung des Wehrbeitragsgesetzes von 1913 dem Ertrag sicherer Anleihen entsprach. Zwar muss offen bleiben, ob über den Umweg des gesetzlichen Zinssatzes an den Erträgen von Anleihen des Jahres 1900, bzw. 1896 Maß genommen wurde oder unmittelbar an den zeitgemäßen Anleihezinssätzen 1913. Jedoch verbleibt diese Unsicherheit ohne Bedeutung, da die Entwicklung der Anleihenverzinsung in der Zwischenzeit relativ linear verlief und der Zinssatz von 1896 bis 1912 jeweils zwischen 3 % und 4 % lag.[605]

---

604 Anlage zum Entwurf eines Zolltarifgesetzes = Reichstagsdrucksache Nr. 373 (A)/10 vom 19.11.1901 S. 36.

605 Vgl. Abbildung 3: Entwicklung der Zinssätze 1900–1912 S. 127.

Abbildung 3: Entwicklung der Zinssätze 1900–1912

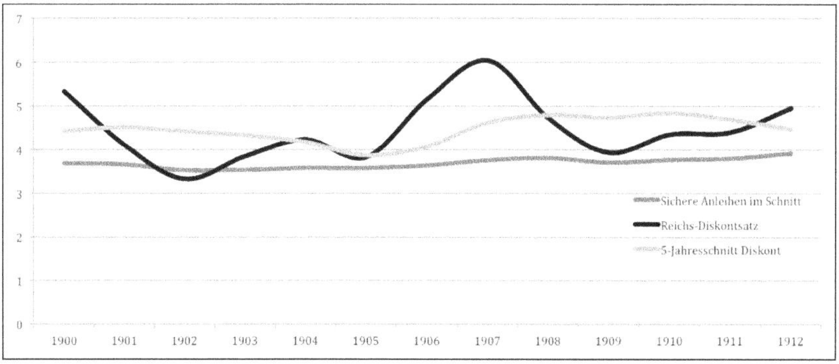

Die Abbildung zeigt die Höhe des Diskontsatzes und der Erträge sicherer Anleihen im Deutschen Reich (y-Achse [in %]) in den Jahren 1900 bis 1912 (x-Achse [in Jahren]), sowie den Durchschnitt des Diskontsatzes aus dem jeweiligen Jahr, den zwei vorangehenden und den zwei nachfolgenden Jahren.

Quellen: Anleihen (Computed Average of High Grade Bond Yields): Homer, A history of interest rates 4. Aufl. S. 507; Diskontsatz: Morawietz, Deutsche Aktien seit 1870 S. 294 Anhang 1.

Der Zinssatz der Erstattungsverzinsung könnte, als später verabschiedete Verzinsungsform, den Zinssatz der Vorauszahlungsverzinsung übernommen haben. Er könnte jedoch auch individuell bestimmt worden sein. Wie bereits erwähnt, wurde in den Gesetzgebungsmaterialien nicht ausgeführt, wonach der Zinssatz bestimmt wurde. Jedoch wurden in der Kommission für den Reichshaushalts-Etat verschiedene Ansichten zur Qualifikation des Zinsanspruches geäußert. Ein Teil der Kommission erachtete die Verzinsung als bereicherungsrechtlichen Anspruch, der andere als schadensersetzenden Anspruch.[606] Welche Auffassung zutreffend ist, lässt sich nicht mit letzter Gewissheit sagen. Es wäre demnach möglich, dass die Erstattungsverzinsung entweder das Ziel gehabt hätte, den Schaden des Zensit auszugleichen oder die unberechtigte Bereicherung des Fiskus auszukehren.

Unter der Prämisse der Auskehr einer Bereicherung wäre der Vorteil zu ermitteln, den der Fiskus durch die temporäre Nutzungsmöglichkeit finanzieller Mittel potentiell erhalten hätte. Da das Deutsche Reich 1913 einen großen Finanzbedarf hatte und das Wehrbeitragsgesetz der Mittelbeschaffung dienen sollte, ohne dem jedoch letztlich zu genügen, wurde der Fiskus durch unberechtigte

606 Bericht der Kommission für den Reichshaushalts-Etat = Reichstagsdrucksache Nr. 1083/13 vom 24.06.1913 S. 2069.

Steuereinnahmen um die ersparte Notwendigkeit der Erschließung alternativer Finanzierungsquellen bereichert. Als alternative Finanzierungsquellen kommen Einsparungen, die Erhebung zusätzlicher Steuern und die Aufnahme von Schulden in Frage. Während die Wirkungen von Einsparungen und Steuererhöhungen äußerst schwer in einem konkreten Zinssatz zu bemessen sind, tritt die Zinsbelastung zusätzlicher Staatsverschuldung deutlich hervor. Sie drückt sich im Verhältnis zum Bürger durch den Zinssatz von Staatsanleihen aus. War die Auskehr der Bereicherung das Ziel der Verzinsung, könnte demnach ohne umfangreiche volkswirtschaftliche Erhebungen nur der Zinssatz vergleichbarer Anleihen als Referenz gedient haben.

Wäre der Verzinsung von Erstattungsansprüchen hingegen ein schadensersetzender Charakter zugekommen, wäre der Schaden zu ermitteln, den der Zensit durch die unberechtigte Steuererhebung potentiell erlitten hätte. Hier kann auf die Diskussionen der Kommissionen zum gesetzlichen Zinssatz des Bürgerlichen Gesetzbuches verwiesen werden, demnach der Verzugsfall im Wesentlichen zwei mögliche Szenarien herbeiführen kann. Zum einen können einem Gläubiger Anlagemöglichkeiten genommen werden. Zum anderen kann der Gläubiger genötigt werden, Kredite aufzunehmen, bzw. kann ihnen die Möglichkeit genommen werden, bestehende Kredite zurückzuführen. Die XII. Kommission des Reichstages entschied im Rahmen der Diskussion um den gesetzlichen Zinssatzes des Bürgerlichen Gesetzbuches, dass auf den niedrigeren Anleihezinssatz abzustellen sei.[607] Sofern der Gesetzgeber ca. 16 Jahre später nicht auf den Darlehenszins abstellte, würde folglich auch eine Qualifikation der Verzinsung als Schadensersatz dazu führen, dass der vierprozentige Anleihezinssatz die Referenz der Erstattungsverzinsung im Wehrbeitragsgesetz stellte.

Im Ergebnis kommen daher alle möglichen Erklärungsansätze der Zinshöhe des Wehrbeitragsgesetzes zu der Schlussfolgerung, dass der Gesetzgeber auf den Anleihezinssatz Bezug nahm.

c) Besitzsteuergesetz 1913

Das Besitzsteuergesetz aus dem Jahre 1913 ist in unmittelbarem Zusammenhang mit dem Wehrbeitragsgesetz entstanden. Auch die Form der Verzinsung und die Formulierung der Norm entsprechen der des Wehrbeitragsgesetzes. Mangels anderweitiger Ausführungen in den Gesetzgebungsmaterialien ist daher davon auszugehen, dass das Besitzsteuergesetz an die Zinshöhe des Wehrbeitragsgesetzes anknüpft, bzw. ihr identische Referenzzinssätze zu Grunde liegen.

607 Mugdan, Materialien BGB Bd. 2 S. 1271.

d) Kriegssteuergesetz 1916

Bis zum Jahr 1916 entsprach der Zinssatz in den einzelnen Steuergesetzen jeweils dem gesetzlichen Zinssatz des Bürgerlichen Gesetzbuches. Das Kriegssteuergesetz wich jedoch von der vierprozentigen Verzinsung ab und sah einen fünfprozentigen Zinssatz vor. Damit entfernte es sich erstmals von einem Gleichlauf mit der Verzinsung des zivilen Rechtes. Wenngleich dies ein bedeutender Schritt ist und diese Tatsache in den Kommentierungen zum Kriegssteuergesetz mehrfach hervorgehoben wurde, blieb eine Begründung für die Erhöhung des Zinssatzes aus.[608] Wie schon bei der Festsetzung der vierprozentigen Verzinsungen in den vorangehenden Gesetzen, ist weder den Kommentierungen noch den Gesetzgebungsmaterialien eine Erklärung der Zinshöhe zu entnehmen.

Für die Zinserhöhung des Gesetzgebers sprechen jedoch gewichtige Argumente. Das Zinsniveau (gemessen an der Entwicklung des Diskontsatzes) stieg in den Jahren von 1913 bis 1915 durch den Ausbruch des Ersten Weltkrieges und erreichte einen Durchschnittswert, der fast einen Prozentpunkt über dem der vergangenen Dekaden lag.[609] Auch bei einer Gesamtbetrachtung der Zinsentwicklung des Deutschen Reiches – für die Jahre 1870 bis 1915 – ist ein Anstieg des Zinstrends durch das hohe Zinsniveau in den Jahren von 1913 bis 1915 klar erkennbar.[610]

Das entscheidende Argument lieferte jedoch die Zinsentwicklung des Anleihenmarktes. Seit dem Jahr 1914 wurde der Anleihenmarkt durch umfangreiche Ausgaben von fünfprozentigen Kriegsanleihen geprägt. Entsprechend stieg die durchschnittliche Verzinsung sicherer Anleihen bereits im Jahr 1914, in dem die ersten Kriegsanleihe ausgegeben wurde, sprunghaft um knapp einen Prozentpunkt nach oben, nachdem sie zuvor viele Jahrzehnte – teils deutlich – unter 4 % gelegen hatte.[611]

---

608 Merkel, Kriegssteuergesetz und Besitzsteuergesetz S. 27; Koppe/Varnhagen, Kriegssteuergesetz und Besitzsteuergesetz S. 203; Strutz, Kriegssteuergesetz S. 436; Zimmermann, Kriegsgewinn- und Besitzsteuergesetz S. 79 f.

609 Morawietz, Deutsche Aktien seit 1870 S. 294 Anhang 1.

610 Vgl. Abbildung 4: Trend Diskontsatz 1870–1915 S. 130und Abbildung 5: Trend Diskontsatz 1870–1915 S. 130.

611 Vgl. Abbildung 6: Durchschnittlicher Zinsertrag sicherer Anleihen 1881–1915 S. 131.

Abbildung 4: Trend Diskontsatz 1870–1915

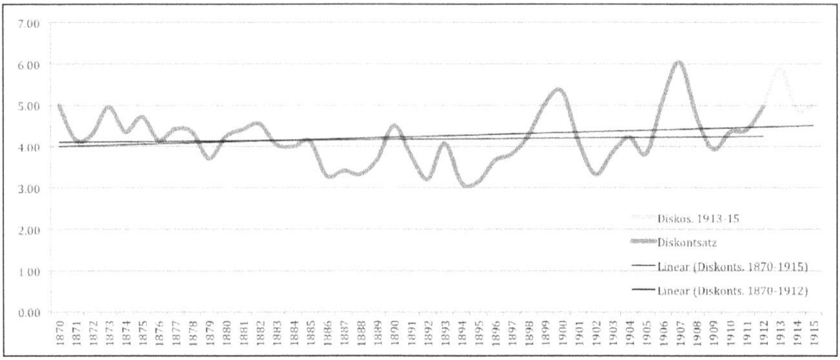

Die Abbildung zeigt die Höhe des Diskontsatzes im Deutschen Reich (y-Achse [in %]) in den Jahren 1870 bis 1915 (x-Achse [in Jahren]). Die nahezu waagerechte Trendlinie zeigt den durchschnittlichen Anstieg des Diskontsatzes in den Jahren 1870 bis 1912. Die leicht steigende Gerade zeigt die Trendlinie, sofern neben dem Zeitraum von 1870 bis 1912 auch die Jahre 1913 bis 1915 berücksichtigt werden. Der Vergleich beider Trendlinien zeigt, dass das durchschnittliche Niveau des Diskontsatzes seit dem Ende der Beratungen zum Bürgerlichen Gesetzbuch im Jahr 1897 und insbesondere seit 1912 angestiegen ist.

Quellen: Bis 1899: Homer, A history of interest rates 4. Aufl. S. 507; Ab 1900: Morawietz, Deutsche Aktien seit 1870 S. 294 Anhang 1.

Abbildung 5: Trend Diskontsatz 1870–1915

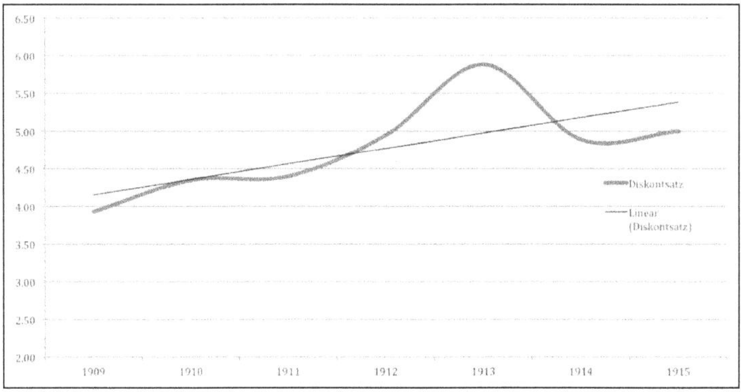

Die Abbildung zeigt die Höhe des Diskontsatzes im Deutschen Reich (y-Achse [in %]) in den Jahren 1909 bis 1915 (x-Achse [in Jahren]). Die Trendlinie beschreibt den durchschnittlichen Anstieg des Diskontsatzes in den Jahren 1909 bis 1915. Das steigende Niveau des Diskontsatzes ist deutlich erkennbar.

Quelle: Morawietz, Deutsche Aktien seit 1870 S. 294 Anhang 1.

Abbildung 6: Durchschnittlicher Zinsertrag sicherer Anleihen 1881–1915

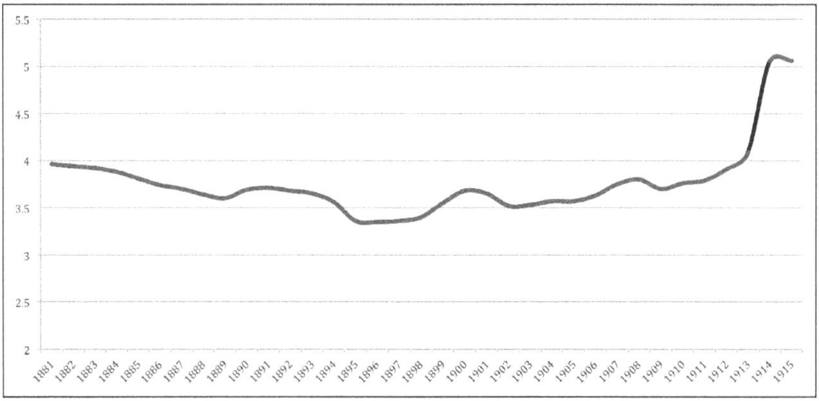

Die Abbildung zeigt die Höhe der durchschnittlichen Erträge sicherer Anleihen im Deutschen Reich (y-Achse [in %]) in den Jahren 1881 bis 1915 (x-Achse [in Jahren]). Grundsätzlich weist die Höhe die Erträge eine starke Konstanz auf. Vom Jahr 1913 zum Jahr 1914 lässt sich jedoch ein außergewöhnlich hoher Anstieg, um knapp einen Prozentpunkt, erkennen.

Quelle: Anleihen (Computed Average of High Grade Bond Yields): Homer, A history of interest rates 4. Aufl. S. 256 f., 507.

Die Verknüpfung der Verzinsung des Kriegssteuergesetzes mit der Ausgabe der Kriegsanleihen tritt auch im Gesetz selbst deutlich hervor. Als Alternative zum Kriegssteuergesetz wurde zunächst über die Ausgabe von weiteren Kriegsanleihen diskutiert.[612] Die Anleihen wurden zwar letztlich nicht alternativ, sondern ergänzend ausgegeben. Fünfprozentige Anleihen konnten jedoch gemäß § 32 KrStG an Zahlung statt der Steuer zum Nennbetrag eingereicht werden. Diese explizite Erwähnung der fünfprozentigen Anleihen, unmittelbar nach der Vorauszahlungsverzinsung in § 31 Abs. 4 KrStG, drängt die Verbindung beider Normen und damit beider Zinshöhen nahezu auf.

Zudem war auch im Entwurf des Kriegssteuergesetzes zunächst nur die Verzinsung von Vorauszahlungen vorgesehen und damit jener Form der Verzinsung, die einer freiwilligen Anleihezeichnung am ehesten entspricht.[613]

Wenngleich es seit dem Bürgerlichen Gesetzbuch weiterhin an einer ausdrücklichen Bezugnahme auf den Anleihezinssatz fehlte, muss daher auch beim Kriegssteuergesetz davon ausgegangen werden, dass der Anleihezinssatz dem

612 Protokoll zur 14. Sitzung des Reichstages vom 20.08.1915 S. 223.

613 Begründung zum Entwurf eines Kriegsgewinnsteuergesetzes = Reichstagsdrucksache Nr. 223/13 vom 13.03.1916 S. 9.

Gesetzgeber als Referenzgröße zur Bestimmung der Zinshöhe diente. Im konkreten Fall des Kriegssteuergesetzes drängt sich dabei eine Bezugnahme auf die Verzinsung der Kriegsanleihen besonders auf.

e) Gesetz über die Besteuerung des Personen- und Güterverkehrs 1917

Das nur ein Jahr nach der Erhöhung des Zinssatzes erlassene Gesetz über die Besteuerung des Personen- und Güterverkehrs von 1917 folgte dem Kriegssteuergesetz und normierte ebenfalls eine fünfprozentige Verzinsung. Wie zuvor wurde die Wahl der Zinshöhe nicht begründet. Auf Grund des konstanten Zinsniveaus in den Jahren 1916 und 1917 dürfte sich jedoch weder dem die Verzinsung vorschlagenden Reichshaushaltsausschuss, noch dem Reichstag ein Anlass aufgedrängt haben, der eine schlichte Übernahme der bestehenden Zinshöhe des Kriegssteuergesetzes in Frage gestellt hätte. Der im Rahmen der vorangehenden Gesetzgebungen die Zinshöhe ausweisende Zinsertrag sicherer Anleihen wies seit 1914 konstant gut 5 % aus. Gleiches gilt für den fünfjährigen Durchschnitt des Diskontsatzes des Reiches, der seit 1914 nicht mehr unter knapp 4,89 % lag.[614]

Abbildung 7: Entwicklung der Zinssätze 1909–1918

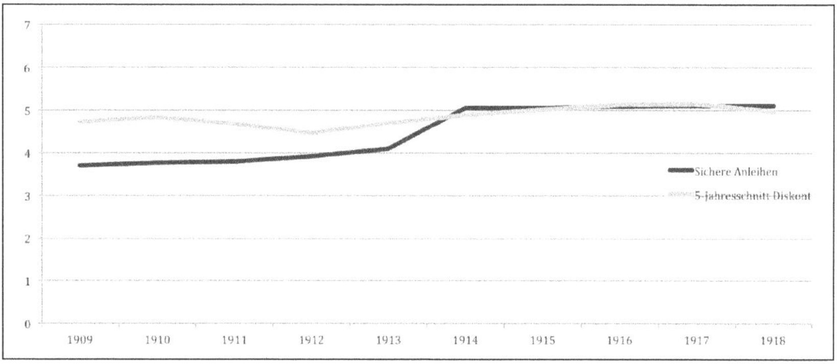

Die Abbildung zeigt die Höhe der Ertrage sicherer Anleihen im Deutschen Reich (y-Achse [in %]) in den Jahren 1909 bis 1918 (x-Achse [in Jahren]), sowie den Durchschnitt des Diskontsatzes aus dem jeweiligen Jahr, den zwei vorangehenden und den zwei nachfolgenden Jahren. Sie zeigt, dass innerhalb von 10 Jahren keine größeren Schwankungen des Zinsniveaus zu beobachten sind, mit Ausnahme des sprunghaften Anstieges der Erträge sicherer Anleihen im Jahr 1914.

Quellen: Anleihen (Computed Average of High Grade Bond Yields): Homer, A history of interest rates 4. Aufl. S. 507; Diskontsatz: Morawietz, Deutsche Aktien seit 1870 S. 294 Anhang 1.

614 Vgl. Abbildung 7: Entwicklung der Zinssätze 1909–1918 S. 132.

f) Umsatzsteuergesetz 1918

Auch ein weiteres Jahr später zeigte sich das Zinsniveau unverändert.[615] Der Übernahme der fünfprozentigen Verzinsung des Kriegssteuergesetzes von 1916 und des Gesetzes über die Besteuerung des Personen- und Güterverkehrs von 1917 im Rahmen des Umsatzsteuergesetzes von 1918 stand nichts entgegen. Die Gesetzgebungsmaterialien verzichten dabei in guter Tradition des Steuerrechtes auf die Benennung einer Referenz.

6. Reichsabgabenordnung 1919

Die Bedeutung der Reichsabgabenordnung ist nicht nur für das Steuerrecht allgemein, sondern auch für ihre Regelungen zur Verzinsung kaum zu überschätzen. Gleichwohl spielt sie bei der Bestimmung der angemessenen Zinshöhe im Steuerschuldrecht eine untergeordnete Rolle.

Dies liegt zum einen daran, dass Enno Becker den Plan verfolgte „*zusammenzufassen, was die einzelnen Steuergesetze an gemeinsamen Vorschriften enthielten*“[616] und dabei an die fünfprozentige Verzinsung der wenige Jahre zuvor erlassenen Gesetze (Kriegssteuergesetz 1916, Gesetz über die Besteuerung des Personen- und Güterverkehrs 1917 und Umsatzsteuergesetz 1918) anknüpfen konnte. Zum anderen lag dies daran, dass der vorangehende Erste Weltkrieg die Dynamik aus dem Zinsmarkt gezogen hatte und die Reichsabgabenordnung Mitten in eine der längsten konstanten Periode des Diskontzinses in der Deutschen Geschichte fiel.[617] Lediglich in der Zeit zwischen den Jahren 1933 und 1939 sowie zwischen den Jahren 1941 und 1946 blieb der wichtigste kurzfristige deutsche Leitzins, der sich sonst durch seine starke Sprunghaftigkeit auszeichnet, noch geringfügig länger beständig. Selbst der Zinsertrag sicherer Anleihen, der für die Vorangehenden Steuergesetze den Zinssatz auszuweisen vermochte, schlug zwischen den Jahren 1914 und 1918 – dem letzten Jahr auf das für die Beratungen der Reichsabgabenordnung Bezug genommen werden konnte – nur insgesamt um 0,05 Prozentpunkte aus und lag dauerhaft bei fast exakt 5 %.[618] Der Geschäftsbericht der Norddeutschen Bank wies für 1917 aus, dass sich das Emissionsgeschäft „*…naturgemäss auf die beiden grossen 5 %igen Kriegsanleihen (II. und III. Emission)* (beschränke), *die mit beispiellosem Erfolg in Höhe von neun bzw. zwölf Milliarden Mark gezeichnet wurden*“[619].

---

615 Vgl. Abbildung 7: Entwicklung der Zinssätze 1909–1918 S. 132.
616 Becker, Reichsabgabenordnung 7. Aufl. S. XIV.
617 Morawietz, Deutsche Aktien seit 1870 S. 294 Anhang 1.
618 Vgl. Abbildung 7: Entwicklung der Zinssätze 1909–1918 S. 132.
619 Norddeutsche Bank Hamburg, 59. Geschäftsbericht S. 5.

Soweit daher Mitze schreibt: „*...auch die Höhe dieser Zinsen* (§ 104 RAO 1919) *wurden nach den im allgemeinen Schuldrecht* (des Bürgerlichen Rechtes) *damals üblichen Sätzen messen...*"[620], bedarf es einer Konkretisierung. Sowohl der Zinssatz des § 246 BGB als auch der des § 288 BGB betrugen in der damals gültigen Fassung jeweils lediglich 4 %.[621] Einzig bestand in § 288 BGB 1900 die Möglichkeit einen weitergehenden Verzugsschaden für die erhöhten eigenen Aufwendungen geltend zu machen, der, dem damaligen Zinsniveau entsprechend, bei ca. 5 % zu verorten gewesen sein dürfte.

An einer anderen Stelle der Reichsabgabenordnung wurde jedoch der Zinssatz des Allgemeinen Schuldrechtes übernommen, namentlich bei der Verzinsung hinterlegten Geldes in § 119 Abs. 2 RAO 1919. Hier bestimmte bereits der erste Entwurf der Reichsabgabenordnung, dass die Sicherheitsleistungen nur in Höhe von 4 % pro Jahr zu verzinsen seien.[622] Eine ausdrückliche Begründung, warum abweichend von der sonst vorgesehenen fünfprozentigen Verzinsung, nur eine geringe Verzinsung gewährt wurde, ist nicht dokumentiert und wurde bereits kurz nach in Krafttreten der Reichsabgabenordnung in der Literatur kritisiert.[623] Die Besonderheit lässt sich einzig durch eine besondere Nähe zur zivilrechtlichen Verzinsung von Sicherheitsleistungen erklären. Sie belegt damit jedoch zugleich auch, wie konsequent Enno Becker bestehende Rechtsinstitute übernahm. Denn in den Fällen, in denen das Steuerrecht des Reiches bereits eine Verzinsung kannte, übernahm er diese samt der fünfprozentigen Zinshöhe. Bei der Verzinsung von Hinterlegungen, die bisher reichsrechtlich nur dem Bürgerlichen Gesetzbuch zu entnehmen war, zog er hingegen den Zinssatz des Bürgerlichen Gesetzbuches heran, ohne eine Erläuterung zu liefern, weshalb für die Hinterlegung – die vom Wesen her sehr der Erstattungssituation ähnelnd – nicht auch eine fünfprozentige Verzinsung angemessen gewesen wäre.

III. Fazit

Bis auf zum Zolltarifgesetz von 1902, welches in seinem Gesetzgebungsprozess ausdrücklich auf den Zins des Bürgerlichen Gesetzbuches verwies, ist zu keinem

620 Bund der Steuerzahler/*Mitze*, Einzeldarstellung Nr. 60 – Steuersäumnisrecht S. 16; Ebenso, wohl aus Mitze abgeleitet:, Hübschmann/Hepp/Spitaler/*Von Wallis*, Abgabenordnung Lfg. 57 Einf. StSäumG Anm. 1 und Hübschmann/Hepp/Spitaler/*Heuermann*, Abgabenordnung Lfg. 231 § 240 S. 4 Rn. 2.

621 Vgl. http://www.koeblergerhard.de/Fontes/BGBalleFassungen.htm.

622 Entwurf der Reichsabgabenordnung = Drucksache der Verfassungsgebenden deutschen Nationalversammlung Nr. 759 vom 06.08.1919 S. 547.

623 Buck/Lucas, Reichsabgabenordnung 2. Aufl. § 119 Nr. 2 S. 185.

der Steuergesetze des Reiches vor dem Beginn der Hyperinflation ein ausdrücklicher Hinweis zu finden, nach welchen Bezugsgrößen der Zinssatz der jeweiligen Verzinsung bestimmt wurde. Es ist jedoch nicht davon auszugehen, dass in den dem Zolltarif folgenden Verzinsungen einzelnen Steuergesetzen davon abgewichen werden sollte, ebenfalls den Zins nach den Methoden des BGB zu bestimmen und den Anleihezinssatz zu Grunde zu legen.

Dies lässt sich gut an der Entwicklung des Zinsniveaus der durchschnittlichen Erträge sicherer Anleihen nachvollziehen. Seit der in den Beratungen des Bürgerlichen Gesetzbuches in Bezug genommenen Zinsentwicklung blieb der Ertrag sicherer Anleihen lange relativ konstant. Zwischen den Jahren 1980 und 1900 stieg der Anleihezins nicht über 4 % und sank nie unter 3,35 %. Zwischen den Jahren 1900 und 1912 bewegte er sich noch enger an der Vierprozentmarke und unterschritt sie jeweils um weniger als einen halben Prozentpunkt. Bis zum Jahr 1913 stieg der Zins sodann langsam (nie mehr als 0,12 Prozentpunkte pro Jahr) auf 4,09 %, um dann im Jahr 1914 mit dem Ausbruch des Krieges und dem Beginn der Ausgabe von Kriegsanleihen innerhalb eines Jahres um ziemlich genau einen Prozentpunkt von auf 5,06 % zu steigen. Die erste Steuerverzinsung, in deren Gesetzgebungsberatung dieser sprunghafte Anstieg berücksichtigt werden konnte, wurde im Jahr 1916 normiert. Sie fand Einzug ins Kriegssteuergesetz 1916, welches anders als die bisherigen Steuergesetze erstmals eine fünf-, statt eine vierprozentige Verzinsung aufwies.

Der Diskontsatz – als Leitzins kürzerer Finanzierungen – überstieg derweil schon im Jahr 1900 erstmals die Fünfprozentmarke und im Jahr 1907 sogar die Sechsprozentmarke. Selbst bei einer Glättung der starken Schwankungen des Diskontsatzes – im Rahmen einer Betrachtung des Durchschnitts der jeweils letzten fünf Jahre – lag der Diskontsatz bereits deutlich über 4 % und größtenteils dichter an der Fünfprozentmarke, als an der Vierprozentmarke.

Zudem weist auch die mehrfach offerierte Möglichkeit, Staatsanleihen an Zahlung statt einzureichen – welche im Gesetz jeweils nur wenige Paragraphen neben der Verzinsung normiert wurde – die Ableitung der Zinshöhe aus der Anleiheverzinsung aus.

Die Anknüpfung an die Erträge sicherer Anleihen ist nicht ungewöhnlich. Auch in den USA wurde bis 1986 der Zinssatz für under- and overpayments in Anlehnung an die Verzinsung sicherer Anleihen bestimmt.[624] In Kanada wurde ab 1984 der steuerschuldrechtliche Zinssatz vierteljährlich an die Durchschnittserträge kanadischer Schatzwechsel mit einer Restlaufzeit von ca. drei Monaten geknüpft.[625]

624 Kommissionsbericht Vollverzinsung 1987 S. 13 Rn. 2.2.2.2.4, S. 70 Rn. 3.4.4.
625 Kommissionsbericht Vollverzinsung 1987 S. 16 Rn. 2.2.2.3.4.

B. Der Weg zur aktuellen Verzinsung im Steuerschuldverhältnis

Während im Abschnitt A. der Arbeit der Ursprung der Verzinsung im Steuerrecht dargestellt wurde, befasst sich dieser Abschnitt B. mit deren weiterer Entwicklung. Der Zeitraum bis 1919 war für die dogmatische Entwicklung der Verzinsung im Steuerschuldrecht von Bedeutung. Der tatsächliche Einfluss der Verzinsung auf die Einnahmensituation des Fiskus war jedoch vor der Wirtschaftskrise im Jahr 1923 nur gering. Der darauf folgende Zeitraum – insbesondere die Jahre bis 1934 – veranschaulichte, welche weitreichenden Auswirkungen die Höhe des Zinssatzes auf die wirtschaftliche Situation des Fiskus haben kann.[626] Zu Zeiten der Hyperinflation kam der Verzinsung eine existenzielle Bedeutung zu. Enorme Schwankungen der Zinssätze zwangen den Gesetzgeber bis zum Ende des Jahres 1934, die Zinshöhe durch eine Vielzahl von Gesetzen, Verordnungen und Erlassen immer wieder an die tatsächlichen Gegebenheiten anzupassen, um die notwendigen Staatseinnahmen zu sichern.

Mit dem Nationalsozialismus kam es zu einer weitgehenden Abschaffung der steuerschuldrechtlichen Verzinsung. Nach dem Jahr 1934 verblieben lediglich eine sehr stark eingeschränkte Stundungsverzinsung und ein einmaliger Säumniszuschlag, aus dem 1949 eine Säumnisverzinsung hervorging. Erst durch das Steueränderungsgesetz vom 13.07.1961 wurden erneut weitreichende Verzinsungstatbestände eingeführt. Seitdem beträgt der nominale Zinssatz des Steuerschuldrechtes unverändert 6 %. Lediglich die Vollverzinsung weist auf Grund der Karenzzeiten eine davon abweichende effektive Zinshöhe von maximal 4,34 % auf. Anpassungen der nominalen Zinshöhe an die Entwicklungen des Finanzmarktes nahm der Gesetzgeber hingegen in den mehr als 55 Jahren seit dem Steueränderungsgesetz vom 13.07.1961 nicht mehr vor.

626 Felix, Die Rechtsfolgen der Steuersäumnis S. 28.

I. Die 1920er und die Hyperinflation

Tabelle 2: Übersicht Zinsgesetze 1923–1927

Die nachstehende Tabelle gibt eine Übersicht über die in diesem Abschnitt dargestellten Änderungen der Zinshöhen in den Jahren 1923 bis 1927. Die Zinssätze sind jeweils mit dem Faktor 12 bzw. 24 multipliziert, sofern das Gesetz eine monatliche oder halb-monatliche Verzinsung vorsah.

Gesetz vom	**Titel des Gesetzes**	**Säumnis-zuschlag**	**Säumnis-verzinsung**	**Aufschub-verzinsung**	**Stundungs-verzinsung**
			§ 104 RAO 1919	§ 105 Abs. 1 RAO 1919	§ 105 Abs. 2 RAO 1919
20.03.23	Gesetz über die Berücksichtigung der Geldentwertung	10 %, 30 %	5–120 %	5–120 %	5–120 %
03.04.23	1. Verordnung über die Verzinsung von Reichssteuern			24 %	
20.04.23	2. Verordnung über die Verzinsung von Reichssteuern		120 %		
21.07.23	3. Verordnung über die Verzinsung von Reichssteuern			60 %	
11.08.23	Steuerzinsgesetz	Keine Höchstgrenzen mehr für VO des RMF			
15.08.23	Ausführungsverordnung Steuerzinsgesetz	9600 %	1200 %	120 %	1200 %
11.10.23	Steueraufwertungsverordnung des Reichspräsidenten			5 %	5 %
19.12.23	Zweite Steuernotverordnung	120 %	min. 5 %	min. 5 %	min. 5 %
06.03.24	Steuerzinsverordnung		18 %	12 %	5–12 %
15.07.24	Verordnung über Verzugszuschläge	48 %			
03.11.24	2. Verordnung über Verzugszuschläge	36 %			
09.01.25	3. Verordnung über Verzugszuschläge	24 %			

Gesetz vom	Titel des Gesetzes	Säumnis-zuschlag	Säumnis-verzinsung	Aufschub-verzinsung	Stundungs-verzinsung
			§ 104 RAO 1919	§ 105 Abs. 1 RAO 1919	§ 105 Abs. 2 RAO 1919
04.02.25	1. Änderung der Steuerzinsverordnung		12 %	9 %	max. 9 %
10.10.25	4. Verordnung über Verzugszuschläge	18 %			
16.01.26	2. Änderung der Steuerzinsverordnung		10 %	8 %	max. 8 %
08.04.26	3. Änderung der Steuerzinsverordnung		9 %	7 %	max. 7 %
15.07.26	4. Änderung der Steuerzinsverordnung			6 %	max. 6 %
08.11.26	Verordnung über Verzugszuschläge und Verzugszinsen	Kein Zuschlag	10 %		
21.01.27	5. Änderung der Steuerzinsverordnung			5 %	5 %

Schon im Ersten Weltkrieg durchlief das Deutsche Reich eine Phase hoher Inflation, die durch kurzes Hinauszögern der Steuerzahlung lohnenswerte Vorteile erzielen ließ. Unmittelbar nach dem Ersten Weltkrieg intensivierte sich diese Entwicklung, als das Deutsche Reich in die erste Phase der Hyperinflation eintrat.[627] Allein in der Zeit vom Kriegsende im November 1918 bis zum Erlass der Reichsabgabenordnung im Dezember 1919 verdoppelten sich die Lebensmittelpreise nahezu.[628] Gleichzeitig stiegen auch die Löhne um fast 45 % pro Jahr.[629] Eine nur mit drei Monaten Verspätung entrichtete Steuer konnte die effektive Steuerbelastung durchschnittlich um mehr als 20,5 % reduzieren und so die Kaufkraft des Steuerschuldners deutlich erhöhen.

Vom Sommer 1920 bis zum Sommer 1921 kam es zu einer kurzen Phase mit geringer Inflation. Die Lebensmittelpreise als wichtigster Inflationsindikator der Wei-

627 Giese, Abgabenordnung im Dritten Reich S. 32.

628 Morawietz, Deutsche Aktien seit 1870 S. 346 Anhang 5.

629 Hier stellvertreten für die Lohnentwicklung: Die Steigerung der Wochenlöhne von Arbeitern aus Gemeindeverwaltungen und -betrieben (vgl. Ambrosius, Die öffentliche Wirtschaft in der Weimarer Republik S. 213).

marer Republik blieben ein Jahr lang nahezu konstant. Kurze Zeit später, im Herbst 1921 traten sie jedoch in eine exponentielle Entwicklung ein. Allein im Zeitraum von Dezember 1921 bis Dezember 1922 stiegen die Lebensmittelpreise um mehr als 3.142 %.[630] Da der Zinssatz des Steuerschuldverhältnisses diese Entwicklung nicht aufnahm und konstant blieb, wurde das Hinauszögern der Steuerzahlungen für die Steuerpflichtigen sehr attraktiv. Allein das Hinauszögern von Zahlungen im Oktober 1922 auf den November 1922 bedeutete, gemessen an der Entwicklung der Lebensmittelpreise, eine Halbierung der effektiven Steuerbelastung.

Obwohl bereits im Laufe des Jahres 1922 die Tarife einzelner Steuergesetze auf Grund der Inflation deutlich nach oben korrigiert wurden und auch der Diskontsatz im Oktober 1922 bereits auf die traditionelle Währungskrisenhöhe von 10 % gehoben worden war,[631] wurde noch in § 4 Abs. 1 der Stundungsverordnung vom 23.01.1923 ein Zinssatz von 5 % für die Verzinsung in Steuerschuldverhältnissen bestätigt.[632]

1. Geldentwertungsgesetz 1923

Erst mit dem Gesetz über die Berücksichtigung der Geldentwertung in den Steuergesetzen vom 20.03.1923 (Geldentwertungsgesetz 1923/GeldEntwG 1923) reagierte der Gesetzgeber auch im Bereich der Verzinsung des Steuerschuldrechtes auf die Hyperinflation. Er erkannte in dem Zusammenspiel der starken Geldentwertung und verspäteter Steuerzahlungen eine Entwicklung, der es entgegenzuwirken galt.[633] Zunächst erwog er, den Betrag der zu entrichtenden Steuer an die Entwicklung von Devisen anzuknüpfen, insbesondere an die des US-Dollars.[634] Er erachtete die Entwicklung von Devisen jedoch als zu schnelllebig. Sie seien impraktikabel und spekulationsanfällig.[635] Zudem sah der Gesetzgeber in der Koppelung der Steuerpflicht an die Entwicklung von Devisen die Gefahr, dass eine erhöhte Erstattungsverzinsung ausgenutzt werden könne.[636]

---

630 Morawietz, Deutsche Aktien seit 1870 S. 346 Anhang 5.

631 Homer, A history of interest rates S. 510; Morawietz, Deutsche Aktien seit 1870 S. 294 Anhang 1.

632 Vgl. u. a. Gesetz zur Änderung der Zwangsanleihe vom 22.12.1922 oder Gesetz zur Änderung des Einkommensteuergesetzes vom 23.12.1922.

633 Entwurf eines Gesetzes über die Berücksichtigung der Geldentwertung in den Steuergesetzen = Reichstagsdrucksache Nr. 5490/1 vom 19.01.1923 S. 13.

634 Entwurf eines Gesetzes über die Berücksichtigung der Geldentwertung in den Steuergesetzen = Reichstagsdrucksache Nr. 5490/1 vom 19.01.1923 S. 14.

635 Entwurf eines Gesetzes über die Berücksichtigung der Geldentwertung in den Steuergesetzen = Reichstagsdrucksache Nr. 5490/1 vom 19.01.1923 S. 14.

636 *Zarden*, DJZ 1923, 74 (75).

Im Januar 1923 legte der Reichsminister der Finanzen den Entwurf eines Geldentwertungsgesetzes (GeldEntwG-E) vor. Es sollte der Inflation auf drei Wegen entgegentreten. Zunächst sollte ein Säumniszins eingeführt werden, der verspätete Zahlungen nach dem Einkommensteuergesetz, Körperschaftsteuergesetz, Vermögensteuergesetz, Erbschaftsteuergesetz und dem Umsatzsteuergesetz mit einem monatlichen Zuschlag von 10 % versah (Säumniszuschlag)(Artikel III § 1 GeldEntwG-E).[637] Als Zahlungen im Sinne der Zinsbasis galten nicht nur die Steuern selbst, sondern nahezu alle Zahlungen des Steuerschuldverhältnisses. Davon wären auch die Zuschläge selbst erfasst gewesen, womit erstmals im Steuerschuldrecht ein Zinseszins etabliert worden wäre.[638] Daneben sollten die Zinsen in §§ 104, 105 RAO durch Verordnungen erhöht werden können (Artikel III § 2 GeldEntwG-E).[639] Jedoch mindestens auf 10 %, da anderenfalls mit einer erheblichen Zahl an Stundungsanträgen zur Vermeidung des Säumniszuschlages zu rechnen sei.[640] Und schließlich sollten die Vorauszahlungen in den einzelnen Steuergesetzen verschärft werden (Artikel III §§ 3–7 GeldEntwG-E).[641]

Die Auswirkungen der Geldentwertung intensivierten sich im Frühjahr 1923 und das Geldentwertungsgesetz wurde von Parteien und Regierungsvertretern zur wichtigsten Angelegenheit der Gesetzgebung erklärt.[642] Zu jeder einzelnen Norm gab es eine Vielzahl von Änderungsanträgen.[643] Den weitreichendsten Vorschlag unterbreiteten die Vertreter der Deutschen Demokratischen Partei. Sie forderten die Werthaltigkeit der Forderung durch eine Anknüpfung an die Goldmark abzusichern.[644] Der Vorschlag wurde jedoch abgelehnt, da auch eine Anknüpfung an

637 Entwurf eines Gesetzes über die Berücksichtigung der Geldentwertung in den Steuergesetzen = Reichstagsdrucksache Nr. 5490/1 vom 19.01.1923 S. 5.

638 Vgl. Hinweis im Ausschuss auf den Zinseszins: Bericht des 11. Ausschusses = Reichstagsdrucksache Nr. 5600/1 vom 07.03.1923 S. 6335.

639 Entwurf eines Gesetzes über die Berücksichtigung der Geldentwertung in den Steuergesetzen = Reichstagsdrucksache Nr. 5490/1 vom 19.01.1923 S. 6.

640 Entwurf eines Gesetzes über die Berücksichtigung der Geldentwertung in den Steuergesetzen = Reichstagsdrucksache Nr. 5490/1 vom 19.01.1923 S. 14.

641 Entwurf eines Gesetzes über die Berücksichtigung der Geldentwertung in den Steuergesetzen = Reichstagsdrucksache Nr. 5490/1 vom 19.01.1923 S. 6 f.; *Zarden*, DJZ 1923 S. 74 (78).

642 Bericht des 11. Ausschusses = Reichstagsdrucksache Nr. 5600/1 vom 07.03.1923 S. 6326, S. 6336.

643 Bericht des 11. Ausschusses = Reichstagsdrucksache Nr. 5600/1 vom 07.03.1923 S. 6334 f.

644 Bericht des 11. Ausschusses = Reichstagsdrucksache Nr. 5600/1 vom 07.03.1923 S. 6327, S. 6334 f.

die Goldmark, ähnlich einer Anknüpfung an Devisen, für zu spekulationsempfindlich gehalten wurde.[645] Zudem sei die Entwicklung des Goldwertes ähnlich rasant wie die der Devisen und eine Anknüpfung an sie technisch daher nicht umsetzbar.[646] Gleiches gelte für die Zugrundelegung anderer Indizes.[647]

Der beratende Unterausschuss des Finanzausschusses einigte sich daher darauf, die Zinssätze des Säumniszuschlages noch einmal deutlich anzuheben und eine Staffelung nach der Dauer der Säumnis einzuführen.[648] Er setzte für die ersten drei Monate einen Zuschlag von 15 % und für jeden weiteren Monat einen Zuschlag von 30 % fest (Art. III § 1 Abs. 1 GeldEntwG). Zugleich strich er die Einführung einer Zinsesverzinsung.[649] Verspätungszuschläge (§ 170 Abs. 2 RAO 1919) sollten jedoch ausdrücklich von der Verzinsung erfasst bleiben.[650] Angesichts der enormen Zinshöhe von monatlich bis zu 30 % hätte eine Zinsesverzinsung im ersten Jahr bereits einen effektiven Jahreszins von mehr als 1311 % bedeutet. Ohne die Zinsverzinsung summierte sich der Zins im ersten Jahr hingegen lediglich auf 300 %.

Die anfängliche Absicht, die Stundungszinsen so hoch zu setzen, dass sie gegenüber dem Säumniszuschlag keinen Vorteil bedeuteten, wurde aus sozialen Motiven aufgegeben. Die Zinssätze der Säumniszinsen (§ 104 RAO 1919), Stundungszinsen und Zahlungs-Aufschubzinsen (§ 105 RAO 1919) sollte durch den Reichsminister der Finanzen festgelegt werden und trotz der höheren Säumniszuschläge maximal 10 % pro Monat betragen (Art. III § 2 GeldEntwG).

Zudem wurde auf Initiative des Unterausschusses beschlossen, im Bereich der Einkommensteuer, der Körperschaftsteuer und der Umsatzsteuer (sog. „*Große Steuern*"[651]) Zuschläge einzuführen, die bereits in Abhängigkeit der Steuererklärung, der Bilanzierung oder der Steueranmeldung eintraten, selbst wenn die Steuer in Ermangelung eines Steuerbescheides noch nicht fällig war.[652]

---

645 Bericht des 11. Ausschusses = Reichstagsdrucksache Nr. 5600/1 vom 07.03.1923 S. 6335.

646 Bericht des 11. Ausschusses = Reichstagsdrucksache Nr. 5600/1 vom 07.03.1923 S. 6336.

647 Bericht des 11. Ausschusses = Reichstagsdrucksache Nr. 5600/1 vom 07.03.1923 S. 6336.

648 Anlage 1 zum Bericht des 11. Ausschusses = Reichstagsdrucksache Nr. 5600/1 vom 07.03.1923 S. 6374.

649 Bericht des 11. Ausschusses = Reichstagsdrucksache Nr. 5600/1 vom 07.03.1923 S. 6344.

650 Anlage 1 zum Bericht des 11. Ausschusses = Reichstagsdrucksache Nr. 5600/1 vom 07.03.1923 S. 6374.

651 Becker/Riewald, Reichsabgabenordnung 9. Aufl. Vorbemerkung Steuersäumnisgesetz S. 821.

652 Vgl. Beispielrechnung zur Einkommensteuer: Bericht des 11. Ausschusses = Reichstagsdrucksache Nr. 5600/1 vom 07.03.1923 S. 6344.

2. Anpassungen der Zinssätze 1923

Von den Ermächtigungen des Geldentwertungsgesetzes 1923 machte der Reichsminister der Finanzen Andreas Hermes zeitnah Gebrauch. Er erließ die erste Verordnung über die Verzinsung von Reichssteuern bereits nach zwei Wochen, am 03.04.1923. Die Verordnung sah eine Verzinsung für Zahlungsaufschübe (§ 105 Abs. 1 RAO 1919) von bis zu 24 % pro Jahr vor (§ 1 der Verordnung) und delegierte die Bestimmung eines angemessenes Zinssatzes für die Stundungsverzinsung (§ 105 Abs. 2 RAO 1919) an die Finanzbehörden (§ 2 der Verordnung).

Noch im selben Monat folgte die zweite Verordnung über die Verzinsung von Reichssteuern vom 20.04.1923. Mit ihr wurde der als Verzugszins bezeichnete Säumniszins (§ 104 Abs. 1 RAO 1919) auf einen Zinssatz von 120 % pro Jahr gehoben (§ 1 Abs. 1 der Verordnung).

Die drei Monate später verabschiedete dritte Verordnung über die Verzinsung von Reichssteuern vom 21.07.1923 erhöhte die Verzinsung von Zahlungsaufschüben (§ 105 Abs. 1 RAO 1919) von 24 % pro Jahr auf 60 % pro Jahr (Art. 1 der Verordnung). Für eine korrespondierende Anhebung der Säumniszinsen fehlte es dem Verordnungsgeber an einer entsprechenden Ermächtigungsgrundlage. Die im Geldentwertungsgesetz 1923 zugebilligte Höchstgrenze von 120 % pro Jahr war bereits mit der Verordnung vom 20.04.1923 ausgeschöpft worden.[653]

Mit Art. 1 des Steuerzinsgesetzes vom 11.08.1923 beseitigte der Gesetzgeber die Beschränkung der Zinshöhe des Geldentwertungsgesetzes 1923. Angesicht der extrem starken Schwankungen des Geldwertes und der ungewissen weiteren Entwicklung erachtete er es für nicht mehr sinnvoll, dem Reichsminister der Finanzen einen festen Rahmen vorzugeben.[654] Zudem sollte der Säumniszuschlag nicht mehr erst ab dem Beginn des ersten Monats nach Eintritt der Fälligkeit verwirkt sein, sondern bereits unmittelbar mit der Fälligkeit selbst.

Der frisch ins Amt getretene Nachfolger von Andreas Hermes, Rudolf Hilferding, erließ umgehend die Verordnung zur Ausführung des Steuerzinsgesetzes vom 15.08.1923. Er verdoppelte die Verzinsung von Zahlungsaufschüben (§ 105 Abs. 1 RAO 1919) auf nunmehr 120 % pro Jahr (§ 2 Nr. 1 der Verordnung). Die Säumniszinsen (§ 104 RAO 1919) und die Stundungszinsen (§ 105 Abs. 2 RAO 1919) wurden auf 1.200 % pro Jahr verzehnfacht (§ 2 Nr. 2 der Verordnung) und die Säumniszuschläge von maximal 30 % pro Monat auf 400 % pro angefangenem

653 Begründung zum Entwurf eines Steuerzinsgesetzes = Reichstagsdrucksache Nr. 6125/1 vom 04.08.1923 S. 2.

654 Begründung zum Entwurf eines Steuerzinsgesetzes = Reichstagsdrucksache Nr. 6125/1 vom 04.08.1923 S. 2.

halben Monat erhöht (§ 1 der Verordnung). Es entstand die höchste jemals auf deutschem Boden festgesetzte gesetzliche Verzinsung aller Zeiten.

3. Notstandsgesetzgebung 1923/1924

Auf Basis der Notstandsermächtigung des Reichspräsidenten erließ Friedrich Ebert mit Unterzeichnung des Reichskanzlers Gustav Stresemann und des Reichsministers der Finanzen Hans Luther, jedoch ohne Beteiligung des Reichstages die Verordnung über Steueraufwertung und Vereinfachungen im Besteuerungsverfahren vom 11.10.1923. Durch sie wurden, trotz der noch im Frühjahr überwiegenden Bedenken des Parlamentes, alle Steuerforderungen, die seit dem 01.01.1923 entstanden waren, in Goldmark umgerechnet. Zeitgleich wurden die Aufschubzinsen und die Stundungszinsen auf 5 % des Goldmarkwertes pro Jahr herabgesetzt.

Durch die zweite Steuernotverordnung vom 19.12.1923 wurde der Säumniszuschlag auf 5 % pro angefangenem halben Monat herabgesetzt (Art. XVIII § 1 Abs. 1 der Verordnung) und der Reichsminister der Finanzen ermächtigt, die Säumniszinsen (§ 104 RAO 1919), die Stundungszinsen (§ 105 Abs. 2 RAO 1919) sowie die Aufschubzinsen (§ 105 Abs. 1 RAO 1919) auf mehr als 5 % pro Jahr festzusetzen (Art. XVIII § 2 der Verordnung). Daneben wurde durch die Verordnung auch die Erstattungsverzinsung in § 132 RAO 1919 auf eine goldmarkbasierte Verzinsung umgestellt (Art. XVI § 1 Nr. 1). Damit erhielt die Verordnung als erste gesetzgeberische Reaktion auf die Hyperinflation auch eine Anpassung einer Verzinsung, die dem Zensit zugutekam. Noch im Rahmen des Gesetzgebungsverfahrens zum Geldentwertungsgesetz waren Anregungen die Zinssätze der Erstattungsverzinsung anzuheben mit der Begründung fallengelassen worden, dass die erhöhten Zinssätze nur von geringer Dauer seien würden.[655]

Auf Grundlage der zweiten Steuernotverordnung erließ der Reichsminister der Finanzen die Steuerzinsverordnung vom 06.03.1924. Mit ihr wurden die Zinssätze entsprechend der Ermächtigungsgrundlage bestimmt. Die Säumniszinsen wurden auf 18 % tariert und die Aufschubzinsen auf 12 %. Die Höhe der Stundungszinsen sollte im Ermessen der Finanzbehörde zwischen 5 % und 12 % festgesetzt werden.

---

655 Bericht des 11. Ausschusses = Reichstagsdrucksache Nr. 5600/1 vom 07.03.1923 S. 6343.

4. Zinsreduzierungen ab 1924

Im Sommer 1924 war die stärkste Phase der Hyperinflation schließlich überwunden.[656] Einige Steuern konnten sogar wieder gesenkt werden.[657] Allem voran reduzierte die erste Verordnung über die Verzugszuschläge vom 15.07.1924 die Säumniszuschläge zunächst von 5 % auf 2 % pro angefangenem halben Monat. Wenige Monate später folgten die zweite und dritte Verordnung über die Verzugszuschläge vom 03.11.1924 und vom 09.01.1925, durch die der Säumniszuschlag zunächst auf 1,5 % und schließlich auf 1 % pro angefangenem halben Monat gesenkt wurde.

Einen Monat nach der dritten Verordnung über die Verzugszuschläge reduzierte der Reichsminister der Finanzen von Schlieben auch die Zinssätze der Reichsabgabenordnung. Mit der Verordnung zur Änderung der Steuerzinsverordnung vom 04.02.1925 setzte er die Säumniszinsen (§ 104 RA0 1919) auf 12 % pro Jahr fest (§ 1 der Verordnung). Die Aufschubzinsen wurden ebenfalls um drei Prozentpunkte, auf nunmehr 9 % pro Jahr, reduziert (§ 2 der Verordnung). Die Festsetzung der Höhe der Stundungszinsen verblieb in der Befugnis der zuständigen Finanzbehörden. Sie durfte jedoch nur noch maximal 9 % statt bisher 12 % pro Jahr betragen (§ 3 der Verordnung).

Im Oktober 1925 erfolgte die letzte Reduzierung der Säumniszuschläge. Durch die Verordnung über Verzugszuschlage vom 10.10.1925 wurden sie von 1 % auf 0,75 % pro angefangenem halben Monat gesenkt. Zudem reduzierten die 2. – 4. Verordnung zur Änderung der Steuerzinsverordnung die Zinssätze der Reichsabgabenordnung. Die zweite Verordnung vom 16.01.1926 senkte den Säumniszins zunächst auf 10 % pro Jahr, bevor ihn die dritte Verordnung vom 08.04.1926 bei 9 % pro Jahr festsetzte. Für die Aufschubzinsen, sowie die Höchstgrenze der durch die Finanzverwaltung für Stundungen bestimmbaren Zinsen reduzierte sich die Zinshöhe über 8 % (2. Verordnung) auf 7 % (3. Verordnung) und schließlich auf 6 % pro Jahr durch eine vierte Verordnung vom 15.07.1926.

Mit der Verordnung über Verzugszuschläge und Verzugszinsen vom 08.11.1926 wurde das Instrument der Säumniszuschläge sodann abgeschafft. Zugleich wurde der nunmehr wieder für alle Steuerarten geltende Säumniszins erneut auf 10 % gehoben. Das Reichsfinanzministerium hatte sich trotz der Eingabe mehrere Spitzenverbände lange gegen die Abschaffung der Säumniszuschläge gesträubt.

---

656 *Zarden*, DJZ 1924, 99 (105).

657 Giese, Abgabenordnung im Dritten Reich S. 35.

Erst als in Folge eines Beschlusses des Preußischen Landtages vom 21.09.1926 auf die Reichsregierung eingewirkt wurde, gab diese schließlich nach.[658]

Wenig später reduzierte die 5. Verordnung zur Änderung der Steuerzinsverordnung vom 21.01.1927 die Verzinsung in den Fällen der Stundung (§ 105 Abs. 2 RAO) und des Zahlungsaufschubes (§ 105 Abs. 1 RAO) um einen Prozentpunkt von 6 % auf nunmehr 5 % und damit auf exakt die Hälfte der Säumnisverzinsung.

5. Verschuldenserfordernis bei Verzugszinsen

Das Geldentwertungsgesetz 1923 bezeichnete die Zinsen in § 104 RAO 1919 als „*Verzugszinsen*".[659] Dieses Wort bezeichnete Enno Becker wenig später ausdrücklich als eine irrige Bezeichnung für die Verzinsung in § 104 RAO 1919.[660] Die zweite Verordnung über die Verzinsung von Reichssteuern vom 20.04.1923 knüpfte an diese Bezeichnung an und bezog sich auf die „*Verzugszinsen*"[661] in § 104 RAO 1919. Gleiches gilt für die zweite Steuernotverordnung vom 19.12.1923 und die Steuerzinsverordnung vom 06.03.1924 sowie die ihnen folgenden Änderungsverordnungen.

Nach Ansicht des Finanzministers Dietrich war aus der gewählten Bezeichnung abzuleiten, dass die als Verzugsverzinsung bezeichnete Verzinsung eine Verzugsverzinsung im Sinne des Bürgerlichen Gesetzbuches sei. Sie verlange daher, dass dem Steuerschuldner Vorsatz oder Fahrlässigkeit vorgeworfen werden könne.[662] Demgemäß erklärte der Reichsministers mit Erlass vom 01.09.1930: „*Denn in den weitaus meisten Fällen des § 104 AO. wird die nicht rechtzeitige Einzahlung des fälligen Betrags auf ein vorsätzliches oder fahrlässiges Verhalten des Schuldners, also auf einen Verzug zurückzuführen sein. Für Verzugszinsen hat aber die... Steuerzinsverordnung in ihrer jetzt geltenden Fassung... den nach § 104 AO. zu erhebenden Zinsfuß auf 10 v.H. jährlich erhöht.*"[663] Damit entstand neben der fünfprozentigen Säumnisverzinsung in § 104 RAO 1919 eine echte Verzugsverzinsung, die, sofern ein Verschulden vorlag, die Verzinsung auf 10 % erhöhte.[664]

---

658 StuW 1926, 1847 (1847).

659 „*Verzugszinsen, die auf Grund des 104 der Reichsabgabenordnung... dem Reiche geschuldet werden...*" (§ 2 Satz 1 GeldEntwG 1923).

660 Becker, Reichsabgabenordnung 3. Aufl. § 104 Rn. 1.

661 § 1 Abs. 1 der Verordnung.

662 Aussage des Reichsministers im Prozess, wiedergegeben im Urteil des Reichsfinanzhofes (Reichsfinanzhof vom 31.05.1931 = RFHE Bd. 28 S. 342 [342 f.]).

663 RZollBl. 1930, 389.

664 Nieberl, Reichsabgabenordnung 3. Aufl. § 126 Anm. 3 S. 181.

Der Reichsfinanzhof lehnte die im Erlass des Reichsministers der Finanzen dargestellte Auslegung der Reichsabgabenordnung ab.[665] Die Unterscheidung zwischen einer Säumnis- und einer Verzugsverzinsung sei außerhalb des Wortlautes im Gesetz nicht veranlagt. Zudem sei der Begriff der Verzugszinsen vielfach synonym für die Verzinsung in § 104 RAO gebraucht worden und es seien weder klare Abgrenzungskriterien normiert worden, noch sei in der Praxis eine Unterscheidung nach verschuldeter und unverschuldeter Säumnis gemacht worden.[666] Eine solche Unterscheidung sei weder durch die Gesetze gefordert noch praktisch umsetzbar gewesen.[667]

Die Finanzverwaltung zeigte sich von dem Urteil des Reichsfinanzhofes unbeeindruckt. Sie verlangte selbst für die Verwirkung der zwölfprozentigen Verzugszinsen nach der Verordnung zur Sicherung der Wirtschaft und Finanzen vom 08.12.1931 noch, dass der Steuerpflichtige vorsätzlich oder wenigstens fahrlässig seiner Zahlungspflicht nicht nachgekommen war.[668] Inkonsequenter Weise erstreckte die Finanzverwaltung das Verschuldenserfordernis nicht auch auf Verzugszuschläge. Diese konnten unabhängig vom Vorliegen eines Verschuldens des Steuerpflichtigen verwirkt werden.[669]

6. Fazit

Die Hyperinflation brachte in weniger als vier Jahren knapp 20 Gesetze und Verordnungen hervor, die den Zinssatz des Steuerschuldverhältnisses änderten. Für die Beratungen des Gesetzes über die Berücksichtigung der Geldentwertung nahm sich der Gesetzgeber Anfang des Jahres 1923 noch mehr als drei Monate Zeit. Im Sommer des Jahres 1923 wurden die Zinssätze des Steuerschuldrechtes innerhalb weniger Wochen verändert. Für ausführliche Überlegungen zu der Höhe der einzelnen Zinssätze, wie sie bei der Entstehung des Bürgerlichen Gesetzbuches angestellt wurden, blieb während dieser rasanten Entwicklung kein Raum mehr. Zudem standen dem Gesetzgeber keine verlässlichen Daten zur Verfügung, an denen er die Zinshöhe hätte ausrichten können. Sämtliche Kredit- und Anleihezinsen veränderten sich beinahe täglich. Selbst der Diskontsatz erfuhr innerhalb des Jahres 1923 fünf Anpassungen und hinkte dennoch einer marktgerechten

665 Reichsfinanzhof vom 13.05.1931 = RFHE Bd. 28 S. 342 (342 ff.).
666 Reichsfinanzhof vom 13.05.1931 = RFHE Bd. 28 S. 342 (345).
667 Reichsfinanzhof vom 13.05.1931 = RFHE Bd. 28 S. 342 (346).
668 StuW 1932, 1217 (1217).
669 StuW 1932, 1217 (1217).

Entwicklung hinterher.[670] Eine Nachbildung der tatsächlichen Verhältnisse des Finanzmarktes schied zu dieser Zeit daher zwangsläufig aus. Dem Gesetzgeber ging es einzig darum, die Steuererträge im Ergebnis ausreichend hoch zu erhalten, um ein Kollabieren des Staates zu verhindern.[671] Entsprechend behandeln sämtliche Zinsgesetze ausschließlich Anpassung der Verzinsungen, die vom Steuerschuldner zu leisten waren. Die Erstattungsverzinsung in § 132 RAO 1919 blieb derweil unverändert bei 5 %. Sie wurde nur durch die zweite Steuernotverordnung vom 19.12.1923 an den Goldmarkwert gebunden.

Damit verlagerte der Gesetzgeber den Schwerpunkt seiner Zielrichtung. Bis 1923 war es noch der wesentliche Zweck der Verzinsung, die Ungerechtigkeit zwischen den Steuerschuldnern durch unterschiedliche Steuerzahlungszeitpunkte zu beseitigen. Ab 1923 stand hingegen die Pünktlichkeit und Gleichmäßigkeit des Steueraufkommens im Vordergrund.[672]

Zugleich entstanden aus der Not der Hyperinflation Ideen, die knapp 100 Jahre später nicht an Aktualität verloren haben. Zunächst ist als solches bereits die Tatsache zu nennen, dass bestimmte Extremsituationen eine Anpassung des Zinssatzes erfordern können. 1923 zeigte sich dies in seiner bisher extremsten Form. Es galt der Gefahr einer zu hohen Geldentwertung zu begegnen, die dafür sorgte, dass Strafen, Zuschläge und Zinsen keine ausreichende Motivation mehr darstellten, um den Steuerschuldner zu einer zeitgerechten Entrichtung seiner Steuern zu bewegen.[673] Als Reaktion wurden sowohl eine Anbindung der Steuerforderungen an Devisen, als auch an den Goldstandart diskutiert. Stattdessen wurde jedoch zunächst der Weg gewählt, die Zinssätze regelmäßig manuell anzupassen. Dies erfolgte zunächst durch Gesetze, später durch die Verordnungen des Reichsministers der Finanzen und die Notverordnungen des Reichspräsidenten. Letztlich schafft es jedoch erst die mittelbare Anknüpfung an den Goldwert, durch die Bezugnahme auf die Goldmark, allzu häufige Anpassungen der Zinssätze entbehrlich zu machen.

Daneben gab die Verwendung des Begriffes des Verzuges der Diskussion um die Erforderlichkeit eines Verschuldens verspäteter Zahlungen neuen Auftrieb. Sie führte dazu, dass die Verwaltung zur Verwirkung der Verzugszuschläge ein

---

670 Homer, A history of interest rates S. 510; Morawietz, Deutsche Aktien seit 1870 S. 294 Anhang 1.

671 *Zarden*, DJZ 1923, 74 (78); Bund der Steuerzahler/*Mitze*, Einzeldarstellung Nr. 14 – Säumniszuschläge und Verzugszinsen S. 3; Hübschmann/Hepp/Spitaler/*Heuermann*, Abgabenordnung Lfg. 231 § 240 S. 4 Rn. 4.

672 Becker/Riewald, Reichsabgabenordnung 9. Aufl S. 821.

673 Homer, A history of interest rates S. 510; Morawietz, Deutsche Aktien seit 1870 S. 346 Anhang 5.

Verschulden verlangte und somit eine echte Verzugsverzinsung im Sinne des zivilrechtlichen Verzuges etablierte.[674]

Zudem zeigt die Hyperinflation in einer unvergleichbaren Deutlichkeit die Bedeutung einer Zinsesverzinsung. Der höchste Zins von 400 % pro halben Monat summierte sich innerhalb der drei Monate seiner Gültigkeit ohne Zinsesverzinsung auf 2.400 %. Mit einer Einstellung der Zinsen in die Zinsbasis zum Monatsende, wäre die Forderung hingegen in gleicher Zeit auf 72.900 % ihres Ursprunges gewachsen. Ein Zuwachs, der nach heutigen Maßstäben unglaublich anmutet, der jedoch sehr dicht an die Steigerung der Monatsdurchschnittswerte des Preisindexes für Lebenshaltung im vergleichbaren Zeitraum heranragt.[675] Der Gesetzgeber sah sich zwar veranlasst, über die Einführung einer Zinsesverzinsung zu beraten. Die Zinsesverzinsung konnte sich allerdings nach eingehender Diskussion im Unterausschuss nicht durchsetzen und hätte vor dem Hintergrund der damaligen technischen Möglichkeiten höchstwahrscheinlich zu unüberwindbaren Komplikationen bei der Berechnung der Zinsen geführt.[676]

II. Die 1930er und der Nationalsozialismus

Tabelle 3: Übersicht: Zinsgesetze 1931–1934

Die nachstehende Tabelle gibt eine Übersicht über die in diesem Abschnitt dargestellten Änderungen der Zinshöhen in den Jahren 1931 bis 1934. Die Zinssätze sind jeweils mit dem Faktor 12 bzw. 24 multipliziert, sofern das Gesetz eine monatliche oder halb-monatliche Verzinsung vorsah.

Gesetz vom	Titel des Gesetzes	Zuschlag	Säumnis-verzinsung	Aufschub-verzinsung	Stundungs-verzinsung
			§ 126 I 1 RAO 1931	§ 129 RAO 1931	§ 127 I RAO 1931
20.07.31	Verordnung über Zuschläge für Steuerrückstände	120 %	24 %	10 %	5–12 %
08.12.31	Verordnung zur Sicherung der Wirtschaft und Finanzen	0 %	12 %	8 %	

674 Nieberl, Reichsabgabenordnung 3. Aufl. § 126 Anm. 4 S. 181; RZollBl. 1930, 389.

675 Morawietz, Deutsche Aktien seit 1870 S. 294 Anhang 1.

676 Bericht des 11. Ausschusses = Reichstagsdrucksache Nr. 5600/1 vom 07.03.1923 S. 6344.

Gesetz vom	Titel des Gesetzes	Zuschlag	Säumnis-verzinsung	Aufschub-verzinsung	Stundungs-verzinsung
			§ 126 I 1 RAO 1931	§ 129 RAO 1931	§ 127 I RAO 1931
22.01.32	2. Verordnung über Zuschläge für Steuerrückstände	36 %			
04.09.32	Verordnung zur Belebung der Wirtschaft	24 %			
28.09.32	Verordnung zur Senkung der Steuerzinsen			5 %	5 %
01.03.33	Verordnung über die Aufhebung der Steuerverzugszuschläge	0 %	12 % bei Verzug		
16.10.34	Steueranpassungsgesetz		0 %	0 %	0 %
24.12.34	Steuersäumnisgesetz	einmalig 2 %			

1. Reichsabgabenordnung 1931

Bis auf kleinere Konjunkturdämpfungen in den Jahren 1928 und 1929 entspannte sich die finanzwirtschaftliche Situation im Deutschen Reich ab 1927 spürbar gegenüber den Vorjahren. Das Parlament beabsichtigte, diese Zeit zu nutzen, um nach gut zehn, wirtschaftlich und steuerrechtlich teils sehr turbulenten, Jahren die erste umfassende Revision des Reichssteuerrechtes durchzuführen, mit dem Ziel der Vereinheitlichung und Vereinfachung.[677] Neben umfassenden Umstrukturierungen der Besteuerungsrechte von Reich und Ländern – vor allem durch die Notverordnung vom 01.12.1930 – sollten viele bedeutende Steuergesetze eine Neufassung erfahren (z. B. die Kapitalverkehrssteuer, die Kraftfahrzeugsteuer, die Vermögenssteuer, die Erbschaftsteuer, die Umsatzsteuer, die Wechselsteuer, die Biersteuer oder die Zuckersteuer).[678] Auch die Reichsabgabenordnung wurde zum Gegenstand weitreichender Überarbeitungen. Dabei wurde vor allem die materielle Vereinheitlichung der Realsteuergesetzgebung angestrebt, die bisher durch verschiedenartige Regelungen der Länder geprägt

677 Bodenheim, Der Steuervereinheitlichungsgedanke S. 14.

678 Hensel, Steuerrecht S. 12 f.; Giese, Abgabenordnung im Dritten Reich S. 39 ff.

war.[679] Daneben sollten systematische Widersprüche beseitigt werden und die Zuständigkeiten des Reiches und der Länder deutlicher voneinander abgegrenzt werden.[680] Als Ergebnis dieser Bestrebungen kam es zu einer Neufassung der Reichsabgabenordnung. Die Verzinsung im Steuerschuldrecht wurde durch die modernisierte Reichsabgabenordnung vom 22.05.1931 jedoch kaum erfasst. Bedeutsam wurde für sie lediglich die geänderte Nummerierung der Normen. Von kleineren Änderungen am Ausdruck und einer Anpassung der Freigrenzen im Rahmen der Erstattungsverzinsung abgesehen, wurden die Zinsnormen weitgehend wortgetreu übernommen. Weder die Form der Verzinsung, noch ihre Zinshöhe erfuhren eine Änderung. Sogar die auf 10 % erhöhte Säumnisverzinsung der 5. Änderung der Steuerzinsverordnung vom 21.01.1927 blieb trotz der Bestätigung einer generellen fünfprozentigen Säumnisverzinsung in § 126 Abs. 1 S. RAO 1931 in Kraft.

Tabelle 4: Nummerierung der Zins-Paragraphen RAO 1919 und RAO 1931

Die folgende Tabelle zeigt einen Vergleich der Nummerierung der Paragraphen nach der Reichsabgabenordnung von 1919 und nach der Reichsabgabenordnung von 1931.

Verzinsung	**RAO 1919**	**RAO 1931**
Säumnisverzinsung	§ 104 Abs. 1 S. 1	§ 126 Abs. 1 S. 1
Hinterziehungsverzinsung	§ 104 Abs. 1 S. 2	§ 126 Abs. 1 S. 2
Stundungsverzinsung	§ 105 Abs. 1	§ 127 Abs. 1
Aufschubverzinsung	§ 105 Abs. 2	§ 129
Hinterlegungsverzinsung	§ 119 Abs. 2	§ 142 Abs. 2
Erstattungsverzinsung	§ 132	§ 155

2. Weltwirtschaftskrise 1931

Noch während des Beratungsprozesses zur Reichsabgabenordnung hatten Vertreter verschiedener Parteien und Interessenverbände, u. a. der Partei Christlich-Sozialer Volksdienst (CSVD), der Deutschen Nationalen Volkspartei (DNVP) und der Christlich-Nationalen Bauern- und Landvolkpartei (CNBL) beantragt, sowohl die Zinssätze der Säumnisverzinsung, (§ 104 RAO 1919) als auch die der Stundungsver-

679 In 18 Ländern des Reichs herrschten 15 verschiedene Realbesteuerungen. Bodenheim, Der Steuervereinheitlichungsgedanke S. 5; Nieberl, Reichsabgabenordnung 3. Aufl. S. 5.

680 Nieberl, Reichsabgabenordnung 3. Aufl. S. 5.

zinsung (§ 105 Abs. 1 RAO 1919) und die Aufschubzinsen (105 Abs. 2 RAO 1919) zu reduzieren.[681] Ihre Bestrebungen wurden jedoch zunächst durch Reichsfinanzminister Dietrich auf Grund der angespannten Haushaltlage des Reiches aufgeschoben und schließlich durch das Aufkommen einer neuen, weltweiten Wirtschaftskrise eingeholt.[682] Die Krise begann mit einem Börsencrash in den USA im Oktober 1929 (sog. Schwarzer Freitag) und schlug zum Ende des Jahres 1930 zunächst auf Frankreich über. Mit der Zahlungsunfähigkeit der Österreichischen Creditanstalt am 11.05.1931 erfasste die Krise auch Zentraleuropa und das Deutsche Reich.[683] Ihren vorläufigen Höhepunkt erreichte sie im Deutschen Reich am 13.07.1931, als in Folge eines Bank-Runs die deutschen Kreditinstitute ihre Zahlungen einstellen mussten.

Bereits im Juni 1931 begann der Diskontsatz der Reichsbank zu steigen und erreichte im August mit einer Verzinsung von 15 % pro Jahr einen Höchststand, der zuletzt während der Hyperinflation im Jahre 1923 erreicht worden war. Die Realwirtschaft wurde jedoch – anders als zu Beginn der 1920er – nicht von einer Inflation erfasst. Stattdessen setzte sich im Bereich der Lebenshaltungskosten sogar die im Frühjahr 1929 begonnene Deflation fort.[684] Angesicht einer weiterhin geltenden Säumnisverzinsung von 10 % gab es daher für die Steuerzahler grundsätzlich keinen Anreiz, vorsätzlich die Entrichtung der Steuer zu verzögern. Gleichwohl griff der Reichspräsident vorsorglich zu drastischen Mitteln und erlies die Verordnung über Zuschläge für Steuerrückstände vom 20.07.1931. Sie entsprach vom Wortlaut bis hin zur Höhe der Säumniszuschläge in weiten Teilen der zweiten Steuernotverordnung vom 19.12.1923 und damit den Maßnahmen zur Zeit der Spitze der Hyperinflationsphase.[685]

Die Verordnung sah vor, für säumige Steuerschulden pro angefangenen halben Monat Verzugszuschläge in Höhe von 5 % zu entrichten. Die Zuschläge galten nicht nur für die größten Reichssteuern (Einkommensteuer, Körperschaftsteuer,

681 Antrag Nr. 339 = Reichstagsdrucksache Nr. 339/5 vom 03.12.1930; Antrag Nr. 460 = Reichstagsdrucksache Nr. 460/5 vom 09.12.1930; Interpellation Nr. 1749 = Reichstagsdrucksache Nr. 1749/4 vom 14.03.1930; StuW 1931, 425 (425 f.); Protokoll zur 11. Sitzung des Reichstages vom 09.12.1930 S. 474; StuW 1931, 677 (677); Protokoll zur 47. Sitzung des Reichstages vom 20.03.1931 S. 1792.

682 Protokoll zur 47. Sitzung des Reichstages vom 20.03.1931 S. 1792; StuW 1931, 677 (677); Hübschmann/Hepp/Spitaler/*Von Wallis,* Abgabenordnung Lfg. 57 Einf. StSäumG Anm. 2.

683 Suppan, Jugoslawien und Österreich 1918–1938 S. 1047 f.

684 Morawietz, Deutsche Aktien seit 1870 S. 346 Anhang 5.

685 *Strauß,* DStZ 1931, 371 (371); Bund der Steuerzahler/*Mitze*, Einzeldarstellung Nr. 60 – Steuersäumnisrecht S. 17.

Vermögensteuer, Umsatzsteuer etc.), sondern erstmalig auch für einige Steuern auf dem Gebiet des Landes- und Gemeindesrechtes (Grundsteuer, Gewerbesteuer und die Hauszinssteuer). Zudem wurden die Zuschläge auf Grund einer Entscheidung des Reichsfinanzhofes nicht mehr ausschließlich beim Vorliegen zivilrechtlicher Verzugsvoraussetzungen erhoben, sondern bereits ohne dass der Steuerpflichtige ein Verschulden der Säumnis zu vertreten hatte.[686] Gleichwohl bezeichnete der Verordnungsgeber die Zuschläge weiterhin als Verzugszuschläge.

Soweit die Säumniszuschläge nicht zur Anwendung kamen (z. B. bei der Grunderwerbsteuer, der Kapitalverkehrsteuer, der Kraftfahrzeugsteuer, Wechselsteuer oder der Stempelsteuer), sah die Verordnung eine erhöhte Verzugsverzinsung (§ 126 RAO 1931) von nunmehr 2 % pro Monat vor. Damit wiesen sowohl die Säumniszuschläge, als auch die Säumnisverzinsung eine Höhe auf, die seit der Einführung der Goldmark nicht mehr erreicht worden war.

Die Stundungsverzinsung (§ 127 Abs. 1 RAO 1931) wurde dagegen zunächst nicht unmittelbar erhöht. Stattdessen wurde der, die Stundung aussprechenden Behörde zugestanden die Zinshöhe nach freiem Ermessen zwischen 12 % und 5 % festzusetzen. Für die Aufschubzinsen (§ 129 RAO 1931) sollte derweil eine Verzinsung von 10 % pro Jahr gelten.

Schon zum 31.12.1931 wurde die erst vier Monate zuvor in Kraft getretene Verordnung über die Verzugszuschläge abgelöst. Die amtliche Verlautbarung erklärte dazu: „*Im Hinblick auf die Zinssenkung konnten die im Juli anlässlich der Bankenkrise eingeführten Steuerverzugszuschläge nicht mehr aufrechterhalten werden.*“[687] Durch Kapitel IV der vierten Verordnung des Reichspräsidenten zur Sicherung von Wirtschaft und Finanzen vom 08.12.1931 wurden die Säumniszuschläge außer Kraft gesetzt und die Verzugszinsen, die nunmehr für alle Steuern galten, auf 1 % pro Monat halbiert. Die Aufschubzinsen wurden auf 8 % reduziert und die Höhe der Stundungszinsen blieb bis zu einer Höchstgrenze von 8 % im Ermessen der Finanzverwaltung. Zudem betonte die Verordnung ausdrücklich die Möglichkeit, eine zinsfreie Stundung zu gewähren (§ 4 Abs. 1 der Verordnung).

Die Aussetzung der Säumniszuschläge sollte nur gut einen Monat Bestand haben. Bereits mit der 2. Notverordnung über Zuschläge für Steuerrückstände vom 22.01.1932 korrigierte Paul von Hindenburg seine Entscheidung vom Dezember 1931 und führte erneut Säumniszuschläge ein. Sie sollten jedoch statt 5 % nur noch 1,5 % pro halben Monat betragen.

---

686 Reichsfinanzhof vom 13.05.1931 = RFHE Bd. 28 S. 342 (342 ff.); *Strauß*, DStZ 1931, 371 (372); Bund der Steuerzahler/*Mitze*, Einzeldarstellung Nr. 60 – Steuersäumnisrecht S. 17.

687 Abgedruckt bei *Koppe*, DStZ 1931, 465 (466).

Durch die Verordnungen im September 1931 wurden sodann die Zinssätze weiter gesenkt. Zunächst reduzierte die Verordnung zur Belebung der Wirtschaft vom 04.09.1932 den Säumniszuschlag auf 1 % pro halben Monat, sodann setzte die Verordnung zur Senkung der Steuerzinsen vom 28.09.1932 die Aufschubzinsen und die Stundungszinsen zurück auf das Vorkrisenniveau von jeweils 5 % pro Jahr.

3. Nationalsozialisierung des Steuerrechtes 1934

Unmittelbar nach der Machtergreifung Hitlers erließ der Reichsminister der Finanzen Johann Ludwig Graf Schwerin von Krosigk die Verordnung über die Aufhebung der Steuerverzugszuschläge vom 01.03.1933.[688] Durch sie sollten die Säumniszuschläge abgeschafft werden und die Säumnisverzinsung erstmals seit 1923 wieder auf die in der Reichsabgabenordnung genannte Regelzinshöhe von 5 % pro Jahr reduziert werden.

Daneben wurde eine erhöhte Verzugsverzinsung von 12 % pro Jahr eingeführt, die ausdrücklich nur dann eingreifen sollte, wenn Verzug vorlag (§ 2 Abs. 2 der Verordnung). Diese klare Formulierung muss als Reaktion auf die Entscheidung des Reichsfinanzhofes vom Mai 1931 erachtet werden, mit der dieser klarstellte, dass der Verzug im Sinne des Bürgerlichen Rechtes keine Voraussetzung für die im Steuerrecht als Verzugsverzinsung bezeichnete Verzinsung sei.[689]

Die Verordnung vom 01.03.1933 war eine der letzten unter Federführung des Staatssekretärs im Finanzministerium Arthur Zarden. Wenige Wochen später wurde er auf Grund seines jüdischen Glaubens aus dem Amt gedrängt.[690] Zum Nachfolger wurde auf Wunsch Hitlers der NSDAP-Kader und Leiter der Reichsrednerschule Fritz Reinhard bestimmt.[691] Reichsminister der Finanzen Graf Schwerin von Krosigk überließ Reinhard, wie schon zuvor Zarden, das Ressort der Steuergesetzgebung.[692] Das Reichssteuerrecht erfuhr in der Folge mit dem Reinhardt´schen Steuerreform-Plan eine deutliche nationalsozialistische Politisierung.[693]

Einen wesentlichen Meilenstein in der Umsetzung von Reinhards Plan markierte das Steueranpassungsgesetz vom 16.10.1934 (StAnpG), welches zuvorderst

---

688 Bund der Steuerzahler/*Mitze*, Einzeldarstellung Nr. 60 – Steuersäumnisrecht S. 17.
689 Reichsfinanzhof vom 13.05.1931 = RFHE Bd. 28 S. 342 (342 ff.).
690 Giese, Abgabenordnung im Dritten Reich S. 60.
691 Giese, Abgabenordnung im Dritten Reich S. 60.
692 Giese, Abgabenordnung im Dritten Reich S. 60.
693 *Reinhard*, DStZ 1934, 480 (480 f.).

die Auslegung der Steuergesetze unter die nationalsozialistische Weltanschauung ordnete. § 1 des Gesetzes lautete:[694]

§ 1 StAnpG: *„Die Steuergesetze sind nach nationalsozialistischer Weltanschauung auszulegen.*
Dabei sind die Volksanschauung, der Zweck und die wirtschaftliche Bedeutung der Steuergesetze und die Entwicklung der Verhältnisse zu berücksichtigen.
Entsprechendes gilt für die Beurteilung von Tatbeständen."

Bis zum Ende des Zweiten Weltkrieges sollte kein Steuergesetz mehr vom Parlament behandelt werden.[695] Stattdessen erfolgte die Gesetzgebung durch die Regierung oder unmittelbar durch den Führer.

4. Abschaffung der Verzinsung 1934

Auch die Verzinsung im Steuerrecht wurde von der nationalsozialistischen Politisierung erfasst. Reinhard erklärte dazu: *„Es war selbstverständlich, daß bei der Aufstellung des Nationalsozialistischen Steuerreformplans der Entschluß gefaßt wurde, der Zinswirtschaft im Deutschen Steuerwesen ein Ende zu bereiten."*[696] Die Vielzahl verschiedener Zinssätze hätten die Steuerpflichtigen überfordert und verärgert.[697] Die Steuerpflichtigen hätten in den vergangenen beiden Jahren sechs unterschiedliche Zinshöhen berücksichtigen müssen. Ihre Meinung über die Finanzverwaltung habe sich in der Folge stark verschlechtert.[698] Ein umfassender *„Antizinsparagraph"*[699] sollte daher die Besteuerung vereinfachen und der zunehmenden Missstimmung gegen die Behörden entgegentreten.[700]

Bei einer genaueren Betrachtung zeigt sich jedoch, dass der Antizinsparagraph nicht – wie behauptet – eine nationalsozialistische Wohltat zur Vereinfachung des Verfahrens und zur Verbesserung der Stimmung in der Bevölkerung war. Als der Ministerialdirektor Otto Hedding, NSDAP Mitglied und Verfasser mehrerer Maßnahmen zur steuerlichen Diskriminierung von Juden[701], am 13.11.1933 vorschlug,

694 RGBl. 1913, 524 = Finanzarchiv 1913, 348.
695 Festsprache Möller zum 50. Jahrestag der Reichsabgabenordnung = BMF-Finanznachrichten 1969 Nr. 164 S. 15; Muthesius, Reform der Abgabenordnung S. 9.
696 *Reinhard*, DStZ 1934, 1109 (1110).
697 *Reinhard*, DStZ 1934, 1109 (1109).
698 *Reinhard*, DStZ 1934, 1109 (1110).
699 *Reinhard*, DStZ 1934, 1109 (1109).
700 *Reinhard*, DStZ 1934, 1109 (1110).
701 Aly/Gruner, Die Verfolgung und Ermordung der europäischen Juden Bd. 1. S. 676 f.; Aly/Heim, Die Verfolgung und Ermordung der europäischen Juden Bd. 2. S. 132 f.

die Zinsen im Steuerschuldrecht abzuschaffen, begründete er dies mit einer immensen Belastung für die Finanzkassen, die durch die Erhebung und Erstattung der Zinsen bestand.[702] Die zuständigen Referenten schlugen vor, statt einer gänzlichen Abschaffung der Zinsen, jedenfalls die Säumniszinsen beizubehalten.[703] Erst Ministerialrat Albert Trapp, der schon seit 1926 im Reichsfinanzministerium für die Abgabenordnung und damit für die allgemeine Steuerverwaltung zuständig war, sprach sich am 31.01.1934 nachhaltig für eine Abschaffung aller Verzinsungen aus.[704]

§ 20 des Steueranpassungsgesetzes vom 16.10.1934 lautete schließlich:

§ 20 StAnpG: *„Das Reich erhebt bei Reichssteuern weder Verzugszinsen noch Aufschubzinsen.*
Bei Einkommensteuer, Körperschaftsteuer, Vermögensteuer und Umsatzsteuer erhebt das Reich auch keine Stundungszinsen. Bei anderen Steuern werden, sofern das Finanzamt nicht im einzelnen Fall zinslose Stundung bewilligt, Stundungszinsen erhoben.
Das Reich zahlt keine Steuerzinsen (weder bei Erstattung oder Vergütung noch bei Hinterlegung baren Geldes).“

Mit Ausnahme einer eingeschränkten Möglichkeit Stundungszinsen zu erheben, war damit die Verzinsung im Steuerschuldrecht des Reiches ausgeschlossen. Um gleichwohl eine pünktliche Steuerzahlung zu erreichen, führte Reinhard die „*Liste der säumigen Steuerschuldner*“ ein.[705] Auf ihr wurden ab 1936 alle Steuerschuldner aufgeführt, die zum Jahreswechsel mit einer Zahlung rückständig waren oder innerhalb des laufenden Jahres eine zweite Mahnung zur Zahlung erhalten hatten.[706]

702 Giese, Abgabenordnung im Dritten Reich S. 91 (Originalquelle im Bundesarchiv in Potsdam: 21.01, B 6251 I – S 1030 – 76 III R).

703 Giese, Abgabenordnung im Dritten Reich S. 91 (Originalquelle im Bundesarchiv in Potsdam: 21.01, B 6251 I – S 1030 – 76 III R).

704 Giese, Abgabenordnung im Dritten Reich S. 61 mit Verweis auf den Geschäftsverteilungsplan vom 12.10.1926 (Originalquelle im Bundesarchiv in Potsdam: 21.10, B 10.580); Kuller, Bürokratie und Verbrechen S. 138 f. In wieweit auch Albert Trapp der nationalsozialistischen Ideologie verfallen war ist nicht klar zu erkennen. Zwar stammt aus seiner Feder der bereits zitierte § 1 des Steueranpassungsgesetzes vom 16.10.1934 und damit die umfassendste Nationalsozialisierung des Steuerrechtes. Jedoch fügte er den entsprechenden Paragraphen erst im zweiten Entwurf im Juni 1934 ein, nachdem sein erster Entwurf die Beibehaltung bestehender Auslegungsregelungen vorsah (Kuller, Bürokratie und Verbrechen S. 138 f., Giese, Abgabenordnung im Dritten Reich S. 92 ff.).

705 *Reinhard* DStZ 1934, 480 (481); *Reinhard*, DStZ 1934, 1109 (1110); *Weber*, DStR 1969, 72 (73).

706 Erlass des Reichsministers der Finanzen vom 01.08.1934 – O 2150 – 1297 III = RStBl. I 1934, 933.

Sodann wurde die Liste der Öffentlichkeit zugänglich gemacht, indem sie in den Finanzämtern auslag, in der Tagespresse abgedruckt wurde und Schreiben der Finanzverwaltung beigefügt wurde. An die Stelle des finanziellen Druckes, der zuvor von den Zinsen und Zuschlägen ausgelöst wurde, trat dadurch nunmehr ein sozialer Druck. Grundvoraussetzung für den sozialen Druck war, dass die Bürger in der Steuerzahlung keine Abgabe an eine fremde Obrigkeit sahen, sondern eine Leistung an die eigene Interessengemeinschaft. Dieser Kollektivismus ist ein wesentliches Element der nationalsozialistischen Ideologie.[707] Dementsprechend erklärte Reinhard: *„Meine lieben Volksgenossen, wir alle, die Steuerpflichtigen einerseits und die Gesetzgeber und Beamten andererseits, wollen nichts tun als im Geist wahrer Volksgemeinschaft unentwegt unsere Pflicht."*[708] *„Mangel an Ehrlichkeit und Pünktlichkeit in der Erfüllung der steuerlichen Verpflichtungen bedeutet Mangel an Treue zum Staat und zur Volksgemeinschaft."*[709] Für säumige Unternehmen trat neben den sozialen Druck der Liste ab dem 30.03.1935 der Ausschluss bei der Vergabe von öffentlichen Aufträgen.[710] Nur bei Vorlage einer Bescheinigung des zuständigen Finanzamtes über die pünktliche Entrichtung der Steuern wurden Angebote bei Ausschreibungen weiterhin berücksichtigt.[711]

5. Steuersäumnisgesetz 1934

Mit dem Steuersäumnisgesetz vom 24.12.1934 die Abschaffung der Verzinsung, die zunächst lediglich für die durch das Reich verwalteten Steuern galt, wurde auch auf die Landes- und Gemeindesteuerverwaltung erstreckt.[712] Eine Ausdehnung der Liste der säumigen Steuerschuldner auf die Landes- und Gemeindesteuerverfahren wurde jedoch nicht beschlossen, um den Verwaltungsaufwand nicht zu sehr zu erhöhen.[713] Um dennoch einen Anreiz zur pünktlichen Steuerzahlung zu geben, sah das Steuersäumnisgesetz stattdessen einen einmaligen Säumniszuschlag in Höhe von 2 % vor. Der Zuschlag fiel unabhängig zur Dauer der Säumnis an und bedurfte nach Auffassung Reinhards keiner weiteren Steigerung, da parallel zur Verwirkung des Zuschlages bereits die Betreibung der Forderung

---

707 Säcker, Recht und Rechtslehre im Nationalsozialismus Bd. 1 S. 225; Muthesius, Reform der Abgabenordnung S. 10.
708 *Reinhard* DStZ 1934, 480 (481).
709 *Reinhard*, DStZ 1934, 703 (703).
710 Giese, Abgabenordnung im Dritten Reich S. 68.
711 Giese, Abgabenordnung im Dritten Reich S. 68.
712 *Reinhard*, DStZ 1935, 2 (2).
713 *Reinhard*, DStZ 1935, 2 (3).

erfolgen sollte.[714] Um die Landes- und Gemeindesteuererhebung durch den Zuschlag nicht gegenüber der Reichsbesteuerung zu benachteiligen, erstreckte sich der Zuschlag auch auf die Reichsbesteuerung.[715]

Zu einer Verzinsung konnte es im Steuerschuldrecht damit nur noch im Falle von Stundungen kommen. Der Erweiterung des Antizinsparagraphen auf die Landes- und Gemeindesteuerverwaltung entsprechend, wurde auch der Ausschluss von Stundungszinsen auf die Landes- und Gemeindesteuerverwaltung erstreckt. Neben Stundungen der Einkommen-, Körperschaft-, Vermögen- und Umsatzsteuer sollten auch Stundungen der Bürger-, Grund-, Gewerbe-, und Hauszinssteuer zinslos bleiben.

6. Steuervereinfachungsverordnung 1944

Der deutschen Finanzverwaltung stand nach den entscheidenden Niederlagen der Deutschen Wehrmacht 1943 und 1944 und der Mobilisierung der letzten Reserven, verglichen mit dem Kriegsbeginn 1939, nur noch gut die Hälfte ihres Personals zur Verfügung.[716] Dies machte es immer dringlicher, die Arbeitsprozesse zu straffen und nicht zwingend notwendigen Arbeitsaufwand zu vermeiden. Zu diesem Zweck erließ Reichsfinanzminister Reinhard am 14.09.1944 die Steuervereinfachungsverordnung.[717] Neben Einschränkungen des Rechtsmittelverfahrens und Maßnahmen im Rahmen einzelner Steuern sah die Verordnung in § 20 vor, die Säumniszuschläge von 2 % auf 5 % anzuheben. Dadurch erhoffte sich Reinhard die notwendigen Mahn- und Beitreibungsverfahren deutlich zu reduzieren. Zusammen mit den anderen Maßnahmen sollten so 37,5 Mio. Vordrucke, 420 Tonnen Papier und 18,5 Mio. Briefsendungen eingespart werden.[718]

7. Fazit

Zu Beginn der 1930er traten die Schwächen der damaligen Verzinsung im Steuerschuldrecht besonders hervor. Der Gesetzgeber reagierte auf die neuerliche Wirtschaftskrise entschlossen und reaktivierte die Maßnahmen zur Begegnung der Hyperinflation von 1923, inklusive der damaligen Zinssätze. Er hätte jedoch auf Grund der Besonderheit einer Deflation im Bereich der Lebenshaltungskosten sehr viel differenzierter reagieren müssen, um die tat-

714 *Reinhard*, DStZ 1935, 2 (3).
715 *Reinhard*, DStZ 1935, 2 (3).
716 Giese, Abgabenordnung im Dritten Reich S. 121.
717 RStBl. 1944, 577 (577 f.) = DStZ 1944, 371 f.
718 *Reinhard*, DStZ 1944, 369 (370).

sächlichen Auswirkungen der Wirtschaftskrise durch die Verzinsung auszugleichen. Zudem verlangten die wirtschaftlich turbulenten Verhältnisse sechs Veränderungen der Zinshöhen und Zuschläge innerhalb von weniger als 20 Monaten. Der einfache Steuerpflichtige dürfte zwischen den Jahren 1931 und 1933 die einzelnen Veränderungen kaum wahrgenommen haben, ehe sie schon überholt waren.

1934 kam es sodann zu einer weitgehenden Abschaffung der Verzinsung im Steuerschuldrecht. Präsentiert wurde sie als nationalsozialistische Wohltat für die Steuerpflichtigen. Tatsächlich wird jedoch die Entlastung der Finanzverwaltung ausschlaggebend gewesen sein. Die Sicherstellung der rechtzeitigen Steuerzahlungen durch die Liste der säumigen Steuerzahler war hingegen ein typisches nationalsozialistisches Element. Ohne die starke Identifikation der Steuerpflichtigen mit der Volksgemeinschaft und einer daraus resultierenden Ächtung derer, die die Gemeinschaft schädigten, wäre die Liste wirkungslos gewesen.

Insgesamt hat sich die Verzinsung des Steuerschuldrechtes seit dem Geldentwertungsgesetz 1923 immer weiter zum Instrument der Sicherung pünktlicher Steuerzahlungen gewandelt. Ursprünglich war die Verzinsung aus der Erstattungsverzinsung erwachsen und hatte das Ziel verfolgt, dass Besteuerungsverfahren gerechter zu machen. Seit 1923 war die Verzinsung zu Gunsten des Steuerpflichtigen kaum mehr von Bedeutung. Obwohl mehr als zwei Dutzend Gesetze und Verordnungen die Zinshöhe an die wirtschaftlichen Entwicklungen anpassten, erfolgte, mit Ausnahme der Bezugnahme auf die Goldmark im Dezember 1923, keine einzige Veränderung der Erstattungsverzinsung.

III. Die 1940er und der Wirtschaftsrat

1. Endes des Zweiten Weltkrieges 1945

Das Ende des Zweiten Weltkrieges am 08.05.1945 bedeutete zugleich auch das Ende des nationalsozialistischen Rechtssystems. Ein Großteil der in den vorangehenden Jahren erlassenen Gesetze musste reformiert oder aufgehoben werden. Dies galt auch für das Steuerrecht, das mit dem Steueranpassungsgesetz 1934 von Reinhard der nationalsozialistischen Ideologie unterworfen worden war.

Den ersten Schritt machte der Alliierte Kontrollrat bereits mit dem Gesetz zur Änderung der Gesetzgebung in Bezug auf Einkommensteuer, Körperschaftssteuer und Gewinnabführung vom 11.02.1946 (GÄGEKG), mit dem er festlegte:[719]

Art. 1 GÄGEKG: *„Alle deutschen Steuergesetze sind ohne Unterschied der Rasse, des Glaubens, der Staatszugehörigkeit oder der politischen Einstellung anzuwenden. Alle gesetzlichen Bestimmungen, die mit diesem Grundsatz unvereinbar sind, werden aufgehoben, insbesondere diejenigen, die vorschreiben, daß die deutschen Steuergesetze im nationalsozialistischen Geiste zu verstehen und auszulegen sind."*

2. Regelungen durch die Länder 1946–1948

Die ersten mit schwachen Rechten ausgestatteten deutschen Selbstverwaltungen konnten keine Reformen erreichen. Das System der Steuersätze und -tarife wurde daher zunächst weitgehend unverändert übernommen und mit wenigen Änderungen von den Militärregierungen am 20.06.1948 bestätigt.[720] Für das Besteuerungsverfahren und damit auch die Verzinsungen im Steuerschuldrecht gab es derweil noch keine bundesweit einheitliche Regelung. Es wurde daher durch die Länder geregelt. Diese hatten sich dabei zunächst mit einer Anhebung der Säumniszuschläge des Steuervereinfachungsgesetzes von 1944 zu befassen.

Den Anfang machte die Region Hessen-Pfalz. Die Region war bereits zu Beginn des Jahres 1945 von den Amerikanern vollständig eingenommen worden. Schon im März und April 1945 und damit noch vor der deutschen Kapitulation wurde die Region von den Besatzern mit einer nationalsozialistisch unbelasteten deutschen Selbstverwaltung ausgestattet.[721] Unmittelbar bevor die Region aus der amerikanischer Verwaltung in die französische Verwaltung überstellt wurde, erging die Verwaltungsanweisung vom 11.09.1945. Sie sah vor, den einmaligen Säumniszuschlag nur noch in Höhe von 2 % zu erheben.[722]

Am 10.01.1946 folgte die Übergangsregierung der Region Nord-Rhein diesem Beispiel. Auch sie senkte den Säumniszuschlag von 5 % auf 2 % ab.[723] Zum

719 Amtsblatt des Kontrollrates vom 28.02.1946 Gesetz Nr. 12 S. 60 ff.

720 Vogel/Werner/Plum/*Kreikamp*, Akten zur Vorgeschichte der BRD 1945–1949 Bd. 5 S. 25; Gesetz zur vorläufigen Neuordnung der Steuergesetzgebung = Amtsblatt der Militärregierung Deutschland, Amerikanisches Kontrollgebiert vom 01.09.1948 Ausgabe k Gesetz Nr. 64 S. 10 f.

721 Wagner, Packt an! Habt Zuversicht! S. 37.

722 Amtliche Mitteilung 1945 Teil A S. 549, erwähnt in DStZ 1947, 140.

723 Erlass über die Erhebung von Säumniszuschlägen vom 10.01.1946 = StuW/FR 1946, 5.

01.08.1946 wurde sodann die Senkung des Säumniszuschlages auf 2 % auf das gesamte britische Besatzungsgebiet ausgeweitet.[724]

In Bayern,[725] Nord-Württemberg[726], Württemberg-Hohenzollern[727], Rheinland Pfalz[728] und Berlin[729] folgten gleichlautende Regelungen. Lediglich im französisch besetzten Südbaden und in der sowjetischen Besatzungszone verblieb es zunächst bei den erhöhten Säumniszuschlägen.[730] Die Region Rheinland-Pfalz korrigierte allerdings die Senkung der Säumniszuschläge nach nur vier Monaten. Zum 25.09.1947 erging eine Verfügung, die vorsah, die Säumniszuschläge wieder auf 5 % zu erhöhen.[731]

3. Säumnisverzinsung 1949

a) Vorschlag eines Zuschlages von 2 % pro Monat

Nach der Zusammenlegung der amerikanischen und britischen Besatzungszone (Bi-Zone), unternahm der zweite Wirtschaftsrat erstmalig weitreichende Reformen des Steuerrechtes. Einheitliche Regelungen für alle Regionen der Bi-Zone sollten die Steuermoral erhöhen und Anreize für Investitionen setzen.[732] Zu diesem Zweck präsentierte der Verwaltungsrat des Wirtschaftsrates am 01.12.1948 den Entwurf des Zweiten Gesetzes zur vorläufigen Neuordnung von Steuern (E-ZGvNS).[733] Bestandteil des Entwurfes war auch die deutliche Verschärfung des Säumniszuschlags, der in der gesamten Bi-Zone unabhängig von der Dauer der Säumnis jeweils zwei Prozent betrug.[734]

---

724 Verfügung betr. Änderung des Säumniszuschlages vom 01.08.1946 = StuW/FR 1946, 5.

725 Verordnung vom 30.07.1946, erwähnt in DStZ 1947, 140 m. w. N.

726 Rechtsanordnung vom 29.06.1946, erwähnt in DStZ 1947, 140 m. w. N.

727 Im Juni 1946, DStZ 1947, 140.

728 Verordnung vom 15.05.1947 = Verordnungsblatt S. 266, erwähnt in DStZ 1947, 140. Für den pfälzischen Teil bestand entsprechende Regelung schon seit der Amtlichen Mitteilung 1945 Teil A S. 549, erwähnt in DStZ 1947, 140.

729 DStZ 1947, 107.

730 DStZ 1947, 140; DStZ 1947, 93.

731 BB 1948, 22.

732 Vogel/Werner/Plum/*Kreikamp*, Akten zur Vorgeschichte der BRD 1945–1949 Bd. 5 S. 25 f.; Loges, der Wirtschaftsrat, Nr. 3 Bestand 2 S. I.

733 Erster Entwurf des Zweiten Gesetzes zur vorläufigen Neuordnung von Steuern = Drucksache des Wirtschaftsrates Nr. 785 vom 13.12.1948 S. 1183 ff.

734 Erster Entwurf des Zweiten Gesetzes zur vorläufigen Neuordnung von Steuern = Drucksache des Wirtschaftsrates Nr. 785 vom 13.12.1948 S. 1188.

Er sollte nicht mehr nur einmalig verwirkt werden, sondern für jeden angefangenen Monat der Säumnis:

Abschnitt 5 § 20
Nr. 3 S. 1E-ZGvNS: „… *Der erhöhte Säumniszuschlag beträgt 2 vom Hundert des rückständigen Steuerbetrages für jeden angefangenen Monat vom Fälligkeitstag ab.*"

Der zweite Entwurf des Gesetzes in der Fassung vom 17.01.1949 übernahm die Regelung des ersten Entwurfes wortgleich in Abschnitt 6 § 24 Nr. 3 S. 1.[735] Zudem erhielt der Entwurf eine offizielle Begründung.[736] Diese weist darauf hin, dass der rechtzeitige Eingang von Steuern von großer Bedeutung war und eine entsprechende Verschärfung des Säumnisgesetzes erforderte.[737] Die bestehende Regelung stelle zwar eine Verwaltungsvereinfachung dar, sie sei „*aber im Verhältnis zu den derzeit üblichen Schuldzinsen zu niedrig*"[738]. Der Säumniszuschlag müsse daher nach der Dauer der Säumnis bemessen werden.[739] Damit vermischt der Verfasser der Begründung zwei voneinander unabhängige Eigenschaften des Säumniszuschlages, zum einen die Laufzeitunabhängigkeit und zum anderen die Höhe des Zinssatzes.

Die Begründung der Verschärfung der Säumniszuschläge mit dem seinerzeit üblichen Zinsniveau ist zudem unzutreffend. Zwischen den Jahren 1948 und 1949 unterschied sich das Zinsniveau nur unwesentlich von den Jahren nach der Einführung des einmaligen Säumniszuschlages. Zwischen den Jahren 1934 und 1939 lag der Diskontsatz bei 4 %. 1948 erreichte er einen lediglich marginal erhöhten Durchschnittswert von 4,25 %. Der durchschnittliche jährliche Anleiheertrag fiel mit 5,39 % für das Jahr 1948 sogar niedriger aus als noch mit durchschnittlich 6,77 % in den Jahren 1934 bis 1939.

Tatsächlich erforderte wohl die mangelnde Bereitschaft der Steuerpflichtigen die Steuern rechtzeitig zu zahlen die Verschärfung der Säumnisfolgen. Im Vorfeld der Einführung der Deutschen Mark am 21.07.1948 kam es zu

---

735 Zweiter Entwurf des Zweiten Gesetzes zur vorläufigen Neuordnung von Steuern = Drucksache des Wirtschaftsrates Nr. 892 vom 04.02.1949 S. 8.

736 Zweiter Entwurf des Zweiten Gesetzes zur vorläufigen Neuordnung von Steuern = Drucksache des Wirtschaftsrates Nr. 892 vom 04.02.1949 S. 16.

737 Zweiter Entwurf des Zweiten Gesetzes zur vorläufigen Neuordnung von Steuern = Drucksache des Wirtschaftsrates Nr. 892 vom 04.02.1949 S. 16.

738 Zweiter Entwurf des Zweiten Gesetzes zur vorläufigen Neuordnung von Steuern = Drucksache des Wirtschaftsrates Nr. 892 vom 04.02.1949 S. 16.

739 Zweiter Entwurf des Zweiten Gesetzes zur vorläufigen Neuordnung von Steuern = Drucksache des Wirtschaftsrates Nr. 892 vom 04.02.1949 S. 16.

einer Austerität und dem Horten von Waren durch die Bevölkerung.[740] Auch herrschte seit der Kontrollratsgesetzgebung eine fortgesetzt hohe Steuerbelastung.[741]

Noch wesentlicher für die mangelnde Bereitschaft zur zeitigen Steuerzahlung und die Notwendigkeit eines zeitabhängigen Säumniszuschlages waren jedoch die veränderten gesellschaftlichen Umstände. Denn eine Unabhängigkeit der Säumniszuschläge von der Dauer der Säumnis führt dazu, dass mit der Zunahme des Säumniszeitraumes die repressive Wirkung der Zuschläge abnimmt. Vor der Verwirkung des Zuschlages muss der ökonomisch-strategische Steuerschuldner kalkulieren, ob die Hinnahme des Zuschlages über die zu erwartende Dauer bis zur Beitreibung vorteilhafter ist, als die pünktliche Entrichtung der Steuern. Sobald der Zuschlag verwirkt ist, ist der Steuerschuldner frei von weiterem Druck und hat ein Interesse, die Zahlung möglichst lange hinauszuzögern. Die Dauer des Säumniszeitraumes korreliert maßgeblich mit der Auslastung der Steuerverwaltung und steigt entsprechend mit der Zahl der notwendigen Beitreibungsverfahren. Sie hängt folglich mit der Bereitschaft der Bürger zusammen, ihre Steuern pünktlich zu entrichten. In der Nachkriegszeit des Zweiten Weltkrieges entstand daraus eine Art Teufelskreis. Die Identifikation mit dem Staat lag unter der Verwaltung der Siegermächte nicht mehr in derselben Intensität vor wie noch während des Nationalsozialismus.[742] Zudem herrschte in der Bevölkerung eine Unsicherheit über die Zukunft. Dies führte zu einer geringeren Steuermoral.[743] Die Zahl der säumigen Steuerschuldner stieg an, was wiederum mehr Mahn- und Betreibungsverfahren bedingte. Daraus folgten ein größerer Verwaltungsaufwand und eine zunehmende Dauer bis zur Bearbeitung der einzelnen Fälle. Der laufzeitunabhängige Säumniszuschlag verlor an seiner abschreckenden Wirkung. Denn die effektive Belastung durch den Säumniszuschlag nahm durch die zu erwartende längere Dauer bis zu einer Vollstreckung ab. Dadurch sank die Bereitschaft der Bürger zu rechtzeitigen Steuerzahlung noch weiter, der Verwaltungsaufwand nahm noch stärker zu und die Entwicklung perpetuierte sich. Dieser galt es nunmehr entgegenzuwirken.

---

740 Grosser, Geschichte Deutschlands seit 1945S. 100 f.; *Rau/Höllig,* DB 1954, Beilage 3 S. 1

741 *Rau/Höllig,* DB 1954, Beilage 3 S. 1.

742 Säcker, Recht und Rechtslehre im Nationalsozialismus Bd. 1 S. 225; Rede von Finanzminister von Württemberg-Baden Edmund Kaufmann = BB 1949, 262 Nr. 762; Muthesius, Reform der Abgabenordnung S. 10.

743 Wörtlicher Bericht zur 33. Vollversammlung des Wirtschaftsrates vom 18.02.1949S. 1458.

Abbildung 8: Teufelskreis der sinkenden Steuermoral

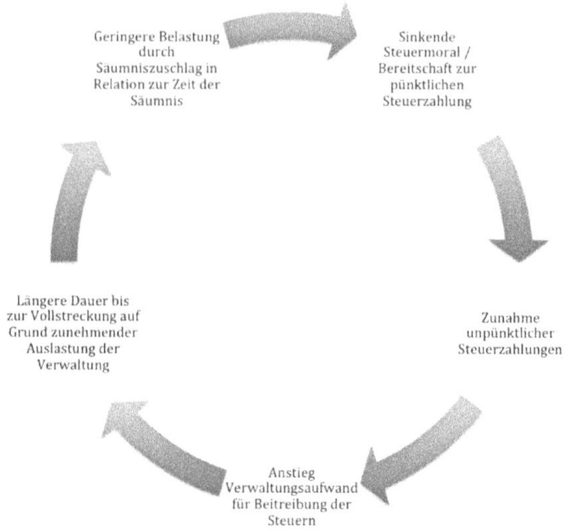

Die Abbildung veranschaulicht die zuvor beschriebenen, sich verselbstständigenden Effekte der gesunkenen Steuermoral in der Zeit nach dem Zweiten Weltkrieg in Deutschland.

b) 1 % Zuschlag ab dem zweiten Monat

Am 19.01.1949 stand die zweite und dritte Beratung des Gesetzesentwurfes auf der Tagesordnung der 31. Vollversammlung des Wirtschaftsrates.[744] Sie wurde jedoch kurzfristig von der Tagesordnung abgesetzt.[745] Dies gab dem Finanzausschuss des Wirtschaftsrates die Gelegenheit zu weiteren Beratungen. In seiner letzten Befassung mit dem Gesetzesentwurf am 17.02.1949 schlug er schließlich vor, den Säumniszuschlag ausschließlich im ersten Monat nach Fälligkeit in Höhe von 2 % zu erheben und ab dem zweiten angefangenen Monat lediglich einen reduzierten Zuschlag in Höhe von 1 %.[746] Dadurch entstand effektiv eine zwölfprozentige jährliche Säumnisverzinsung, zuzüglich eines einprozentigen Zuschlages im ersten Monat. Die durch den Finanzausschuss geänderte Fassung

744 Punkt 16 der Tagesordnung (vgl. Wörtlicher Bericht zur 31. Vollversammlung des Wirtschaftsrates vom 19.01.1949 S. 1345).

745 Wörtlicher Bericht zur 31. Vollversammlung des Wirtschaftsrates vom 19.01.1949 S. 1363.

746 Kurzprotokoll zur Sitzung des Finanzausschusses am 17.02.1949 S. 7 = Ordnungsnummer Z 3/85 im Bundesarchiv.

der Säumnisverzinsung wurde bereits am Folgetag ohne weitere Behandlung einstimmig von der 33. Vollversammlung des Wirtschaftsrates verabschiedet.[747] Entsprechende Regelungen wurden auch in den Gebieten der französischen Besatzungszone beschlossen.[748]

Eine Begründung für die Reduzierung des Zinssatzes ab dem zweiten Monat ist nicht überliefert. Insbesondere das Kurzprotokoll des Ausschusses – welches erst über eine Woche nach Vollversammlung erstellt wurde, die das Gesetz verabschiedete – enthält lediglich das Ergebnis der Beratungen.[749] Der zweiprozentige monatliche Zuschlag hätte mit insgesamt 24 % pro Jahr den durchschnittlichen jährlichen Ertrag sicherer Anleihen ca. viereinhalbmal übertroffen. Auch die nunmehr reduzierten Zuschläge waren mit 12 % bzw. 13 % pro Jahr noch mehr als doppelt so hoch wie der Ertrag sicherer Anleihen (1948: 5,39 %; 1949: 5,22 %).

Vor der Hyperinflation galt der für die Säumnis gewählte Zinssatz einheitlich für sämtliche Verzinsungen des Steuerschuldverhältnisses. Seine Höhe stellte folglich einen Kompromiss zwischen den jeweiligen Anforderungen der einzelnen Verzinsungen dar. Insbesondere musste der Gesetzgeber stets berücksichtigen, dass der Zinssatz auch für Erstattungsfälle galt und daher gegebenenfalls als Kapitalanlage missbraucht werden konnte. Der Säumniszuschlag beschränkte sich demgegenüber auf die Fälle der Säumnis und konnte folglich deutlich zielgerichteter für seinen speziellen Anwendungsbereich bemessen werden. Dazu gehört auch, dass die säumigen Steuerschuldner nur eingeschränkt schutzwürdig sind, da ihnen vorgeworfen werden kann, dass sie ihrer Pflicht zur pünktlichen Entrichtung der Steuer nicht nachgekommen sind. Der Ausschuss konnte mit der Zinshöhe des Säumniszuschlages somit sicherstellen, dass der Zinssatz ausreichend über den Erträgen lag, die ein säumiger Steuerschuldner durch seine Säumnis erwirtschaften konnte und dass zugleich ein nicht unbeachtlicher Druck zur zeitnahen Zahlung entstand. Auf Steuerpflichtige die nur geringe Vorteile aus der Säumnis ziehen konnten musste er hingegen keine Rücksicht nehmen. Die gewählte Höhe der Säumniszuschläge von 12 % bzw. 13 % nutzt diese Möglichkeiten. Sie übertraf um wenige Prozentpunkte die Zinshöhe von Überziehungs-

747 Wörtlicher Bericht zur 33. Vollversammlung des Wirtschaftsrates vom 18.02.1949 S. 1469; Dritter Entwurf des Zweiten Gesetzes zur vorläufigen Neuordnung von Steuern = Drucksache des Wirtschaftsrates Nr. 974 vom 17.02.1949 S. 7.

748 Auflistung der entsprechenden Änderungsgesetze in der Französischen Zone bei *Rau/Höllig,* DB 1954, Beilage 3 S. 1.

749 Kurzprotokoll zur Sitzung des Finanzausschusses am 17.02.1949 erstellt am 26.02.1949 S. 7 = Ordnungsnummer Z 3/85 im Bundesarchiv.

krediten.[750] Selbst dem Schuldner, der sich durch die Säumnis eine Ersparnis von Überziehungszinsen versprach, wurde so der Anreiz genommen, fällige Steuern nicht zu zahlen.

Zudem ist der einprozentige Zinssatz der am einfachsten zu berechnende Zinssatz. Aufwendige Multiplikationen entfielen. Eine exaktere Orientierung an den Zinssätzen der Finanzwirtschaft hätte überdies regelmäßige Anpassungen verlangt und somit den Verwaltungsaufwand noch weiter erhöht.

c) 2 % Zuschlag im ersten Monat

Unklar bleibt, weshalb neben der zweiprozentige Zuschlag im ersten Monat erhalten blieb. Dieser hatte zur Folge, dass eine kurze Säumnis im Verhältnis zu einer mehrmonatigen Säumnis härter bestraft wurde. Da der Säumniszuschlag jeweils zu Beginn eines Monates verwirkt wurde, traf einen Steuerschuldner, der nur einen Tag säumig war, ein Zuschlag, der einer Jahresverzinsung von 730 % entsprach.[751] Ein Steuerschuldner, der ein ganzes Jahr säumig war, hatte hingegen nur einen Zuschlag von 13 % zu entrichten.

Als mögliche Begründung für die besonders starke Ahndung kurzfristiger Säumnisse kann einzig die Absicht einer Abschreckung erkannt werden. Der Steuerpflichtige sollte möglichst gänzlich vermeiden, säumig zu werden und so dem Fiskus den mit der Säumnis verbundenen Verwaltungsaufwand ersparen. Der verwirkte Zuschlag wirkte damit zugleich als pauschale Kompensation der Kosten für die Bescheidung des Säumniszuschlages und eventuelle Mahnungen.

Eine abschreckende Wirkung blieb in der Praxis jedoch aus. Ein Großteil der Steuerrückstände entfiel auf Säumnisse mit einer Dauer von lediglich einem Monat oder weniger.[752] In der Folge wurde im Jahr 1953 per Runderlass angeordnet, auf die Erhebung von Säumniszuschlägen zu verzichten, soweit die Säumnis nur 8 Tage betrug oder der Steuerschuldner sonst jeweils pünktlich gezahlt hatte.[753] Der Erlass blieb bewusst unveröffentlicht, um zu vermeiden,

---

750 Deutsche Bundesbank, Monatsbericht Oktober 1960 S. 100; *Rau/Höllig*, DB 1954, Beilage 3 S. 2.

751 Bund der Steuerzahler/*Mitze*, Einzeldarstellung Nr. 14 – Säumniszuschläge und Verzugszinsen S. 12; Vgl. Abbildung 9: Effektive Zinshöhe des Säumniszuschlages 1949–1961 S. 167.

752 *Koch*, DStZ 1961, 194 (197).

753 Nicht veröffentlichter, interner Runderlass der Finanzverwaltung vom 02.05.1953 – VI S 4230 6/53 = Bund der Steuerzahler/*Mitze*, Einzeldarstellung Nr. 14 – Säumniszuschläge und Verzugszinsen S. 18 f.

dass die Steuerpflichtigen die Regelung ausnutzten.[754] Die Geheimhaltung misslang der Verwaltung jedoch.

Obwohl der Säumniszuschlag als Druckmittel dienen sollte, den Steuerpflichtigen zu Entrichtung der Steuern zu bewegen und die Notwendigkeit von Beitreibungen zu vermeiden, hatte er eine starke Akzessorietät zur materiellen Steuerforderung. Durch Erlass des Finanzministers vom 06.05.1955 wurde sogar angeordnet, dass auf die Erhebung des Säumniszuschlages verzichtet, bzw. ein bereits entrichteter Zuschlag erstattet werden soll, soweit sich nachträglich herausstellt, dass die ihm zugrunde liegende Steuerforderung nicht bestand.[755]

Abbildung 9: Effektive Zinshöhe des Säumniszuschlages 1949–1961

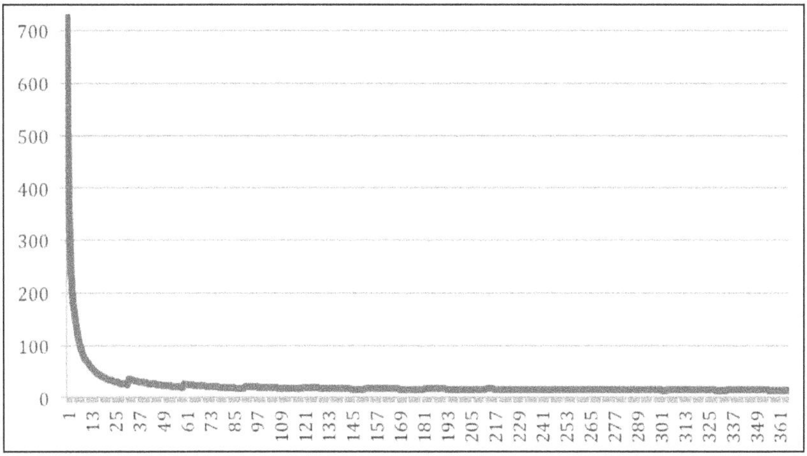

Die Abbildungen zeigen die Belastung des Säumniszuschlages von 1949 und 1961 in Abhängigkeit zur jeweiligen Dauer der Säumnis in Tagen (x-Achse). Zu diesem Zweck wird der im jeweiligen Zeitraum verwirkte Säumniszuschlag auf ein volles Jahr hochgerechnet (y-Achse [in %]). Die obere Abbildung zeigt, dass der zweiprozentige Zuschlag, für eine Säumnis von nur einem Tag, einem Kredit mit einem jährlichen Zinssatz 730 % entspricht. Die umseitige Abbildung zeigt, bei einer geringeren Skalierung der y-Achse, dass mit der Verwirkung weiterer Zuschläge zum Beginn eines Monates, die belastende Wirkung der Zuschläge jeweils sprunghaft ansteigt, bevor sie bis zur nächsten Verwirklichung eines Zuschlages zunächst wieder abnimmt.

754 Bund der Steuerzahler/*Mitze*, Einzeldarstellung Nr. 14 – Säumniszuschläge und Verzugszinsen S. 18.

755 BdF-Erlass vom 02.05.1955 = BZollBl. 1955 S. 348.

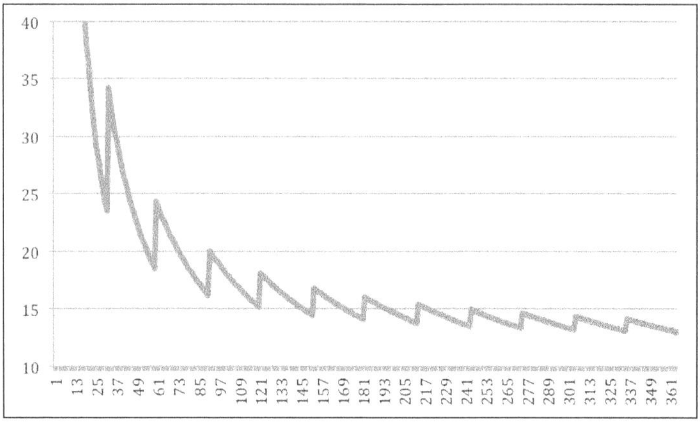

4. Hinterziehungsverzinsung

Weitgehend in Vergessenheit geraten ist, dass durch § 1 der zweiten Verordnung zur Durchführung des zweiten Gesetzes zur vorläufigen Neuordnung von Steuern vom 05.09.1949 neben den Säumniszuschlägen eine weitere Form der Verzinsung ergänzt wurde.[756] Bei dieser Verzinsung handelte es sich jedoch nur die Rückausnahme der Einschränkung der Säumniszuschläge. § 1 der genannten Verordnung sah vor, dass auf noch nicht festgesetzte Nachforderungen keine Säumniszuschläge zu erheben seien. Bei Steuern, die zur Fälligkeit einer Veranlagung bedurften, entstand die Fälligkeit der Nachforderung ohnehin erst durch den Nachforderungsbescheid.[757] Die Beschränkung bezog sich daher auf Steuern, die ohne Festsetzung fällig wurden (z.B. die Umsatzsteuer).[758] Hier konnte die Fälligkeit der Nachforderung bereits vor die Bescheidung einer Nachforderung fallen. In diesem Fall hätte der Steuerschuldner keine Gelegenheit gehabt, Säumniszuschläge zu vermeiden. Daher sollten bis zur Zustellung des Nachforderungsberscheides keine Säumniszuschläge verwirkt werden. Die Norm enthält jedoch auch eine Rückausnahme.[759] Demnach sollten Nachforderungszinsen dann doch erhoben werden, wenn die Verkürzung der Steuer ein Steuervergehen darstellte und der Steuerschuldner deswegen rechtskräftig bestraft worden war. Effektiv stellt diese Ausnahme daher die Einführung einer beschränkten Hinterziehungs-

756 WiGBl. 1949, 314.

757 Becker/Riewald, Reichsabgabenordnung 9. Aufl. vor § 1 StSäumG Anm. 2 Abs. 2.

758 Kühn, Reichsabgabenordnung 5. Aufl. Anhang Nr. 2d Nr. 3 S. 261 f.

759 Bund der Steuerzahler/*Mitze*, Einzeldarstellung Nr. 60 – Steuersäumnisrecht S. 8.

verzinsung dar.[760] Auch in den Ländern des französischen Besatzungsgebietes wurde eine entsprechende Regelung eingeführt.[761]

5. Fazit

In der unmittelbaren Nachkriegszeit zeigte sich, dass ein einmaliger Säumniszuschlag nicht zielführend ist – unabhängig von seiner Höhe. Aber auch die Säumnisverzinsung in der Fassung des Zweiten Gesetzes zur vorläufigen Neuordnung von Steuern von 1949 war alles andere als erfolgreich. Sie gehörte zu den am meisten kritisierten Normen der jungen Bundesrepublik.[762] Bereits im Jahr 1951 übte der Bund der Steuerzahler in einer Eingabe an den Bundesminister der Finanzen deutliche Kritik.[763] Ihr sollten eine Vielzahl weiterer Eingaben an den Minister und die Mitglieder des Finanz- und Steuerausschusses folgen.[764] Insbesondere wurde geltend gemacht, dass die Säumnisverzinsung eine zu starre Reglung darstelle.[765] Speziell bei sonst pünktlichen Steuerzahlern sollte eine sehr kurze Säumnis noch nicht zur Verwirkung des Säumniszuschlages führen. Der Säumige mit dem geringsten Fehlverhalten sei unangemessener Weise der gewesen, der, auf das Jahr hochgerechnet, die höchste Belastung zu tragen hatte.[766] Zudem sei der Verzugszuschlag lediglich ein einseitiges Instrument des Fiskus gegen den Steuerschuldner.[767] Eine entsprechende Erstattungsverzinsung habe

760 Felix, Die Rechtsfolgen der Steuersäumnis S. 34.

761 Bund der Steuerzahler/*Mitze*, Einzeldarstellung Nr. 60 – Steuersäumnisrecht S. 8.; *Höllig*, Schriftenreihe Der Betrieb, Nr. 7 Das Steueränderungsgesetz 1961 S. 19.

762 *Koch*, DStZ 1961, 194 (195); Bund der Steuerzahler/*Mitze*, Einzeldarstellung Nr. 14 – Säumniszuschläge und Verzugszinsen S. 1; Felix, Die Rechtsfolgen der Steuersäumnis S. 23; Kritik der Steuerreferenten der Länder = BB 1952, 766 (766) Information Nr. 1643; Hübschmann/Hepp/Spitaler/*Von Wallis*, Abgabenordnung Lfg. 57 Einf. StSäumG Anm. 1.

763 Bund der Steuerzahler/*Mitze*, Einzeldarstellung Nr. 14 – Säumniszuschläge und Verzugszinsen S. 15.

764 Bund der Steuerzahler/*Mitze*, Einzeldarstellung Nr. 14 – Säumniszuschläge und Verzugszinsen S. 15; Felix, Die Rechtsfolgen der Steuersäumnis S. 23.

765 Felix, Die Rechtsfolgen der Steuersäumnis S. 23.

766 Besonders tritt die Unverhältnismäßigkeit im Urteil des FG Düsseldorf vom 29.04.1958 hervor (abgedruckt bei Felix, Die Rechtsfolgen der Steuersäumnis S. 5 ff.). In dem zugrunde liegenden Fall wurde ein Säumniszuschlag von einem schwer Kriegsgeschädigten erhoben, der auf Grund unglücklicher Umstände zwei Tage säumig war.

767 Hübschmann/Hepp/Spitaler/*Von Wallis*, Abgabenordnung Lfg. 76 StSäumG § 4.

hingegen gefehlt.[768] Kritik am Steuersäumnisrecht kam jedoch nicht nur von Seiten der Steuerzahler. Auch die Verwaltung beanstandete, dass die bestehenden Regelungen besonders arbeitsintensiv seien und der fiskalische Nutzen dafür zu gering blieb.[769] Die beabsichtigte pünktliche Zahlung der Steuern werde häufig nicht erreicht.

IV. Die 1950er und der Ursprung der sechsprozentigen Verzinsung

Für die Zeit nach der weitgehenden Abschaffung der Verzinsung im Jahre 1934 dominierte der Säumniszuschlag bzw. die Säumnisverzinsung die öffentliche Wahrnehmung. Dies geht so weit, dass heute teilweise angenommen wird, dass es daneben bis 1961 keine Verzinsung im Steuerschuldrecht gab.[770] Tatsächlich war die Säumnisverzinsung jedoch lediglich die einzige Verzinsung im Steuerschuldrecht, die einen gesetzlich normierten Zinssatz besaß. Daneben verblieb gemäß § 10 Abs. 2 StSäumG 1934 ein eingeschränkter Anwendungsbereich für die Stundungsverzinsung, bei der die Zinshöhe im Ermessen der Steuerbehörden lag. Davon waren ab 1934 insbesondere die Erbschaftsteuer und die Verkehrssteuern, wie beispielsweise die Beförderungssteuer[771], betroffen. Nach dem Ende des Zweiten Weltkrieges kamen neue Steuern hinzu, die ebenfalls vom Verbot der Stundungsverzinsung nicht erfasst waren. Die Abgaben auf Basis des Soforthilfegesetzes[772] und des Lastenausgleichsgesetzes[773] waren dabei von großer Bedeutung. Sie brachten umfangreiche Steuerbelastungen mit sich und führten so dazu, dass die Stundungsverzinsung an Bedeutung gewann.

---

768 *Koch,* DStZ 1961, 194 (195);

769 Bund der Steuerzahler/*Mitze*, Einzeldarstellung Nr. 14 – Säumniszuschläge und Verzugszinsen S. 12; Kritik der Steuerreferenten der Länder = BB 1952, 766 (766) Information Nr. 1643.

770 *Loose,* StuW 2003, 377 (378); Tipke/Kruse/*Loose, Abgabenordnung* Lfg. 143 Vor § 233 Rn. 1. Anders noch Heinrich W. Kruse im Jahr 1961: Tipke/*Kruse*, Reichsabgabenordnung 1. Aufl. § 127a S. 361. Seer/Klemke, Neuordnung der Verzinsung von Ansprüchen aus dem Steuerschuldverhältnis S. 16. Obwohl zuvor dargestellt wird, dass die Stundungszinsen 1934 nicht vollständig abgeschafft wurden.

771 Beförderungssteuergesetz vom 29.06.1926 = RGBl. I 1926, 257.

772 Gesetz zur Milderung dringender sozialer Notstände vom 08.08.1949 = WiGBl. 1949, 205.

773 Gesetz über den Lastenausgleich vom 14.08.1952 = BGBl. I 1952, 446 ff.

1. Erste sechsprozentige Verzinsung auf Bundesebene

Mit § 5 Abs. 3 S. 2 der Zweiten Durchführungsverordnung zum Ersten Teil des Soforthilfegesetzes vom 29.12.1950 (2. StDVO-SHG) sah sich der Verordnungsgeber erstmals veranlasst, das zuvor freie Ermessen der Verwaltung zur Bestimmung des Stundungszinssatzes für einzelne Fälle einzuschränken. Sofern dem Bürger gemäß § 5 Abs. 3 S. 1 2. StDVO-SHG die Abgabe nach dem Soforthilfegesetz gestundet worden war, da er eine Entschädigung für eine Landabgabe im Zuge der Bodenreform noch nicht erhalten hatte, sollte die Stundung in gleicher Höhe verzinst werden, wie der dem Abgabepflichtigen zustehende Entschädigungsanspruch.[774] Dadurch sollte – dem Grundgedanken der Stundungsverzinsung entsprechend – sichergestellt werden, dass die Vorteile des Abgabenschuldners aus der Stundung abgeschöpft werden und ihm keine ungerechtfertigte Bereicherung erwächst.[775]

28.08.1952 trat das Lastenausgleichsgesetz an die Stelle des – noch vom Wirtschaftsrat beschlossenen – Soforthilfegesetzes. Auf Grund der besonderen Bedeutung des Lastenausgleichsgesetzes, veröffentlichte das Bundesministerium der Finanzen eine gesonderte Nachschlagekartei, in der alle Erlasse veröffentlicht wurden, die die Lastenausgleichabgaben betrafen. Einer dieser Erlasse gab das Ergebnis einer Besprechung der Referenten des Bundes und der Länder zur Stundungsverzinsung vom März 1934 wieder.[776] Der Erlass regelte die Anwendung des § 10 StSäumG 1934 im Rahmen des Lastenausgleichgesetzes. Demnach sollten bei der Stundung der Lastenausgleichsabgabe Stundungszinsen insbesondere dann erhoben werden, wenn der Stundung keine andauernde Notlage zugrunde lag, sondern nur eine vorübergehende Zahlungsunfähig-

774 Anders als bei der Bodenreform in der sowjetischen Zone gewährten die Länder den Bürgern für ihre Landabgabe eine Entschädigung. Diese erfolgte durch Ausgabe niedrig-verzinster Wertpapieren, Schuldtitel oder auch durch Barentschädigungen. Die als Entschädigung ausgegebenen Wertpapiere sollten als Zahlmittel zur Erfüllung der Abgabenpflicht nach dem Soforthilfegesetz dienen können. Dazu sah die Zweite Durchführungsverordnung zum Ersten Teil des Soforthilfegesetzes vor, dass der Bürger ausnahmsweise auch sehr niedrig verzinste Wertpapiere zur Tilgung der Soforthilfeabgabe verwenden konnte und die Leistung der Abgabe so lange gestundet wurde, bis er seine Entschädigung für die Landabgabe erhalten hatte (Begründung zum Entwurf einer Zweiten Durchführungsverordnung zum Ersten Teil des Soforthilfegesetzes vom 14.11.1950 = BT-Drucksache 1/1612 S. 16 ff.).

775 Anmerkung des Bundesministers der Finanzen zu § 5 StDVO-SHG = BStBl.I 1951, 143 Rn. 47.

776 Nachschlagekartei zu den Lastenausgleichsabgaben, Karte 5 zu § 203 Abs. 1 LAG.

keit.[777] Daneben ging der Erlass auch auf die Höhe der Stundungsverzinsung ein: „*Die Höhe des Zinssatzes wird auf 6 v.H. jährlich bemessen werden können, wenn nicht besondere Umstände einen niedrigeren oder höheren Zinssatz rechtfertigen.*"[778] Soweit ersichtlich, ist dies die erste bundesweit einheitliche Anordnung der noch heute geltenden, jährlich sechsprozentigen Verzinsung im deutschen Steuerschuldrecht.[779]

Am 08.07.1957 erstreckte der Bundesminister der Finanzen den sechsprozentigen Zinssatz auch auf Stundungen der Beförderungssteuer.[780] Zugleich sah die Verfügung erstmals vor, dass für jeden angefangenen Monat 0,5 % Zinsen zu erheben waren. Bei Stundungen unter 500 DM, einer Dauer von weniger als drei Monaten oder dem vorliegen wichtiger Gründe im Einzelfall, sollten hingegen keine Stundungszinsen erhoben werden. Diese Ausnahme wurde später auch auf Stundungen von Abgaben nach dem Lastenausgleichsgesetz erstreckt.[781] Die Finanzverwaltungen der Länder übernahmen die Regelungen des Bundes. Sie gaben zur Erhebung der Verkehrssteuern und der Erbschaftsteuer gleichlautende Erlasse aus.[782]

Mit Schreiben vom 10.01.1961 verordnete der Bundesminister der Finanzen, dass Stundungszinsen nur noch für jeden vollen Monat in Höhe von 0,5 % zu nehmen waren.[783] Dadurch sollte eine mögliche Überschneidung mit der Säum-

---

777 Nachschlagekartei zu den Lastenausgleichsabgaben, Karte 5 zu § 203 Abs. 1 LAG.

778 Nachschlagekartei zu den Lastenausgleichsabgaben, Karte 5 zu § 203 Abs. 1 LAG.

779 Im Deutschen Reich kannte das Gesetz über das Reichsnotopfer vom 31.12.1919 bereits eine sechsprozentige Verzinsung. Sie galt ausschließlich für Vorauszahlungen. Noch im Entwurf lag der Zinssatz zusammen mit der Verzinsung von Nachzahlungen bei 5 % (Bericht des 10. Ausschusses = Drucksache der Verfassungsgebenden deutschen Nationalversammlung Nr. 1611 vom 06.08.1919 S. 1577). Er wurde jedoch als Anreiz für Vorauszahlungen erhöht.

780 BdF-Erlass vom 08.07.1957, nicht im BStBl. veröffentlicht, jedoch zitiert in der Verfügung der OFD Frankfurt am Main vom 31.03.1958 – S 1152 A – 1 – St IV 20 = DStR 1958, 214 (214) und im Erlass des nordrhein-westfälischen Finanzministers vom 03.06.1959 – S 1152 – 20863/VC – 2 = DB 1959, 749 (749).

781 Vgl LA-Besprechung vom 01./02.10.1959 = DB 1960, 11 (11) = BB 1960, 129 (129).

782 Erlass des baden-württembergischen Finanzministers vom 05.02.1959 – S 1152 A = BB 1959, 1236 (1236); Erlass des nordrhein-westfälischen Finanzministers vom 03.06.1959 – S 1152 – 20863/VC – 2 = DB 1959, 749 (749); Verfügung der OFD Frankfurt am Main vom 31.03.1958 – S 1152 A – 1 – St IV 20 = DStR 1958, 214; Verfügung der OFD Hamburg vom 08.05.1959 – LA 2440 = BlStSozArbR 1959, 229 (229).

783 BdF-Erlass vom 10.01.1961 – IV A71 b – S 1152 – 4/60 = DB 1961, 116 (116).

nisverzinsung ausgeschlossen werden.[784] Auch diese Regelung wurde von den Finanzverwaltungen der Länder übernommen.[785]

2. Ursprung des sechsprozentigen Zinssatzes

Im März 1953 hatte der Bundesminister der Finanzen den Stundungszinssatz des Lastenausgleiches auf 6 % pro Jahr festgesetzt.[786] Seitdem kam im deutschen Steuerschuldrecht - mit Ausnahme der Säumniszuschläge - kein anderer Zinssatz mehr zur Anwendung. Wie es bei Erlassen der Finanzverwaltung üblich ist, sind die Beweggründe der Entscheidung des Ministers nicht überliefert. Erklärt wurde lediglich, dass der Erlass in Folge einer Besprechung mit den Steuerreferenten der Länder erging. Es gibt daher verschiedene mögliche Anlässe, die zur Wahl der Zinshöhe geführt haben könnten.

a) Praktikabilität

Es liegt nahe, dass der Zinssatz auf Grund seiner hohen Praktikabilität gewählt wurde. Zinssätze werden üblicherweise pro Jahr angegeben. Dies galt zunächst auch für die Verzinsung im Steuerschuldrecht. Gleichwohl sollten die Zinsen - der gesetzlichen Regelung zu den Säumniszuschlägen entsprechend - monatlich erhoben werden. Der jährliche Zinssatz musste demgemäß auf einen monatlichen Teil heruntergerechnet werden. Der gewählte sechsprozentige Jahreszins lässt sich einfach in zwölf monatliche Teile à 0,5 % zerlegen. Demgegenüber hätte beispielsweise der bis zum Jahr 1934 geltende fünfprozentige Jahreszins bei einer monatsgenauen Berechnung in zwölf Teilen zu je $0{,}41\overline{6}$ % erhoben werden müssen. Auch ein vierprozentiger, siebenprozentiger oder achtprozentiger Jahreszinssatz hätte dazu geführt, dass die monatliche Zinsverpflichtung unendliche viele Nachkommastellen aufgewiesen hätte.[787] Mit monatlich $0{,}\overline{3}$ %, $0{,}41\overline{6}$ %, $0{,}58\overline{3}$ % oder $0{,}\overline{6}$ % wäre der Zinssatz auf diese Weise einer einfachen Berechnung nicht zugänglich gewesen. Es wäre jedoch auch möglich gewesen, einen monatlichen Zinssatz von beispielsweise 0,4 % oder 0,6 % zu normieren. Dies wäre für das Steuerrecht kein Novum gewesen. Unter anderem das Gesetz über die Berücksichtigung der Geldentwertung in den Steuergesetzen vom 20.03.1923 besaß nur einen monatlichen Zinssatz und wies keinen jährlichen

---

784 BdF-Erlass vom 10.01.1961 - IV A71 b - S 1152 - 4/60 = DB 1961, 116 (116).

785 BB 1961, 438 (438).

786 Nachschlagekartei zu den Lastenausgleichsabgaben, Karte 5 zu § 203 Abs. 1 LAG.

787 Sofern die abgerundete Zinsbasis nicht ausnahmsweise durch drei teilbare gewesen wäre, hätte die Zinsverpflichtung auf $X{,}\overline{3}$ oder $X{,}\overline{6}$, lauten müssen.

aus. Zwar betraf die Angabe monatlicher statt jährlicher Zinssätze zunächst ausschließlich Fälle extrem hoher Verzinsung und nur Gesetze mit einer Laufzeit von deutlich weniger als einem Jahr. Spätestens ab dem Jahr 1957 war die Angabe eines monatlichen Zinssatzes jedoch auch außerhalb von Hochzinsphasen die gängige Praxis im deutschen Steuerrecht.[788]

b) Orientierung an erzielbaren Erträgen

Für den sechsprozentigen Zinssatz sprach jedoch nicht nur seine Praktikabilität. Er lag auch nah an dem, was der Steuerschuldner durch die Überlassung der Mittel erwirtschaften konnte. Der Ertrag sicherer Anleihen in den fünf Jahren vor der Festlegung des sechsprozentigen Zinssatzes lag durchschnittlich bei 5,60 %.[789] Im Jahr 1951 überstieg er mit 6,33 % zuletzt die Sechsprozentmarke knapp. In den Jahren davor blieb er leicht unter der Marke, fiel jedoch nie unter 5,22 %. Im Jahr 1953 selbst lag er mit 5,67 % nur minimal unter dem gewählten sechsprozentigen Zinssatz. Wie schon bei der Wahl der Zinssätze im Steuerschuldrecht in den Jahren von 1900 bis 1919 entsprach die gewählte Zinshöhe der Stundungszinsen somit weitgehend dem durchschnittlichen Ertrag sicherer Anleihen.[790] Der sechsprozentige Zinssatz eignete sich damit denkbar gut, um das avisierte Ziel der Stundungsverzinsung zu erreichen: Die Abschöpfung von Zinsvorteilen, die aus einer Stundung in jedem Fall hätten gezogen werden können.[791]

---

788 Die Deutsche Partei brachte 1956 sogar den Entwurf eines Änderungsgesetzes zum Steuersäumnisgesetz ein, demnach im ersten Monat Säumniszuschläge in Höhe 1 % und für jeden weiteren Monat 0,75 % zu erhoben werden sollen (Entwurf eines Gesetzes zur Änderung des Steuersäumnisgesetzes vom 02.05.1956 = BT-Drucksache 2/2347 S. 1).

789 Vgl. Abbildung 10: Ertrag sicherer Anleihen 1948–1953 S. 175.

790 Vgl. Abbildung 10: Ertrag sicherer Anleihen 1948–1953 S. 175.

791 Dies ist seit der ersten Stundungsverzinsung im Steuerrecht im Jahre 1902 das Ziel der Verzinsung im Steuerschuldrecht (Anlage zum Entwurf eines Zolltarifgesetzes = Reichstagsdrucksache Nr. 373 (A)/10 vom 19.11.1901 S. 35 f.; Protokoll zur 102. Sitzung des Reichstages vom 02.12.1901 S. 2885). Zur Stundung im Rahmen des Soforthilfegesetzes wurde diese Zielsetzung wiederholt (Anmerkung des Bundesministers der Finanzen zu § 5 StDVO-SHG = BStBl. I 1951, 143 Rn. 47).

Abbildung 10: Ertrag sicherer Anleihen 1948–1953

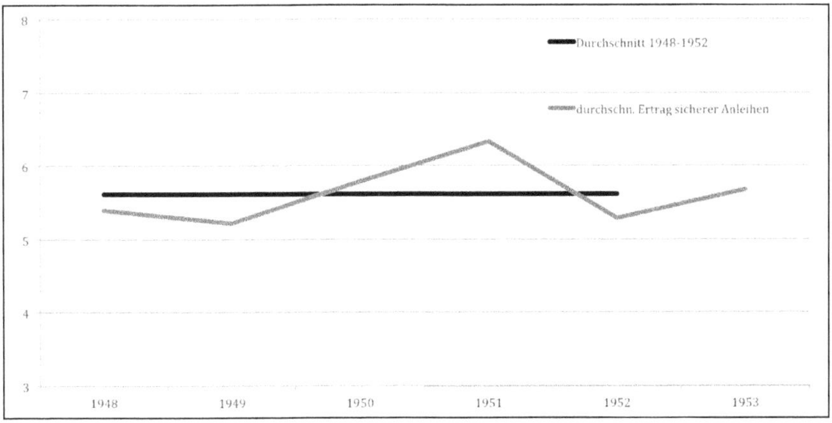

Die Abbildung zeigt die Höhe (y-Achse [in %]) der Ertrage sicherer Anleihen in Deutschland in den Jahren 1948 bis 1953 (x-Achse [in Jahren]) sowie den durchschnittlichen Ertrag sicherer Anleihen im Zeitraum von 1948–1952.

Quelle: Anleihen (Computed Average of High Grade Bond Yields): Homer, A history of interest rates 4. Aufl. S. 507 f.

c) 2 % Aufschlag auf Diskontsatz

(1) Günstigster Kredit

Der Erlass des Bundesministers sah keine generelle Stundungsverzinsung vor. Zinsen sollten nur in den Fällen verlangt werden, in denen eine vorübergehende Illiquidität vorlag.[792] In den übrigen Fällen sollte hingegen grundsätzlich eine zinslose Stundung erfolgen.[793] Das bedeutet, dass die Steuerschuldner sich in Fällen von verzinslichen Stundungen die Aufnahme eines Kredites ersparten. Ihr finanzieller Vorteil belief sich daher mindestens auf die Höhe der Verzinsung des günstigsten Darlehens. Stundungen bei denen der Steuerschuldner über ausreichende finanzielle Mittel verfügte, um die Steuerschuld zu bedienen, konnten bei der Zinsbemessungen der Stundungsverzinsung dagegen unberücksichtigt bleiben. Sie sollten ohnehin unverzinst bleiben.

792 Nachschlagekartei zu den Lastenausgleichsabgaben, Karte 5 zu § 203 Abs. 1 LAG.

793 BdF-Erlass vom 20.03.1954 – LA 2833 = BB 1954, 405 (405).

Für die Verzinsung von Krediten an Nicht-Banken bestanden seit dem Sollzinsabkommen vom 22.12.1936[794] amtliche Höchstgrenzen, die nur in begründeten Ausnahmefällen überschritten werden durften. Sie knüpften an den jeweils gültigen Diskontsatz an. Der höchste Zins durfte dem Sollzinsabkommen nach für Überziehungskredite genommen werden. Er durfte seit dem Januar 1953 nicht mehr als sechs Prozentpunkte über dem Diskontsatz liegen.[795] Für Wechselkredite über 20.000 DM galt hingegen die geringste Obergrenze. Ihr Zinssatz durfte maximal zwei Prozentpunkte über dem Diskontsatz liegen. Für den ab Januar 1953 gültigen Diskontsatz von 4 % entsprach dies einem Zinssatz von 6 % und damit genau der gewählten Zinshöhe der Stundungsverzinsung.[796] Das Sollzinsabkommen definierte jedoch nur die Obergrenzen der Verzinsungen. Es war somit möglich, dass der Schuldner der Stundungszinsen bei einer alternativen Fremdfinanzierung auf Grund einer guten Kreditwürdigkeit nur einen geringeren Zinssatz zu entrichten gehabt hätte. Der durch die Stundungsverzinsung abschöpfbare Vorteil wäre in diesem Fall entsprechend geringer ausgefallen. Es ist daher eher unwahrscheinlich, dass der Bundesminister der Finanzen den Zinssatz der Stundungsverzinsung an die Obergrenze für Wechselkredite ab 20.000 DM anknüpfte.

(2) Praxis der Finanzbehörden

Gleichwohl liegt es nah, dass der Bundesminister der Finanzen den Zinssatz an der Höhe des Anfang 1953 gültigen vierprozentigen Diskontsatzes zuzüglich eines Aufschlages von zwei Prozentpunkten bemessen hat. Der entsprechende Erlass des Bundesministers entstammt einer Besprechung mit den Steuerreferenten der Länder. In den Ländern existierten bereits zuvor entsprechende Erlasse der Landesfinanzminister zur Verzinsung von Steuerstundungen.[797] Diese nahmen ausdrücklich Bezug auf den Diskontsatz und seine Veränderungen. Als der Diskontsatz von zunächst 6 % im Mai 1952 schrittweise auf 4,50 % im August 1952

794 Abkommen über die Berechnung der Zins- und Provisionssätze bei der Weitergabe von Geldern an Dritte = Deutscher Reichsanzeiger Nr. 299 vom 23.12.1936. Auf Grundlange von § 2 des Zins- und Wettbewerbsabkommens in der Neufassung des Abkommens vom 22.12.1936. Erstfassung bereits vom 09.01.1932 (vgl. Theisinger/Löffelholz, Die Bank Bd. 2 S. 655).

795 Deutsche Bundesbank, Monatsbericht Oktober 1960 S. 100. Grundlage: Soll-Zinsabkommen in der Fassung vom 23.04.1940 = Deutscher Anzeiger Nr. 96 vom 24.04.1940 (abgedruckt in: Theisinger/Löffelholz, Die Bank Bd. 2 S. 677 ff.)

796 Deutsche Bundesbank, Monatsbericht Oktober 1960 S. 100.

797 Felix, Die Rechtsfolgen der Steuersäumnis S. 26 Fn. 6a.

gesenkt worden war, ordnete der baden-württembergische Finanzminister beispielsweise an, dass die regelmäßige Stundungsverzinsung aus diesem Grund in den Oberfinanzbezirken Karlsruhe und Stuttgart ebenfalls von 8 % auf 6 % zu reduzieren sei.[798] Als der Diskontsatz Ende Oktober 1950 von 4 % auf 6 % angehoben wurde, verfügte der niedersächsische Finanzminister – der Regel des zweiprozentigen Aufschlages auf den Diskontsatz folgend –, dass die Stundungszinsen statt zuvor 6 % nunmehr 8 % zu betragen hatten.[799] Der Regierungsrat Walter Kochendörfer stellte 1953 in seinem Werk „Stundung und Erlaß von Steuern" fest: „*Stundungszinsen betragen in der Regel 2 vom Hundert über dem Diskontsatz der Bank Deutscher Länder*"[800].

(3) Herkunft des zweiprozentigen Aufschlages auf den Diskontsatz

Die Praxis, die Höhe gesetzlicher Zinsen grundsätzlich durch einen Zuschlag von zwei Prozentpunkten auf den Diskontsatz zu bestimmen, kann bis auf § 1 Abs. 1 des Gesetzes über die Wechsel- und Scheckzinsen vom 03.07.1925 zurückgeführt werden.[801] In dem Gesetz wurde diese Art der Zinsbestimmung als Reaktion auf die zuvor herrschende Phase der Hyperinflation eingeführt. Die bis dato fixe Verzinsung von 6 % gab dem Schuldner angesichts der Hochzinsphase einen Anreiz, seine Zahlungen möglichst lange zu verschleppen.[802] Durch die Kopplung des Zinssatzes an den Diskontsatz sollte ihm dieser Anreiz nachhaltig genommen werden. Der Aufschlag von zwei Prozentpunkten wurde auf Grund des „*engen Zusammenhange zwischen dem Satze der Wechsel- und Scheckzinsen mit dem Reichsbankdiskontsatze*"[803] gewählt. Der Reichswirtschaftsrat empfahl demgegenüber einen Zins in Höhe des eineinhalbfachen des Diskontsatzes. Er konnte sich jedoch nicht durchsetzen, da befürchtet wurde, dass nach dieser Bestimmungsmethode die Verzinsung zu hoch werden könne.[804]

---

798 Erlass des baden-württembergischen Finanzministers vom 24.10.1952 – S 1152 = BB 1952, 908 (908).

799 Erlass des niedersächsischen Finanzministers vom 21.11.1950 = BB 1951, 17 (17).

800 Kochendörfer, Stundung und Erlaß von Steuern S. 16.

801 Kindler, Gesetzliche Zinsansprüche S. 210 f.

802 Entwurf eines Gesetzes über die Wechsel- und Scheckzinsen = Reichstagsdrucksache Nr. 904/3 vom 15.05.1925.

803 Entwurf eines Gesetzes über die Wechsel- und Scheckzinsen = Reichstagsdrucksache Nr. 904/3 vom 15.05.1925.

804 Entwurf eines Gesetzes über die Wechsel- und Scheckzinsen = Reichstagsdrucksache Nr. 904/3 vom 15.05.1925.

Der zweiprozentige Aufschlag auf den Diskontsatz zur Abschöpfung unberechtigter Vorteile wurde in der Literatur begrüßt und für verallgemeinerungswürdig erklärt.[805] Als Zinssatz der Stundungsverzinsung fand er in der Folge Einzug in § 64 Abs. 5 S. 2 2. Var. der Wirtschaftsbestimmungen für die Reichsbehörden vom 11.02.1929 (RWB). § 64 RWB regelte die Stundung von Forderungen des Reiches. Gemäß § 64 Abs. 5 S. 1 RWB waren gestundete Beträge stets zu verzinsen. Dafür waren nach § 64 Abs. 5 S. 2 2. Var. RWB bei Stundungen von vertraglichen Forderungen Zinsen in Höhe von zwei Prozentpunkten über dem Diskontsatz zu verlangen. Hierzu kommentiert der Geheime Regierungsrat und Ministerialdirektor i.R. Ernst Reichard: „*Es wäre wohl nicht zu vertreten einem Vertragsgegner außer der Stundung noch den weiteren Vorteil eines Zinsgewinnes zu gewähren. Denn im privaten Wirtschaftsleben können bei der Anlage von Geldern in der Regel mindestens 2. v. H. über dem jeweiligen Reichsbankdiskont erzielt werden.*“[806] Für die Stundung gesetzlicher Ansprüche ordnete zwar § 64 Abs. 5 S. 2 1. Var. RWB lediglich Zinsen in Höhe des Diskontsatzes an. § 64 Abs. 5 RWB galt jedoch nicht für Stundungen in Steuerschuldverhältnissen.[807] Nach den insoweit spezielleren Steuergesetzen – insb. ab dem Jahr 1934 § 10 Abs. 2 S. 2 StSäumG – waren die Finanzbehörden ermächtigt, für die Stundung von Steuern die Zinshöhe gesondert zu bestimmen. Ziel der Stundungsverzinsung des Steuerrechtes war seit jeher die Abschöpfung des Vorteils des Schuldners.[808] Dieses Ziel erreichte nicht eine Verzinsung in Höhe des Diskontsatzes, sondern eine Verzinsung in Höhe von zwei Prozentpunkten über dem Diskontsatz, da sie weitgehend dem damaligen Ertrag sicherer Anleihen entsprach.[809] Zudem weist die Stundung eine große Ähnlichkeit zum Vertrag auf. Sie kommt durch zwei übereinstimmende Willens-

805 *Mannhardt*, JW 1926, 1790 (1790); *Soltermann*, JW 1926, 1791 (1791).

806 Reichard, Wirtschaftsbestimmungen für die Reichsbehörden 3. Aufl. § 64 Nr. 5 S. 276.

807 Reichard, Wirtschaftsbestimmungen für die Reichsbehörden 3. Aufl. § 64 Nr. 5 S. 276.

808 Dies ist seit der ersten Stundungsverzinsung im Steuerrecht im Jahre 1902 das Ziel der Verzinsung im Steuerschuldrecht (Anlage zum Entwurf eines Zolltarifgesetzes = Reichstagsdrucksache Nr. 373 (A)/10 vom 19.11.1901 S. 35 f.; Protokoll zur 102. Sitzung des Reichstages vom 02.12.1901 S. 2885). Zur Stundung im Rahmen des Soforthilfegesetzes wurde diese Zielsetzung wiederholt (Anmerkung des Bundesministers der Finanzen zu § 5 StDVO-SHG = BStBl. I 1951, 143 Rn. 47).

809 Entwurf eines Gesetzes über die Wechsel- und Scheckzinsen = Reichstagsdrucksache Nr. 904/3 vom 15.05.1925; Reichard, Wirtschaftsbestimmungen für die Reichsbehörden 3. Aufl. § 64 Nr. 5 S. 276. Vgl. Abbildung 11: Differenz zwischen Diskontsatz und dem Ertrag sicherer Anleihen S. 180.

erklärungen zustande. Der Stundungsantrag gleicht einem Vertragsangebot und die Stundungsgewähr einer Annahme. Die Zinshöhe des § 64 Abs. 5 S. 2 2. Var. RWB diente daher als Referenz für die Stundungsverzinsung.[810]

Der zweiprozentige Aufschlag auf den Diskontsatz sollte auch noch 1960 als Referenz zur Abschöpfung der Vorteile des Schuldners diesen. Der Bundesminister der Finanzen erklärte, dass zur Vereinheitlichung des Verfahrens privatrechtliche Forderungen des Bundes im Falle einer Stundung mit einem Zinssatz in Höhe von zwei Prozentpunkten über dem Diskontsatz zu verzinsen seien.[811] Dabei bezog er sich ausdrücklich auf die Regelung in § 64 Abs. 5 S. 2 2. Var. RWB.[812]

Zeitgleich fand der Aufschlag von zwei Prozentpunkten Einzug in das Bauplanungsrecht (§ 99 Abs. 3 S. 1 BauGB 1960)[813]. Im Falle der Enteignung sollte er sicherstellen, dass der Enteignungsbegünstigte aus einer Verzögerung der Entschädigungszahlung keine Vorteile ziehen konnte.[814] Das Baulandbeschaffungsgesetz vom 03.08.1953 nahm bis dato für die Verzinsung der Enteignungsentschädigung am Ertrag sicherer Anleihen in Form von Hypothekenpfandbriefen Maß.[815] Der Gesetzgeber hielt jedoch eine Anknüpfung an den Diskontsatz für leichter handhabbar.[816] Seit dem Ausbruch des Zweiten Weltkrieges konnte der Zuschlag von zwei Prozentpunkten zwar nicht mehr zutreffend den Vorteil des Schuldners durch eine Zahlungsverzögerung abbilden. Spätestens ab 1957 wies der durchschnittliche Ertrag sicherer Anleihen jedoch wieder ein Niveau von ziemlich genau zwei Prozentpunkten über dem Diskontsatz auf.[817]

Sowohl der Zinssatz des Baugesetzbuches in § 99 Abs. 3, als auch der bereits am 09.11.1956 in Kraft getretene § 29 Abs. 1 S. 1 des Bundesleistungsgesetzes

---

810 Schoele, Stundungen, Niederschlagungen und Erlaß gemeindlicher Forderungen S. 6.

811 Rundschreiben des Bundesministers der Finanzen vom 29.10.1960 – II A/1-A 0260 – 4/60 = MinBlFin. 1960, 994 (994); BB 1960, 1267 (1267).

812 Rundschreiben des Bundesministers der Finanzen vom 29.10.1960 – II A/1-A 0260 – 4/60 = MinBlFin. 1960, 994 (994); BB 1960, 1267 (1267).

813 BGBl. I 1960, 341 (366).

814 Kindler, Gesetzliche Zinsansprüche S. 216. Dies sollte sogar dann gelten, wenn dem Enteigneten bis zur Zahlung der Entschädigung weiterhin Früchte die aus dem Grundstück zustanden (BGH vom 26.06.1969 – III ZR 102/68 = NJW 1969, 1897 (1897 ff.).

815 § 9 Abs. 4 Baulandbeschaffungsgesetz = BGBl. I 1953, 720 (722).

816 Begründung zu § 109 des Entwurfes (= § 99 des späteren Gesetzes) eines Bundesbaugesetzes vom 18.04.1958= BT-Drucksache 3/336 S. 92.

817 Vgl. Abbildung 11: Differenz zwischen Diskontsatz und dem Ertrag sicherer Anleihen S. 180.

und sogar § 1 Abs. 1 des Gesetzes über die Wechsel- und Scheckzinsen von vom 03.07.1925[818] enthielten bis zum Jahr 2002 noch eine Verzinsung in Höhe von zwei Prozentpunkten über dem Diskontsatz. Seit dem Jahr 2002 bemessen sich die Verzinsungen durch einen Zuschlag von zwei Prozentpunkten auf den Basiszins.

Abbildung 11: Differenz zwischen Diskontsatz und dem Ertrag sicherer Anleihen

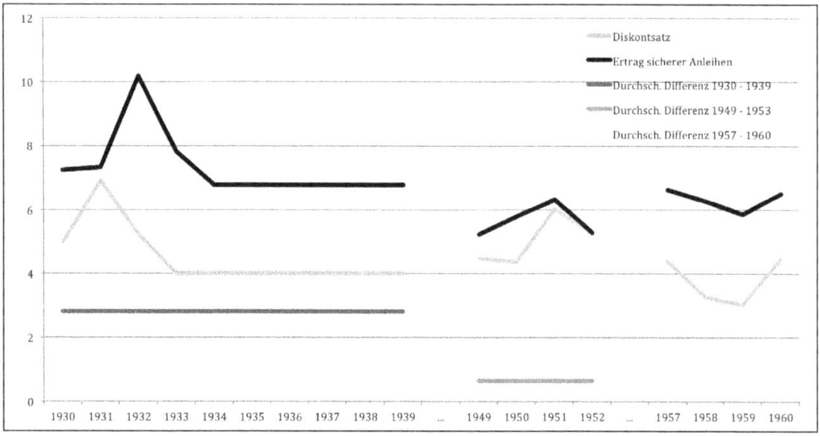

Die Abbildung zeigt die Höhe (y-Achse [in %]) des Diskontsatzes und die Erträge sicherer Anleihen in Deutschland in unterschiedlichen Zeiträumen (x-Achse [in Jahren]) sowie die durchschnittliche Differenz des Diskontsatzes und der Erträge sicherer Anleihen in diesen Zeiträumen.

Quellen: Anleihen (Computed Average of High Grade Bond Yields): Homer, A history of interest rates 4. Aufl. S. 507 f.; Diskontsatz: Morawietz, Deutsche Aktien seit 1870 S. 294 f. Anhang 1.

3. Fazit

Der Autor dieser Arbeit konnte nicht ermitteln, ob der sechsprozentige Zinssatz in Anlehnung an die günstigsten Kreditverzinsungen, durch Fortschreibung der Praxis der Länder bei der Bestimmung der Höhe der Stundungszinssätze oder unter direkter Bezugnahme auf § 64 Abs. 2 S. 2 Var. 2 RWB entstanden ist. In beiden Fällen findet der Zinssatz des Steuerschuldrechtes seinen Ursprung

818 Seit dem Gesetz zur Änderung des Gesetzes über die Verwahrung und Anschaffung von Wertpapieren sowie anderer wertpapierrechtlicher Vorschriften vom 17.07.1985 befindet sich die Verzinsung in Art. 45 Nr. 2 und Art. 46 Nr. 2 des Scheckgesetzes, bzw. in Art. 48 Nr. 2 und Art. 49 Nr. 2 des Wechselgesetzes.

jedoch in einem Zuschlag von zwei Prozentpunkten auf den Diskontsatz. Damit erreichte die Verzinsung im Steuerschuldrecht ziemlich genau eine Zinshöhe die den Erträgen von sicheren Anleihen entspricht. Die Zinshöhe erfasst somit den Vorteil, den jeder Schuldner aus der längeren Verfügbarkeit finanzieller Mittel mindesten ziehen konnte. Schon bei der Entstehung des Bürgerlichen Gesetzbuches war dieser Vorteil maßgeblich für die Bemessung des gesetzlichen Zinssatzes in § 246 BGB.[819]

V. Das Steueränderungsgesetz 1961

1960 übernahm der Bundestag erstmals das in Großbritannien bereits etablierte Verfahren, alle Gesetzesänderungen des Steuerrechtes eines Jahres zusammen in einem einheitlichen Jahressteuergesetz zu beraten, um so den Gleichlauf und die Stetigkeit des Steuerrechtes zu wahren.[820] Kurz vor der Verabschiedung des Jahressteuergesetzes, in der dritten Beratung, reichte Erich Ollenhauer im Namen der SPD Fraktion einen Entschließungsantrag ein. Mit ihm beabsichtigte er, dass der Bundestag sowohl für Steuererstattungen, als auch für Nachzahlungen eine Verzinsung einführen sollte.[821] Der Antrag wurde an den Finanzausschuss überwiesen und konnte nicht mehr für das Jahressteuergesetz 1960 berücksichtigt werden.[822]

Nach den guten Erfahrungen im ersten Jahr folgte 1961 das zweite Jahressteuergesetz (Steueränderungsgesetz vom 13.07.1961/ StÄnG 1961).[823] Mit ihm unternahm der Gesetzgeber insbesondere die Bestrebung den wachsenden deutschen Mittelstand steuerrechtlich zu fördern.[824] Dazu sollten vor allem die Steuerfreibeträge der Gewerbesteuer verdreifacht werden, die Steuerfreiheit von Aufwendungen zur Alterssicherung ausgebaut, sowie Rentenversicherungen und Versorgungsansprüche von der Vermögenssteuer befreit und die Freibeträge der Einkommensteuer erhöht

819 XII. Kommission des Reichstages bei der Initiierung des gesetzlichen Zinssatzes im BGB 1896: Vgl. A.II.3.d) XII. Kommission des Reichstages S. 117ff.

820 Protokoll 155. Sitzung des Bundestages vom 20.04.1961 S. 8913; Steueränderungsgesetz 1960 = BGBl. I 1960, 616 ff.

821 Umdruck 681 vom 28.06.1960 = Anlage 7 zum Protokoll der 123. Sitzung des Bundestages vom 01.07.1960 S. 7155.

822 Protokoll 123. Sitzung des Bundestages vom 01.07.1960 S. 7138.

823 Protokoll 155. Sitzung des Bundestages vom 20.04.1961 S. 8913.

824 *Mersmann*, DStZ 1961, 193 (193); Protokoll 155. Sitzung des Bundestages vom 20.04.1961 S. 8913 ff; *Höllig*, Schriftenreihe Der Betrieb, Nr. 7 Das Steueränderungsgesetz 1961 S. 1.

werden.[825] Neben den Maßnahmen zur Förderung des Mittelstandes nahm der Gesetzgeber auch die schon zum Jahressteuergesetz 1960 initiierten Bestrebungen auf, die Verzinsung im Steuerschuldverhältnis zu überarbeiten. Er beschränkte sich jedoch nicht auf den Umfang des Entschließungsantrages der SPD Fraktion aus dem Vorjahr, sondern startete die größte Reform der steuerschuldrechtlichen Zins- und Säumnisregelungen seit der Abschaffung der Zinsen im Jahr 1934.[826]

Mit ihr wurden die Säumniszuschläge im ersten Monat von 2 % auf 1 % reduziert (Art. 16 § 1 Abs. 1 StÄnG 1961), das Nehmen von Erstattungs- und Vergütungszinsen gestattet, soweit dies spezialgesetzlich vorgesehen wurde (Art. 16 § 4 StÄnG 1961), ein steuerschuldrechtlicher allgemeinverbindlicher Zinssatz eingeführt (Art. 16 § 5 Abs. 1 StÄnG 1961) und die Zinserträge ausdrücklich der die Steuer verwaltenden Körperschaft zugeordnet (Art. 16 § 6 StÄnG 1961). Daneben wurde eine Prozessverzinsung eingeführt (Art. 17 Nr. 6, 11 StÄnG 1961) und die Stundungsverzinsung zurück in die Reichsabgabenordnung geordnet, in der sie ursprünglich 1919 geregelt war (Art. 17 Nr. 3 StÄnG 1961).

§ 1 Abs. 1 StSäumG: *„Wird eine Steuer nicht bis zum Ablauf des Fälligkeitstages entrichtet, so ist für jeden angefangenen Monat der Säumnis ein Säumniszuschlag von eins vom Hundert des rückständigen Steuerbetrags verwirkt.“*

§ 4 StSäumG: *„Steueransprüche, Erstattungs- und Vergütungsansprüche sowie Ansprüche auf Rückzahlung hinterlegter Gelder werden nur verzinst, wenn dies in den Steuergesetzen vorgeschrieben ist.“*

§ 5 Abs. 1 StSäumG: *„Die Zinsen betragen für jeden Monat einhalb vom Hundert. Sie sind von dem Tag an, an dem der Zinslauf beginnt, nur für volle Monate zu zahlen; angefangene Monate bleiben außer Ansatz.“*

§ 127a RAO: *„(1) Stundungszinsen werden bei der Einkommensteuer, der Körperschaftsteuer, der Vermögensteuer, der Umsatzsteuer, Grundsteuer und der Gewerbesteuer nicht erhoben.*
(2) Bei anderen Steuern sind Stundungszinsen nach § 5 des Steuersäumnisgesetzes zu erheben. Im Einzelfall kann zinslose Stundung bewilligt werden.“

§ 155 Abs. 1 S. 1 RAO: *„Wird die festgesetzte Steuerschuld durch eine rechtskräftige gerichtliche Entscheidung oder auf Grund einer solchen oder durch rechtskräftigen Bescheid nach § 94 Abs. 2 herabgesetzt, so ist der auf die Steuerschuld*

---

825 *Mersmann,* DStZ 1961, 193 (193); Teske, Steueränderungsgesetz 1961 S. 5; Steueränderungsgesetz vom 13.07.1961 = BGBl. I 1961, 981 ff.

826 *Höllig,* Schriftenreihe Der Betrieb, Nr. 7 Das Steueränderungsgesetz 1961 S. 19; Teske, Steueränderungsgesetz 1961 S. 53.

zuviel entrichtete Betrag vom Tag der Rechtshängigkeit beim Gericht an (§ 249) bis zum Auszahlungstag nach § 5 des Steuersäumnisgesetzes zu verzinsen."

§ 215a RAO: *„(1) Soweit ein Rechtsmittel endgültig keinen Erfolg hatte, sind für den Betrag, hinsichtlich dessen die Vollziehung ausgesetzt wurde, Zinsen nach § 5 des Steuersäumnisgesetzes zu entrichten.*
(2) Zinsen werden erhoben vom Tag der Rechtshängigkeit beim Gericht an..."

1. Säumnisverzinsung

Mit der Reduzierung der Säumniszuschläge im ersten Monat der Säumnis von zwei auf ein Prozent wurde eine der zentralen Ungerechtigkeiten des Steuersäumnisgesetzes beseitigt.[827] Der erhöhte Satz im ersten Monat belastete kurzfristig säumige Steuerschuldner ohne erkennbaren Grund überproportional hoch. Die Anpassung sollte jedoch nicht ausschließlich der Schaffung eines gerechteren Besteuerungsverfahrens dienen, sondern überdies die praktischen Bedingungen zur Einführung eines automatischen Berechnungsverfahrens herstellen.[828] Die Abkehr vom dualen System, aus einem einmaligen einprozentigen Zuschlag im ersten Monat und einem dazu parallel einsetzenden einprozentigen Zins, überforderte die damalige Technik.[829] Die Umstellung auf eine lochkartenbasierte Informationsverarbeitung erforderte einen konstanten Zinssatz.[830]

Der weiterreichenden Forderung, die Säumniszuschläge und Säumnisverzinsung vollständig aufzugeben, wurde nicht gefolgt. Ihr stand die Befürchtung entgegen, dass der rechtzeitige Eingang von Steuern und damit die Gleichmäßigkeit und Gerechtigkeit der Besteuerung gefährdet worden wären.[831]

827 Schriftlicher Bericht des Finanzausschusses zum StSäumG vom 27.04.1961 = BT-Drucksache 3/(zu) 2706 S. 10 f.; Begründung zum ersten Entwurf eines Steueränderungsgesetzes 1961 vom 04.03.1961 = BT-Drucksache 3/2573 S. 33 zu Art. 11 Allgemeines Nr. 1; Teske, Steueränderungsgesetz 1961 S. 53.

828 Schriftlicher Bericht des Finanzausschusses zum StSäumG vom 27.04.1961 = BT-Drucksache 3/(zu) 2706 S. 10 f.; Begründung zum ersten Entwurf eines Steueränderungsgesetzes 1961 vom 04.03.1961 = BT-Drucksache 3/2573 S. 33 zu Art. 11 Allgemeines Nr. 1.

829 Felix, Die Rechtsfolgen der Steuersäumnis S. 23.

830 Begründung zum ersten Entwurf eines Steueränderungsgesetzes 1961 vom 04.03.1961 = BT-Drucksache 3/2573 S. 33 zu Art. 11 Allgemeines Nr. 1; Felix, Die Rechtsfolgen der Steuersäumnis S. 23.

831 *Höllig*, Schriftenreihe Der Betrieb, Nr. 7 Das Steueränderungsgesetz 1961 S. 19.

2. Erstattungsverzinsung

Neben der Änderung der Säumniszuschläge wurde von der Literatur und den Steuerreferenten der Länder vorgeschlagen und von der SPD beantragt, die Erstattungsverzinsung wieder einzuführen.[832] Sie sei das konsequente Gegenstück zur Säumnisverzinsung.[833] Dieser Argumentation folgte der Gesetzgeber jedoch nicht, da die Säumnisverzinsung nur bei fälligen Forderungen Anwendung findet. Die Erstattungsverzinsung kennzeichnet hingegen, dass sie mit der Steuerzahlung eintritt.[834] Das Gegenstück der Erstattungsverzinsung ist demnach die Nachzahlungsverzinsung. Das entsprechende Pendant zur Säumnisverzinsung wäre stattdessen eine Verzinsung bei Säumnis des Fiskus – etwa für den denkbaren Fall, dass dieser eine Erstattung nicht rechtzeitig leistet.[835] Dies ist zwar, wie von Vertretern der Finanzverwaltung vorgetragen wird, vornehmlich ein theoretisches Problem.[836] Gleichwohl spricht allein die Seltenheit der Fälle nicht dagegen, für solche Situationen ein konsistentes Recht zu schaffen. Teilweise wurde auch auf die Möglichkeit hingewiesen, dass durch Anpassungen der Vorauszahlungen Erstattungsfälle weitgehend vermieden werden könnten und deswegen der umsichtige Zensit schon gar nicht in eine nachteilige Situation geraten kann.[837] Die Erstattungsverzinsung sollte letztlich durch das Steueränderungsgesetz nicht mehr streng ausgeschlossen bleiben, wie es bis dato in § 12 StSäumG 1934 vorgesehen war. Stattdessen verwies der Gesetzgeber die Einführung einer Erstattungsverzinsung an die jeweiligen Einzelgesetze. § 4 2. Var. StSäumG 1961 stellte klar, dass in diesen eine Erstattungsverzinsung für einzelne Steuern angeordnet werden konnte.

---

832 Umdruck 681 vom 28.06.1960 = Anlage 7 zum Protokoll der 123. Sitzung des Bundestages vom 01.07.1960 S. 7155; *Höllig*, Schriftenreihe Der Betrieb, Nr. 7 Das Steueränderungsgesetz 1961 S. 19; Kritik der Steuerreferenten der Länder = BB 1952, 766 (766) Information Nr. 1643.

833 *Höllig*, Schriftenreihe Der Betrieb, Nr. 7 Das Steueränderungsgesetz 1961 S. 19.

834 *Höllig*, Schriftenreihe Der Betrieb, Nr. 7 Das Steueränderungsgesetz 1961 S. 19.

835 Begründung zum ersten Entwurf eines Steueränderungsgesetzes 1961 vom 04.03.1961 = BT-Drucksache 3/2573 S. 35; *Höllig*, Schriftenreihe Der Betrieb, Nr. 7 Das Steueränderungsgesetz 1961 S. 19.

836 Begründung zum ersten Entwurf eines Steueränderungsgesetzes 1961 vom 04.03.1961 = BT-Drucksache 3/2573 S. 35; *Höllig*, Schriftenreihe Der Betrieb, Nr. 7 Das Steueränderungsgesetz 1961 S. 19.

837 *Höllig*, Schriftenreihe Der Betrieb, Nr. 7 Das Steueränderungsgesetz 1961 S. 19.

3. Keine Nachzahlungsverzinsung / Vollverzinsung

Der Entschließungsantrag der SPD-Fraktion beschränkte sich nicht nur auf die Einführung einer Erstattungsverzinsung.[838] Stattdessen führte er aus, es seien *„sowohl bei nachzahlenden wie bei zu erstattenden Steuerbeträgen Zinsen zu berechnen"*[839]. Damit wäre es zu einer Vollverzinsung gekommen. Sowohl die Nachzahlungsverzinsung, als auch eine umfassende Erstattungsverzinsung hätte jedoch ohne maschinelle Unterstützung erhoben werden müssen. Die technische Entwicklung war noch nicht ausreichend fortgeschritten, um ein automatisiertes Verwaltungsverfahren durchzuführen.[840] In der Folge wäre mit der Einführung einer Vollverzinsung ein erheblicher Aufwand durch Zinsberechnungen entstanden.[841] Der Antrag wurde daher nicht grundsätzlich abgelehnt. Jedoch sollte auf Grund der Erfahrungen die zur Aufhebung der Verzinsungen 1934 geführt hatten, eine Umsetzung der Vollverzinsung erst erfolgen, wenn die Finanzverwaltung ausreichend Erfahrung mit automatischen Maschinen gemacht habe und auf eine Selbstveranlagung umgestellt worden sei.[842]

4. Prozessverzinsung

Da die Einführung einer Vollverzinsung ohne die Unterstützung automatischer Datenverarbeitung auf Grund des erwarteten Verwaltungsaufwandes abgelehnt wurde, ihr jedoch kein grundsätzlicher Widerspruch entgegenstand, entschied sich der Gesetzgeber, zur Vermeidung besonderer Beeinträchtigungen eine Prozessverzinsung einzuführen.[843] Nach dem Vorbild des § 291 BGB sollten Forderungen aus dem Steuerschuldverhältnis ab Rechtshängigkeit verzinst werden.[844]

---

838 Umdruck 681 vom 28.06.1960 = Anlage 7 zum Protokoll der 123. Sitzung des Bundestages vom 01.07.1960 S. 7155; Schriftlicher Bericht des Finanzausschusses zum StSäumG vom 27.04.1961 = BT-Drucksache 3/(zu) 2706 S. 10 f.; *Höllig*, Schriftenreihe Der Betrieb, Nr. 7 Das Steueränderungsgesetz 1961 S. 19.

839 Umdruck 681 vom 28.06.1960 = Anlage 7 zum Protokoll der 123. Sitzung des Bundestages vom 01.07.1960 S. 7155.

840 *Koch*, DStZ 1961, 194 (196); Teske, Steueränderungsgesetz 1961 S. 53.

841 *Koch*, DStZ 1961, 194 (196).

842 Schriftlicher Bericht des Finanzausschusses zum StSäumG vom 27.04.1961 = BT-Drucksache 3/(zu) 2706 S. 11; *Höllig*, Schriftenreihe Der Betrieb, Nr. 7 Das Steueränderungsgesetz 1961 S. 19; Becker/Riewald, Reichsabgabenordnung 9. Aufl. vor § 1 StSäumG Anm. 9.

843 Begründung zum ersten Entwurf eines Steueränderungsgesetzes 1961 vom 04.03.1961 = BT-Drucksache 3/2573 S. 33, 37.

844 Tipke/*Kruse*, Reichsabgabenordnung 1. Aufl. § 155 Anm. 1 S. 451; Becker/Riewald, Reichsabgabenordnung 9. Aufl. § 155 RAO Anm. 1.

Dazu sah § 155 RAO 1961 eine Verzinsung vor, soweit in Folge eines gerichtlichen Entscheides oder durch Berichtigungsbescheid eine Erstattung der festgesetzten Steuerschuld erfolgte. Als Gegenstück dazu sollte § 251a RAO 1961 eine Verzinsung von Steuerschulden erfolgen, deren Vollstreckung nach § 251 RAO 1961 ausgesetzt worden war und gegen die Rechtsmittel endgültig keinen Erfolg hatten.[845]

Soweit Kruse ausführt: „"*Das RInstitut* (Rechtsinstitut) *der Prozesszinsen war bisher dem Steuerrecht unbekannt, vgl. BFH BStBl 59, 287.*"[846] Dies bezieht sich jedoch lediglich auf die Nachkriegszeit. U.a. im Rahmen des Preußischen Stempelsteuergesetzes von 1924 fand beispielsweise noch bis in die 1930er die Prozessverzinsung des § 291 BGB 1900 Anwendung.[847]

Die Prozessverzinsung zu Gunsten des Steuerpflichtigen (§ 155 RAO 1961) stellt ihrer Begründung nach einen Ausgleich für besondere Härten da und ist folglich als Schadenersatz konzipiert.[848] Sie sollte den Zinsverlust des Steuerpflichtigen kompensieren. Entsprechend wurde in § 155 Abs. 2 RAO 1961 das Verschuldensprinzip berücksichtigt. Demnach stand dem Steuerpflichtigen dann kein Schadenersatz zu, wenn die Herabsetzung auf Tatsachen der Steuern beruht, die der Steuerpflichtige früher geltend hätte machen können. Das Pendant dieser Verzinsung, die Verzinsung zu Gunsten des Fiskus (§ 251a RAO 1961), löste sich hingegen vom Vorbild der zivilrechtlichen Prozessverzinsung. Sie war anders als die Verzinsung in § 291 BGB kein besonderer Fall des Verzugsschadenersatzes, sondern eine Herausgabe der Bereicherung.[849] Ihrer Begründung nach sollte sie verhindern, dass die Aussetzungen der Vollziehungen durch das Einlegen nicht erfolgsversprechender Rechtsbehelfe von den Steuerpflichtigen ausgenutzt wird, um Zinsvorteile zu generieren.[850]

845 Begründung zum ersten Entwurf eines Steueränderungsgesetzes 1961 vom 04.03.1961 = BT-Drucksache 3/2573 S. 33, 37; Becker/Riewald, Reichsabgabenordnung 9. Aufl. § 155 Anm.; *Freckel*, BB 1967, 1465 (1465); *Höllig*, Schriftenreihe Der Betrieb, Nr. 7 Das Steueränderungsgesetz 1961 S. 21; *Sudau*/Lammerding/Brauel, Abgabenordnung und Finanzgerichtsordnung 6. Aufl. S. 169.

846 Tipke/*Kruse*, Reichsabgabenordnung 1. Aufl. § 155 Anm. 1 S. 451; ebenso: Hübschmann/Hepp/Spitaler/*Von Wallis*, Abgabenordnung Lfg. 81 StSäumG § 4 b Anm. 1.

847 Skaupy, Bereicherung im öffentlichen Recht S. 86: Fn. 9 S. 97 f.

848 Begründung zum ersten Entwurf eines Steueränderungsgesetzes 1961 vom 04.03.1961 = BT-Drucksache 3/2573 S. 36, 37; Freiherr von Canstein, Erstattungsanspruch im Steuerrecht S. 135.

849 A.A. *Koch*, DStZ 1961, 194 (201). Er sieht beides als Form des Schadensersatzes für erlittene Zinsverluste.

850 Begründung zum ersten Entwurf eines Steueränderungsgesetzes 1961 vom 04.03.1961 = BT-Drucksache 3/2573 S. 37.

5. Stundungsverzinsung

Durch das Steueränderungsgesetz vom 04.03.1961 wurde die bis dato in § 10 Abs. 1 des Steuersäumnisgesetzes 1934 und § 20 Abs. 2 S. 1 des Steueranpassungsgesetzes 1934 geregelte Stundungsverzinsung in § 127a AO 1961 überführt. Sie stand damit – wie bereits bei Begründung der Reichsabgabenordnung 1919 – in unmittelbarer Nähe der Regelung zur Stundung (§ 127 AO 1961). Diese optische Nähe wurde besonders unterstrichen, indem statt der Belegung des seit 1936 ungenutzten § 128 der § 127a gewählt wurde.[851] Materielle Änderungen der Stundungsverzinsung brachte das Steueränderungsgesetz hingegen nicht.[852] Lediglich der Zinssatz konnte nicht mehr nach freiem Ermessen der Verwaltung bestimmt werden. Er wurde durch den Verweis auf § 5 des Steuersäumnisgesetzes auf 0,5 % fixiert. Durch den einheitlichen Zinssatz wurde die Nutzung der Lochkartentechnologie ermöglicht und der Verwaltungsaufwand weiter reduziert. Die Stundung der Einkommensteuer, der Körperschaftsteuer, der Vermögensteuer, der Umsatzsteuer, der Grundsteuer und der Gewerbesteuer blieb derweil unverzinst, um eine zu starke Belastung der Verwaltung zu vermeiden.[853] Selbst bei Rechtshängigkeit kam es nur dann zu einer Verzinsung, wenn die Stundung aufgehoben und die Beitreibung des Steueranspruches ausgesetzt worden war.

6. Hinterlegungsverzinsung

Eine allgemeine Verzinsung von Hinterlegungen, wie sie § 119 Abs. 2 RAO 1919 noch bis 1934 vorsah, wurde nicht wieder eingeführt.[854] Stattdessen wurde auf Bestreben des Finanzausschusses beschlossen, § 4 des StSäumG so zu ändern, dass die Möglichkeit besteht, in den Steuergesetzen eine Verzinsung hinterlegter Gelder anzuordnen.[855] Im vorherigen Entwurf schwieg § 4 zur Hinterlegungsverzinsung. Rechtlich hätte dies Schweigen jedoch keine Änderung bedeutet, da

---

851 Tipke/*Kruse*, Reichsabgabenordnung 1. Aufl. § 127a S. 361.

852 Begründung zum ersten Entwurf eines Steueränderungsgesetzes 1961 vom 04.03.1961 = BT-Drucksache 3/2573 S. 36; Seer/Klemke, Neuordnung der Verzinsung von Ansprüchen aus dem Steuerschuldverhältnis S. 16 f.; Tipke/*Kruse*, Reichsabgabenordnung 1. Aufl. § 127a S. 361; *Koch*, DStZ 1961, 194 (200).

853 Unterrichtung des Vermittlungsausschusses durch den Bundesrat vom 19.12.1975 = BT-Drucksache 7/4495 S. 3; Riewald bezeichnete diese Beschränkung der Stundungsverzinsung als Willkür (Becker/Riewald, Reichsabgabenordnung 9. Aufl. § 127a Anm. 1).

854 Becker/Riewald, Reichsabgabenordnung 9. Aufl. § 139 Anm. 1, § 4 StSäumG Anm. 1.

855 Schriftlicher Bericht des Finanzausschusses zum StSäumG vom 27.04.1961 = BT-Drucksache 3/2706 S. 33.

dadurch weder die Hinterlegungsverzinsung angeordnet, noch ihre Einführung durch Einzelgesetze ausgeschlossen worden wäre. Die ausdrückliche Regelung in § 4 StSäumG verschaffte allerdings die Rechtssicherheit, dass ein entsprechender Anspruch nicht aus einem allgemeinen öffentlich-rechtlichen Erstattungsanspruch oder der Annahme eines Verwahrvertrages abgeleitet werden kann, sondern nur durch explizite Regelungen in den einzelnen Steuergesetzen.[856]

Die Beschränkung der Verzinsung hinterlegter Gelder auf Einzelgesetze war konsequent, da die Hinterlegung von Geld in ihrer praktischen Anwendung einer vorübergehenden Zahlung der Steuer entspricht und so für die Verzinsung ein Gleichlauf zwischen Steuererstattungen und Hinterlegungen erreicht wurde.

7. Zinssätze

a) Säumnisverzinsung

Auf den ersten Blick scheint es, als habe der Gesetzgeber lediglich den einmaligen erhöhten Säumniszuschlag im ersten Monat der Säumnis abgeschafft, um die Ungleichbehandlung für kurze Säumnisse zu beseitigen. Als habe er, ohne sich (erneut) mit der Höhe des Zinssatzes auseinanderzusetzen, schlicht den Zinssatz für die Zeit ab dem zweiten Monat auch in den ersten Monat der Säumnis übertragen. Die Begründung des Entwurfes des Steueränderungsgesetz 1961 zeigt jedoch, dass der Gesetzgeber die Höhe der Säumnisverzinsung bewusst beibehalten hat. Ausweislich der Begründung des Entwurfes sollte der Zinssatz mindestens dem Anspruch genügen, höher zu sein, als der Zinssatz von Kontoüberziehungen.[857] Zwar bestände sein Zweck *„nicht darin, dem Steuergläubiger eine wirtschaftliche Entschädigung für die Vorenthaltung des ihm zu einem bestimmten Zeitpunkt zustehenden Steuerbetrags zu gewähren. Bei der Bemessung der Höhe des Säumniszuschlages durfte jedoch die Höhe der Kreditkosten nicht außer acht gelassen werden, da der Säumniszuschlag, wenn auch nicht in unmittelbarem, so doch in mittelbarem Zusammenhang mit diesen Kosten steht. Der Säumniszuschlag darf nicht unter den Kosten für Kredite liegen, sonst besteht die Gefahr, daß die Steuerpflichtigen, statt Kredite aufzunehmen, die Steuerzahlungen hinausschieben, weil diese Art der Finanzierung billiger wäre…“*.[858] Zur Konkretisie-

---

856 BFH vom 31.10.1974 – IV R 160/69 = BeckRS 1974, 22002897.

857 Begründung zum ersten Entwurf eines Steueränderungsgesetzes 1961 vom 04.03.1961 = BT-Drucksache 3/2573 S. 33 zu Art. 11 Allgemeines Nr. 1; Teske, Steueränderungsgesetz 1961 S. 34; *Höllig*, Schriftenreihe Der Betrieb, Nr. 7 Das Steueränderungsgesetz 1961 S. 19.

858 Begründung zum ersten Entwurf eines Steueränderungsgesetzes 1961 vom 04.03.1961 = BT-Drucksache 3/2573 S. 33 zu Art. 11 Allgemeines Nr. 1; Teske, Steueränderungsgesetz 1961 S. 34.

rung des Überziehungszinses verweist die Begründung auf den Monatsbericht der Bundesbank vom Oktober 1960. Darin wurde für das dritte Quartal des Jahres 1960 in zehn von elf Bundesländern ein Kontoüberziehungszins von 11 % und in Bayern ein Kontoüberziehungszins von 12 % als amtlicher Höchstsatz ausgewiesen, der jeweils nur in Ausnahmefällen überschritten werden durfte.[859] Die in der Begründung formulierte Bedingung, dass der Säumniszinssatz den Überziehungszins übertreffen muss, wurde damit nur denkbar knapp erreicht. In Bayern wurde der Überziehungszins sogar nur exakt erreicht und nicht übertroffen. Da die Begründung zudem nur auf den zur damaligen Zeit aktuellen Monatsbericht der Bundesbank verwies und der Gesetzgeber weder die Entwicklung der vorherigen Zeiträume aufgriff, noch eine Prognose für die Zukunft auswies, ist es möglich, dass der Gesetzgeber beabsichtigte, den Zinssatz einer regelmäßigen Überprüfung zu unterziehen.

Es ist jedoch auch möglich, dass eine Berücksichtigung der Entwicklung der vergangenen Jahre erfolgte, sie jedoch nur nicht in der Begründung erwähnt wurde. Gleiches gilt für gesetzgeberische Erwägungen über die zukünftige Entwicklung des Zinsniveaus. Denn die Höchstgrenze der Überziehungskredite erreichte in den meisten Bundesländern seit der Nachkriegszeit keinen Zinssatz von mehr als 12 %.[860] Auch der lineare Trend wies eine fallende Tendenz auf.[861] Zudem schwankte die Höchstgrenze über die Jahre gesehen verhältnismäßig gering. Sie wich vom Mittelwert von 10,21 % maximal 1,79 Prozentpunkte ab.[862] Der Gesetzgeber durfte demnach durchaus annehmen, dass seine selbst definierte Bedingung – die Überschreitung der Verzinsung von Überziehungskrediten – trotz ihrer nur sehr knappen Erfüllungen im Jahr der Gesetzgebung auch weiterhin Bestand haben würde. Dafür spricht auch, dass die neu eingeführte Lochkartentechnologie einen Zinssatz erforderte, der möglichst langanhaltend konstant blieb. Schon die Aufgabe des einmaligen erhöhten Zuschlages im ersten Monat erfolgte zur Ermöglichung einer Nutzung dieser Technik.[863] Regelmäßige, gar unterjährige Anpassungen hätten eine Automatisierung der Berechnungen behindert.

Der zwölfprozentige Zinssatz hat jedoch nicht nur den Vorteil, dass erwartet werden durfte, dass er die Verzinsung von Überziehungskrediten übertraf.

---

859 Deutsche Bundesbank, Monatsbericht Oktober 1960 S. 98 f.

860 Vgl. Abbildung 12: Höchstgrenzen für Überziehungskredite nach dem Sollzinsgesetz 1948–1960 S. 190.

861 Vgl. Abbildung 12: Höchstgrenzen für Überziehungskredite nach dem Sollzinsgesetz 1948–1960 S. 190.

862 Vgl. Abbildung 12: Höchstgrenzen für Überziehungskredite nach dem Sollzinsgesetz 1948–1960 S. 190.

863 *Höllig*, Schriftenreihe Der Betrieb, Nr. 7 Das Steueränderungsgesetz 1961 S. 19.

Er weist auch den Vorteil einer einfachen Rechenbarkeit auf. Für jeden Monat bedeutet er exakt ein Prozent Zinsen. Ein dreizehnprozentiger Jahreszins hätte eine Multiplikation der säumigen Steuerschuld mit $\frac{13}{12}$ bedeutet oder $1{,}08\overline{3}$ % pro Monat bedeutet, ein vierzehnprozentiger Jahreszins mit $\frac{7}{6}$ oder $1{,}1\overline{6}$ % pro Monat. Die zur Erleichterung der Berechnungen eingeführte Abrundung der Zinsbasis auf volle hundert Deutsche Mark in § 2 StSäumG wäre durch diese ungeraden Zinssätze ad absurdum geführt worden. Erst eine Erhöhung der Säumnisverzinsung auf 15 %, 18 % oder gar auf 24 % hätte eine vergleichbar praktikable Berechnung ermöglicht und Ergebnisse mit Nachkommastellen vermieden. Damit wäre die Säumnisverzinsung jedoch mindestens knapp 50 % (fast 5 Prozentpunkte) höher als der durchschnittliche höchste erlaubte Überziehungskreditzins der Nachkriegszeit (10,21 %) ausgefallen.

Dem Gesetzgeber wurde folglich der glückliche Umstand zuteil, dass sowohl die Bedingung der praktischen Handhabbarkeit als auch die der zu erwartenden Entwicklung der Höchstgrenze für Überziehungskredite durch einen zwölfprozentigen Zinssatz erfüllbar waren.

Abbildung 12: Höchstgrenzen für Überziehungskredite nach dem Sollzinsgesetz 1948–1960

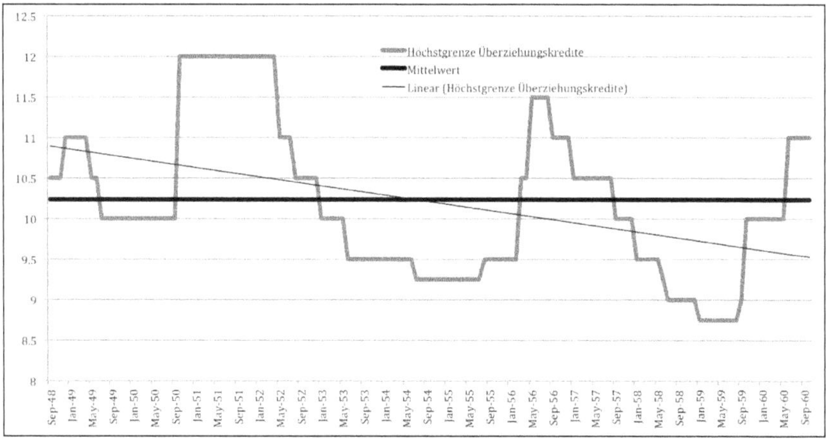

Die Abbildung zeigt die Höchstgrenzen für Überziehungskredite in Hessen (y-Achse [in %]) in den Jahren 1948 bis 1960 sowie die durchschnittliche Höchstgrenze der Jahre 1948 bis 1960 und die durchschnittliche Steigung der Höchstgrenzen. Die meisten Bundesländer wiesen zur jeweiligen Zeit identische oder nur leicht abweichende Höchstgrenzen auf.

Quellen: Monatsbericht der Deutschen Bundesbank für den Februar 1967 S. 75.

b) *Zinsen i.S.d. § 5 Abs. 1 StSäumG*

§ 5 Abs. 1 des Steuersäumnisgesetzes von 1961 sah – neben dem Säumniszuschlag / -zinssatz – erstmals seit dem Steueranpassungsgesetz von 16.10.1934 wieder einen gesetzlichen Zinssatz für das Steuerschuldrecht vor. Dieser sollte monatlich jeweils zu einem Zwölftel (12 * 0,5 %) verwirkt sein. Damit wählte der Gesetzgeber den gleichen Zinssatz, der schon zuvor von der Steuerverwaltung angewandt wurde.

Leider sind die Beweggründe des Gesetzgebers, die dazu führten, eine Zinshöhe von 0.5 % zu wählen, nicht überliefert. Insbesondere benennt das Material zur Gesetzgebung des Steueränderungsgesetzes 1961 keinen konkreten Bezugspunkt für die Zinshöhe. Bekannt ist lediglich, dass der Gesetzgeber im Rahmen des Steueränderungsgesetzes sehr darauf bedacht war, den Verwaltungsaufwand möglichst gering zu halten. Aus diesem Grund wurden bei der Stundungsverzinsung die großen Steuern ausgeklammert, die Einführung einer Vollverzinsung aufgeschoben und die Verzinsung lediglich auf Monatsbasis und nicht wochen- oder gar tagesgenau festgesetzt. Dementsprechend musste auch der Zinssatz so gewählt werden, dass er in seiner praktischen Anwendung nicht zu einem zu großen Aufwand führte.[864] Dem genügte der gewählte sechsprozentige Jahreszins, da er sich einfach in zwölf monatliche Teile zerlegen ließ.[865]

Die Wahl einer sechsprozentigen Verzinsung hatte jedoch nicht nur praktische Vorteile bei der Berechnung der Zinsverbindlichkeiten.[866] Sie entsprach auch dem seinerzeitigen Zinsniveau. Bei der Bestimmung des Zinsniveaus der Säumnisverzinsung knüpfte der Gesetzgeber an die amtliche Höchstgrenze der Überziehungsverzinsung vom Herbst 1960 an. Ebenfalls im Herbst 1960, am 11.11.1960, wurde der Diskontsatz bei 4 % festgesetzt.[867] Damit erreichte er exakt die gleiche Höhe wie in der ersten Hälfte des Jahres 1953, als der Bundesminister der Finanzen erstmalig in einem Erlass eine Stundungsverzinsung in Höhe von ebenfalls 6 % zum Regelfall erklärte.[868] Der Gesetzgeber könnte folglich das bereits für die Stundungsverzinsung etablierte Zinsniveau übernommen haben.

---

864 Begründung zum ersten Entwurf eines Steueränderungsgesetzes 1961 vom 04.03.1961 = BT-Drucksache 3/2573 S. 35.

865 Vgl. B.IV.2.a) Praktikabilität S. 173.

866 A. A.: BFH vom 19.03.1997 – I R 7/96 = DStR 1997, 965 (Der BFH sieht lediglich praktische Erwägungen als Grund der Wahl des Zinssatzes).

867 Morawietz, Deutsche Aktien seit 1870 S. 294 Anhang 1.

868 Nachschlagekartei zu den Lastenausgleichsabgaben, Karte 5 zu § 203 Abs. 1 LAG; Deutsche Bundesbank, Monatsbericht Februar 1967 S. 75.

Im Unterschied zum Erlass des Bundesministers 1953 sollte der Zinssatz in § 5 Abs. 1 StSäumG 1961 jedoch nicht ausschließlich die Stundungsverzinsung erfassen, sondern – abgesehen von der Säumnis – alle Verzinsungen des Steuerschuldrechtes. Der Zinssatz galt dementsprechend sowohl für die Verzinsung von Forderungen des Fiskus gegen den Steuerschuldner, als auch für die Verzinsung von Forderungen des Steuerschuldners gegen den Fiskus. Es ist daher ebenfalls möglich, dass sich der Gesetzgeber bei der Bemessung des Zinssatzes an den gleichen Maßstäben orientierte, wie bei den ersten Verzinsungen im Steuerschuldrecht und der daran anknüpfenden Reichsabgabenordnung 1919: den durchschnittlichen Erträgen sicherer Anleihen. Der durchschnittliche Ertrag sicherer Anleihen lag zwischen 1880 und 1913 stets zwischen 3,36 % und 4,09 %.[869] In der Folge betrugen die Zinssätze des Bürgerlichen Gesetzbuches und der ersten steuerrechtlichen Zinsnormen 4 %. 1914 stieg der durchschnittliche Ertrag sprunghaft auf 5,06 % und dann sehr langsam weiter bis auf 5,11 % im Jahre 1918.[870] Das Kriegssteuergesetz 1916 und die Reichsabgabenordnung 1919 enthielten daraufhin eine fünfprozentige Verzinsung. In den fünf Jahren vor der Verabschiedung des Steueranpassungsgesetzes 1961 betrug der durchschnittliche Ertrag sicherer Anleihen 6,30 % und damit ca. einen Prozent mehr als zur Zeit der Entstehung der Reichsabgabenordnung.[871] Die Anhebung des Zinssatzes für Steuerschuldverhältnisse von 5 % auf nunmehr 6 % ging somit einher mit der Erhöhung der durchschnittlichen Erträge sicherer Anleihen.[872]

Der nur gut ein Jahr nach dem Steueränderungsgesetz 1961 in den Bundestag eingebrachte Entwurf einer Verzinsung für die Einkommen- und Gewerbesteuer deutet allerdings darauf hin, dass der Fokus des Gesetzgebers 1961 auf einer Anknüpfung an den Diskontsatz lag.[873] Die in diesem Entwurf von der SPD-Fraktion vorgeschlagene Verzinsung sollte ebenfalls sowohl zu Gunsten, als auch zu Lasten des Fiskus gehen. Zu diesem Zweck sollte sie ausdrücklich einen Zinssatz von zwei Prozentpunkten über dem Diskontsatz besitzen. Abweichend von der Verzinsung in § 5 Abs. 1 des Steuersäumnisgesetzes von 1961 sollte der Zinssatz jedoch nicht

869 Vgl. Abbildung 6: Durchschnittlicher Zinsertrag sicherer Anleihen 1881–1915 S. 131.

870 Vgl. Abbildung 7: Entwicklung der Zinssätze 1909–1918 S. 132.

871 Homer, A history of interest rates 4. Aufl. S. 507 f.

872 Vgl. Abbildung 13: Erträge sicherer Anleihen im Vergleich: 1914–1918 und 1956–1960 S. 193.

873 Entwurf eines Gesetzes zur Änderung des Einkommensteuergesetzes und des Gewerbesteuergesetzes vom 08.11.1962 = BT-Drucksache 4/722 S. 1.

einmalig durch den Gesetzgeber festgeschrieben werden. Stattdessen sollte er jeweils zum Beginn eines neuen Jahres bemessen werden und für ein Jahr gelten.

Abbildung 13: Erträge sicherer Anleihen im Vergleich: 1914–1918 und 1956–1960

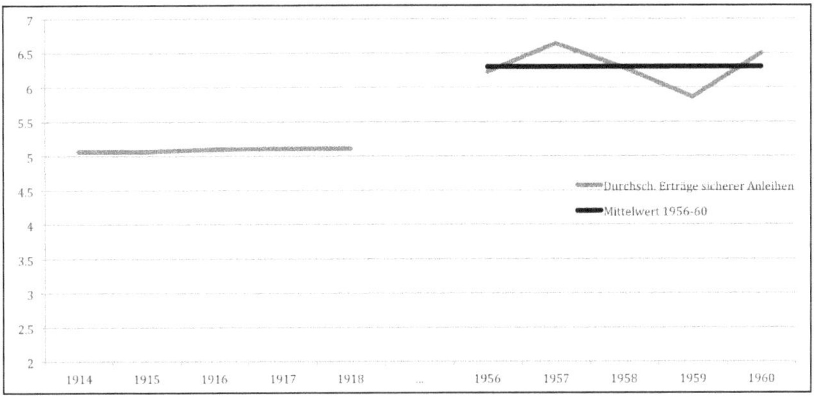

Die Abbildung zeigt die Höhe (y-Achse [in %]) der durchschnittlichen Ertrages sicherer Anleihen (x-Achse [in Jahren]) im Deutschen Reich in den Jahren von 1914 bis 1918 und in der Bundesrepublik in den Jahren von 1956–1960 sowie den durchschnittlichen jährlichen Ertrag sicherer Anleihen im Zeitraum von 1956 bis 1960.

Quelle: Anleihen (Computed Average of High Grade Bond Yields): Homer, A history of interest rates 4. Aufl. S. 507 f.

8. Fazit

Nachdem die Verzinsung des Steuerschuldrechtes im Jahr 1934 weitgehend ausgeschlossen worden war, um die Verwaltung zu entlasten,[874] legte das Steueränderungsgesetz den Grundstein für die Rückkehr zu einem ganzheitlichen Verzinsungssystem. Dabei wurden die Bestrebungen, ein Mehr an Gerechtigkeit zu schaffen und die Gleichmäßigkeit der Steuerzahlungen zu sichern, stets in Relation zu dem dafür notwendigen Aufwand für die Verwaltung gesetzt.[875] Der Gesetzgeber sah sich noch nicht in der Lage, eine so weitreichende Verzinsung umzusetzen, wie sie bereits erdacht und von ihm für gut befunden worden war.[876] Durch die Schaffung der grundsätzlichen Möglichkeit in Einzelgesetzen auch die Erstattungs-, Vergütungs-, und Hinterlegungsverzinsung

874 *Weber,* DStR 1969, 72 (73).

875 *Koch,* DStZ 1961, 194 (195).

876 Begründung zum ersten Entwurf eines Steueränderungsgesetzes 1961 vom 04.03.1961 = BT-Drucksache 3/2573 S. 35.

wieder einzuführen, hat der Gesetzgeber riskiert, die Einheitlichkeit der Erhebungsverfahren der verschiedenen Steuern aufzugeben. Er konnte dadurch jedoch die Verzinsungen im Kleinen testen und die technischen Unterstützungen, wie etwa die Lochkartentechnik, erproben. Dementsprechend wurde nur die Möglichkeit geschaffen, in den Einzelgesetzen unabhängige Verzinsungen einzuführen. Das für ihre praktische Durchführung wesentliche Element, der Zinssatz, wurde jedoch in § 5 Abs. 1 StSäumG für alle Verzinsungen mit Ausnahme der Säumnisverzinsung vereinheitlicht. Abweichungen dazu waren nicht vorgesehen.

Die Umsetzung eines durch technische Hilfsmittel unterstützten Verwaltungsverfahrens nahm im Rahmen dieser Erprobungsphase eine große Bedeutung ein. Konkrete Ausführungen zur Wahl der Höhe des Zinses in § 5 Abs. 1 StSäumG – wie sie zur Höhe des Säumniszinses zu finden sind – sind hingegen nicht überliefert. Dies zeigt, dass die Wahl eines an einem bestimmten Marktzins überprüfbaren Zinses nicht das Hauptaugenmerk des Gesetzgebers war.[877] Viel mehr legt es nah, dass der Gesetzgeber, der in naher Zukunft weitere Überarbeitungen der Verzinsung bereits in Aussicht stellte, auch die Zinshöhe noch einmal evaluieren wollte und deshalb schlicht den bei der Verwaltung etablierten Zinssatz von 0,5 % pro Monat übernommen hat. Der Vergleich mit verschiedenen zeitimmanenten Zinssätzen zeigt jedoch, dass die Beibehaltung der von der Finanzverwaltung etablierten Zinshöhe auch durch das Zinsniveau des Finanzmarktes fundiert wurde. Die Renditen sicherer Anleihen – die bereits bei der Bestimmung des gesetzlichen Zinssatzes des Bürgerlichen Gesetzbuches eine wesentliche Rolle spielten und die auch bei den Verzinsungen im Steuerschuldrecht bis zur Zeit der Hyperinflation eine treffende Bezugsgröße darstellten – wiesen 1961 eine unverkennbare Nähe zum gewählten Zinssatz auf. Zudem entsprach die Zinshöhe weitgehend dem zuvor für die Stundungsverzinsung gebräuchlichen Maßstab eines Aufschlages von zwei Prozentpunkten auf den Diskontsatz.

Neu geschaffen und bereits zur allgemeinen Anwendung für alle Steuerschuldverhältnisse berufen wurden die Prozessverzinsungen bei Erstattungen und bei Aussetzungen der Vollziehung. Ein möglicher Grund für ihre unmittelbare Umsetzung ist – neben der vom Gesetzgeber explizit benannten Vermeidung besonderer Härten – dass die Prozessverzinsungen durch Gerichte im Zuge der

---

877 So auch der BFH, der die Praktikabilität und Verwaltungsvereinfachung als einzig maßgeblichen Grund der Wahl der Zinshöhe sieht (BFH vom 19.03.1997 – I R 7/96 = DStR 1997, 965; BFH vom 05.06.1996 – X R 234/93 = DStR 1996, 565; BFH vom 20.09.1995 – X R 86/94 = DStR 1996, 221).

Urteile festgestellt werden konnten und daher keine besondere Belastung für die Verwaltung aus ihnen erwuchs.[878]

Schon in den ersten sechs Jahren nach der Einführung der Prozessverzinsung wurde die Möglichkeit zur Aussetzung der Vollziehung von der Finanzverwaltung so weitreichend genutzt, dass die Prozessverzinsung zu Gunsten des Steuerpflichtigen kaum noch Anwendung fand.[879] Für den Steuerpflichtigen konnte dieses Verhalten der Finanzverwaltung positiv sein. Schon durch sichere Anleihen konnte der Steuerpflichtige Zinsgewinne generieren. Der Ertrag sicherer Anleihen stieg seit 1961 bis zur Mitte der 1970er kontinuierlich an und lag jeweils über den sechsprozentigen Zinsen, die für Aussetzungen zu entrichten waren. Konnte der Steuerschuldner zwischen 1961 und 1967 durch die Aussetzung eine Kontoüberziehung vermeiden, blieben ihm sogar regelmäßig zweistellige Zinsaufwendungen erspart.[880] Der Steuerschuldner der sich hingegen entschied, die durch die Aussetzung ersparten Mittel bei einer Bank anzulegen, erlitt Nachteile. Für Sichteinlagen erhielt er zwischen 1961 und 1967 selten mehr als 1 % Zinsen. Selbst für Einlagen mit mehrjähriger Laufzeit konnten zwischen 1961 und 1967 maximal 5,5 % Zinsen erwirtschaftet werden. Für den Bund war die Aussetzung lohnenswert. Er gab beispielsweise Anfang 1962 Schatzwechsel mit einer Laufzeit von 60 bis 90 Tagen schon zu einem Satz von 1,38 % aus.[881] Mit Ausnahme der zweijährigen Schatzanweisungen von Mai bis Dezember 1966 erreichte der Refinanzierungssatz des Bundes zwischen 1961 und 1967 nominell niemals 6 %.[882]

VI. Ergänzungen 1965 und 1975

Am 13.03.1963 ersuchte der Bundestag die deutsche Regierung, eine weitreichende Reform des Steuerschuldrechts anzugehen.[883] In der Folge erarbeitete

---

878 Begründung zum ersten Entwurf eines Steueränderungsgesetzes 1961 vom 04.03.1961 = BT-Drucksache 3/2573 S. 36, 37; Freiherr von Canstein, Erstattungsanspruch im Steuerrecht S. 135.

879 *Freckel*, BB 1967, 1465 (1465).

880 Deutsche Bundesbank, Monatsbericht Februar 1967 S. 75.

881 Deutsche Bundesbank, Monatsbericht Februar 1967 S. 72.

882 Deutsche Bundesbank, Monatsbericht Februar 1967 S. 72.

883 Koch/*Koch*, Abgabenordnung S. IX; Muthesius, Reform der Abgabenordnung S. 11; Entschließungsantrag = Schriftlicher Bericht des Finanzausschusses vom 20.02.1963 = BT-Drucksache 4/1005 B. 2. S. 4; Zustimmung des Bundestages = Protokoll 64. Sitzung des Bundestages vom 13.03.1963 S. 2973; Festsprache Möller zum 50. Jahrestag der Reichsabgabenordnung = BMF-Finanznachrichten 1969 Nr. 164 S. 18; Koch/*Koch*, Abgabenordnung S. IX.

eine eigens eingerichtete Kommission in den 1960er und 1970er Jahren zahlreiche Verbesserungs- und Änderungsvorschläge.[884] Bevor es im Jahr 1977 zu einer umfassenden Reform kommen sollte, konnten bereits einzelne Maßnahmen separat umgesetzt werden. Unter anderem wurden die prozessualen Normen aus der Reichsabgabenordnung herausgelöst und eine eigene Finanzgerichtsordnung geschaffen und eine umfassende Hinterziehungsverzinsung eingeführt.

1. Verschiebung der Normen zu den Prozesszinsen 1965 und 1975

Nachdem die Bundesregierung in der zweiten und dritten Wahlperiode jeweils erfolglos versucht hatte, ein Gesetz zur Neuordnung der Finanzverwaltung zu verabschieden, unternahm sie im Jahr 1963 einen dritten, erfolgreichen Anlauf.[885] Am 23.06.1965 verabschiedete der Bundestag die Finanzgerichtsordnung (FGO).[886] Sie sollte die große Bedeutung der Finanzgerichtsbarkeit betonen und die bisher in der Reichsabgabenordnung, dem Gesetz über den Bundesfinanzhof und dem Gesetz über Maßnahmen auf dem Gebiet der Finanzgerichtsbarkeit geregelten, verfahrensrechtlichen Normen in ein einheitliches, selbstständiges Gesetz überführen.[887] Auch die Prozessverzinsungen aus § 155 RAO 1961 und § 251a RAO 1961 wurden als § 111 (Erstattungsverzinsung) und § 112 (Aussetzungsverzinsung) in der Finanzgerichtsordnung neu abgefasst. Die Regelung der Prozessverzinsung im Rahmen einer Prozessordnung stellte in der Systematik des deutschen Rechtes ein Unikum dar.[888] Denn die Prozessverzinsung hat einen materiellen und keinen prozessualen Charakter.[889] Dementsprechend löste der Gesetzgeber sie bereits mit dem Steuerberatungsgesetz vom 24.06.1975 wieder

884 *Weber*, DStR 1969, 72 (73); Festsprache Möller zum 50. Jahrestag der Reichsabgabenordnung = BMF-Finanznachrichten 1969 Nr. 164 S. 19.

885 Entwurf eines Gesetzes zur Neuordnung der Finanzgerichtsbarkeit vom 28.09.1955 = BT-Drucksache 2/1716; Entwurf eines Gesetzes zur Neuordnung der Finanzgerichtsbarkeit vom 10.01.1958 = BT-Drucksache 3/127; Entwurf einer Finanzgerichtsordnung (FGO) vom 02.08.1963 = BT-Drucksache 4/1446; Schriftlicher Bericht des Rechtsausschusses zum von der Bundesregierung eingebrachten Entwurf einer Finanzgerichtsordnung (FGO) vom 14.06.1965 = BT-Drucksache 4/(zu) 3523 S. 1.

886 Protokoll 191. Sitzung des Bundestages vom 23.06.1965 S. 9610.

887 Begründung zum Entwurf einer Abgabenordnung 1974 vom 19.03.1971 = BT-Drucksache 6/1982 S. 93; Rademacher, Reichsabgabenordnung Einführung S. 10.

888 Ule, Entwurf eines Verwaltungsgerichtsgesetzes S. 406.

889 BFH vom 24.07.1979 – III R 67/76 = DStR 1979, 660 (660); Ziemer/Birkholz Finanzgerichtsordnung 3. Aufl. Bemerkungen zu den entfallenen §§ 111 und 112 S. 723; *Freckel*, BB 1967, 1465 (1465).

aus der Finanzgerichtsordnung heraus und übertrug sie als § 4b (Erstattungsverzinsung) und § 4c (Aussetzungsverzinsung) in das Steuersäumnisgesetz.[890] Damit beherbergte das Steuersäumnisgesetz ab dem Jahr 1975 bis auf die Stundungsverzinsung in § 127a RAO 1961 alle allgemeinen steuerschuldrechtlichen Verzinsungsnormen. Dies vereinfachte die Anwendung, da durch die Verweisungen auf den Zinssatz in § 5 StSäumG 1961 ohnehin stets Rückgriff auf das Steuersäumnisgesetz genommen werden musste.[891]

Im Rahmen der Gesetzänderungen in den Jahren 1965 und 1975 im Wesentlichen sprachliche Veränderungen der Normen vorgenommen.[892] Inhaltlich wurde lediglich eine Möglichkeit ausgeschlossen, die Prozesszinsen zu umgehen. Zuvor setzten § 251a RAO 1961 und § 112 Abs. 1 FGO 1965 voraus, dass eine rechtskräftige Entscheidung vorlag.[893] Dies ermöglichte es dem Steuerschuldner, eine Zinsverpflichtung auszuschließen, indem er die Klage rechtzeitig zurücknahm oder eine außergerichtliche Einigung erreichte.[894] Nunmehr erfasste der Tatbestand des § 4c StSäumG 1975 auch die Klagerücknahme und außergerichtliche Einigungen.

2. Einführung von Hinterziehungszinsen 1965

Mit dem Steueränderungsgesetz vom 04.05.1965 führte der Gesetzgeber die Hinterziehungsverzinsung für vorsätzlich hinterzogene Steuern in § 4a StSäumG ein. Fahrlässig und leichtfertig verkürzte Steuern waren von der Verzinsung nicht erfasst. Die Hinterziehungsverzinsung war im deutschen Steuerrecht nicht neu.[895]

890 Erdmann Freckel sieht sie gleichwohl auf Grund ihres Sachzusammenhanges in der FGO richtig verortet (*Freckel*, BB 1967, 1465 [1465] Fn. 11).

891 Ule, Entwurf eines Verwaltungsgerichtsgesetzes S. 406.

892 Barske/Woerner, Finanzgerichtsordnung S. 144; Ziemer/Birkholz Finanzgerichtsordnung 3. Aufl. Bemerkungen zu den entfallenen §§ 111 und 112 S. 723. Die Grundlage der Verzinsung wurde beispielsweise zunächst „Steuerschuld" dann „Abgabenschuld" später „Steuer" genannt.

893 *Sudau*/Lammerding/Brauel, Abgabenordnung und Finanzgerichtsordnung 2. Aufl. S. 148.

894 Ziemer/Birkholz Finanzgerichtsordnung 2. Aufl.§ 112 Rn. 7a S. 679;

895 Erdmann Freckel sieht in der Einführung der Hinterziehungsverzinsung ein *„neues steuerliches Rechtsinstitut"* zur Finanzierung von kostspieligen Wahlkampfgeschenken (*Freckel*, BB 1967, 1465 [1469]). Das Rechtsinstitut war jedoch weder neu, noch stammt die Initiative zu seiner Reaktivierung von der im Jahr 1965 frisch gewählten, fünften deutschen Bundesregierung. Das Gesetzesvorhaben wurde bereits von der Vorgängerregierung auf den Weg gebracht. Gleichwohl eignete sich die Verzinsung zur Erhöhung der Einnahmen des Fiskus und damit zur Finanzierung von Wahlkampfversprechungen. Hätte der Gesetzgeber ausschließlich Wahlkampfgeschenke

Bereits Enno Becker sah in § 104 S. 2 RAO die Verzinsung von Steuerhinterziehungen ab dem Zeitpunkt ihrer hypothetischen Fälligkeit vor. 1934 war die Hinterziehungsverzinsung jedoch dem Antizinsparagraphen zum Opfer gefallen. Seitdem gab es lediglich eine Hinterziehungsverzinsung als Rückausnahme von der Anordnung, auf Säumniszinsen zu verzichten, soweit noch kein Nachforderungsbescheid ergangen war. Sie erfasste jedoch nur Fälligkeitssteuern.

Mit der erweiterten Hinterziehungsverzinsung bezweckte der Gesetzgeber, den durch die Straftat gewonnenen Gewinn des Steuerhinterziehers abzuschöpfen.[896] Zwar konnte durch § 27 c Abs. 2 StGB 1965[897] auch bereits zuvor ein durch die Hinterziehung erzielter Gewinn abgeschöpft und an den Fiskus ausgekehrt werden.[898] Der nunmehr eingeführte Hinterziehungszins pauschalisierte diesen Gewinn jedoch. Auch der Hinterziehende der keine Nutzungen gezogen hatte oder dem Nutzungen nicht nachweisbar waren, hatte nunmehr Zinsen zu entrichten. Zudem setzte § 27 c Abs. 2 StGB 1965 ein Strafverfahren voraus. Dieses konnte bei erfolgreichen Selbstanzeigen jedoch nicht durchgeführt werden.[899]

finanzieren wollen, wäre er besser beraten gewesen, die zuvor weit verbreiteten Zuschläge in Abhängigkeit des hinterzogenen Steuerbetrages wieder einzuführen. Diese sahen einen Strafzuschlag in Höhe eines Vielfachen des hinterzogenen Steuerbetrages vor und hätten damit die Einnahmen noch einmal deutlich erhöht (So schon in § 115 des Branntweinsteuergesetzes vom 15.07.1909, § 76 § 56 Wehrbeitragsgesetz 1913, Besitzsteuergesetz 1913, § 83 c Warenumsatzstempelgesetz vom 29.06.1916…).

896 Zweiter schriftlicher Bericht des Finanzausschusses zum Entwurf eines Steueränderungsgesetzes 1964 vom 19.03.1965 = BT-Drucksache 4/(zu) 3189 S. 12; Seer/Klemke, Neuordnung der Verzinsung von Ansprüchen aus dem Steuerschuldverhältnis S. 59; Tipke/Kruse/*Loose, Abgabenordnung* Lfg. 143 § 235 Rn. 1.

897 Seit dem zweiten Gesetz zur Reform des Strafrechtes vom 04.07.1969 in § 73 Abs. 2 S. 1 StGB.

898 Zweiter schriftlicher Bericht des Finanzausschusses zum Entwurf eines Steueränderungsgesetzes 1964 vom 19.03.1965 = BT-Drucksache 4/(zu) 3189 S. 12.

899 Begründung zum Entwurf einer Abgabenordnung 1974 vom 19.03.1971 = BT-Drucksache 6/1982 S. 172.

C. Die aktuelle Verzinsung im Steuerschuldverhältnis

I. Die Abgabenordnung 1977

Im Jahr 1977 kam es zu der größten Reform des allgemeinen Abgabenrechtes seit der Reichsabgabenordnung 1919. Durch sie entstand die heutige Abgabenordnung und mit ihr das wesentliche Gerüst der aktuellen Verzinsung im Steuerschuldrecht.[900] Das neue Gesetz firmierte erstmals nicht mehr unter der Bezeichnung „Reichsabgabenordnung". Stattdessen hieß es nunmehr nur noch schlicht „Abgabenordnung". Das im Jahr 1934 geschaffene Steuersäumnisgesetz ging in der neuen Abgabenordnung auf. Die §§ 233 ff. AO 1977 führten damit alle allgemeinen Verzinsungstatbestände des Steuerschuldrechtes in einem Gesetz zusammen.[901] Inhaltlich blieben die Veränderungen der Verzinsungstatbestände gering, da die Einführung einer Vollverzinsung zunächst zurückgestellt wurde.[902]

Tabelle 5: Nummerierung der Zins-Paragraphen vor und seit der AO 1977

Die folgende Tabelle zeigt eine Gegenüberstellung der Verzinsungs-Paragraphen vor der Abgabenordnung von 1977 und seit der Abgabenordnung von 1977.

Verzinsung	**Bis AO 1977**	**AO 1977**
Grundsatz der Verzinsung	§ 4 StSäumG	§ 233 AO
Stundungsverzinsung	§ 127a RAO	§ 234 AO
Hinterziehungsverzinsung	§ 4a StSäumG	§ 235 AO
Erstattungsverzinsung (Prozessverzinsung)	§ 4b StSäumG	§ 236 AO
Aussetzungsverzinsung (Prozessverzinsung)	§ 4c StSäumG	§ 237 AO
Höhe des Zinssatzes	§ 5 StSäumG	§ 238 AO
Säumnisverzinsung	§§ 1,2 StSäumG	§ 240 AO

900 Kühn, Abgabenordnung 12. Aufl. S. V.

901 Koch, DStZ 1976, 451 (452); Koch/*Höllig*, Abgabenordnung Vor § 233 Rn. 1 S. 1066.

902 Begründung zum Entwurf einer Abgabenordnung 1974 vom 19.03.1971 = BT-Drucksache 6/1982 S. 172; *App*, NJW 1995, 1529 (1530 fn.1); *Sebiger*, StKR 1973, 65 (66, 68 f.).

1. Entstehung der Abgabenordnung

Die Reichsabgabenordnung 1919 war im Nachgang des Ersten Weltkrieges in kürzester Zeit entstanden.[903] Dies führte zu zahlreichen systematischen und terminologischen Mängeln und erforderte die Auslegungen und Deutungen der Reichsabgabenordnung in unzähligen höchstrichterlichen Entscheidungen.[904] Daneben ergingen zur Reichsabgabenordnung bis 1963 insgesamt 39 Änderungsgesetze.[905] Hinzu kamen Ergänzungen, Konkretisierungen und Erweiterungen des allgemeinen Abgabenrechtes in einer Vielzahl von besonderen Gesetzen und Verordnungen, die neben die Reichsabgabenordnung getreten waren.[906] Zu Beginn der 1960er konnte die junge Bundesrepublik erstmals seit einem halben Jahrhundert auf eine längere Phase ohne große wirtschaftliche Turbulenzen zurückblicken. Konrad Adenauer war zum vierten Mal zum Kanzler gewählt worden, die Wirtschaft verzeichnete ein rasantes Wachstum und die Arbeitslosigkeit erreichte einen historischen Tiefstand.[907] Der Bundestag beschloss daher am 13.03.1963 die Regierung damit zu beauftragen, eine umfassende Reform der Abgabenordnung zu erarbeiten.[908] Ziel war es, die Mängel der Reichsabgabenordnung zu beseitigen und, dem ursprünglichen Zweck der Reichsabgabenordnung entsprechend, ein umfassendes Mantelgesetz zu schaffen, das alle wesentlichen Vorschriften des allgemeinen Steuerrechtes erfasst.[909]

---

903 A.I.4.a) Entstehung der Reichsabgabenordnung S. 89.

904 Festsprache Möller zum 50. Jahrestag der Reichsabgabenordnung = BMF-Finanznachrichten 1969 Nr. 164 S. 10; Tipke/Lang/*Seer*, Steuerrecht § 1 Rz. 53; Bundesministerium der Finanzen, Bericht des Arbeitskreises über die Reform der Reichsabgabenordnung – Heft 13 S. 14.

905 Becker/Riewald, Reichsabgabenordnung 9. Aufl. S. 3; Bundesministerium der Finanzen, Bericht des Arbeitskreises über die Reform der Reichsabgabenordnung – Heft 13 S. 12.

906 Bundesministerium der Finanzen, Bericht des Arbeitskreises über die Reform der Reichsabgabenordnung – Heft 13 S. 13; Muthesius, Reform der Abgabenordnung S. 9 f.; Becker/Riewald, Reichsabgabenordnung 9. Aufl. S. 3. Übersicht bei Krein, Die Reformvorschläge zur Abgabenordnung S. 11 f.; Begründung zum Entwurf einer Abgabenordnung 1974 vom 19.03.1971 = BT-Drucksache 6/1982 S. 92.

907 Booth, Entwicklung der Arbeitslosigkeit in Deutschland S. 2, 8.

908 Koch/*Koch*, Abgabenordnung S. IX; Muthesius, Reform der Abgabenordnung S. 11; Entschließungsantrag = Schriftlicher Bericht des Finanzausschusses vom 20.02.1963 = BT-Drucksache 4/1005 B. 2. S. 4; Zustimmung des Bundestages = Protokoll 64. Sitzung des Bundestages vom 13.03.1963 S. 2973; Festsprache Möller zum 50. Jahrestag der Reichsabgabenordnung = BMF-Finanznachrichten 1969 Nr. 164 S. 18; Koch/*Koch*, Abgabenordnung S. IX.

909 Entschließungsantrag = Schriftlicher Bericht des Finanzausschusses vom 20.02.1963 = BT-Drucksache 4/1005 B. 2. S. 4; Zustimmung des Bundestages = Protokoll 64. Sit-

Vorbereitet wurde die Reform von einem Arbeitskreis aus Experten, der im Jahr 1963 ernannt wurde und im Folgejahr begann, einen ersten Vorschlag für eine neue Abgabenordnung zu erstellen.[910] Nach knapp sechs Jahren konnte der Arbeitskreis der ersten sozialliberalen Regierung Willy Brandts die Ergebnisse ihrer Beratungen vorlegen.[911] Auf Grundlage dieser Ergebnisse erstellte die Bundesregierung einen ersten offiziellen Entwurf zur Grundlage weiterer Beratungen in den gesetzgebenden Körperschaften.[912]

Der Entwurf sah zunächst vor, die neue Abgabenordnung zum 01.01.1974 in Kraft treten zu lassen und sie in eine umfassende Reform des gesamten Steuerrechtes einzubetten.[913] Die Beratungen zur Abgabenordnung erstreckten sich jedoch aufgrund der vorzeitigen Auflösung des Bundestages über die sechste Legislaturperiode hinaus.[914] Nachdem die sozial-liberale Koalition bei den Wahlen im November 1972 ihre Mehrheit verteidigen konnte, brachte sie den Entwurf bereits im Januar 1973 unverändert erneut in den Bundestag ein.[915] Sie fügte lediglich die Erklärung hinzu, dass die bisher erzielten Beratungsergebnisse Bestand haben sollten.[916] Selbst der Titel des Entwurfes wies noch das Jahr 1974 aus, obwohl die Regierung bereits anmerkte, dass dieser Termin nicht eingehalten

zung des Bundestages vom 13.03.1963 S. 2973; Entwurf einer Abgabenordnung 1974 vom 19.03.1971 = BT-Drucksache 6/1982 S. 1; Bundesministerium der Finanzen, Bericht des Arbeitskreises über die Reform der Reichsabgabenordnung – Heft 13 S. 11; Festsprache Möller zum 50. Jahrestag der Reichsabgabenordnung = BMF-Finanznachrichten 1969 Nr. 164 S. 18; Koch/*Koch*, Abgabenordnung S. IX; Tipke, Abgabenordnung 3. Aufl. S. IX; Drenseck, Erstattungsrecht der AO 1977 S. 1; Kühn, Abgabenordnung 12. Aufl. S. V.

910 Bundesministerium der Finanzen, Bericht des Arbeitskreises über die Reform der Reichsabgabenordnung – Heft 13 S. 12; Koch/*Koch*, Abgabenordnung S. IX; Birkholz, Die neue Abgabenordnung S. 21; Krein, Die Reformvorschläge zur Abgabenordnung S. 13; Muthesius, Reform der Abgabenordnung S. 11.

911 Koch/*Koch*, Abgabenordnung S. IX; Krein, Die Reformvorschläge zur Abgabenordnung S. 13 f.; Festsprache Möller zum 50. Jahrestag der Reichsabgabenordnung = BMF-Finanznachrichten 1969 Nr. 164 S. 19; Bundesministerium der Finanzen, Bericht des Arbeitskreises über die Reform der Reichsabgabenordnung – Heft 13.

912 Entwurf einer Abgabenordnung 1974 vom 19.03.1971 = BT-Drucksache 6/1982.

913 Begründung zum Entwurf einer Abgabenordnung 1974 vom 19.03.1971 = BT-Drucksache 6/1982 S. 302.

914 Mittelsteiner/Schaumburg, Materialien zur Abgabenordnung S. V; *Sebiger*, StKR 1973, 65 (65).

915 Entwurf einer Abgabenordnung (AO 1974) vom 25.01.1973 = BT-Drucksache 7/79.

916 Begründung zum Entwurf einer Abgabenordnung (AO 1974) vom 25.01.1973 = BT-Drucksache 7/79 S. 93.

werden könne.[917] Maximal um zwei weitere Jahre sollte daher das Inkrafttreten verschoben werden.[918]

Am 27.11.1975 stimmte der Bundestag einstimmig für die Annahme der neuen Abgabenordnung.[919] Sie sollte noch einmal verschoben werden und nunmehr erst zum 01.01.1977 in Kraft treten, um der Finanzverwaltung die Möglichkeit zu geben, sich ausreichend auf die umfassenden Veränderungen vorzubereiten.[920] Beinahe wäre die Gesetzgebung erneut durch das Erreichen des Endes der Legislaturperiode aufgehalten worden, da der Bundesrat seine Zustimmung verweigerte und den Vermittlungsausschuss anrief.[921] Der Vermittlungsausschuss konnte jedoch kurzfristig eine Einigung herbeiführen. So gelang es noch im März des Wahljahres 1976 die Abgabenordnung endgültig zu verabschieden. Insgesamt dauerte der Entstehungsprozess der Abgabenordnung letztlich mehr als 13 Jahre und damit mehr als zehn Mal so lange, wie der der ersten Abgabenordnung von 1919.

2. Keine Vollverzinsung

Bereits im Gesetzgebungsverfahren des Steueränderungsgesetzes 1961 war eine Vollverzinsung grundsätzlich befürwortet worden. Ihre Umsetzung musste jedoch noch auf Grund der mangelnden Automatisierung aufgeschoben werden. Im Rahmen der Reform der Abgabenordnung stellte sich nunmehr erneut die Frage, ob eine Vollverzinsung eingeführt werden konnte. Der die Gesetzgebung vorbereitende Arbeitskreis beriet im Vorfeld seines Entwurfes ausführlich über diese Thematik.[922] Dabei stieß die Einführung einer Vollverzinsung auf großen Widerstand.[923] Gegen sie wurde unter anderem vorgetragen, dass die Verzinsung

917 Begründung zum Entwurf einer Abgabenordnung (AO 1974) vom 25.01.1973= BT-Drucksache 7/79 S. 93.

918 Begründung zum Entwurf einer Abgabenordnung (AO 1974) vom 25.01.1973= BT-Drucksache 7/79 S. 93.

919 Protokoll 203. Sitzung des Bundestages vom 27.11.1975 S. 14051.

920 Bericht und Antrag des Finanzausschusses vom 07.11.1975 = BT-Drucksache 7/4292 S. 7, 48.

921 Anrufung des Vermittlungsausschusses vom 18.12.1975= BR-Drucksache 726/75.

922 Bundesministerium der Finanzen, Bericht des Arbeitskreises über die Reform der Reichsabgabenordnung – Heft 13 S. 32.

923 Festsprache Möller zum 50. Jahrestag der Reichsabgabenordnung = BMF-Finanznachrichten 1969 Nr. 164 S. 21; Bundesministerium der Finanzen, Bericht des Arbeitskreises über die Reform der Reichsabgabenordnung – Heft 13 S. 32, 355.

von Forderungen vor ihrer Fälligkeit dem deutschen Recht fremd sei.[924] Zudem könne die Vollverzinsung das Verhältnis zwischen dem Steuerpflichtigen und dem Fiskus sowie zwischen dem Steuerpflichtigen und seinem Berater stark belasten.[925]

Die Erwartung einer auftretenden Verstimmung der Steuerzahler konnte die Bundesregierung auf die, vor dem Antizinsparagraphen 1934 bestehende, große allgemeine Unzufriedenheit in der Bevölkerung stützen. Die Anmerkung, dass eine Verzinsung von Forderungen vor ihrer Fälligkeit dem deutschen Recht fremd sei, ist hingegen unzutreffend. Zum einen gab es bereits eine entsprechende Verzinsung im Kriegssteuergesetz von 1916. Zum anderen wird auch beim zivilrechtlichen Darlehensvertrag der Anspruch auf Rückzahlung vor seiner Fälligkeit verzinst. Letztlich erübrigte sich die dogmatische Debatte zur Einführung der Vollverzinsung jedoch. Denn die Automatisierung der Finanzverwaltung war immer noch nicht ausreihend fortgeschritten, um eine praktische Umsetzung der Vollverzinsung mit vertretbarem Verwaltungsaufwand zu ermöglichen. Selbst bis zum geplanten Inkrafttreten der Abgabenordnung im Jahre 1974 erwartete der Arbeitskreis keine ausreichende Automatisierung.[926]

Nachdem sich 1975 abgezeichnet hatte, dass die Abgabenordnung erst mit einer deutlichen Verzögerung fertig gestellt werden würde, unternahm der für die Reform der Abgabenordnung zuständige Unterausschuss des Finanzausschusses eine Besichtigung der Finanzverwaltung, um sich selbst ein Bild vom Stand der Automatisierung zu machen.[927] Der Unterausschuss stellte fest, dass bereits Teile der Finanzverwaltung ausreichend ausgestattet waren, um eine Vollverzinsung durchzuführen.[928] Er empfahl jedoch einmütig, dass mit der Einführung der Vollverzinsung gewartet werden solle, bis das automatisierte Verfahren auch bundesweit möglich sei.[929]

---

924 Bundesministerium der Finanzen, Bericht des Arbeitskreises über die Reform der Reichsabgabenordnung – Heft 13 S. 32; Mittelsteiner/Schaumburg, Materialien zur Abgabenordnung S. 374.

925 Bundesministerium der Finanzen, Bericht des Arbeitskreises über die Reform der Reichsabgabenordnung – Heft 13 S. 32, 355.

926 Antwort des Parlamentarischen Staatssekretärs im Bundesministerium der Finanzen vom 22.07.1970 = Bt-Drucksache 6/1114 S. 40. Siehe bei Haubrichs, Die Problematik der Vollverzinsung S. 17 f.

927 Bericht und Antrag des Finanzausschusses vom 07.11.1975 = BT-Drucksache 7/4292 S. 4.

928 Krein, Die Reformvorschläge zur Abgabenordnung S. 56; Mittelsteiner/Schaumburg, Materialien zur Abgabenordnung S. 374.

929 Bericht und Antrag des Finanzausschusses vom 07.11.1975 = BT-Drucksache 7/4292 S. 4, 7.

Diesem Votum folgte der Bundestag.[930] Zum neuen Ziel für die Umsetzung der Vollverzinsung erklärte der Bundestag zugleich den 01.01.1980.[931] Auf Empfehlung des Finanzausschusses sollte als erste Maßnahme im Jahr 1978 ein Bericht über die Möglichkeit der Einführung einer Vollverzinsung vorgestellt werden.[932]

3. Entwurf einer Miniverzinsung

Als Alternative zur Vollverzinsung schlug der Arbeitskreis zur Reform der Abgabenordnung eine neue Form der Verzinsung vor:[933] Die „*Miniverzinsung*".[934] Die Miniverzinsung sah einen Zinslauf zwischen dem festgesetzten Abgabetermin der Steuererklärung und ihrer tatsächlichen Abgabe vor. Konkret lautete § 215 der Empfehlung des Arbeitskreises (Empf.- AO):

§ 215 Empf.- AO: *„(1) Wird eine Steuererklärung zur Einkommen-, Körperschaft-, Gewerbe- oder Vermögensteuer nicht bis zum Ablauf des vierten Kalendermonats, der auf den allgemein oder gesetzlich bestimmten Abgabetermin folgt, abgegeben, so ist eine Abschlußzahlung (Nachzahlung), die sich bei der ersten Festsetzung der Steuer ergibt, zu verzinsen. Die Zinspflicht entfällt, soweit sich die Abschlußzahlung (Nachzahlung) auf Grund einer späteren Steuerfestsetzung als ungerechtfertigt erweist.*
(2) Der Zinslauf beginnt mit dem fünften auf den allgemein oder gesetzlich bestimmten Abgabetermin folgenden Kalendermonat. Er endet mit der Entrichtung der Abschlußzahlung (Nachzahlung), spätestens jedoch mit der Einreichung der Steuererklärung."[935]

Die Miniverzinsung ist ein Kompromiss des Arbeitskreises.[936] Der Arbeitskreis erkannte, dass eine Vollverzinsung noch nicht umsetzbar sein würde. Er erklärte, dass er dennoch etwas gegen die Ungleichbehandlung von Steuerpflichtigen tun wolle, die dem Steuerabzugsverfahren unterliegen und denen, die im Veranla-

930 Protokoll 203. Sitzung des Bundestages vom 27.11.1975 S. 14046.
931 Protokoll 203. Sitzung des Bundestages vom 27.11.1975 S. 14047.
932 Protokoll 203. Sitzung des Bundestages vom 27.11.1975 S. 14050; Bericht und Antrag des Finanzausschusses vom 07.11.1975 = BT-Drucksache 7/4292 S. 7.
933 Bundesministerium der Finanzen, Bericht des Arbeitskreises über die Reform der Reichsabgabenordnung – Heft 13 S. 151 f.; Festsprache Möller zum 50. Jahrestag der Reichsabgabenordnung = BMF-Finanznachrichten 1969 Nr. 164 S. 22; *Sebiger*, StKR 1973, 65 (69 f.).
934 Bezeichnung zuerst bei *Weber*, DStR 1969, 72 (73).
935 Bundesministerium der Finanzen, Bericht des Arbeitskreises über die Reform der Reichsabgabenordnung – Heft 13 S. 151 f.
936 Krabbe, Vollverzinsung im Steuerrecht S. 15; *Sebiger*, StKR 1973, 65 (69 f.).

gungsverfahren selbst erklärungspflichtig sind.[937] Insbesondere Lohnempfänger leisteten ihre Steuern unmittelbar durch Einbehaltung der Steuer vom Gehalt. Veranlagungspflichtige könnten hingegen die eigene Steuererklärung hinauszögern und so Zinsgewinne generieren. Durch die Verzinsungspflicht im Falle von besonders späten Steuererklärungen sollten die daraus entstehenden Ungleichheiten abgemildert werden.

Der Entwurf ging jedoch über seine Begründung hinaus. Er erfasste neben der Einkommensteuer auch die Körperschaft-, die Gewerbe- und die Vermögensteuer. Diese Steuern werden ausschließlich im Veranlagungsverfahren erhoben. Die vorgeschlagene Miniverzinsung hätte folglich nicht nur eine Ungerechtigkeit ausgeglichen, sondern eine Mischung aus einer beschränkten Vollverzinsung und einem Verspätungszuschlag eingeführt. Sie hätte die verspätete Erklärung durch eine einseitige Zinspflicht zu Gunsten des Fiskus sanktioniert.

Letztlich übernahm die Bundesregierung die Miniverzinsung nicht in ihren Gesetzesentwurf. Heinz Sebiger geht davon aus, dass dies nur gemacht wurde, um die Einführung der bald erwarteten Vollverzinsung nicht zu erschweren.[938] Es bestand jedoch für diese Form der Verzinsung schon keine Notwendigkeit, da ihr Anwendungsbereich bereits vollständig durch den Verspätungszuschlag abgedeckt wurde.[939]

4. Stundungszinsen

Gemäß § 127a Abs. 1 RAO 1961 durften bei Stundungen der Einkommen-, Körperschaft-, Vermögen-, Umsatz-, Grund- und Gewerbesteuer (sog. große Steuern) keine Stundungszinsen verlangt werden. Bei Stundungen anderer Steuern, wie etwa der Erbschaftsteuer, der Lastenausgleichsabgabe, der Beförderungsteuer oder anderen Verkehrssteuern, durften hingegen Zinsen verlangt werden. Ein sachlicher Grund für diese Unterscheidung lag schon bei der Einführung der Differenzierung im Jahr 1934 nicht vor.[940] Dementsprechend schlug der Arbeitskreis zur Reform der Abgabenordnung vor, die Stundungsverzinsung auf alle Steuerarten zu erstrecken.[941]

---

937 Bundesministerium der Finanzen, Bericht des Arbeitskreises über die Reform der Reichsabgabenordnung – Heft 13 S. 355.

938 *Sebiger*, StKR 1973, 65 (70).

939 *Weber*, DStR 1969, 72 (76).

940 Begründung zum Entwurf einer Abgabenordnung 1974 vom 19.03.1971 = BT-Drucksache 6/1982 S. 172; Mittelsteiner/Schaumburg, Materialien zur Abgabenordnung S. 375.

941 Bundesministerium der Finanzen, Bericht des Arbeitskreises über die Reform der Reichsabgabenordnung – Heft 13 S. 32; Bericht und Antrag des Finanzausschusses vom 07.11.1975 = BT-Drucksache 7/4292 S. 2.

Der Regierungsentwurf zur Abgabenordnung übernahm die Empfehlung des Arbeitskreises. Trotz Widerspruchs der Opposition stimmte ihr auch der Bundestag zu.[942] Der Bundesrat folgte jedoch dem Votum des Bundestages nicht. Nach Ansicht des Bundesrates hatte sich Regelung darin bewährt, die Verwaltung nicht zu sehr zu belasten.[943] Die Regelung aus dem Jahr 1934 sei aus diesem Grund im Jahr 1961 bestätigt worden und auch weiterhin beizubehalten.[944] Zusammen mit zwei weiteren Punkten, in denen zwischen dem Bundestag und dem Bundesrat Uneinigkeit bestand, wurde die Streitigkeit daher dem Vermittlungsausschuss zugeführt.[945] Im Vermittlungsausschuss konnte schließlich eine Einigung zu Gunsten des Bundestages erzielt werden.

Neben der Erweiterung der Stundungsverzinsung auf die großen Steuern enthielt die neue Regelung zur Stundungsverzinsung eine Verschärfung.[946] Bisher konnte die Finanzverwaltung ohne das Vorliegen besonderer Gründe, auch außerhalb der großen Steuern, auf Stundungszinsen verzichten. Zwar durfte dies gemäß § 127a Abs. 2 S. 2 RAO 1961 nur *„im Einzelfall"* passieren. Gleichwohl wurden in der Praxis in neun von zehn Fällen keine Stundungszinsen verlangt.[947] Der neue § 234 Abs. 2 AO 1977 ordnete nunmehr an, dass auf Stundungszinsen nur dann verzichtet werden darf, *„wenn ihre Erhebung nach Lage des einzelnen Falles unbillig wäre"*. Auf die Stundungsverzinsung sollte nur noch im Falle einer persönlichen oder sachlichen Unbilligkeit verzichtet werden können.

5. Hinterziehungsverzinsung

Bereits im Jahr 1969 war beabsichtigt, die kurz zuvor in § 4a StSäumG eingeführte Hinterziehungsverzinsung in die Reichsabgabenordnung zu überführen und dort einen eigenen Abschnitt zur Verzinsung im Steuerschuldrecht zu schaffen.[948] Stattdessen wurde jedoch im Jahr 1975 die Prozessverzinsung in das Steuersäum-

942 Begründung zum Entwurf einer Abgabenordnung 1974 vom 19.03.1971 = BT-Drucksache 6/1982 S. 57, 172; Protokoll 203. Sitzung des Bundestages vom 27.11.1975 S. 14048.

943 Begründung zur Anrufung des Vermittlungsausschusses vom 18.12.1975 = BR-Drucksache 726/75 S. 6 f.

944 Begründung zur Anrufung des Vermittlungsausschusses vom 18.12.1975 = BR-Drucksache 726/75 S. 6 f.

945 Anrufung des Vermittlungsausschusses vom 18.12.1975= BR-Drucksache 726/75.

946 Koch/*Höllig*, Abgabenordnung § 234 Rn. 1 S. 1073; Muthesius, Reform der Abgabenordnung S. 64.

947 Muthesius, Reform der Abgabenordnung S. 64.

948 *Weber*, DStR 1969, 72 (73).

nisgesetz verschoben und mit Ausnahme der Stundungsverzinsung die gesamte Verzinsung des Steuerschuldrechtes außerhalb der Reichsabgabenordnung geregelt. Erst im Rahmen der Reform der Abgabenordnung 1977 konnte schließlich die ursprüngliche Bestrebung umgesetzt werden, die Hinterziehungsverzinsung zusammen mit den anderen Normen zur Verzinsung im Steuerschuldrecht in die Abgabenordnung einzubetten.

Der Arbeitskreis zur Reform der Abgabenordnung schlug vor, die Hinterziehungsverzinsung zu erweitern und auch die Fälle der leichtfertigen Hinterziehung von der Verzinsungspflicht zu erfassen.[949] Dem folgte jedoch die Bundesregierung in ihrem Entwurf der überarbeiteten Abgabenordnung nicht.[950] Nach ihrer Ansicht sollten größere Änderungen an der Zinsnormen erst im Rahmen der Einführung der Vollverzinsung durchführen werden.[951] Die Hinterziehungsverzinsung blieb daher im Rahmen der Reform weitgehend unverändert.

6. Prozessverzinsung

Seit dem Jahr 1977 befinden sich sowohl die Prozesszinsen auf Erstattungsbeträge als auch die Prozesszinsen bei Aussetzung der Vollziehung wieder in der Abgabenordnung. Bis 1965 waren sie bereits dort geregelt. Im Jahr 1965 wurden sie in die neue Finanzgerichtsordnung aufgenommen. Schon im Jahr 1971 sah der Entwurf der Bundesregierung vor, die Normen zurück in die Abgabenordnung zu führen.[952] Im Jahr 1975 sollten sie jedoch zunächst mit kleineren Änderungen in das Steuersäumnisgesetz übernommen werden.[953] Im Zuge der Reform der Abgabenordnung 1977 kehrten sie sodann zurück an ihre ursprüngliche Position. Seitdem befinden sich die Prozesszinsen auf Erstattungsbeträge in § 236 AO und die Prozesszinsen bei Aussetzung der Vollziehung in § 237 AO. Wesentliche Veränderungen wurden im Zuge dieser neuerlichen Verschiebung der Normen nicht vorgenommen. Insbesondere der Vorschlag einer Erweiterung der Prozessverzinsung auf außergerichtliche Aussetzungen wurde im Laufe der Gesetzgebung wieder verworfen.[954]

---

949 Bundesministerium der Finanzen, Bericht des Arbeitskreises über die Reform der Reichsabgabenordnung – Heft 13 S. 32, 151.

950 Entwurf einer Abgabenordnung 1974 vom 19.03.1971 = BT-Drucksache 6/1982 S. 57.

951 Begründung zum Entwurf einer Abgabenordnung 1974 vom 19.03.1971 = BT-Drucksache 6/1982 S. 172.

952 Entwurf einer Abgabenordnung 1974 vom 19.03.1971 = BT-Drucksache 6/1982 S. 57 f.

953 Vgl. B.VI.1 Verschiebung der Normen zu den Prozesszinsen 1965 und 1975 S. 196f.

954 Bericht und Antrag des Finanzausschusses vom 07.11.1975 = BT-Drucksache 7/4292 S. 3.

7. Säumniszuschläge

Die Säumnisverzinsung wurde weitgehend unverändert aus dem Steuersäumnisgesetz übernommen.[955] Es wurden lediglich Regelungen zur Gesamtschuldnerschaft eingeführt, die Schonfrist normiert – die zuvor der Steuersäumnisverordnung zu entnehmen war – und klargestellt, dass ein festgesetzter Säumniszuschlag auch bei einer späteren Änderung der Steuerfestsetzung oder Steuervergütung Bestand haben soll.[956]

8. Keine Hinterlegungsverzinsung

Seit der Abgabenordnung stellt § 242 S. 2 AO 1977 fest, dass Rückzahlungsforderungen hinterlegter Zahlungsmittel nicht zu verzinsen sind. Der Regierungsentwurf erklärte, dass dies eine Übernahme der seit dem Jahr 1961 bestehenden Regelung des Steuersäumnisgesetzes sei.[957] Tatsächlich sah § 4 StSäumG 1961 jedoch zusätzlich explizit die Möglichkeit vor, spezialgesetzlich eine Hinterlegungsverzinsung zu normieren. Gleiches galt für eine Normierung der Verzinsung der „*Steueransprüche, Erstattungs- und Vergütungsansprüche...*“. Der nunmehr erfolgte Verzicht auf diese Ausnahme ist daher keine Fortschreibung des bestehenden Rechtes. Zwar kann durch spezielleres Bundesrecht weiterhin eine Hinterlegungsverzinsung angeordnet werden, die Geltungsvorrang vor dem allgemeinen Ausschluss einer Verzinsung genießt. Durch Landesrecht kann hingegen keine Ausnahme mehr in den einzelnen Steuergesetzen eingeführt werden (vgl. Art. 31 GG).

9. Zinssatz

Im November des Jahres 1962 beantragte die SPD-Fraktion die Änderung des Einkommen- und Gewerbesteuergesetzes.[958] Die Gesetze sollten jeweils um eine Verzinsung von Abschlusszahlungen ergänzt werden.[959] Für die Höhe der Verzinsung verwies der Entwurf des Änderungsgesetzes jedoch nicht auf den Zins-

---

955 Begründung zum Entwurf einer Abgabenordnung 1974 vom 19.03.1971 = BT-Drucksache 6/1982 S. 172; Koch/*Höllig*, Abgabenordnung § 240 Rn. 1 S. 1115.

956 Koch/*Höllig*, Abgabenordnung § 240 Rn. 1 S. 1115.

957 Begründung zum Entwurf einer Abgabenordnung 1974 vom 19.03.1971 = BT-Drucksache 6/1982 S. 174.

958 Entwurf eines Gesetzes zur Änderung des Einkommensteuergesetzes und des Gewerbesteuergesetzes vom 08.11.1962 = BT-Drucksache 4/722.

959 Entwurf eines Gesetzes zur Änderung des Einkommensteuergesetzes und des Gewerbesteuergesetzes vom 08.11.1962 = BT-Drucksache 4/722 S. 1.

satz in § 5 StSäumG 1961. Stattdessen sollte sich der Zinssatz jeweils zum Beginn des Kalenderjahres aus dem Diskontsatz zuzüglich eines Aufschlages von zwei Prozentpunkten ergeben.[960]

Nachdem der Bundestag 64. Sitzung am 13.03.1963 beschlossen hatte, die Regierung mit der Erarbeitung einer umfassenden Reform der Abgabenordnung zu beauftragen, wurde – noch in derselben Sitzung – der Antrag der SPD-Fraktion beraten. Gerhard Koch erklärte dazu im Namen der SPD-Fraktion, dass beabsichtigt sei, *„den Zinssatz an den Gang der wirtschaftlichen Entwicklung anzupassen"*.[961] Der Bundestag verwies daraufhin den Antrag an den Finanzausschuss, um ihn in die Beratungen zur Reform der Abgabenordnung einzubetten.[962]

Der von der Bundesregierung beauftragte Arbeitskreis übernahm den Vorschlag der SPD-Fraktion jedoch nicht in seinen Entwurf einer neuen Abgabenordnung. Stattdessen schlug er vor, die bestehende Regelung des § 5 StSäumG fortzuführen.[963] Der Bundestag folgte dieser Empfehlung. Henri Höllig sieht in der Beibehaltung des bestehenden Rechtes eine bewusste Entscheidung des Bundestages.[964] Er führt in seiner Kommentierung zu § 238 AO aus: „*Er* (Der Zinssatz) *ist nicht variabel, etwa in Anlehnung an den Diskontsatz der Deutschen Bundesbank gestaltet, sondern im Interesse der Praktikabilität einheitlich… auf ½ v.H. pro Monat festgesetzt.*"[965] Es spricht jedoch viel dafür, dass der Bundestag das bestehende Recht nicht aus Gründen der Praktikabilität bewusst bestätigt hat, sondern nur die differenzierte Auseinandersetzung mit der Zinshöhe aufgeschoben hat. Zum einen hat der Bundestag auch andere weitreichende Änderungen an den Regelungen zur Verzinsung zunächst vertagt, da die Umsetzung der Vollverzinsung auf Grund der fehlenden technischen Voraussetzungen aufgeschoben werden musste.[966] Etwaige Änderungen sollten die kurzfristig zu erwartende Einführung der Vollverzinsung nicht beeinträchtigen.[967] Zum anderen fehlt in den Materialien

---

960 Entwurf eines Gesetzes zur Änderung des Einkommensteuergesetzes und des Gewerbesteuergesetzes vom 08.11.1962 = BT-Drucksache 4/722 S. 1 Artikel 1 Abs. 4.

961 Protokoll 64. Sitzung des Bundestages vom 13.03.1963 S. 2995.

962 Protokoll 64. Sitzung des Bundestages vom 13.03.1963 S. 2996.

963 Bundesministerium der Finanzen, Bericht des Arbeitskreises über die Reform der Reichsabgabenordnung – Heft 13 S. 356.

964 Koch/*Höllig*, Abgabenordnung § 238 Rn. 2 S. 1105.

965 Koch/*Höllig*, Abgabenordnung § 238 Rn. 2 S. 1105.

966 Begründung zum Entwurf einer Abgabenordnung 1974 vom 19.03.1971 = BT-Drucksache 6/1982 S. 172; *Sebiger*, StKR 1973, 65 (70).

967 Begründung zum Entwurf einer Abgabenordnung 1974 vom 19.03.1971 = BT-Drucksache 6/1982 S. 172; *Sebiger*, StKR 1973, 65 (70).

zur Gesetzgebung jeglicher Hinweis auf eine differenzierte Beratung der Zinshöhe. Der vom Arbeitskreis vorgeschlagene Entwurf einer Norm zur Bestimmung der Zinshöhe – in Anlehnung des § 5 StSäumG 1961 – ist einer von nur wenigen Paragraphen, die vom ersten offiziellen Vorschlag 1969 bis zur Verabschiedung im Bundestag 1976 ohne jegliche Veränderung geblieben sind.

Auf den ersten Blick scheint es auch so, als hätte die gewählte Zinshöhe von 6 % pro Jahr der Zinsentwicklung am Finanzmarkt entsprochen und als wäre eine detaillierte Befassung der Gesetzgebung mit der Zinshöhe nicht notwendig gewesen. Von der Verabschiedung der Abgabenordnung im Bundestag bis zu ihrem Inkrafttreten lag der Diskontsatz der Bundesbank konstant bei 3,50 %.[968] Zuzüglich des üblichen Aufschlages von zwei Prozentpunkten lag er bei 5,50 % und entsprach folglich ziemlich genau der beschlossenen Zinshöhe für das Steuerschuldrecht. Auch während der Beratungen des Arbeitskreises von 1964 bis 1969 variierte der Diskontsatz lediglich zwischen 3 % und 5 % – zuzüglich des Aufschlages also zwischen 5 % und 7 % – und hätte somit die Entscheidung für einen sechsprozentigen Zinssatz gestützt.[969] Gleiches gilt für den alternativen Maßstab der Verzinsung im Steuerschuldrecht, den durchschnittlichen Ertrag sicherer Anleihen. Er betrug zwischen 1963 und 1969 durchschnittlich 6,79 % und bei Inkrafttreten des Gesetzes 1977 6,60 %.[970]

Sowohl der Diskontsatz, als auch der Ertrag sicherer Anleihen schwankte während der langen Beratungsdauer jedoch erheblich. Im März 1970, und damit unmittelbar bevor die Bundesregierung ihren ersten Entwurf zur Reform der Abgabenordnung ins Parlament einbrachte, erreichte der Diskontsatz eine bis dato nie dagewesene Höhe von 7,50 %.[971] Schon ohne einen Zuschlag von zwei Prozentpunkten lag der Diskontsatz damit deutlich über der letztlich beschlossenen sechsprozentigen Verzinsung. Auch der Ertrag sicherer Anliehen stieg zur gleichen Zeit auf über 8 %.[972] Der hessische Finanzminister schlug daher im Januar 1972 vor, einen Zinssatz von 9 % zu wählen, der durch Rechtsverordnung auf die Änderungen des Zinsniveaus am Finanzmarkt reagieren könne.[973]

968 Homer, A history of interest rates S. 514.
969 Homer, A history of interest rates S. 514.
970 Homer, A history of interest rates S. 508.
971 Homer, A history of interest rates S. 514.
972 Homer, A history of interest rates. S. 508.
973 Hessischer Minister der Finanzen, Entwurf eines Gesetzes zur Einführung der Selbstveranlagung und Vollverzinsung S. 9, 16, 25.

Im Jahr 1974 – dem Jahr vor der Zustimmung des Bundestages zur reformierten Abgabenordnung – erreichte der Diskontsatz im Jahresdurchschnitt ein neues Rekordhoch. Er lag noch einmal wenige Hundertstel Prozentpunkte über dem Jahresdurchschnitt des Jahres 1970.[974] Der Ertrag sicherer Anliehen erreichte im Jahr 1974 sogar einen Hochpunkt von 10,73 %, der zuvor lediglich in den Jahren der Hyperinflation 1922 und 1923 noch übertroffen wurde und seitdem nicht mehr erreicht wurde.[975] Sofern der Steuerpflichtige zur Begleichung seiner Steuerschuld einen Kredit aufnehmen musste, blieben selbst die zwölfprozentigen Säumniszuschläge weitgehend wirkungslos.[976]

Der Gesetzgeber hätte bei einer bewussten Auseinandersetzung mit der Zinshöhe angesichts dieser Entwicklungen reagieren müssen und einen erhöhten Zinssatz oder eine Möglichkeit zur Anpassung des Zinssatzes vorsehen müssen – ähnlich dem hessischen Entwurf von 1972. Dass er dies nicht getan hat, weist drauf hin, dass er im Zuge der Einführung der Vollverzinsung, die im Laufe der nächsten Jahre erwartet wurde, eine Überarbeitung der Bestimmung des Zinssatzes geplant hatte. Bestätigt wird dies ebenfalls durch das Gutachten des Wissenschaftlichen Beirates beim Finanzministerium zur Reform der direkten Steuern von 1967.[977] In diesem erklärt der Beirat, dass er im Steuerschuldrecht einen Zinssatz von 2 % über dem Diskontsatz für angemessen erachte.[978] Zudem legt die Bundesregierung dem Bundestag am 06.01.1978 eine umfassende Unterrichtung über die Möglichkeit der Einführung der Vollverzinsung vor, in der sie die Höhe des Zinssatzes ausdrücklich als *„noch offenes Problem"* bezeichnet, welches *„zu prüfen bleibt"*.[979] Auch damit gibt sie zu verstehen, dass die Zinshöhe im Rahmen der Beratungen um die Einführung einer Vollverzinsung noch einmal ausführlich erörtert werden sollten.

Es kann daher angenommen werden, dass die Beratungen zur Zinshöhe bei der Reform der Abgabenordnung 1977 bewusst ausgespart wurden und stattdessen

974 Homer, A history of interest rates S. 514.

975 Homer, A history of interest rates S. 508.

976 Deutsche Bundesbank: Zeitreihe BBK01.SU0001: Sollzinsen Banken / Kontokorrentkredite von 100.000 EUR bis unter 500.000 EUR / Durchschnittssatz.

977 Bundesministerium der Finanzen, Gutachten zur Reform der direkten Steuern – Heft 9 S. 44.

978 Der Zinssatz wurde im Rahmen eines Vorschlages für eine Form der Vollverzinsung empfohlen.

979 Unterrichtung durch die Bundesregierung vom 06.01.1978 = BT-Drucksache 8/1410 S. 10.

bis zu einer kurzfristig erwarteten Einführung der Vollverzinsung der bestehende Zinssatz fortgeführt werden sollte.

10. Fazit

Als der Bundestag zu Beginn der 1960er eine Reform der Abgabenordnung auf den Weg brachte, standen bereits zahlreiche Veränderungen der Verzinsung des Steuerschuldrechtes zur Diskussion. Trotz des äußerst langen Gesetzgebungsverfahrens konnte der Gesetzgeber jedoch nur sehr wenige materielle Veränderungen umsetzen. Insbesondere die Einführung einer Vollverzinsung blieb ohne Erfolg. Stattdessen beschränkte sich der Gesetzgeber auf die ursprüngliche Zielsetzung der Reform – die Konzentration der Normen des allgemeinen Steuerrechtes in einem Gesetz – und führte die Verzinsungstatbestände, die zuvor zeitweise auf bis zu drei Gesetze verteilt waren, wieder zu einem einheitlichen Gefüge im Rahmen der Abgabenordnung zusammen.

Dies gilt auch für die Wahl des Zinssatzes. Trotz vielfältiger Vorschläge für eine dynamische Ausrichtung der Zinshöhe an den Veränderungen wirtschaftlicher Gegebenheiten, beschränkte sich der Gesetzgeber auf eine Übernahme der bestehenden Regelung. Es kann angesichts der Rahmenbedingungen dieser Entscheidung davon ausgegangen werden, dass der Gesetzgeber eine differenziertere Bestimmung der Zinshöhe bei der Reform aussparen wollte. Wohlmöglich bestand bereits die Absicht, zu einem späteren Zeitpunkt – insbesondere im Zuge der bereits angestrebten Einführung einer Vollverzinsung – die Zinstatbestände und damit auch die Bestimmung der Zinshöhe umfassend inhaltlich zu überarbeiten.

II. Das Steuerreformgesetz 1990

Das Steuerreformgesetz 1990 bildet den dritten Teil der Steuerreform der CDU/CSU und FPD-Koalition zur Belebung der Wirtschaft und Bekämpfung der seit 1983 konstant hohen Arbeitslosigkeit.[980] Die erste Stufe konnte die schwarz-gelbe Koalition mit dem Steuersenkungsgesetz 1986/1988 vom 26.06.1985 noch im zehnten Deutschen Bundestag beschließen. Nach der Bestätigung der Regierungskoalition bei den Bundestagswahlen 1987 wurden das Steuersenkungsgesetz 1986/1988 durch ein Erweiterungsgesetz vom 14.07.1987[981] ausgedehnt. Durch die beiden ersten Gesetze beschloss die Koalition insgesamt Steuersenkungen

980 Erster Bericht des Finanzausschusses vom 21.06.1988 = BT-Drucksache 11/2536 S. 2 f.; Bundesagentur für Arbeit, Arbeitslosigkeit im Zeitverlauf 01/2016.

981 BGBl. I 1987, 1629.

in Höhe von ca. 7 Mrd. Euro.[982] Die dritte Stufe der Reform, das Steuerreformgesetz 1990, sollte weitere Entlastungen in Höhe von ca. 20 Mrd. Euro bringen.[983] Knapp die Hälfte der Entlastungen sollte dabei durch die Reform selbst unmittelbar gegenfinanziert werden. Zu diesem Zweck sollten Sonderregerlungen und Vergünstigungen reduziert und die Vollverzinsung eingeführt werden.[984] Durch die Maßnahmen zur Gegenfinanzierung sollte zugleich eine einfachere und gleichmäßigere Besteuerung erreicht werden.[985] Insgesamt enthielt das Steuerreformgesetz zu diesen Zwecken 29 Artikel. Mit ihnen wurden Änderungen an 31 Gesetzen und 3 Rechtsverordnungen vorgenommen.[986] Damit bewirkte das Gesetz eine der umfassendsten Veränderungen im deutschen Steuerrecht und verdiente wahrlich seine Bezeichnung als „Reform". Trotz zahlreicher Entlastungen und Vereinfachungen ging die Deutschen Steuer-Gewerkschaft davon aus, dass durch die Reform 5.000 zusätzliche Finanzbeamte erforderlich werden.[987] Ein nennenswerter Teil dieser Schätzung dürfte durch die Einführung der Vollverzinsung bedingt sein.

1. Die Vollverzinsung

Ihrer Begründung nach soll die eingeführte Vollverzinsung *„einen Ausgleich dafür schaffen, dass die Steuern bei den einzelnen Steuerpflichtigen, aus welchen Gründen auch immer, zu unterschiedlichen Zeitpunkten festgesetzt und fällig werden."*[988] Für den Beginn der Vollverzinsung reicht es aus, dass die Steuer entsteht. Im Gegensatz zu den anderen Verzinsungen im Steuerschuldrecht ist kein weiteres Tatbestandsmerkmal erforderlich.[989] Insbesondere ist weder ein Verschulden des Steuerpflichtigen, noch der Finanzverwaltung notwendig.[990] Die Vollverzinsung soll so das

982 Altehoefer/Wolf/Zeller/Zeller, Steuerreform 1990 S. 13.

983 Bericht des Haushaltsausschusses vom 22.06.1988 = BT-Drucksache 11/2551.

984 Bericht des Haushaltsausschusses vom 22.06.1988 = BT-Drucksache 11/2551 S. 1; Erster Bericht des Finanzausschusses vom 21.06.1988 = BT-Drucksache 11/2536 S. 2 f.

985 Erster Bericht des Finanzausschusses vom 21.06.1988 = BT-Drucksache 11/2536 S. 2 f.; Altehoefer/Wolf/Zeller/Zeller, Steuerreform 1990 S. 17.

986 Altehoefer/Wolf/Zeller/Zeller, Steuerreform 1990 S. 5.

987 Erster Bericht des Finanzausschusses vom 21.06.1988 = BT-Drucksache 11/2536 S. 13.

988 Begründung zum Entwurf eines Steuerreformgesetzes 1990 vom 19.04.1988 = BT-Drucksache 11/2157 S. 194.

989 Beermann/Gosch/*Kögel*, Abgabenordnung Lfg. 41 § 233 Rn. 15 S. 5.

990 Kommissionsbericht Vollverzinsung 1987 S. 8 Rn. 2.2.1.

bestehende System der Teilverzinsung ergänzen und dafür sorgen, dass grundsätzlich alle Nachzahlungen und Erstattungen unabhängig von ihrem Ursprung verzinst werden.[991] Sie erfuhr jedoch sowohl zeitliche als auch inhaltliche Einschränkungen.[992] Durch eine zinslose Karenzzeit von 15 Monaten – bzw. 21 Monaten bei Einkünften aus Land- und Forstwirtschaft – und eine Höchstdauer des Zinslaufes von vier Jahren werden sehr kurze und sehr lange Zeiträume von der Verzinsung ausgenommen. Zudem beschränkt sich die Verzinsung auf die Einkommensteuer, die Körperschaftsteuer, die Vermögensteuer, die Umsatzsteuer und die Gewerbesteuer. Vereinzelnd wird daher sogar behauptet, die als Vollverzinsung bekannte Verzinsung sei keine echte Vollverzinsung, sondern nur eine Teilverzinsung.[993]

a) Die Einführung der Vollverzinsung

In einem Bericht über die Möglichkeit der Einführung einer Vollverzinsung im Steuerrecht vom 06.01.1978 teilte die Bundesregierung mit, dass sie damit rechne, dass in der ersten Hälfte der 1980er Jahre eine hinreichende Automatisierung der Finanzverwaltung erreicht sein werde, um eine Vollverzinsung umzusetzen.[994] 1981 erkundigte sich die Vorsitzende des Finanzausschusses Ingrid Matthäus-Maier in einer offiziellen Anfrage an die Bundesregierung, ob nunmehr der Stand der Automatisierung ausreiche, um die Vollverzinsung zu verwirklichen.[995] Der Parlamentarische Staatssekretär im Bundesministerium der Finanzen Karl Haehser erklärte, dass er davon ausgehe, dass vier Bundesländer noch bis 1985 benötigen werden, um die technischen Voraussetzungen zu schaffen. In einem weiteren Bundesland sei es noch nicht absehbar, wann dies der Fall sein werde.[996] Fünf Jahre später erkundigte sich Ingrid Matthäus-Maier – die 1982 von der FPD in die SPD gewechselt war und daher nunmehr als Finanzexpertin in der Opposi-

---

991 Altenburg & Tewes AG, Steuerreform 1990 S. 162; Begründung zum Entwurf eines Steuerreformgesetzes 1990 vom 19.04.1988 = BT-Drucksache 11/2157 S. 194; Hübschmann/Hepp/Spitaler/*Heuermann*, Abgabenordnung Lfg. 233 § 233a S. 7 Rn. 5.

992 Hübschmann/Hepp/Spitaler/*Heuermann*, Abgabenordnung Lfg. 233 § 233a S. 10 Rn. 6.

993 Beermann/Gosch/*Kögel*, Abgabenordnung Lfg. 96 § 233a Rn. 2 S. 5.

994 Unterrichtung durch die Bundesregierung vom 06.01.1978 = BT-Drucksache 8/1410 S. 10.

995 Schriftliche Fragen mit den Antworten der Bundesregierung vom 11.12.1981 = BT-Drucksache 09/1173 S. 10.

996 Schriftliche Fragen mit den Antworten der Bundesregierung vom 11.12.1981 = BT-Drucksache 09/1173 S. 10.

tion wirkte – erneut bei der Bundesregierung über den Stand der Automatisierung der Finanzverwaltung.[997] Wieder wurde ihr mitgeteilt, dass diese noch nicht in allen Ländern umgesetzt worden sei und dies auch in absehbarer Zeit nicht zu erwarten sei.[998] Unterdessen hatten das Bundesministerium der Finanzen und die Bundessteuerberaterkammer vereinbart, das 1978 von der Bunderegierung vorgelegte Gutachten zur Vollverzinsung durch ein weiteres Gutachten zu ergänzen.[999] Während das Gutachten von 1978 den Schwerpunkt auf die politische und verwaltungstechnische Dimension der Vollverzinsung legte, sollte in dem neuen Gutachten die Perspektive der Steuerzahler und Steuerberater im Fokus stehen.[1000]

Obwohl das 1987 vorgelegte Gutachten sehr deutlich gegen die Einführung einer Vollverzinsung sprach,[1001] entschied der Gesetzgeber gleichwohl die Vollverzinsung in den Entwurf des Steuerreformgesetzes 1990 aufzunehmen.[1002] Neben dem Gutachten – welches in einer Zusammenarbeit des Bundesministeriums der Finanzen mit der Bundessteuerberaterkammer und dem Softwareunternehmen DATEV entstanden war – sprachen sich auch zahlreiche weitere bedeutende Interessenverbände deutlich gegen die Vollverzinsung aus.[1003] Von insgesamt 170 Experten und Verbänden, die im Gesetzgebungsverfahren angehört wurden, votierte nicht einer für die Einführung der vorgeschlagenen Vollverzinsung.[1004] Der Gesetzgeber hielt jedoch an seinen Bestrebungen fest. Bis dato war es jeweils

---

997 Schriftliche Fragen mit den Antworten der Bundesregierung vom 03.10.1986 = BT-Drucksache 10/6123 S. 7.

998 Schriftliche Fragen mit den Antworten der Bundesregierung vom 03.10.1986 = BT-Drucksache 10/6123 S. 7.

999 Kommissionsbericht Vollverzinsung 1987 S. 4 Rn. 1.1.

1000 Kommissionsbericht Vollverzinsung 1987 S. 4 Rn. 1.1.

1001 Kommissionsbericht Vollverzinsung 1987 S. 62 ff. Rn. 3 ff.; *Bundessteuerberaterkammer*, DStR 1987, 703 (704).

1002 Entwurf eines Steuerreformgesetzes 1990 vom 19.04.1988 = BT-Drucksache 11/2157 Artikel 14 Nr. 4 S. 39.

1003 U.A.: Die Deutsche Steuer-Gewerkschaft, der Deutsche Steuerberaterverband, der Bund der Steuerzahler, die Bundessteuerberaterkammer, der Zentralverband des Deutschen Handwerkes (Erster Bericht des Finanzausschusses vom 21.06.1988 = BT-Drucksache 11/2536 S. 13, 22 f.; Hübschmann/Hepp/Spitaler/*Heuermann*, Abgabenordnung Lfg. 233 § 233a S. 5 Rn. 1.; Beermann/Gosch/*Kögel*, Abgabenordnung Lfg. 96 § 233a Rn. 1 S. 5; Baum, Die Vollverzinsung nach § 233a AO Rn. 3 S. 19; Pressemitteilung der Bundessteuerberaterkammer vom 12. 11. 1987 = BB 1987, 2281), Der Bundesverband Deutscher Industrie (*Ritter*, BB 1987, 2237 [2239 f.]), Der Bundesrechnungshof (Unterrichtung durch den Bundesrechnungshof vom 05.10.1988 = BT-Drucksache 11/3056 S. 83 f. Nr. 35.4.2).

1004 Carlé/Korn/Stahl/*Sebiger/Dechant*, Festgabe Felix S. 365 (367).

Konsens gewesen, eine Vollverzinsung einzuführen, sobald sie technisch darstellbar sei. Die Automatisierung der Finanzverwaltung war nunmehr – fast 30 Jahre nach dem Vorschlag eine Vollverzinsung im deutschen Steuerrecht einzuführen – endlich hinreichend fortgeschritten.[1005] Zudem erwartete der Gesetzgeber durch die Einführung der Vollverzinsung Mehreinnahmen in Milliardenhöhe, die zur Gegenfinanzierung der geplanten Steuerreduzierungen des Steuerreformgesetzes 1990 dringend benötigt wurden.[1006]

b) Ist-Verzinsung in Kombination mit Soll-Verzinsung

Grundsätzlich wird bei Verzinsungen die Zinsbasis aus der Differenz zwischen dem Soll (der Forderung) und dem Ist (dem tatsächlich Geleisteten) ermittelt. Bei der Vollverzinsung hat der Gesetzgeber jedoch eine Ausnahme zu diesem als „Ist-Verzinsung" bezeichneten Grundsatz gemacht. An Stelle Ist-Verzinsung kommt die sogenannte „Soll-Verzinsung" zur Anwendung.[1007] Bei ihr bestimmt sich die Zinsbasis gemäß § 233a Abs. 3 S. 1 AO aus der Differenz zwischen der zu Beginn des Zinslaufes festgesetzten Steuer/Vorauszahlung und der nunmehr endgültig festgesetzten Steuerschuld, vermindert um die anzurechnenden Körperschaftssteuer und Steuerabzugsbeträge (Unterschiedsbetrag).[1008] Der Gesetzgeber beabsichtigte so die Ermittlung der Zinsen erheblich zu vereinfachen, da tatsächliche Zahlungsvorgänge bei der Zinsberechnung unberücksichtigt bleiben können.[1009] Insbesondere die aufwendige Dokumentation und Archivierung aller Kassenvorgänge sollte vermieden werden.[1010] Eine ausschließliche Soll-Verzinsung führt jedoch in der Praxis zu Ergebnissen, die als ungerecht empfunden werden,

1005 Entwurf eines Steuerreformgesetzes 1990 vom 19.04.1988 = BT-Drucksache 11/2157 Artikel 14 Nr. 118; Krabbe, Vollverzinsung im Steuerrecht S. 17.

1006 Bericht des Haushaltsausschusses vom 22.06.1988 = BT-Drucksache 11/2551; Begründung zum Entwurf eines Steuerreformgesetzes 1990 vom 19.04.1988 = BT-Drucksache 11/2157 S. 124 ff.; *Ritter*, BB 1987, 2237 (2239).

1007 Unterrichtung durch die Bundesregierung vom 06.01.1978 = BT-Drucksache 8/1410 S. 6.

1008 Seer/Klemke, Neuordnung der Verzinsung von Ansprüchen aus dem Steuerschuldverhältnis S. 64.

1009 Begründung zum Entwurf eines Steuerreformgesetzes 1990 vom 19.04.1988 = BT-Drucksache 11/2157 S. 195; Kommissionsbericht Vollverzinsung 1987 S. 9 Rn. 2.2.1; Unterrichtung durch die Bundesregierung vom 06.01.1978 = BT-Drucksache 8/1410 S. 6.

1010 Baum, Die Vollverzinsung nach § 233a AO Rn. 52 S. 28; Seer/Klemke, Neuordnung der Verzinsung von Ansprüchen aus dem Steuerschuldverhältnis S. 64.

da sie unterstellt, dass das Vorsoll jeweils exakt bedient wird und dies häufig nicht der Fall ist. Daher wurde die Soll-Verzinsung zu Gunsten des Fiskus um eine Ist-Verzinsung ergänzt. Sie setzt ein, soweit der Steuerschuldner das Vorsoll nicht bedient hat. Im gegenwärtigen Steuerschuldrecht geht die ergänzende Ist-Verzinsung nahezu vollständig im Säumniszuschlag (§ 240 AO) auf. Für verbleibende Ausnahmen hat der Gesetzgeber in § 233 Abs. 3 S. 3 AO festgehalten, dass Erstattungen zu Gunsten des Steuerpflichtigen nur insoweit verzinst werden, wie ihnen eine tatsächlich zu erstattende Zahlung vorausgeht.

c) Beschränkung auf bestimmte Steuern

Gegenstand der Vollverzinsung sind nur die Einkommensteuer, die Körperschaftsteuer, die Vermögensteuer, die Umsatzsteuer und die Gewerbesteuer. Diese in § 233a Abs. 1 S. 1 AO vorgenommene Aufzählung ist abschließend. Weder andere Steuern noch Zuschläge zu Steuern, wie etwa der Solidaritätszuschlag, oder Steuervergütungen, wie die Investitionszulage oder die Eigenheimzulage, fallen unter die Vollverzinsung.[1011] Lediglich durch einen Verweis in den Kirchensteuergesetzen der Länder kann der ansonsten abschließende Katalog in § 233a Abs. 1 S. 1 AO erweitert werden.[1012] Damit deckt sich die Liste der von der Vollverzinsung erfassten Steuern nahezu vollständig mit der Liste der Steuern, die durch das Steuersäumnisgesetz im Jahr 1934 von der Stundungsverzinsung ausgeschlossenen worden waren und als „große Steuern" bezeichnet wurden. Lediglich die Grundsteuer und die ohnehin abgeschafften Bürger- und Hauszinssteuer wurden durch § 10 Abs. 1 StSäumG 1934 zusätzlich von der Stundungsverzinsung ausgenommen.

Das Ziel dieser Beschränkung ist die ausschließliche Erfassung von Veranlagungssteuern, bei denen zwischen der Entstehung der Steuer und der finalen Festsetzung der Steuerschuld regelmäßig eine längere Zeit vergeht.[1013] Für die meisten von der Vollverzinsung ausgenommenen Steuern (z. B. Grunderwerbsteuer, Versicherungssteuer, bis 1991 Wechselsteuer, Wettsteuer, Kraftfahrzeugsteuer, Zölle, Verbrauchsteuern etc.) kann angenommen werden, dass ihre Erhebung weitgehend gleichmäßig erfolgt und ein Ausgleich unterschiedlicher Veranlagungen durch

---

1011 Hübschmann/Hepp/Spitaler/*Heuermann*, Abgabenordnung Lfg. 233 § 233a S. 18 f. Rn. 21 f.

1012 Hübschmann/Hepp/Spitaler/*Heuermann*, Abgabenordnung Lfg. 233 § 233a S. 19 f. Rn. 22.

1013 Hübschmann/Hepp/Spitaler/*Heuermann*, Abgabenordnung Lfg. 233 § 233a S. 17 f. Rn. 17; Seer/Klemke, Neuordnung der Verzinsung von Ansprüchen aus dem Steuerschuldverhältnis S. 23.

eine Verzinsung nicht notwendig ist.[1014] Hinzukommt dass bei diesen Steuern die Steuerfestsetzungen bzw. die Steueranmeldungen überwiegend zeitnah nach der Entstehung der Steuer erfolgen.[1015] Eine erhebliche Zahl von Verzinsungen wäre daher durch die Karenzzeit bereits ausgeschlossen.[1016] Eine Ausnahme bildet unter anderem die Erbschaftsteuer. Rechtsstreitigkeiten der Erben können die Festsetzung der Steuer viele Jahre hinauszögern. Gleichwohl wollte der Gesetzgeber die Vollverzinsung nicht auch auf die Erbschaftsteuer erstrecken, da sie Besonderheiten aufweise, *„die die schematisch wirkende Verzinsung für sie ungeeignet erscheinen lassen.“*[1017] Weshalb der Gesetzgeber daneben auch die Schenkung- und Grundsteuer von der Vollverzinsung aussparte, ist nicht überliefert.

d) Karenzzeit

Bereits im Bericht über die Möglichkeit der Einführung einer Vollverzinsung im Steuerrecht aus dem Jahr 1978 äußerte die Bundesregierung, dass sie beabsichtige, die Verzinsung nicht unmittelbar mit der Entstehung der Steuer beginnen zu lassen, sondern erst ein Jahr später (Karenzzeit).[1018] Kaum eine Steuer wird bis zu ihrer Entstehung bereits exakt entrichtet. Ohne die Karenzzeit wären daher für beinahe jede Steuerschuld Zinsen zu ermitteln und zu bescheiden. Während des ersten Jahres kann jedoch ein Großteil der Steuern veranlagt werden. Für sie entfällt durch die Karenzzeit folglich die Verzinsung und der mit ihr verbundene Verwaltungsaufwand. Zudem sollte die Karenzzeit einen Anreiz für die Verwaltung stellen, möglichst viele Verfahren vor Ablauf des ersten Jahres abzuschließen und so den mit der Vollverzinsung entstehenden Aufwand weiter verringern.[1019] Die Tatsache dass der Lohnsteuerjahresausgleich für Abreitnehmer dadurch überwiegend unverzinslich bleiben würde, sei dafür in Kauf zu nehmen.[1020]

1014 Kommissionsbericht Vollverzinsung 1987 Anlage 3.

1015 Begründung zum Entwurf eines Steuerreformgesetzes 1990 vom 19.04.1988 = BT-Drucksache 11/2157 S. 195.

1016 Begründung zum Entwurf eines Steuerreformgesetzes 1990 vom 19.04.1988 = BT-Drucksache 11/2157 S. 195.

1017 Begründung zum Entwurf eines Steuerreformgesetzes 1990 vom 19.04.1988 = BT-Drucksache 11/2157 S. 195.

1018 Unterrichtung durch die Bundesregierung vom 06.01.1978 = BT-Drucksache 8/1410 S. 6.

1019 Unterrichtung durch die Bundesregierung vom 06.01.1978 = BT-Drucksache 8/1410 S. 6.

1020 Unterrichtung durch die Bundesregierung vom 06.01.1978 = BT-Drucksache 8/1410 S. 6 f.

Der 1987 vorgelegte Bericht der Kommission hob einen weiteren Vorteil der Karenzzeit hervor: Durch die Karenzzeit werde es dem Steuerpflichtigen, der nicht ausschließlich Einkünfte aus unselbstständiger Tätigkeit besitzt, erst möglich, seine Steuerschuld zu ermitteln, bevor für diese bereits eine Verzinsung einsetzt.[1021] Insbesondere hinzugezogene Berater wären anderenfalls dem Vorwurf ausgesetzt, durch eine zu langsame Erstellung der Steuererklärung Zinsverpflichtungen verschuldet zu haben.

Der Gesetzgeber entschied sich jedoch letztlich, nicht nur das vorgeschlagene „*Karenzjahr*"[1022] einzuführen, sondern eine 15-monatige Karenzzeit. Sie sollte sich an der längsten üblichen Frist zur Einreichung von Steuererklärungen orientieren.[1023] Bei Zuhilfenahme eines Beraters wird die Erklärungsfrist regelmäßig auf ein Jahr nach Entstehung der Steuer verlängert. In begründeten Ausnahmen kann eine weitere Verlängerung von bis zu zwei Monaten erfolgen.[1024] Nach Ablauf der Erklärungsfrist wurde der Finanzverwaltung zudem eine pauschale dreimonatige, bzw. einmonatige Bearbeitungszeit eingeräumt, um die Erklärungen zu bescheiden.

Zudem ergänzte der Gesetzgeber auf Bestreben des Deutschen Bauernverbandes eine sechs Monate verlängerte Karenzzeit für die Verzinsung von Steuern, die überwiegend aus Einkünften aus Forst- und Landwirtschaft entstammen.[1025] Da für diese Einkünfte das Wirtschaftsjahr als Grundlage der Gewinnermittlung erst zur Mitte des Jahres endet, sollte die Karenzzeit 21 Monate betragen.

e) Höchstdauer

Ende der 1980er vergingen zwischen der Entstehung der Steuer und der Fälligkeit eines Mehrergebnisses von Betriebsprüfungen durchschnittlich mindestens vier Jahre.[1026] An dieser Größe orientierte sich der Gesetzgeber und beschränkte den eingeführten Zinslauf der Vollverzinsung auf maximal vier Jahre. Durch diese Höchstgrenze sollte die Finanzverwaltung angehalten werden, die Prüfungen

1021 Kommissionsbericht Vollverzinsung 1987 S. 24 Rn 2.3.1.2.3.

1022 Kommissionsbericht Vollverzinsung 1987 S. 24 Rn 2.3.1.2.3, S. 52 Rn. 2.3.6.2.2.1.

1023 Begründung zum Entwurf eines Steuerreformgesetzes 1990 vom 19.04.1988 = BT-Drucksache 11/2157 S. 195; Hübschmann/Hepp/Spitaler/*Heuermann*, Abgabenordnung Lfg. 233 § 233a S. 21 Rn. 28.

1024 Koenig/*Cöster*, Abgabenordnung § 149 Rn. 35.

1025 Erster Bericht des Finanzausschusses vom 21.06.1988 = BT-Drucksache 11/2536 S. 22, 60.

1026 Carlé/Korn/Stahl/*Sebiger/Dechant*, Festgabe Felix S. 365 (367) m. w. N.;

möglichst zeitnah abzuschließen.[1027] Die Beschränkung der Verzinsung wurde erst sehr kurzfristig dem Gesetzesentwurf hinzugefügt. Wenige Monate zuvor hatte noch Wolfgang Ritter, Vorsitzender des Steuerausschusses des Bundesverbandes der Deutschen Industrie, eine fehlende Beschränkung der Verzinsung bei überlangen Betriebsprüfungen bemängelt. Auf dem Fachkongress der Steuerberater am 23.11.1987 äußerte er, dass die Festsetzungsfrist für Zinsforderungen angesichts von Betriebsprüfungen die sich auf 12 und mehr Jahre erstrecken beschränkt werden müsse.[1028] Eine Begrenzung der Festsetzungsfrist hätte jedoch dazu geführt, dass bei längeren Betriebsprüfungen gar keine Zinsen mehr festgesetzt werden könnten. Der Gesetzgeber wollte stattdessen den Steuerpflichtigen bei der Verzinsung so behandeln, als sei die Betriebsprüfung spätestens vier Jahre nach Beginn der Vollverzinsung abgeschlossen worden.[1029] Zudem beschränkte sich die Höchstgrenze nicht nur auf Fälle der Betriebsprüfung, sondern erfasste sämtliche Situationen die zu einem Zinslauf von mehr als vier Jahren führten.

2. Ertragssteuerliche Behandlung der Verzinsungen

Bis zum Jahr 1990 hing die ertragssteuerliche Behandlung der Zinsen davon ab, welche Steuer den Zinsen zugrunde lag.[1030] Zinsaufwendungen im Zusammenhang mit betrieblichen Steuern konnten grundsätzlich als Werbungskosten oder Betriebsausgaben geltend gemacht werden.[1031] Zinsaufzahlungen aus anderen Steuern konnten die Steuerbasis hingegen nicht mindern. Der Regierungsentwurf zum Steuerreformgesetz 1990 hielt zunächst an dieser Regelung fest.[1032] Nachdem jedoch unter anderem die Arbeitsgemeinschaft Selbstständiger Unternehmer, die Hauptgemeinschaft des Deutschen Einzelhandels und der Verband der Mittel- und Großbetriebe des Einzelhandels für eine Abziehbarkeit der Nachzahlungszinsen eintraten und Professor Dziadkowski – der im Finanzausschuss beraten angehört wurde – die Abziehbarkeit als „*konsequent und systemkonform*“[1033] wertete, emp-

---

1027 Begründung zum Entwurf eines Steuerreformgesetzes 1990 vom 19.04.1988 = BT-Drucksache 11/2157 S. 195.

1028 *Ritter*, BB 1987, 2237 (2239).

1029 Begründung zum Entwurf eines Steuerreformgesetzes 1990 vom 19.04.1988 = BT-Drucksache 11/2157 S. 195.

1030 Hübschmann/Hepp/Spitaler/*Heuermann*, Abgabenordnung Lfg. 231 Vor § 233–239 S. 8 Rn. 16; Beermann/Gosch/*Kögel*, Abgabenordnung Lfg. 41 § 233 Rn. 35 S. 8.

1031 Beermann/Gosch/*Kögel*, Abgabenordnung Lfg. 41 § 233 Rn. 35 S. 8.

1032 Entwurf eines Steuerreformgesetzes 1990 vom 19.04.1988 = BT-Drucksache 11/2157.

1033 Erster Bericht des Finanzausschusses vom 21.06.1988 = BT-Drucksache 11/2536 S. 23.

fahl der Ausschuss, den Gesetzesentwurf entsprechend zu ergänzen.[1034] Sowohl die Nachzahlungszinsen im Rahmen der Vollverzinsung, als auch die Stundungszinsen (§ 234 AO) und die Aussetzungszinsen (§ 237 AO) sollten umfassend in Abzug gebracht werden können.[1035] Hinterziehungszinsen (§ 235 AO) sollten hingegen von der Regelung ausgenommen bleiben.[1036] In der Einzelbegründung zu § 10 EStG 1989 und § 10 KStG 1989 legte der Ausschuss nah „*...zur Erleichterung der Einführung der Vollverzinsung*"[1037] Zinszahlungen als Betriebsausgaben bzw. als Sonderausgaben zu behandeln. Damit fiel die Einzelbegründung deutlich zurückhaltender aus als die Ausschussempfehlung im einleitenden Fließtext. Im eileitenden Fließtext wurde nicht bloß von einer „*Erleichterung der Einführung der Vollverzinsung*"[1038] gesprochen. Stattdessen hieß es dort, eine Mehrheit des Ausschusses halte eine „*Nichtabzugsfähigkeit von Nachforderungszinsen... nicht für vertretbar.*"[1039]

Der Bundestag folgte der Empfehlung des Ausschusses und ergänzte mit § 10 Abs. 1 Nr. 5 EStG 1989 die vorgeschlagene Regelung. Zudem stellte er in § 12 Nr. 3 2. HS EStG 1989 und § 10 Nr. 2 KStG 1989 klar, dass die Zinsen nicht zu den nicht abzugsfähigen Ausgaben zählen. Zinszahlungen des Fiskus sollten im Gegenzug weiterhin der Einkommensteuer unterliegen (§ 20 Abs. 1 Nr. 7 S. 3 EStG).[1040]

3. Zinssatz der Vollverzinsung

a) Begründung

Das erklärte Ziel der Vollverzinsung ist der Ausgleich von Vor- und Nachteilen die dadurch entstehen, dass die einzelnen Steuern bei den Steuerpflichtigen zu

1034 Erster Bericht des Finanzausschusses vom 21.06.1988 = BT-Drucksache 11/2536 S. 78, 89.

1035 Erster Bericht des Finanzausschusses vom 21.06.1988 = BT-Drucksache 11/2536 S. 78, 89.

1036 Erster Bericht des Finanzausschusses vom 21.06.1988 = BT-Drucksache 11/2536 S. 89.

1037 Erster Bericht des Finanzausschusses vom 21.06.1988 = BT-Drucksache 11/2536 S. 78, 89.

1038 Erster Bericht des Finanzausschusses vom 21.06.1988 = BT-Drucksache 11/2536 S. 78, 89.

1039 Erster Bericht des Finanzausschusses vom 21.06.1988 = BT-Drucksache 11/2536 S. 60.

1040 Seer/Klemke, Neuordnung der Verzinsung von Ansprüchen aus dem Steuerschuldverhältnis S. 79.

verschiedenen Zeitpunkten festgesetzt werden.[1041] Dazu soll der Zinsvorteil abgeschöpft werden, den der Steuerschuldner aus der Verfügung über die Steuer ab dem 16. Monat (bzw. 21. Monat) nach der Entstehung der Steuerschuld ziehen konnte.[1042] Spiegelbildlich soll dem Steuerpflichtigen auch der Nachteil ersetzt werden, der ihm daraus entsteht, dass der Fiskus ihn zeitweise zu hoch in Anspruch genommen hat.[1043] Der Gesetzgeber hat sich dazu entschieden, den für die bisherigen Verzinsungen gültigen Zinssatz in Höhe von 0,5 % pro Monat (§ 238 AO) auch auf die Vollverzinsung zu erstrecken. Wie die Begründung zur Einführung einer Höchstdauer der Vollverzinsung zeigt, war sich der Gesetzgeber bereits 1988 bewusst, dass der gewählte Zinssatz für den Steuerpflichtigen überwiegend zu Nachteilen führen würde. Denn ein Zinssatz, der nur die durchschnittlich erzielten Nachteile abschöpfen würde, würde den Steuerpflichtigen auch bei einer unendlichen Laufzeit nicht benachteiligen. Dementsprechend verwies der Gesetzgeber zur Begründung der Zinshöhe auch nicht auf Referenzzinssätze am Finanzmarkt, sondern ausschließlich auf die Praktikabilität des gewählten Zinssatzes: „*Aus Gründen der Praktikabilität wird am festen Zinssatz des geltenden Rechts (§ 238 AO) festgehalten. Danach sollen auch die Zinsen für Steuernachforderungen und Steuererstattungen für jeden vollen Monat des Zinslaufes 0,5 v.H. betragen.*“[1044] Unklar bleibt bei dieser Formulierung jedoch, ob der Gesetzgeber nur einen einheitlichen Zinssatz für alle Verzinsungen

---

1041 Begründung zum Entwurf eines Steuerreformgesetzes 1990 vom 19.04.1988 = BT-Drucksache 11/2157 S. 195.

1042 Schriftliche Fragen mit den Antworten der Bundesregierung vom 15.10.1993 = BT-Drucksache 12/5905 S. 36; Begründung zum Entwurf eines Steuerreformgesetzes 1990 vom 19.04.1988 = BT-Drucksache 11/2157 S. 194; Unterrichtung durch die Bundesregierung vom 06.01.1978 = BT-Drucksache 8/1410 Anlage 4; Bemerkungen des Bundesrechnungshofes 2001 vom 15.10.2001 = BT-Drucksache 14/7018 S. 35; BVerfG vom 03.09.2009 - 1 BvR 2539/07 = BeckRS 2009, 39175; BFH vom 16.11.2005 - X R 3/04 = DStRE 2006, 309; BFH vom 18.05.2005 - VIII R 100/02 = BeckRS 2005, 24002211 Nr. 3 Nr. 3; FG Thüringen vom 22.04.2015 - 3 K 889/13 = BeckRS 2016, 94251 Rn. 18; FG Düsseldorf vom 13.07.2010 - 6 K 4585/07 = BeckRS 2011, 96040 Nr. 1; Beermann/Gosch/*Kögel*, Abgabenordnung Lfg. 96 § 233a Rn. 1 S. 5, Rn. 70 S. 21; Krabbe, Vollverzinsung im Steuerrecht S. 18 f.; *Behrens*, FR 2015, 214 (227); *Seer*, DB 2014, 1945 (1947); *Jonas*, UBG 2011, 960 (961); *Koch*, KStZ 2004, 121 (126).

1043 Begründung zum Entwurf eines Steuerreformgesetzes 1990 vom 19.04.1988 = BT-Drucksache 11/2157 S. 194; Unterrichtung durch die Bundesregierung vom 06.01.1978 = BT-Drucksache 8/1410 Anlage 4; Beermann/Gosch/*Kögel*, Abgabenordnung Lfg. 96 § 233a Rn. 70 S. 21

1044 Begründung zum Entwurf eines Steuerreformgesetzes 1990 vom 19.04.1988 = BT-Drucksache 11/2157 S. 195.

befürwortete oder ob sich das Argument der Praktikabilität darauf bezog, dass der Gesetzgeber vorübergehend am bestehenden Zinssatz festzuhalten wollte, um neben der Einführung der Vollverzinsung nicht auch noch durch eine Änderung der Zinssätze zusätzliche Komplikationen zu schaffen.

b) Effektiver Höchstwert

Durch die Begrenzung des Zinslaufes auf vier Jahre und die vorangehende zinsfreie Karenzzeit konnte eine maximale Verzinsung von 24 % (= 0,5 % pro Monat * 48 Monate Zinslauf) nach 63 Monaten erreicht werden. Wie bereits von Sebiger und Dechant dargestellt, entspricht dies einer nominal Verzinsung von 0,38 % pro Monat und 4,57 % pro Jahr.[1045] Bei einer marktüblichen Verzinsung mit jährlicher Zinsesverzinsung und einem Zinssatz von ≈ 0,35 % pro Monat oder ≈ 4,18 % pro Jahr beträgt der Wertzuwachs des Kapitals nach 63 Monaten ebenfalls 24 %.[1046] Da die Höchstdauer der steuerschuldrechtlichen Verzinsung eine weitere Verzinsung nach 63 Monaten ausschloss, marktübliche Anlagen eine solche Höchstgrenze jedoch grundsätzlich nicht besitzen, muss der Zinssatz einer marktüblichen Anlage mit zunehmender Dauer eine immer geringere Größe aufweisen, um insgesamt ebenfalls einen Wertzuwachs von 24 % zu generieren. Ab dem 63. Monat gilt daher (m > 63):

$$24\% = (1 + Z)^{\frac{m}{12}} - 1$$

$$1{,}24 = (1 + Z)^{\frac{m}{12}}$$

$$Z = 1{,}24^{\frac{12}{m}} - 1$$

Bei einer Laufzeit von nur fünfeinhalb Jahren benötigt eine marktübliche Anlage weniger als 4 % Verzinsung pro Jahr, um insgesamt auf einen Wertzuwachs der Kapitalbasis von 24 % zu kommen. Sollte es dem Steuerpflichtigen gelingen, die finale Festsetzung einer Nachzahlung zwölf Monate über die Höchstdauer des Zinslaufes hinauszuschieben, so genügt ihm bereits eine zinsesverzinsliche Anlage mit einem Zinssatz von nur gut 3,50 %, um trotz der Vollverzinsung einen Vorteil erwirtschaften zu können. Nur weitere dreizehn Monate später sind es weniger als 3 % und damit weniger als die Hälfte der nominalen Verzinsung im Steuerschuldrecht von 6 % pro Jahr.

1045 Carlé/Korn/Stahl/*Sebiger/Dechant*, Festgabe Felix S. 365 (385); *Felix*, StKongrRep 1989, 399 (403); *Streck*, DStR 1991, 369 (373).

1046 Vgl. D.I.2 Die effektive Höhe der gegenwärtigen Verzinsung S. 245 ff.

Selbst bei einer Anlage ohne Zinsesverzinsung reduziert die Höchstdauer die notwenige Zinshöhe einer alternativen Anlage. Ab dem 63. Monat gilt daher:

$$24\% = Z * \frac{m}{12}$$

$$Z = 24\% * \frac{12}{m}$$

Bereits nach einer Gesamtlaufzeit von sechs Jahren lassen sich bei einem jährlichen Zinssatz von 4 % ohne Zinsesverzinsung ebenfalls 24 % Kapitalrendite erzielen. Gelingt es dem Steuerpflichtigen, bis zu einer Nachzahlung, nach Erreichen der Höchstdauer der Verzinsung, weitere zwei Jahr und neun Monate verstreichen zu lassen, benötigt er nur eine jährliche Verzinsung von 3 % ohne Zinsesverzinsung, um die maximale Verzinsung der Vollverzinsung zu erwirtschaften.

Durch die Beschränkung des Zinslaufes auf höchstens vier Jahre hätte sich durch die Wirkung des Zinseszinses von marktüblichen Verzinsungen maximal ein effektiver Zinssatz von 4,18 % ergeben.

Abbildung 14: Vergleich von Vollverzinsung i.d.F. bis 1999 und Verzinsungen am Kapitalmarkt

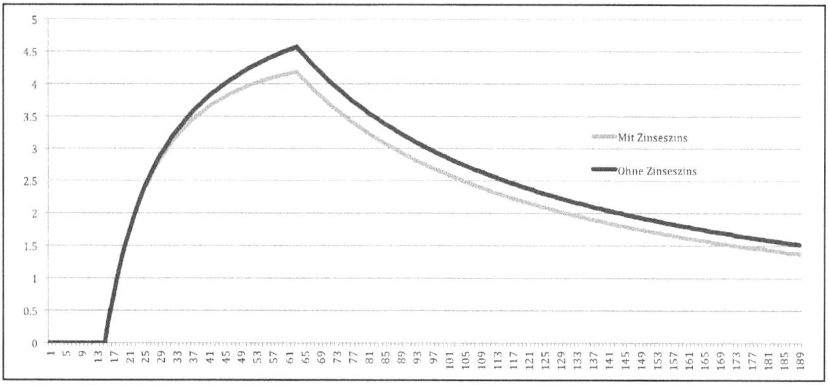

Die Abbildung zeigt, mit welchem Zinssatz (y-Achse [in %]) eine marktübliche Verzinsung (mit und ohne Zinsesverzinsung) notwendig wäre, um einen Wertzuwachs zu erzielen, der bei einer bestimmten Dauer (x-Achse [in Monaten]) durch die Vollverzinsung, in ihrer bis 1999 gültigen Fassung, mit einer Höchstdauer der Verzinsung von vier Jahren, erzielt wurde. Nach der zinsfreien Karenzzeit, in der eine marktübliche Verzinsung, die grundsätzliche keine Karenzzeit kennt, bereits Zinserträge erwirtschaftet, holt die durchschnittliche jährliche Vollverzinsung degressiv auf, bevor mit dem Ende des Zinslaufes im 63. Monat die Vollverzinsung wieder gegenüber einer marktüblichen Verzinsung verliert.

c) Zinsniveau am Finanzmarkt während der Gesetzesberatung

Nachdem die jährlichen Erträge sicherer Anleihen seit dem Jahr 1978 kontinuierlich gestiegen waren, erreichten sie im Jahr 1981 eine Höhe von mehr als 10 %.[1047] In den Jahren 1982 und 1983 gingen sie jeweils um mehr als einen Prozentpunkt zurück, ehe sie langsam unter 7 % pro Jahr fielen.[1048] Zwischen den Jahren 1986 und 1988 betrugen sie sodann nur noch zwischen 5,90 % und 6,10 %.[1049] Damit lag der Ertrag sicherer Anleihen zur Zeit der Gesetzgebung erneut sehr dich an der Höhe des steuerschuldrechtlichen Zinssatzes.

Die Entwicklung des Diskontsatzes zeigt ein ähnliches Bild. Der Diskontsatz stieg seit seinem Tiefstand im Jahr 1978 von 3 % ebenfalls bis zum Beginn der 1980er und stellte im Mai des Jahres 1980 den bis dato nicht übertroffenen Höchstwert aus dem Jahr 1970 von 7,50 % ein.[1050] Danach sank der Diskontsatz stetig, bis er im Dezember des Jahres 1987 nur noch eine Höhe von 2,50 % hatte.[1051] Zwischen den Jahren 1978 und 1988 lag der Diskontsatz durchschnittlich bei 4,68 %. Zuzüglich eines Aufschlages von zwei Prozentpunkten überschreitet der Durchschnitt den steuerschuldrechtlichen Zinssatz folglich nur um 0,68 Prozentpunkte. Der durchschnittliche Diskontsatz der letzten fünf Jahre vor dem Ende der Gesetzgebung (1984–1988) lag mit 3,62 %, zuzüglich des überkommenden Zuschlages von zwei Prozentpunkten, sogar nur noch 0,38 Prozentpunkte unter der Zinshöhe der Vollverzinsung.

d) Effektivität des Zinssatzes der Vollverzinsung

Entgegen der Begründung des Gesetzgebers zur Höchstdauer des Zinslaufes der Vollverzinsung – bei der er davon ausging, dass der Zinssatz der Vollverzinsung mehr als den durchschnittlichen Ertrag abschöpft und daher bei zu langer Dauer den Steuerschuldner zu sehr belasten kann – kritisiert Bundesrechnungshof den Zinssatz der Vollverzinsung in seinem Bericht aus dem Jahre 1988 als zu tief.[1052] Seiner Auffassung nach war der Zins nicht in der Lage, den Steuerpflichtigen zur rechtzeitigen Zahlung der Steuer zu motivieren, da

1047 Homer, A history of interest rates S. 508.

1048 Homer, A history of interest rates S. 508.

1049 Homer, A history of interest rates S. 508.

1050 Homer, A history of interest rates S. 514.

1051 Homer, A history of interest rates S. 514.

1052 Unterrichtung durch den Bundesrechnungshof vom 05.10.1988 = BT-Drucksache 11/3056 S. 83 f. Nr. 35.4.2.

alternative Soll-Verzinsungen höher seien.[1053] Damit erhebt der Bundesrechnungshof den Extremfall der Sollverzinsung zum Regelfall. Die Zinssätze der Sollverzinsung sind regelmäßig die höchsten Zinssätze. Sie können nicht zum Maßstab des durchschnittlich von Steuerpflichtigen erzielbaren Vorteiles aus der Kapitalüberlassung gemacht werden. Durch eine Anlehnung an den höchsten üblichen Zins gäbe die Verzinsung das Ziel eines zeitlichen Ausgleiches der Steuererhebung auf und würde zum Druckmittel. Nicht umsonst wurde daher die Höhe der Säumniszuschläge an die Soll-Verzinsung angelehnt. Überdies würden bei einer Anlehnung der Zinshöhe an die Soll-Verzinsung – jedenfalls bei einheitlicher Zinshöhe zu Gunsten als auch zu Lasten des Zensit – weitere Fehlanreize entstehen. Insbesondere könne der Fiskus als Anlageobjekt missbraucht werden.

Gleichwohl hatte der Bundesrechnungshof im Ergebnis Recht. Durch die Karenzzeit und die Beschränkung des Zinslaufes auf maximal vier Jahre darf nicht der nominale Zinssatz von 6 % pro Jahr zum Vergleich herangezogen werden. Stattdessen muss die tatsächliche Ertragskraft der Vollverzinsung mit der Ertragskraft einer Anleihe unter marktüblichen Konditionen (keine Karenzzeit, keine Höchstdauer, Zinsesverzinsung) verglichen werden. Dabei bleibt jedoch selbst die höchste effektive Verzinsung, die bei einer Laufzeit von 63 Monaten mit jährlich nur 4,18 % erreicht wird, deutlich hinter dem jährlichen Ertrag sicherer Anleihen zurück – der seit den 1950ern nicht mehr unter 5,90 % pro Jahr lagen. Die durchschnittliche effektive jährliche Verzinsung für Nachforderungen in einem Zeitraum von zwei bis sechs Jahren nach Entstehung der Steuer entspricht unter marktüblichen Bedingungen nur einer Verzinsung von 3,63 %. Damit liegt sie kaum über dem Diskontsatz von 3,50 % der von August 1988 bis Januar 1989 und damit während des Berichtes des Bundesrechnungshohes galt. Durch die 15-monatige Karenzzeit entspricht die durchschnittliche Verzinsung in den ersten drei Jahren seit der Entstehung sogar nur einer Verzinsung von 1,33 %. Eine Verzinsung über dem Diskontsatz von 3,50 % wird erst 39 Monate nach der Entstehung der Steuer erreicht. Der Bundesrechnungshof hätte daher weder den Sollzins, noch auch nur den üblichen Aufschlag von zwei Prozentpunkten auf den Diskontsatz oder den tatsächlichen durchschnittlichen Ertrag sicherer Anleihen zum Vergleich heranziehen müssen, um zu zeigen, dass der Zinssatz der Vollverzinsung bei seiner Einführung nicht in der Lage war, einen Einfluss auf den Zahlungszeitpunkt

1053 Unterrichtung durch den Bundesrechnungshof vom 05.10.1988 = BT-Drucksache 11/3056 S. 83 f. Nr. 35.4.2.

der Steuer zu nehmen. Er hätte lediglich die Bedingungen der Vollverzinsung bei der Bestimmung des Vergleichszinses berücksichtigen müssen.

Gleichwohl konnte die Vollverzinsung wenigstens teilweise den durch die Kapitalüberlassung generierbaren Vorteil abschöpfen. Auch wenn sie weit davon entfernt war, die Belastung der Steuer vom Zeitpunkt ihrer Fälligkeit zu lösen, konnte sie die Erhebung gerechter machen – wenn auch nur geringfügig.

4. Fazit

Schon die Einordnung der Vollverzinsung in § 233a AO deutet darauf hin, dass mit der Vollverzinsung kein neues System im deutschen Steuerrecht eingeführt werden sollte, sondern lediglich die Lücke zwischen der Entstehung der Steuer und ihrer Fälligkeit im bis dato bestehenden Verzinsungssystem geschlossen werden sollte. Obwohl die Vollverzinsung vom ersten Entschließungsantrag im Juni 1960 bis zu ihrer ersten Anwendung ab April 1991 ca. 30 Jahre beraten wurde und spätestens seit der Verabschiedung der Abgabenordnung 1977 ein politischer Konsens bestand, dass eine Vollverzinsung zu befürworten sei, erscheint die tatsächliche Umsetzung überstürzt. Im August 1987 war noch unklar, ob die Vollverzinsung überhaupt schon eingeführt werden konnte.[1054] Bereits im Januar 1988 wurde ein Entwurf einer Vollverzinsung im Referentenentwurf des Steuerreformgesetzes veröffentlicht. Dieser passierte am 23.06.1988 den Bundestag ohne wesentliche Änderungen. Zwar gab es umfassende Kritiken zur Vollverzinsung. Sie beschränkten sich jedoch im Wesentlichen darauf, die vorgeschlagene Vollverzinsung grundsätzliche abzulehnen. Als die Beschlussempfehlung des Finanzausschusses zwei Tage vor der Abstimmung im Bundestag veröffentlicht wurde, war es zu spät, um die konkrete Ausgestaltung der Vollverzinsung noch grundlegend zu verbessern. Zumal die Beschlussempfehlungen des Finanzausschusses zum Steuerreformgesetz sich insgesamt auf knapp 100 Seiten erstreckten und eine unüberschaubare Vielzahl weiterer Angriffspunkte offerierte. Eine detaillierte Befassung mit dem Abschnitt zur Vollverzinsung war damit nahezu unmöglich.

Die Vollverzinsung war von Anfang an dazu gedacht, finanzielle Mittel für den Fiskus zu generieren. Die Zinserträge aus der Nachforderungsverzinsung sollten planmäßig die Aufwendungen für die Erstattungsverzinsung um mehr

1054 Schriftliche Fragen mit den Antworten der Bundesregierung vom 14.08.1987 = BT-Drucksache 11/710 S. 12.

als eine Milliarde DM übertreffen.[1055] Dabei handelte es sich jedoch nicht um eine Übervorteilung des Steuerpflichtigen, sondern um die Abschöpfung eines unberechtigten Vorteils des Steuerpflichtigen. Der nominal mit 6 % bezifferte Zinssatz war effektiv von so geringer Wirkung, dass er deutlich hinter dem zurück blieb, was potentiell am Finanzmarkt zu erwirtschaften gewesen wäre. Dadurch war der Zinssatz sowohl für die Erstattungsverzinsung, als auch für die Nachzahlungsverzinsung bei seiner Einführung zu gering. Bis zur Mitte der 1990er sollte ein steigendes Zinsniveau die Geeignetheit der Vollverzinsung, die Steuerbelastung von Zeitpunkt der Fälligkeit der Steuer zu lösen, weiter sinken.

III. Änderungen der Zinsnormen nach 1988

Allein bis zum Jahr 2000 erfolgten neun Veränderungen des § 233a AO. Damit wurde der Paragraph öfter geändert als alle anderen Normen des Unterabschnittes zur Verzinsung in der Abgabenordnung in der gesamten Zeit seit dem Bestehen der Abgabenordnung 1977 zusammen. Nahezu alle Änderungen hatten zum Ziel, eine unbeabsichtigte Rechtsfolge zu vermeiden. Dies belegt die mangelhafte Umsetzung der Vollverzinsung im Steuerschuldrecht und die daraus entstehende Komplexität und Unverständlichkeit der Norm.

1. Körperschaftssteuer bei Einkünften aus Land- und Forstwirtschaft

Bereits 1989 und damit noch vor Ablauf des ersten Steuerjahres, welches von der Vollverzinsung erfasst wurde korrigierte der Gesetzgeber den Wortlaut des § 233a Abs. 2 S. 2 AO. Zunächst galt die Karenzzeit von 21 Monaten nur soweit die Einkommensteuer überwiegend durch Einkünfte aus Land- und Forstwirtschaft bedingt wurde. Durch das Gesetz zur steuerrechtlichen Förderung des Wohnungsbaues und zur Ergänzung des Steuerreformgesetzes 1990 vom 22.12.1989 erstreckte der Gesetzgeber die Norm auf den Fall, dass der Körperschaftsteuer überwiegend Einkünften aus Land- und Forstwirtschaft zugrunde lagen. Auch hier sollte die Karenzzeit 21 Monate betragen.

1055 1,4 Mrd. DM = ca. 716 Mio. Euro (Begründung zum Entwurf eines Steuerreformgesetzes 1990 vom 19.04.1988 = BT-Drucksache 11/2157 S. 134).

2. Missbrauchsbekämpfungs- und Steuerbereinigungsgesetz 1993

Das Missbrauchsbekämpfungs- und Steuerbereinigungsgesetz vom 21.12.1993 brachte gleich mehrere Korrekturen der Verzinsung.[1056]

a) Ende des Zinslaufes

Zunächst zog der Gesetzgeber das Ende des Zinslaufes der Vollverzinsung vor (§ 233a Abs. 2 S. 3 AO). Statt bis zur Fälligkeit des Steueranspruches sollte der Zinslauf nur noch bis zur Wirksamkeit der Festsetzung andauern – sofern die Höchstdauer von vier Jahren nicht zuvor erreicht wurde. Damit stellte er den Zinslauf von Steuererstattungen und Steuernachzahlungen gleich und korrigierte die sich bis dato ergebende ungeplante Benachteiligung des Steuerpflichtigen aus einer gegenüber der Nachzahlungsverzinsung kürzeren Erstattungsverzinsung.[1057]

b) Beschränkte Akzessorietät zu Steuerbescheiden

Des Weiteren stellte der Gesetzgeber klar, dass Zinsfestsetzungen zu ändern sind, soweit eine Korrektur wegen einer offenbaren Unrichtigkeit (§ 129 AO) vorgenommen wird (§§ 233a Abs. 5 S. 1 2.HS, 239 Abs. 1 S. 1 Nr. 1 AO).[1058] Für die Stundungsverzinsung, die Hinterziehungsverzinsung und die Prozessverzinsungen entschied er sich jedoch zugleich ausdrücklich gegen eine Akzessorietät. Aufhebungen, Änderungen und Berichtigungen von Steuerbescheiden sollen keine Auswirkungen auf die bereits nach §§ 234–237 AO festgesetzten Zinsen haben.

c) Anrechnung auf Stundungsverzinsung

Schließlich fügte der Gesetzgeber noch einen neuen Abs. 3 in § 234 AO ein, der klarstellte, dass neben der Vollverzinsung keine weitere Verzinsung verwirkt sein soll. In der Fassung von 1990 war zunächst ein entsprechender Zusatz nur in § 235 Abs. 4 AO und § 236 Abs. 4 AO vorgesehen.

1056 Art. 26 StMBG Nr. 24 ff. = BGBl. I 1993, 2310 (2347); Entwurf eines Gesetzes zur Bekämpfung des Mißbrauchs und zur Bereinigung des Steuerrechts vom 07.09.1993 = BT-Drucksache 12/5630 S. 102 f.

1057 Hübschmann/Hepp/Spitaler/*Heuermann*, Abgabenordnung Lfg. 233 § 233a S. 6 Rn. 2.

1058 Entwurf eines Gesetzes zur Bekämpfung des Mißbrauchs und zur Bereinigung des Steuerrechts vom 07.09.1993 = BT-Drucksache 12/5630 S. 102.

3. Grammatische Genauigkeit

Das Grenzpendlergesetz vom 24.06.1994 sollte zur grammatischen Genauigkeit beitragen. Es ersetzte die bis dato bestehende Formulierung in § 233a Abs. 2 S. 3 AO *„mit Wirksamkeit der Steuerfestsetzung"* durch den präziseren Ausdruck *„mit Ablauf des Tages, an dem die Steuerfestsetzung wirksam wird"*.

Daneben ersetzte das Gesetz in § 237 AO den Ausdruck *„Rechtsbehelf"* durch *„Einspruch"*. Die Änderung wurde jedoch bereits vor ihrer Umsetzung durch das Jahressteuergesetz 1996 weitgehend zurückgenommen, da sie zu unbeabsichtigten Ergebnissen geführt hätte.[1059]

4. Jahressteuergesetz 1997

Durch das Jahressteuergesetz 1997 wurde § 233a AO erneut umfassend korrigiert.

a) Unterschiedsbetrag

Mit Urteil vom 15.03.1995 hatte der BFH entschieden, dass die bis dato im Gesetz ausgeführte Formulierung in § 233a Abs. 1 S. 1 *„Führt die Festsetzung der Einkommen-, Körperschaft-, Vermögen-, Umsatz- oder Gewerbesteuer zu einer Steuernachforderung oder Steuererstattung, ist diese nach Maßgabe der folgenden Absätze zu verzinsen"* voraussetzt, dass eine offene Forderung im Zeitpunkt der Festsetzung besteht.[1060] Durch eine freiwillige Zahlung unmittelbar vor der Festsetzung der Nachforderung hätte der Steuerpflichtige daher eine Nachzahlungsverzinsung vollständig ausschließen können.[1061] Dies war jedoch nach Ansicht des Gesetzgebers ein *„wirtschaftlich ungerechtfertigtes Ergebnis"*, [1062] da der Steuerpflichtige bis zu seiner freiwilligen Zahlung im Genuss des finanziellen Vorteiles war. Durch das Jahressteuergesetz wurde deshalb § 233a Abs. 1 S. 1 AO neu gefasst und der Ausdruck *„Steuernachforderung oder Steuererstattung"* klarstellend durch *„Unterschiedsbetrag im Sinne des Absatzes 3"* ersetzt.

b) Bis zu Beginn des Zinslaufes festgesetzte Zahlungen

Durch den Beschluss des BFH vom 27.03.1996 sah sich der Gesetzgeber gedrängt, auch § 233 Abs. 3 S. 1 AO präzisier zu fassen. Der BFH äußerte, es sei

---

1059 Hübschmann/Hepp/Spitaler/*Heuermann*, Abgabenordnung Lfg. 234 § 237 S. 3 Rn. 4.

1060 BFH vom 15.03.1995 – I R 56/93 = DStR 1995, 880.

1061 Zweiter schriftlicher Bericht des Finanzausschusses zum Entwurf eines Jahressteuergesetzes 1997 vom 05.11.1996 = BT-Drucksache 13/5952 S. 56.

1062 Zweiter schriftlicher Bericht des Finanzausschusses zum Entwurf eines Jahressteuergesetzes 1997 vom 05.11.1996 = BT-Drucksache 13/5952 S. 56.

„…ernstlich zweifelhaft, ob gem. § 233a Abs. 3 S. 1 AO 1977 nach Beginn des Zinslaufs festgesetzte Vorauszahlungen bei der Zinsberechnung unberücksichtigt bleiben“[1063]. Nach Ansicht des Gesetzgebers eröffnete dies insbesondere dem Umsatzsteuerschuldner die Möglichkeit, durch eine Berichtigung der Voranmeldung eine Verzinsung zu verhindern.[1064] Dies laufe der beabsichtigten Regelungswirkung der Norm entgegen.[1065] Daher erfuhr § 233a Abs. 3 S. 1 klarstellend die Begrenzung auf die Vorauszahlungen, die „bis *zum Beginn des Zinslaufs*“ festgesetzt waren.

c) Rückwirkende Ereignisse

Die umfassendste Änderung erfuhr § 233a AO durch die neu hinzugefügten Absätze 2a und 7. Auch in diesem Fall machte der BFH auf eine bestehende Problematik aufmerksam. In seinem Beschluss vom 27.10.1994 erklärte der BFH, es sei *„ernstlich zweifelhaft, ob bei einer nachträglichen Erhöhung des Kaufpreises für eine wesentliche Beteiligung der Unterschiedsbetrag zwischen der ursprünglichen und der rückwirkend entstehenden Steuerschuld auch rückwirkend nach § 233a AO 1977 zu verzinsen ist.“*[1066] Der Gesetzgeber reagierte jedoch zunächst nicht. Erst als eine Anmerkung des Bundesrechnungshofes und Eingaben der obersten Finanzbehörden des Bundes und der Länder aufzeigten, dass diese Rückwirkungen mit dafür verantwortlich waren, dass durch die Vollverzinsung ein Defizit von 115 Mio. DM statt eines planmäßigen Überschusses von bis zu 1 Mrd. DM erzielt wurden, griff auch der Gesetzgeber ein.[1067] Er stellte daher in den neu eingefügten Absätzen klar, dass rückwirkende Ereignisse erst in dem Jahr zu berücksichtigen sind, in dem das rückwirkende Ereignis eintritt oder der Verlust tatsächlich entsteht.[1068]

1063 Leitsatz des Beschlusses: BFH vom 27.03.1996 – I B 30/95 = DStR 1996, 1045.

1064 Zweiter schriftlicher Bericht des Finanzausschusses zum Entwurf eines Jahressteuergesetzes 1997 vom 05.11.1996 = BT-Drucksache 13/5952 S. 56.

1065 Zweiter schriftlicher Bericht des Finanzausschusses zum Entwurf eines Jahressteuergesetzes 1997 vom 05.11.1996 = BT-Drucksache 13/5952 S. 56.

1066 Leitsatz des Beschlusses: BFH vom 27.09.1994 – VIII B 21/94 = DStR 1995, 97.

1067 Bemerkungen des Bundesrechnungshofes 1996 vom 16.10.1996 = BT-Drucksache 13/5700 S. 124 f.

1068 Bemerkungen des Bundesrechnungshofes 1996 vom 16.10.1996 = BT-Drucksache 13/5700 S. 124 f.; Zweiter schriftlicher Bericht des Finanzausschusses zum Entwurf eines Jahressteuergesetzes 1997 vom 05.11.1996 = BT-Drucksache 13/5952 S. 56.

5. Steuerbereinigungsgesetz 1999

Die Regierung Gerhard Schröders nahm unmittelbar nach ihrer Wahl umfassende Veränderungen des Steuerrechtes vor. Im Zuge des von ihr vorgeschlagenen Gesetzes zur Bereinigung von steuerlichen Vorschriften widmete sie sich dabei auch der Verzinsung im Steuerschuldrecht

a) *Beseitigung Formulierungsfehler*

Zunächst korrigierte sie einen Fehler in § 233a Abs. 7 S. 3 AO. Statt dem benannten *„Teil-Unterschiedsbetrag zugunsten des Steuerpflichtigen"* hatte der Gesetzgeber den *„Teil-Unterschiedsbetrag zuungunsten des Steuerpflichtigen"* mit der Norm erfassen wollen. Die Gesetzesbegründung nennt die Fehlbezeichnung einen *„Schreibfehler"*[1069]. Wenn jedoch ein ganzes Parlament inkl. seiner Mitarbeiter den Fehler in der Gesetzgebung nicht entdeckt, obwohl er schlicht das Gegenteil bezeichnet, von dem was logisch erfasst sein müsste und der Fehler in der Fachwelt fast zwei Jahre existieren kann, ist der Vorwurf angebracht, dass der siebte Absatz des § 233a AO schlicht so kompliziert konzipiert wurde, dass sogar ihr eigener Verfasser schlicht durcheinandergekommen ist.[1070]

b) *Aufrechnungen erst ab Fälligkeit*

Auf eine weitere notwendige Korrektur der Verzinsungsnormen hatte erneut der BFH aufmerksam gemacht. Die Finanzverwaltung war bis dato der Auffassung, dass eine Aufrechnungslagen im Steuerschuldverhältnis die Fälligkeit der Forderungen erfordert.[1071] Der BFH stellte jedoch fest, dass eine Aufrechnungslage auch bereits mit der Entstehung der Steuer gegeben sein kann.[1072] Obwohl das Urteil sogar schon sieben Jahre existierte, wurde der Gesetzgeber erst mit dem Jahressteuergesetz 1999 tätig und ergänze in § 238 Abs. 1 AO einen klarstellenden dritten Satz, dass eine Aufrechnungslage erst mit der Fälligkeit des Anspruchs des Aufrechnenden gegeben ist.

1069 Begründung zum Entwurf des Steuerbereinigungsgesetzes 1999 vom 27.08.1999 = BT-Drucksache 14/1514 S. 48.

1070 Vgl. *Gosch,* StBp 1999, 334 (335); Drenseck/Seer/*Loose*, Festschrift Kruse S. 295 (296) m. w. N.; Seer/Klemke, Neuordnung der Verzinsung von Ansprüchen aus dem Steuerschuldverhältnis S. 66.

1071 Anwendungserlass (AEAO) zu § 226, Nr. 2 vom 15.07.1998 = BStBl. I 1998, 630.

1072 BFH vom 03.05.1991 – V R 105/86 = JurionRS 1991, 16800.

c) *Abschaffung Höchstdauer*

Eine Änderung der §§ 233a ff. AO mit großer Auswirkung auf die Zinseinnahmen des Fiskus erfolgte durch die Aufgabe der Höchstdauer der Vollverzinsung. Bei einer maximalen Laufzeit der Verzinsung von vier Jahren konnte, durch Verzögerungen der Steuerfestsetzung über den Ablauf der vier Jahre hinaus, die effektive Wirkung Verzinsung der Verzinsung drastisch gemindert werden.[1073] Zwar sollte die Begrenzung des Zinslaufes ursprünglich die Finanzverwaltung zu einer zeitnahen Festsetzung motivieren, insbesondere zu einem zeitnahen Abschluss von Betriebsprüfungen.[1074] Der Motivationsversuch musste jedoch als erfolglos erachtet werden. Die Finanzverwaltung mochte tatsächlich motiviert gewesen sein, die Verfahren zu beschleunigen. Das immer komplexere Steuerrecht und ein gleichzeitiger Personalabbau in der Verwaltung wirkten einer spürbaren Beschleunigung jedoch entgegen.[1075] Zugleich hatten die Steuerpflichtigen ein eigenes finanzielles Interesse daran, die Verfahren möglichst weit über die Höchstgrenze hinaus dauern zu lassen.[1076] Je dichter sich ein laufendes Verfahren der Höchstgrenze des Zinslaufes näherte, desto eher lohnte es sich für den Steuerpflichtigen das Verfahren hinauszuzögern. Der Gesetzgeber schätzte, dass allein durch die Begrenzung des Zinslaufes den Staatskassen jährlich eine halbe Milliarde DM entgingen.[1077]

6. 23 Monate Karenzzeit für Land- und Forstwirtschaft

Das Steuervereinfachungsgesetz vom 01.11.2011 erweiterte die Karenzzeit für Einkünfte, die überwiegend aus Land- und Forstwirtschaft stammen, auf 23 Monate (233a Abs. 2 S. 2 AO). Durch diese Maßnahme sollte die zeitgleich beschlossene Verlängerung der Steuererklärungsfrist in § 149 Abs. 2 S. 2 AO in der Verzinsung des Steuerschuldrechtes berücksichtigt werden.[1078] Der Sinn dieser Erweiterung erschließt sich dem Verfasser dieser Arbeit jedoch nicht.

1073 Siehe: D.I.2 Die effektive Höhe der gegenwärtigen Verzinsung S. 245.

1074 Begründung zum Entwurf eines Steuerreformgesetzes 1990 vom 19.04.1988 = BT-Drucksache 11/2157 S. 195.

1075 *Loose*, StuW 2003, 377 (380).

1076 Begründung zum Entwurf des Steuerbereinigungsgesetzes 1999 vom 27.08.1999 = BT-Drucksache 14/1514 S. 48.

1077 Ca. 256 Mio. Euro (Begründung zum Entwurf des Steuerbereinigungsgesetzes 1999 vom 27.08.1999 = BT-Drucksache 14/1514 S. 26).

1078 Entwurf eines Steuervereinfachungsgesetzes 2011 vom 21.03.2011 = BT-Drucksache 17/5125 S. 51.

Die Karenzzeit des § 233a Abs. 2 AO sollte sich laut Gesetzesbegründung nach der maximal üblichen Fristverlängerung zur Einreichung der Steuererklärung richten.[1079] Obwohl das Wirtschaftsjahr bei Einkünften aus Land- und Forstwirtschaft bis zum 30.06 des Folgejahres und damit sechs Monate länger dauern kann als das Kalenderjahr, gewährt die Finanzverwaltung nur eine maximal verlängerte Erklärungsfrist bis zum 31.07. des zweiten Jahres nach der Entstehung der Steuer und damit fünf Monate länger als bei den überwiegend nicht aus Land- und Forstwirtschaft entstammenden Einkünften.[1080] Richtigerweise wäre daher schon die 21-monatige Karenzzeit einen Monat zu lang gewesen.

7. Euroumstellung

Das Euroglättungsgesetz vom 19.12.2000 änderte die bisher in DM ausgedrückten Beträge in §§ 238 Abs. 2 und § 239 Abs. 2 AO im Umrechnungskurs von 1 EURO = 2 DM in die neue Gemeinschaftswährung.

8. Aus „vom Hundert" wird „Prozent"

Mit dem Jahressteuergesetz 2007 vom 13.12.2006 wurde die seit jeher verwendete Bezeichnung „vom Hundert" in den §§ 238 und 240 AO aufgegeben und durch die im neueren Sprachgebrauch etablierte Bezeichnung „Prozent" ersetzt. Die Gesetzesbegründung führt dazu aus: *„Der Gesetzgeber ist gehalten, veraltete oder ungebräuchliche Ausdrücke durch eine zeitgemäße Wortwahl zu ersetzen. Dies dient der Verständlichkeit und Bürgernähe."*[1081]

IV. Änderungen des § 240 AO nach 1988

Seit 1977 erfuhr auch der Säumniszuschlag in § 240 AO diverse Änderungen.[1082]

1079 Begründung zum Entwurf eines Steuerreformgesetzes 1990 vom 19.04.1988 = BT-Drucksache 11/2157 S. 195.

1080 Vgl.: Die gleichlautenden Erlasse über Steuererklärungsfristen der Obersten Finanzbehörden der Länder. U.A. Erlass für das Jahr 2011 = BStBl. I 2012, 58; Erlass für das Jahr 2012 = BStBl. I 2013, 66; Erlass für das Jahr 2013 = BStBl. I 2014, 66; Erlass für das Jahr 2014 = BStBl. I 2015, 41.

1081 Entwurf eines Jahressteuergesetzes 2007 vom 25.09.2006 = BT-Drucksache 17/2712 S. 66.

1082 Übersicht auch bei Hübschmann/Hepp/Spitaler/*Heuermann*, Abgabenordnung Lfg. 231 § 240 S. 5 f. Rn. 8 ff.

1. Keine Schonfrist bei Bar- und Scheckzahlungen

Zunächst wurde durch das Gesetz zur Umsetzung des Föderalen Konsolidierungsprogramms vom 23.06.1993 § 240 Abs. 3 AO um einen zweiten Satz ergänzt. § 240 Abs. 3 AO bestimmte bis dato, dass zu Gunsten des Steuerpflichtigen Säumniszuschläge erst nach einer fünftägige Schonfrist verwirkt sein sollen. Der neu eingeführte zweite Satz nahm Bar- und Scheckzahlungen von der Schonfrist aus. Mit der Schonfrist wollte der Gesetzgeber dem Steuerzahler das Risiko einer umgehenden Ausführung von Überweisungen nehmen.[1083] Da ein solches Risiko bei Bar- und Scheckzahlungen nicht besteht, sollte für sie die Schonfrist nicht gelten.[1084]

2. Keine Akzessorietät vom Säumniszuschlägen

Auch bei den Säumniszuschlägen stellte der Gesetzgeber mit einem durch das Missbrauchsbekämpfungs- und Steuerbereinigungsgesetz 1993 hinzugefügten Satz klar, dass Säumniszuschläge nicht akzessorisch zu der ihnen zugrunde liegenden Steuerschuld sind. Selbst bei Korrekturen nach § 129 AO sollten einmal verwirkte Säumniszuschläge bestehen bleiben.

3. Erweiterung der Säumniszuschläge auf Haftungsschuldner

Durch sein Urteil vom 25.02.1997 entschied der BFH: *„Der Begriff "Steuer" in § 240 Abs. 1 Satz 1 AO 1977 erfaßt nicht Geldbeträge, die in einem Haftungsbescheid gegen den Haftungsschuldner festgesetzt sind. Demgemäß entstehen bei Nichtentrichtung des Haftungsbetrags bei Fälligkeit keine Säumniszuschläge.*"[1085] Der Gesetzgeber ergänzte daraufhin § 240 Abs. 1 AO mit dem Gesetz zur Datenermittlung für den Verteilungsschlüssel vom 23.06.1998 um einen Satz. Mit ihm stellte er klar, dass auch für den Haftungsschuldner eigenständig Säumniszuschläge verwirkt sein können. Jedoch sollen die Säumniszuschläge insgesamt nur einmalig verwirkt sein können.[1086]

1083 Begründung zum Entwurf eines Gesetzes zur Umsetzung des Föderalen Konsolidierungsprogramms vom 04.03.1993 = BT-Drucksache 12/4401 S. 98.

1084 Begründung zum Entwurf eines Gesetzes zur Umsetzung des Föderalen Konsolidierungsprogramms vom 04.03.1993 = BT-Drucksache 12/4401 S. 98.

1085 Leitsatz des Urteiles: BFH vom 25.02.1997 - VII R 15/96 = DStR 1997, 1324.

1086 Begründung zum Entwurf eines Gesetzes zur Datenermittlung für den Verteilungsschlüssel des Gemeindeanteils am Umsatzsteueraufkommen vom 02.04.1998 S = BT-Drucksache 13/10343. 11.

4. Aufrechnungen erst ab Fälligkeit

Mit dem Steuerbereinigungsgesetz 1999 wurde neben dem § 238 Abs. 1 S. 3 AO auch eine entsprechende Regelung zur Wirkung der Aufrechnung in § 240 Abs. 1 AO ergänzt (vgl. oben).

5. Euroumstellung

Durch Euroglättungsgesetz vom 19.12.2000 wurde auch der Abrundungsbetrag in §§ 249 Abs. 1 S. 1 AO von 100 DM auf nunmehr 50 Euro umgerechnet.

6. Schonfrist verkürzt von 5 auf 3 Tage

Das Steueränderungsgesetz vom 15.12.2003 verkürzte die Schonfrist für Säumniszuschläge in § 240 Abs. 3 von fünf auf drei Tage. Grundlage dieser Verkürzung war die zum 01.01.2002 auf drei Bankarbeitstage gesetzlich beschränke Höchstdauer für die Ausführung von Überweisungen in § 676a Abs. 2 Nr. 2 BGB 2003.[1087] Obwohl Überweisungen seit dem 31.10.2009 gemäß § 675s Abs. 1 S. 1 BGB nunmehr lediglich einen Bankarbeitstag dauern dürfen, hat der Gesetzgeber bisher die Schonfrist nicht weiter verkürzt.

V. Ertragssteuerliche Behandlung von Zinsaufwendungen

Seit der Einführung der Vollverzinsung wurden Zinsen ertragssteuerlich symmetrisch behandelt.[1088] Zinsaufwendungen reduzierten das steuerbare Einkommen, Zinserträge erhöhten es. Zwar fehlte es an einer ausdrücklichen Regelung, die die Zinserträge in §§ 233a ff. AO zu steuerbaren Einkünften erklärte. Die Rechtsprechung, das Schrifttum und die Finanzverwaltung waren sich dahingehend jedoch einig.[1089]

1087 Begründung zum Entwurf eines Steueränderungsgesetzes 2003 vom 23.09.2003 = BT-Drucksache 15/1562 S. 55.

1088 Seer/Klemke, Neuordnung der Verzinsung von Ansprüchen aus dem Steuerschuldverhältnis S. 79.

1089 Seer/Klemke, Neuordnung der Verzinsung von Ansprüchen aus dem Steuerschuldverhältnis S. 79. „*An der ständigen Rechtsprechung wird festgehalten, wonach Prozeß- und Verzugszinsen als Einkünfte aus Kapitalvermögen mit dem normalen Steuersatz zu besteuern sind.*" (2. Leitsatz BFH vom 25.10.1994 – VIII R 79/91 = DStR 1995, 49). „*…Schrifttum und Finanzverwaltung gehen übereinstimmend davon aus, dass eine erzwungene Kapitalüberlassung zu Einnahmen aus Kapitalvermögen führen kann…*" (BFH vom 08.11.2005 – VIII R 105/03 = BeckRS 2005, 25009260 m. w. N.).

1. Abzugsverbot ab 01.01.1999

Durch das Steuerreformgesetz 1999 sollte der Sonderausgabenabzug für Zinsen nach §§ 233a ff. AO zum 01.01.1999 wieder abgeschafft werden. Der Gesetzgeber führte dazu aus, dass die Übergangsregelung, die zur Erleichterung der Einführung der Vollverzinsung eine Behandlung als Sonderausgaben vorsah, nicht mehr erforderlich sei.[1090] Die Einführung sei abgeschlossen.[1091] Zudem sei die Abzugsfähigkeit von Zinsen aus §§ 233a ff. AO systemfremd angesichts eines Ausschlusses der Abzugsfähigkeit von sonstigen privaten Zinsaufwendungen. Es könne sogar zu der Situation kommen, dass ein Steuerschuldner der einen privaten Kredit aufnimmt, um die Steuer zu entrichten schlechter stehe, als ein Steuerschuldner, der bis zur Säumnis das Geld dem Fiskus schuldig geblieben sei.[1092] Überdies wies der Gesetzgeber in der Begründung des Gesetzesentwurfes darauf hin, dass der an dieser Stelle gewährte Abzug von Zinsaufwendungen dazu führe, dass das allgemeine Verbot eines Schuldzinsenabzugs angegriffen werde. Schließlich ergänzte der Gesetzgeber noch, dass eine Abschaffung des Sonderausgabenabzuges auch der Steuervereinfachung diene.

Neben der Streichung der Sonderausgabenabzuges in § 10 Nr. 5 EStG 1998 sollte auch die Berücksichtigung der Zinsen als Aufwendungen bei der Ermittlung der Einkünfte als Grundlage für die Personensteuern gestrichen werden. Dazu sollte jeweils in § 12 Nr. 3 EStG 1998 und § 10 Nr. 2 KStG 1998 der zweite Halbsatz entfernt werden, der Zinsen nach §§ 233a, 234 und 237 AO zu ausnahmsweise abziehbaren Nebenleistungen der Steuerschuld erklärten. Insgesamt versprach sich der Gesetzgeber durch die Abzugsverbote Mehreinnahmen von jährlich 158 Mio. DM.[1093]

Das Steuerreformgesetz 1999 fand jedoch im Bundesrat keine Zustimmung.[1094] Der Bundesrat hielt es insgesamt für *„finanzpolitisch unsolide, sozial unausgewogen und wirtschaftspolitisch verfehlt.“*[1095] Nach der Bundestagswahl

1090 Begründung zum Entwurf eines Steuerreformgesetzes 1999 vom 22.04.1997 = BT-Drucksache 13/7480 S. 200.

1091 Begründung zum Entwurf eines Steuerreformgesetzes 1999 vom 22.04.1997 = BT-Drucksache 13/7480 S. 200.

1092 Begründung zum Entwurf eines Steuerreformgesetzes 1999 vom 22.04.1997 = BT-Drucksache 13/7480 S. 200.

1093 Ca. 81 Mio. Euro. Begründung zum Entwurf eines Steuerreformgesetzes 1999 vom 22.04.1997 = BT-Drucksache 13/7480 S. 180.

1094 Unterrichtung durch den Bundesrat vom 08.07.1997= BT-Drucksache 13/8177.

1095 Unterrichtung durch den Bundesrat vom 08.07.1997= BT-Drucksache 13/8177 S. 1.

1998 unternahm die neue, SPD-geführte Regierung mit dem Steuerentlastungsgesetz 1999/2000/2002 einen zweiten, diesmal erfolgreichen Anlauf den Zinsabzug abzuschaffen. Die Begründungen des Gesetzesentwurfes wurden insoweit wortgetreu aus dem Entwurf des Steuerreformgesetzes 1999 übernommen.[1096] Die Kritik an der Rechtsänderung blieb verhältnismäßig gering.[1097]

2. Wiederherstellung der Symmetrie durch den BFH

Gut zehn Jahre nach der Einführung des Zinsaufwendungsabzugsverbotes entschied der BFH einen Fall aus dem Jahre 2000, indem der Steuerschuldner sowohl Zinsschuldner, als auch Zinsgläubiger seines Finanzamtes war.[1098] Das Gericht bestätigte das Zinsaufwendungsabzugsverbot und verwies auf die bereits in seinem Urteil von 2008 getroffene Einschätzung, dass dem Abzugsverbot keine verfassungsrechtlichen Bedenken entgegenstehen.[1099] Es ersah jedoch in § 12 Nr. 3 EStG die gesetzgeberische Entscheidung, Erstattungszinsen - wie Erstattungen selbst - dem nicht steuerbaren Bereich zuzuordnen.[1100] Dementsprechend seinen Erstattungszinsen seit 1999 von der Ertragsbesteuerung auszunehmen. Zwar habe der Gesetzgeber 1990 ausdrücklich Erstattungszinsen dem steuerbaren Bereich zugeordnet. Dies habe er jedoch in erkennbarer Symmetrie zur Abziehbarkeit der Zinsaufwendungen getan. Durch seine Entscheidung, die Zinsaufwendungen ab 1999 dem steuerbaren Bereich zu entziehen, seien daher die Erwägungen zur Steuerpflicht der Zinserträge aus dem Steuerschuldverhältnis hinfällig.

3. Bewusste Asymmetrie

Der Gesetzgeber reagierte umgehend auf die Rechtsprechung des BFH. Nur wenige Monate nach dem Urteil wurde der bereits in die Beratungen eingetretene Entwurf des Jahressteuergesetzes 2010 erweitert.[1101] In § 20 Abs. 1 Nr. 7

1096 Entwurf eines Steuerentlastungsgesetzes 1999/2000/2002 vom 09.11.1998 = BT-Drucksache 14/23 S. 174.

1097 Beermann/Gosch/*Kögel*, Abgabenordnung Lfg. 41 § 233 Rn. 35 S. 89

1098 BFH vom 10.06.2010 - VII R 33/07 = DStR 2010, 1829; Seer/Klemke, Neuordnung der Verzinsung von Ansprüchen aus dem Steuerschuldverhältnis S. 80.

1099 BFH vom 10.06.2010 - VII R 33/07 = DStR 2010, 1829; BFH vom 02.09.2008 - VIII R 2/07 = DStRE 2009, 318.

1100 BFH vom 10.06.2010 - VII R 33/07 = DStR 2010, 1829.

1101 Entwurf eines Jahressteuergesetzes 2010 vom 28.10.2010 = BT-Drucksache 17/3549 S. 8 f.

EStG sollte ein dritter Satz ergänzt werden, der klarstellt, dass der Gesetzgeber mit der Einführung des Abzugsverbotes von Zinsaufwendungen zum 01.01.1999 keine Änderung der ertragssteuerlichen Erfassung von Zinserträgen beabsichtigte.[1102] Er habe stattdessen bewusst die gleiche Asymmetrie herstellen wollen, die auch durch die Steuerpflicht privater Guthabenzinsen und die Nichtabzugsfähigkeit privater Zinsaufwendungen im Sonstigen besteht.[1103] Die Klarstellung sollte rückwirkend für alle noch offenen Steuerfälle gelten.

4. Bestätigung der Asymmetrie durch den BFH

Sowohl in der erstinstanzlichen Rechtsprechung, als auch in der Literatur wurden ernsthafte Zweifel geäußert, ob die Klarstellung und die Rückwirkung des Gesetzgebers rechtmäßig waren und dass durch die Gesetzesänderung das beabsichtigte Ziel, einer Zuordnung der steuerschuldrechtlichen Zinserträge zu den steuerbaren Einnahmen aus Kapitalvermögen, erreicht wurde.[1104] Auch der BFH hatte zunächst Zweifel und setzt die Vollziehung mehrfach zunächst aus.[1105] Mit seinem Urteil vom 12.11.2013 urteilte der BFH jedoch, dass er keinen Verstoß gegen Verfassungsrecht erkenne und die Klarstellung des Gesetzgeber die Zinseinkünfte aus §§ 233a ff. AO zu steuerbaren Einnahmen aus Kapitalvermögen erklärt habe.[1106] Zwar erkannte der BFH in der Rückwirkung der Zuordnung zu den Einnahmen aus Kapitalvermögen eine echte Rückwirkung. Diese sei jedoch ausnahmsweise gerechtfertigt, da sich auf Grund der Kürze des Zeitraumes zwischen dem Urteil des BFH im Juni 2010 und der Klarstellung des Gesetzgebers mit dem Jahres-

1102 Entwurf eines Jahressteuergesetzes 2010 vom 28.10.2010 = BT-Drucksache 17/3549 S. 8 f., 17.

1103 Entwurf eines Jahressteuergesetzes 2010 vom 28.10.2010 = BT-Drucksache 17/3549 S. 18.

1104 Seer/Klemke, Neuordnung der Verzinsung von Ansprüchen aus dem Steuerschuldverhältnis S. 80; FG Münster vom 10.05.2012 - 2 K 1947/00 E = BeckRS 2012, 95748; FG Münster 27.10.2011 - 2 V 913/11 E = DStR 2012, 68; FG Düsseldorf vom 05.09.2011 - 1 V 2325/11 A(E) = DStRE 2012, 874; Schleswig-Holsteinisches FG vom 27.01.2012 - 1 V 226/11 = DStRE 2012, 871; *Panzer/Gebert,* DStR 2011, 741; *Rublack,* FR 2011, 173; *Steinhauff,* EStB 2014, 91, *Behrens,* BB 2014, 996.

1105 BFH vom 22.12.2011 - VIII B 190/11 = DStR 2012, 347; BFH vom 22.12.2011 - VIII B 146/11 = BeckRS 2012, 94302; BFH vom 09.01.2012 - VIII B 95/11 = BeckRS 2012, 94420.

1106 BFH vom 12.11.2013 - VIII R 36/10 = DStR 2014, 316. Zuletzt bestätigt durch BFH vom 24.06.2014 - VIII R 29/12 = DStR 2014, 1415.

steuergesetzes im Dezember 2010 kein schützenswertes Vertrauen der Steuerschuldner entwickeln konnte.

5. Abmilderung durch die Finanzverwaltung

Zur Vermeidung unbegründeter Härten lässt die Finanzverwaltung eine steuerwirksame Verrechnung von Zinsguthaben und Zinsschulden des Steuerpflichtigen zu.[1107] Hat der Steuerpflichtige beispielsweise für einen Zeitraum Nachzahlungszinsen entrichtet und kommt es im Nachhinein zu einer Korrektur, auf Grund derer er bis zu der Höhe der vorherigen Nachzahlungszinsen Erstattungszinsen erhält, werden die Erstattungszinsen ausnahmsweise nicht als Einnahmen aus Kapitalvermögen qualifiziert, sondern als Rückzahlung der Nachzahlungszinsen.[1108] Umgekehrt werden Nachzahlungszinsen, die der Steuerpflichtige in Folge einer Korrektur leisten muss, soweit er zuvor in gleichem Umfang Erstattungszinsen erhalten hatte, die eine entsprechende Steuerpflicht auslösten, als negative Einnahmen aus Kapitalvermögen qualifiziert.[1109] Obwohl es sich bei dieser Maßnahme um keinen Billigkeitserlasshandelt und dementsprechend keine Antragsstellung notwendig ist, wird bemängelt, dass diese Maßnahme entgegen dem Untersuchungsgrundsatz der Finanzverwaltung (§ 88 Abs. 2 AO) zu Lasten der Steuerzahler nicht automatisch berücksichtigt wird.[1110]

6. Auswirkungen der Besteuerung auf die effektive Zinshöhe

Die Ertragsbesteuerung der Zinsen wirkt sich ebenso wie die fehlende Abzugsfähigkeit von Zinsenaufwendungen auf die effektive Zinshöhe aus. Sieht der Gesetzgeber von einer Besteuerung der Zinserträge ab, kann ihre Bruttohöhe mit der Nettohöhe alternativer Anlagen am Finanzmarkt verglichen werden.

$$E_{\text{Zinserträge}} = E_{\text{Kapitalmarkt}} - (E * \text{Steuersatz})$$

1107 OFD Magdeburg Verfügung S 2252 – 68 – St 214 vom 27.08.2003 = DStR 2003, 1833 (1833); Vgl. *Eggesiecker*, BB 2004, 745 (746) m. w. N.

1108 OFD Magdeburg Verfügung S 2252 – 68 – St 214 vom 27.08.2003 = DStR 2003, 1833 (1833).

1109 OFD Magdeburg Verfügung S 2252 – 68 – St 214 vom 27.08.2003 = DStR 2003, 1833 (1833).

1110 *Eggesiecker*, BB 2004, 745 (746).

Abbildung 15: Auswirkungen der Besteuerung auf die effektive Zinshöhe

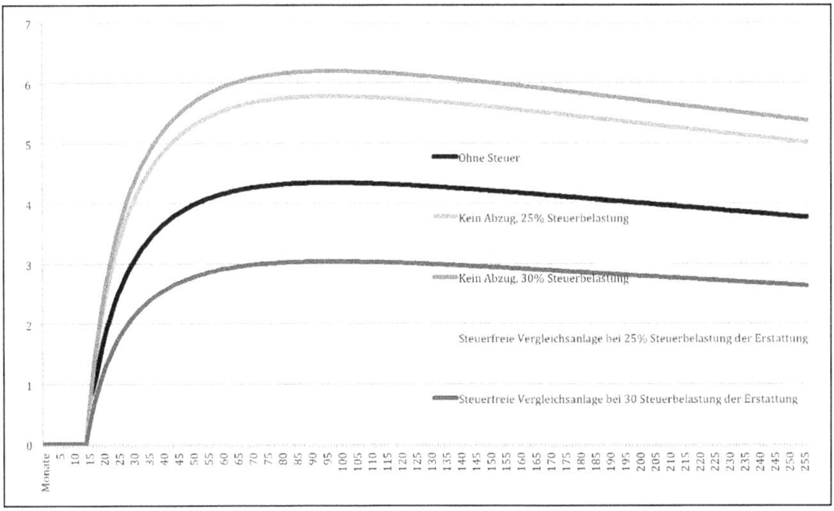

Die Abbildung zeigt, mit welchem Zinssatz (y-Achse [in %]) eine marktübliche Verzinsung (mit Zinsesverzinsung) notwendig wäre, um einen Wertzuwachs zu erzielen, der bei einer bestimmten Dauer (x-Achse [in Monaten]) durch die Vollverzinsung erzielt wird. Die mittlere Kurve (rote Kurve) stellt die Vergleichssituation ohne jegliche Besteuerung dar. Die weiteren Kurven zeigen jeweils vergleichbare Finanzprodukte im Falle einer Besteuerung. Die violette Kurve zeigt, dass eine steuerfreie Erstattungsverzinsung einem mit 30 % steuerbelastetem Finanzprodukt entspricht, welches eine Verzinsung von bis zu 6,20 % besitzt. Ist das Finanzprodukt mit der Kapitalertragsteuer i.H.v. 25 % belastet, (grüne Kurve) müsste es immer noch eine bis zu 5,79 %ige Verzinsung aufweisen. Ist hingegen die Erstattungsverzinsung zinspflichtig und hätte eine Vergleichsanlage keine Steuerbelastung (orange Kurve), so würde die Erstattungsverzinsung, mit einer Steuerbelastung von 30 %, maximal einer Verzinsung der Vergleichsanlage von 3,04 % entsprechen, bzw. bei einer Steuerbelastung von 25 % maximal einer Verzinsung der Vergleichsanlage von 3,26 %.

Die Steuerpflichtig der Erstattungsverzinsung hat folglich erheblich Auswirkungen auf ihre effektive Zinshöhe. Gleiches gilt im umgekehrten Fall für die Nachzahlungsverzinsung.

D. Bedarf es einer Anpassung der gegenwärtigen Verzinsung?

Die §§ 233a ff. AO haben eine Vielzahl von Veränderungen erfahren. Diese Änderungen umfassten jedoch zumeist nur kleinere Korrekturen. Nach der Abschaffung der Höchstdauer der Vollverzinsung ist die größte gestalterische Entscheidung des Gesetzgebers, seit der Einführung der Vollverzinsung, schon die Verlängerung der zinsfreien Karenzzeit bei Einkünften aus Land- und Forstwirtschaft von 21 auf 23 Monate. Die Umstände der Verzinsung haben sich jedoch stark verändert. Neben der Entwicklung des Zinsniveaus hat vor allem der technische Fortschritt große Sprünge gemacht. Im Folgenden sollen daher die Zinsnormen der Abgabenordnung auf einen möglichen Reformierungsbedarf untersucht werden. Das zu untersuchende Feld lässt sich dabei in drei wesentliche Bereiche unterteilen: Die Zinshöhe selbst, Veränderungen mit Auswirkungen auf die effektive Zinshöhe und sonstige Änderungen ohne Auswirkungen auf die effektive Zinshöhe. Zudem sollen Möglichkeiten aufgezeigt werden, wie die Verzinsung effizienter und zweckmäßiger gestaltet werden kann.

I. Ist eine Anpassung der Zinshöhe erforderlich?

Die Zinssätze am Finanzmarkt unterliegen seit jeher Schwankungen. Aus diesem Grund knüpfen viele Zinssätze der deutschen Rechtsordnung an eine Bezugsgröße an. Die meisten Normen nehmen Bezug auf den Basiszins in § 247 BGB, als Nachfolger des tradierten Diskontsatzes der Deutschen Bundesbank. Er liegt jeweils 0,88 % unter dem Zinssatz für Hauptrefinanzierungsoperationen der Europäischen Zentralbank (Hauptrefinanzierungssatz der EZB). Einige wenige Normen enthalten andere Bezugsgrößen. § 155 Abs. 3 des Zwangsversteigerungsgesetzes knüpft beispielsweise an den Zinssatz der Spitzenrefinanzierungsfazilität der Europäischen Zentralbank an.[1111] Der Zinssatz des Steuerschuldrechtes ist demgegenüber starr. Er kennt keine Bezugsgrößen und kann nur durch die Legislative angehoben oder gesenkt werden.

1111 Dies gilt seit dem 12.04.2002. Zuvor § 155 Abs. 3 ZVG Bezug auf den Lombardsatz der Bank deutscher Länder. Eine Überleitung, wie sie bei § 247 BGB durch die Subtraktion von 0,88 Prozentpunkten geschieht, fand nicht statt.

1. Besonderes Zinsniveau seit der Finanzkrise 2008

Seitdem im Jahr 1990 die Vollverzinsung – und damit die bedeutendste Form der Verzinsung im Steuerschuldrecht – eingeführt wurde, hat sich das Zinsniveau am Finanzmarkt erheblich verändert. Stellvertretend dafür steht die Entwicklung der durchschnittlichen, ungewichteten Jahreserträge öffentlicher Anleihen.[1112] Zwischen den Jahren 1990 und 1995 lagen sie pro Jahr bei durchschnittlich 7,56 %. Damit entsprechen sie weitgehend den langfristigen durchschnittlichen Erträgen öffentlicher Anleihen der Vorjahre. Auch zwischen den Jahren 1961[1113] und 1989 lagen die Erträge mit durchschnittlich 7,48 % nur unwesentlich tiefer. Im Jahr 1996 begann das Zinsniveau am Finanzmarkt erheblich zu sinken. Trotz kleiner Erholungen in den Jahren 2000, sowie 2007 und 2008 erreichten öffentliche Anleihen zwischen den Jahren 1996 und 2008 nur noch einen durchschnittlichen Ertrag von 4,39 %. Seit der Finanzkrise im Jahr 2008 sank der Zinssatz am Finanzmarkt noch deutlicher. Zwischen den Jahren 2009 und 2014 erreichten öffentliche Anleihen nur noch einen durchschnittlichen jährlichen Ertrag von 1,97 %. Im Jahr 2015 waren es sogar nur noch 0,46 %.

Eine ähnliche Entwicklung ist beim Diskontsatz der Deutschen Bundesbank zu beobachten. Zwischen den Jahren 1961 und 1989 lag der Diskontsatz bei durchschnittlich 4,40 %. Dies entspricht weitgehend dem Durchschnitt seit der Einführung des Diskontsatzes. Denn zwischen den Jahren 1870 und 1960 lag er mit durchschnittlich 4,87 % nur knapp einen halben Prozentpunkt höher. Unter Auslassung der durch die Hyperinflation geprägten Jahre 1923, 1924 und 1925 lag der durchschnittliche Diskontsatz bei 4,41 % und wich vom Durschnitt der Jahre 1961 bis 1989 sogar nur um einen hundertstel Prozentpunkt ab. Nach einem deutlichen Anstieg des Diskontsatzes in den Jahren 1990, 1991 und 1992, auf in der Spitze bis zu 8,75 %, sank der Diskontsatz bis zu seiner Ersetzung durch Basiszinssatz zum Ende des Jahres 1998 auf nur noch 2,50 %. Zwischen den Jahren 2002 und 2006 betrug der durchschnittliche Basiszins noch 1,62 %. In den Jahren 2007 und 2008 erholt er sich zunächst deutlich – in der Spitze bis auf 3,32 % – ehe er im Zuge der Finanzkrise 2008 innerhalb nur eines Jahres von 3,19 % auf 0,12 % fiel. Nach weiteren Senkungen wies der Basiszins am 01.01.2013 zum ersten Mal einen negativen Wert aus. Seit dem 01.07.2016 befindet sich der Basiszinssatz mit -0,88 % sogar auf seinem vorläu-

1112 Deutsche Bundesbank: Zeitreihe BBK01.WU0017: Umlaufsrenditen inländischer Inhaberschuldverschreibungen / Insgesamt / Monatsdurchschnitte.

1113 Dem Jahr der (Wieder-)Einführung umfassender Teile der steuerschuldrechtlichen Verzinsung durch das Steueränderungsgesetz 1961.

fig absoluten Tiefpunkt, da der Hauptrefinanzierungssatz seit dem 01.03.2016 bei 0 % liegt. Ohne einen negativen Hauptrefinanzierungssatz kann der Basiszinssatz nicht mehr weiter sinken.

Insgesamt ist am Finanzmarkt seit der Finanzkrise im Jahr 2008 damit ein Zinsniveau zu vorzufinden, welches einzigartig niedrig ist. In der gesamten deutschen Geschichte hat es – mit Ausnahme der zinsfreien Jahre des kanonischen Zinsverbotes – kein vergleichbar tiefes Zinsniveau gegeben. Allein dieser Umstand verlangt eine gesetzgeberische Überprüfung der, vor dem Jahr 2008 normierten sowie starren gesetzlichen Zinssätze.

2. Die effektive Höhe der gegenwärtigen Verzinsung

a) Wirkung des Zinseszinsverbotes

Soweit es zu Äußerungen über die Verzinsung im Steuerschuldverhältnis kommt, wird schlicht von einem Zins in Höhe von 6 % pro Jahr ausgegangen. Grundlegend für eine Vergleichbarkeit verschiedener Zinssätze ist jedoch die Differenzierung zwischen einer exponentiellen und einer linearen Verzinsung.[1114] Der Wert von einer exponentiell verzinsten Forderung entwickelt sich – dem Namen entsprechend – exponentiell. Während eine linear verzinste Forderung lediglich ein geradliniges Wachstum aufweist. Dadurch kann der Wert zweier Verzinsungen trotz nominal gleicher Zinshöhe, mit zunehmender Dauer immer weiter auseinanderfallen. Grundsätzlich wird bei einer Verzinsung vom Finanzgeschäften von einem jährlichen Zins ausgegangen (vgl. § 488 Abs. 2 BGB). Nach Ablauf des Jahres findet insbesondere bei Darlehen entweder eine Kapitalisierung der Zinsen zur Zinsbasis statt oder es werden Zinszahlungen geleistet (Kupon/Coupon), die der Zinsgläubiger wiederum ertragbringend nutzen kann.[1115] Dadurch entsteht im Ergebnis jeweils eine exponentielle Verzinsung.

Für die Zinsen im Steuerschuldverhältnis von 0,5 Prozent pro Monat (m), bzw. 6 Prozent pro Jahr (t) kommt es jedoch – wie bei der überwiegenden Zahl der gesetzlichen Verzinsungen – zu keiner Kapitalisierung. Die Zinsen werden weder zur Zinsbasis hinzugezogen, noch vor der Rückzahlung der Hauptschuld an den Gläubiger geleistet. Die Verzinsung im Steuerschuldrecht ist daher linear und weicht von der für Finanzgeschäfte üblichen exponentiellen

1114 Seckelmann, Zinsen in Recht und Wirtschaft S. 39 ff, 195 ff.; *Reifner*, NJW 1992, 337 (338).

1115 Seckelmann, Zinsen in Recht und Wirtschaft S. 104.

Verzinsung ab.[1116] An keiner Stelle konnte der Verfasser dieser Arbeit Ausführungen finden, die diesen, für die Vergleichbarkeit verschiedener Zinssätze essenziellen, Umstand berücksichtigten.[1117] Stattdessen wird sowohl in der Literatur, als auch in der Rechtsprechung der sechsprozentige Zinssatz des Steuerschuldverhältnisses ohne weiteres einem Vergleich mit verschiedenen Marktzinsen unterstellt.[1118]

Abbildung 16: Wertzuwachs mit und ohne Zinseszinsen im Vergleich

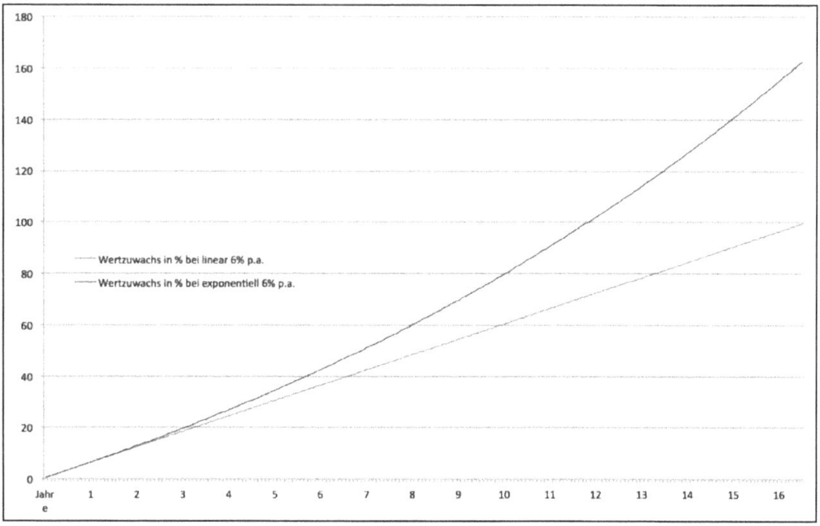

Die Tabelle zeigt die unterschiedlichen Wertzuwächse (y-Achse [in %]) einer Anlage mit Zinseszinsen (exponentiell) und einer Anlage ohne Zinseszinsen (linear), in Abhängigkeit zur Dauer des Zinslaufes (x-Achse [in Jahren]). Beide Anlagen haben einen nominellen Zinssatz von 6 %.

1116 Seckelmann, Zinsen in Recht und Wirtschaft S. 104.

1117 In der Beantwortung einer Kleinen Anfrage vom 09.10.2014 wies die Bundesregierung allerdings darauf hin, dass es durch den Zinseszinseffekt effektiv zu einer geringeren Zinshöhe kommt, ohne die Auswirkungen des Effektes genauer darzustellen (Kleine Anfrage mit den Antworten der Bundesregierung = BT-Drucksache 18/2795 S. 3 Antwort 7).

1118 So zuletzt bei: BFH vom 14.04.2015 – IX R 5/14 = DStR 2015, 2494 Rn. 15 ff.; BFH vom 01.07.2014 – IX R 31/13 = DStRE 2014, 1453; BVerfG vom 03.09.2009 – 1 BvR 2539/07 = BeckRS 2009, 39175.

Um eine Vergleichbarkeit herzustellen, muss der Wert der linearen monatlichen Verzinsung (i) des Steuerschuldverhältnisses folglich auf den Wert einer exponentiellen jährlichen Verzinsung (Z) mit entsprechender Laufzeit umgerechnet werden. Dies geschieht unter der Voraussetzung eines konstanten Zinssatzes auf Basis der folgenden Gleichung:

$$(1+Z)^t - 1 = 12 * i * t$$
$$Z = \sqrt[t]{i * 12 * t + 1} - 1$$

Auf Grund der fehlenden Zinseszinsen entspricht der halbprozentige Monatszins (i) lediglich im ersten Jahr (t=1) einer sonst üblichen exponentiellen Verzinsung mit einem Jahreszinssatz (Z) von 6 %.

t = 1; i = 0,5 %: $Z = (\frac{0,5}{100} * 12 * 1) - 1 + 1 = \frac{6}{100} = 6\%$

Bereits bei der Betrachtung eines Zeitraumes von zwei Jahren ist jedoch eine Forderung mit einer linearen Verzinsung mit einem Zinssatz von 6 % lediglich so viel wert, wie eine Forderung mit einer exponentiellen Verzinsung mit einem Zinssatz von 5,83 % pro Jahr. Soweit der BFH im Rahmen eines Vergleiches des Zinssatzes mit Darlehenszinsen daher äußert, *„Aufgrund der Angemessenheit des Zinssatzes komme es auf die Dauer der Aussetzung... nicht an.“*,[1119] geht er folglich fehl.

Zeit in Jahren = t = 2; Zinssatz pro Jahr = i = 0,5 %: $Z = \sqrt{\frac{0,5}{100} * 12 * 2 + 1} - 1$

$$Z = \sqrt{1\frac{12}{100}} - 1 = \frac{5,83}{100} = 5,83\ \%$$

Nach 10 Jahren ist die lineare Verzinsung nur noch mit einer exponentiellen Verzinsung in Höhe von 4, 81 % pro Jahr vergleichbar.

t = 10; i = 0,5 %: $Z = \sqrt[10]{\frac{0,5}{100} * 12 * 10 + 1} - 1$

$$Z = \sqrt[10]{1,6} - 1 = \frac{4,81}{100} = 4,81\ \%$$

Nach 20 Jahren sind es kaum mehr als 4 % pro Jahr.

t = 20; i = 0,5 %: $Z = \sqrt[20]{\frac{0,5}{100} * 12 * 20 + 1} - 1$

$$Z = \sqrt[20]{2,2} - 1 = \frac{4,02}{100} = 4,02\ \%$$

1119 BFH vom 14.04.2015 – IX R 5/14 = DStR 2015, 2494 Rn. 15 ff.;

Und nach 100 Jahren verbleibt der Wert einer Forderung mit einer exponentiellen Verzinsung von weniger als 2 % pro Jahr.

t = 100; i = 0,5 %:

$$Z = \sqrt[100]{\frac{0,5}{100} * 12 * 100 + 1} - 1$$

$$Z = \sqrt[100]{7} - 1 = \frac{1,96}{100} = 1,96\%$$

Eine Ausschüttung von 0,5 % Zinsen nach dem ersten Monat entspräche auf Grund der unterjährigen Kapitalisierung der Zinsen sogar einer auf das ganze Jahr hochgerechneten exponentiellen Jahresverzinsung von 6,17 %.

t = 1/12; i = 0,5 %:

$$Z = \sqrt[\frac{1}{12}]{\frac{0,5}{100} * 12 * \frac{1}{12} + 1} - 1$$

$$Z = 1,005^{12} - 1 = 6,17\%$$

Abbildung 17: Entsprechende exponentielle Verzinsung (Zinseszinseffekt)

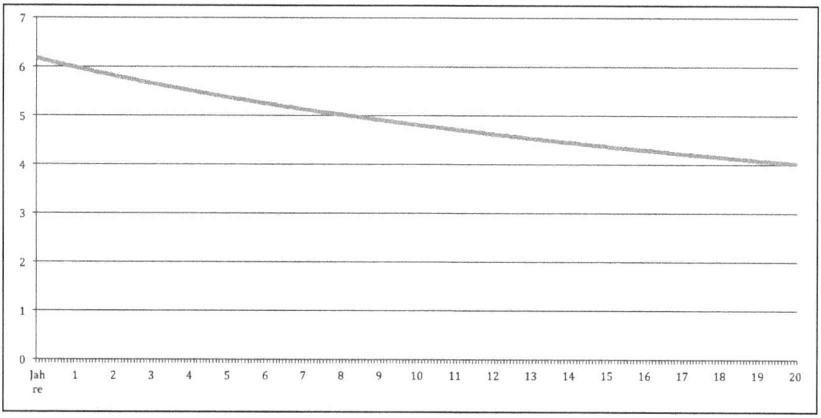

Die Abbildung zeigt, mit welchem Zinssatz (y-Achse [in %]) eine Verzinsung mit Zinsesverzinsung notwendig wäre, um einen Wertzuwachs zu erzielen, der bei einer bestimmten Dauer (x-Achse [in Jahren]) durch eine sechsprozentige Verzinsung ohne Zinsesverzinsung erzielt wird. Nach ca. acht Jahren benötigt eine Verzinsung mit Zinseszinsen nur noch einen fünfprozentigen Zinssatz, um den gleichen Wertzuwachs zu generieren wie eine sechsprozentige Verzinsung ohne Zinseszinsen.

b) Wirkung der Karenzzeit

Neben der Wirkung des Zinseszinseffektes muss berücksichtigt werden, dass der Großteil der Verzinsungen im Steuerschuldverhältnis im Rahmen der Vollverzinsung erfolgt, bei der eine mindestens 15-monatige zinsfreie Karenzzeit gewährt wird (§ 233a Abs. 2 S. 1 AO).[1120] Auch die Karenzzeit wirkt sich auf die Vergleichbarkeit mit einer marktüblichen Verzinsung aus, der sie grundsätzlich fremd ist. Ohne die Berücksichtigung des Zinseszinseffektes stellten Heinz Sebiger und Josef Dechant schon 1989 die Auswirkungen der Karenzzeit auf die effektive Zinshöhe dar (Linie in Abb.).[1121] Sie errechneten im Rahmen des zunächst auf vier Jahre beschränkten Zinslaufes einen maximalen effektiven Jahreszins von 4,57 % (dies entspricht einem monatlichen Zinssatz von 0,38 %).[1122] Bei einem unbeschränkten Zinslauf nähert sich der Zins ohne die Berücksichtigung des Zinseszinseffektes langsam einer effektiven Verzinsung von 6 %.

Abbildung 18: Wirkung der Karenzzeit nach Sebiger und Dechant

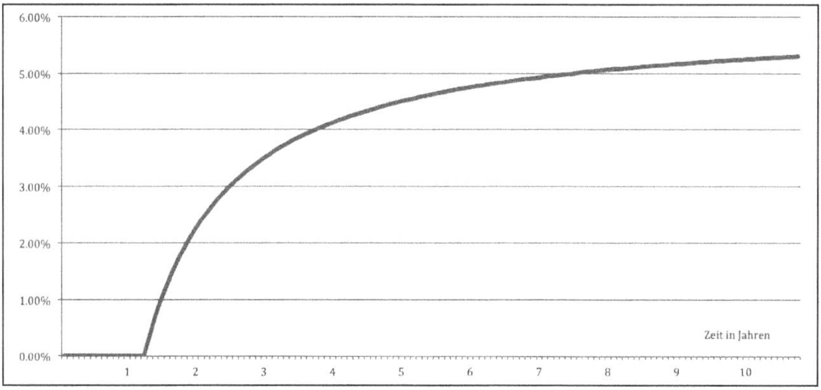

Die Abbildung zeigt die Wirkung der Karenzzeit. Durch die zinsfreie Phase, vor dem Einsetzen der Vollverzinsung, bleibt der durchschnittliche jährliche Zinssatz (y-Achse) hinter der nominalen Zinshöhe von 6 % zurück. Erst mit zunehmender Dauer des Zinslaufes (x-Achse) verflüchtigt sich der Effekt der Karenzzeit.

Für Zeiträume bis zu 15 Monaten (m ≤ 15) ist der effektive Jahreszins der Vollverzinsung auf Grund der Karenzzeit null (Z = 0).

1120 Beermann/Gosch/*Kögel*, Abgabenordnung Lfg. 45 § 233 Rn. 2 S. 2.

1121 Carlé/Korn/Stahl/*Sebiger/Dechant*, Festgabe Felix S. 365 (384 f.); Dies aufgreifend: *Felix*, StKongrRep 1989, 399 (403); *Streck*, DStR 1991, 369 (373).

1122 Carlé/Korn/Stahl/*Sebiger/Dechant*, Festgabe Felix S. 365 (385); *Felix*, StKongrRep 1989, 399 (403); *Streck*, DStR 1991, 369 (373).

Ohne Berücksichtigung des Zinseszinseffektes gilt ab dem 15. Monat (Linie in Abb.):

$$Z * \frac{m}{12} = (m - 15) * i$$

$$Z = \frac{(m - 15)}{m} * i * 12$$

$$Z = (1 - \frac{15}{m}) * i * 12$$

i = 0,5 %: $$Z = (1 - \frac{15}{m}) * 6$$

Nach 63 Monaten kommt es zu dem von Sebiger und Dechant errechneten Höchstwert unter der Bedingung, dass der Zinslauf auf vier Jahre limitiert ist:[1123]

$$Z = (1 - \frac{15}{63}) * 6 = 4{,}57\%$$

Die Fünfprozentmarke wird ohne Begrenzung des Zinslaufes nach 90 Monaten erreicht:

$$Z = (1 - \frac{15}{90}) * 6 = 5{,}00\%$$

Fünfeinhalb Prozent werden nach 15 Jahren erreicht:

$$Z = (1 - \frac{15}{180}) * 6 = 5{,}50\%$$

Mit jeder weiteren Verdopplung des Zinslaufes halbiert sich die Differenz zu einer sechsprozentigen Verzinsung.

c) Kombinierte Wirkung der Karenzzeit und des Zinseszinses

Abweichend von den Ausführungen Sebiger und Dechants[1124] muss jedoch die Wirkung des Zinseszinseffektes mit der der Karenzzeit verbunden werden, um für den Vergleich mit gängigen Zinssätzen des Finanzwesens zu genügen. Unter Berücksichtigung beider Effekte gilt daher ab dem 15. Monat folgende Formel:

$$(1 + Z)^{\frac{m}{12}} - 1 = (m - 15) * i$$

$$Z = ((m - 15) * i + 1)^{\frac{12}{m}} - 1$$

i = 0,5 %: $$Z = (0{,}005m + 0{,}925)^{\frac{12}{m}} - 1$$

1123 Carlé/Korn/Stahl/*Sebiger/Dechant*, Festgabe Felix S. 365 (385).
1124 Carlé/Korn/Stahl/*Sebiger/Dechant*, Festgabe Felix S. 365 (385).

Der Wert der steuerrechtlichen Zinszahlungen im Rahmen der Vollverzinsung entspricht mit der ersten Verzinsung nach 16 Monaten einer exponentiellen Verzinsung ohne Karenzzeit mit einem Zinssatz von jährlich 0,37 %:

$$Z = (0{,}005 * 16 + 0{,}925)^{\frac{12}{16}} - 1$$

$$Z = \sqrt[4]{(1{,}005)^3)} - 1 = 0{,}37\ \%$$

Auf Grund der Karenzzeit und des daraus folgenden degressiven Anstieges der effektiven Zinshöhe führt die zusätzliche Berücksichtigung des Zinseszinseffektes dazu, dass die Funktion f (m) einen Hochpunkt besitzt.

$$f(m) = Z = (0{,}005m + 0{,}925)^{\frac{12}{m}} - 1$$

Dieser lässt sich durch die Ableitung der Funktion ermitteln.

$$Z' = \frac{dz}{dm} = (0{,}005m + 0{,}925)^{\frac{12}{m}} * (-12 * \frac{1}{m^2} * \ln(0{,}005m + 0{,}925) + \frac{12}{m} * \frac{0{,}005}{0{,}005m+0{,}925} = 0$$

Das Produkt ist Null, wenn einer der beiden Faktoren Null ist.
Für die Teilfunktion $Z_1' = (0{,}005m + 0{,}925)^{\frac{12}{m}}$ gilt, dass Z_1' nur dann Null sein kann, wenn m einen negativen Wert einnimmt. Negative Lösungen von m liegen jedoch außerhalb der möglichen Lösungsmenge. Denn für die Gleichung gilt: m ≥ 15. Anderenfalls käme es zu einem Zinslauf, der geringer als die Karenzzeit ist, gegebenfalls sogar negativ.
Damit kann sich die Betrachtung der Ableitung Z´ auf den folgenden Teil beschränken:

$$Z_2' = 0 = (-12 * \frac{1}{m^2} * \ln(0{,}005m + 0{,}925) + \frac{12}{m} * \frac{0{,}005}{0{,}005m+0{,}925})$$

Unter Substitution von 0,005m + 0,925 durch x verbleibt:

$$Z' = 0 = x * \ln(x) - x + 0{,}925$$

$$x * \ln(x) - x = -0{,}925$$

$$x = 3{,}94064799$$

$$x = 3{,}94064799 \rightarrow \qquad 200x - 185 = m$$

$$m = 97{,}312959805082298437$$

Der Hochpunkt der Funktion liegt bei m = 97,313. Dies ist entspricht einem theoretischen Maximum bei 97,313 Monaten. Die Verzinsung wird jedoch ausschließlich monatlich berechnet und fällt bereits nach 98 Monaten mit 4,342195886 % geringer aus, als nach 97 Monaten mit 4,342225722 %.

Es lässt sich somit sagen, dass nach 97 Monaten (82 verzinslichen Monaten) eine der Vollverzinsung des Steuerschuldrechtes unterliegende Forderung im Vergleich mit einer der exponentiellen Verzinsung unterliegenden Forderung ohne Karenzzeit ihr Maximum erreicht. Ihr Wert steht einer entsprechenden Forderung mit einem Zinssatz von jährlich ca. 4,34 % gleich.

$$Z = (0{,}005 * 97 + 0{,}925)^{\frac{12}{97}} - 1$$

$$Z = \sqrt[97]{(1{,}41)^{12})} - 1 = 4{,}34\ \%$$

Ab dem 98. Monat fällt der Vergleichswert der Verzinsung zunächst zunehmend, bevor der Umfang des monatlichen Abfalles ab dem 199. Monat anfängt, geringer zu werden und sich immer weiter der Null nähert, ohne jedoch nach Ablauf der Karenzzeit erneut Null zu erreichen.[1125] Selbst nach 100 Jahren verbleibt eine Verzinsung die einer marktüblichen Verzinsung mit einem Zinssatz von 1,95 % entspricht.

Im Bereich der Land und Forstwirtschaft setzt die Verzinsung auf Grund einer verlängerten zinsfreien Karenzzeit erst nach 23 Monaten ein (§ 233 Abs. 2 S. 2 AO). Der dadurch verzögerte Anstieg einer vergleichbaren exponentiell verzinsten Forderung ohne Karenzzeit kommt erst nach 10,5 Jahren auf einen Maximalwert von 4,04 %.

Abbildung 19: Kombinierte Wirkung der Karenzzeit und des Zinseszinsverbotes

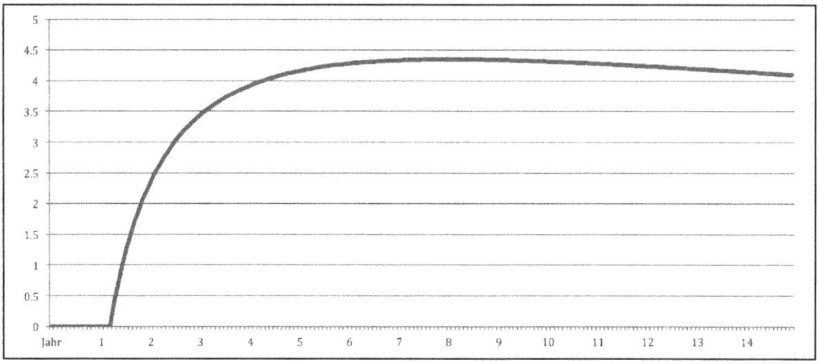

Die Abbildung zeigt die kombinierte Wirkung aus einer zinslosen Karenzzeit und einer fehlenden Zinsesverzinsung. Eine marktübliche Verzinsung mit Zinsesverzinsung und ohne Karenzzeit müsste nur den auf der y-Achse genannten Zinssatz (in %) aufweisen, um bei gleicher Laufzeit (x-Achse [in Jahren]) einen identischen Wertzuwachs zu erreichen.

Es ist erkennbar, dass der Effekt der Karenzzeit zunächst weitreichend aufgeholt wird. Nach 7 Jahren und 3 Monaten erreicht die Verzinsung mit Karenzzeit und ohne Zinsesverzinsung jedoch ihren wertmäßigen Hochpunkt. Denn bei längeren Laufzeiten hat der Zinseszinseffekt so große Auswirkungen auf den Wert der Verzinsung, dass eine weitere Kompensation der zinsfreien Karenzzeit verhindert wird.

1125 Größter Nachlass des Wertes der Verzinsung 0,004226457 % zwischen dem 198. und 199. Monat, zuvor leicht progressiv, ab dem 199. Monat degressiv.

Tabelle 6: Vergleich der Vollverzinsung mit marktüblichen Verzinsungen

Die Tabelle gibt eine Übersicht der dargestellten Auswirkungen der Karenzzeit und der fehlenden Zinsesverzinsung auf die effektiven Zinshöhen des Steuerschuldrechtes. Für Einkünfte aus Land- und Forstwirtschaft ergeben sich, aufgrund der längeren Karenzzeit, abweichende Werte.

Monate nach der Steuerentstehung	**1**	**12**	**18**	**24**	**31**	**36**	**48**	**60**	**63**	**72**	**84**	**96**	**97**	**108**	**120**	**180**	**240**
Zuwachs absolut Vollverzinsung	0,00 %	0,00 %	1,50 %	4,50 %	8,00 %	10,50 %	16,50 %	22,50 %	24,00 %	28,50 %	34,50 %	40,50 %	41,00 %	46,50 %	52,50 %	82,5 %	112,5 %
Entspricht pro Jahr	0,00 %	0,00 %	1,00 %	2,25 %	3,10 %	3,50 %	4,16 %	4,50 %	4,57 %	4,75 %	4,92 %	5,06 %	5,07 %	5,17 %	5,25 %	5,50 %	5,62 %
Entspricht marktüblicher Verzinsung pro Jahr mit	0,00 %	0,00 %	1,00 %	2,23 %	3,02 %	3,38 %	3,89 %	4,14 %	4,18 %	4,27 %	4,33 %	4,34 %	4,34 %	4,33 %	4,31 %	4,09 %	3,84 %
Steuerrechtliche Verzinsung ohne Karenzzeit entspricht marktüblicher Verzinsung pro Jahr mit	6,17 %	6,00 %	5,91 %	5,83 %	5,74 %	5,67 %	5,53 %	5,39 %	5,35 %	5,26 %	5,14 %	5,02 %	5,01 %	4,91 %	4,81 %	4,37 %	4,02 %

d) *Fazit*

Durch die Umrechnung der Verzinsung des Steuerschuldrechtes auf eine marktübliche Verzinsung mit Zinsesverzinsung und ohne Karenzzeit ist der steuerrechtliche Zinssatz mit üblichen Zinssätzen am Finanzmarkt vergleichbar. Abhängig von der Laufzeit kann dabei der Vergleichszinssatz deutlich unter dem nominellen Zinssatz von 6 % liegen.

Durch die Kombination des Zinseszinsverbotes und der Karenzzeit kann für die Vollverzinsung[1126] eine maximale vergleichbare Verzinsung festgestellt werden, welche nach 97 Monaten erreicht wird und bei 4,34 % liegt. Die durchschnittliche vergleichbare Verzinsung in den ersten 10 Jahren nach Ende der Karenzzeit (in den Monaten 16 bis 135) beträgt sogar nur 3,86 % und der Zins der ersten 5 Jahre nach Ende der Karenzzeit (in den Monaten 16 bis 75) nur 3,42 %.

Sollte die Fälligkeit mit der Entstehung der Steuer zusammenfallen, so dass es zu einer unmittelbaren Verzinsung ohne Karenzzeit kommt, kann der auf das Jahr gerechnete effektive Zins sogar über dem nominellen Jahreszins von 6 % liegen. Dieser Extremfall ist jedoch weitgehend theoretischer Natur, da dem Steuerschuldner in diesen Fällen in der Regel eine Zahlungsfrist eingeräumt wird.[1127]

3. Funktion der steuerschuldrechtlichen Verzinsung

Um den Zinssatz im Steuerschuldverhältnis zu überprüfen, ist zunächst die Frage zu beantworten, was Zinsen im Sinne der § 233a AO sind. Der BFH definiert: „*Zinsen nach § 233a AO 1977* (sind).... *laufzeitabhängige Gegenleistungen für die mögliche Kapitalnutzung.*“[1128] Damit deckt sich die Definition der steuerschuldrechtlichen Zinsen mit der allgemeinen Definition von Zinsen: „*Der Zins ist der Preis, der für die zeitweise Überlassung... eines Vermögensgegenstandes von einem Schuldner an einen Gläubiger für die Dauer der Inanspruchnahme zu zahlen ist.*“[1129] Und mit der Definition von Darlehenszinsen: „*Unter Zins versteht man den Preis der für die Inanspruchnahme eines Kredites zu entrichten ist bzw. für die Leihweise Überlassung von Geld verlangt werden kann.*“[1130]

1126 Abweichend bei überwiegenden Einkünften aus Land- und Forstwirtschaft.

1127 Ausnahme: Z.B. § 18 Abs. 2 TabStG.

1128 BFH vom 27.09.1994 – VIII B 21/94 = DStR 1995, 97.

1129 Schaal, Geldtheorie und Geldpolitik S. 159.

1130 Europäisches Parlament, Die Bestimmung der Zinssätze S. 1.

a) *Kein natürlicher/originärer Zinssatz*

Dem Preis des Geldes liegt ein originärer Zins zugrunde. Seinem Wesen wird seit vielen Jahrhunderten nachgegangen. Schon Platon und Aristoteles beschäftigten sich mit der Verzinsung und betrachteten die mit der Verzinsung verbundenen, gesellschaftlichen Probleme. Sie beanstandeten insbesondere den Zinswucher und die daraus resultierende Verarmung einzelner Personen. Auch die Aufmerksamkeit der Scholastiker des christlichen Mittelalters wurde durch soziale Konflikte auf die Zinsnahme gelenkt. Sie machten die Frage zum Gegenstand ihrer Forschungen, ob Geld selbst fruchtbar sein kann – beziehungsweise selbst einen Ertrag generieren kann – der das Nehmen von Zinsen gesellschaftlich rechtfertigt. Damit versuchten sie erstmals den Zins nicht nur sozialpolitisch zu analysieren, sondern auch ökonomisch zu ergründen.[1131]

Ihnen folgten eine Reihe von Theorien, die das Phänomen der Zinsnahme zu erklären versuchten. Eine schon Anfang des 20. Jahrhundert von Eugen Böhm von Bawerk getroffene Gruppierung lässt die bis dato wesentlichen Zinstheorien grob kategorisieren:[1132]

1. Produktivitätstheorien
2. Nutzungstheorien
3. Abstinenztheorie
4. Arbeitstheorien
5. Ausbeutungstheorie

Alle Theorien vereint, dass sie nur der Natur des Zinses nachgehen. Einen daraus abgeleiteten natürlichen Zinssatz vermögen hingegen lediglich die Vertreter zu bestimmen, die eine Verzinsung ablehnen. Hinzu kommt, dass der Zins durch die Geldschöpfung zu einem selbstständigen Produktionsfaktor geworden ist und sich sein Preis nicht (mehr) aus anderen Produktionsfaktoren ableiten lässt.[1133] Es kommt somit für die Bestimmung eines Zinses wesentlich auf die Einflussfaktoren der beteiligten Parteien an. Ein natürlicher Zins hätte – sofern er überhaupt praktisch ermittelbar wäre – keine Aussagekraft für die Verzinsung im Steuerschuldrecht.[1134]

1131 Schorer, Das Wesen des Zinses S. 6–13; Romic, Zinsen S. 9.

1132 Böhm von Bawerk, Kapital und Kapitalzins S. XXX.

1133 Gambacorta, How do banks set interest rates S. 11–15.

1134 Edgar Schorer stellte daher schon im Jahr 1939 fest: *„Mit der Zinsnatur ist die Höhe des Zinsfußes nicht zu verwechseln…"* (Schorer, Das Wesen des Zinses S. 20).

b) *Kein Darlehenszinssatz*

Der Leihzins, Kreditzins oder auch Darlehenszins ist der ursprünglichste aller Zinssätze.[1135] Er wird insbesondere von der Rechtsprechung als Referenz benannt, wenn es um die Bewertung des Zinssatzes im Steuerschuldverhältnis geht.[1136]

(1) Maßstäbe der Zinshöhe von Darlehen

Im Vorfeld einer Darlehensvereinbarung treten sich stets ein potentieller Darlehensnehmer und ein potentieller Darlehensgeber gegenüber. Voraussetzung dafür, dass es zwischen ihnen zum Abschluss eines Darlehensvertrages kommt, ist, dass beide Vertragsparteien sich von dem Abschluss des Darlehensvertrages einen Vorteil versprechen.[1137] Der Abschluss des Darlehensvertrages muss demnach für beide Parteien günstiger sein, als die nächstbeste Handlungsalternative (Opportunitätskosten).

Vorausgesetzt der Darlehensvertrag beschränkt sich auf die Auszahlung des Darlehens, seine Rückzahlung, sowie die Zahlung eines Zinses und es findet kein weiterer Leistungsaustausch statt, so muss der Erhalt des Zinses aus Sicht des potentiellen Darlehensgebers die Kosten des Darlehens abdecken. Anderenfalls wäre es für den Darlehnsgeber günstiger, auf den Darlehensvertrag zu verzichten. Sofern der potentielle Darlehensgeber nicht selbst bereits über die Mittel zur Darlehensgabe verfügt, muss er zunächst seinen eigenen Finanzierungsaufwand als Aufwendungen ansetzen. Hinzu kommt der Betriebsaufwand. Der Betriebsaufwand erfasst alle Verwaltungskosten, die dem Darlehensgeber entstehen, insbesondere durch die Anbahnung des Vertragsschlusses und den Vertragsschluss selbst, aber auch die Kosten der Abwicklung des Darlehens und die Kosten der notwendigen Aufsichtsmaßnahmen während der Vertragszeit.

Bei der Vereinbarung eines Darlehensvertrages muss der Darlehensgeber zudem verschiedene Risiken in den Zins einpreisen. Als wesentliches, schuldnerspezifisches Risiko ist hier das Risiko eines Zahlungsausfall des Darlehensnehmers zu nennen. Daneben treten vor allem allgemeine Risiken auf, welche unabhängig von den spezifischen Eigenschaften des Schuldners bestehen. Sie können als Transformationsrisiken bezeichnet werden, da sie nur dann auftreten, wenn sich

1135 Böhm von Bawerk, Kapital und Kapitalzins S. 9 f.

1136 Zuletzt: BFH vom 14.04.2015 – IX R 5/14 = DStR 2015, 2494; BFH vom 31.07.2014 – III B 13/14 = BeckRS 2014, 96181; BFH vom 01.07.2014 – IX R 31/13 = DStRE 2014, 1453; BFH vom 29.05.2013 – X B 233/12 = BeckRS 2013, 95516; FG Hamburg vom 23.05.2013 – 2 K 50/12 = DStRE 2014, 691.

1137 Kahn, Geschichte des Zinsfusses in Deutschland S. 1 f.

zwischen dem Darlehensvertrag und einer vom Darlehensgeber notwendigen Refinanzierung strukturelle Unterschiede ergeben.[1138] Entspricht die Refinanzierung in Art, Zeit und Umfang dem Darlehen, entfallen die Transformationsrisiken. Weicht die Refinanzierung jedoch in ihrer Höhe, ihrer vereinbarten Laufzeit oder ihrer Art von dem Darlehen ab, hat der Darlehensgeber die daraus resultierenden Risiken bei der Bestimmung der Zinshöhe zu berücksichtigen.

Der Darlehensnehmer muss in der Darlehensnahme für sich ebenfalls einen Vorteil sehen, der es für ihn günstiger erscheinen lässt, das Darlehen aufzunehmen, als darauf zu verzichten. Bei einem Investitionskredit bedeutet dies, dass der Gebrauch des Geldes einen Ertrag erwarten lassen muss, der die Zinszahlungen und die Aufwendungen für den Vertragsschluss selbst übersteigt. Bei einem Konsumkredit lässt sich hingegen kein zu erwartender, konkreter finanzieller Ertrag ausmachen. Der Vorteil durch die Darlehensnahme lässt sich daher nur durch eine Zeitpräferenz ausdrücken. Sie verkörpert die, durch die vorzeitige Verfügbarkeit der finanziellen Mittel zusätzlich gewonnenen Zufriedenheit oder schlicht das Mehr an Lebensqualität des Darlehensnehmers. Diese Vorteile der früheren Verfügbarkeit finanzieller Mittel müssen die Nachteile einer, durch die spätere Zinszahlungsverpflichtung herbeigeführten, Konsumbeschränkung übersteigen.

Neben den genannten Faktoren, muss der Verzicht auf andere alternative Handlungen berücksichtig werden. Aus Sicht des Darlehensgebers ist dies der Verzicht auf das Darlehensgeschäft, verbunden mit anderen Verwendungsmöglichkeiten, die dem Darlehensgeber einen höheren Nutzen als das Darlehensgeschäft versprechen. Aus Sicht des Darlehensnehmers sind dies insbesondere andere Finanzierungsmöglichkeiten, die dem Darlehensnehmer eine niedrigere Zinszahlung abverlangen. Die Grenzen (L), in denen zwischen den Parteien ein Darlehensvertrag zustande kommt, definieren sich demnach grundsätzlich über die alternativen Handlungsmöglichkeiten der Parteien. Ein Darlehensvertrag kommt nur dann zustande, wenn es zu ihm weder für die eine Partei, noch für die andere Partei Handlungsalternativen gibt, die vorteilhafter erscheinen. Wesentlicher Faktor der Vorteilhaftigkeit eines Darlehens für beide Parteien ist der Zins des Darlehens (Z). Der Darlehensgeber gibt die untere Zinsgrenze vor, unter der er nicht bereit ist, einen Vertrag zu schließen (L_{DG}). Der Darlehensnehmer gibt umgekehrt die obere Zinsgrenze vor, über der er nicht bereits, ist den Vertrag zu schließen (L_{DN}). Für den Abschluss eines Darlehensvertrages gilt daher:

$$L_{DG} < Z < L_{DN}$$

1138 Konrad Bösl, Integrative Risikobegrenzung S. 34; Spellmann, Gesamtrisiko-Messung von Banken und Unternehmen S. 1.

Der Zins eines Darlehens muss zwischen den Grenzen der Parteien (L_{DG} und L_{DN}) liegen. Der Unterschied zwischen dem tatsächlich vereinbarten Zins eines Darlehens und der jeweiligen individuellen Grenze (L) ist der durch die jeweilige Partei zu erwartende Nutzen des Darlehensgeschäftes (eG). Er ist für beide Parteien notwendigerweise größer Null (eG > 0), da eine Partei sonst keinen Anreiz hätte, zu kontrahieren.

$$L_{DG} + eG_{DG} = Z = L_{DN} - eG_{DN}$$

Auf einem polypolistischen Markt pendelt sich der Zinssatz durch Angebot und Nachfrage auf einen Gleichgewichtspreis (Z_{GwP}) ein.[1139] Dies gilt auf Grund seiner hohen Transparenz und nahezu unerschöpflicher Nachfrage und Angebote, insbesondere auf dem globalen Finanzmarkt. Ein potentieller Darlehensgeber kontrahiert folglich nur, wenn er durch eine Verzinsung in Höhe des Gleichgewichtszinssatzes einen höheren Nutzen verspricht, als er durch den Verzicht auf den Darlehensvertrag und eine mögliche andere Verwendung der dann freibleibenden Mittel zu erwarten hätte. Ein potentieller Darlehensnehmer kontrahiert spiegelbildlich nur dann, wenn er sich durch die Darlehensnahme einen Nutzen erwartet, der die Aufwendungen für die Entrichtung des Gleichgewichts-Zinssatzes übersteigt.

$$L_{DG} + eG_{DG} = Z_{GwP} = L_{DN} - eG_{DN}$$

(2) Keine Übertragbarkeit auf das Steuerschuldrecht

Sofern eine Darlehensvereinbarung zwischen den Parteien mit der Verzinsung im Steuerschuldrecht vergleichbar wäre,[1140] könnte anhand der vorangehenden Ausführungen ein geeigneter Zinssatz für das Steuerschuldrecht ermittelt werden.

Beispiel: Zunächst wären die Konditionen des Vergleichsdarlehens zu ermitteln. Da Steuerschuldverhältnisse grundsätzlich unbesichert sind, müsste ein unbesichertes Darlehen zur Referenz herangezogen werden.[1141] Die Verzinsung eines unbesicherten Darlehens hängt maßgeblich von der individuellen Ausfall-

1139 Weigang, Geldpolitik der Bundesbank S. 3; Europäisches Parlament, Die Bestimmung der Zinssätze S. 3 f., 8.

1140 Vgl.: Urteil des BFH vom 18.02.1975: *„Vielmehr ist davon auszugehen, daß die Finanzverwaltung die zuviel erhobenen Steuern so verzinsen soll, als habe sie in dieser Höhe ein Darlehen erhalten, während der Steuerpflichtige so gestellt wird, als habe er ein Darlehen gewährt.“* (BFH vom 18.02.1975 – VIII R 104/70 = BeckRS 1975, 22003058).

1141 Die gleiche Annahme legt der BFH seinem Urteil zu Grunde: BFH vom 01.07.2014 – IX R 31/13 = DStRE 2014, 1453 Rn. 19. Ausnahmen sind u. a. bei der

wahrscheinlichkeit des Darlehensnehmers ab. Die Ausfallwahrscheinlichkeit der Bundesrepublik Deutschland liegt beispielsweise seit Jahren deutlich unter einem Prozent.[1142] Darlehen des Fiskus sind daher weitgehend risikofrei und mit einem vollbesicherten Darlehen vergleichbar. Sofern der Fiskus Zinsschuldner ist, können zudem weitere Aussagen über die Konditionen eines zutreffenden Vergleichsdarlehens gemacht werden. Der Fiskus hat einen maßgeblichen Einfluss auf die Dauer des Zinslaufes. Durch hoheitliche Maßnahmen kann er den rechtzeitigen Zugang aller Informationen sicherstellen, die für die Festsetzung von Steuern notwendig sind. Auch die Verarbeitung dieser Informationen liegt in seiner Hand. Zudem kann er durch aufgedrängte Aussetzungen der Vollziehung, sogar bei einer längeren Verfahrensdauer, seine eigene Zinsverpflichtung ausschließen. Die Laufzeit der Verzinsung liegt somit ganz überwiegend in der Hand des Fiskus. Es kann daher davon ausgegangen werden, dass ein Vergleichsdarlehen eine jederzeitige Rückzahlungsverpflichtung des Schuldners und keine Mindestlaufzeit besitzt.

Für ein besichertes Darlehen mit flexibler Laufzeit weist die Statistik der Deutschen Bundesbank monatsgenau Zinssätze aus, die im Zeitraum von Juni 2010 bis Ende 2015 zwischen 2,22 % (April 2014) und 3,78 % (Juli 2012) betrugen.[1143] Durchschnitt lag der Zinssatz bei knapp 3 % und damit deutlich unter der Zinshöhe des gegenwärtigen Steuerschuldrechtes.

Das Beispiel weist allerdings massive Schwächen auf, die sein Ergebnis unbrauchbar machen und zeigen, dass die Maßstäbe der Zinshöhe für Darlehen nicht ohne weiteres auf die steuerschuldrechtliche Verzinsung übertragbar sind. Denn das Beispiel vernachlässigt, dass ein Darlehenszins nur in den Fällen zum Tragen kommt, in denen die Parteien des Darlehensgeschäftes jeweils einen Nutzen erzielen, der über dem Gleichgewichtszinssatz am Finanzmarkt (Z_{GwP}) liegt. Für jeden Steuerzahler, für den sich Nutzungsmöglichkeiten (L_{DG}) ergeben, die den Zins übertreffen, ist eine notwendige Bedingung für Darlehen bereits nicht gegeben ($Z_{GwP} < L_{DG}$).[1144] Für sie muss jedoch gleichwohl eine Verzinsung statt-

Aussetzung der Vollziehung gegen Sicherheitsleistung zu machen (§ 361 Abs. 2 S. 5 AO; § 69 Abs. 2 S. 3 FGO).

1142 Ausfallwahrscheinlichkeit abgeleitet aus Credit-Default-Swaps für Staatsanleihen (http://www.dbresearch.com/servlet/reweb2.ReWEB?rwnode=DBR_INTERNET_DE-PROD$NAVIGATION&rwobj=CDS.calias&rwsite=DBR_INTERNET_DE-PROD).

1143 Deutsche Bundesbank: Zeitreihe BBK01.SUD155: Effektivzinssätze Banken DE / Neugeschäft / besicherte Konsumentenkredite an private Haushalte, variabel oder anfängliche Zinsbindung bis 1 Jahr.

1144 Ähnlich bereits Willy Haubrichs (Haubrichs, Die Problematik der Vollverzinsung S. 11).

finden. Denn anders als Darlehen erfasst die steuerschuldrechtliche Verzinsung auch Personen, die ein Darlehen gar nicht geben wollten.[1145]

Gleiches gilt selbstverständlich auch im gegenläufigen Fall für Darlehen, bei denen der Steuerzahler in der Rolle des Darlehensnehmers ist. Steuerzahler würden auf ein Darlehen verzichten, wenn sie sich von der Verwendung der finanziellen Mittel keine Nutzungen versprächen, die Zinsverpflichtungen des Darlehens übertreffen. Sie müssen jedoch auch von der Verzinsung des Steuerschuldrechtes erfasst werden. Denn die Verzinsung im Steuerschuldrecht ist nicht zwangsläufig auf einen freiwilligen Entschluss zurückzuführen.

(3) Fazit

Die Situationen, die den Verzinsungen im Steuerschuldrecht zu Grunde liegen, entsprechen nicht schlechterdings denen bei Darlehensschuldverhältnissen. Dementsprechend lässt sich nicht ohne weiteres annehmen, dass die steuerschuldrechtlichen Verzinsungen, bei denen der Fiskus Zinsschuldner ist, einem Darlehen gleichstehen, bei dem der Fiskus der Kreditnehmer ist.[1146] Umgekehrt lassen sich auch nicht ohne weiteres die steuerschuldrechtlichen Verzinsungen, bei denen der Steuerpflichtige Zinsschuldner ist, mit einer Darlehensnahme der Steuerpflichtigen gleichsetzen. Soweit Zinssätze des Finanzmarktes einen Maßstab für die steuerschuldrechtliche Verzinsung bilden sollen, müssen die besonderen Eigenschaften der steuerschuldrechtlichen Verzinsung berücksichtigt werden – insbesondere die spezielle Ausgangssituation, dass der steuerschuldrechtlichen Verzinsung kein autonomer Vertragsschluss vorangeht. Es darf nicht allein auf die Tatsache abgestellt werden, dass sowohl bei der steuerschuldrechtlichen Verzinsung als auch bei einem Darlehen, eine Partei einer anderen Partei zeitweise finanzielle Mittel überlässt.

c) Mögliche Ziele steuerschuldrechtlicher Verzinsung

Für die Betrachtung möglicher Zeile der Verzinsung im Steuerschuldrecht müssen zwei Fälle unterschieden werden.

Im ersten Fall nimmt der Steuerschuldner die Rolle des Zinsschuldners ein, während der Fiskus Zinsgläubiger ist (Verzinsung durch den Zensit). Dies betrifft die Nachforderungs- bzw. Vorfälligkeitsverzinsung, die Stundungsverzinsung, die

---

1145 Auf diese Möglichkeit einer mangelnden Vergleichbarkeit zwischen Zivilrecht und Steuerrecht weisen auch Roman Seer und Sina Klemke hin (Seer/Klemke, Neuordnung der Verzinsung von Ansprüchen aus dem Steuerschuldverhältnis S. 124 f.).

1146 Im Ergebnis wohl auch *Loose*, StuW 2003, 377 (378).

Verzinsung bei Aussetzung der Vollziehung und die Hinterziehungsverzinsung, sowie die Säumnisverzinsung unter Ausschluss repressiver oder sanktionierender Bestandteile.

Im zweiten Fall ist der Fiskus der Zinsschuldner und der Steuerschuldner der Zinsgläubiger (Verzinsung durch den Fiskus). Dies betrifft die Erstattungsverzinsung, die Prozessverzinsung von Erstattungsbeträgen sowie die gegenwärtig nicht in der Abgabenordnung vorzufindenden Verzinsungen von Vorauszahlungen und von hinterlegten Sicherheitsleistungen.

(1) Ziele der Verzinsung durch den Zensit

Die Verzinsung durch den Zensit kann verschiedene Ziele verfolgen. Am häufigsten wird von der Rechtsprechung und der Literatur das Ziel genannt, eine von zeitlichen Komponenten losgelöste, effektiv gleiche Steuerbelastung zu erreichen.[1147] Dazu müsste dem Zensit durch die Verzinsung der gesamte Vorteil entzogen werden,

---

1147 Die gegenwärtige Maxime der Verzinsung durch den Steuerschuldner ist die Abschöpfung hypothetisch erzielter Erträge.
Zur Vollverzinsung in § 233a AO: Schriftliche Fragen mit den Antworten der Bundesregierung vom 15.10.1993 = BT-Drucksache 12/5905 S. 36; Begründung zum Entwurf eines Steuerreformgesetzes 1990 vom 19.04.1988 = BT-Drucksache 11/2157 S. 194; Unterrichtung durch die Bundesregierung vom 06.01.1978 = BT-Drucksache 8/1410 Anlage 4; Bemerkungen des Bundesrechnungshofes 2001 vom 15.10.2001 = BT-Drucksache 14/7018 S. 35; BVerfG vom 03.09.2009 - 1 BvR 2539/07 = BeckRS 2009, 39175; BFH vom 16.11.2005 - X R 3/04 = DStRE 2006, 309; BFH vom 18.05.2005 - VIII R 100/02 = BeckRS 2005, 24002211 Nr. 3; BFH vom 27.09.1994 - VIII B 21/94 = DStR 1995, 97; BFH vom 20.09.1995 - X R 86/94 = DStR 1996, 221; FG Thüringen vom 22.04.2015 - 3 K 889/13 = BeckRS 2016, 94251 Rn. 18; FG Düsseldorf vom 13.07.2010 - 6 K 4585/07 = BeckRS 2011, 96040 Nr. 1; FG Niedersachsen vom 26.07.2001 - 5 K 202/01 = DStRE 2001, 1375; Beermann/Gosch/*Kögel*, Abgabenordnung Lfg. 96 § 233a Rn. 1 S. 5; Krabbe, Vollverzinsung im Steuerrecht S. 18 f.; *Behrens*, FR 2015, 214 (227); *Seer*, DB 2014, 1945 (1947); *Jonas*, UBG 2011, 1960 (1961); *Koch*, KStZ 2004, 121 (126).
Zur Stundungsverzinsung in § 234 AO: Beermann/Gosch/*Kögel*, Abgabenordnung Lfg. 45 § 233 Rn. 2 S. 2; Tipke/Kruse/*Loose*, Abgabenordnung Lfg. 143 § 234 Rn. 1.
Zur Verzinsung hinterzogener Steuern in § 235 AO: BFH vom 05.11.2002 - II R 58/00 = BeckRS 2002, 25001390; BFH vom 01.08.2001 - II R 48/00 = BeckRS 2001, 25006461; BFH vom 27.08.1991 - VIII R 84/89 = BeckRS 1991, 22010087; BFH vom 19.04.1989 - X R 3/86 = BeckRS 1989, 22008979; FG Düsseldorf vom 13.07.2010 - 6 K 4585/07 = BeckRS 2011, 96040 Nr. 1; FG Baden-Württemberg vom 10.03.2010 - 11 K 62/10 = BeckRS 2010, 26028968; Tipke/Kruse/*Loose*, Abgabenordnung Lfg. 143 § 234 Rn. 1; Hübschmann/Hepp/Spitaler/*Heuermann*, Abgabenordnung Lfg. 234

den er durch eine spätere Steuerzahlung erzielen kann. Mögliche Nachteile, die der Fiskus aus der späteren Steuerzahlung erleidet, bleiben hingegen unberücksichtigt. Selbst wenn der Fiskus durch den temporären Verzicht auf die Mittel keine Nachteile erlitten hat oder auf Grund eines negativen Zinses sogar Vorteile erzielen konnte, schuldet der Zensit eine Verzinsung in Höhe seiner erzielten Vorteile. Denn es ist ausschließlich auf die Perspektive des Zensit abzustellen.[1148]

Von einer Darlehensverzinsung würde sich eine umfassende Abschöpfung des Vorteiles des Steuerpflichtigen dadurch unterscheiden, dass seitens des Steuerpflichtigen idealtypischerweise der gesamte, durch die zusätzliche Nutzung erzielte, Gewinn herauszugeben wäre. Ein rational handelnder, potentieller Darlehensnehmer würde unter dieser Voraussetzung ($Z_{GwP} = L_{DN}$) einen Darlehensvertrag nicht abschließen. Denn der Zins (Z) eines Darlehensvertrages kann niemals dem erwarteten Nutzen des Darlehens (L_{DN}) entsprechen. Er muss immer dem Darlehensnehmer einen möglichen Gewinn (eG_{DN}) in Aussicht stellen ($L_{DN} - Z = eG_{DN}$; $eG_{DN} > 0$). Verbliebe ihm kein Gewinn ($eG_{DN} = 0$), würde der potentielle Darlehensnehmer auf das Darlehen schlicht verzichten. Sofern die Höhe des später eintretenden Nutzens durch die Darlehensnahme nicht sicher ist, muss dem Darlehensnehmer zudem unter der Berücksichtigung aller möglichen Szenarien ein zu erwartender Gewinn verbleiben (Erwartungswert). Der steuerschuldrechtliche Zinssatz (Z_{St}) hätte hingegen den Anspruch den tatsächlichen Nutzen vollständig abzuschöpfen, unabhängig davon, ob das tatsächlich eingetretene Szenario den Erwartungswert übertrifft oder ob es hinter ihm zurückbleibt. Sie hätte folglich den Charakter einer Kondiktion, einer Herausgabe der unberechtigt erlangten temporären Nutzungsmöglichkeit finanzieller Mittel.

Eine besondere Schwierigkeit entsteht, wenn die Nutzungsmöglichkeit des Geldes in Beziehung zu anderen unternehmerischen Entscheidungen steht oder durch die Verwendung der Mittel nicht nur kein Gewinn erzielt wurde, sondern

---

§ 235 S. 4 Rn. 6; Seer/Klemke, Neuordnung der Verzinsung von Ansprüchen aus dem Steuerschuldverhältnis S. 59.

Zur Aussetzungsverzinsung in § 237 AO: BFH vom 14.04.2015 - IX R 5/14 = DStR 2015, 2494 Rn. 26; BFH vom 01.07.2014 - IX R 31/13 = DStRE 2014, 1453 Rn. 18 m. w. N.; BFH vom 20.09.1995 - X R 86/94 = DStR 1996, 221; *Ruff*, ZKF 2015, 129 (130); FG Berlin-Brandenburg, vom 15.01.2014 - 3 K 3079/13 = DStRE 2015, 112; BFH vom 14.04.2015 - IX R 5/14 = DStR 2015, 2494. A.A. *Koch*, DStZ 1961, 194 (201). Er sieht beides als Form des Schadensersatzes für erlittene Zinsverluste.

Zur Verzinsung insgesamt: Hübschmann/Hepp/Spitaler/*Heuermann*, Abgabenordnung Lfg. 231 § 238 S. 2 Rn. 3.

1148 Stier-Somlo/*Fischer*, Festschrift Zitelmann S. 8.

sogar ein weitergehender Verlust eintritt. Zudem sind insbesondere bei Privatpersonen Fälle denkbar, in denen die finanziellen Mittel nicht investiert werden, sondern verbraucht. In diesen Fällen ist ein tatsächlicher Nutzen in Form der individuellen Zeitpräferenz praktisch nicht bestimmbar.

Alternativ könnte das Ziel der Verzinsung der Verzinsung durch den Steuerschuldner auch der Ersatz von Nachteilen des Fiskus sein, die dieser dadurch erleidet, dass der Steuerpflichtige die Steuerschuld nicht unmittelbar mit ihrer Entstehung begleicht (L_{DG}).[1149] In diesem Fall könnte die Verzinsung über den vom Zensit erzielten Gewinn hinausgehen und sogar entstehen, wenn der Steuerpflichtige selbst – etwa durch negative Zinsen – Nachteile erlitten hat. Die Verzinsung besäße folglich den Charakter eines Schadenersatzes. Es wäre zu bestimmen, wie sich die Situation des Fiskus ohne das schädigende Ereignis dargestellt hätte. Zum einen könnte ihm eine Investitionsmöglichkeit oder eine andere Verwendungsmöglichkeit entgangen sein. Zum anderen könnte er zur Aufnahme alternativer Finanzierungen genötigt worden sein. In den meisten Fällen dürfte aufgrund der fortwährenden Verschuldung des Bundes, der Länder und der meisten Kommunen die zweite Alternative einschlägig sein. Zwar werden einzelne kleinere Beträge den Fiskus nicht dazu drängen, alternative Finanzierungen zu bemühen.[1150] Jedoch werden diese durch die Masse an Einzelfällen in ihrer Summe notwendig.[1151] Ausnahmen bestehen lediglich bei einigen wenigen Kommunen, die unverschuldet sind – z. B. Düsseldorf oder Dresden.

(2) Ziele der Verzinsung durch den Fiskus

In der Verzinsung des Steuerschuldrechtes kommt es neben der Verzinsung durch den Steuerschuldner auch zu einer Verzinsung durch den Fiskus. Sie findet bei der

1149 Zur Vollverzinsung: BFH vom 02.09.2008 – VIII R 2/07 = DStRE 2009, 318 (320); BFH vom 19.03.1997 – I R 7/96 = DStR 1997, 965; BFH vom 21.02.1991 – V R 105/84 = BeckRS 1991, 22009876; BFH vom 24.07.1979 – III R 67/76 = DStR 1979, 660. Weber jedoch einschränkend unter intensiver Anlehnung an § 823 BGB, nur soweit ein Verschulden des Steuerpflichtigen vorliegt (*Weber*, DStR 1969, 72 [77]).

1150 Reichsgericht vom 29.10.1909 = RGZ Bd. 72 S. 152 (155).
So auch Freiherr von Canstein im Jahr 1966 zu der Frage, ob dem Bereicherungsrecht des Bürgerlichen Gesetzbuches in der zinslosen Zeit ab dem Jahr 1934 die Vermutung von gezogenen Nutzungen in Höhe der Geldentwertung immanent sei (Freiherr von Canstein, Erstattungsanspruch im Steuerrecht S. 124 ff.).

1151 BGH vom 24.05.2012 – IX ZR 125/11 = DStR 2012, 1668. Zugleich ausdrückliche Aufgabe der seit 1909 bestehenden Rechtsprechung des Reichsgerichtes (Reichsgericht vom 29.10.1909 = RGZ Bd. 72 S. 152).

klassischen Erstattungsverzinsung und der Prozessverzinsung von Erstattungsbeträgen statt. Für die Bestimmung ihres Zinssatzes lassen sich die zur Verzinsung durch den Zensit angestellten Überlegungen umkehren. Als Ziel kommen demnach die Abschöpfung der Bereicherung des Fiskus und die Schadloshaltung des Steuerzahlers in Frage.

Für eine Schadloshaltung des Steuerzahlers wäre eine Verzinsung so zu bestimmten, dass dem Steuerzahler alle Nachteile ausgeglichen werden, die er durch vorzeitige Zahlungen oder Überzahlungen erleidet. Dadurch wäre für alle Steuerzahler die Steuer unabhängig vom Zeitpunkt ihrer tatsächlichen Entrichtung gleich belastend.[1152] Allein durch die Wahl der Zinshöhe kann dieses Ziel jedoch nicht vollständig erreicht werden, da es an einer Vorauszahlungsverzinsung fehlt. Die Zinstatbestände müssten daher bei einer konsequenten Verfolgung des Zieles einer gleichmäßigen Belastungswirkung um eine Vorauszahlungsverzinsung ergänzt werden.

Der Schaden der Steuerschuldner fällt individuell äußerst unterschiedlich aus. Wenn diejenigen Fälle, in denen die Verfügbarkeit von finanziellen Mitteln einen weiterführenden Schaden herbeiführen, der durch die Steuerzahlung ausgebleibt, außer Acht gelassen werden, liegt die Untergrenze der schadensersetzenden Verzinsung beim völligen Ausbleiben einer Schädigung. Sie ist insbesondere dann anzutreffen, wenn der Steuerzahler ein Girokonto ohne Habenverzinsung führt, er während der gesamten Dauer des Mittelverzichtes nicht in den Sollbereich gerät und anzunehmen ist, dass er aus zusätzlichen Mitteln auch keine sonstigen Nutzungen gezogen hätte. Träte eine Habenverzinsung hinzu, so wüchse der eingetretene Schaden auf die Höhe des nicht erhaltenen Zinses. Müsste der Schuldner einen Kredit aufnehmen oder kann er einen bestehenden Kredit auf Grund der Steuerüberzahlung nicht zurückführen, entspräche der Schaden den

---

1152 Die Erstattungsverzinsung sollte ursprünglich als Teil der Vollverzinsung eine Neutralität unterschiedlicher Zahlungszeitpunkte für den Steuerschuldner gewährleisten. Das bedeutet, dass sie den Schaden des Steuerschuldners zu ersetzen hätte (Begründung zum Entwurf eines Steuerreformgesetzes 1990 vom 19.04.1988 = BT-Drucksache 11/2157 S. 194; Unterrichtung durch die Bundesregierung vom 06.01.1978 = BT-Drucksache 8/1410 Anlage 4; Hübschmann/Hepp/Spitaler/*Heuermann*, Abgabenordnung Lfg. 233 § 233a S. 7 Rn. 5; Beermann/Gosch/*Kögel*, Abgabenordnung Lfg. 96 § 233a Rn. 70 S. 21).
Die Prozessverzinsung auf Erstattungsbeträge hat ebenfalls den Zweck den Nachteil des Steuerzahlers auszugleichen (BFH vom 29.08.2012 – II R 49/11 = DStRE 2013, 305; BFH vom 16.11.2000 – XI R 31/00 = DStRE 2002, 322; BFH vom 13.07.1994 – I R 38/93 = DStR 1995, 413; Hübschmann/Hepp/Spitaler/*Heuermann*, Abgabenordnung Lfg. 234 § 236 S. 3 Rn. 5).

Kreditzinsen. Aufwendig wäre die Zinshöhe hingegen insbesondere in den Fällen zu bestimmen, in denen dem Steuerzahler eine sonstige Verwendung der Mittel entgeht, etwa eine unternehmerische Investition oder die Nutzung zum Konsum. Denn in diesen Fällen kann der Schaden grundsätzlich nur an der hypothetischen Entwicklung der entgangenen Verwendungsmöglichkeit bemessen werden.

Kostet beispielsweise ein Monatsticket für die Bahn, welches der Steuerzahler nicht kaufen kann, da er unberechtigterweise zu viele Steuern zahlen musste, 100 €, so ist der Schaden des Steuerzahler selbst dann nicht mit 100 € zu beziffern, wenn ihm dieses Ticket im Zeitpunkt des Kaufes exakt 100 € wert gewesen wäre. Stattdessen wäre auf den tatsächlichen Mehrwert abzustellen, den das Ticket ex post gehabt hätte. Stellt sich demnach auf Grund einer Erkrankung heraus, dass der Steuerzahler das Bahnticket ohnehin nicht genutzt hätte, hat er keinen Schaden. Wäre hingegen das Wetter besonders schlecht gewesen, könnte das Ticket dem Steuerzahler deutlich mehr als 100 € wert gewesen sein.

Die Zinsen eines Kredites können den Schaden des Steuerschuldners nur dann abbilden oder in der Höhe begrenzen, wenn der Kredit tatsächlich aufgenommen wurde. Denn die Entscheidung zur Aufnahme eines Kredites beruht stets auf den Erwartungswerten der Mittelverwendung. Im vorangehenden Beispiel hätte etwa der Steuerzahler einen Kredit von 100 € mit einer Verzinsung von 1 € nicht aufgenommen, da die Aufwendungen von 101 € seinen erwarteten Nutzen überstiegen hätten. Tatsächlich könnte der Schaden für den Steuerschuldner jedoch größer sein als 101 € und bei schlechtem Wetter sogar 150 € betragen. Zudem besteht die Möglichkeit, dass der Steuerzahler gar nicht die Möglichkeit hatte, einen Kredit aufzunehmen – z. B. weil er über keine ausreichende Kreditwürdigkeit verfügte. Zudem hängt insbesondere bei zusätzlichem Konsum die Entscheidung zum Konsum von der sicheren Verfügbarkeit der Mittel ab. Selbst die sichere Erwartung einer Erstattung ist – wenn auch nur geringfügig – unsicherer als die schon bestehende Verfügbarkeit finanzieller Mittel. Ein Steuerzahler könnte daher z. B. geneigt sein, auf Grund der Unsicherheit einer erwarteten Erstattung zunächst nicht darlehensfinanziert in den Urlaub zu fahren, obwohl die Zeitpräferenz des Urlaubes die notwendigen Darlehenszinsen übersteigt.

Wäre das Ziel der Verzinsung hingegen eine Abschöpfung der unberechtigt erlangten Vorteile des Fiskus, ließe sich der dafür zutreffende Zins relativ leicht ermitteln. Da der Fiskus grundsätzlich verschuldet ist, kann angenommen werden, dass er durch die temporäre Nutzungsmöglichkeit der finanziellen Mittel in der Lage versetzt wird, auf die Neuaufnahme alternativer Finanzierungen teilweise zu verzichten. Die Bereicherung wäre somit in der Ersparnis von Aufwendungen zur Zinszahlung für alternative Finanzierungen zu sehen.

(3) Verfahrensbeschleunigung als Ziel

Neben der Funktion einer Bereicherungsabschöpfung oder eines Schadenersatzes könnte die steuerschuldrechtliche Verzinsung auch das Ziel haben, eine Beschleunigung des Besteuerungsverfahrens zu erzielen.[1153] Dazu müsste die Verzinsung nicht nur die Bereicherung des Zinsschuldners abschöpfen, sondern darüber hinausgehen. Zur Verzinsung in § 233a ff. AO, insbesondere zur Hinterziehungsverzinsung in § 235 AO, ist in der Rechtsprechung und der Literatur die weitgehend unbestrittene Aussage zu finden, dass die Verzinsung – mit Ausnahme der Säumniszuschläge – keinen Strafcharakter habe.[1154] Gleichwohl lässt sich nicht ohne weiteres ausschließen, dass sich diese Aussagen ausschließlich auf den finalen Repressionsgehalt der Norm beziehen.[1155] Die Verzinsung könnte ihren sanktionierenden Charakter in einer davon zu trennenden Verwirklichung eines Beugemittels besitzen.[1156] Dies gilt umso mehr vor dem Hintergrund des aktuellen tiefen Zinsniveaus am Finanzmarkt.[1157] Ähnlich einem Zwangsgeld wäre der Zweck der Verzinsung, die Ausübung eines präventiven Druckes, der den Parteien Anreiz gibt, ihren Pflichten zeitnah nachzukommen. Die Sanktion ist dann keine strafrechtliche Sanktion im klassischen Sinne. Sie ist – Zwangsgeldern entsprechend – darin begründet, weiterem Beugedruck nicht die Ernsthaftigkeit abzusprechen.[1158] Dafür spräche, dass

---

1153 Kemmler, Geldschulden im Öffentlichen Recht S. 565.

1154 FG Düsseldorf vom 13.07.2010 – 6 K 4585/07 = BeckRS 2011, 96040 Nr. 1; FG Baden-Württemberg vom 10.03.2010 – 11 K 62/10 = BeckRS 2010, 26028968; BFH vom 01.08.2001 – II R 48/00 = BeckRS 2001, 25006461; BFH vom 27.09.1994 – VIII B 21/94 = DStR 1995, 97; BFH vom 27.08.1991 – VIII R 84/89 = BeckRS 1991, 22010087; Hübschmann/Hepp/Spitaler/*Heuermann*, Abgabenordnung Lfg. 234 § 235 S. 5 Rn. 8; Beermann/Gosch/*Kögel*, Abgabenordnung Lfg. 45 § 233 Rn. 39 S. 9; Heine, SteuK 2014, 23 (24); Klein/*Rüsken,* Abgabenordnung § 235 Rn. 1; *Bilsdorfer*, NJW 2003, 2281 (2287); Baum, Die Vollverzinsung nach § 233a AO Rn. 11 S. 21. Helmut Krabbe sieht ein Druckmittel als möglichen Reflex der Verzinsung, neben dem Hauptzweck des Ausgleichs von Vor- und Nachteilen (Krabbe, Vollverzinsung im Steuerrecht S. 18).

1155 So schon der Kommissionsbericht zur Vollverzinsung von 1987 (Kommissionsbericht Vollverzinsung 1987 S. 43 Rn. 2.3.5.2.1). Die Kommission hält es angesichts der planmäßigen umfassenden Mehreinnahmen durch die Vollverzinsung für bedenklich, in der hohen Verzinsung nicht auch einen Strafcharakter zu sehen.

1156 Dies gilt für den Verspätungszuschlag nach § 152 AO (Krabbe, Vollverzinsung im Steuerrecht S. 79).

1157 Kemmler, Geldschulden im Öffentlichen Recht S. 565.

1158 Zum Zwangsgeld: BFH vom 29.04.1980 – VII R 4/79 = BeckRS 1980, 22005325; Bamberger/Roth/*Schöpflin*, Beck'scher Online-Kommentar BGB § 78 Rn. 4.

der Bundesminister der Finanzen im Jahr 1988 – unmittelbar vor der Einführung der Vollverzinsung – gegenüber dem Bundesrechnungshof betont hat, dass die Verzinsung in erster Linie die Zinsvorteile ausgleichen soll und in zweiter Linie verhaltensabhängigen Verzögerungen entgegenwirken soll.[1159] Der BFH steht demgegenüber einer solchen Qualifizierung der Verzinsung ausdrücklich ablehnend gegenüber: *„Zinsen nach § 233a AO 1977 sind weder Sanktion noch Druckmittel oder Strafe...*".[1160]

(4) Fazit

Es ist folglich zunächst zu untersuchen, welches Ziel der Gesetzgeber mit der steuerrechtlichen Verzinsung verfolgt, um sie bezüglich ihrer Höhe zu bewerten. Sofern an anderer Stelle ohne weiteres der Darlehenszins als Bezugsgröße ausgemacht wird, teilweise trotz Benennung eines vom Darlehenszins verschiedenen gesetzgeberischen Zieles, etwa der Herausgabe von Bereicherungen des Zinsschuldners, fehlt es an einer wichtigen Vorüberlegung.[1161]

d) Intention des Gesetzgebers (Übersicht)[1162]

(1) Vollverzinsung

Die jüngste Form der Verzinsung ist die Vollverzinsung. Sie ist erst seit 1988 Teil des Verzinsungssystems. Bei ihrer Einführung gab der Gesetzgeber sehr deutlich zu erkennen, dass ihr Zweck der *„Ausgleich einer zeitlich ungleichmäßigen Heranziehung zur Steuer*"[1163] sein sollte und dass sie *„einen Ausgleich dafür schaffen* (sollte), *daß die Steuern bei den einzelnen Steuerpflichtigen, aus welchen Gründen auch immer, zu unterschiedlichen Zeitpunkten festgesetzt und fällig werden.*"[1164] Demnach richtete der Gesetzgeber die Vollverzinsung an der Position des Steuerpflich-

---

1159 Unterrichtung durch den Bundesrechnungshof vom 05.10.1988 = BT-Drucksache 11/3056 S. 83 Nr. 35.4.1.

1160 BFH vom 27.09.1994 – VIII B 21/94 = DStR 1995, 97.

1161 So u. a.: BFH vom 14.04.2015 – IX R 5/14 = DStR 2015, 2494Rn. 26; BFH vom 01.07.2014 – IX R 31/13 = DStRE 2014, 1453 Rn. 18; BVerfG vom 03.09.2009 – 1 BvR 2539/07 = BeckRS 2009, 39175; BFH vom 18.02.1975 – VIII R 104/70 = BeckRS 1975, 22003058.

1162 Eine detaillierte Darstellung ist den Ausführungen zur Entwicklung der Verzinsung im Steuerschuldrecht zu entnehmen.

1163 Begründung zum Entwurf eines Steuerreformgesetzes 1990 vom 19.04.1988 = BT-Drucksache 11/2157 S. 118.

1164 Begründung zum Entwurf eines Steuerreformgesetzes 1990 vom 19.04.1988 = BT-Drucksache 11/2157 S. 194.

tigen aus. Ist der Steuerpflichtige Zinsgläubiger, so soll sein Nachteil ausgeglichen werden. Ist er Zinsschuldner, so ist der von ihm gezogene Vorteil auszukehren.

(2) Stundungsverzinsung

Die Stundungsverzinsung ist demgegenüber die älteste steuerrechtliche Verzinsung. Sie war bereits im Jahr 1902 im Zolltarifgesetz vorgesehen. Ihre ursprüngliche Intention lag darin, die Stundung vor Missbrauch und Zweckentfremdung zu schützen, indem die durch sie erzielbaren Vorteile abgeschöpft werden.[1165]

Danach äußerte sich der Gesetzgeber nicht mehr zu seinen Beweggründen, für Stundungen eine Verzinsung zu verlangen. Weder in den Gesetzgebungsmaterialien zur Reichsabgabenordnung 1919 (§ 105), 1931 (§ 127) oder 1961 (§ 127a) noch zum Steuersäumnisgesetz 1934 (§ 10) oder zur Abgabenordnung 1977 (§ 234) legte der Gesetzgeber seine Motivation dar.

(3) Hinterziehungsverzinsung

Die Hinterziehungsverzinsung hatte als Unterfall der Säumnisverzinsung in § 104 RAO 1919 ursprünglich den Zweck, dem Steuerschuldner die Vorteile aus einer Verschleppung der Steuerzahlung zu nehmen.[1166]

Nach ihrer Abschaffung im Jahr 1934 wurde sie im Jahr 1965 neu durch den Gesetzgeber in die Reichsabgabenordnung einbracht. Dabei sollte ihr erneut der Zweck zukommen, den durch die Straftat gewonnenen Gewinn des Steuerhinterziehers abzuschöpfen.[1167]

(4) Prozessverzinsungen

Die Prozessverzinsung auf Erstattungsbeträge sollte ihrer Begründung nach einen Ersatz für Nachteile darstellen, die der Steuerschuldner durch eine besonders lange Vorenthaltung seiner finanziellen Mittel erfährt.[1168] Das Gegenstück, die Prozessverzinsung bei der Aussetzung der Vollziehung, sollte spiegelbildlich den

---

1165 Anlage zum Entwurf eines Zolltarifgesetzes = Reichstagsdrucksache Nr. 373 (A)/10 vom 19.11.1901 S. 35 f.; Protokoll zur 102. Sitzung des Reichstages vom 02.12.1901 S. 2885.

1166 Entwurf der Reichsabgabenordnung = Drucksache der Verfassungsgebenden deutschen Nationalversammlung Nr. 759 vom 06.08.1919 S. 587; Becker, Reichsabgabenordnung 3. Aufl. § 104 Rn. 1.

1167 Zweiter schriftlicher Bericht des Finanzausschusses zum Entwurf eines Steueränderungsgesetzes 1964 vom 19.03.1965 = BT-Drucksache 4/(zu) 3189 S. 12.

1168 Begründung zum ersten Entwurf eines Steueränderungsgesetzes 1961 vom 04.03.1961 = BT-Drucksache 3/2573 S. 37.

Zinsvorteil des Steuerpflichtigen aus langen Rechtstreiten nehmen, um so die Führung von aussichtslosen Verfahren mit dem Ziel eines Zinsgewinnes zu vermeiden.[1169]

(5) Säumniszuschläge

Die ursprüngliche Säumnisverzinsung bezweckte als Bestandteil einer umfassenden Nachzahlungsverzinsung im Kriegssteuergesetz 1916 die Abschöpfung unberechtigter Vorteile des Steuerpflichtigen.[1170]

Ihr Nachfolger, die Säumnisverzinsung der Reichsabgabenordnung 1919, wurde vielfach als Verzugsverzinsung tituliert.[1171] Entsprechend wurde ihr daher abweichend von der Nachzahlungsverzinsung im Kriegssteuergesetz 1916 die Rolle eines Schadenersatzes zugesprochen.[1172]

Während der wirtschaftlich turbulenten 1920er trat die anfängliche Rolle der Säumnisverzinsung, die Abschöpfung unberechtigter Vorteile des Steuerpflichtigen, wieder deutlicher hervor. Im Vordergrund zahlreicher Zinserhöhungen stand stets die Bemühung des Gesetzgebers, Hinauszögerungen der Steuerzahlung nicht lohnenswert zu machen. Dem Steuerpflichtigen sollte der Anreiz genommen werden, die dringend benötigten Steuern verspätet zu zahlen und dadurch Zinsvorteile einzustreichen.[1173] Die Säumnisverzinsung beschränkte sich jedoch nicht darauf, eine typisierte Bereicherung abzuschöpfen. Sie sollte auch darüber hinausgehen und als Druckmittel wirken.

Nach einer Aussetzung der Säumnisverzinsung von 1934–1949 übernahm die Säumnisverzinsung als „*Säumniszuschlag*"[1174] erneut die doppelte Funktion als Druckmittel und zur Abschöpfung von Vorteilen.[1175] In dieser Form gilt sie bis heute fort.

1169 Begründung zum ersten Entwurf eines Steueränderungsgesetzes 1961 vom 04.03.1961 = BT-Drucksache 3/2573 S. 37.

1170 Bericht der Kommission für den Reichshaushalts-Etat = Reichstagsdrucksache Nr. 320/13 vom 27.05.1916 S. 581.

1171 Vgl. A.II.6 Reichsabgabenordnung 1919 S. 133 ff.

1172 Nieberl, Reichsabgabenordnung 1. Aufl. § 104 Fn. 2 S. 93.

1173 Vgl. 138B.I Die 1920er und die Hyperinflation S. 138 ff.

1174 Zweite Gesetz zur vorläufigen Neuordnung von Steuern vom 20.04.1949 = WiGBl. 1949, 69.

1175 Zweiter Entwurf des Zweiten Gesetzes zur vorläufigen Neuordnung von Steuern = Drucksache des Wirtschaftsrates Nr. 892 vom 04.02.1949 S. 16.

e) *Auslegung des Gesetzeswortlautes*

Ausdrücklich benennen die §§ 233 ff. AO nicht, ob der Zinssatz ein Schadenersatz oder eine Bereicherungsherausgabe sein soll, bzw. ob auf die Perspektive des Steuerschuldners oder des Fiskus abzustellen ist. Sie enthalten jedoch an mehreren Stellen Indizien, die die Annahme einer Abstellung auf den Steuerschuldner stützen.

So erklärt § 235 Abs. 2 S. 1 2. Alt. AO die *„Erlangung des Steuervorteils"* als maßgeblich für die Hinterziehungsverzinsung. Hätte der Gesetzgeber einen Schadensersatz normieren wollen, müsste § 235 Abs. 2 S. 1 2. Alt. AO stattdessen von „der Zufügung des Steuernachteiles" sprechen.

§ 236 Abs. 1 S. 1 a.E. AO bestimmt, dass der Zinslauf der Prozesszinsen auf Erstattungsbeträge erst mit der *„Auszahlung"* endet (§ 224 Abs. 3 AO). Damit stellt die Norm auf den Empfang des Geldes beim Steuerpflichtigen ab und nicht auf den Tag, an dem der Fiskus eine Überweisung in Auftrag gibt und dadurch selbst nicht mehr über die finanziellen Mittel verfügt.

Umgekehrt gewährt der Gesetzgeber dem Schuldner mit § 240 Abs. 3 S. 1 AO bei Säumniszuschlägen in Ausnahme zu § 224 Abs. 2 Nr. 2 AO eine Schonfrist von drei Tagen, um die Bearbeitung von Überweisungen bei der Bank zu berücksichtigen. Damit stellt der Gesetzgeber auf den Tag ab, an dem finanziellen die Mittel beim Schuldner der Säumniszuschläge nicht mehr vorhanden sind und dieser nicht mehr durch die Verfügung über sie bereichert ist. Bei Bar- oder Scheckzahlungen besteht zwar keine Schonfrist (240 Abs. 3 S. 2 AO). Bei diesen Zahlungen fällt der Mittelabfluss beim Steuerzahler und damit das Ende seiner Bereicherung jedoch unmittelbar mit dem Mittelzufluss und damit der Beendigung der nachteiligen Lage des Fiskus zusammen. So dass es nicht der Rücksichtnahme auf eine der Parteien bedarf.

Eine Ausnahme bildet allerdings § 233a Abs. 3 S. 3 2. HS AO. Zusammen mit § 224 Abs. 2 AO führt er dazu, dass der Zinslauf der Erstattungsverzinsung frühestens mit dem Eingang der Zahlung beim Fiskus beginnt. Hier stellt der Gesetzgeber auf die Perspektive des Fiskus ab und den Zeitpunkt, ab dem der Fiskus Vorteile ziehen kann.

f) *Fazit*

Die Verzinsung zu Gunsten des Fiskus bezweckt die Abschöpfung des Vorteiles, den der Steuerpflichtige aus der unberechtigten zweitweisen Verfügbarkeit finanzieller Mittel erlangen konnte.[1176] Die Verzinsung durch den Fiskus beabsichtigt demgegenüber den Ausgleich des Nachteiles, den der Steuerzahler aufgrund eines zeitweisen Mittelverzichtes erlitten hat.[1177] Zusammen sollen beide Verzinsungen

---

1176 Ebenso die ganz herrschende Literatur und Rechtsprechung:
Zur Vollverzinsung in § 233a AO: BVerfG vom 03.09.2009 - 1 BvR 2539/07 = BeckRS 2009, 39175; BFH vom 16.11.2005 - X R 3/04 = DStRE 2006, 309; BFH vom 18.05.2005 - VIII R 100/02 = BeckRS 2005, 24002211 Nr. 3; BFH vom 27.09.1994 - VIII B 21/94 = DStR 1995, 97; BFH vom 20.09.1995 - X R 86/94 = DStR 1996, 221; FG Thüringen vom 22.04.2015 - 3 K 889/13 = BeckRS 2016, 94251 Rn. 18; FG Düsseldorf vom 13.07.2010 - 6 K 4585/07 = BeckRS 2011, 96040 Nr. 1; FG Niedersachsen vom 26.07.2001 - 5 K 202/01 = DStRE 2001, 1375; Beermann/Gosch/*Kögel*, Abgabenordnung Lfg. 96 § 233a Rn. 1 S. 5; Krabbe, Vollverzinsung im Steuerrecht S. 18 f.; *Behrens*, FR 2015, 214 (227); *Seer*, DB 2014, 1945 (1947); *Jonas*, UBG 2011, 960 (961); *Koch*, KStZ 2004, 121 (126); Bemerkungen des Bundesrechnungshofes 2001 vom 15.10.2001 = BT-Drucksache 14/7018 S. 35.
Zur Stundungsverzinsung in § 234 AO: Beermann/Gosch/*Kögel*, Abgabenordnung Lfg. 45 § 233 Rn. 2 S. 2; Tipke/Kruse/*Loose*, Abgabenordnung Lfg. 143 § 234 Rn. 1.
Zur Verzinsung hinterzogener Steuern in § 235 AO: BFH vom 05.11.2002 - II R 58/00 = BeckRS 2002, 25001390; BFH vom 01.08.2001 - II R 48/00 = BeckRS 2001, 25006461; BFH vom 27.08.1991 - VIII R 84/89 = BeckRS 1991, 22010087; BFH vom 19.04.1989 - X R 3/86 = BeckRS 1989, 22008979; FG Düsseldorf vom 13.07.2010 - 6 K 4585/07 = BeckRS 2011, 96040 Nr. 1; FG Baden-Württemberg vom 10.03.2010 - 11 K 62/10 = BeckRS 2010, 26028968; Tipke/Kruse/*Loose*, Abgabenordnung Lfg. 143 § 234 Rn. 1; Hübschmann/Hepp/Spitaler/*Heuermann*, Abgabenordnung Lfg. 234 § 235 S. 4 Rn. 6; Seer/Klemke, Neuordnung der Verzinsung von Ansprüchen aus dem Steuerschuldverhältnis S. 59.
Zur Aussetzungsverzinsung in § 237 AO: BFH vom 14.04.2015 - IX R 5/14 = DStR 2015, 2494 Rn. 26; BFH vom 01.07.2014 - IX R 31/13 = DStRE 2014, 1453 Rn. 18 m.w.N; BFH vom 20.09.1995 - X R 86/94 = DStR 1996, 221; *Ruff*, ZKF 2015, 129 (130); FG Berlin-Brandenburg, vom 15.01.2014 - 3 K 3079/13 = DStRE 2015, 112.
Zur Verzinsung insgesamt: Hübschmann/Hepp/Spitaler/*Heuermann*, Abgabenordnung Lfg. 231 § 238 S. 2 Rn. 3.

1177 Ebenso die herrschende Literatur und Rechtsprechung:
Zur Vollverzinsung in § 233a AO: BFH vom 02.09.2008 - VIII R 2/07 = DStRE 2009, 318 (320); BFH vom 19.03.1997 - I R 7/96 = DStR 1997, 965; BFH vom 21.02.1991 - V R 105/84 = BeckRS 1991, 22009876; BFH vom 24.07.1979 - III R 67/76 = DStR 1979, 660. Weber jedoch einschränkend unter intensiver Anlehnung an § 823 BGB, nur soweit ein Verschulden des Steuerpflichtigen vorliegt (*Weber*, DStR 1969, 72 [77]).
Zur Aussetzungsverzinsung in § 237 AO: BFH vom 01.07.2014 - IX R 31/13 = DStRE 2014, 1453 Rn. 10.

die aus der Steuerpflicht resultierende Belastung vom Zeitpunkt der tatsächlichen Steuerzahlung lösen und so zur Steuergerechtigkeit beitragen.

4. Die passende Referenz der Zinshöhe

Ausgehend von der Feststellung, dass die Zinszahlungen des Fiskus an die Steuerzahler Schadenersatz sein sollen und die Zinszahlungen an den Fiskus die Bereicherungen der Steuerpflichtigen abschöpfen sollen, ist zu klären, in welchem Umfang dies ideal typischerweise zu geschehen hat und welche Zinssätze zur Erreichung dieses Zieles zweckmäßig sind.

a) Herausgabe der Bereicherung des Zensits

Für die Zinsverpflichtungen des Steuerschuldners pauschalisiert der Zinssatz des Steuerschuldverhältnisses den Umfang der Bereicherungen, die durch die Steuerpflichtigen herauszugeben sind. Dies bedeutet, dass sich die Pauschalisierung – sofern sie nicht ausschließlich von der Praktikabilität bestimmt wird – an der Bereicherung der Zinsschuldner zu orientieren hat.

(1) Kategorisierung der Nutzungsvorteile

Die Zinsschuldner verwenden finanzielle Mittel nicht einheitlich. Die Verwendungsmöglichkeiten lassen sich vier Kategorien unterscheiden:

1. <u>Keine wirtschaftliche Verwendung der Mittel</u>
   Der Steuerpflichtige hat die finanziellen Mittel überhaupt nicht oder nicht so gewinnbringend genutzt, wie es bei ordnungsgemäßer Wirtschaft möglich wäre. Dies ist insbesondere der Fall, wenn er sie entweder bar oder auf einem Konto ohne Verzinsung oder mit einer sehr niedrigen Verzinsung verwahrt.
2. <u>Allgemein verfügbare, risikolose Verwendung der Mittel</u>
   Der Steuerpflichtige hat die finanziellen Mittel einer weitgehend risikolosen Anlage zugeführt. Zu denken wäre hier an die Erträge sicherer Anleihen oder weitreichend diversifizierter Fonds.
3. <u>Persönlich verfügbare, risikolose Verwendung der Mittel</u>
   Der Steuerpflichtige konnte die finanziellen Mittel nutzen, um eine eigene Verpflichtung zu erfüllen und so Nachteile von sich abwenden. Der Regelfall ist hier die Rückführung eines Kredites oder die Vermeidung der Aufnahme eines Kredites. Es könnte jedoch auch die Bedienung von Zahlungsverpflichtungen sein, für die anderenfalls Verzugszinsen zu zahlen wären und die Aufnahme eines Kredites nicht günstiger wäre. Ein weiter Fall dieser Kategorie ist, dass der Steuerpflichtige die Mittel verwenden konnte, um eine Anlage zu tätigen,

die nicht allgemeinverfügbar ist, sondern ausschließlich für einen speziellen Kreis oder sogar nur für ihn persönlich verfügbar. Z.B.: Nahestehenden Personen ein hoch verzinsliches Darlehen zu geben.

4. Risikobehaftete Verwendung der Mittel
   Der Steuerpflichtige verwendet die Mittel mit unsicherem Ausgang. Der Ertrag der Verwendung kann deutlich über den zuvor genannten Alternativen liegen. Er kann jedoch auch deutlich dahinter zurückfallen oder sogar negativ ausfallen. In diese Gruppe fallen sowohl allgemein verfügbare Investitionen, wie die Zeichnung von Aktien, als auch persönlich verfügbare Investitionen, wie die Verwendung der Mittel zur eigenen unternehmerischen Tätigkeit. Auch Verwendungen mit negativem Erwartungswert, wie z. B. Glücksspiele, gehören zu dieser Kategorie.

Keine eigenen Kategorien bilden:

1. Konsum
   Die vorwiegend private Möglichkeit der Verwendung durch Konsumierung gehört bereits in die Kategorie der persönlich verfügbaren Verwendungen finanzieller Mittel. Zwar resultiert aus dem Konsum kein finanzieller Ertrag. Jedoch kann dem Konsum ein Wert zugeschrieben werden. Durch die Berücksichtigung der Zeitpräferenz besitzt der frühere Konsum gegenüber einem späteren Konsum grundsätzlich eine zusätzliche Zufriedenheit, die einer Wertsteigerung entspricht.
2. Eigene Leistung
   Üblicherweise lässt sich der Nutzen von finanziellen Mittel nicht isoliert betrachten. Verwendet etwa der Steuerpflichtige die Mittel, um eine Unternehmung zu finanzieren, so vermischt sich der Ertrag der Unternehmung häufig mit dem Ertrag des eigenen Arbeitseinsatzes. Besteht die eigene Arbeit nur in einer Routinetätigkeit, so lässt sich der Ertrag der Arbeit aus dem Gesamtertrag herausrechnen. Hat z. B. der Steuerpflichtige ein Auto erworben und damit 40 Stunden pro Woche Fahrten durchgeführt, so kann der Lohn vergleichbarer Fahrer als Vergütung für den Arbeitseinsatz vom Gesamtertrag der Unternehmung abgezogen werden. Je komplexer und individueller die Unternehmung ist, desto schwieriger ist es jedoch, den Anteil der persönlichen Leistung in Form des unternehmerischen Geschickes am Gesamtertrag zu beziffern. Nichtsdestotrotz gehören auch die Fälle, in denen ein Bestandteil des Ertrages auf die eigene Leistung entfällt, in eine der genannten Kategorien. Handelt es sich bei Verbindung aus eigener Tätigkeit und Mittelverwendung um eine Routineleistung, wäre sie überwiegend allgemein verfügbar (Kategorie 2). Grundsätzlich kann sich jeder beispielsweise ein Fahrzeug kaufen und da-

mit Fahrten anbieten. Bei Gesellschaften wie UBER oder Lyft entfällt auf das unternehmerische Geschick der Fahrer dabei nur ein zu vernachlässigender Teil.
Besteht die Möglichkeit, die Tätigkeit und die Mittelverwendung zu verbinden nicht für jede Person (mit gleicher Qualifizierung), so wäre sie nur persönlich verfügbar (Kategorie 3). Die Möglichkeit die Mittel zu nutzen, um ein Fahrzeug zu reparieren und Schadensersatz für den Ausfall vertraglich zugesagter Fahrten zu vermeiden, ist beispielsweise nicht allgemein verfügbar, sondern abhängig von einer individuellen Ausgangslage.
Ist der Ertrag aus der Kombination des Mitteleinsatzes und der persönlichen Arbeitsleistung unsicher, so handelt es sich um eine risikobehaftete Verwendung (Kategorie 4). Die Verwendung der Mittel zur Gründung eines Softwareunternehmens kann einen umfassenden Ertrag einbringen. Sie kann jedoch auch einen geringen oder sogar einen negativen Ertrag einbringen und das investierte Kapital aufzehren.

Aus den Nutzungskategorien lassen sich letztlich drei Fragen ableiten, an Hand derer das Spektrum der für die Herausgabe der Bereicherung und damit mittelbar auch der richtige Zinssatz für das Steuerschuldverhältnis bestimmt werden kann:

- Ist auf die tatsächliche Verwendung abzustellen oder nur auf eine Verwendungsmöglichkeit?
- Ist auf die persönliche Verwendungsmöglichkeit abzustellen oder nur auf eine allgemein verfügbare?
- Ist auf einen Erwartungswert abzustellen oder auf das letztlich erzielte Ergebnis?

(2) Rechtstheoretischer Umfang der Nutzungsherausgabe

Das deutsche Rechtssystem gibt eine Wertung vor, in welchem Umfang und unter welchen Voraussetzungen Bereicherungen abgeschöpft werden können.

(a) Herausgabe nicht gezogener Vorteile

Grundsätzlich geht die Nutzungsherausgabe im deutschen Bereicherungsrecht nicht über den tatsächlich gezogenen Nutzen hinaus.[1178] Als wesentliches Element dieser Wertung führt die Einrede der Entreicherung gemäß § 818 Abs. 3 BGB zu einer Reduzierung der Herausgabeschuld.[1179] Das Reichsgericht ersah in der

1178 Koppensteiner/Kramer Ungerechtfertigte Bereicherung S. 26.
1179 Exkurs: Bei der Rückabwicklung von Verträgen, bei denen die Gewährung einer temporären Nutzungsmöglichkeit bereits der wesentliche Teil des Synallagmas ist

durch § 818 Abs. 3 BGB verkörperten Wertung gar den *„obersten Grundsatz der Bereicherungshaftung“*.[1180]

Der Grundsatz gilt jedoch nicht absolut. Er wird durch die Rechtsordnung dann zurückgestellt, wenn ein anderes wichtiges Interesse überwiegt.

Beispielsweise tritt er hinter dem Schutz des Gläubigers zurück, wenn Rechtshängigkeit eintritt (§ 818 Abs. 4 BGB), der Schuldner bösgläubig ist (§ 819 Abs. 1 BGB) oder ein Gesetzes- oder Sittenverstoß vorliegt (§ 819 Abs. 2 BGB). In diesen Fällen sollen die allgemeinen Vorschriften des Bürgerlichen Gesetzbuches Anwendung finden und über den Verweis in § 292 BGB auch die Vorschriften zum Eigentümer-Besitzerverhältnis. Das Eigentümer-Besitzerverhältnis kennt in

---

(z. B. bei Mietverträgen), wird teilweise angenommen, dass die Nutzungsmöglichkeit selbst bereits der eigentliche Gegenstand der Herausgabe ist. (Schauhoff, Die Bereicherungshaftung S. 38; Helms, Gewinnherausgabe als haftungsrechtliches Problem S. 103; Erman/*Buck-Heeb*, Bürgerliches Gesetzbuch § 818 Rn. 9; Hagmann, Gewinnherausgabe S. 20 f.; Reuter/Martinek, Handbuch des Schuldrechtes Bd. 4 S. 531; *Canaris*, WM 1981, 978 (986); *Gretter* DB 1995, 516, 517). In der Folge sollen die Nutzungen nicht durch § 818 Abs. 1 1. Alt. BGB herauszugeben sein. Stattdessen soll bereits unmittelbar aus § 812 Abs. 1 BGB die reine Nutzungsmöglichkeit Gegenstand der Kondiktion sein. Auf tatsächliche Nutzungen soll es sodann nicht mehr ankommen.

Diese Auffassung wird jedenfalls für die Nutzungsmöglichkeit von finanziellen Mitteln von der herrschenden Meinung abgelehnt (Säcker/Rixender/*Schwab*, MüKo BGB § 818 Rn. 27 f.; Kindler, Gesetzliche Zinsansprüche S. 132; *Schön*, NJW 1993, 3289 (3290); Freiherr von Canstein, Erstattungsanspruch im Steuerrecht S. 132; Koppensteiner/Kramer Ungerechtfertigte Bereicherung S. 118 f., 126; *Unger*, Zeitschrift für das Privat- und öff. Recht 1904, 107 (131); Weber, Der Erstattungsanspruch S. 134; Reichsgericht vom 28.01.1903 = RGZ Bd. 53 S. 371; Liese, Condictio indebiti S. 33; Stier-Somlo/*Fischer*, Festschrift Zitelmann S. 33 f. Streitig für weitergehende gezogene Nutzungen, etwa Renditen aus Wertpapieren: Stier-Somlo/*Fischer*, Festschrift Zitelmann S. 32; *Crisolli*, DJZ 1926, 167; *Soltermann*, JW 1926, 1791). Insbesondere im Bereich der Steuerzahlungen erkennt der Bundesgerichtshof in seiner ständigen Rechtsprechung, dass die temporäre Verfügungsmöglichkeit finanzieller Mittel nicht bereits vom eigentlichen Herausgabeumfang erfasst ist (§ 812 Abs. 1 BGB), sondern nur eine davon abgeleitete Nutzung (§ 818 Abs. 1 1. Alt. BGB) ist (BGH vom 24.05.2012 - IX ZR 125/11 = DStR 2012, 1668; BGH vom 01.02.2007 - IX ZR 96/04 = BeckRS 2007, 03527; Reichsgericht vom 29.10.1909 = RGZ Bd. 72 S. 152 [152 ff.]). Dem ist zuzustimmen. § 818 Abs. 1 1. Alt. BGB spricht ausdrücklich von *„gezogenen Nutzungen“*. Ein Abstellen auf die abstrakte Nutzungsmöglichkeit würde den eindeutigen Wortlaut umgehen. Zudem würde anderenfalls die Einrede der Entreicherung (§ 818 Abs. 2 BGB) umgangen werden.

1180 Reichsgericht vom 11.10.1927 = RGZ Bd. 118 S. 185 (187).

zwei Situationen eine über die tatsächlich gezogenen Nutzungen hinausgehende Herausgabeverpflichtung des Schuldners. Zum einen, wenn eine Vindikationslage vorliegt, die Klage auf Herausgabe rechtshängig ist und der Besitzer entgegen den Regeln einer ordnungsgemäßen Wirtschaft schuldhaft Nutzungen nicht gezogen hat, die er hätte ziehen können (§ 987 Abs. 2 BGB).[1181] Zum anderen, sofern der unverklagte Besitzer Kenntnis vom Fehlen seines Besitzrechtes hatte und entgegen den Regeln einer ordnungsgemäßen Wirtschaft schuldhaft Nutzungen nicht gezogen hat, die er hätte ziehen können (§ 990 Abs. 1 BGB).

Das gemeinsame, wertende Element in § 987 Abs. 2 BGB und § 990 Abs. 1 BGB ist, dass der Besitzer weiß, dass er die Sache zurückgeben muss bzw. dass er zumindest ernsthaft damit rechnen muss, die Sache zurückgeben zu müssen. Dies zeigt auch die Anwendbarkeit des § 987 Abs. 2 BGB auf das Rückgewährschuldverhältnis bis zum Jahre 2002, bzw. die Einbettung der Wertung des § 987 Abs. 2 BGB unmittelbar in § 347 Abs. 1 BGB mit der Schuldrechtsreform im Jahr 2002.[1182] Nach Ausübung des Rücktrittsrechtes weiß ein Rücktrittsschuldner, dass er rückgewähren muss und ihm kein Recht an den Nutzungen zusteht. Er hat daher gemäß § 347 Abs. 1 BGB die Nutzungen herauszugeben, die er entgegen den Regeln einer ordnungsgemäßen Wirtschaft nicht gezogen hat.[1183] Abweichend von der amtlichen Überschrift der Norm erfasst § 347 Abs. 1 BGB nicht nur die Rechtslage nach der Ausübung des Rücktrittsrechtes, sondern auch vor der Ausübung des Rücktrittsrechtes.[1184] Zu diesem Zeitpunkt weiß der potentielle Schuldner noch nicht mit Gewissheit, dass er zurückgewähren muss. Er muss angesichts des bestehenden Rücktrittsrechtes jedoch damit rechnen, dass ihm die Nutzungen nicht dauerhaft zustehen werden und er soll daher dazu angehalten sein, die Nutzungen nach den Regeln einer ordnungsmäßen Wirtschaft zu ziehen.

Den Umfang der Herausgabe der Nutzungen umschreibt das Gesetz jeweils mit den Nutzungen, die entgegen einer ordnungsgemäßen Wirtschaft nicht gezogen wurden. Bei Geldschulden ist darunter eine Verzinsung in Höhe des gesetzlichen Zinssatzes zu verstehen. Zwar ist mit der Schuldrechtsreform § 347 S. 3 BGB a. F.

1181 Bamberger/Roth Bamberger/Roth/*Fritzsche*, Beck'scher Online-Kommentar BGB § 987 Rn. 75.

1182 Staudinger/*Kaiser*, Bürgerliches Recht § 347 Rn. 5.

1183 Die herrschende Meinung privilegierte nach altem Recht den Rücktrittsschuldner, der von der Möglichkeit des Rücktritts nichts wusste. Sie verlangte von ihm nur die Herausgabe der tatsächlichen Bereicherung (Staudinger/*Kaiser*, Bürgerliches Recht § 347 Rn. 4).

1184 Schulze, Bürgerliches Gesetzbuch § 347 Rn. 1; Säcker/Rixender/*Gaier*, MüKo BGB § 347 Rn. 2; Staudinger/*Kaiser*, Bürgerliches Recht § 347 Rn. 1.

entfallen, der eindeutig festlegte: „*Eine Geldsumme ist von der Zeit des Empfanges an zu verzinsen.*" Jedoch soll nach dem Willen des Gesetzgebers eine ordnungsmäße Wirtschaft bei Geldsummen weiterhin grundsätzlich den gesetzlichen Zinssatz umfassen.[1185]

Auch im Mietrecht besteht eine erweiterte Bereicherungshaftung. Es gesteht dem Vermieter ein Wahlrecht zu, ob er für eine vertragswidrige Weiternutzung einer Mietsache die Zahlung des vorher vereinbarten Mietzinses verlangen möchte oder eine ortsüblichen Vergleichsmiete (§ 546a Abs. 1 BGB).[1186] Der Mieter muss folglich den Nutzwert der Mietsache herausgeben, unabhängig davon, ob er die Mietsache tatsächlich genutzt hat oder sie auch nur nutzen konnte. Allein dass er die Mietsache vertragswidrig weiternutzt, führt dazu, dass die gesetzliche Wertung ihm das Nutzungsrisiko zuschreibt und ihm die Einrede einer Entreicherung nicht zusteht.

(b) Herausgabe persönlich bedingter Vorteile

Soweit der Herausgabeschuldner tatsächlich Vorteile aus der Überlassung finanzieller Mittel ziehen konnte, können diese allgemeinverfügbar gewesen sein und für jeden durch die finanziellen Mittel zu erzielen gewesen sein oder nur für den Schuldner selbst in seiner konkreten Situation. Daran knüpft die Frage an, ob der objektive Wert der Vorteile herauszugeben ist oder der subjektive, persönliche Wert. Eine eindeutige Antwort gibt die gesetzliche Wertung in dieser Frage nicht vor.

Das Bereicherungsrecht hat grundsätzlich den Anspruch, die Bereicherung vollständig beim Bereicherten abzuschöpfen.[1187] Bereits die zweite Kommission zur Erstellung des Bürgerlichen Gesetzbuches erkannte, dass dies auch dazu führen kann, dass der Bereicherte mehr erhält als der Entreicherte hatte.[1188] Das

---

1185 Entwurf eines Gesetzes zur Modernisierung des Schuldrechts vom 14.05.2001 = BT-Drucksache 14/6040 S. 197. Soweit allerdings eine Privatperson eine geringe Summe herauszugeben hat oder über sie nur eine besonders kurze Dauer verfügen konnte, können Ausnahmen anzunehmen sein (Staudinger/*Kaiser*, Bürgerliches Recht § 347 § 347 Rn. 10.)

1186 Helms, Gewinnherausgabe als haftungsrechtliches Problem S. 75.

1187 Erman/*Buck-Heeb*, Bürgerliches Gesetzbuch § 818 Rn. 11; Reeb, Grundprobleme des Bereicherungsrechts S. 107; Helms, Gewinnherausgabe als haftungsrechtliches Problem S. 73; Stier-Somlo/*Fischer*, Festschrift Zitelmann S. 8; Flume, Studien zur Bereicherung S. 156.

1188 Protokoll der zweiten Kommission zur Erstellung eines Bürgerlichen Gesetzbuches = Mugdan, Materialien BGB Bd. 2 S. 1151.

Reichsgericht urteilte demgegenüber zunächst, dass der wirtschaftliche Wert des Geldes herauszugeben sei und es nicht auf die persönlichen Nutzungsmöglichkeiten ankomme.[1189] In seinem Urteil aus dem Jahr 1935 erklärte es: *„Persönliche Umstände spielen bei der aus rein gegenständlichen Tatsachen zu beurteilenden Frage der Bereicherung an und für sich keine Rolle.“*[1190] Dieser Aussage schloss sich der BGH im Jahr 1960 zunächst vermeintlich an.[1191] Statt der tatsächlich ersparten Kreditzinsen sollte nach Ansicht des Gerichtes vom Umfang der Nutzungen in § 818 Abs. 1 BGB nur ein objektiver Wert für die Kapitalnutzung herauszugeben sein. In einer viel diskutierten Entscheidung aus dem Jahr 1975 stellte der BGH sodann klar, dass dem Urteil aus dem Jahr 1960 nicht zu entnehmen sei, dass pauschal auf den objektiven Wert der Bereicherung abgestellt werden dürfe.[1192] Die Entscheidung ließ jedoch offen, ob der BGH damit nur betonen wollte, dass die Einrede der Entreicherung (§ 818 Abs. 3) eine Reduzierung des objektiven Wertes auf den tatsächlichen, geringen subjektiven Nutzen erlaubt oder ob auch die Nutzungen herauszugeben seien sollen, die den objektiven Wert der Bereicherung übersteigen.[1193] Im Jahr 1998 entschied der BGH dann, dass auch persönliche Nutzungen vom Umfang der Herausgabepflicht des § 818 Abs. 1 BGB erfasst sein sollen und lediglich eine Vermutung zugunsten des Gläubigers dahingehend bestehet, dass der Herausgabeschuldner nur allgemeinverfügbare Nutzungen ziehen konnte.[1194]

Die Auffassung des BGH ist jedoch angreifbar. Insbesondere durch einen Vergleich mit den Wertungen des Bürgerlichen Gesetzbuches an anderen Stellen werden Inkonsistenzen aufgedeckt.

Zwar hat sich die Ansicht durchgesetzt, dass die Formulierungen *„durch Leistung“* oder *„auf dessen Kosten“* in § 812 Abs. 1 S. 1 BGB nicht vorgibt, dass der

---

1189 Reichsgericht vom 27.04.1936 = RGZ Bd. 151 S. 123 (127).

1190 Reichsgericht vom 03.05.1935 = RGZ Bd. 147 S. 396 (398).

1191 BGH vom 30.11.1960 – V ZR 131/59 = BGH = WM 1961, 1149 (1151). Zuvor noch offengelassen, da bereits nach *„allgemeiner Lebenserfahrung“* im konkreten Fall von einer tatsächlichen Zinsziehung in Höhe des objektiven Wertes unbestritten ausgegangen werden konnte: BGH vom 15.03.1955 – I ZR 173/53 = WM 1955, 1170 (1172).

1192 BGH vom 04.06.1975 – V ZR 184/73 = NJW 1975, 1510 (1511).

1193 Hagmann, Gewinnherausgabe S. 65 m. w. N.

1194 BGH vom 06.03.1998 – V ZR 244/96 = NJW 1998, 2354.
Zuletzt auch im Falle von Erträgen eines rechtsgrundlos erhaltenen Unternehmens: BGH vom 05.07.2006 – VIII ZR 172/05 = NJW 2006 2847 (2853).
Gegenüber dem Fiskus: BGH vom 14.10.2015 – IV ZR 438/14 = NJW 2016, 156; BGH vom 24.05.2012 – IX ZR 125/11 = DStR 2012, 1668.

herauszugebende Vorteil unmittelbar aus der Sphäre des Gläubigers stammen muss und die Bereicherung daher nur vorliegen kann, soweit ihr eine Entreicherung entspricht.[1195] Jedoch sieht der Gesetzgeber u.a. in § 698 BGB nur die Zahlung des gesetzlichen Zinssatzes vor. Steht einem Verwahrer die Verwendung von verwahrtem Geld zu, liegt ein unregelmäßiger Verwahrvertrag vor, der als Darlehensvertrags zu qualifizieren ist (§ 700 Abs. 1 S. 1 1. Alt. BGB). Dieser erfordert grundsätzlich eine vorherige Bestimmung der dafür geschuldeten Zinsen.[1196] Wird dem Verwahrer die Möglichkeit eines Gebrauches der Mittel nicht eingeräumt, liegt ein klassischer Verwahrvertrag vor, bei dem grundsätzlich der Hinterleger dem Verwahrer eine Vergütung schuldet (§ 689 BGB). Verwendet der Verwahrende das Geld gleichwohl vertragswidrig für sich, hat er gemäß § 698 BGB den gesetzlichen Zins zu zahlen und damit den objektiven Vorteil aus der Verwendung des Geldes herauszugeben.[1197] Ist die Hingabe von Geld nun im Vorfeld darauf ausgelegt, dass das Geld verwendet werden darf, aber schlussendlich doch nach dem Bereicherungsrecht rückabzuwickeln, so kann nichts anderes gelten. Der gutgläubige Herausgabeschuldner darf nicht schärfer haften als der Verwahrer, der sogar wusste, dass ihm eine Verwendung nicht zustand. § 698 BGB gibt damit vor, dass auch bei einer Herausgabepflicht der Vorteile aus der Verwendung finanzieller Mittel nur der objektive Wert in Form des gesetzlichen Zinssatzes geschuldet wird.

Auch § 347 S. 3 BGB a.F. sah vor, dass der Wertersatz für, entgegen den Regeln einer ordnungsmäßigen Wirtschaft, nicht gezogene Nutzungen nur mit dem gesetzlichen Zinssatz zu verzinsen sein sollte. Auf subjektive Vorteile die der Herausgabepflichtige hätte ziehen können, aber nicht gezogen hat, kam es hingegen nicht an.

Diese Pauschalisierung der herauszugebenden Bereicherung kannte schon das Preußische Allgemeine Landrecht in § 193 ALR I 16. Demnach sollte der, der eine Geldsumme oder andere verbrauchbare Sache herauszugeben hatte, dafür im Falle einer Rückforderung einen gesetzlichen Zins zu zahlen haben (= 5 % [§ 804 ALR I 11]).

Dagegen bezieht sich das Bürgerliche Gesetzbuch bei Bereicherungen im Form der Befreiung einer Schuld gegenüber einem Dritten auf die konkreten

1195 Vgl. Jakobs, Eingriffserwerb und Vermögensverschiebung S. 61 ff., 64 ff.; Reeb, Grundprobleme des Bereicherungsrechts S. 30. Zuletzt wohl vertreten von: Rötelmann, NJW 1954, 1224. Im Ergebnis jedoch auch: *Wilburg*, AcP 163 (1964), 346 (349).

1196 Eine Ausnahme liegt beim Handelsgeschäft vor (§ 354 Abs. 2 HGB).

1197 Staudinger/*Reuter*, Bürgerliches Recht § 698 Rn. 3.

subjektiven Gegebenheiten und nimmt vielfach einen Übergang der Forderung auf den Bereichernden an (z. B. 268 Abs. 3 S. 1 BGB inkl. der Verweise in § 1150 BGB und § 1249 S. 2 BGB, § 426 Abs. 2 S. 1 BGB inkl. diverser Verweise wie z. B. § 774 Abs. 1 S. 1 BGB und § 255 BGB). Erfüllt beispielsweise der Bürge eine Darlehensforderung, so geht die konkrete Forderung in Form einer Legalzession (cessio legis) auf den Bürgen über. Dies beinhaltet neben den Sicherheiten, die Abreden über den Gerichtsstand, Schiedsgerichtsklauseln und regelmäßig auch den Übergang einer erhöhten Verzinsung (§ 774 Abs. 1 S. 1 BGB i.V.m § 426 Abs. 2 S. 1 BGB).[1198] Der Übergang erfolgt jedoch nur, sofern die Schuld unmittelbar beim Dritten erfüllt wird. Leistet der Bürge an den Schuldner, woraufhin dieser mit den erlangten Mitteln die Schuld bei einem Dritten (Gläubiger) tilgt, so gehen die Vorteile aus dem Vertrag des Schuldners mit dem Dritten nicht auf den Bürgen über.

Eine solche Differenzierung kann auch dem Bereicherungsrecht der §§ 812 ff. BGB entnommen werden. Erfolgt eine Zahlung unmittelbar auf ein Konto, welches zuvor im Soll geführt wurde, entsteht ohne weitere Verfügung des Bereicherten eine Zinsersparnis. Sie kann als Frucht der Bereicherung i.S.d. § 99 Abs. 3 BGB gesehen werden.[1199] Auch ein herauszugebender Gebrauchsvorteil i.S.d. § 100 2. Alt. BGB kann vorliegen, ohne dass über den Anspruch gegen die Bank verfügt wurde – z. B. in dem an anderer Stelle auf Grund der durch die Bereicherung verbesserten Bonität günstigere Finanzierungs- oder Kreditbedingungen erhalten werden.[1200] Werden die Mittel jedoch von einem Konto auf ein anderes gebucht oder ausgezahlt, so liegt eine Verfügung vor.[1201] Der Anspruch in seiner konkreten Form geht unter und der Bereicherte kann das ursprünglich Erlangte nicht mehr

---

1198 BGH vom 18.05.1961 – VII ZR 39/60 = NJW 1961, 1524 (1525); Staudinger/*Horn*, Bürgerliches Recht § 774 Rn. 6, 15; Säcker/Rixender/*Habersack*, MüKo BGB § 774 Rn. 9, 18; Bamberger/Roth/*Rohe*, Beck'scher Online-Kommentar BGB § 774 Rn. 7; Erman/*Buck-Heeb*, Bürgerliches Gesetzbuch § 774 Rn. 5.

1199 H.L. und h.Rspr. Vgl. Helms, Gewinnherausgabe als haftungsrechtliches Problem S. 104 m.w.N. A.A. Frucht i.S.d. § 99 Abs. 2 BGB: Erman/*Schmidt*, Bürgerliches Gesetzbuch § 99 Rn. 5.

1200 Zinserträge sind hingegen keine Vorteile durch den Gebrauch i.S.d. § 100 2. Alt. BGB (Hagmann, Gewinnherausgabe S. 127, 130; Schauhoff, Die Bereicherungshaftung S. 94 f.).

1201 Birke Hagmann sieht hingegen eine Bereicherung in Geld als abstrakten Wertzuwachs (Hagmann, Gewinnherausgabe S. 127 ff.). Dieser soll erhalten bleiben, wenn über ihn verfügt wird. Zinsen wären demnach auch nach einer Überweisung oder Einzahlung Früchte des Geldes.

herausgegeben, sondern nur noch seinen Wert ersetzen (§ 818 Abs. 2 BGB).[1202] Der Wertersatz erfolgt nach Ansicht des historischen Gesetzgebers[1203], der ständigen Rechtsprechung[1204] und der herrschenden Literatur in Höhe des objektiven Wertes.[1205] Die Pflicht zur Herausgabe weitergehender subjektiver Vorteile hängt somit effektiv von dem Zufall ab, ob der Bereicherte die Zuwendung direkt auf ein im Soll geführtes Konto erhält oder auf ein anderes Konto mit durchschnittlicher Habenverzinsung.[1206]

Entgegen dieser eingeschränkten Herausgabepflicht subsumiert die herrschende Meinung seit dem Urteil des BGH im Jahre 1998[1207] auch nach einer Verfügung über die finanziellen Mittel gezogene Vorteile direkt unter den Nutzungsbegriff in § 818 Abs. 1 1. Alt. BGB.[1208] In seinem ursprünglichen Urteil erklärte der BGH, § 818 Abs. 1 1. Alt. BGB sei analog anwendbar, da im konkreten Fall nicht die Nutzungen selbst erzielt worden seien, sondern nur Kreditzinsen erspart wurden.[1209] Dabei berief er sich auf einen Aufsatz von Hans-Georg Koppensteiner aus dem Jahr 1971.[1210] Koppensteiner vertrat in diesem Aufsatz jedoch die Ansicht, dass § 818 Abs. 1 1. Alt. BGB bei Verfügungen über die finanziellen Mittel grundsätzlich nur analog anwendbar sei, da § 818 Abs. 1 BGB – wie das Reichsgericht bereits zutreffend festgestellt

---

1202 Reichsgericht vom 24.09.1931 = RGZ Bd. 133 S. 283 (287).

1203 Mugdan, Materialien BGB Bd. 2 S. 467.

1204 BGH vom 21.03.1996 - III ZR 245/94 = NJW 1996, 3409 (3411); BGH vom 18.12.1986 - I ZR 111/84 = NJW 1987, 2869 (2872); BGH vom 24.11.1981 - X ZR 7/80 = NJW 1982, 1154 (1156).

1205 Staudinger/*Lorenz*, Bürgerliches Recht § 818 Rn. 26; Säcker/Rixender/*Schwab*, MüKo BGB § 818 Rn. 75 f.;, Bamberger/Roth/*Wendehorst*, Beck'scher Online-Kommentar BGB § 818 Rn. 27; Herberger/*Martinek*, jurisPK-BGB § 818 Rn. 45; Helms, Gewinnherausgabe als haftungsrechtliches Problem S. 72; Ficker/König/*Larenz*, Festschrift Caemmerer S. 228. A.A.: Erman/*Buck-Heeb*, Bürgerliches Gesetzbuch § 818 Rn. 16 f.; Esser/Weyers, Schuldrecht Bd. 2.2 S. 103.

1206 So auch schon Rainer Jagmann (Jagmann, Wertersatz oder Gewinnhaftung S. 175).

1207 BGH vom 06.03.1998 - V ZR 244/96 = NJW 1998, 2354 (2355).

1208 BGH vom 24.04.2007 - XI ZR 17/06 = NJW 2007, 2401 (2404); Säcker/Rixender/*Schwab*, MüKo BGB § 818 Rn. 11; Bamberger/Roth/*Fritzsche*, Beck'scher Online-Kommentar BGB § 100 Rn. 7. Schon im Jahr 1970: *Büttner*, BB 1970, 233 (233 ff.) und ihm folgend im Jahr 1979 Jagmann, Wertersatz oder Gewinnhaftung S. 174. A.A.: Staudinger/*Lorenz*, Bürgerliches Recht § 818 Rn. 15; Erman/*Buck-Heeb*, Bürgerliches Gesetzbuch § 818 Rn. 14 (widersprüchlich in Rn. 11 bezüglich Tilgungen von Krediten); Helms, Gewinnherausgabe als haftungsrechtliches Problem S. 106.

1209 BGH vom 06.03.1998 - V ZR 244/96 = NJW 1998, 2354 (2355).

1210 *Koppensteiner*, NJW 1971, 588 (594).

hatte[1211] – formal nur Nutzungen der ursprünglich erlangten Bereicherung erfasse, nicht aber die von Surrogaten des Erlangten. Die herrschende Meinung müsste sich daher richtigerweise mindestens auf eine analoge Anwendung des § 818 Abs. 1 1. Alt. BGB berufen. Sie würde jedoch selbst dann immer noch in einem Wertungswiederspruch zur Beschränkung der Herausgabeverpflichtung auf den objektiven Wert in § 818 Abs. 2 BGB stehen.

Erhält der Steuerpflichtige die finanziellen Mittel nicht durch eine Überweisung auf ein Konto, sondern – wie ursprünglich üblich – durch Barzahlung, so kann er unmittelbar aus dem Erhalt der finanziellen Mittel keine Früchte ziehen. Erst eine Einzahlung auf ein Konto oder eine andere Verfügung würden dem Steuerpflichtigen eine Fruchtziehung ermöglichen. Soll der Steuerpflichtige so behandelt werden, als habe er nie die finanziellen Mittel erhalten, muss angenommen werden, dass die Übereignung des Bargeldes vom Fiskus an den Steuerpflichtigen von Anfang an nichtig war. Der Steuerpflichtige würde demnach als nichtberechtigter über das Bargeld verfügen. Seine Verfügungen wären gegenüber dem Fiskus grundsätzlich gleichwohl wirksam (§ 932 BGB). Für diesen Fall kennt das Bereicherungsrecht eine gesonderte Anspruchsgrundlage: § 816 Abs. 1 BGB. § 816 Abs. 1 BGB sieht vor, dass der nichtberechtigte Verfügende *„zur Herausgabe des durch die Verfügung Erlangten verpflichtet“*[1212] ist. Was vom Umfang des durch die Verfügung Erlangten erfasst ist, ist umstritten. Während die herrschende Meinung die Herausgabeverpflichtung auch auf einen den objektiven Wert übersteigenden Erlös aus der Verfügung erstrecken möchte[1213], möchten namhafte Literaten die Herausgabeverpflichtung auf den objektiven Wert beschränken.[1214] Die vertretenen Ansichten liefern jedoch nur sehr bedingt einen Mehrwert für die Bestimmung des Umfanges der herauszugebenden Bereicherung um finanzielle Vorteile im Steuerschuldrecht. Denn die Ansicht, die auf einen Erlös einer Verfügung abstellen möchte steht bei einer Bereicherung um Geld vor dem Problem eine konkrete Verfügung auszumachen. Ob die konkreten Barmittel letztlich für den täglichen Konsum, für eine Investition oder zur Tilgung von Krediten verwendet wurden, hängt ausschließlich vom Zufall ab. Auf diesen zufälligen Wert abzustellen wird jedoch – anders als bei einem Erlös der aus der Verfügung über

1211 Reichsgericht vom 24.09.1931 = RGZ Bd. 133 S. 283 (287).

1212 Wortlaut § 816 Abs. 1 S. BGB

1213 Bamberger/Roth/*Wendehorst*, Beck'scher Online-Kommentar BGB § 816 Rn. 15 f. m.w.N.

1214 Säcker/Rixender/*Schwab*, MüKo BGB § 816 Rn. 41; Dölle/Rheinstein/Zweigert/*Von Caemmerer*, Dölle Festschrift Rabel Bd. 1 S. 333, 357; Staudinger/*Lorenz*, Bürgerliches Recht § 816 Rn. 23; Medicus/Petersen Bürgerliches Recht Rn. 726.

einen im Zuge der Bereicherung erhaltenen Gestand resultiert – dem Gedanken der Abschöpfung der Vorteile aus der konkreten Bereicherung nicht gerecht.[1215] Vielmehr zeigt es, dass Geldschulden stets als abstrakte Schuld zu erfassen sind, auch bei der Rückabwicklung im Bereicherungsrecht. Im Extremfall könnte der Bereicherte sogar das Geld wechseln und müsste dann nach einer weiteren Verfügung lediglich den Wert des Wechselgeldes ersetzen (§ 818 Abs. 2 BGB). In der Folge müsste mit der Mindermeinung – jedenfalls bei einer Bereicherung um Geld – auf den objektiven Wert des Geldes abgestellt werden.

Auch diese Meinung lässt jedoch Fragen offen. Denn das Hauptargument derer, die für eine Herausgabe des objektiven Wertes einstehen, ist, dass der Bereicherte durch die Verfügung „*die Befreiung von seiner Schuld*“[1216] erlangt hat. Der Wert der Bereicherung wird bei einer Bereicherung um Geld jedoch dann fälschlich als objektiver Wert bezeichnet, wenn der Wert der Befreiung der Schuld gemeint sein sollte. Denn der Wert der Befreiung der Schuld ist der subjektive Wert; Der Preis den die Beschaffung der finanziellen Mittel auf alternativem Wege den Bereicherten gekostet hätte. Neben dem Geldbetrag selbst wäre dies bei einem bereits vermögenden Bereicherten der Verzicht auf Anlageerträge. Bei einem Bereicherten, der alternativ einen Kredit hätte aufnehmen müssen, wären zu dem Geldbetrag selbst die ersparten Kreditzinsen hinzuzurechnen. Spätestens an dieser Stelle lässt sich jedoch weder der Rechtsordnung noch auch nur der Literatur eine klare Linie entnehmen.

Überwiegend wird die Bereicherung allerdings nicht dadurch entstehen, dass der Steuerpflichtige ein Mehr an finanziellen Mitteln erhält (aktive Bereicherung), sondern dadurch, dass er die Mittel nach der Entstehung der Steuerschuld weiterhin, bis zur späteren Fälligkeit, nutzen kann (passive Bereicherung). Für die passive Bereicherung kennt die Rechtsordnung jedoch keine eigenen bereicherungsrechtlichen Anspruchsgrundlagen. Da es wertungsmäßig keinen Unterschied macht, wodurch die zeitweise Verfügbarkeit der finanziellen Mittel begründet ist, ob durch aktive oder passive Bereicherung, und auch das Steuerschuldrecht zwischen beiden Bereicherungen nicht unterscheidet, sind die gemachten Ausführungen zur aktiven Bereicherung auch auf die passive Bereicherung übertragbar.

Insgesamt ist der deutschen Rechtsordnung keine absolute Abstellung auf den persönlichen Wert der finanziellen Mittel zu entnehmen.[1217] Zwar spricht viel

---

1215 A.A. wohl BGH vom 05.07.2006 – VIII ZR 172/05 = NJW 2006, 2847 (2853); BGH vom 04.06.1975 – V ZR 184/73 = NJW 1975, 1510.

1216 Staudinger/*Lorenz*, Bürgerliches Recht § 816 Rn. 25.

1217 So auch: Helms, Gewinnherausgabe als haftungsrechtliches Problem S. 72. A.A.: Ficker/König/*Larenz*, Festschrift Caemmerer S. 224.

dafür, jedenfalls bei einer unmittelbar erlangten Bereicherung auch den persönlichen Wert zu berücksichtigen.[1218] Spätestens wenn es jedoch zu einer Verfügung über die finanziellen Mittel kommt, steht die Vermutung, dass weitere Vorteile dem unternehmerischen Geschick des Bereicherten entstammen (lucurm ex negotio), derart im Vordergrund, dass ein subjektiver Vorteil der aus den Mitteln selbst entstanden ist (lucurm ex re) dahinter regelmäßig vollständig zurücktritt.[1219] Dies scheint jedoch eher im Sinne einer praktischen Durchführbarkeit zu geschehen, als eine klare Wertung der Rechtsordnung zu spiegeln.

Für die Verzinsung im Steuerschuldrecht kann eine Beschränkung der Abschöpfung finanzieller Vorteile jedoch ohnehin keine grundlegende Bedeutung haben. Ihr Zweck ist es, die effektive Steuerbelastung vom individuellen Zeitpunkt der Steuerzahlung zu lösen. Für die Herstellung einer tatsächlichen Gleichheit muss dem Zinsschuldner nicht nur der allgemein verfügbare Vorteil genommen werden, sondern der gesamte, individuelle Vorteil abgeschöpft werden, der adäquat kausal auf die zeitweise Verfügbarkeit der finanziellen Mittel zurückzuführen ist.

Zu diesem Ergebnis kommen auch die „*Widerrechtlichkeitstheorie*“[1220] und die „*Lehre vom Zuweisungsgehalt*“[1221]. Beide Ansätze sind ursprünglich zur Abgrenzung der Tatbestandvoraussetzung „Eingriff“ im Rahmen der Nichtleistungskondiktion („in sonstiger Weise“ – § 812 Abs. 1 S. 1 2. Alt. BGB) entstanden. Reflexartig ergründen sie jedoch auch den Umfang der herauszugebenden Bereicherung. Sie argumentieren beide wesentlich auf Basis des Sinnes und Zweckes des Bereicherungsrechtes und stellen die Folgen voran. Erst über dieses Ergebnis kommen sie zu einer Eingrenzung des Tatbestandsmerkmales.

Nach der Widerrechtlichkeitstheorie ist der bereicherungsrechtliche Anspruch die „*Umkehrung des Schadenersatzes*“[1222]. Entsprechend dem Grundsatz „*neminem cum detrimento alterius locupletiorem fieri*“[1223] soll dem Bereicherten kein Vorteil

---

1218 A.A. Jagmann, Wertersatz oder Gewinnhaftung S. 177.

1219 Wilburg hält vor allem bei Unternehmungen eine Gewinnaufteilung für praktisch unmöglich (*Wilburg*, AcP 163 (1964), 346 [349 f.]).

1220 Kobbelt, Der Schutz von Immaterialgütern S. 79. Alternativ auch als „*Rechtswidrigkeitslehre*“ bezeichnet (z.B. Busse, Internationales Bereicherungsrecht S. 127 Fn. 6; Guangyu Fu, Das Causaproblem im deutschen Bereicherungsrecht S. 147). Zurückzuführen auf *Schulz*, AcP 105 (1909), 1 (440 f.).

1221 Peukert, Güterzuordnung als Rechtsprinzip S. 426 f. Zurückzuführen auf: Heck, Grundriss des Schuldrechtes S. 421.

1222 Kobbelt, Der Schutz von Immaterialgütern S. 81.

1223 Zitiert in *Schulz*, AcP 105 (1909), 1 (441). Frei übersetzt: Niemand soll sich mit der Schädigung (/auf Kosten) eines anderen bereichern.

verbleiben, der auf die Schädigung eines anderen zurückzuführen ist.[1224] Dem entspräche auch der persönliche Vorteil, der nur dadurch erzielt werden konnte, dass der Herausgabeschuldner – im übertragenen Sinne – ein besonders fruchtbarer Boden für das Erlangte ist. Die herrschende Zuweisungsgehaltslehre stellt demgegenüber auf ein von der Rechtsordnung dem Gläubiger zugewiesenes Aneignungsrecht an den Vorteilen ab.[1225] Der Herausgabeschuldner soll all das herausgeben, was die Rechtsordnung nicht ihm zuweist, sondern dem Gläubiger.[1226] Das Bereicherungsrecht gibt demnach keine eigene Wertung vor, sondern stellt lediglich ein Mittel dar, bestehende Verhältnisse den Wertungen der Rechtsordnung gemäß zu korrigieren.[1227] Der Anlass für die bereicherungsabschöpfende Verzinsung im Steuerschuldrecht ist die umfassende Neutralisierung einer nicht absichtlich erlangten Nutzungsmöglichkeit finanzieller Mittel. Damit weist das Steuerrecht dem Fiskus das Recht an den Vorteilen aus der zweitweisen Verfügbarkeit finanzieller Mitteln zu. Die Lehre vom Zuweisungsgehalt gibt somit vor, dass auch die persönlich bedingten Vorteile durch den Schuldner herauszugeben sind. Dass der Fiskus die in der Person des Schuldners bedingten Vorteile gar nicht selbst hätte ziehen können, ist dabei unerheblich.[1228]

(c) Herausgabe von Vorteilen genutzter Chancen

Der Zinsschuldner kann die finanziellen Mittel nicht nur verwenden, um einen weitgehend vorhersehbaren Ertrag zu erreichen. Er kann sie auch für die Erzielung eines unsicheren Ertrages einsetzen. Gerade der unternehmerische Gebrauch der Mittel, aber auch risikobehaftete Anlageformen oder der Einsatz beim Glückspiel, stellen zumeist nur mit Wahrscheinlichkeiten gewichtete Szenarien und Erträge in Aussicht (Erwartungswert). Das tatsächlich eintretende Ergebnis weicht dabei regelmäßig vom Erwartungswert ab. Bei einem positiven Verlauf wird das Ergebnis den Erwartungswert übertreffen und bei einem negativen Verlauf wird es hinter ihm zurückbleiben. Besonders anschaulich kann dies beim Roulette beobachtet werden. Vorausgesetzt der Roulettetisch hätte keine grüne Null, so würde der Spieler bei einem Einsatz auf Rot mit 50-prozentiger Wahrscheinlichkeit seinen Einsatz verdoppeln und mit 50-prozentiger Wahrscheinlichkeit seinen Einsatz komplett verlieren.

$$50\,\% * 2 + 50\,\% * 0 = 1 = \text{Erwartungswert}$$

1224 Kobbelt, Der Schutz von Immaterialgütern S. 367, 454 f.
1225 Peukert, Güterzuordnung als Rechtsprinzip S. 448.
1226 Kobbelt, Der Schutz von Immaterialgütern S. 85.
1227 Peukert, Güterzuordnung als Rechtsprinzip S. 439.
1228 Kobbelt, Der Schutz von Immaterialgütern S. 85.

Daran knüpft die Frage an, ob bei der Herausgabe einer Bereicherung auf einen Erwartungswert abzustellen ist, wie er im Moment des Eintritts der Bereicherung vorgelegen hat (ex ante = 1) oder auf das letztlich tatsächlich eingetretene Szenario und die konkret eingetretenen Folgen (ex post = 2 oder 0).

Unter der Prämisse einer Abschöpfung der tatsächlichen Bereicherung sieht die Rechtsordnung grundsätzlich vor, dass das tatsächliche Ergebnis durch den Bereicherungsschuldner herausgegeben wird. Dafür spricht nicht zuletzt, dass § 818 Abs. 3 BGB die Herausgabe auf die noch beim Schuldner befindliche Bereicherung beschränkt. Spiegelbildlich müsste demnach bei einem positiven Verlauf ein den Erwartungswert übersteigender Ertrag herauszugeben sein.[1229]

Anerkannt ist jedoch auch, dass bei der Einrede der Entreicherung ein hypothetischer Kausalverlauf zu berücksichtigen ist.[1230] Hat der Herausgabepflichtige die Bereicherung in einer Form verwendet, durch die er sich den Verbrauch eigener Mittel erspart hat, so kann er sich insoweit nicht auf eine Entreicherung durch den Verbrauch der konkreten Bereicherung berufen.[1231] Im umgekehrten Fall ist daher auch der Einwand zulässig, dass ohne die Verfügbarkeit der konkreten finanziellen Mittel eine alternative Finanzierung erfolgt wäre.[1232] Dies gilt natürlich nur, soweit anzunehmen ist, dass es ohne die Bereicherung zu einer alternativen Finanzierung gekommen wäre und der Bereicherte nicht schlicht auf eine Mittelverwendung verzichtet hätte. Für die alternative Finanzierung ist im Regelfall – je nach Vermögenssituation des Bereicherten – entweder auf eine ersparte Kreditaufnahme oder auf freigebliebene Mittel für weitere Verwendungen abzustellen.

In Ausnahmefällen kommen auch alternative Finanzierungsformen in Betracht. Etwa die Finanzierung einer geplanten Unternehmung durch Eigenkapitalbeteiligung von Investoren. Dann wäre bei einer positiven Entwicklung der Unternehmung ein Anteil am Gewinn herauszugeben und bei einer negativen Entwicklung die Herausgabeverpflichtung entsprechend zu kürzen. Die absolute Aussage, die *„Obergrenze der Herausgabepflicht… ist in jedem Fall der Betrag der Debetzinsen, den der Bereicherungsschuldner hätte aufbringen müssen, wenn er in*

1229 Hagmann, Gewinnherausgabe S. 44; *Wilburg*, AcP 163 (1964), 346 (350). A.A.: Helms, Gewinnherausgabe als haftungsrechtliches Problem S. 74.

1230 Bamberger/Roth/ *Wendehorst*; Beck'scher Online-Kommentar BGB § 818 Rn. 37; Säcker/Rixender/*Schwab*, MüKo BGB § 818 Rn. 186 ff.; Herberger/*Martinek*, jurisPK-BGB § 818 Rn. 73.

1231 Erman/*Buck-Heeb*, Bürgerliches Gesetzbuch § 818 Rn. 35.

1232 Erman/*Buck-Heeb*, Bürgerliches Gesetzbuch § 818 Rn. 11; Esser/Weyers Schuldrecht Bd. 2.2 S. 95.

Höhe des ohne rechtlichen Grund erlangten Gelbetrages einen Kredit aufgenommen hätte"[1233], ist daher unzutreffend. Es ist grundsätzlich geboten den hypothetischen Kausalverlauf des Einzelfalles zu ermitteln. Auch wenn dies vielfach in der Praxis schlicht unmöglich ist.

(3) Praktische Übertragung ins Steuerrecht

Grundsätzlich muss die Zinshöhe des Steuerschuldrechtes so gewählt werden, dass sie exakt die Vorteile abschöpft, die die jeweiligen Steuerschuldner durch spätere Steuerzahlungen erzielen können. Zu diesem Zweck müsste der konkret erzielte persönliche Vorteil in jedem Einzelfall individuell ermittelt werden. Dem stehen jedoch praktische Erwägungen des Steuerschuldrechtes entgegen. Eine exakte Abschöpfung der individuellen Vorteile kann im Masseverfahren der Besteuerungen nicht erreicht werden. Soweit sie nicht schon tatsächlich unmöglich ist, scheitert sie jedenfalls am dafür notwendigen Verwaltungsaufwand. Aus diesem Grund hat sich der Gesetzgeber entschieden, nicht einen individuellen Herausgabeanspruch zu normieren, sondern eine pauschale Verzinsung, die die praktische Durchführbarkeit der Abschöpfung ermöglicht. Die Pauschalisierung von Herausgabeansprüchen ist nicht ausschließlich dem Steuerschuldrecht bekannt. Sie kann in weiten Teilen bereits auf die originären Erwägungen zum Umfang der Nutzungsherausgabe gestützt werden.

(a) Herausgabe nicht gezogener Vorteile

Hat der Steuerpflichtige Nutzungen nicht gezogen, die er hätte ziehen können, so ist dies grundsätzlich ohne Einfluss auf den Umfang seiner Herausgabeverpflichtung. Da der Steuerschuldner regelmäßig damit rechnen muss, die Nutzungen herausgeben zu müssen, ist es mit der gesetzlichen Wertung des Bereicherungsrechts vereinbar, den Steuerschuldner auch zur Herausgabe der Nutzungen zu verpflichten, die er, entgegen den Regeln einer ordnungsgemäßen Wirtschaft, nicht gezogen hat.

Tatbestände, an die der Gesetzgeber im Bereicherungsrecht eine verschärfte Haftung knüpft – wie etwa der Eintritt der Rechtshängigkeit (§ 818 Abs. 4 BGB), die Bösgläubigkeit des Schuldners (§ 819 Abs. 1 BGB) oder ein Gesetzes- oder Sittenverstoß (§ 819 Abs. 2 BGB) –, sind zwar nicht erfüllt. Den Zinszahlungsverpflichtungen in §§ 233a, 234, 236, 237 AO liegt weder eine mit einer rechtshängigen Herausgabeklage, noch eine mit einem bösgläubigen Besitzer oder

1233 Flume, Studien zur Bereicherung S. 155. Ähnlich auch: Hagmann, Gewinnherausgabe S. 71 m. w. N.

Herausgabeschuldner vergleichbare Situation zu Grunde. Die Steueransprüche sind sogar während der Verzinsung noch nicht einmal fällig.

Wird der Steueranspruch allerdings gestundet, so weiß der Steuerschuldner, dass ihm die finanziellen Mittel samt den damit verbundenen Nutzungsvorteilen nicht dauerhaft zustehen sollen. Ähnlich verhält es sich bei der Aussetzung der Vollziehung. Ihr geht ein Rechtsstreit voran. Vergleichbar mit der Situation des verklagten Besitzers, muss der Steuerpflichtige bei der Aussetzung der Vollziehung zumindest damit rechnen, die Nutzungen herausgeben zu müssen. Es liegt folglich sowohl bei der Stundung, als auch bei der Aussetzung der Vollziehung das entscheidende wertende Element der strengeren Bereicherungshaftung vor: Der Schuldner weiß oder muss ernsthaft damit rechnen, dass er Nutzungen an den Fiskus herausgeben muss. Auf diese Situationen ist die gesetzgeberische Wertung des § 987 Abs. 2 BGB bzw. § 347 Abs. 1 BGB daher übertragbar und dem Steuerschuldner ist es zuzumuten ausnahmsweise Nutzungen auch dann herauszugeben, wenn er sie entgegen den Regeln einer ordnungsgemäßen Wirtschaft tatsächlich nicht gezogen hat.[1234]

Auch der Steuerhinterzieher weiß, dass er ohne die strafbare Handlung einer höheren Zahlungsverpflichtung ausgesetzt wäre. Auf Grund seiner kriminellen Handlung ist er gegenüber dem Fiskus noch weniger schutzwürdig und könnte daher sogar so behandelt werden, als sei er bösgläubig.

Bei der Nachforderungsverzinsung ist hingegen zu differenzieren. Muss der Steuerpflichtige damit rechnen, dass eine Festsetzung oder ein Prüfung erfolgen wird und er Steuern inkl. Zinsen zahlen muss, so hat er kein schutzwürdiges Vertrauen, dass ihm dauerhaft die gezogenen Nutzungsvorteile zustehen werden – vergleichbar mit der Situation bei einem zivilrechtlichen Rücktrittsrecht. Ist hingegen bereits eine Festsetzung und gegebenenfalls sogar schon eine Prüfung erfolgt, so genießt der Steuerpflichtige jedenfalls dann ein schutzwürdiges Vertrauen in die Richtigkeit seiner Steuerzahlung, wenn er nicht ernsthaft mit einer späteren Korrektur zu seinem Nachteil rechnen muss.

In vielen Fällen der Verzinsung des Steuerschuldrechtes kann daher bereits der Wertung des Bereicherungsrechtes entnommen werden, dass der Steuerschuldner Nutzungen selbst dann herauszugeben hat, wenn er nicht gezogen hat

In der Praxis dürften die Fälle, in denen der Zinszahlungspflichtige tatsächlich keine Nutzungen aus der Verfügbarkeit finanzieller Mittel gezogen hat, zudem

1234 Nach Ansicht von Willy Haubrichs ist eine Verzinsung trotz nicht gezogener Nutzungen nur bei einer Vergleichbarkeit mit einem Darlehensvertrag zulässig. In wie weit er die Stundung und die Aussetzung der Vollziehung für vergleichbar erachtet führt er jedoch nicht aus (Haubrichs, Die Problematik der Vollverzinsung S. 11).

überschaubar sein. Bei Unternehmen unterstellt die Rechtsprechung grundsätzlich eine wirtschaftliche Verwendung.[1235] Aber auch bei Privatpersonen kann angenommen werden, dass sie jedenfalls größere Summen nicht in bar verwahrt oder auf einem Konto ohne Habenverzinsung angelegt hätten.[1236] Der Verzinsung sehr kleiner Beträge wird hingegen schon durch die Abrundungen in § 238 Abs. 2 AO und § 239 Abs. 2 AO begegnet, die vorsehen dass weder unter 50 € pro Steuerart eine Verzinsung ausgelöst wird, noch Zinsen unter 10 € festgesetzt werden.

Stundungen können zudem ohnehin nur gewährt werden, wenn die Einziehung der Forderung eine erhebliche Härte darstellen würde (§ 222 S. 2 AO). Dies setzt voraus, dass der Zahlungspflichtige eine dringende Verwendung für die Mittel hat, da anderenfalls die Entrichtung keine Härte darstellen würde. Auch für die Aussetzung der Vollziehung ist das Vorliegen einer erheblichen Härte – neben erheblichen Zweifel an der Rechtmäßigkeit des Verwaltungsaktes – eine der beiden alternativen Voraussetzungen (§ 361 Abs. 2 S. 2 AO; § 69 Abs. 2 S. 2 FGO).

Die Unterstellung, dass der Zinsschuldner aus der Überlassung der finanziellen Mittel Nutzungen ziehen konnte, ist folglich eine zulässige Pauschalisierung der Verzinsung des Steuerschuldrechtes zum Zwecke der Herstellung einer praktischen Handhabbarkeit.[1237] Auch die Rechtsprechung gesteht dem Gläubiger bei zivilrechtlichen Herausgabeansprüchen auf Geld eine Vermutung zu, dass jedenfalls allgemeinverfügbare Erträge erwirtschaftet wurden.[1238] Die seltenen Fälle in denen der Schuldner tatsächlich keine Nutzungen gezogen hat und er zudem darauf vertrauen konnte, keine weiteren Zahlungen leisten zu müssen, können bei der notwendigerweise pauschalen Bemessung des richtigen Zinssatzes vernachlässigt werden und sind gegebenenfalls durch Billigkeitserlasse zu erfassen.

1235 Für Kaufleute und Kreditinstitute nimmt die Rechtsprechung eine Vermutung an, dass Nutzungen gezogen wurden: BGH vom 24.04.2007 - XI ZR 17/06 = NJW 2007, 2401 (2404); BGH vom 12.05.1998 - XI ZR 79/97 = NJW 1998, 2529 (2530); LG Frankfurt a. M. vom 28.02.1996 - 2/4 O 283/95 = NJW 1997, 329 (330); BGH vom 04.06.1975 - V ZR 184/73 = NJW 1975, 1510 (1511).

1236 Manfred Löwisch tritt dafür ein, dass grundsätzlich ab einem Betrag von 2.500 € angenommen werden könne, dass Geld nicht ungenutzt bleibe. Angesichts der Niedrigzinsphase dürfte jedoch die Schwelle nach seiner Ansicht gegenwärtig ausnahmsweise bei 8.000 € liegen (Staudinger/*Löwisch*, Bürgerliches Recht § 288 Rn. 44). Ähnlich (5.000 DM): Kindler, Gesetzliche Zinsansprüche S. 272. Hermann Staub hielt dieses Szenario schon 1900 für eine Ausnahme (Staub, DJZ 1900, 64).

1237 Erman/*Buck-Heeb*, Bürgerliches Gesetzbuch § 818 Rn. 11; Koppensteiner NJW 1971, 588 (593).

1238 BGH vom 04.12.1996 - VIII ZR 360/95 = NJW 1997, 933 (935).

(b) Tatsächliche Entwicklung nur pauschal

Grundsätzlich müsste der Steuerschuldner nicht nur den Erwartungswert einer von ihm gewählten Verwendung finanzieller Mittel herausgeben, sondern den durch die Verwendung tatsächlich erzielten Vorteil. Der Rechtsprechung zum Bereicherungsrecht ist jedoch bereits die Möglichkeit zu einer Pauschalisierung zu entnehmen. Sie versucht zunächst die Bereicherung in Form des tatsächlich Erlangten zu ermitteln.[1239] Soweit sie sich dazu jedoch außerstande sieht, soll pauschal „*der übliche Zinssatz als Wert der Nutzungen angesetzt*"[1240] werden.[1241] Auch die Rechtsordnung kennt Pauschalisierungen. Wie bereits dargestellt, beschränkt sich die Herausgabeverpflichtung im Falle der Unmöglichkeit der Herausgabe der ursprünglichen Bereicherung auf ihren objektiven Wert (§ 818 Abs. 2 BGB).[1242] Zudem sind zumindest formal nur Nutzungen der Bereicherung selbst von der Herausgabeverpflichtung erfasst, nicht jedoch die von Surrogaten. Damit kommen die Rechtsordnung und die Rechtsordnung sogar der Auffassung Tobias Helms nah, der annimmt: „*Geld als universell einsetzbarer Vermögenswert besitzt aus sich heraus kein spezifisches Gewinnerzielungspotential.*"[1243]

Die Anwendung einer Pauschalisierung des tatsächlichen Ertrages im Steuerschuldrecht ist auch sachgerecht. Der Steuerschuldner ist gehalten, mit den finanziellen Mitteln zu wirtschaften, da er jedenfalls die Vorteile herauszugeben

---

1239 BGH vom 06.03.1998 – V ZR 244/96 = NJW 1998, 2354.
Zuletzt auch im Falle von Erträgen eines rechtsgrundlos erhaltenen Unternehmens: BGH vom 05.07.2006 – VIII ZR 172/05 = NJW 2006 2847 (2853).
Gegenüber dem Fiskus: BGH vom 14.10.2015 – IV ZR 438/14 = NJW 2016, 156; BGH vom 24.05.2012 – IX ZR 125/11 = DStR 2012, 1668. Siehe auch: Hagmann, Gewinnherausgabe S. 66.

1240 BGH vom 04.06.1975 – V ZR 184/73 = NJW 1975, 1510 (1511).

1241 BGH vom 18.04.1962 – VIII ZR 245/61 = NJW 1962, 1148 (1148); Reichsgericht vom 27.04.1936 = RGZ Bd. 151 S. 123 (127).

1242 BGH vom 21.03.1996 – III ZR 245/94 = NJW 1996, 3409 (3411); BGH vom 18.12.1986 – I ZR 111/84 = NJW 1987, 2869 (2872); BGH vom 24.11.1981 – X ZR 7/80 = NJW 1982, 1154 (1156); Staudinger/*Lorenz*, Bürgerliches Recht § 818 Rn. 26; Säcker/Rixender/*Schwab*, MüKo BGB § 818 Rn. 81 f.; Bamberger/Roth/*Wendehorst*, Beck'scher Online-Kommentar BGB § 818 Rn. 27; Herberger/*Martinek*, jurisPK-BGB § 818 Rn. 45; Helms, Gewinnherausgabe als haftungsrechtliches Problem S. 72; Ficker/König/*Larenz*, Festschrift Caemmerer S. 228. A.A.: Erman/*Buck-Heeb*, Bürgerliches Gesetzbuch § 818 Rn. 16 f.; Mugdan, Materialien BGB Bd. 2 S. 467.

1243 Helms, Gewinnherausgabe als haftungsrechtliches Problem S. 104. Ebenso: *Büttner*, BB 1970, 233 (233).

hat, die er nach den Regeln einer ordnungsgemäßen Wirtschaft ziehen kann. Zieht er geringere Vorteile, mindert dies nicht seine pauschale Herausgabeverpflichtung. Die Einrede der Entreicherung bleibt ihm verwehrt. Spiegelbildlich muss der Zinszahler daher auch einen Ertrag, der über das hinausgeht, was nach den Regeln einer ordnungsgemäßen Wirtschaft zu ziehen war, behalten dürfen. Müsste er hingegen den übersteigenden Ertrag herausgeben, lägen die wirtschaftlichen Chancen aus dem Erhalt der finanziellen Mittel beim Fiskus und die Risiken beim Steuerschuldner. Im Sinne einer gerechten Risiken- und Chancenverteilung ist daher die pauschale Zinszahlungsverpflichtung in ihrer notwendigen praktischen Ausgestaltung mit der eines Darlehensverhältnisses zu vergleichen.

Entsprechend pauschalisiert der Gesetzgeber auch bei der Erstattungsverzinsung für zu Unrecht gezahlte Sozialbeiträge im Sozialrecht (§ 27 Abs. 1 SGB IV), der Verzinsung von Erstattungen von Erschließungsbeiträgen im Baurecht (§ 133 Abs. 3 S. 4 BauGB) oder der Erstattungsverzinsung im allgemeinen Verwaltungsrecht (§ 49a Abs. 3 S. 1 VwVfG).

Dies ändert jedoch nichts daran, dass der tatsächliche Verlauf soweit zu berücksichtigen ist, wie er einer allgemeinen Entwicklung entspricht. Die Betrachtungsperspektive bleibt, dem Bereicherungsrecht entsprechend, ex post. Sollte sich etwa das gesamte Zinsniveau am Finanzmarkt ändern – und damit die objektive Ertragskraft des Geldes – wäre diese Entwicklung zu berücksichtigen; unabhängig davon, ob sich in Einzelfällen Risiken verwirklicht haben oder Chancen genutzt werden konnten. Ein zutreffender Vergleichsmaßstab wäre folglich ein Darlehen bzw. eine Anlage ohne Zinsbindung.

(c) Pauschale Herausgabe von persönlichen Vorteilen

Auf Grund der notwendigen Pauschalisierungen des Steuerschuldrechtes ist eine Berücksichtigung individueller Vorteile nur durchführbar, soweit für verschiedene Gruppen von Steuerschuldnern, mit jeweils eigenen, typischen persönlichen Nutzungsmöglichkeiten für die finanziellen Mittel, individuelle Zinssätze bestimmt werden.

Beispielsweise könnte zwischen Privatpersonen und Unternehmen differenziert werden. Denn diese Gruppen besitzen als Zinsschuldner – nach einer ersten statistischen Auswertung – typischerweise voneinander abweichende Nutzungsmöglichkeiten.

Sofern sich in Folge einer umfassenden volkwirtschaftlichen Analyse herausstellen sollte, dass eine weitergehende oder alternative Differenzierung zielführender ist oder sie unter Berücksichtigung des Verwaltungsaufwandes besser praktisch umgesetzt werden kann – etwa eine Unterscheidung zwischen unterschiedlichen Einkommen, der Gewerbesteuerpflicht, Bilanzsummen oder Branchen – ist sie durchzuführen und der getroffenen Differenzierung zwischen Unternehmern und Privatpersonen vorzuziehen.

(i) Private Personen

Es ließe sich die Annahme treffen, dass Privatpersonen die sich einer Verzinsung von Steuerforderungen ausgesetzt sehen, weit überwiegend durch die spätere Steuerzahlung keine Darlehenszinsen einsparen können.[1244]

Seit 2008 waren in Deutschland zu keiner Zeit mehr als 6,87 Mio. volljährige Privatpersonen überschuldet.[1245] Dies entspricht durchschnittlich nicht mal einem Zehntel der erwachsenen Bevölkerung.[1246] Vielfach geht die Überschuldung einher mit einer deutlich reduzierten Leistungsfähigkeit (2014: Arbeitslosigkeit: 19,1 %; Erkrankung, Sucht, Unfall: 12,1 %; gescheiterte Selbstständigkeit: 8,1 %).[1247] Eine reduzierte Leistungsfähigkeit führt regelmäßig zu einem niedrigeren Einkommen und damit – insbesondere im Falle der unterjährigen Einkommensminderung – eher zu Steuererstattungen, als zu Steuernachforderungen. Bei der bedeutendsten Form der Verzinsung, der Vollverzinsung, sind daher nur sehr wenige überschuldete Steuerpflichtige Zinsschuldner.

Die nicht überschuldeten Privatpersonen sind grundsätzlich in der Lage, ihre Verbindlichkeiten zu erfüllen. Da teilweise allerdings dem vorhandenen Kapital an einer Stelle Schulden an einer anderen Stelle gegenüberstehen und nur insgesamt mehr Vermögen als Verbindlichkeiten vorhanden sind, ist die Zahl der verschuldeten Privatpersonen deutlich größer als die Zahl der überschuldeten Personen. Sie liegt sogar mehr als fünfmal so hoch. Knapp die Hälfte der Deut-

---

1244 Zu diesem Ergebnis kommt auch Bernd Jonas (*Jonas*, UBG 2011, 960 [961]): „*Da § 233a AO die Abschöpfung eines Liquiditätsvorteils der jeweiligen Gegenseite betrifft, kann im Nachzahlungsfall nur derjenige Liquiditätsvorteil maßgeblich sein, der beim Steuerpflichtigen dadurch eingetreten ist, dass ihm ein bestimmter – eigentlich dem Fiskus zustehender – Geldbetrag zur Verfügung stand, den er ertragbringend hätte verwenden können. Dabei wird auf die potenzielle Nutzungsmöglichkeit des Kapitalinhabers durch eigene aktive Anlage am Kapitalmarkt geschaut.*“
Allerdings differenziert Jonas nicht zwischen Privatpersonen und Unternehmen.

1245 http://de.statista.com/statistik/daten/studie/166338/umfrage/anzahl-der-schuldner-in-deutschland-seit-2004/.

1246 http://de.statista.com/statistik/daten/studie/2448/umfrage/entwicklung-der-schuldnerquote-in-deutschland-seit-2004/.

1247 https://www.destatis.de/DE/ZahlenFakten/GesellschaftStaat/EinkommenKonsumLebensbedingungen/VermoegenSchulden/Tabellen/Ueberschuldung.html.

schen ist verschuldet und könnte daher durch spätere Steuerzahlung theoretisch einen Teil der Verbindlichkeiten zurückführen und die Zahlung von Darlehenszinsen reduzieren.[1248] Der Großteil der Deutschen ist jedoch nur verschuldet, da er einen Ratenkredit zu bedienen hat (48 %) oder eine Immobilie finanziert hat (36 %).[1249] In diesen Fällen liegt der Verschuldung eine mittel- bis langfristige Finanzplanung zu Grunde. Demgegenüber besitzen nicht einmal 5 % der Privatkredite eine kurze Laufzeit.[1250] Für diese 5 % kann davon ausgegangen werden, dass sie durch eine spätere Steuerzahlung Darlehenszinsen einsparen können. Bei mehr als 95 % der Darlehen kann hingen nur dann angenommen werden, dass Rückzahlungen stattfinden, wenn die Möglichkeit zu einer Sondertilgung besteht und genutzt werden würde.

Hinzu kommt ein Teil an Privatpersonen, deren liquides oder liquidierbares Kapital – unabhängig von einer bestehenden Verschuldung – so gering ist, dass es nicht ausreicht, um der eigenen Steuerverpflichtung zeitgerecht nachzukommen. Sie müssten sich zur zeitgerechten Zahlung der Steuer verschulden und können sich folglich durch eine spätere Steuerzahlung die Zahlung von Darlehenszinsen ersparen. Es ist jedoch nicht davon auszugehen, dass diese Gruppe einen signifikanten Anteil der Zinsschuldner ausmacht. Bei den wichtigsten Steuern für Privatpersonen, der Einkommensteuer und der Kapitalertragsteuer, hatte im Jahr 2011 beispielsweise der überwiegende Teil der Nachzahlungspflichtigen nur kleinere Beträge von bis zu 1000 € nachzuzahlen.[1251] Auch der durchschnittliche Nachzahlungsbetrag lag unter 1000 € und damit in einer Höhe, die regelmäßig ohne die Notwendigkeit der Aufnahme von Darlehen zu leisten gewesen wäre. Zumal die Entstehung der Steuer grundsätzlich mit dem Zufluss finanzieller Mittel einhergeht.

Festzuhalten ist daher, dass mehr als die Hälfte der Bürger gar nicht verschuldet ist. Soweit Bürger verschuldet sind, können sie mit großer Mehrheit durch spätere Steuerzahlungen gleichwohl die Zinsverpflichtungen dieser Verschuldungen nicht reduzieren. Auch ist nicht anzunehmen, dass ein signifikanter Teil der Steuer-

---

1248 http://www.bca.de/sites/bca_neu/files/KW25_I_EOS_Schuldenstudie-2015.pdf S. 8.

1249 http://www.bca.de/sites/bca_neu/files/KW25_I_EOS_Schuldenstudie-2015.pdf S. 8. Ende 2015 nur 17,32 Millionen laufende private Ratenkredite (http://de.statista.com/statistik/daten/studie/155546/umfrage/anzahl-der-laufenden-kredite-nach-altersgruppe/).

1250 Deutsche Bundesbank, Monatsbericht Januar 2016 S. 5.

1251 Für das Jahr 2011: https://www.destatis.de/DE/ZahlenFakten/ImFokus/OeffentlicheFinanzenSteuern/SteuererklaerungErstattung.htmla.

pflichtigen sich nur deshalb nicht verschulden musste, weil er seiner Steuerpflicht nicht zeitgerecht nachgekommen ist.

Der Regelfall, der einer Pauschalisierung des Zinssatzes im Steuerschuldverhältnis für Privatpersonen zu Grunde gelegt werden sollte, sollte daher nicht der Steuerpflichtige sein, der durch die spätere Steuerzahlung Sollzinsen einsparen konnte, sondern der Steuerpflichtige, der durch die spätere Steuerzahlung Erträge erwirtschaften konnte. Da bei den wichtigsten Steuern für Privatpersonen, der Kapitalertragsteuer und der Einkommensteuer durchschnittlich jeweils weniger als 1000 € nachzuzahlen sind, ist nicht anzunehmen, dass diese Mittel in nennenswertem Umfang für komplexen Kapitalanlage oder Investitionen genutzt werden.[1252] Stattdessen werden überwiegend Zinserträge auf Girokonten oder Tagesgeldkonten erwirtschaftet. Als Grundlage der Pauschalisierung könnte daher ein Zinssatz angesetzt werden, der maximal dem Ertrag von Tagesgeldanlagen entspricht. Im Dezember 2015 lag die Verzinsung dafür bei 0,13 % pro Jahr.[1253]

(ii) Unternehmen

Für Unternehmen können diese Überlegungen nicht übernommen werden. Es könnte stattdessen angenommen werden, dass sie grundsätzlich verschuldet sind.

Ein überweigernder Teil der Unternehmen wirtschaftet mit Fremdkapital.[1254] Bankkredite kommt dabei die bedeutendste Rolle zu.[1255] Die dafür notwendigen Zinsaufwendungen liegen deutlich unter denen von Verbraucherkrediten oder gar Überziehungskrediten für Privatpersonen. Im Dezember 2015 betrug der jährliche Zinssatz für Kredite an nichtfinanzielle Kapitalgesellschaften mit einer kurzen Ursprungslaufzeit bis zu einem Jahr gerade einmal 2,77 %.[1256] Bei mittleren

1252 Für das Jahr 2011: https://www.destatis.de/DE/ZahlenFakten/ImFokus/OeffentlicheFinanzenSteuern/SteuererklaerungErstattung.htmla.

1253 Deutsche Bundesbank: Zeitreihe BBK01.SUD101: Effektivzinssätze Banken DE / Neugeschäft / Einlagen privater Haushalte, täglich fällig. Durchschnitt 2014: 0,3 % (http://de.statista.com/statistik/daten/studie/202273/umfrage/entwicklung-des-zinssatzes-fuer-tagesgeld-in-deutschland/).

1254 Luttermann, Unternehmen, Kapital und Genußrechte S. 8.

1255 Deutsche Bundesbank, Monatsbericht Januar 2016 S. 55.

1256 Deutsche Bundesbank: Zeitreihe BBK01.SUD012: Effektivzinssätze Banken DE / Bestände / Kredite an nichtfinanzielle Kapitalgesellschaften, Ursprungslaufzeit bis 1 Jahr.

Laufzeiten war der Zinssatz sogar mit 2,29 % noch knapp einen halben Prozentpunkt geringer.[1257] Für revolvierende Kredite und Überziehungskredite betrug er hingegen zur gleichen Zeit 3,96 %.[1258]

Das durchschnittliche Mehrergebnis in Folge einer Betriebsprüfung von 192.741 Unternehmen lag im Jahr 2014 – abzüglich der darin enthaltenen Zinszahlungen – bei ca. 80.000 €.[1259] Für Großbetriebe lag das Mehrergebnis – inkl. der nicht getrennt ausgewiesenen Zinszahlungen – bei über 300.000 €.[1260] Da das Mehrergebnis konsolidiert ausgewiesen wird und einige Betriebe statt einer Nachforderung sogar eine Erstattung erhalten, fallen die durchschnittlichen Nachforderungen noch höher aus. Auf Grund der Höhe der durchschnittlichen Nachforderungen kann daher davon ausgegangen werden, dass die zweitweise Verfügbarkeit später nachzuzahlender Mittel nicht nur die Aufnahme von revolvierenden Krediten oder Überziehungskrediten vermieden hat, sondern grundsätzlich auch Auswirkungen auf mittel- und langfristige Finanzierungsüberlegungen hatte.

Es könnte daher die zu verallgemeinernde Annahme aufgestellt werden, dass aus einem betragsmäßig überwiegenden Teil der Zinsverpflichtungen der Vorteil von Einsparungen mindestens mittelfristiger Finanzierungsaufwendungen resultiert. Dass die tatsächlich erhaltene zeitweise Verfügbarkeit finanzieller Mittel ihrer Ausgestaltung nach eher einem kurzfristigen Darlehen entspricht, ist dabei unerheblich. Es kommt ausschließlich auf den Vorteil an, der sich bei den Unternehmen niederschlägt. Für die ersparten Finanzierungsaufwendungen könnte daher ein Wert angesetzt werden, der sowohl den durchschnittlichen Kreditzins von besicherten Krediten als auch den von unbesicherten Krediten berücksichtigt. Die Kontrollfrage ist dabei stets: Hätte das Unternehmen für den

---

1257 Deutsche Bundesbank: Zeitreihe BBK01.SUD013: Effektivzinssätze Banken DE / Bestände / Kredite an nichtfinanzielle Kapitalgesellschaften, Ursprungslaufzeit über 1 bis 5 Jahre.

1258 Deutsche Bundesbank: Zeitreihe BBK01.SUD123: Effektivzinssätze Banken DE / Neugeschäft / Revolvierende Kredite und Überziehungskredite an nichtfinanzielle Kapitalgesellschaften.

1259 Insgesamt ca. 18 Mrd. Euro: http://www.bundesfinanzministerium.de/Content/DE/Monatsberichte/2015/10/Inhalte/Kapitel-3-Analysen/3-1-ergebnisse-der-steuerlichen-betriebspruefung-2014.html.

1260 14 Mrd. € Mehrergebnis bei 42.229 Großunternehmen: http://www.bundesfinanzministerium.de/Content/DE/Monatsberichte/2015/10/Inhalte/Kapitel-3-Analysen/3-1-ergebnisse-der-steuerlichen-betriebspruefung-2014.html.

Erhalt alternativer Mittel Sicherheiten gestellt? Nicht: Hat das Unternehmen für den Erhalt der konkreten Mittel Sicherheiten gestellt?

b) Ersatz des Schadens durch den Fiskus

Den Zinszahlungen des Fiskus an den Steuerzahler soll eine schadensersetzende Wirkung zukommen. Eine optimale Zinshöhe muss daher den Schaden des Steuerzahlers aus einer zeitweisen Überzahlung möglichst vollständig ersetzen.

(1) Kategorisierung des Schadens

Spiegelbildlich zur Kategorisierung der Nutzungsvorteile lassen sich auch die möglichen Formen des Schadenersatzes kategorisieren. Statt einer tatsächlich eingetretenen Bereicherung ist dabei auf die ausgebliebene Verwendungsmöglichkeit abzustellen. Die eingetretenen Folgen sind mit dem potentiellen Verlauf der Dinge ohne den Mittelverzicht zu vergleichen[1261]:

1. <u>Keine wirtschaftliche Verwendung der Mittel</u>
   Der Steuerpflichtige hätte die finanziellen Mittel überhaupt nicht oder nicht so gewinnbringend genutzt, wie es bei ordnungsgemäßer Wirtschaft möglich wäre.
2. <u>Allgemein verfügbare, risikolose Verwendung der Mittel</u>
   Der Steuerpflichtige hätte die finanziellen Mittel einer allgemeinverfügbaren, weitgehend risikolosen Anlage zugeführt.
3. <u>Persönlich verfügbare, risikolose Verwendung der Mittel</u>
   Der Steuerpflichtige hätte die finanziellen Mittel genutzt, um eine eigene Verpflichtung zu erfüllen und so Nachteile von sich abwenden oder eine nur für ihn verfügbare, überdurchschnittlich günstige, weitgehend risikolose Anlage zu tätigen.
4. <u>Risikobehaftete Verwendung der Mittel</u>
   Der Steuerpflichtige hätte die Mittel mit unsicherem Ausgang verwendet.

Auch hier bilden Konsum und die eigene Leistung aus den bereits im vorangehenden Abschnitt genannten Gründen keine selbstständigen Kategorien. Ebenfalls keine Kategorien bilden:

1261 Um Wiederholungen zu vermeiden, können die Beispiele aus dem Abschnitt D.I.4.a) (1) Kategorisierung der Nutzungsvorteile S. 272 ff. entsprechend übernommen werden.

1. Aufnahme eines Kredites
   Durch das Ausbleiben finanzieller Mittel kann der Zinsgläubiger gezwungen worden sein, einen Kredit aufzunehmen. Der Schaden besteht daher in den durch die Kreditaufnahme notwendigen Zinsverpflichtungen. Dieser Schaden ist jedoch bereits mit der Kategorie der persönlich verfügbaren, risikolosen Verwendung der Mittel abgedeckt. Es ist unerheblich, ob der Zinsgläubiger vor dem Erhalt der Zahlungsaufforderung bereits einen Kredit aufgenommen hatte und diesen auf Grund der Steuerverpflichtung nun nicht mehr tilgen konnte oder ob der zuvor unverschuldete Zinsgläubiger erst zur Zahlung der Steuer einen Kredit aufnehmen musste. In beiden Fällen besteht der Schaden in den für den Kredit notwendigen Zinsverpflichtungen, die jeweils von den persönlichen Eigenschaften des Schuldners abhängen.
2. Schadensabwehr/Schadensminderungskosten
   Der Steuerpflichtige hätte die Mittel eingesetzt, um einen Schaden abzuwehren. Trotz der fehlenden Mittel hat der Steuerpflichtige den Schaden jedoch nicht eintreten lassen, sondern ihn anderweitig abgewehrt oder ihm im Umfang gemindert.
   Bei der Abwehr von Schäden handelt es sich um eine Frage der Berechnung des zurechenbaren Schadens im Rahmen der zweiten, dritten oder vierten Kategorie und nicht um eine selbstständige Kategorie von Schäden. Zur zweiten Kategorie gehört es etwa, wenn der Steuerpflichtige durch eine zu hohe Steuerzahlung auf seinem Umlaufkonto einen Dispositionskredit ziehen muss. Er jedoch durch die Auflösung einer Festgeldanlage diesen Kredit ausgleichen kann und sich die hohen Kreditzinsen für eine Überziehung so ersparen kann.[1262] Muss er zur Tilgung eines Dispositionskredites einen Ratenkredit aufnehmen, fällt der Schaden in die dritte Kategorie.[1263] Hat er sich durch die Tilgung des Kredits eine besondere Chance entgehen lassen, etwa die Teilnahme am Glücksspiel, fällt der Schaden in die vierte Kategorie. Nachteile die dem Zinsgläubiger durch die Abwehr des Eintrittes größerer Schäden entstehen sind nach dem Rechtsgedanken des § 683 BGB selbst Teil des ursprünglichen Schadens.[1264]

1262 Säcker/Rixender/*Oetker*, MüKo BGB § 249 Rn. 405; Staudinger/*Schiemann*, Bürgerliches Recht § 254 Rn. 91.

1263 Staudinger/*Schiemann*, Bürgerliches Recht § 249 Rn. 233, § 254 Rn. 92; Säcker/Rixender/*Oetker*, MüKo BGB § 249 Rn. 404.

1264 Staudinger/*Schiemann*, Bürgerliches Recht § 249 Rn. 122; Säcker/Rixender/*Oetker*, MüKo BGB § 254 Rn. 69.

Wie schon bei den Nutzungsvorteilen lassen sich aus der Kategorisierung drei Fragen ableiten, an Hand derer Beantwortung das Spektrum für den Schadenersatz und damit mittelbar auch der richtige Zinssatz für das Steuerschuldverhältnis bestimmt werden kann:

- Kann unterstellt werden, dass der Steuerzahler die ohne die Steuerzahlung verfügbaren Mittel jedenfalls im Sinne einer allgemein verfügbaren Anlagemöglichkeit verwendet hätte?
- Sind auch entgangene persönliche Verwendungsmöglichkeiten zu berücksichtigen oder nur allgemein verfügbare?
- Ist auf einen Erwartungswert abzustellen (ex ante) oder auf das Ergebnis, welches im Nachhinein am wahrscheinlichsten erscheint (ex post)?

(2) Rechtstheoretischer Umfang des Schadensersatzes

Ebenso wie der durch die Zinszahlungen abschöpfbare Umfang der Bereicherung des Steuerschuldners soll auch aus den bestehenden Regelungen der Rechtsordnung der Umfang des ersetzbaren Schadens abgeleitet werden. Die Maßstäbe der Rechtsordnung lassen sich allerdings nur beschränkt übertragen, da Schadenersatzansprüche vielfach ein Verschulden voraussetzen, die steuerschuldrechtliche Verzinsung jedoch nicht. Das Gesetz kennt jedoch auch Fälle eines verschuldensunabhängigen Schadenersatzes. Zwischen Privatpersonen bestehen sie vornehmlich bei der gesetzlichen Zuweisung einer besonderen Verantwortung, etwa bei Verkehrssicherungspflichten oder Gefährdungshaftungen. Die Verantwortung kann auch vertraglich übernommen werden z. B. durch die Aussprache von Garantien. Am ehesten vergleichbar ist die schadenersetzende Verzinsung im Steuerschuldrecht mit der verschuldensunabhängigen Haftung für entgangene Nutzungsmöglichkeiten finanzieller Mittel, wie sie u. a. in der Prozessverzinsung in § 291 BGB oder im Sozialrecht in § 44 SGB I geregelt ist. Allgemeine Normen zum verschuldensunabhängigen Schadenersatz gibt es hingegen nicht. Die verschuldensunabhängigen Haftungen für entgangene Nutzungsmöglichkeiten finanzieller Mittel zeichnen sich stattdessen durch eine Fülle von speziellen Regeln für die jeweiligen Einzelfälle aus. Grundsätzliche Wertungen lassen sich daher nur aus einer Gesamtbetrachtung dieser Normen ableiten.

(a) Ersatz nicht eingetretener Nachteile

Grundsätzlich sieht die deutsche Rechtsordnung jeweils das Vorliegen eines konkreten Schadens als Voraussetzung für einen Schadenersatzanspruch vor. Die vielleicht wichtigste Ausnahme dazu bildet jedoch der Ersatz für den Schaden den der Gläubiger durch den zweitweisen Verzicht auf finanzielle Mittel erleidet.

Sowohl bei verschuldensabhängigen Schadenersatzansprüchen (z. B. § 288 Abs. 1 BGB, § 21 Abs. 1 S. 1 SchBerG[1265], § 29 BLG[1266], § 28r Abs. 2 SGB IV, § 9 Drittes Verstromungsgesetz, § 4 LTV, § 1 Abs. 3 S. 4 KanalStTarifV, § 4 BHfAbgV) als auch bei verschuldensunabhängigen Schadenersatzansprüchen (z. B. § 291 BGB, § 6 EGSichV, §§ 44 Abs. 3, 99 Abs. 3 BauGB, § 84 Abs. 4 S. 2 BBergB, § 14 ContStifG, § 30 Abs. 5 RentSV, § 4 Abs. 6 RettungsG, § 11 Abs. 3 S. 1GAKG, § 5 Abs. 5 KlärEV, § 8 Abs. 4 GRWGArt. 2, § 1 Abs. 5 S. 1 VerkFinanzG 71, § 16 Abs. 2 S. 1 UmwG, §§ 305 Abs. 3 S. 3, 327b Abs. 2, 320b Abs. 1 S. 6 AktG, § 38 WpÜG, § 104 Abs. 1 S. 1 ZPO, §§ 6 Abs. 3 S. 1 7 Abs. 2 S. 2 SEAG, § 7 Abs. 3 S. 1 SCEAG, §§ 88 S. 3, 90 Abs. 1 S. 3 GNotKG) kennt das Gesetz einen Mindestschaden. Es besteht nicht nur eine widerlegbare Vermutung, dass der Mindestschaden eingetreten ist. Der Mindestschaden soll nach Ansicht des Gesetzgebers bewusst eine pauschale Untergrenze für den Schaden bilden.[1267] Selbst der Nachweis des Schuldners, dass der Gläubiger nur einen geringeren Schaden erlitten hat, mindert den Umfang des Anspruches nicht (unwiderlegbare Vermutung).[1268] Dadurch sollen vor allem Verbraucher und finanziell schwächere Zinsgläubiger geschützt werden.[1269] Diese Wertung ist in der Rechtsordnung so etabliert, dass sie sogar von der Rechtsprechung auf die Fälle der Verletzung einer Amtspflicht übertragen wird. Dem Bürger wird daher in den Fällen eines zeitweisen Mittelverzichtes mindestens ein Schadenersatz in Höhe von entgangenen Erträgen aus festverzinslichen Anleihen zugesprochen.[1270] Ein Nachweis, dass eine solche Anleihe aller Wahrscheinlichkeit nach auch wirklich getätigt worden wäre, ist jedenfalls bei größeren Beträgen nicht erforderlich.[1271] Es reicht die rein objektive Möglichkeit der Anlage.[1272]

(b) Keine Ersatz persönlicher Nachteile

Es ist offenkundig, dass ein Schadenersatzanspruch nicht an einem tatsächlichen Ergebnis Maß nehmen kann. Denn der Anlass des Schadenersatzes besteht gerade darin, dass auf Grund der Schädigung ein zu erwartender positiver Zustand nicht

---

1265 Nicht offizielle Abkürzung für das Schutzbereichsgesetz.

1266 Nicht offizielle Abkürzung für das Bundesleistungsgesetz.

1267 Entwurf eines Gesetzes zur Modernisierung des Schuldrechts vom 14.05.2001 = BT-Drucksache 14/6040 S. 148.

1268 Bamberger/Roth/*Lorenz*, Beck'scher Online-Kommentar BGB § 288 Rn. 4.

1269 Entwurf eines Gesetzes zur Modernisierung des Schuldrechts vom 14.05.2001 = BT-Drucksache 14/6040 S. 148.

1270 BGH vom 08.11.1973 – II ZR 161/71 = JurionRS 1973, 11104.

1271 Kindler, Gesetzliche Zinsansprüche S. 270 ff.

1272 Kindler, Gesetzliche Zinsansprüche S. 270 f.

eingetreten ist, bzw. sich nicht fortgesetzt hat. Folglich muss beim Schadenersatz – anders als bei der Herausgabe der Bereicherung – zwangsläufig ein hypothetisches Szenario zur Ermittlung des Anspruchsumfanges herangezogen werden.[1273]

Die Schadenersatzansprüche der deutschen Rechtsordnung erfassen grundsätzlich nicht nur einen pauschalen Schaden. Sie eröffnen zumeist auch die Möglichkeit, den tatsächlichen Schaden nachzuweisen und ersetzt zu bekommen. Bei verschuldensunabhängigen Schadensersatzansprüchen für einen zeitweisen Mittelverzicht kennt die Rechtsordnung jedoch Ausnahmen. Bei ihnen hat der Schuldner im Sinne einer Billigkeitshaftung für die dem Gläubiger entgangene Nutzungsmöglichkeit nur einen pauschalen Ersatz zu leisten. Die pauschalen Haftungen schließen eine weitergehende Haftung zwar nicht aus. Für sie muss der Gläubiger sich jedoch auf einen alternativen, verschuldensabhängigen Anspruch stützen (vgl. z. B.: §§ 63 Abs. 3 S. 2, 305 Abs. 3 S. 3, 320b Abs. 1 S. 6 AktG, 327b Abs. 2 AktG, § 111 Abs. 2 HGB, § 15 Abs. 2 S. 2 UmwG, § 90 Abs. 1 S. 3 GNotKG, § 7 Abs. 3 S. 1 SCEAG, §§ 6 Abs. 3 S. 1, 7 Abs. 2 S. 2 SEAG, Art. 2 § 1 Abs. 5 S. 1 VerkFinanzG 71). Zwar existieren auch verschuldensabhängige Schadenersatzansprüche für einen zeitweisen Mittelverzicht, die lediglich eine pauschale Entschädigung vorsehen (z. B. § 28r Abs. 2 SGB IV) oder verschuldensunabhängige Ansprüche, neben denen keine weitergehende verschuldensabhängige Haftung möglich ist (z. B. § 14 ContStifG). Wenn in der Rechtsordnung jedoch eine verschuldensunabhängige Mindestentschädigung vorgesehen ist, so ist sie immer zugleich auch eine verschuldensunabhängige Höchstentschädigung.[1274]

Wird der Schadenersatz durch eine pauschale Verzinsung ausgedrückt, so muss zunächst bestimmt werden, ob die Pauschale anhand des allgemeinverfügbaren Geldwerts festzusetzen ist oder ob zudem persönliche Nachteile zu berücksichtigen sind. Die Betrachtung der vom Gesetzgeber normierten pauschalen Verzinsungen zeigt ein weites Feld unterschiedlichster Zinssätze. Seit der Erhöhung der Verzugszinsen für Rechtsgeschäfte an denen kein Verbraucher beteiligt ist im Jahr 2014 weist § 288 Abs. 2 BGB mit neun Prozentpunkten über dem Basiszinssatz die höchste dem Verfasser bekannte Verzinsung neben den Säumniszuschlägen in § in § 240 AO auf. Den niedrigsten Zinssatz weist demgegenüber

---

1273 *„Da die Feststellung entgangenen Gewinns eine hypothetische Betrachtung des Schadensverlaufes voraussetzt, die ihrer Natur nach mit Unsicherheiten behaftet ist, hat sich der Gesetzgeber mit Wahrscheinlichkeitsmaßstäben begnügt, um den Geschädigten nicht leer ausgehen zu lassen"*(zu § 252 BGB) *Belke*, JZ 1969, 586 (587).

1274 Grundlage dieser Aussage ist eine Auswertung aller Normen, die auf den Basiszins in § 247 BGB verweisen, so wie aller Normen die durch die Verordnung zur Ersetzung von Zinssätzen vom 05.04.2002 (BGBl. I 2002, 1250) betroffen waren.

die Verzinsung von Sicherheitsleistungen im Grundversorgungsrecht auf. Durch den jeweiligen Verweis in § 29 Abs. 2 AVBFernwärmeV, § 15 Abs. 2 GasGVV und § 15 Abs. 2 StromGVV auf den Basiszinssatz in § 247 BGB ohne einen Aufschlag anzuordnen besitzen diese Zinssätze seit dem 01.01.2013 eine negative Höhe. Sie liegt seit dem 01.07.2016 bei -0,88 %. Nicht jede Verzinsung eignet sich jedoch als Referenz für das Steuerschuldrecht.

(i) Verzugssituationen

Vielfach setzen die Verzinsungen eine Situation voraus, in der ein der Gläubiger einen fälligen Anspruch besitzt und der Schuldner trotz Kenntnis seiner Verpflichtung nicht zahlt. In diesen Fällen hat der Gesetzgeber grundsätzlich den Zinssatz von fünf Prozentpunkten über dem Basiszinssatz normiert. Für Rechtsgeschäfte ohne Verbraucherbeteiligung – wie bereits erwähnt – ausnahmsweise sogar neun Prozentpunkte über dem Basiszins (§ 288 Abs. 2 BGB). Die Verzinsung in Höhe von fünf Prozentpunkten über dem Basiszinssatz gilt sowohl bei Ansprüchen die ein Verschulden voraussetzen (z.B: 288 BGB, § 9 drittes Verstromungsgesetz, § 4 LTV, § 1 Abs. 3 S. 4 KanalStTarifV, § 4 BHfAbgV), als auch bei solchen, die kein Verschulden voraussetzen (z. B.: § 16 Abs. 2 S. 1 UmwG, §§ 305 Abs. 3 S. 3, 327b Abs. 2, 320b Abs. 1 S. 6 AktG, § 38 WpÜG, § 104 Abs. 1 S. 1 ZPO, §§ 6 Abs. 3 S. 1, 7 Abs. 2 S. 2 SEAG, § 7 Abs. 3 S. 1 SCEAG). Das Ziel der Zinshöhe ist nicht nur der Ersatz des Schadens des Anspruchsgläubigers, sondern seit dem Beginn des 21. Jahrhunderts zunehmend auch die Ausübung von Druck auf den Schuldner, um eine Beschleunigung des Zahlungsverkehrs zu erreichen.[1275] Im Jahr 2009 hat der Gesetzgeber aus dieser Motivation die Verzinsungen im Aktiengesetz, im Umwandlungsgesetz, im SE-Ausführungsgesetz und im SCE-Ausführungsgesetz von zunächst zwei Prozentpunkten über dem Basiszinssatz auf nunmehr fünf Prozentpunkte über dem Basiszinssatz angehoben.[1276]

(ii) Fiskus als Schuldner

Demgegenüber ist kein Druck zur Beschleunigung notwendig, soweit der Staat Schuldner einer schadenersetzenden Verzinsung ist. Der Verzinsung kommt in diesen Fällen ausschließlich das Ziel zu, den Nachteil des Gläubigers auszugleichen. Entsprechend sehen – mit Ausnahme der Verzinsung in §§ 8 Abs. 1 S. 2

1275 Entwurf eines Gesetzes zur Beschleunigung fälliger Zahlungen vom 23.06.1999 = BT-Drucksache 14/1246 S. 5.

1276 Entwurf eines Gesetzes zur Umsetzung der Aktionärsrechterichtlinie vom 21.01.2009 = BT-Drucksache 16/11642 S. 42 f.

und 9 S. 3 EndlagerVLV, die jeweils drei Prozentpunkte über dem Basiszinssatz beträgt – alle Verzinsungen, die speziell eine Situation regeln, in der der Bund Zinsschuldner ist und die an den Basiszinssatz anknüpfen, eine Zinshöhe von zwei Prozentpunkten über dem Basiszinssatz vor (vgl.: §§ 44 Abs. 3, 64 Abs. 2, 99 Abs. 3, 133 Abs. 3 BauGB, § 84 Abs. 4 S. 2 BBergB, § 21 Abs. 1 S. 1 SchBerG[1277], § 29 BLG[1278], § 28r Abs. 2 SGB IV, § 4 Abs. 6 RettungsG, § 14 ContStifG[1279] § 30 Abs. 5 RentSV[1280]). Dieser Zuschlag von zwei Prozent auf den Basiszinssatz findet seinen Ursprung bereits in der Verzinsung von 2 % über dem Diskontsatz aus dem Jahr 1925 und wurde nur auf den Basiszins umgeschrieben.[1281] Die Verzinsung entsprach durch den Zuschlag seiner Zeit weitgehend dem Ertrag sicherer Anleihen.[1282]

(iii) Sozialrecht

Die Verzinsung in § 44 SGB I weist eine besondere Vergleichbarkeit zur Verzinsung im Steuerschuldrecht auf.[1283] Wie die Vollverzinsung beginnt auch die Verzinsung im Sozialrecht grundsätzlich mit dem Vorliegen der Voraussetzungen eines Anspruches, wodurch dieser nicht nur entsteht (§ 40 Abs. 1 SGB I), sondern – sofern etwas anderes nicht ausdrücklich bestimmt ist – auch fällig wird (§ 41 SGB I). Zudem kennt die Verzinsung ebenfalls eine Karenzzeit. Sie beträgt im Sozialrecht sechs Monate und beginnt mit dem Eingang des vollständigen Leistungsantrages (§ 44 Abs. 2 1. Var. SGB I). Die Verzinsung in § 44 SGB I ist verschuldensunabhängig und in ihrer Höhe auf die pauschale Verzinsung begrenzt. Die Möglichkeit einen weiteren Schaden geltend zu machen ist nur eröffnet, sofern der Gläubiger dem Schuldner ein Verschulden nachweisen kann und er sich infolgedessen auf den Amtshaftungsanspruch in § 839 BGB berufen kann.[1284]

1277 Nicht offizielle Abkürzung für das Schutzbereichsgesetz.

1278 Nicht offizielle Abkürzung für das Bundesleistungsgesetz.

1279 Schuldner des Anspruchs ist die Conterganstiftung. Ihre Geschäftsführung wird durch das Bundesamt für Familie und zivilgesellschaftliche Aufgaben besorgt.

1280 Die Deutsche Rentenversicherung als Körperschaft öffentlichen Rechts ist Schuldner des Anspruchs.

1281 § 1 Abs. 1 des Gesetzes über die Wechsel- und Scheckzinsen vom 03.07.1925.

1282 Vgl. B.IV.2.c)(3) Herkunft des zweiprozentigen Aufschlages auf den Diskontsatz S. 177 ff.

1283 Der Gesetzgeber erklärt daher in seiner Begründung zum Sozialgesetzbuch ausdrücklich, dass die Verzinsung kein Präjudiz für das Steuerrecht sei (Entwurf eines Sozialgesetzbuches [SGB] – Allgemeiner Teil vom 27.06.1973 = BT-Drucksache 7/868 S. 30).

1284 Mrozynski, Sozialgesetzbuch I § 44 Rn. 1b.

Die Zinshöhe des § 44 SGB I lehnte der Gesetzgeber ausdrücklich an die während der Gesetzgebung im Jahr 1973 geltende Fassung der Verzugsverzinsung in § 288 Abs. 1 S. 1 BGB an. Damit legte der Gesetzgeber der Verzinsung im Sozialrecht eine Zinshöhe zu Grunde, die ursprünglich dem Ertrag sicherer Anlagen entsprechen sollte.[1285] Allerdings erfolgte die einzige ausdrückliche Anlehnung der Zinshöhe der Verzugsverzinsung an die Erträge sicherer Anleihen noch im Gesetzgebungsverfahren des Bürgerlichen Gesetzbuches im Jahr 1896. In den folgenden 77 Jahren kam es zu keiner Anpassung. Das im Jahr 1973 vorherrschende hohe Zinsniveau, welches es erlaubte, durch weitgehend risikolose Anlagen Erträge von knapp 10 % pro Jahr zu erwirtschaften, berücksichtigte der Gesetzgeber bei der Gesetzgebung des § 44 SGB I nicht. Auch eine Überleitung der Zinshöhe in § 44 SGB I auf die aktuelle Fassung des § 288 BGB und damit eine Anknüpfung an den Basiszinssatz erfolgte bisher nicht. Gegenwärtig basiert die Verzinsung im Sozialrecht damit auf einem Zinssatz dessen Begründung mehr als 120 Jahre zurückliegt. Die ursprüngliche Herkunft des Zinssatzes in § 44 SGB I ist daher nur sehr eingeschränkt aussagekräftig für die gesetzgeberische Zielsetzung der Verzinsung.

(iv) Prozessverzinsung

Die Prozessverzinsung in § 291 BGB nimmt unter den zivilrechtlichen Schadensersatzansprüchen für einen temporären Mittelverzicht eine Sonderrolle ein. Sie läuft während gerichtlicher Auseinandersetzungen, auf deren Geschwindigkeit der Schuldner nur sehr bedingt Einfluss nehmen kann. Ein erhöhter Zinssatz zur Ausübung von Druck auf den Schuldner und zur Beschleunigung des Zahlungsverkehrs hat daher bei der Prozessverzinsung keinen Nutzen. Sie eignet sich daher besonders als Maßstab für die Verzinsung im Steuerschuldrecht.

Die Höhe der Prozessverzinsung wird durch einen Verweis in § 291 S. 2 BGB auf § 288 BGB mit der Höhe der Verzugsverzinsung gleichgesetzt. Ursprünglich orientierte sie sich daher am Ertrag sicherer Anleihen.[1286] Die Verzugsverzinsung wurde jedoch zum 01.05.2000 durch das Gesetz zur Beschleunigung fälliger Zahlungen an einen Zinssatz des Kapitalmarktes geknüpft. Seitdem wird die Zinshöhe durch einen fünfprozentigen Aufschlag auf den Basiszins – als Nachfolger des Diskontsatzes – ermittelt. Sie knüpft nicht mehr an den Ertrag sicherer Anleihen an, sondern an die Refinanzierungsaufwendungen von Banken.[1287] Dazu über-

1285 Vgl. A.II.3 Gesetzlicher Zinssatz im BGB 1900 S. 108 ff.

1286 Vgl. A.II.3 Gesetzlicher Zinssatz im BGB 1900 S. 108 ff.

1287 Entwurf eines Gesetzes zur Beschleunigung fälliger Zahlungen vom 23.06.1999 = BT-Drucksache 14/1246 S. 5.

nahm der Gesetzgeber den Zinssatz aus § 11 Abs. 1 des Verbraucherkreditgesetzes, welches die Refinanzierungsverzinsung mit drei Prozentpunkten über dem Diskontsatz ansetzte und den Banken zusätzlich zwei weitere Prozentpunkte für den Bearbeitungsaufwand gewährte.[1288] Im Rahmen des Schuldrechtsmodernisierungsgesetzes 2002 erfolgte noch eine sehr geringe Anpassung des Aufschlages auf den Zinssatz für Hauptrefinanzierungsoperationen der Europäischen Zentralbank, um die Bezugsgröße des Basiszinssatzes an die Vorgaben der europäischen Zahlungsverzugsrichtlinie anzupassen.[1289]

Die nunmehr gültige Verzinsung liegt weit über dem Ertrag sicherer Anleihen.[1290] Sie liegt sogar noch deutlich über dem Zinssatz für besicherte Wohnungsbaukredite[1291] oder dem Zinssatz für Kredite an nichtfinanzielle Kapitalgesellschaften.[1292] Für Rechtsgeschäfte ohne Beteiligung eines Verbrauchers gilt sogar ein Zuschlag von gegenwärtig neun Prozentpunkten auf den Basiszinssatz (§ 288 Abs. 2 BGB). Damit übertrifft die Verzinsung ihren ursprünglichen Maßstab, die Refinanzierungskosten von Banken, deutlich. Durch die Ausübung des daraus entstehenden zusätzlichen Druckes auf den Schuldner möchte der Gesetzgeber eine Beschleunigung des Zahlungsverkehres im Falle des Verzuges erreichen.[1293] Obwohl dieses Ziel mit der Prozessverzinsung in § 291 BGB nicht erreicht werden kann, hat der Gesetzgeber am Gleichlauf der Zinshöhe in § 288 BGB und § 291 BGB durch den Verweis in § 291 S. 2 BGB festgehalten. Dies muss als Versehen erachtet werden. Entgegen der ursprünglichen Prozessverzinsung ist die gegenwärtige Prozessverzinsung daher nicht mehr mit der Verzinsung des Steuerschuldrechtes vergleichbar.

1288 Entwurf eines Gesetzes zur Beschleunigung fälliger Zahlungen vom 23.06.1999 = BT-Drucksache 14/1246 S. 5; Entwurf eines Gesetzes über Verbraucherkredite, zur Änderung der Zivilprozessordnung und anderer Gesetze vom 25.10.1989 = BT-Drucksache 11/5462 S. 26.

1289 Entwurf eines Gesetzes zur Modernisierung des Schuldrechts vom 14.05.2001 = BT-Drucksache 14/6040 S. 126.

1290 Deutsche Bundesbank: Zeitreihe BBK01.WU0017: Umlaufsrenditen inländischer Inhaberschuldverschreibungen / Insgesamt / Monatsdurchschnitte.

1291 Deutsche Bundesbank: Zeitreihe BBK01.SUD159: Effektivzinssätze Banken DE / Neugeschäft / besicherte Wohnungsbaukredite an private Haushalte, anfängliche Zinsbindung über 1 bis 5 Jahre.

1292 Deutsche Bundesbank: Zeitreihe BBK01.SUD012: Effektivzinssätze Banken DE / Bestände / Kredite an nichtfinanzielle Kapitalgesellschaften, Ursprungslaufzeit bis 1 Jahr.

1293 Entwurf eines Gesetzes zur Beschleunigung fälliger Zahlungen vom 23.06.1999 = BT-Drucksache 14/1246 S. 5.

(v) Zwischenfazit

Soweit der Gesetzgeber eine schadensersetzende Pauschale für den zeitweisen Verzicht finanzieller Mittel vorsah, orientierte sich die Zinshöhe jeweils am Ertrag sicherer Anleihen. Seit dem Gesetz zur Beschleunigung fälliger Zahlungen vom 30.03.2000 ist der Gesetzgeber dazu übergegangen, einen erhöhten Zinssatz von regelmäßig fünf Prozentpunkten über dem Basiszinssatz anzusetzen, um – der Gesetzesbezeichnung entsprechend – eine Beschleunigung des Zahlungsverkehres zu erreichen. Persönliche Nachteile, insbesondere notwendig gewordene Kreditzinsverpflichtungen, berücksichtigt der Gesetzgeber damit jedoch allenfalls beiläufig.[1294]

Ist der Gesetzgeber selbst Adressat der Verzinsungsverpflichtung, hat er demgemäß an der seit 1925 etablierten Verzinsung von zwei Prozentpunkten über dem Basiszinssatz – bzw. zuvor über dem Diskontsatz – festgehalten (vgl. u. a. § 4 Abs. 6 des Gesetzes zur Rettung von Unternehmen zur Stabilisierung des Finanzmarktes vom 07.04.2009).

Konsequenterweise hat der Gesetzgeber folglich auch bei Verzinsungstatbeständen, die keine verzugsähnliche Situation voraussetzen, an der Zinshöhe von zwei Prozentpunkten über dem Basiszinssatz festgehalten – etwa bei der Verrentung von Erschließungsbeiträgen in § 135 Abs. 3 BauGB oder der Verzinsung in Art. 45 Nr. 2 und Art. 46 Nr. 2 des Scheckgesetzes, sowie Art. 48 Abs. 1 Nr. 2 und Art. 49 Nr. des Wechselgesetzes.

Es lässt sich daher aus einer Gesamtschau der Verzinsungstatbestände der deutschen Rechtsordnung die verallgemeinerungswürdige Entscheidung des Gesetzgebers entnehmen, dass persönliche Nachteile bei der Bemessung einer pauschalen Zinshöhe für schadensersetzende Verzinsungen unberücksichtigt bleiben. Zu diesem Ergebnis kamen auch die Verfasser des Bürgerlichen Gesetzbuches während ihrer sehr ausführlichen, jahrelangen Ergründung der richtigen Höhe des gesetzlichen Zinssatzes.[1295]

(c) Ersatz von Nachteilen aus Schadensentwicklung

Obwohl für den Schadenersatz zwangsläufig auf ein hypothetisches Szenario abgestellt werden muss, stellt sich die Frage, ob der ursprüngliche Erwartungswert (ex ante) der ausgelassenen Verwendungsmöglichkeit oder das rückwirkend betrachtete (ex post) wahrscheinliche Ergebnis der Verwendungsmöglichkeit für die Bemessung des Schadensumfanges ausschlaggebend ist. Hätte der Steuerzahler, als Beispiel für

1294 Entwurf eines Gesetzes zur Beschleunigung fälliger Zahlungen vom 23.06.1999 = BT-Drucksache 14/1246 S. 5.

1295 Vgl. A.II.3 Gesetzlicher Zinssatz im BGB 1900 S. 108 ff.

ein besonders risikoreiches Investment, seine üblichen Lottozahlen gespielt, so liegt der Erwartungswert des Lottoscheines im Moment seines Erwerbes grundsätzlich unter dem dafür notwenigen Preis. Stellt sich jedoch später heraus, dass genau die üblicherweise gespielten Zahlen gezogen wurden, so lässt sich der Verwendungsmöglichkeit, rückblickend betrachtet, ein sehr viel höherer Wert beimessen.

Grundsätzlich stützt sich die deutsche Rechtsordnung im Schadenersatzrecht auf den letzten Zeitpunkt der Schadensentwicklung. Das bedeutet, dass selbst bei Schadenersatzklagen nicht schlicht der zu erwartende Schaden eingeklagt wird. Vielmehr wird festgestellt, dass zukünftige Nachteile zu kompensieren sind, soweit sie eintreten.

Da der verschuldensunabhängige Schadenersatz für den zeitweisen Verzicht auf finanzielle Mittel nur pauschal zu ersetzen ist, können entgangene Chancen nicht nach ihrer jeweiligen individuellen Entwicklung bewertet werden. Gleichwohl wird eine allgemeine Entwicklung – etwa durch Veränderungen der gesetzlichen Zinssätze – berücksichtigt.

(3) Praktische Übertragbarkeit ins Steuerrecht

(a) Ersatz nicht eingetretener Nachteile

Der Wertung der Rechtsordnung ist zu entnehmen, dass für eine entgangene Nutzungsmöglichkeit billigerweise ein Mindestschaden zu ersetzen ist. Damit unterstellt der Gesetzgeber, dass der durchschnittliche Gläubiger die finanziellen Mittel im Falle eines pünktlichen Erhaltens aller Wahrscheinlichkeit gewinnbringend genutzt hätte. In der Begründung zu § 288 BGB im Rahmen der Schuldrechtsmodernisierung erklärt der Gesetzgeber jedoch, dass die Unterstellung einer gewinnbringenden Verwendung bei Verbrauchern regelmäßig unzutreffend sei.[1296] Der Zweck der pauschalen Mindestverzinsung sei einzig, ihre Schlechterstellung gegenüber Unternehmern zu verhindern.[1297] Tatsächlich dürfte sich die Annahme einer gewinnbringenden Verwendung jedoch nicht nur auf Unternehmer beschränken. Bei größeren Erstattungen kann auch für Verbraucher angenommen werden, dass sie die finanziellen Mittel zwischenzeitlich nicht ungenutzt gelassen hätten.[1298] Lediglich bei besonders kurzen Zeit-

---

1296 Entwurf eines Gesetzes zur Modernisierung des Schuldrechts vom 14.05.2001 = BT-Drucksache 14/6040 S. 148.

1297 Entwurf eines Gesetzes zur Modernisierung des Schuldrechts vom 14.05.2001 = BT-Drucksache 14/6040 S. 148.

1298 Manfred Löwisch tritt dafür ein, dass grundsätzlich ab einem Betrag von 2.500 € angenommen werden könne, dass Geld nicht ungenutzt bleibe. Angesichts der Niedrigzinsphase dürfte jedoch die Schwelle nach seiner Ansicht gegenwärtig

räumen oder kleinen Beträgen kann zutreffend unterstellt werden, dass sie aller Wahrscheinlichkeit nach nicht genutzt worden wären. Erstattungsverzinsungen mit einem besonders kurzen Mittelverzicht sind dem Steuerschuldrecht jedoch fremd. Sie sind weder bei der Prozessverzinsung denkbar, noch – aufgrund der Karenzzeit – bei der Vollverzinsung möglich. Sehr kleinen Beträgen wird hingegen bereits durch die Abrundungen in § 239 Abs. 2 AO und § 239 Abs. 2 AO begegnet.

Die pauschale Mindestverzinsung lässt sich daher auch in das Steuerrecht übertragen. Sie steht spiegelbildlich zur Verpflichtung auch dann einen pauschalen Nutzen herauszugeben, wenn er tatsächlich gar nicht gezogen wurde. Der Steuerzahler trägt das Risiko einer gewinnbringenden Verwendung in beiden Fällen selbst.

(b) Kein Ersatz tatsächlicher Nachteile

Die vom Gesetzgeber grundsätzlich vorgenommene Pauschalisierung von Entschädigungen für die zweitweise Vorenthaltung finanzieller Mittel ist auch im Steuerschuldrecht geboten, da das Steuerschuldrecht ein Masseverfahren ist. Es erfordert – soweit kein individuell bemessener Schadenersatz gewährt werden soll – eine Verallgemeinerung. Diese kann zwangsläufig nur darauf abstellen, welches Ergebnis die zu Grunde zu legenden Verwendungsmöglichkeiten im Durchschnitt erzielen.

(c) Pauschaler Ersatz von persönlichen Nachteilen

Die Verzinsung im Steuerschuldrecht könnte der gängigen Praxis des deutschen Rechtes entsprechen und einen Zinssatz besitzen, der das ersetzt, was jeder Gläubiger mit einem Mehr an finanziellen Mitteln durch eine risikolose Anlage hätte erzielen können. Das Ziel der Verzinsung des Steuerrechtes ist es jedoch, alle Steuerzahler so zu stellen, als seien sie gleichzeitig veranlagt worden.[1299] Dies kann besser erreicht werden, wenn statt eines Schadens, den jeder Steuerzahler mindestens hatte, der durchschnittliche Schaden ersetzt

ausnahmsweise bei 8.000 € liegen (Staudinger/*Löwisch*, Bürgerliches Recht § 288 Rn. 44). Ähnlich (5.000 DM): Kindler, Gesetzliche Zinsansprüche S. 272. Hermann Staub hielt dieses Szenario schon 1900 für eine Ausnahme (Staub, DJZ 1900, 64). „*Es gibt heute kaum noch einen Gläubiger, der beim Verzug des Schuldners mit der Bezahlung einer Geldforderung keinen Schaden erleidet.*“ (Entwurf eines Gesetzes zur Beschleunigung fälliger Zahlungen vom 23.06.1999 = BT-Drucksache 14/1246 S. 5).

1299 Vgl. D.I.3.d) Intention des Gesetzgebers (Übersicht) S. 267 ff.

wird. Denn anders als bei vielen schadenersetzenden gesetzlichen Verzinsungen, besteht im Steuerschuldrecht nicht die Möglichkeit, einen weitergehenden Schaden geltend zu machen – sei es auch nur unter der Voraussetzung des Nachweises eines fahrlässigen Verschuldens des Fiskus. Eben diese Möglichkeit, im Zweifel über den Nachweis eine Verschuldens des Schuldners, auch einen höheren, tatsächlichen Schaden ersetzt zu bekommen, hat jedoch den Ausschlag gegeben, die pauschale Verzugsverzinsung des Bürgerlichen Gesetzbuches und damit eines Grundpfeiler der schadensersetzenden Verzinsung auf einem Niveau festzuschreiben, welches von jedem Gläubiger erwirtschaftet worden wäre.[1300]

Zweckmäßiger wäre es daher, wenn die Zinshöhe des Steuerschuldrechtes die tatsächlichen Verhältnisse so gut wie möglich berücksichtigt. Nur soweit Zweifel bestehen, ist ein Rückgriff auf die gesetzgeberische Wertung notwendig, nach der eine Pauschalisierung auf dem Niveau dessen stattfindet, was durch eine risikolose Verwendung finanzieller Mittel von jedem erzielt werden kann.

Für die Pauschalisierung des Schadenersatzes sollte daher eine Unterteilung der Steuerzahler in Gruppen vorgenommen werden, die typischerweise unterschiedliche Nachteile aus dem zeitweisen Verzicht finanzieller Mittel erleiden. Beispielsweise könnte daher – wie schon bei der Pauschalisierung des Umfanges der Herausgabe – zwischen zwei Gruppen von Steuerpflichtigen unterschieden werden: Private Personen und Unternehmen.

(i) Private Personen

Wie bereits zuvor festgestellt, ist nur ein geringer Teil der Steuerschuldner durch kurzfristige Kredite, insbesondere Überziehungskredite, verschuldet.[1301] Mittel- und langfristige Verbindlichkeiten folgen demgegenüber bei Privatpersonen regelmäßig einem klar strukturierten Tilgungsplan. Eine Sondertilgung durch ein Ausbleiben des zeitweisen Mittelverzichts dürfte daher Ausnahmen darstellen. Folglich ist einzig bei kurzfristigen Krediten mit großer Wahrscheinlichkeit anzunehmen, dass sie ohne einen zeitweisen Mittelverzicht zurückgeführt und so Zinsaufwendungen erspart worden wären.

Der häufigste Fall, der zu einer zeitweisen Überzahlung führt, dürfte zudem ein zu hoher Abzug der Lohnsteuer sein. Da dieser Abzug erfolgt, ohne dass der Steuerpflichtige über die Mittel zuvor verfügen kann, ist es unwahrscheinlich, dass sich der Steuerschuldner plötzlich einer hohen Steuerverpflichtung ausgesetzt

1300 Vgl. A.II.3 Gesetzlicher Zinssatz im BGB 1900 S. 108 ff.
1301 Vgl. D.I.4.a)(3)(c)(i) Private Personen S. 292 ff.

sieht, für deren Begleichung er einen neuen Kredit aufnehmen muss. Zumal gerade einmal ca. 3,22 Millionen Steuerzahler durch die Erklärung ihrer Einkommensteuer eine Erstattung von mehr als 1.000 € erhalten und nur etwas mehr als 100.000 Steuerzahler eine Erstattung von mehr als 5.000 €.[1302]

Es könnte daher für die Zwecke der Pauschalisierung der schadenersetzenden Verzinsung im Steuerschuldrecht unterstellt werden, dass Privatpersonen überwiegend keine Vorteile durch die Vermeidung der zeitweisen Überzahlung erzielen, die über den Ertrag einer Anleihe auf einem Tagesgeldkonto hinausgehen. Die Zinserträge auf Tagesgeldkonten betrugen im Dezember 2015 durchschnittlich 0,13 %.[1303]

(ii) Unternehmen

Demgegenüber könnte davon ausgegangen werden, dass Unternehmen grundsätzlich verschuldet sind.[1304] Da die durchschnittliche Höhe von Erstattungen nicht im Ergebnis der steuerlichen Betriebsprüfung des Bundesministeriums der Finanzen ausgewiesen wird, ist unklar, ob die Erstattungen überwiegend von geringem Umfang sind und daher zu einer Einsparung von Zinsaufwendungen für revolvierende Kredite und Überziehungskredite geführte hätte oder ob lediglich mittel- und langfristige Zinsaufwendungen eingespart worden wären. Der Rahmen des typischerweise anzunehmenden Schadens durch eine zeitweise Überzahlung lag daher im Dezember 2015 zwischen den jährlichen Zinsaufwendungen in Höhe von 2,29 % für Kredite mit einer mittleren Ursprungslaufzeit von einem bis zu fünf Jahren[1305] und 3,96 % für revolvierende Kredite und Überziehungskredite.[1306]

1302 Für das Jahr 2011: https://www.destatis.de/DE/ZahlenFakten/ImFokus/OeffentlicheFinanzenSteuern/SteuererklaerungErstattung.htmla.

1303 Deutsche Bundesbank: Zeitreihe BBK01.SUD101: Effektivzinssätze Banken DE / Neugeschäft / Einlagen privater Haushalte, täglich fällig. Durchschnitt 2014: 0,3 % (http://de.statista.com/statistik/daten/studie/202273/umfrage/entwicklung-des-zinssatzes-fuer-tagesgeld-in-deutschland/).

1304 Vgl. D.I.4.a)(3)(c)(ii) Unternehmen S. 294.

1305 Deutsche Bundesbank: Zeitreihe BBK01.SUD013: Effektivzinssätze Banken DE / Bestände / Kredite an nichtfinanzielle Kapitalgesellschaften, Ursprungslaufzeit über 1 bis 5 Jahre.

1306 Deutsche Bundesbank: Zeitreihe BBK01.SUD123: Effektivzinssätze Banken DE / Neugeschäft / Revolvierende Kredite und Überziehungskredite an nichtfinanzielle Kapitalgesellschaften.

5. Verfassungsrechtliche Erwägungen

Der gegenwärtige sechsprozentige Zinssatz in § 238 AO ist verfassungswidrig.

a) Verfassungsrechtliche Maßstäbe

Die Belastungen des Steuerpflichtigen durch die Verzinsung im Steuerschuldrecht sind an den Freiheitsrechten und den Gleichheitssätzen des Grundgesetzes zu messen.

(1) Verhältnismäßigkeit und Übermaßverbot

Mangels eines besonderen, steuerspezifischen Abwehrrechts sind die bedeutendsten freiheitsrechtlichen Schranken des Steuerrechtes der Grundsatz der Verhältnismäßigkeit und das daran angelehnte Übermaßverbot.[1307] Sie werden aus dem Rechtsstaatsprinzip abgeleitet (Art. 20 Abs. 3 GG), gelten daher allgemein und nicht nur steuerrechtsspezifisch, und besagen, dass eine Beschränkung der grundrechtlich geschützten freiheitlichen Sphäre stets am dadurch verfolgten Zweck zu messen ist.[1308] Das Übermaßverbot bestimmt, dass ein staatlicher Eingriff ein angemessenes Verhältnis zwischen Zweck und Mittel wahren muss.[1309] Dies konkretisiert sich in einer Verhältnismäßigkeitsprüfung, die voraussetzt, dass ein zulässiges Ziel mit geeigneten Mitteln verfolgt wird, kein gleichgeeignetes milderes Mittel zur Verfügung steht und die Belastung des Steuerpflichtigen durch den Eingriff in einem zumutbaren Verhältnis zum damit verfolgten Zweck steht.[1310] Bei der Reform der Abgabenordnung in den 1970ern überlegte der Gesetzgeber, diese Grundsätze in der Abgabenordnung explizit niederzuschreiben. Er sah jedoch davon ab, da sie ohnehin allgemein anerkannt seien.[1311]

Soweit Steuern keine Lenkungswirkung besitzen – wie z. B. die Tabaksteuer, die den Konsum von Rauchwaren einschränken soll – dienen sie ausschließlich der Mittelbeschaffung des Fiskus. Dies eröffnet dem Gesetzgeber einen umfassenden Gestaltungspielraum für die Besteuerung, der erst in einer erdrosselnden Wirkung seine Grenzen findet.[1312] Denn aus jeder Belastung des Steuerpflichtigen

---

1307 BVerfG vom 05.03.1968 – 1 BvR 579/67 = NJW 1968, 979 (981); Tipke/Lang/*Hey*, Steuerrecht § 3 Rn. 180 f.; Lerche, Übermaß und Verfassungsrecht S. 19 ff.

1308 Tipke/Lang/*Hey*, Steuerrecht § 3 Rn. 180; Lerche, Übermaß und Verfassungsrecht S. 19 ff.; Löwenberg, Die Geltendmachung von Geldforderungen S. 118 f.;

1309 *Ortheil*, BB 2015, 675 (676).

1310 Tipke/Lang/*Hey*, Steuerrecht § 3 Rn. 180 f.; *Ortheil*, BB 2015, 675 (676).

1311 Entwurf einer Abgabenordnung 1974 vom 19.03.1971 = BT-Drucksache 6/1982 S. 100.

1312 Tipke/Lang/*Hey*, Steuerrecht § 3 Rn. 182 f.

(Mittel) erfolgt eine identische Einnahme des Fiskus (Zweck). Die Zweck-Mittel-Relation ist daher weitreichend gewahrt.

Die Verzinsung im Steuerschuldrecht ist jedoch selbst keine Steuer. Sie ist lediglich eine steuerliche Nebenleistung (§ 3 Abs. 4 Var. 4 AO). Wenngleich sich der Gesetzgeber des enormen finanziellen Potentials der Verzinsung bewusst ist und er in § 3 Abs. 5 AO speziell die Verteilung dieser besonderen Einnahme normiert hat, ist ihr originärer Zweck nicht die Mittelbeschaffung des Fiskus.[1313] Die Verzinsung soll stattdessen ein Mehr an Gerechtigkeit herstellen, indem sie der, durch unterschiedliche Veranlagungszeitpunkte entstehenden, Ungleichheit in der effektiven Belastung der Steuerpflichtigen entgegengewirkt.

Eine angemessene Zweck-Mittel-Relation muss daher bei der Verzinsung im Steuerschuldrecht nicht zwischen der Belastung des Steuerpflichtigen und der Erzielung von Einnahmen bestehen, sondern zwischen der Belastung des Steuerpflichtigen und der Herstellung von Gerechtigkeit.[1314]

(2) Allgemeiner Gleichheitssatz

(a) Willkürverbot und neue Formel

Sofern der Gesetzgeber nicht für jeden Steuerpflichtigen einen individuellen Zinssatz ermittelt, muss er eine Typisierung vornehmen und mehrere unterschiedliche Steuerpflichtige hinsichtlich der Zinshöhe gleich behandeln. Der in Art. 3 I GG normierte allgemeine Gleichheitssatz trägt dem Gesetzgeber auf, wesentlich Gleiches gleich zu behandeln und wesentlich Ungleiches ungleich.[1315] Ein Abweichen des Gesetzgebers vom allgemeinen Gleichheitssatz kann jedoch gerechtfertigt werden. Ursprünglich verlangte das Bundesverfassungsgericht dafür lediglich, dass *„sich ein vernünftiger, sich aus der Natur der Sache ergebender oder sonstwie sachlich einleuchtender Grund für die gesetzliche Differenzierung oder Gleichbehandlung… finden lässt, kurzum, wenn die Bestimmung* (nicht) *als willkürlich bezeichnet werden muss.“*[1316] Seit dem Jahr 1980 nimmt das Bundesverfassungsgericht für die Rechtfertigung einer Ungleichbehandlung zunehmend auch eine Verhältnismäßigkeitsprüfung vor.[1317] Je eher personenbezogene Merkmale betroffen sind, je mehr die Kriterien der Ungleichbehandlung den speziellen Kriterien

---

1313 Klein/*Gersch*, Abgabenordnung § 3 Rn. 30; Koenig/*Koenig*, Abgabenordnung § 3 Rn. 91 f.

1314 *Seer*, SteuerStud 2014, Beilage 2 S. 8.

1315 Epping/Hillgruber/*Kischel* Beck'scher Online-Kommentar GG Art. 3 Rn. 14.

1316 BVerfG vom 23.10.1951 – 2 BVG 1/51 = NJW 1951, 877 (878 f.).

1317 BVerfG vom 07.10.1980 – 1 BvL 50, 89/79, 1 BvR 240/79 = NJW 1981, 271 (272).

in Art. 3 Abs. 3 GG ähneln, je deutlicher geschützte Grundfreiheiten betroffen sind und je weniger der Betroffene die Ungleichbehandlung beeinflussen kann, desto höher stellt das Bundesverfassungsgericht die Anforderungen an eine verfassungsmäßige Rechtfertigung.[1318]

(b) Folgerichtigkeitsgebot

Die neuere Rechtsprechung des Bundesverfassungsgerichtes hat aus dem Gleichheitssatz das sogenannte Folgerichtigkeitsgebot abgeleitet.[1319] Das Folgerichtigkeitsgebot bezeichnet die Bindung des Gesetzgebers an eine grundsätzlich getroffene, über den Einzelfall hinausgehende Leitentscheidung. Übertragen auf die Verzinsung im Steuerschuldrecht bedeutet dies, dass der Gesetzgeber für Verzinsungstatbestände, denen er eine gerechtigkeitsfördernde Funktion zuschreibt, einen Zinssatz wählen muss, der in der Lage ist, ein Mehr an Gerechtigkeit zu generieren. Bisher hat das Bundesverfassungsgericht das Gebot der Folgerichtigkeit nur im Falle von aktiven Gesetzgebungen angewandt, die einer vorangehenden Leitentscheidung wiedersprachen. Ob das Gebot der Folgerichtigkeit auch dann eingreift, wenn eine zuvor der Leitentscheidung entsprechende Gesetzgebung durch eine Veränderung der Gegebenheiten in ihr Gegenteil verkehrt wird, wird im Folgenden diskutiert.

b) Doppelter Ermessensspielraum

(1) Bestimmung von Typen

Die Verzinsung im Steuerschuldrecht ist ein Masseverfahren mit einer vierstelligen Zahl an Zinsbescheiden pro Tag.[1320] Es ist für die Finanzverwaltung daher schlicht unmöglich, eine individuelle detaillierte Prüfung vorzunehmen, welche

---

1318 BVerfG vom 26.01.1993 – 1 BvL 38/92 = NJW 1993, 1517 (1517); BVerfG vom 21.06.2011 – 1 BvR 2035/07 = BeckRS 2011, 52846; Epping/Hillgruber/*Kischel* Beck'scher Online-Kommentar GG Art. 3 Rn. 18.

1319 BVerfG vom 09.12.2008 – 2 BvL 1/07, 2 BvL 2/07, 2 BvL 1/08, 2 BvL 2/08 = DStR 2008, 2460 (2461); BVerfG vom 4. 12. 2002 – 2 BvR 400/98, 2 BvR 1735/00 = DStR 2003, 633 (634 f.); BVerfG vom 11.11 1998 – 2 BvL 10/95 = DStRE 1999, 292 (206); BVerfG vom 10.11.1998 – 2 BvR 1057/91, 2 BvR 1226/91, 2 BvR 980/91 = DStRE 1999, 99 (105 f.); Maunz/Dürig/*P. Kirchhof*, Grundgesetz Art. 3 Rn. 422; Tipke/Lang/*Hey*, § 3 Rn. 118.

1320 Schätzung des Verfassers, ausgehend von allein mehr als 192.000 durchgeführten Betriebsprüfungen an deren Ende üblicherweise ein zinswirksames Mehr- oder Minderergebnis steht (http://www.bundesfinanzministerium.de/Content/DE/Monatsberichte/2015/10/Inhalte/Kapitel-3-Analysen/3-1-ergebnisse-der-steuerlichen-betriebspruefung-2014.html).

finanziellen Vor- oder Nachteile durch die Verzinsung in jedem Einzelfall ausgeglichen werden müssen und den Zinssatz daran auszurichten. Daraus ergibt sich die praktische Notwendigkeit einer Typisierung. Der Gesetzgeber darf verschiedenartige Fälle einheitlich behandeln, um der Finanzverwaltung die Möglichkeit einräumen, mit zumutbarem Verwaltungsaufwand den anzuwendenden Zinssatz zu ermitteln.[1321] Neben einer universellen Typisierung, die alle Fälle einheitlich erfasst, muss der Gesetzgeber auch kleinteiligere Typisierungen in Betracht ziehen, um die einzelnen Fälle genauer zu erfassen und so das Ausmaß der unzutreffenden Verzinsung zu reduzieren. Aus einer kleinteiligeren Typisierung folgt jedoch grundsätzlich auch ein höherer Verwaltungsaufwand. Die Minderung des Ausmaßes unzutreffender Verzinsung und die Reduzierung des Verwaltungsaufwandes stehen folglich in einem Zielkonflikt. Ein Idealverhältnis zwischen beiden Zielen lässt sich nicht objektiv ermitteln. Dem Gesetzgeber muss daher zwangsläufig ein Ermessensspielraum zugebilligt werden.[1322] Das Ermessen findet jedoch seine Grenzen dort, wo ohne nennenswert zusätzlichen Verwaltungsaufwand besondere Härten vermeidbar sind und daher ein offensichtliches Missverhältnis bei der Lösung des Zielkonfliktes vorliegt.[1323]

(2) Bestimmung des Zinssatzes innerhalb der Typen

Nachdem der Gesetzgeber eine Typisierung vorgenommen hat, muss er den jeweiligen Typisierungen einen Zinssatz zuweisen. Da jede Typisierung zwar möglichst gleichgeartete, aber dennoch verschiedene Fälle erfasst, gibt es keinen Zinssatz, der alle Fälle innerhalb einer Typisierung exakt erfassen kann. Stattdessen muss der Gesetzgeber Zinssätze wählen, die die einzelnen, unter eine Typisierung fallenden Sach-

---

1321 BFH vom 01.07.2014 – IX 31/12 = DStRE 2014, 1453 m. w. N.; BVerfG vom 24.07.1963 - 1 BvL 11/61, 30/57 = NJW 1963, 1723 (1726).

1322 Epping/Hillgruber/*Kischel* Beck'scher Online-Kommentar GG Art. 3 Rn. 124.

1323 „*Verwaltungstechnische Gründe können die Verschiedenbehandlung vergleichbarer Sachverhalte durch den Gesetzgeber rechtfertigen. Das setzt aber voraus, daß bei einer Gleichbehandlung erhebliche verwaltungstechnische Schwierigkeiten entstünden, die nicht durch einfachere, die Betroffenen weniger belastende Regelungen behoben werden könnten... Zwar ist der Gesetzgeber auch hier zu generalisierenden, typisierenden und pauschalierenden Lösungen befugt. Entstehen dabei aber erhebliche Abweichungen vom Gleichheitssatz und betreffen sie nicht nur eine verhältnismäßig kleine Anzahl von Personen, so ist Art. 3 Abs. 1 GG allenfalls dann nicht verletzt, wenn eine schonendere Zwischenlösung aus sachlichen Gründen nicht möglich ist.*"(BVerfG vom 08.10.1991 - 1 BvL 50/86 = BeckRS 1991, 31053845). BVerfG vom 28.04.1999 - 1 BvL 11–94, 33–95, 1 BvR 1560 - 97 = NJW 1999, 2505 (2507).

verhalte so erfassen, dass der Umfang der Beeinträchtigungen der Steuerpflichtigen durch Abweichungen vom jeweiligen idealtypischen Zinssatz möglichst gering bleibt.

Der Gesetzgeber verfügt bei dieser Bestimmung der Zinssätze nur über eine unvollständige Informationslage. Wie die finanziellen Mittel tatsächlich von den Steuerpflichtigen verwendet werden, bzw. welche Folgen ein Mittelverzicht für den konkreten Steuerzahler hat, ist ihm unbekannt und kann von ihm mit einem vertretbaren Aufwand auch nicht ermittelt werden.[1324] Zudem muss die gesetzliche Kodifikation der Zinssätze notwendigerweise bereits erfolgen, bevor sich die einzelnen Sachverhalte verwirklichen. Allein deshalb kann der Gesetzgeber die sich letztlich verwirklichenden Sachverhalte nur schätzen und nicht den tatsächlich besten Zinssatz für die Typisierungen ermitteln. Der Gesetzgeber muss eine Prognose vornehmen, welche Sachverhalte von der Typisierung erfasst werden. Dazu steht ihm ein Prognosespielraum zu. Erstellte Prognosen müssen sich jedoch auf sachgerechte und vertretbare Erwägungen stützen, insbesondere empirischer Erfahrungen. Anschließend muss der Gesetzgeber ein Verfahren wählen, welches auf Basis der erstellten Prognosen die Ermittlung eines Zinssatzes ermöglicht. In Frage kommt hier die Bildung eines gewichteten arithmetischen Mittelwertes. Dieser hätte den Vorteil, dass die Summe aller Abweichungen von der Verzinsung am geringsten wäre. Der Gesetzgeber kann jedoch auch den wahrscheinlichsten Fall herausarbeiten und so für die Mehrheit der Sachverhalte einen zutreffenden Zinssatz normieren. Oder er kann einen Mittelwert aus einer Gruppe typischer oder wahrscheinlicher Fälle bilden und so für eine breite Maße die Abweichungen möglichst gering halten, während besonders atypische Fälle vernachlässigt werden.[1325] Weitere Methoden sind denkbar. Auch hier steht dem Gesetzgeber ein Ermessensspielraum zu.

c) *Urteil des BVerfG vom 03.09.2009*

Im Jahr 2009 erklärte das Bundesverfassungsgericht, es werde eine Verfassungsbeschwerde zur Höhe der Verzinsung im Steuerschuldrecht nicht zur Entscheidung annehmen.[1326] Als maßgeblichen Grund nannte das Bundesverfassungsgericht dafür die Notwendigkeit zur Typisierung.

1324 BVerfG vom 03.09.2009 – 1 BvR 2539/07 = BeckRS 2009, 39175 1 b bb.

1325 Das FG Thüringen sieht beispielsweise den Zweck des § 233a AO darin, Vorteile auszugleichen, die „*typischerweise entstanden sind*". Atypische Fälle sollen dagegen „*grundsätzlich unbeachtlich*" sein. (FG Thüringen vom 22.04.2015 – 3 K 889/13 = BeckRS 2016, 94251).

1326 BVerfG vom 03.09.2009 – 1 BvR 2539/07 = BeckRS 2009, 39175.

„Dabei ist zu berücksichtigen, dass Steuergesetze in der Regel Massenvorgänge des Wirtschaftslebens betreffen. Sie müssen, um praktikabel zu sein, Sachverhalte, an die sie dieselben steuerrechtlichen Folgen knüpfen, typisieren und damit in weitem Umfang die Besonderheiten des einzelnen Falls vernachlässigen.“[1327]

Unmittelbar an diese Ausführungen anschließend betonte das Bundesverfassungsgericht jedoch, dass die notwendige Typisierung den Grundsatz der Verhältnismäßigkeit zu berücksichtigen hat.

„Die wirtschaftlich ungleiche Wirkung auf die Steuerzahler darf allerdings ein gewisses Maß nicht übersteigen. Vielmehr müssen die steuerlichen Vorteile der Typisierung im rechten Verhältnis zu der mit der Typisierung notwendig verbundenen Ungleichheit der steuerlichen Belastung stehen.“[1328]

Dies soll bedeuten, dass der Gesetzgeber eine Typisierung vorzunehmen hat, die sich – wenn auch mit der Praktikabilität geschuldeten Einschränkungen – am typischen Fall zu orientieren hat.

„Außerdem darf eine gesetzliche Typisierung keinen atypischen Fall als Leitbild wählen, sondern muss sich realitätsgerecht am typischen Fall orientieren.“[1329]

Schließlich weist das Bundesverfassungsgericht noch darauf hin, dass die Notwendigkeit der Anpassung einer überholten, nicht mehr zutreffenden Typisierung an den durch die Anpassung entstehenden Komplikationen und dem damit verbundenen Aufwand gemessen werden muss.

„Eine Anpassung an den jeweiligen Marktzinssatz oder an den Basiszinssatz nach § 247 BGB würde wegen dessen Schwankungen auch zu erheblichen praktischen Schwierigkeiten führen…“[1330]

Damit gibt das Bundesverfassungsgericht ein mehrstufiges Prüfungsschema vor.

1. Zunächst muss der Gesetzgeber die Fälle der Verzinsung im Steuerschuldrecht typisieren. Diese Typisierung muss so differenzierend wie möglich und so allgemein wie notwendig sein. Zwar verwendet das Bundesverfassungsgericht in seinen Ausführungen die Einzahl, in dem es von einem *„typischen Fall“*[1331] spricht. Der Grundsatz der Verhältnismäßigkeit gibt jedoch vor, dass bereits hier für mehrere trennbare Szenarien individuelle Typisierungen stattzufinden haben, soweit die dadurch erzielbaren Vorteile in einem angemessenen Ver-

1327 BVerfG vom 03.09.2009 – 1 BvR 2539/07 = BeckRS 2009, 39175.
1328 BVerfG vom 03.09.2009 – 1 BvR 2539/07 = BeckRS 2009, 39175.
1329 BVerfG vom 03.09.2009 – 1 BvR 2539/07 = BeckRS 2009, 39175.
1330 BVerfG vom 03.09.2009 – 1 BvR 2539/07 = BeckRS 2009, 39175.
1331 BVerfG vom 03.09.2009 – 1 BvR 2539/07 = BeckRS 2009, 39175.

hältnis zum Aufwand der Unterscheidung der Szenarien und dem Aufwand der damit verbundenen getrennten Behandlung stehen.

2. Sodann muss der Gesetzgeber für die jeweiligen Typisierungen einen idealtypischen Zinssatz bestimmen. Bei einer sehr engen Orientierung am Wortlaut des Bundesverfassungsgerichtes wäre dem Beschluss zu entnehmen, dass sich der gewählte Zinssatz an den typischen Fällen zu orientiert hat.
3. Zudem gibt der Grundsatz der Verhältnismäßigkeit dem Gesetzgeber vor, die getroffenen Typisierungen regelmäßig zu überprüfen. Sofern die Typisierung nach der erstmaligen Festlegung den Rahmen der Verhältnismäßigkeit verlässt, ist dem Gesetzgeber ein noch über den ursprünglichen Rahmen hinausgehender Ermessens- und Gestaltungsspielraum zuzugestehen. Dieser Spielraum berücksichtigt den Aufwand der mit einer Anpassung des Zinses verbunden ist und misst ihn an den Belastungen für die Steuerpflichtigen. Wesentliche Kriterien sind folglich die Beständigkeit und Dauer der Veränderungen und der Umfang der Abweichung von der ursprünglich getroffenen Typisierung.[1332]

d) Verfassungswidrigkeit der Zinshöhe im Steuerschuldrecht

(1) Ermessensnichtgebrauch: Willkür

(a) Keine Typisierung

Als Ergebnis der umfassenden geschichtlichen Untersuchung der Verzinsung im Steuerschuldrecht lässt sich feststellen, dass eine Typisierung oder die Herausarbeitung typischer, der Verzinsung zu Grunde liegender Fälle im Rahmen der jeweiligen Gesetzgebungen nicht stattgefunden hat. Zumindest ist sie nicht den Materialien zur Gesetzgebung zu entnehmen und auch bisher weder vom Gesetzgeber, noch von der Literatur oder der Rechtsprechung aufgezeigt worden.[1333] Auch bei der Neueinführung bedeutender Formen der Verzinsung – wie etwa der Vollverzinsung – ist lediglich diskutiert worden, die Zinshöhe bei Steuererstattungen und Steuernachforderungen unterschiedlich zu bemessen.[1334] Erwä-

---

1332 *„Der Verallgemeinerungsraum des Gesetzgebers wird durch das Ausmaß der gesetzlich bewirkten Ungleichbehandlung, durch die Intensität der gleichheitsrechtlichen Betroffenheit des Grundrechtsträgers eingeschränkt"* (Maunz/Dürig/*P. Kirchhof*, Grundgesetz Art. 3 Rn. 268).

1333 Zu gleichem Ergebnis kommt auch Seer/Klemke, Neuordnung der Verzinsung von Ansprüchen aus dem Steuerschuldverhältnis S. 50.

1334 Unterrichtung durch die Bundesregierung vom 06.01.1978 = BT-Drucksache 8/1410, Anlage 4.

gungen zu einer Unterscheidung zwischen verschiedenen Steuerpflichtigen sind demgegenüber nicht angestellt worden.

Allein durch diesen Nichtgebrauch des gesetzgeberischen Gestaltungs- und Typisierungsspielraums besteht bereits ein Verstoß gegen das aus Art. 3 Abs. 1 GG abgeleitete Willkürverbot.[1335]

(b) Keine Zinssatzbestimmung

Sollte die einheitliche Behandlung aller Steuerpflichtigen wider Erwarten doch eine bewusste Typisierungsentscheidung des Gesetzgebers sein, so ist jedenfalls höchst fraglich, ob auch eine dazu passende, ermessensfehlerfreie Zinssatzbestimmung erfolgte. Der sechsprozentige Zinssatz gilt bereits seit 1953 im Steuerschuldrecht des Bundes. Sein gedanklicher Ursprung geht sogar zurück auf das Gesetz über die Wechsel- und Scheckzinsen vom 03.07.1925. Seit dem ist, neben der Betonung der besonderen Praktikabilität des sechsprozentigen Zinssatzes, keine weitere Erwägung des Gesetzgebers zur Zinshöhe überliefert.[1336] Dies muss jedoch nicht zwangsläufig bedeuten, dass es eine solche nicht gegeben hat. Über die Zeit hinweg gab es immer wieder parlamentarische Vorhaben, den Zinssatz dynamisch zu gestalten[1337] oder ihn *„an den Gang der wirtschaftlichen Entwicklung anzupassen"*.[1338] Diese sind zwangsläufig im Parlament behandelt worden. Zuletzt wurde die Zinshöhe in der Unterrichtung der Regierung aus dem Jahr 1978 ausdrücklich als *„noch offenes Problem"*[1339] bezeichnet. Dies weist zumindest auf ein Problembewusstsein des Parlamentes

---

1335 Seer/Klemke, Neuordnung der Verzinsung von Ansprüchen aus dem Steuerschuldverhältnis S. 50, 55. Vgl. auch:
Verstoß eines Landgerichtes gegen das verfassungsrechtliche Willkürverbot auf Grund eines Ermessensnichtgebrauches: *„Bei der Einräumung von Ermessen begründet das Willkürverbot eine Verpflichtung zu dessen sachgerechter Ausübung... Das zur Entscheidung berufene Rechtspflegeorgan darf seine Entscheidung daher nicht nach freiem Belieben treffen, sondern muss das ihm eingeräumte Ermessen pflichtgemäß ausüben"*(BVerfG vom 29.10.2015 – 2 BvR 388/13 = BeckRS 2016, 41180). Und BVerfG vom 28.07.2014 – 1 BvR 1925/13 = NJW 2014, 3147, BVerfG vom 01.05.1995 – 2 BvR 646/93, 2 BvR 316/94 = BeckRS 1995, 21461.

1336 Begründung zum Entwurf eines Steuerreformgesetzes 1990 vom 19.04.1988 = BT-Drucksache 11/2157 S. 195; Vgl. auch *Seer*, SteuerStud 2014, Beilage 2 S. 6.

1337 Entwurf eines Gesetzes zur Änderung des Einkommensteuergesetzes und des Gewerbesteuergesetzes vom 08.11.1962 = BT-Drucksache 4/722 S. 1.

1338 Protokoll 64. Sitzung des Bundestages vom 13.03.1963 S. 2995.

1339 Unterrichtung durch die Bundesregierung vom 06.01.1978 = BT-Drucksache 8/1410 S. 8.

hin. Zudem lässt sich die Wahl eines sechsprozentigen Zinssatzes mit Blick auf das Zinsniveau im Vorfeld des Steueränderungsgesetzes 1961 (Reaktivierung vieler Formen der Verzinsung nach dem Ausschluss der Verzinsung 1934) und des Steuerreformgesetzes 1990 (Einführung der Bedeutsamsten Verzinsung, der Vollverzinsung) durchaus rechtfertigen. Die Wahl eines gänzlich unpassenden Zinses lässt sich daher nicht als Argument für eine fehlende Auseinandersetzung mit der Zinshöhe gewinnen.

Auffällig ist allerdings, dass in keinem Protokoll des Bundestages, Bundesrates oder eines Ausschusses und keiner Gesetzesbegründung eine Erklärung zur Wahl oder Fortführung des sechsprozentigen Zinssatzes überliefert ist.[1340] Selbst die erfolgten parlamentarischen Anstöße zur Veränderung der Zinshöhe blieben entweder sehr vage, indem sie auf *„den Gang der wirtschaftlichen Entwicklung“*[1341] verwiesen oder die bereits im Jahr 1925 hergeleitete Anknüpfung an den Diskontsatz zuzügliches eines zweiprozentigen Aufschlages vorschlugen[1342]. Konkrete Beweggründe zur Bestimmung des Zinssatzes oder auch nur die Herausarbeitung typischer Fälle, die der Verzinsung im Steuerschuldrecht zu Grunde liegen, sind hingegen an keiner Stelle dokumentiert. Soweit ersichtlich sind die tatsächlichen gesetzgeberischen Beweggründe auch in keiner Gesetzeskommentierung, keinem Aufsatz und keiner gerichtlichen Auseinandersetzung aufgezeigt worden.

Es ist daher davon auszugehen, dass die Wahl des sechsprozentigen Zinssatzes und insbesondere die Übertragung des sechsprozentigen Zinssatzes auf die Vollverzinsung ohne Ausübung des gesetzgeberischen Ermessens erfolgten; Dass die Auseinandersetzung mit dem *„noch offenen Problem“*[1343] im Zuge Verzögerungen bei der Einführung der Vollverzinsung immer weiter hinausgeschoben wurde und schließlich im Rahmen des Steuerreformgesetzes 1990 – als die Zinshöhe des Steuerschuldrechtes annäherungsweise den Erträgen sicherer Anleihen entsprach und daher kein besonderes Störgefühl auftrat – schlicht vergessen wurde. Damit läge jedenfalls der Erstreckung der sechsprozentigen Zinshöhe auf die Vollverzinsung, aber auch der Fortführung des sechsprozentigen Zinssatzes über die Einführung der Vollverzinsung hinaus, ein Ermessensnichtgebrauch zu Grunde.

1340 So auch *Seer*, SteuerStud 2014, Beilage 2 S. 6.

1341 Protokoll 64. Sitzung des Bundestages vom 13.03.1963 S. 2995.

1342 Entwurf eines Gesetzes zur Änderung des Einkommensteuergesetzes und des Gewerbesteuergesetzes vom 08.11.1962 = BT-Drucksache 4/722 S. 1.

1343 Unterrichtung durch die Bundesregierung vom 06.01.1978 = BT-Drucksache 8/1410 S. 8.

Die Zinshöhe im Steuerschuldrecht wäre folglich auch aus diesem Grund willkürlich und damit verfassungswidrig.

(c) Keine Gesetzesbegründung

Sowohl die Typisierung als auch die Zinssatzbestimmung müssen durch den Gesetzgeber erkennbar begründet werden.[1344] Zwar gibt es in Deutschland keine allgemeine Pflicht, die besagt, dass jedes Gesetz eine formelle Begründung besitzen muss.[1345] Wann immer der Gesetzgeber jedoch verpflichtet ist, eine Abwägung vorzunehmen oder ein sachgerechtes Ermessen auszuüben, muss das Verfassungsgericht in der Lage sein, die Überlegungen des Gesetzgebers nachzuvollziehen.[1346] Anderenfalls ist es ihm verwehrt, die Ausübung des gesetzgeberischen Ermessens zu überprüfen oder auch nur festzustellen, ob eine Typisierung oder Zinsbestimmung auf sachgerechten Erwägungen basiert oder willkürlich festgelegt wurde.[1347] Es ist zwar nicht erforderlich, dass die gesetzgeberischen Erwägungen in Form einer Gesetzesbegründung vorliegen.[1348] Jedoch müssen sie in irgendeiner Form für das Gericht erkennbar sein.[1349] Anderenfalls muss das Bundesverfassungsgericht unterstellen, dass die gesetzgeberischen Erwägungen den verfassungsrechtlichen Anforderungen nicht genügen und ein Gesetz verfassungswidrig ist.[1350]

1344 Kroitzsch, NJW 1994, 1032 (1032).

1345 Grabitz/Hilf/*Krajewski*/*Rösslein*, Das Recht der Europäischen Union 40. Aufl. Art. 253 EGV Rn. 18; *Groß*, DÖV 2006, 856 (856 ff.).

1346 *Schwarz*/*Bravidor*, JZ 2011, 653 (653 ff.); *Redeker*/*Karpenstein*, NJW 2001, 2825 (2829 u. 2831). Für eine umfängliche Begründungspflicht:, Maunz/Dürig/*Schmidt-Aßmann*, Grundgesetz Art. 19 Abs. 4 Rn. 254; *Pestalozza*, NJW 1981, 2081 (2086). Sehr ausführliche Abwägung an den Grundrechten und im Ergebnis auch für eine allgemeine Begründungspflicht: Lücke, Begründungszwang und Verfassung S. 33 ff.

1347 Maunz/Dürig/*Schmidt-Aßmann*, Grundgesetz Art. 19 Abs. 4 Rn. 93.

1348 Im Fall eines Verkehrsprojektes hat es das Bundesverfassungsgericht genügen lassen, dass unter anderem den Ausschussberichten die Motive des Gesetzgeber zu entnehmen waren (BVerfG vom 17.07.1996 - 2 BvF 2/93 = BVerfGE 95, 1 [25]).

1349 Depenheuer/Heintzen/*Waldhoff*, Festschrift Isensee S. 325 ff.; *Groß*, DÖV 2006, 856 (860). A.A. *Hebeler*, DÖV 2010, 754 (754 ff.).

1350 Aus diesem Grund hat das Bundesverfassungsgericht unter anderem im Jahr 1992 das Gesetz zur Neubildung der Stadt Aschendorf für verfassungswidrig erklärt und im Jahr 1978 das Tierschutzgesetz (BVerfG vom 12.05.1992 - 2 BvR 470/90, 2 BvR 650/90, 1 BvR 707/90 = NVwZ 1993, 262 [265]. Vgl. auch BVerfG vom 20.06.1978 - 1 BvL 14/77 = VerwRspr 1979, 129).

Dieser Pflicht ist der Gesetzgeber sowohl bei der Typisierungen, als auch bei der Bestimmung des Zinssatzes im Steuerschuldrecht nicht nachgekommen. Weder das Bundesverfassungsgericht, noch die Finanzgerichtsbarkeit konnten konkrete Erwägungen des Gesetzgebers ausmachen, nach denen die Höhe des Zinssatzes bestimmt worden oder auf eine Unterscheidung zwischen den Steuerpflichtigen verzichten worden ist. Beide Entscheidungen sind jedoch Ermessensentscheidungen, für die der Gesetzgeber den Nachweis erbringen muss, dass ihnen sachgerechte Erwägungen zu Grunde liegen. Im Rahmen einer Überprüfung bleibt dem Bundesverfassungsgericht daher nichts übrig, als die Typisierung und die Zinssatzbestimmung in § 238 Abs. 1 AO – soweit sie nicht schon ohnehin willkürlich erfolgten – mangels Nachvollziehbarkeit für verfassungswidrig zu erklären.

(2) Ermessensfehlgebrauch: Typisierungsfehler

Durch die Gleichbehandlung aller Steuerpflichtigen verstößt der Gesetzgeber gegen den Gleichheitssatz des Art. 3 GG. Es gibt vielfältige Möglichkeiten, zwischen verschiedenen Steuerpflichtigen zu unterscheiden. Beispielsweise könnte eine Unterscheidung zwischen privaten Personen und Unternehmen erfolgen. Denn es ist davon auszugehen, dass die typischen Umstände der Verzinsung im Verhältnis zwischen dem Fiskus und Privaten sich wesentlich von denen im Verhältnis zwischen dem Fiskus und Unternehmen unterscheiden. Für Zinszahlungen des Fiskus an Privatpersonen ließe sich im Dezember 2015 beispielsweise ein idealtypischer Zinssatz von 1,21 % ansetzen.[1351] Für Zinszahlungen an Unternehmen ließe sich zur gleichen Zeit ein idealtypischer Zinssatz von 4,21 % ansetzen.[1352] Er läge damit mehr als dreimal so hoch. Eine Gleichbehandlung beider Gruppen wäre unter der Prämisse der jeweiligen idealtypischen Zinssätze nur dann zulässig, wenn durch eine Differenzierung *„erhebliche verwaltungstechnische Schwierigkeiten entstünden“*.[1353] Dies ist jedoch vorliegend nicht der Fall. Die ohnehin der Finanzverwaltung zur Verfügung stehenden Daten bieten zahlreiche Anknüpfungspunkte, um eine Unterscheidung zwischen beiden Gruppen zu ermöglichen. Nahezu ohne zusätzlichen Aufwand können die Steuerpflichtigen in zwei oder mehr Gruppen unterschieden werden, denen jeweils unterschiedliche idealtypische Zinssätze zuzuordnen wären. Grundlage der Aufteilung könnten

---

1351 Vgl. D.I.4.b)(3)(c)(i) Private Personen S. 308.

1352 Vgl. D.I.4.b)(3)(c)(ii)Unternehmen S. 309.

1353 BVerfG vom 08.10.1991 – 1 BvL 50/86 = BeckRS 1991, 31053845. Vgl. auch: BVerfG vom 28.04.1999 – 1 BvL 11-94, 33-95, 1 BvR 1560-97 = NJW 1999, 2505 (2507).

etwa die Gewerbesteuerpflicht, die Pflicht zur Bilanzierung oder die Eigenschaft als juristische oder natürliche Person sein. Unterschiedliche idealtypische Zinssätze könnten alternativ auch aus einer Unterscheidung zwischen unterschiedlichen Einkommenshöhen, Bilanzsummen oder Branchen resultieren, sofern diese auf unterschiedliche Ausgangssituationen für die steuerschuldrechtliche Verzinsung schließen lassen.

Es ist daher kein sachlicher Grund erkennbar, vollständig auf Differenzierungen zwischen den einzelnen Gruppen von Steuerpflichtigen zu verzichten. Somit fehlt es an einem sachlichen Grund für die Gleichbehandlung potentiell ungleicher Steuerpflichtiger und es liegt bereits eine Verletzung des Art. 3 GG nach den Maßstäben des Willkürverbotes vor.[1354]

(3) Ermessensüberschreitung: Unverhältnismäßigkeit

Die sechsprozentige Verzinsung verstößt zudem gegen das Gebot der Verhältnismäßigkeit. Sie führt dazu, dass sich ein atypischer Fall zum Regelfall aufschwingt und eine überwiegende Zahl von Steuerpflichtigen unverhältnismäßig stark beeinträchtigt wird.

(a) Atypischer Zinssatz

Als der Gesetzgeber im Jahr 1961 weite Teile der Verzinsung im deutschen Steuerrecht (wieder) einführte, entsprach die Zinshöhe jeweils ziemlich genau den jährlichen Erträgen sicherer Anleihen. Gleiches galt im Jahr 1990, als der Gesetzgeber die bedeutsamste Form der Verzinsung, die Vollverzinsung ergänzte. Damit erfasste die Zinshöhe all diejenigen Steuerschuldner zutreffend, die unverschuldet waren und ihr Geld nicht ungenutzt ließen. Während dies bei den Unternehmern – von denen sich annehmen lässt, dass sie grundsätzlich verschuldet sind[1355] – nur ein geringer Teil war, wurden Privatpersonen von denen sich annehmen lässt, dass sie überwiegend unverschuldet sind[1356] – größten Teils richtig erfasst.

Der Gesetzgeber hat seinerzeit durch die Wahl der Zinshöhe einem typischen Fall der Verzinsung entsprochen. Die Entscheidung, anstatt unverschuldeten Steuerschuldnern vielfach eine zu hohe Verzinsung zu gewähren, die Vor- und Nachteile von verschuldeten Steuerschuldnern regelmäßig nur teilweise auszugleichen, wäre jedenfalls dann vom Ermessensspielraum des Gesetzgebers gedeckt, wenn

1354 BVerfG vom 23.10.1951 – 2 BVG 1/51 = NJW 1951, 877 (878 f.).
1355 Vgl. D.I.4.b)(3)(c)(ii) Unternehmen S. 309.
1356 Vgl. D.I.4.b)(3)(c)(i) Private Personen S. 308.

dieser für die Zwecke der Verzinsung beide Gruppen zulässigerweise einheitlich behandeln dürfte. Zumal unverschuldete Steuerpflichtige, sofern sie mehrheitlich Unternehmen sind, von der unzutreffenden Behandlung überwiegend profitieren, da sie im Rahmen von Außenprüfungen zumeist Nachforderungszinsen zu leisten haben und ein niedriger Zinssatz für sie folglich vorteilhaft ist. Eine belastende Wirkung tritt bei einer zu niedrigen Nachforderungsverzinsung allenfalls mittelbar ein, indem einige Steuerpflichtige stärker von der niedrigen Zinshöhe profitieren als andere.

Gegenwärtig übertrifft die Zinshöhe des Steuerschuldrechtes den Ertrag sicherer Anleihen um ein Vielfaches. Sie erfasst daher den typischen Fall des unverschuldeten Steuerpflichtigen nicht einmal mehr näherungsweise. Den durchschnittlichen Ertrag sicherer Anleihen im Jahr 2015 von 0,46 % überstieg sie nominell um 5,54 Prozentpunkte. Unter Berücksichtigung der Karenzzeit und des Zinseszinseffektes überstieg auch die effektive Zinshöhe der Vollverzinsung den Ertrag sicherer Anleihen um bis zu 3,88 %. Für Zinserträge aus Tagesgeldanlagen (0,13 %; Stand Dezember 2015), die die Situation der unverschuldeten Steuerpflichtigen zutreffender erfassen als Erträge sicherer Anleihen, intensiviert sich die Abweichung noch weiter.

Für den zweiten typischen Fall der Verzinsung im Steuerschuldrecht, verschuldete Steuerpflichtige, zeigt sich eine geringere Diskrepanz. Der Zinssatz für Unternehmenskredite mit einer Ursprungslaufzeit von 1–5 Jahren (2,29 % im Dezember 2015) übertraf den Zinssatz des Steuerschuldrechtes nominell jedoch immer noch um 3,71 Prozentpunkte. Auch der effektive Zinssatz der Vollverzinsung war mit 4,34 % fast doppelt so hoch wie die, von durchschnittlichen Unternehmen potentiell eingesparten, Aufwendungen für eine Kreditfinanzierung.

Stattdessen entspricht die Verzinsung im Steuerschuldrecht nominell der Zinshöhe von Konsumkrediten privater Haushalte, welche im Dezember 2015 bei 6,03 % lag.[1357] Die Aufnahme eines Konsumkredites zur Begleichung einer Steuerverpflichtung, bzw. die Einsparung von Zinsen für einen Konsumkredit durch die spätere Zahlung von Steuern, ist jedoch nicht der Regelfall des Steuerschuldrechtes. Sie ist für Unternehmen grundsätzlich auszuschließen und ist auch bei den überwiegend unverschuldeten Privatpersonen eher eine Ausnahme.[1358]

1357 Deutsche Bundesbank: Zeitreihe BBK01.SUD130: Effektivzinssätze Banken DE / Neugeschäft / Konsumentenkredite an private Haushalte (effektiver Jahreszinssatz einschl. Kosten)

1358 Vgl. D.I.4.a)(3)(c)(i) Private Personen S. 292.

Durch die Beibehaltung des sechsprozentigen Zinssatzes entspricht daher ein derzeit besonders atypischer Fall der Zinshöhe der verallgemeinernden Typisierung.

(b) Grenzen der Verhältnismäßigkeit

Die Tatsache, dass die Zinshöhe des Steuerschuldrechtes einem atypischen Fall entspricht, ist für sich genommen verfassungsrechtlich ohne Bedeutung. Zum einen könnte die Zinshöhe des atypischen Falles so sehr der des typischen Falles ähneln, dass die Wahl des Zinssatzes noch durch das gesetzgeberische Ermessen gedeckt sein könnte (im Folgenden: Qualitative Verhältnismäßigkeit). Zum anderen könnte die Diskrepanz zwischen dem gesetzlichen Zinssatz und dem idealtypischen Zinssatz nur von einer so geringen Dauer sein, dass ein Festhalten am einst zutreffenden Zinssatz noch verhältnismäßig ist (im Folgenden: Quantitative Verhältnismäßigkeit).

Weder die quantitative, noch die qualitative Verhältnismäßigkeit kann isoliert betrachtet werden. Die Verhältnismäßigkeit ($UV < 1$) steht stets in einer Abhängigkeit zu beiden. Je länger (t) ein Unterschied, zwischen der idealtypischen Verzinsung und der vom Gesetzgeber gewählten Verzinsung anhält, desto geringer darf der Umfang des Unterschiedes (u) sein, der zur Annahme einer Unverhältnismäßigkeit führt ($UV \geq 1$). Und je größer der Umfang des Unterschiedes (u) ist, desto zeitlich eher resultiert aus ihm eine Unverhältnismäßigkeit. Abstrakt stellt dies die folgende Kurve dar. An ihr ist zu erkennen, dass eine Abweichung in der fiktiven Intensität von 1 ($u = 1$) über die fiktive Dauer von 1 ($t = 1$) zu einer Unverhältnismäßigkeit und damit zur Verfassungswidrigkeit führt. Bei einer kürzeren Dauer ($t < 1$) ist eine Abweichung im gleichen Ausmaß ($u = 1$) jedoch noch verhältnismäßig.[1359] Ebenso ist über diesen Zeitraum ($t = 1$) eine geringere Abweichung ($u < 1$) noch verhältnismäßig.

1359 Auch zu § 138 BGB wird vertreten, dass für kurze Kredite eine größere Abweichung zur üblichen Verzinsung notwendig ist, bevor ein auffälliges Missverhältnis angenommen werden kann. (Säcker/Rixender/*Armbrüster*, MüKo BGB § 138 Rn. 146; BGH vom 08.02.1994 – XI ZR 77/93 = NJW 1994, 1275 (1275).

Abbildung 20: Abhängigkeit der Verhältnismäßigkeit von Ausmaß und Dauer der Abweichung von einer idealtypischen Zinshöhe

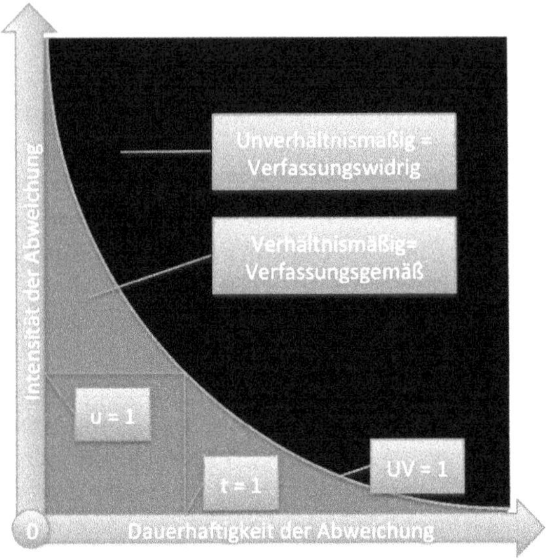

Die Abbildung verbildlicht die Abhängigkeit der Verhältnismäßigkeit einer Zinshöhe von der Intensität der Abweichung zu einer idealtypischen Zinshöhe (y-Achse) und der Dauerhaftigkeit dieser Abweichung (x-Achse). Der graue Bereich zeigt Abweichungen deren Produkt aus Dauer und Intensität noch im Rahmen des Verhältnismäßigen ist. Je höher die Dauer oder die Intensität der Abweichung ist, desto eher wird der Bereich einer Unverhältnismäßigkeit (schwarz) erreicht. Bei einer kurzen Dauer sind höhere Abweichungen hinnehmbar als bei einer langandauernden.

(i) Qualitative Unverhältnismäßigkeit

Wann ein Zinssatz so sehr von einem eigentlich zutreffenden Zinssatz abweicht, dass er unverhältnismäßig ist, konkretisiert weder das Grundgesetz noch das einfache Recht. Der Gesetzgeber hat jedoch vielfach erklärt, dass eine Unverhältnismäßigkeit dann vorliegen soll, wenn eine Leistung zu ihrem Äquivalent in einem „*auffälligen Missverhältnis*“[1360] steht, bzw. wenn vertragliche Bedingungen in einem „*auffälligen Missverhältnis*“[1361] zu den sonst üblichen Bedingungen ste-

1360 Z.B.: § 115 Abs. 1 S. 3 Nr. 3 ZPO; § 3 Abs. 3 S. 3 Alg II–V; § 192 Abs. 2 VVG; § 32a Abs. 1, 2 UrhG; § 192 Abs. 2 VVRG; § 4a Abs. 2 WoVermG.

1361 Z.B.: § 10 Abs. 1 SchwarzArbG; § 15a AÜG.

hen.[1362] Dieser Grundsatz ist auch auf die Verzinsung im Steuerschuldrecht übertragbar. Der Zinssatz in § 238 Abs. 1 AO steht in einem auffälligen Missverhältnis zu seinem Zweck, wenn der Steuerzahler eine Verzinsung als Kompensation für seinen Mittelverzicht erhält, die in einem auffälligen Missverhältnis zu dem steht, was er bei einer typischen Verwendung erhalten hätte. Gleiches gilt, wenn die Abschöpfung von Vorteilen des Steuerpflichtigen in einem auffälligen Missverhältnis zu den Vorteilen steht, die der Steuerpflichtige typischerweise aufgrund der Verfügbarkeit von Mitteln erzielt.

Für die Fälle des Zinswuchers in § 291 Ans. 1 S. 1 Nr. 2 StGB und § 138 Abs. 2 BGB hat die Rechtsprechung Schwellenwerte erarbeitet, bei deren Erreichen regelmäßig von einem auffälligen Missverhältnis auszugehen ist. Demnach soll ein auffälliges Missverhältnis vorliegen, wenn im Rahmen eines Rechtsgeschäftes ein Zinssatz vereinbart wird, der entweder relativ 100 % oder mehr über dem marktüblichen Zinssatz liegt oder diesen absolut um mindestens zwölf Prozentpunkte übersteigt.[1363] Besondere Umstände des Einzelfalles können dazu führen, dass sich die Schwellen erhöhen oder reduzieren. Für die hier einschlägige Behandlung eines typisierten Masseverfahrens sind Besonderheiten von Einzelfällen jedoch unerheblich.

Der von der Rechtsprechung erarbeitete Schwellenwert von 100 % ist nicht neu. Bereits im Jahr 285 war bei Justinian der Rechtssatz zu finden, dass die Leistung die Gegenleistung nicht um (mehr als) das doppelte übersteigen darf (laesio enormis).[1364] Diese Grenze zum rechtswidrigen Missverhältnis von 100 % durchzieht die deutsche Rechtsgeschichte und überdauert bis heute. Das kanonische Recht ging zwar davon aus, dass jedes Missverhältnis zwischen Leistung und Gegenleistung verwerflich sei. Aus Gründen der Praktikabilität setzte es jedoch ebenfalls die Grenze zum rechtswidrigen Missverhältnis bei einer Differenz von 100 % zwischen Leistung und Gegenleistung.[1365] Damit kommt dem Rechtssatz zwar

1362 „*Ein auffälliges Missverhältnis ist gegeben, wenn der Kundige nach Aufklärung des Sachverhalts ohne Weiteres erkennen kann, dass die Leistung im Verhältnis zur Gegenleistung nach den Umständen völlig unangemessen ist.*“ (Heintschel-Heinegg/*Schmidt*, Beck'scher Online Kommentar StGB § 291 Rn. 14).

1363 Ständige Rechtsprechung: BGH vom 11.01.1995 - VIII ZR 82/94 = NJW 1995, 1019 (1019 ff.); BGH vom 15.01.1987 - III ZR 217/85 = NJW 1987, 944 (944 ff.); BGH vom 12.03.1981 - III ZR 92/79 = NJW 1981, 1206 (1206). Säcker/Rixender/*Armbrüster*, MüKo BGB § 138 Rn. 114, 119; Joecks/Miebach/*Pananis*, MüKo StGB § 291 Rn. 35; Heintschel-Heinegg/*Schmidt*, Beck'scher Online Kommentar StGB § 291 Rn. 18; Schönke/Schröder/*Heine*/*Hecker* Strafgesetzbuch 29. Aufl. § 291 Rn. 16; Lackner/Kühl/*Heger*, Strafgesetzbuch 28. Aufl. § 291 Rn. 5.

1364 Schulze, Die laesio enormis in der deutschen Rechtsgeschichte S. 3 f.

1365 Schulze, Die laesio enormis in der deutschen Rechtsgeschichte S. 17.

weder Verfassungsrang zu, noch kann er als Naturrecht bezeichnet werden. Er stellt jedoch einen zeitübergreifenden Konsens des Gerechtigkeitsempfindens dar.

Liegt ein auffälliges Missverhältnis in diesem Sinne vor und wurde zugleich eine Schwäche des Vertragspartners ausgenutzt, so erklärt das Bürgerliche Gesetzbuch geschlossene Verträge für nichtig und ordnet das Strafgesetzbuch in besonders schweren Fällen eine Freiheitsstrafe von bis zu zehn Jahren an. Diese Folgen sind vergleichsweise hart. Die Nichtigkeit ist die schärfste Folge des zivilen Rechtes und für das Strafrecht stellt § 291 StGB den besonders schwere Fall des Wuchers hinsichtlich seiner Rechtsfolge sogar mit einer Gefährlichen Körperverletzung (§ 224 StGB) gleich. Damit drückt der Gesetzgeber aus, dass ein auffälliges Missverhältnis besonders grobes Unrecht darstellt. Es würde gegen das Gebot der Folgerichtigkeit verstoßen, wenn der Gesetzgeber den Zinswucher auf der einen Seite deutlich verurteilt und mit besonders scharfen Rechtsfolgen versieht und auf der anderen Seite selbst einen Zinswucher zu seinen Gunsten normiert. Daher muss auch für das Steuerschuldrecht eine Unverhältnismäßigkeit angenommen werden ($u = 1$), wenn der Zinssatz des § 238 Abs. 1 AO eine vergleichbare Verzinsung am Finanzmarkt um mehr als 100 % oder zwölf Prozentpunkte übertrifft.

(ii) Quantitative Unverhältnismäßigkeit

Der Zinssatz des Steuerschuldrechtes kann einen typischen Fall nur zu einem bestimmten Zeitpunkt abbilden. Selbst bei vollständiger Informationslage müsste der Gesetzgeber für eine exakte Erfassung eines bestimmten typischen Falles den Zinssatz mindestens täglich korrigieren. Dies ist auch bei einer dynamischen Anknüpfung an einen Referenzzinssatz praktisch nicht darstellbar. Allein daraus ergibt sich die Notwendigkeit dem Gesetzgeber für Veränderungen einen Reaktionszeitraum zuzugestehen.

Als gegenwärtig schnellste Reaktion und damit beste Methodik des Gesetzgebers in Masseverfahren kann die Regelung in § 155 Abs. 3 S. 1 des Zwangsversteigerungsgesetzes (ZVG) erachtet werden. Sie knüpft unmittelbar an die Spitzenrefinanzierungsfazilität der Europäischen Zentralbank an. Dadurch reagiert das Gesetz tagesaktuell auf eine Veränderung der Referenzgröße. Am 07.10.2008 betrug der Zinssatz des § 155 Abs. 3 S. 1 ZVG beispielsweise 3,75 %, am 08.10.2008 3,25 % und am 09.10.2008 erneut 3,75 %. Der Zinssatz kann jedoch auch über einen längeren Zeitraum konstant bleiben, wie etwa zwischen dem 10.09.2014 und dem 09.12.2015. In diesem Zeitraum lag der Zinssatz konstant bei 0,3 %.

Als Negativbeispiel lässt sich demgegenüber § 246 BGB anführen. Dieser bestimmt seit mehr als 100 Jahren, dass eine Schuld mit 4 % zu verzinsen ist, soweit nichts anderes bestimmt ist. Weder zur Zeit der Hyperinflation – als vergleichbare Zinsen in eine astronomische Höhe stiegen – noch in der heutigen Zeit – in der sich nach und nach negative Zinsen für bestimmte Rechtsgeschäfte etablieren – hat der Zinssatz des § 246 BGB eine Veränderung erfahren. In Phasen extremer Zinshöhen wurde jedoch die Anwendung des § 246 BGB durch die Rechtsprechung stark eingeschränkt. Für einen Fall aus dem Jahr 1924 urteilte das Reichsgericht beispielsweise, dass bei einer fehlenden Vereinbarung eines Zinssatzes, die Lücke zunächst mit einem für die Art des Rechtsgeschäfts üblichen Zinssatz zu schließen sei.[1366]

Einen Mittelweg gehen die Bestimmung des Basiszinssatzes und die daran anknüpfenden Verzinsungen. Sie passen sich an die Veränderung des Zinssatzes für Hauptfinanzierungsoperationen der Europäischen Zentralbank an. Im Durchschnitt betrug die Anpassung des Basiszinssatzes 0,3 Prozentpunkte. Dies entsprach einer relativen Veränderung zum jeweils vorherigen Zinssatz von durchschnittlich immerhin knapp 40 %. Die Anpassungen erfolgen halbjährlich, zwischenzeitliche Entwicklungen beeinflussen den Turnus nicht. Als der Referenzzins beispielsweise zwischen dem 20.01.2009 und dem 11.03.2009 stufenweise um einen Prozentpunkt fiel, hätte der Basiszinssatz bei einer zeitlich unmittelbaren Anknüpfung an den Referenzzins von 1,62 % auf 0,62 % fallen müssen. Es dauerte jedoch knapp vier weitere Monate, ehe auch der Basiszins eine Anpassung erfuhr. Umgekehrt führten die festen Anpassungstermine dazu, dass die Reduzierung des Referenzzinssatzes um nur 0,1 Prozentpunkte am 11.06.2014 weniger als drei Wochen später bereits auf den Basiszinssatz durchschlug. Gleichwohl hat sich der halbjährliche Anpassungsrhythmus bewährt. Die halbjährliche Bestimmung des Basiszinssatzes ist jedenfalls vor dem Hintergrund der meist eher langfristigen Veränderungen der Referenzgröße ein guter Kompromiss zwischen einer Verlässlichkeit und Stabilität des Rechtes und einer ökonomisch notwendigen Anpassung der Zinssätze. Dies gilt umso mehr, da der technische Fortschritt den Aufwand von Zinsanpassungen auch für längere Berechnungsphasen mit vielen unterzeitigen Anpassungen erheblich reduziert hat.[1367] Aus diesem Grund verweisen immer mehr Normen auf den Basiszinssatz in § 247 BGB. Zum 31.12.2016 waren es mindestens 47.[1368] Unter ihnen befinden sich

1366 Reichsgericht vom 01.10.1927 = RGZ Bd. 118 S. 165 (166 f.).

1367 Schon 1970 schrieb Weber, dass es mit den neuerlichen technischen Errungenschaften im Bereich des Sozialrechtes kein Problem mehr darstelle, auch von kleinen Erstattungsbeträgen die Verzinsung zu berechnen. Der Verweis auf einen unverhältnismäßigen Aufwand gehe daher fehl (Weber, Der Erstattungsanspruch S. 141).

1368 D.I.4.b)(2) Rechtstheoretischer Umfang des Schadensersatzes S. 298 ff.

zunehmend auch Normen mit großer praktischer Bedeutung und einer Vielzahl von Anwendungsfällen, wie § 288 BGB oder § 49a VwVfG.

Der Gesetzgeber ist nicht gezwungen, für das Steuerschuldrecht halbjährlich Anpassungen der Zinshöhe vorzunehmen – sei es durch dynamische Anknüpfung an einen Referenzzins oder manuell. Es sind zwar keine Argumente ersichtlich, die gegen eine Übernahme dieses, für die unterschiedlichsten Rechtsverhältnisse zunehmend etablierten, Systems sprechen. Gleichwohl ist dem Gesetzgeber ein Ermessensspielraum zuzugestehen, wann er Anpassungen des Zinssatzes für geboten hält. Bisher ist kein objektiver Maßstab entwickelt worden, der die Grenzen dieses Ermessensspielraumes konkretisiert. Festzuhalten ist lediglich, je deutlicher sich der normierte Zinssatz vom idealtypischen Zinssatz entfernt, desto eher ist eine Unverhältnismäßigkeit anzunehmen und desto eher muss eine Anpassung erfolgen.

Entfernt sich der normierte Zinssatz so deutlich vom idealtypischen Zinssatz, dass die Grenze zum Wucher bzw. auffälligen Missverhältnis überschritten ist, darf der Gesetzgeber nicht mehr untätig bleiben. Ihm muss nur noch ausreichend Zeit zugestanden werden, um die Entwicklung zu beobachten und eine neue Zinshöhe zu normieren. Ist die Grenze zum Wucher bzw. auffälligen Missverhältnis noch nicht erreicht, liegt aber gleichwohl eine nicht unerhebliche Abweichung vom idealtypischen Zinssatz vor, kann dem Gesetzgeber ein längerer Zeitraum zugestanden werden, bis sein korrigierendes Eingriffen geboten ist.

Im Steuerrecht erfolgen jährlich allgemeine Änderungen durch das Steueränderungsgesetz. Dies bedeutet, dass der Gesetzgeber sowohl der Verwaltung als auch den Steuerpflichtigen zumutet, einmal pro Jahr mit einer neuen Rechtslage konfrontiert zu werden. Stellt der Gesetzgeber fest, dass der normierte Zinssatz vom idealtypischen Zinssatz seit einem Jahr nicht unerheblich abweicht und muss er erwarten, dass sich dies in absehbarer Zukunft fortsetzen wird, so ist es ihm – gemessen an seinen eigenen Maßstäben – zumutbar, den Zinssatz anzupassen. Durch weitgehend automatisierte Berechnungen führt dies bei der Verwaltung zu keinem größeren Aufwand und auch der Steuerschuldner kann Verzinsungen nicht wesentlich aufwendiger nachvollziehen, als es gegenwärtig schon ohnehin der Fall ist. Gemessen an anderen Änderungen im Steuerrecht ist eine Veränderung der Zinshöhe für den Steuerpflichtigen sogar verhältnismäßig einfach nachvollziehbar.

Zu demselben Ergebnis kommt eine Übertragung der zum Wucher/auffälligen Missverhältnis entwickelten Maßstäbe. Sie setzen die Grenze des Hinnehmbaren dort, wo eine Forderung den üblichen Umfang um mehr als 100 % übersteigt.[1369] Übertragen auf einen zeitlichen Rahmen bedeutet dies, dass eine nicht unbeachtliche Abweichung vom idealtypischen Zins spätestens nach einem doppelt

1369 Vgl. D.I.5.d)(3)(b)(i) Qualitative Unverhältnismäßigkeit S. 324.

so langen Zeitraum zu korrigieren ist, wie er sonst zwischen Veränderungen von Zinssätzen üblich ist. Üblich ist unter modernen Maßstäben die Anknüpfung an den halbjährlich aktualisierten Basiszinssatz. Zwar gibt es auch nach wie vor Verzinsungstatbestände ohne eine regelmäßig erfolgende Anpassung der Zinshöhe. Der immer schnelllebigere Finanzmarkt und der enorme technische Fortschritt durch die elektronische Datenverarbeitung lassen jedoch auf die Dauer angelegte starre Verzinsungen überholt erscheinen. Sie entsprechen nicht mehr dem, was gegenwärtig möglich und angemessen ist. Auch nach diesen Maßstäben müsste daher der Gesetzgeber nach einem Jahr auf ein auffälliges Missverhältnis reagieren.

Soweit nicht ausnahmsweise – neben der Rechtssicherheit und Handhabbarkeit für die Verwaltung – weitere Gründe für die Beibehaltung des Zinssatzes sprechen, muss folglich ein Festhalten am normierten Zinssatz bei Erreichen eines auffälligen Missverhältnisses nach einem Jahr als verfassungswidrig erachtet werden.[1370]

(iii) Verhältnis qualitativer zwischen quantitativer Unverhältnismäßigkeit

Aus den vorangehenden Erwägungen folgt, dass eine Unverhältnismäßigkeit der Zinshöhe vorliegt, wenn über einen Zeitraum von einem Jahr die normierte Zinshöhe (i_{norm}) mehr als 100 % über der idealtypischen Zinshöhe (i_{ideal})liegt. Daraus folgt:

$$u = 1 = 100\,\% = i_{norm} - i_{ideal}$$
$$t = 1 = 1\ \text{Jahr}$$

i_{norm} und i_{ideal} müssen in einer multiplikativen Beziehung zur Unverhältnismäßigkeit stehen. Denn so bleibt gewährleistet, dass bei einer nicht vorhandenen Differenz zwischen i_{norm} und i_{ideal} ($i_{norm} - i_{ideal} = 0$) auch eine unendlich lange Dauer (t) nicht zu einer Unverhältnismäßigkeit ($UV \geq 1$) führt.

$$u * t = UV$$

Der Verfasser dieser Arbeit hat sich dabei auch überlegt, ob die Dauer oder die Differenz nicht nur linear sondern überproportional/exponentiell oder unterproportional/sublinear zu berücksichtigen sein könnten.

$$u^x * t^y = UV$$

Nach zahlreichen Simulationen ist er jedoch zu der Auffassung gekommen, dass es am sinnvollsten ist, wenn beide Faktoren ungewichtet, ohne Potenz, berück-

1370 Der Autor dieser Arbeit ist der Ansicht, dass diese Maßstäbe grundsätzlich auch auf andere gesetzliche Zinssätze übertragbar sind und die gesetzlichen Zinssätze, wenn sie diese Grenzen überschreiten, verfassungswidrig sind. Dies gilt u. a. für den zitierten § 246 BGB.

sichtigt werden. So sieht sich der Steuerpflichtige maximal einer Belastung in Höhe eines Jahreszinssatzes ausgesetzt. Dies führt dazu, dass bei einer beliebigen Dauer (t) eine Unverhältnismäßigkeit (UV $\geq$ 1) stets dann anzunehmen ist, wenn die Differenz ein Ausmaß hat, das multipliziert mit ihrer maximal zulässigen Dauer, stets den Wert einer idealtypischen Jahresverzinsung erreicht.

Beispiel 1: Der Gesetzgeber erkennt, dass der normierte Zinssatz 25 % über dem idealtypischen Zinssatz liegt. Das führt dazu, dass der Steuerpflichtige jedes Jahr einen Nachteil von 25 % des idealtypischen Zinssatzes erleidet. Nach vier Jahren (4 * 25 %) erreicht der Nachteil die Schwelle von 100 % und ist nicht mehr hinnehmbar.

Beispiel 2: Der normierte Zinssatz übersteigt den idealtypischen Zinssatz um 300 %. Das führt dazu, dass der Steuerpflichtige über ein Jahr einen Nachteil von 300 % des idealtypischen Zinssatzes erleiden würde. Da die Belastungshöchstgrenze jedoch schon bei 100 % erreicht ist, muss der Gesetzgeber bereits unterjährig reagieren. Es kann das Missverhältnis nur maximal vier Monate hinnehmen, anderenfalls ist seine Reaktion erforderlich.

Auch im Zivilrecht sieht der Bundesgerichtshof mit zunehmender Dauer eines Missverhältnisses eine Intensivierung der belastenden Wirkung.[1371] Er legt jedoch einen starken Fokus auf die Umstände des konkreten Falles.[1372] Dies führt dazu, dass im Einzelfall sogar eine Überschreitung der marktüblichen Verzinsung um mehr als 100 % bei einer Zinsbindung von 12 Jahren nicht als Wucher/auffälligen Missverhältnis gewertet wurde.[1373] Bei einer Überschreitung der marktüblichen Verzinsung um 46 % duldete das OLG Hamm sogar eine Zinsbindung von 15 Jahren.[1374] Ein wesentlicher Unterschied zur gesetzlichen Verzinsung besteht in diesen Fällen jedoch in der bewussten vertraglichen Übernahme des Risikos von Zinsveränderungen. Durch den Verzicht auf eine Zinsanpassungsklausel ist dem Zinsschuldner eine nicht unerhebliche Belastung auch über einen längeren Zeitraum zuzumuten, während bei gleichen Bedingungen eine gesetzliche Verzinsung bereits als Wucher bzw. als unzulässiges. auffälliges Missverhältnis zu bewerten ist.

1371 BGH vom 09.11.1989 – III ZR 108/88 = WM 1990, 57 (57).

1372 Im Extremfall erachtete das OLG Dresden sogar einen Zinssatz von 66,33 % für nicht sittenwidrig (OLG Dresden vom 20.03.2002 – 11 U 2478/01 = WM 2003, 1988).

1373 BGH vom 09.11.1989 – III ZR 108/88 = WM 1990, 57 (57 ff.).

1374 OLG Hamm vom 27.11.1991 – 11 U 98/91 = WM 1992, 483 (483 ff.).

(iv) Betrachtungsbedingungen

Als Grundlage der Betrachtung muss jeder Zinsbescheid dienen. Die Abweichungen während des Verzinsungszeitraumes sind dabei zu saldieren. Denn Schwankungen zum Vor- und zum Nachteil der Steuerschuldner heben sich in ihrer Wirkung gegeneinander auf. Müssen beispielsweise Steuerpflichtige für die ersten zwei Jahre des Zinslaufes eine Verzinsung in Höhe von zwei Prozentpunkten über dem idealtypischen Zinssatz leisten und für die weiteren beiden Jahre des Zinslaufes von drei Prozentpunkten unter dem idealtypischen Zinssatz – auf Grund eines Anstieges des idealtypischen Zinssatzes um fünf Prozentpunkte – so beträgt die jährliche Belastung durchschnittlich nur einen halben Prozentpunkt (unter Ausklammerung des Zinseszinseffektes). Im Ergebnis bedeutet dies, dass ein idealtypischer Zinsverlauf mit starken Schwankungen – der etwa in einem jährlichen Wechsel sehr deutlich über dem steuerschuldrechtlichen Zinssatz notiert und dann wieder in gleicher Höhe darunter, vergleichbar mit dem Verlauf einer Sinuskurve – eher verhältnismäßig ist, als ein konstant zu hohes oder zu tiefes Zinsniveau, auch wenn der nicht saldierte Betrag der Abweichungen bei einem schwankenden Verlauf deutlich höher ist. Da durch die starken Schwankungen jeweils eine geringere durchschnittliche quantitative Unverhältnismäßigkeit eintritt, kann die Wahl eines steuerschuldrechtlichen Zinssatzes selbst dann eine zulässige Typisierung sein, wenn einzelne Steuerpflichtige zufällig jeweils Zinsen für ein Jahr schulden, in dem der steuerschuldrechtliche Zinssatz über dem idealtypischen Zinssatz liegt, während andere zufällig jeweils Zinsen für ein Jahr schulden, in dem der steuerschuldrechtliche Zinssatz unter dem idealtypischen Zinssatz liegt.

(v) Extremsituationen

Auch wenn die Abweichung des normierten Zinssatzes vom idealtypischen Zinssatz nur 15 % beträgt, so muss nach einer Dauer von 80 Monaten eine unverhältnismäßige Belastung des Steuerpflichtigen angenommen werden. Angesichts der erheblichen Schwierigkeiten bei der Bestimmung eines idealtypischen Zinssatzes kann die Steigerung der Anforderungen an eine exakte Zinssatzbestimmung sich jedoch nicht mit zunehmender Dauer unendlich fortsetzen. Sollte es beispielsweise tatsächlich zu einer Verzinsung über einen Zeitraum von 100 Jahren kommen, kann unmöglich verlangt werden, dass der normierte Zinssatz im Durchschnitt nur 1 % über dem jeweiligen idealtypischen Zinssatz lag. Es ist daher ein Wesentlichkeitsschwelle anzunehmen, unter derer eine Abweichung des normierten Zinssatzes vom idealtypischen Zinssatz auch über einen beliebig langen Zeitraum zu tolerieren ist. In der juristischen Praxis existieren viele Wesentlichkeits- und Erheblichkeitsschwellen. Sie reichen von wenigen Prozent (z. B. für die Abfärbewirkung gewerblicher Einkünfte in der Einkommensbesteuerung)[1375] bis hin zu 50-prozentigen oder sogar 100-prozentigen Schwellen (z. B. bei der Annahme einer wesentlichen Ertragsminderung für den Erlass der Grundsteuer (§ 33 Abs. 1 S. 1, 2 GrStG). Weitreichend auf die Veränderung der Zinsen im Steuerschuldrecht übertragbar sind die Überlegungen zur Teilwertabschreibung in § 6 Abs. 1 Nr. 2 S. 2 EStG bzw. zur Folgebewertung von Finanzanlagen in § 253 Abs. 3 S. 6 HGB. Bei ihnen geht es wie bei der Bestimmung der Zinshöhe darum, den Wert von Geldforderungen mit Blick auf zukünftige Entwicklungen zu bestimmen und auszumachen, ab wann eine so wesentliche Veränderung vorliegt, dass eine Bewertung korrigiert werden muss. Bei der Bewertung von Änderungen des Wechselkurses wird z. B. eine Erheblichkeit bei einer Veränderung von mindestens 10 % angenommen.[1376] Diese Erheblichkeitsschwelle von 10 % bezeichnet der Bundesfinanzhof in diesem Kontext sogar als *„allgemein im Steuerrecht vertretene Erheblichkeitsschwelle“*[1377].

Diese Erheblichkeitsschwelle der Rechtsordnung kann daher sachgerecht auf die Beurteilung der Verhältnismäßigkeit der steuerschuldrechtlichen Verzinsung übertragen werden. Folglich ist auch bei der Verzinsung im Steuerschuldrecht eine dauerhafte Abweichung von weniger als 10 % unwesentlich und zu tolerieren. Sie käme ohnehin erst bei Zeiträumen ab zehn Jahren zum Tragen.

Zudem muss sich die Erfassung von Abweichungen auf eine Berücksichtigung von zwei Nachkommastellen beschränken. Bei sehr geringen Verzinsungen – insbesondere im Falle einer Zeit mit einem idealtypischen Zinssatz von 0 % – wären sonst auf Grund der relativen Bemessung der Erheblichkeit unmittelbar – auch bei nur kleinsten Veränderungen – eine Unverhältnismäßigkeit anzunehmen. Die Berücksichtigung von maximal zwei Nachkommastellen entspricht überdies der gängigen Praxis bei Verzinsungen am Verbraucherkapitalmarkt.

In zeitlicher Hinsicht drängt sich ebenfalls die Annahme einer Toleranz auf. Auch bei besonders hohen Abweichungen muss die Reaktionszeit des Gesetzgebers berücksichtigt werden. Sollte beispielweise der idealtypische Zinssatz von

---

1375 Leitsatz: BFH vom 27.08.2014 – VIII R 6/12 = DStR 2015, 345.

1376 Hennrichs/Kleindiek/Watrin/*Schlotter*, MüKo Bilanzrecht § 253 HGB Rn. 70 f.

1377 BFH vom 21.09.2011 – I R 89/10 = DStR 2012, 21 (25) m. w. N. Wenngleich der Bundesfinanzhof im zitierten Urteil für Teilwertabschreibungen auf börsennotierte Aktien eine – als *„bilanzrechtlichen Wesentlichkeitsgrundsatz“* bezeichnete – Wesentlichkeitsschwelle von nur 5 % heranzieht.

0,10 % auf 0,00 % fallen, müsste der Gesetzgeber die gesetzliche Zinshöhe innerhalb einer juristischen Sekunde anpassen. Dies ist jedoch unmöglich. Da Zinsberechnungen ohnehin nur monatlich erfolgen, ist dem Gesetzgeber zuzugestehen, die Anpassung innerhalb einer Frist von einem Monat zum jeweiligen Monatsende durchzuführen. Diese kurze Dauer genügt allerdings nicht, um innerhalb der maximal zulässigen grundgesetzlichen Fristen ein Gesetzgebungsverfahrens durchzuführen (u. a. Art. 76 Abs. 2 S. 2–5 GG). Der Gesetzgeber wäre daher zum Schutze des Steuerpflichtigen vor unverhältnismäßigen Benachteiligungen gehalten, Gesetzgebungsverfahren mit besonderer Eile durchzuführen, durch Rechtsverordnungen zu handeln, rückwirkend zu reagieren oder den Billigkeitsregelungen Gebrauch zu machen.

Abbildung 21: Dreidimensionale Darstellung der Abhängigkeiten der Verhältnismäßigkeit

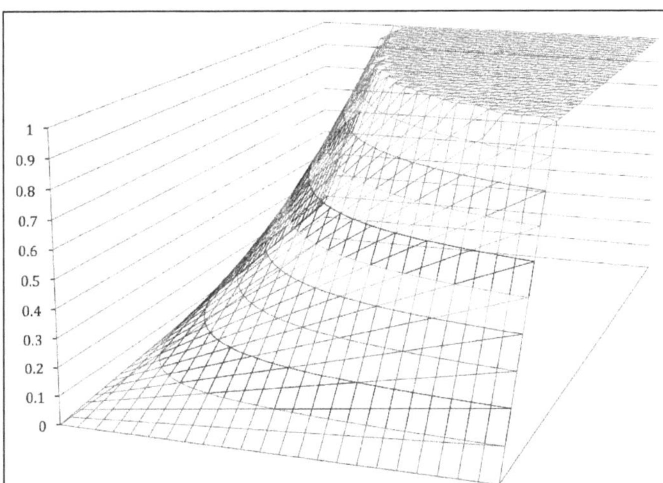

Die Abbildung zeigt eine dreidimensionale Darstellung der Abbildung 20 (S. 324). Die Unverhältnismäßigkeit (y-Achse) ist zu 100 % erreicht, wenn das Produkt aus Dauer (x-Achse) und Intensität (z-Achse) der Abweichung den Wert 1 erreicht. Im Gegensatz zur zweidimensionalen Darstellung, die einer Draufsicht von Oben entspricht, lässt sich in der dreidimensionalen Darstellung der Anstieg der Unverhältnismäßigkeit erkennen. Das Plateau bildet in dieser Darstellung den Bereich der Unverhältnismäßigkeit ab, der in der zweidimensionalen Darstellung dunkel eingefärbt ist.

Tabelle 7: Verhältnismäßigkeit in Abhängigkeit von der Dauer und der Höhe des Missverhältnisses

Prozentualer Teil eines Jahres	**8 %**	**17 %**	**25 %**	**50 %**	**75 %**	**100 %**	**125 %**	**150 %**	**175 %**	**200 %**	**286 %**	**333 %**	**667 %**	**1000 %**	**2000 %**
Auffälliges0%	0 %	0 %	0 %	0 %	0 %	0 %	0 %	0 %	0 %	0 %	0 %	0 %	0 %	0 %	0 %
Missverhältnis in % 5 %	0 %	1 %	1 %	3 %	4 %	5 %	6 %	8 %	9 %	10 %	14 %	17 %	33 %	50 %	Ausn.
10 %	1 %	2 %	3 %	5 %	8 %	10 %	13 %	15 %	18 %	20 %	29 %	33 %	67 %	100 %	100 %
30 %	3 %	5 %	8 %	15 %	23 %	30 %	38 %	45 %	53 %	60 %	86 %	100 %	100 %	100 %	100 %
50 %	4 %	8 %	13 %	25 %	38 %	50 %	63 %	75 %	88 %	100 %	100 %	100 %	100 %	100 %	100 %
75 %	6 %	13 %	19 %	38 %	56 %	75 %	94 %	100 %	100 %	100 %	100 %	100 %	100 %	100 %	100 %
90 %	8 %	15 %	23 %	45 %	68 %	90 %	100 %	100 %	100 %	100 %	100 %	100 %	100 %	100 %	100 %
100 %	8 %	17 %	25 %	50 %	75 %	100 %	100 %	100 %	100 %	100 %	100 %	100 %	100 %	100 %	100 %
125 %	10 %	21 %	31 %	63 %	94 %	100 %	100 %	100 %	100 %	100 %	100 %	100 %	100 %	100 %	100 %
150 %	13 %	25 %	38 %	75 %	100 %	100 %	100 %	100 %	100 %	100 %	100 %	100 %	100 %	100 %	100 %
200 %	17 %	33 %	50 %	100 %	100 %	100 %	100 %	100 %	100 %	100 %	100 %	100 %	100 %	100 %	100 %
240 %	20 %	40 %	60 %	100 %	100 %	100 %	100 %	100 %	100 %	100 %	100 %	100 %	100 %	100 %	100 %
300 %	25 %	50 %	75 %	100 %	100 %	100 %	100 %	100 %	100 %	100 %	100 %	100 %	100 %	100 %	100 %
400 %	33 %	67 %	100 %	100 %	100 %	100 %	100 %	100 %	100 %	100 %	100 %	100 %	100 %	100 %	100 %
600 %	50 %	100 %	100 %	100 %	100 %	100 %	100 %	100 %	100 %	100 %	100 %	100 %	100 %	100 %	100 %
1200 %	100 %	100 %	100 %	100 %	100 %	100 %	100 %	100 %	100 %	100 %	100 %	100 %	100 %	100 %	100 %

Die Tabelle entspricht der grafischen Darstellung der Abbildung 21 (S. 333).

(c) Unverhältnismäßigkeit der Verzinsung im Steuerschuldrecht

An Hand der dargestellten Grenzen wird im Folgenden zunächst die Unverhältnismäßigkeit der nominellen Zinshöhe im Steuerschuldrecht (6 %) aufgezeigt und sodann die Unverhältnismäßigkeit der maximalen effektiven Zinshöhe der Vollverzinsung (4,34 %). Zur Veranschaulichung werden die einzelnen Verzinsungen und ihr entsprechender Vergleichsmaßstab jeweils grafisch abgebildet[1378]. Die beurteilten Verzinsungen erfassen dabei einen Zeitraum, der in dem auf der x-Achse genannten Jahr beginnt und im Jahr 2015 endet. Die kürzeste Betrachtung beschränkt sich auf das Jahr 2015 selbst. Die längste Betrachtung erfasst eine Verzinsung ab dem Jahr 2003 (x-Achse) bis zum Jahr 2015. Die grauen Kurven zeigen die durchschnittliche Abweichung zwischen der gesetzlichen Verzinsung und dem Vergleichsmaßstab während des gesamten Vergleichszeitraumes (y-Achse [in %]). Die schwarzen Kurven drücken – auf Basis der zuvor entwickelten Grundsätze – die Obergrenze des noch Verhältnismäßigen aus. Überschreitet die durchschnittliche Abweichung des betrachteten Zinslaufes (Grau) die Grenze des Verhältnismäßigen (Schwarz), steht die gesetzliche Zinshöhe des Steuerschuldrechtes für Verzinsungen des entsprechenden Zeitraumes in einem auffälligen Missverhältnis zum Vergleichsmaßstab. Soweit der Vergleichsmaßstab einer idealtypischen Verzinsung entspricht, ist sie folglich unverhältnismäßig und daher verfassungswidrig. Stellvertretend für die idealtypischen Zinshöhen am Finanzmarkt bilden die folgenden, von der Bundesbank ausgewiesenen Zinssätze den Vergleichsmaßstab:

- Tagesgeldanleihen[1379] – stellvertretend für einen idealtypischen Zinssatz für unverschuldete Privatpersonen,
- Unternehmenskredite[1380] – stellvertretend für einen idealtypischen Nachforderungszinssatz für verschuldete Unternehmen und
- ein Mittelwert der Zinssätze von revolvierenden Krediten und Überziehungskrediten[1381] und der Zinssätze von Unternehmenskrediten[1382] – stellvertretend für einen idealtypischen Erstattungszinssatz für verschuldete Unternehmen.

1378 Vgl. Abbildung 22 bis Abbildung 27.

1379 Zeitreihe der Bundesbank mit der Kennung BBK01.SUD101 = Einlagen privater Haushalte mit täglicher Fälligkeit

1380 Deutsche Bundesbank: Zeitreihe BBK01.SUD013: Effektivzinssätze Banken DE / Bestände / Kredite an nichtfinanzielle Kapitalgesellschaften, Ursprungslaufzeit über 1 bis 5 Jahre.

1381 Zeitreihe der Bundesbank mit der Kennung BBK01.SUD112 = Revolvierenden Krediten, Überziehungskrediten und Kreditkartenkrediten an private Haushalte.

1382 Deutsche Bundesbank: Zeitreihe BBK01.SUD013: Effektivzinssätze Banken DE / Bestände / Kredite an nichtfinanzielle Kapitalgesellschaften, Ursprungslaufzeit über 1 bis 5 Jahre.

Zudem erfolgt ein Vergleich mit den Zinssätzen von revolvierenden Krediten und Überziehungskrediten,[1383] um eine Verhältnismäßigkeitsprüfung der Verzinsung des Steuerschuldrechts anhand der höchsten denkbaren idealtypischen Zinssätze durchzuführen.[1384]

Beispiel:

Die durchschnittliche Verzinsung eines Vergleichsmaßstabes, der stellvertretend für eine idealtypische Verzinsung stehen soll, betrug 8 % im Jahr eins (z. B. 2013), 7 % im Jahr zwei (z. B. 2014) und 6 % im Jahr drei (z. B. 2015). Der gesetzliche Zinssatz betrug während der gesamten drei Jahre konstant 10 %. Für eine Verzinsung mit einem Zinslauf, der nur den Zeitraum des dritten Jahres erfasst, ergibt sich eine Abweichung der gesetzlichen Verzinsung vom Vergleichsmaßstab von vier Prozentpunkten. Die Abweichung vom Vergleichsmaßstab hatte daher, über einen Zeitraum von einem Jahr, einen Umfang von weniger als 100 % des Vergleichsmaßstabes. Sie befindet sich somit noch im Rahmen des Verhältnismäßigen. Eine Verzinsung die den Zeitraum des ersten, zweiten und dritten Jahres erfasst (z. B. von 2013 bis 2015) weicht durchschnittlich nur drei Prozentpunkte vom Vergleichsmaßstab ab. Im ersten Jahr zwei Prozentpunkte, im zweiten Jahr drei Prozentpunkte und im dritten Jahr vier Prozentpunkte. Diese Abweichung von drei Prozentpunkten stellt in Relation des durchschnittlichen Vergleichsmaßstabes, einer Verzinsung in Höhe von durchschnittlich 7 % innerhalb des dreijährigen Zeitraumes, eine durchschnittliche Abweichung von ca. 42 % dar. Eine entsprechende grafische Darstellung besäße daher auf der grauen Kurve am Punkt für den Zeitraum der Jahre drei, zwei und eins (x-Achse) den Wert 42 % (y-Achse). Dieser Punkt läge über dem Höchstwert des Verhältnismäßigen (schwarze Kurve). Denn über einen Zeitraum von drei Jahren darf die Abweichung zu einem Vergleichsmaßstab – soweit dieser einer idealtypischen Verzinsung entspricht – nur 33 % (y-Achse) betragen.

1383 Zeitreihe der Bundesbank mit der Kennung BBK01.SUD112 = Revolvierende Kredite, Überziehungskredite und Kreditkartenkredite an private Haushalte.

1384 Es kann dahinstehen, ob eine solche Typisierung überhaupt noch vom Ermessensspielraum des Gesetzgebers abgedeckt wäre.

(i) Abweichungen der idealtypischen Zinssätze zu einer Verzinsung von 6 %

Abbildung 22: Abweichung zur Verzinsung von Tagesgeldanlagen

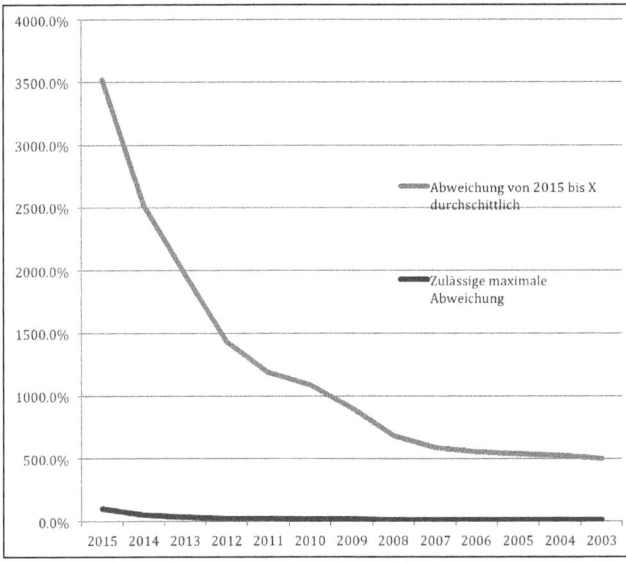

Erwartungsgemäß übersteigt eine Verzinsung in Höhe von 6 % die sehr niedrigen Tagesgeldverzinsungen in den Jahren seit 2003 um ein Vielfaches. Sie lag im Jahr 2015 durchschnittlich 3518 % über der Tagesgeldverzinsung. Durch die fortschreitende Annäherung an eine Nullverzinsung steigt die relative Unverhältnismäßigkeit seit dem Jahr 2003 exponentiell. Für die Fälle der unverschuldeten Steuerpflichtigen, für die die Zinshöhe der Tagesgeldverzinsung idealtypisch ist, ist die steuerschuldrechtliche Verzinsung daher unverhältnismäßig und verfassungswidrig.

Abbildung 23: Abweichung zur Verzinsung von Unternehmenskrediten

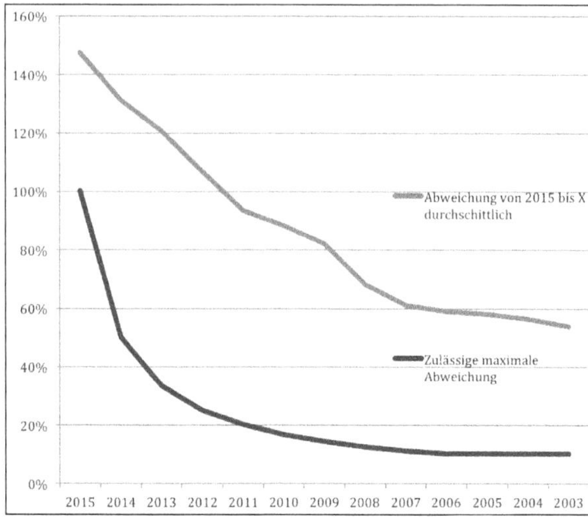

Auch für den weiteren typischen Fall des Steuerschuldrechtes, zinszahlungspflichtige Unternehmen, zeigt sich eine deutliche Unverhältnismäßigkeit. Im Jahr 2015 lag der sechsprozentige Zinssatz des Steuerschuldrechtes 147 % über der idealtypischen durchschnittlichen Kreditzinshöhe für 1 bis 5-jährige Unternehmenskredite. In dem Zeitraum vom Jahr 2003 bis zum Jahr 2015 übertraf die Zinshöhe des Steuerschuldrechtes die der Kreditzinsen durchschnittlich um 54 % pro Jahr. Eine solch hohe Differenz über einen solch langen Zeitraum ist nicht mehr durch Ansprüche an Rechtssicherheit und Verlässlichkeit des Rechts zu rechtfertigen.

Abbildung 24: Abweichung zum Mittelwert von Verzinsungen von revolvierenden Krediten und Überziehungskrediten und Unternehmenskrediten

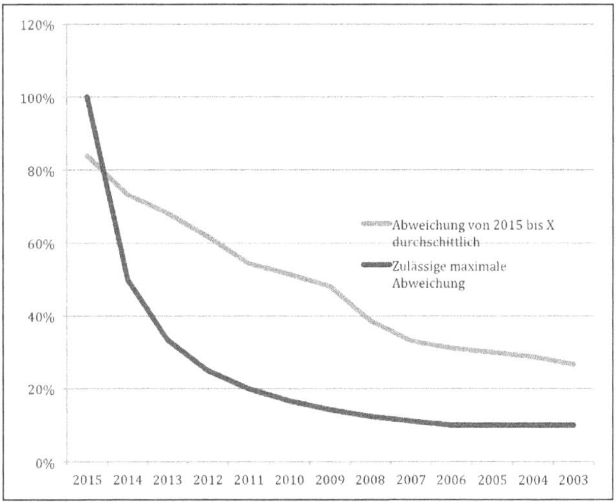

Für die Erstattungsverzinsung von verschuldeten Unternehmen lässt sich ein typischer Fall nicht eindeutig ausmachen. Den Maßstab der Betrachtung bildet daher ein Mittelwert zwischen der Verzinsung von revolvierenden Krediten/ Überziehungskrediten und einfachen 1 bis 5-jährigen Unternehmenskrediten. Der Mittelwert dieser Zinssätze lag im Jahr 2015 durchschnittlich bei 3,26 %. Die sechsprozentige Verzinsung übertrifft ihn folglich absolut um 2,74 Prozentpunkte und relativ um 84 %. Dies ist innerhalb eines Jahres gerade noch verhältnismäßig, drängt den Gesetzgeber jedoch bei längerer Dauer zu einer Anpassung. Im Jahr 2014 betrug der Mittelwert noch 3,67 % und lag damit nur 2,33 Prozentpunkte unter der sechsprozentigen Verzinsung. Für beide Jahre zusammen verbleibt jedoch durchschnittlich eine Abweichung von 2,54 Prozentpunkten. Dies entspricht einer relativen Abweichung von 73,2 %. Den profitierenden Steuerpflichtigen entstand in diesem Zeitraum somit ein unberechtigter Vorteil von 146,5 %. Seit dem Jahr 2010 summiert sich dieser Vorteil insgesamt sogar auf mehr als das Dreifache (300 %) der jährlichen idealtypischen Verzinsung.

Abbildung 25: Abweichung zur Verzinsung von Revolvierenden Krediten und Überziehungskrediten

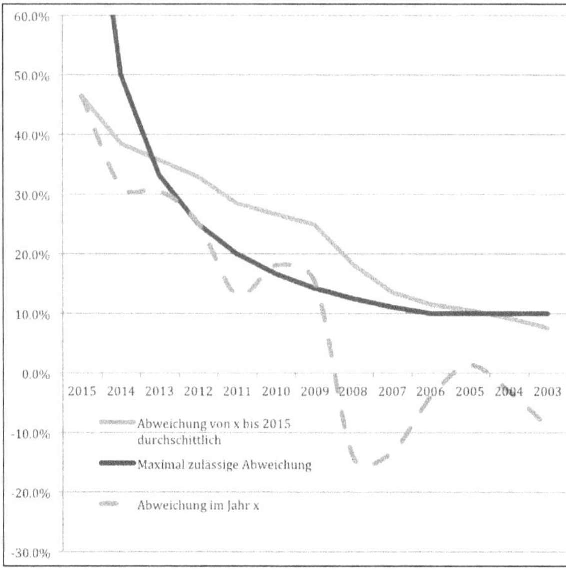

Die Obergrenze einer noch zulässigen allgemeinen Typisierung der Erstattungsverzinsung bildet eine Orientierung an revolvierenden Unternehmenskrediten und Überziehungskrediten von Unternehmen. Trotz erheblicher Abweichung zu der Zinshöhe dieser Finanzprodukte ist der sechsprozentige Zinssatz in den letzten drei Jahren noch als verhältnismäßig anzusehen. Seit dem Jahr 2013 kommt es auf Basis dieses Ansatzes zu einer durchschnittlichen Abweichung von knapp 33 %. Sie unterschreitet somit minimal die Grenze zur Unverhältnismäßigkeit von 33,33 %. Mittelfristig betrachtet muss jedoch auch auf Basis dieses Zinssatzes die Erstattungsverzinsung als unverhältnismäßig hoch erachtet werden. Seit dem Jahr 2012 liegt die Zinshöhe der Erstattungsverzinsung in jedem Jahr mehr als 25 % über dem höchsten denkbaren idealtypischen Zinssatz.

Als Besonderheit fällt bei dem Vergleich der sechsprozentigen steuerschuldrechtlichen Verzinsung mit der Verzinsung von revolvierenden Unternehmenskrediten und Überziehungskrediten auf, dass Verzinsungszeiträume mit einer Dauer von mehr als 10 Jahren wieder eine Zinshöhe aufweisen, die noch als verhältnismäßig zu erachten ist. Dies liegt daran, dass die durchschnittliche Zinshöhe von revolvierenden Unternehmenskrediten und Überziehungskrediten in den letzten Jahren sehr stark gesunken ist. Im Jahr 2008 mussten beispielsweise noch durchschnittlich knapp 7 % Zinsen gezahlt werden. Damit lag der idealtypische Zinssatz einen Prozentpunkt über der Zinshöhe des Steuerschuldrechtes. Die Steuerpflichtigen erlitten folglich im Jahr 2008 eine entsprechende einprozentig unterkompensierende Erstattungsverzinsung. Diese gleicht bei einem langen Zinslauf unbegründete Vorteile durch einen zu hohen Zinssatz in anderen Zeiträumen (teilweise) aus. Zudem sorgen sehr geringe Abweichungen in den Jahren 2003 bis 2006 dafür, dass die durchschnittliche jährliche Abweichung, über den gesamten Verzinsungszeitraum hinweg, geringer ausfällt. Die Abweichung zur idealtypischen Verzinsung von nur 1,37 % im Jahr 2005 führt so beispielweise dazu, dass die mittlere Abweichung von 11,6 % – für den Zeitraum von 2006 bis 2015 – auf nur noch 10,6 % – für den Zeitraum von 2005 bis 2015 – sinkt. Die Zinshöhe für einen Verzinsungszeitraum von 2003 bis 2015 ist bei einer Gesamtbetrachtung verhältnismäßig. Einzelne Teilzeiträume sind für sich genommen jedoch unverhältnismäßig. In der Folge erweist sich die steuerschuldrechtliche Zinshöhe insgesamt als unverhältnismäßig.

(ii) Abweichungen der idealtypischen Zinssätze zur maximalen effektiven Verzinsung der Vollverzinsung (4,34 %)

Im Bereich der Vollverzinsung kann es nicht zu einer Verzinsung kommen, die eine effektive Zinshöhe von 6 % besitzt. Daher soll für die Vollverzinsung der höchste effektive Zinssatz von 4,34 % als Maßstab der Verhältnismäßigkeitsprüfung. Er stellt die größte denkbare Belastung des Steuerschuldners im Rahmen der Vollverzinsung dar. Die zuvor dargestellten Grenzen gelten für den Betrag der jeweiligen Abweichung. Zur besseren Veranschaulichung sollen negative Abweichung im negativen Bereich der Abbildung dargestellt werden. Zu diesem Zweck wird auch im negativen Wertungsbereich eine entsprechende Untergrenze des Verhältnismäßigen ergänzt. Im Zusammenspiel der Ober- und Untergrenze entsteht eine Art Tunnel (Schwarz). Soweit sich die Abweichung der Verzinsung von der idealtypischen Verzinsung (Grau) innerhalb dieses Tunnels befindet, war die Abweichung im jeweiligen Zeitraum noch im Rahmen des Verhältnismäßigen.

Abbildung 26: Abweichung zur Verzinsung von Tagesgeldanlagen

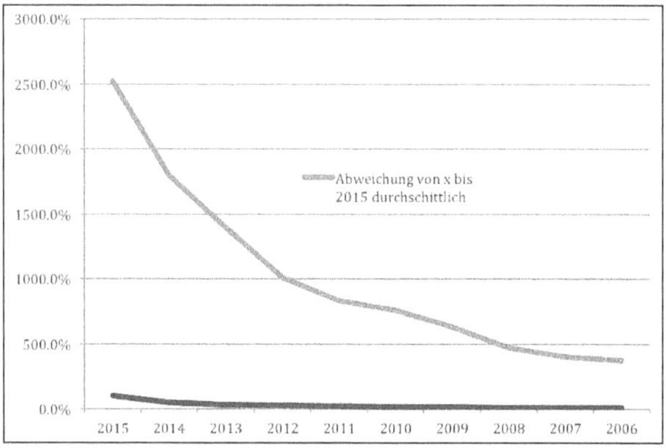

Ein Vergleich der 4,34-prozentigen Verzinsung mit der sehr geringen Zinshöhe von Tagesgeldern zeigt deutlich die große Differenz der jeweiligen Zinssätze. Bei einer Typisierung am Maßstab der Verzinsung von Tagesgeldern wäre die Vollverzinsung daher unverhältnismäßig.

Abbildung 27: Abweichung zur Verzinsung von Unternehmenskrediten

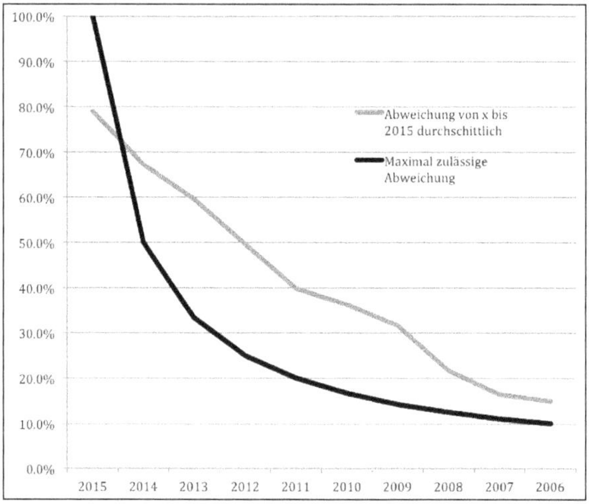

Vor dem Hintergrund einer effektiven Vollverzinsung in Höhe von 4,34 % vermag ein Vergleich mit den Unternehmenskrediten, bei einem sehr kurzen Betrachtungszeitraum von einem Jahr und einer daraus folgenden Toleranz von

100 %, noch nicht zu einer Unverhältnismäßigkeit zu führen. Da die Zinshöhe von 4,34 % jedoch seit dem Jahr 2009 jeweils die Verzinsung durchschnittlicher Unternehmenskredite überschreitet und dies sogar zunehmend (2013: 46 %, 2014: 57 % und 2015: 79 %), führt ein Vergleich mit der Verzinsung durchschnittlicher Unternehmenskredite zu Unverhältnismäßigkeit der effektiven Zinshöhe der Vollverzinsung.

Abbildung 28: Abweichung zum Mittelwert von Verzinsungen von Revolvierenden Krediten, Überziehungskrediten und Unternehmenskrediten

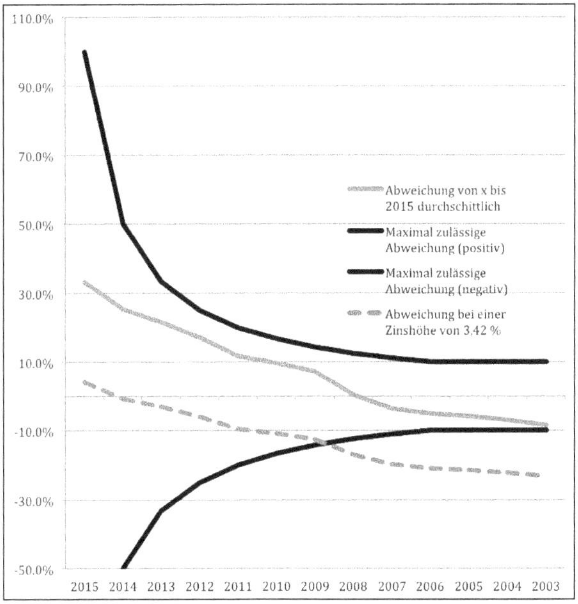

Für die Verzinsung zu Gunsten des Steuerpflichtigen ist die effektive Zinshöhe der Vollverzinsung im Vergleich mit dem Mittelwert der Zinshöhe von revolvierenden Krediten/Überziehungskrediten und Unternehmenskrediten, als mögliche idealtypische Zinshöhe, verhältnismäßig. Selbst bei einer Betrachtung bis ins Jahr 2003 zurück bleibt die durchschnittliche Abweichung innerhalb der Toleranzen.

Die graphische Darstellung der durchschnittlichen Abweichungen zeigt jedoch bereits, dass eine effektive Verzinsung in Höhe von 4,34 % sich bei einer langfristigen Betrachtung an der unteren Grenze der Verhältnismäßigkeit befindet. Die durchschnittliche Verzinsung innerhalb der ersten fünf Jahre nach Ablauf der Karenzzeit beträgt lediglich 3,42 %. Sie entspricht in der jüngeren Vergangenheit weitgehend dem Mittelwert aus der Verzinsung von revolvierenden Krediten/Überziehungskrediten und Unternehmenskrediten. Insbesondere in den Jahren vor 2009 lag sie jedoch deutlich darunter. Schwankungen vermögen diese Unterschreitung nicht zu rechtfertigen. Verzinsungen die über das Jahr 2009 hinaus zurückwirken, befinden sich daher nicht mehr im Rahmen der Verhältnismäßigkeit einer idealtypischen Erstattungsverzinsung auf Basis des gebildeten Mittelwertes. Sie sind als unverhältnismäßig gering anzusehen. Für Verzinsungen, die lediglich die Jahre 2003 bis 2012 betreffen, beträgt die Abweichung pro Jahr sogar durchschnittlich 26,77 %. Darin ist jedoch kein Grund zu erblicken, den Zinssatz mit Wirkung für die Zukunft zu erhöhen. Denn seit dem Jahr 2015 liegt der Zinssatzsatz bereits über dem Vergleichszinssatz. Eine Zinssatzwahl für die Zukunft wäre ausschließlich an ihren Auswirkungen für die Zukunft zu messen. Für die Vergangenheit müsste hingegen durch eine rückwirkende Gesetzgebung oder Billigkeitserlässe eine verhältnismäßige Verzinsung geschaffen werden.

Bei der Betrachtung unter Heranziehung der Zinshöhe von revolvierenden Krediten und Überziehungskrediten (ohne Abbildung), die durchschnittlich etwas mehr als einen Prozentpunkt über der Zinshöhe von Unternehmenskrediten lag, intensiviert sich die Benachteiligung des Steuerzahlers. Bereits bei Verzinsungen die bis in das Jahr 2011 zurückwirken, kommt es zu einer unverhältnismäßig niedrigen Verzinsung. Für den Zeitraum von 2003 bis 2012 unterschreitet die Erstattungsverzinsung die idealtypische Verzinsung unter dieser Prämisse sogar jährlich um durchschnittlich 35,68 %. Allein im Jahr 2008 war die normierte Erstattungsverzinsung mehr als 45 % zu gering.

(iii) Fazit

Die Maßstäbe der Verhältnismäßigkeitsprüfung der Zinshöhe des Steuerschuldrechtes sind besonders vielschichtig. Sie hängen zunächst davon ab, welcher Zinssatz dem Steuerschuldrecht beigemessen wird. Von einer Nichtverzinsung während der Karenzzeit bis zu einer der nominalen Zinshöhe entsprechenden Verzinsung kommen in der Praxis effektiv alle Zinssätze zur Anwendung. Zudem müssen alle denkbaren Referenzzinssätze als Maßstab angesetzt und ihre Entwicklung nachvollzogen werden. Schließlich müssen alle möglichen Zeiträume der Verzinsung überprüft werden. Durch die enormen Veränderungen des Zinsniveaus am Finanzmarkt in den Jahren 2006 bis 2015, lässt sich jedoch gleichwohl feststellen, dass ein Vergleich mit allen denkbaren idealtypischen Zinssätzen und der Ansatz aller möglichen effektiven Zinshöhen jeweils zu einer Unverhältnismäßigkeit führen. Entweder belasten sie den Steuerpflichtigen zu sehr bei einer Zinszahlungsverpflichtung oder sie kompensieren von ihm erlittene Nachteile nicht ausreichend. Es kommt somit nicht darauf an, welche Verzinsung der Gesetzgeber letztlich seiner Typisierung zugrunde gelegt hat. Die Zinshöhe des Steuerschuldrechtes stellt in jedem Fall eine unverhältnismäßige Benachteiligung des Steuerpflichtigen dar.

Soweit die Bundesregierung behauptet, bei der Verhältnismäßigkeit sei zu berücksichtigen, dass der Zinssatz der Vollverzinsung auch zum Vorteil des Steuerpflichtigen gilt, ist dies unzutreffend.[1385] Eine unberechtigte und unverhältnismäßige Bevorzugung der Steuerpflichtigen bei der Erstattungsverzinsung ist nicht in der Lage, einen unberechtigten und unverhältnismäßigen Nachteil bei der Nachforderungsverzinsung auszugleichen.[1386] Eine Benachteiligung einiger Steuerpflichtiger kann durch die gleichzeitige Bevorteilung anderer Steuerpflichtiger auf Grund der Notwendigkeit einer Typisierung nur gerechtfertigt werden, soweit sie sich innerhalb einer Verzinsungsart ergibt. Zwischen verschiedenen Verzinsungsarten besteht keine Notwendigkeit, einen einheitlichen Zinssatz zu wählen.

(d) Keine Rechtsfertigung durch Billigkeitserlasse

Denkbare wäre es, durch Billigkeitserlasse besonders unverhältnismäßige Falle zu erfassen und so für diese zu einer verhältnismäßigen Verzinsung zu kommen. Billigkeitserlasse können jedoch nur in atypischen Fällen zur Anwendung kommen. Sie sind als Korrektur des Regelfalls für den Einzelfall konzipiert.[1387] Muss über einen Zeitraum von mehreren Jahren ein Großteil der Zinsbescheide durch einen Billigkeitserlass korrigiert werden, so wird die Ausnahme zum Regelfall.[1388] Dadurch unterläuft die Exekutive die Kernkompetenz der Legislative und wird entgegen der Gewaltenteilung rechtsgestalterisch tätig.[1389] Eine Delegierung gesetzgeberischer Tätigkeiten kann allenfalls unter einer Einhaltung des Wesentlichkeitsvorbehalt in Art. 80 Abs. 1 GG erfolgen, indem der Gesetzgeber die Exekutive ausdrücklich zur Festlegung der Zinshöhe ermächtigt. Der Billigkeitserlass kann daher nicht zur Rechtfertigung eines gesetzlichen Zinssatzes herangezogen werden, der den idealtypischen Zinssatz unverhältnismäßig deutlich übersteigt.

1385 Kleine Anfrage mit den Antworten der Bundesregierung vom 09.10.2014 = BT-Drucksache 18/2795 S. 6 Antwort 15.

1386 *Jonas*, UBG 2011, 960 (961).

1387 Seer/Klemke, Neuordnung der Verzinsung von Ansprüchen aus dem Steuerschuldverhältnis S. 57; BVerfG vom 03.09.2009 - 1 BvR 2539/07 = BeckRS 2009, 39175.

1388 Hübschmann/Hepp/Spitaler/*Heuermann*, Abgabenordnung Lfg. 233 § 233a S. 61 Rn. 90.

1389 Hübschmann/Hepp/Spitaler/*Heuermann*, Abgabenordnung Lfg. 233 § 233a S. 61 Rn. 90 m. w. N.; Tipke/Lang/*Seer*, Steuerrecht § 21 Rn. 330.

(4) Legitimationsdefizit

Soweit der Gesetzgeber einen gesetzlichen Zinssatz bestimmt, der für eine Vielzahl unterschiedlicher Sachverhalte gelten soll, muss er ihn auf Grundlage sachgerechter Erwägungen verallgemeinernd festlegen. Diese Erwägungen führen zu einem bestimmten Zeitpunkt zu einem bestimmten Zinssatz. Unter veränderten Rahmenbedingungen wäre, auf Basis gleicher Erwägungen, jedoch ein völlig anderer Zinssatz zu schlussfolgern. Es kann folglich durch eine Veränderung der Rahmenbedingungen dazu kommen, dass ein vom Gesetzgeber gewählter Zinssatz nicht mehr seiner, ihm zu Grunde liegenden, gesetzgeberischen Motivation entspricht. Dies kann zu einem Legitimationsdefizit führen.

(a) Beispielsfall

Der Gesetzgeber vergegenwärtigt sich zunächst, welche Sachverhalte typischerweise durch eine zu normierende Verzinsung erfasst werden. Für die Verzinsung im Steuerschuldrecht könnte er beispielsweise annehmen, dass ein Teil der Steuerpflichtigen keinen Vor- oder Nachteil aus einer späteren Steuerzahlung erzielen wird. Ein anderer Teil der Steuerpflichtigen soll der Annahme gemäß, auf Grund einer unzutreffenden zu geringen Veranlagung, sichere Anleihen zeichnen können bzw. würde, bei einer zutreffenden geringeren Veranlagung, typischerweise sichere Anleihen zeichnen. Für einen weiteren Teil wird angenommen, dass er Unternehmenskredite zurückführen, bzw. im umgekehrten Fall, sie aufnehmen muss. Und einer vierten typischen Gruppe wird unterstellt, dass sie Überziehungskredite aufnehmen muss bzw. sie zurückführen kann.

Die durchschnittlichen Zinssätze dieser typischen Konstellationen kann der Gesetzgeber vorhandenen Analysen des Finanzmarktes entnehmen. So sollen im Beispielsfall die Erträge sicherer Anleihen im Durchschnitt 5,4 % pro Jahr betragen. Unternehmenskredite sollen mit 12,5 % pro Jahr verzinst werden und Überziehungskredite mit 20 %.

Zu diesen typischen Sachverhalten schätzt der Gesetzgeber die Häufigkeit ihres Vorkommens. Er nimmt beispielsweise an, dass 10 % der Steuerpflichtigen keinen Vorteil oder Nachteil durch eine spätere Steuerzahlung erzielen werden (Zinshöhe: 0 %), 45 % in Höhe der Erträge sicherer Anleihen (5,4 %), 35 % in Höhe der Verzinsung von Unternehmenskrediten (12,5 %) und 5 % in Höhe der Verzinsung von Überziehungskrediten (20 %). Für weitere kleine Teile der Steuerpflichtigen von insgesamt weiteren 5 % vermag der Gesetzgeber keine Prognose zu treffen. Sie könnten sich auf die typischen Gruppen verteilen. Sie könnten aber auch auf weitere atypische Konstellationen entfallen.

Abbildung 29: Zinsstrahl – Verteilung unterschiedlicher idealtypischen Zinssätze

Die Abbildung zeigt wie viele Steuerpflichtige (untere Fähnchen) im Beispielsfall schätzungsgemäß Vor- oder Nachteile erzielen konnten, die einer bestimmten Zinshöhe (obere Fähnchen) entsprechen.

Für eine verfassungskonforme Wahl des Zinssatzes muss sich der Gesetzgeber in irgendeiner Form an den der Verzinsung zu Grunde liegenden, typischen Fällen und ihrer Zinshöhe orientieren. Ihm bleibt vorliegend daher zwangsläufig nur die Wahl eines Zinssatzes zwischen 0 % und 20 %. Er könnte sich beispielweise überlegen, dass er keine Verzinsung vornehmen möchte, da er nur dann verzinsen möchte, wenn auch tatsächlich ein Vorteil- oder Nachteil auszugleichen ist und bei einer Verzinsung immer mindestens 10 % der Steuerpflichtigen zu viel erhalten würden oder zu zahlen hätten. Umgekehrt könnte er den Anspruch haben, in jedem Fall alle Vor- und Nachteile auszugleichen und eine Überkompensation in Kauf nehmen.[1390] Alternativ könnte der Gesetzgeber auch einen ungewichteten oder gewichteten Mittelwert aus den typischen vier Fällen bilden (Ungewichtet: [0 % + 5,4 % + 12,5 % + 20 %] / 4 = 9,48 %; Gewichtet: 10 % * 0 % + 45 % * 5,4 % + 35 % * 12, 5 % + 5 % * 20 % = 7,81 %). Er könnte auch mehrere Überlegungen kombinieren.

Im vorliegenden Beispielsfall soll der Gesetzgeber die Überlegung angestellt haben, dass jeder Steuerpflichtigen dazu angehalten sei, sein Geld wirtschaftlich zu verwenden. Tut ein Steuerpflichtiger dies nicht, so soll es seine eigene Schuld sein und für die steuerschuldrechtliche Verzinsung der Zinssatz angesetzt werden, der bei einer wirtschaftlichen Verwendung der finanziellen Mittel anzunehmen wäre. Damit schlägt der Gesetzgeber die Fälle, in denen keine Vor- oder Nachteile erzielt wurden, der Gruppe zu, für die die Erträge sicherer Anleihen die

1390 Angesichts von nur 5 % bzw. 10 % der Steuerpflichtigen, die der hypothetische Gesetzgeber mit diesen Ansätzen erfassen würde, bestehen Zweifel, ob die Wahl einer der beiden erstgenannten Ansätze dem Verhältnismäßigkeitsgrundsatz genügen würde. Dies soll jedoch im Beispielsfall unerheblich bleiben.

Referenz der Zinshöhe bildet. Sodann soll der Gesetzgeber die Überlegung angestellt haben, dass er nur die Vor- und Nachteile ausgleichen möchte, die jeder der übrigen Steuerpflichtigen mindestens erzielt hat. Dies führt den Gesetzgeber zu der Wahl eines Zinssatzes von 5,4 %. Dieser Zinssatz besitzt im Beispielsfall den zusätzlichen Vorteil, dass die größte Gruppe der Steuerpflichtigen eine zutreffende Verzinsung erfährt. Die Typisierung erfasst somit auch den häufigsten Fall.

Da dem Gesetzgeber der Zinssatz von 5,4 % jedoch wegen seiner Nachkommastelle nicht praktikabel erscheint, rundet er den ermittelten Zinssatz auf einen vollen Prozentsatz ab. Auf Basis seiner Überlegungen kommt der Gesetzgeber im Beispielsfall daher zu der Wahl eines Zinssatzes von 5 %. Dem Gesetzgeber war bei der Wahl dieses Zinssatzes bewusst, dass sich der Zinssatz im unteren Bereich des zulässigen Zinsspektrums bewegt und dass ein großer Teil der Steuerpflichtigen nur einen anteiligen Ausgleich der jeweiligen Vor- und Nachteile erfahren wird.

Abbildung 30: Zinsstrahl – Wahl des Gesetzgebers

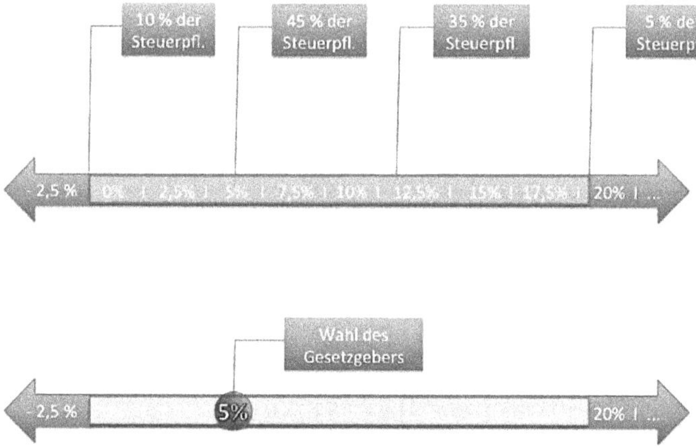

Die Abbildungen zeigen, welchen Rahmen der Gesetzgeber bei der Wahl der gesetzlichen Zinshöhe hatte (graue Markierung auf Zinsstrahl) und wo die getroffene Wahl des Gesetzgebers im Beispielfall auf dem Zinsniveau zu verorten ist (Kreis).

Hätte der Gesetzgeber am Finanzmarkt, statt den beschriebenen Zinssätzen, andere deutlich geringere oder deutlich höhere Zinssätze vorgefunden, so hätte er auf Basis gleicher Motive einen anderen Zinssatz gewählt. Wären beispielsweise für Überziehungskredite nur 8 % Zinsen zu zahlen und für Kredite an Unternehmen nur 4 %, während aus sicheren Anleihen durchschnittlich nur 1,5 % Erträge zu erwirtschaften wären, so ist anzunehmen, dass der Gesetzgeber statt des Zinssatzes von 5,4 % nur einen Zinssatz von 1,5 % für sachgerecht gehalten hätte. Bei einer Berücksichtigung der Anforderungen an die Praktikabilität und der daraus folgenden Rundung auf ganze Zahlen, hätte der Gesetzgeber folglich statt einer fünfprozentigen Verzinsung nur einen Zinssatz von 2 % für die steuerschuldrechtliche Verzinsung vorgesehen.

Die Verzinsung in Höhe von 5 % entspricht folglich nur bei bestimmten Rahmenbedingungen der konkreten gesetzgeberischen Motivation. Bei deutlich abweichenden Rahmenbedingungen kann sich eine fünfprozentige Verzinsung nur auf eine alternative Motivation stützen. Diese kann durchaus verfassungsgemäß sein, da der Gesetzgeber bei der Wahl der Zinshöhe einen Ermessensspielraum besitzt.

Der BFH hält beispielsweise eine Ausrichtung der Zinshöhe an den Zinssätzen für Dispositionskredite für eine zulässige gesetzgeberische Ermessensausübung.[1391] Demnach hätte der Gesetzgeber auf Basis des niedrigeren alternativen Zinsniveaus zulässigerweise sogar einen Zinssatz von 8 % normieren dürfen. Die identischen Erwägungen, die bei einem deutlich höheren Zinsniveau zu einer Wahl der fünfprozentigen Verzinsung geführt haben, vermögen bei dem deutlich geringeren Zinsniveau die Wahl einer fünfprozentigen Verzinsung jedoch nicht mehr zu tragen.

Abbildung 31: Zinsstrahl – Veränderte Rahmenbedingungen

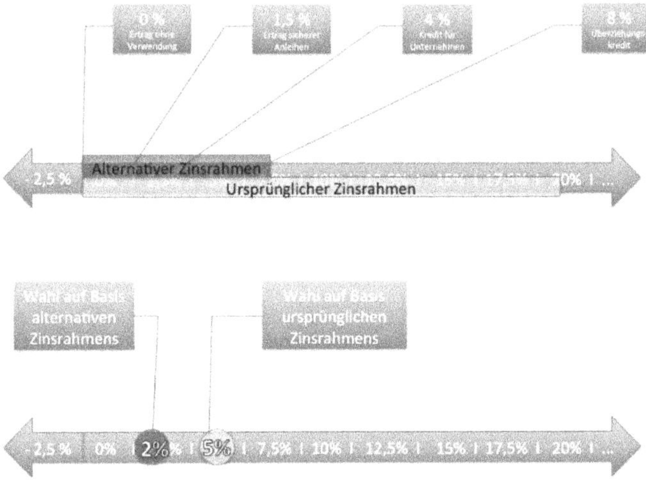

Die Abbildungen zeigen, welche Wahl der Gesetzgeber bei den gleichen Motiven der vorherigen Abbildung (S. 336) getroffen hätte, wenn er ein anderes, niedrigeres Zinsniveau vorgefunden hätte.

1391 BFH vom 29.05.2013 – X B 233/12 = BeckRS 2013, 95516; BFH vom 31.07.2014 – III B 13/14 = BeckRS 2014, 96181.

Verändern sich die Rahmenbedingungen wesentlich und kommt es zu keiner neuen gesetzgeberischen Entscheidung über die Zinshöhe, so kann es dazu kommen, dass die gesetzgeberische Motivation die normierte Zinshöhe nicht mehr trägt. Dann kommt es zu einer Differenz zwischen der nominalen Zinshöhe und der Zinshöhe, die aus den gesetzgeberischen Motiven abzuleiten wäre. Diese Differenz drückt den Umfang eines bestehenden Legitimationsdefizites aus. Das Gesetz verliert seine Bestimmung, die Äußerung des Willens des Gesetzgebers zu sein.

Jedoch führt nicht jede Veränderung der Rahmenbedingungen, die bei einer neuen Entscheidung des Gesetzgebers zu einem anderen Zinssatz geführt hätte, automatisch zu einem Legitimationsdefizit. Denn der Gesetzgeber kann durch die Wahl eines fixen, nicht dynamischen Zinssatzes zu erkennen geben, dass es seinem Willen entspricht, wenn der Zinssatz unabhängig von Veränderungen der Rahmenbedingungen konstant bleibt.

Zudem ist aus einem Legitimationsdefizit nicht automatisch die Verfassungswidrigkeit einer Norm abzuleiten. Grundsätzlich ist das Recht positivistisch. Das bedeutet, dass ein einmal gesetztes Recht auch dann fort gilt, wenn es seiner ursprünglichen Bestimmung nicht mehr vollständig entspricht. Die Grenze des Positivismus ist in jedem Fall dann erreicht, wenn das Recht gegen höherrangiges Recht oder Naturrecht verstößt. In jedem Fall ist mit einem zunehmenden Legitimationsdefizit jedoch der politische Auftrag an den Gesetzgeber verbunden, dass bestehende Recht nicht nur durch eine Nichtbehandlung zu dulden, sondern im Rahmen einer proaktiven Auseinandersetzung neu zu setzen. Ob und wann bereits ein Missverhältnis unterhalb dieser Schwelle zu einer Verfassungswidrigkeit führen kann, ist bisher nicht erforscht und bedarf im Rahmen dieser Arbeit auch keiner abschließenden Klärung, da die Grenzen der Verhältnismäßigkeit ohnehin bereits überschritten sind.[1392]

1392 Vgl. zu den Grenzen des steuerrechtlichen Positivismus bei Geldentwertungen: *Von Arnim*, BB 1973, 621 (621).

Abbildung 32: Zinsstrahl – Differenz Telos und nominale Wahl

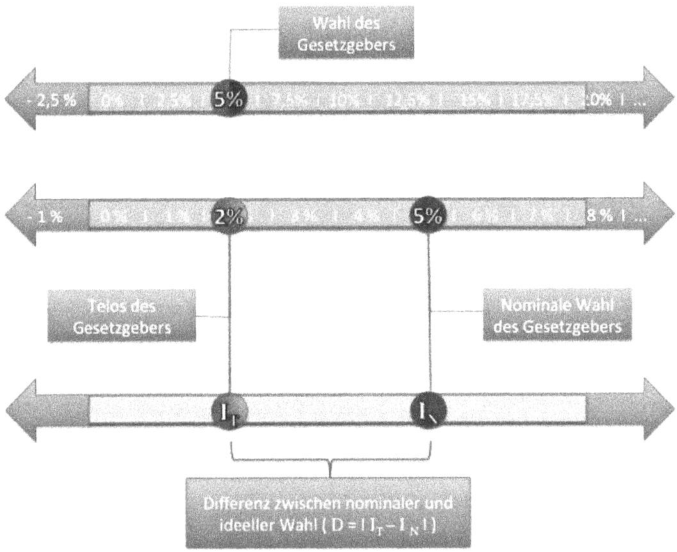

Abbildung 32 zeigt zunächst die Ausgangssituation. Im Zeitpunkt der ursprünglichen Gesetzgebung besaß der Gesetzgeber bestimmte Gründe (T) einen Zinssatz (I_T) zu wählen. Er schrieb jedoch nicht seine Gründe in das Gesetz, so dass jeder Rechtsanwender auf Basis der Begründung sich selbst die Zinshöhe errechnen kann. Sondern er normierte das Ergebnis seiner Überlegungen auf Basis des zu diesem Zeitpunkt vorherrschenden Zinsniveaus in Form eines nominalen Zinssatzes (I_N).

Die folgenden Zinsstrahle zeigen nun die Situation einige Zeit später. Es herrscht ein anderes Zinsniveau am Finanzmarkt. Würde der Gesetzgeber erneut auf Basis der damaligen Motive einen Zinssatz wählen (I_T), so wäre es ein anderer als der ursprüngliche Zinssatz. Da der Gesetzgeber aber nicht die Motivation normiert hat, sondern einen nominalen Zinssatz (I_N), entsteht eine Differenz (D) zwischen der ideellen Wahl des Gesetzgebers und der weiterhin unverändert geltenden, ursprünglich normierten Zinshöhe.

(b) Tatsächliche Situation

Im Steuerschuldrecht hat der Gesetzgeber einen Zinssatz von 6 % pro Jahr gewählt. Die genauen Beweggründe für die Wahl dieses Zinssatzes sind nicht dokumentiert. Da sich der Zinssatz, von einem stark eingeschränkten Anwendungsbereich in der Stundungsverzinsung, nach und nach auf weitere Formen der Verzinsung erstreckt hat, kann überdies auch kein einzelner konkreter Zeitpunkt ausgemacht werden, in dem der Zinssatz durch eine gesetzgeberische Entscheidung eingeführt wurde. Neben dem ersten Erlass über eine sechsprozentigen Verzinsung auf bundesdeutscher Ebene im Jahr 1953 kommen insbesondere die erstmalige gesetzliche Normierung der sechsprozentigen Verzinsung im bundesdeutschen Steuerschuldrecht in § 5 Abs. 1 StSäumG im Jahr 1961, die Übernahme des Zinssatzes in die Abgabenordnung in § 238 Abs. 1 AO im Jahr 1977 oder Erstreckung des Zinssatzes auf die Vollverzinsung im Jahr 1990 als maßgebliche Zeitpunkte in Frage. Es kann daher nicht nachvollzogen werden, wie der Gesetzgeber den Zinssatz ermittelt hat. Fest steht nur, dass der Zinssatz aus Gründen der Praktikabilität so gewählt wurde, dass er durch die Verwaltung – damals noch ohne die Unterstützung elektronischer Rechenmaschinen – mit vertretbarem Aufwand handhabbar war.

Da zu jedem dieser Zeitpunkte unterschiedliche Rahmenbedingungen am Finanzmarkt vorherrschten, der Zinssatz jedoch stets beibehalten wurde, kann dem Gesetzgeber – sofern er sich in den letzten knapp 65 Jahren mit der Zinshöhe beschäftigt haben sollte – unterstellt werden, dass er dem Zinssatz eine gewisse Unempfindlichkeit für Veränderungen der Rahmenbedingungen beimessen wollte.[1393] Der Gesetzgeber behielt die sechsprozentige Verzinsung vor dem Hintergrund eines Diskontsatzes von 7 % während des Gesetzgebungsprozesses im Jahr 1974 genauso bei, wie vor dem Hintergrund eines Diskontsatzes von nur 2,5 % im Jahr 1988.[1394] Höchstwahrscheinlich hätte er sich bei einer vollständigen Neubestimmung der Zinshöhe für einen anderen Zinssatz entschieden. Er hat jedoch der Rechtssicherheit und der Vermeidung von Belastungen für Verwaltung den Vorzug vor einer Neudefinition der Zinshöhe eingeräumt. Für Zinssätze die innerhalb eines Toleranzbereiches liegen, der mindestens das niedrige Zinsniveau aus dem Jahr 1988 und das hohe Zinsniveau aus dem Jahr 1974 erfasst, könnte daher eine ausreichende gesetzgeberische Legitimation vorliegen.

1393 Vgl. Abbildung 33: Zinsstrahl – Tatsächliche Situation S. 353

1394 Andere Größen des Finanzmarktes schwankten ähnlich stark. Die Erträge sicherer Anleihen z. B. von 10,73 % im Jahr 1974 auf 6,10 % im Jahr 1988.

Abbildung 33: Zinsstrahl – Tatsächliche Situation

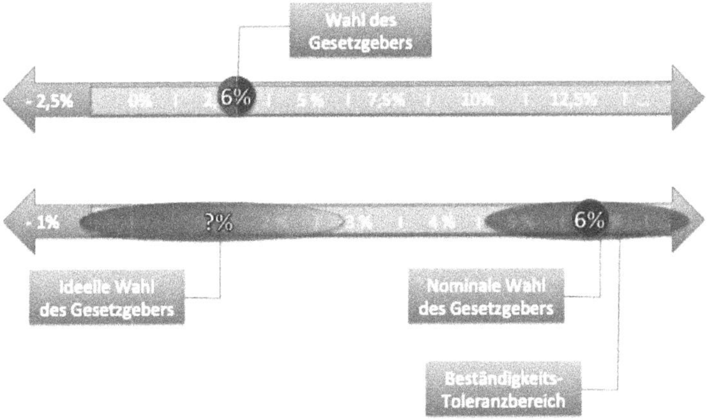

Die Abbildung zeigt die Differenz zwischen der nominalen und der ideellen Wahl der sechsprozentigen Zinshöhe im Steuerschuldrecht. Auf Basis der Überlegungen, die der Gesetzgeber während der Gesetzgebung anstellte, kam es ursprünglich zur Wahl des sechsprozentigen Zinssatzes. Die gleichen Überlegungen würden, auf Grund des gegenwärtig sehr viel geringeren Zinsniveaus, heute zur Wahl eines völlig anderen Zinssatzes führen.

Zu beachten ist jedoch, dass die Toleranz des Gesetzgebers gegenüber Veränderungen auch über ein zeitliches Element verfügt. Je länger und nachhaltiger eine Veränderung der Rahmenbedingungen auftritt, desto eher wird der Gesetzgeber geneigt sein, diese bei der Wahl der Zinshöhe zu berücksichtigen.[1395] Zudem mindern der technische Fortschritt und die damit verbundene Automatisierung der Verwaltung den Aufwand und die Belastungen einer Veränderung der Zinshöhe erheblich. Die anzunehmende gesetzgeberische Toleranz gegenüber Veränderungen der Rahmenbedingungen ist daher erheblich kleiner als noch im Jahr 1988. Wie weit sie jedoch genau geht, lässt sich auf Basis der mangelhaften und sogar verfassungswidrig geringen Darlegung der gesetzgeberischen Beweggründe zur Verzinsung im Steuerschuldrecht nicht sagen. Entsprechend kann auch nicht festgestellt werden, wann der Toleranzbereich so deutlich überschritten ist, dass er durch eine, wie auch immer geartete, Begrenzung des Rechtspositivismus nicht mehr zu rechtfertigen ist.

Auf eine Kleine Anfrage der Fraktion DIE LINKE vom 09.10.2014 teilte die Bundesregierung mit, dass sie solange nicht beabsichtige, eine Veränderung des

1395 Vgl. Kritik des Bundesrechnungshofes mit Bezugnahme auf eine zu erwartende dauerhafte Entwicklung (Unterrichtung durch den Bundesrechnungshof vom 05.10.1988 = BT-Drucksache 11/3056 S. 84 Nr. 35.4.2.).

Zinssatzes vorzunehmen, wie dieser nicht verfassungswidrig ist.[1396] Dies ist zwar keine formelle Bestätigung des Zinssatzes. Dieser Aussage ist jedoch zu entnehmen, dass jedenfalls der gegenwärtige Gesetzgeber der Beständigkeit gegenüber Veränderungen Zinsniveaus am Finanzmarkt solange den Vorzug gibt, wie es verfassungsrechtlich zulässig ist. Damit setzt die Bundesregierung den Rahmen des vom gesetzgeberischen Willen legitimierten mit dem Bereich gleich, den das Gebot der Verhältnismäßigkeit vorgibt. Ob dies auch der historische Gesetzgeber beabsichtigt hatte, darf bezweifelt werden. Ebenso darf bezweifelt werden, dass der gegenwärtige Gesetzgeber sich vergleichbar verhalten hätte, wenn sich das Zinsniveau am Finanzmarkt nach oben entwickelt hätte und er aus der Verzinsung im Steuerschuldverhältnis rückläufige Überschüsse oder gar Verluste erzielen würde.

Abbildung 34: Abhängigkeit der Legitimation von Dauer und Ausmaß

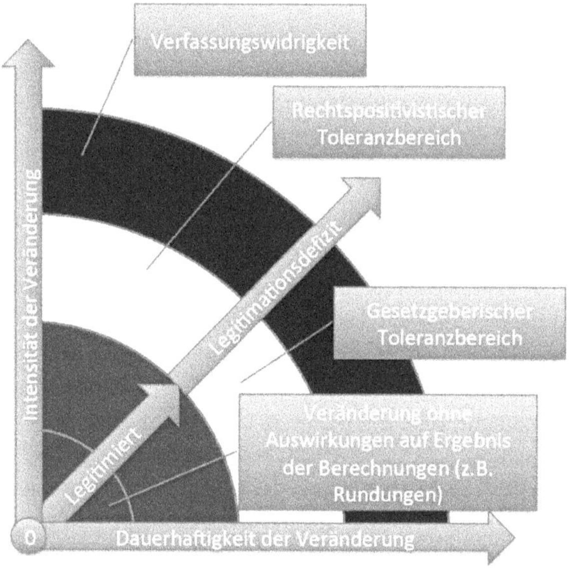

Abbildung 34 verbildlicht die Abhängigkeit der Legitimation einer Zinssatzwahl des Gesetzgebers von der Intensität einer Veränderung des Zinsniveaus am Finanzmarkt (y-Achse) und der Dauerhaftigkeit dieser Veränderung (x-Achse). Je höher die Dauer oder die Intensität der Abweichung ist, desto eher verliert die getroffene Zinssatzwahl ihre Legitimation. Der Verlauf der einzelnen farbigen Bereiche müsste für eine korrekte Darstellung konkav sein (vgl. Abbildung 20 S. 309). Die gewählte konvexe Darstellung dient lediglich der besseren Veranschaulichung.

1396 Kleine Anfrage mit den Antworten der Bundesregierung vom 09.10.2014 = BT-Drucksache 18/2795 S. 2 f. Antwort 3, 4, 7.

Der graue Bereich zeigt Veränderungen des Zinsniveaus, die so gering sind, dass der Gesetzgeber bei einer erneuten Wahl des Zinssatzes, auf Grundlage seiner ursprünglichen Beweggründe, den normierten Zinssatz bestätigen würde. Eine Veränderung des Zinsniveaus um wenige tausendstel Prozent würde etwa auf Grund von Rundungen auf zwei Nachkommastellen üblicherweise zu keiner an Zinssatzwahl führen.

Erreicht die Veränderung den weißen Bereich, so ist anzunehmen, dass der Gesetzgeber, unter Zugrundelegung seiner ursprünglichen Beweggründe, nunmehr einen anderen Zinssatz wählen würde, als den bestehenden. Es besteht ein Legitimationsdefizit. Der Gesetzgeber könnte jedoch, auf Grundlage alternativer Überlegungen, in einem neuerlichen Gesetzgebungsverfahren, die Zinssatz zulässigerweise in der bestehenden Höhe normieren. Es liegt daher in seinem Ermessen, ob er den Zinssatz aktiv (Neuer Beschluss mit neuer Begründung) oder passiv (Rechtspositivistisches Fortgelten der bestehenden Normierung ohne gesetzgeberisches Handeln) bestätigen möchte.

Ist die Veränderung so gravierend, dass die Zinshöhe den Rahmen der verfassungsmäßigen Verhältnismäßigkeit verlässt, muss der Gesetzgeber die Zinshöhe neu festlegen. In Anbetracht der Dauer und der Intensität der Veränderung des Zinsniveaus dürfte der Gesetzgeber den normierten Zinssatz auch nicht mit einer alternativen Begründung weiter fortgelten lassen.

6. Ergebnis

Der Zinssatz des Steuerschuldrechtes leidet an einem historischen Defizit. Ihm liegt keine ausreichende Typisierung zu Grunde. Es ist sogar zweifelhaft, ob der Gesetzgeber überhaupt eine Typisierung vorgenommen hat. Auch eine Bestimmung des Zinssatzes ist nicht erfolgt oder jedenfalls nicht dokumentiert. Die Verzinsung des Steuerschuldrechtes ist daher verfassungswidrig und verlangt ein Tätigwerden des Gesetzgebers.

Unabhängig davon ist die Zinshöhe für alle denkbaren Typisierungen unverhältnismäßig. Soweit die gegenwärtigen Abweichungen zu idealtypischen Verzinsungen kurzfristig noch nicht die Grenze zum auffälligen Missverhältnis erreicht haben – die der Gesetzgeber im Strafrecht zum Tatbestandsmerkmal des Wuchers erklärt hat – erreichen sie diese jedenfalls bei einer mittel- bis langfristigen Betrachtung. Die Verzinsung von Tagesgeldern ist beispielweise von 2,09 % in Oktober 2008 auf 0,13 % im Dezember 2015 gesunken. Dies entspricht einer Abnahme von 93,78 %. Im Jahr 2016 setzte sich der Trend fort. Im Juli 2016 betrug die Verzinsung für Tagesgelder nur noch 0,08 %. Konnte ein Anleger bei einer Anlage von 10.000 € 2008 noch jährlich ca. 200 € Zinsen erhalten, bekommt er 2016 weniger als 10 € pro Jahr.

Angesichts dieser Entwicklung und der daraus resultierenden Verfassungswidrigkeit ist eine gesetzgeberische Überarbeitung des § 238 Abs. 1 AO zwingend erforderlich.

II. Sind Korrekturen mit Auswirkungen auf die effektive Zinshöhe notwendig?

Neben der erforderlichen Korrektur der Zinshöhe sind weitere mögliche Überarbeitungen der Verzinsung im Steuerschuldrecht zu erwägen, die mittelbar Einfluss auf die effektive Zinshöhe haben.

1. Einführung Zinseszins

„*Die Festhaltung oder Wiedereinführung des gemeinrechtlichen Verbotes des Anatozismus kann nicht in Frage kommen, da das Verbot in dieser Gestalt weder in der rechtlichen Natur der Zinsen, noch in den heutigen Anschauungen begründet ist.*“[1397]

Dies erklärte bereits die Denkschrift zum Entwurf des Bürgerlichen Gesetzbuches vom 17.01.1896. Gleichwohl kam es zur Aufnahme eines Verbotes des Anatozismus (Zinseszinsverbot) in § 248 Abs. 1 BGB, welches bis heute weitgehend unumstritten Bestand hat.[1398] Der wesentliche Grund für die Aufnahme des Verbots war der vornehmliche Anspruch des Bürgerlichen Gesetzbuches, das zersplitterte Recht der Länder zu vereinheitlichen. Denn in den Rechtsordnungen der Länder bestand zum Ende des 19. Jahrhunderts überwiegend ein Zinseszinsverbot.[1399]

Der Zweck des Zinseszinsverbotes liegt im Schutz der Schuldner.[1400] Sie sollen vor einer Übervorteilung durch die schwer einzuschätzende Wirkung einer exponentiellen Schuldzunahme geschützt werden. Aus diesem Grund verbietet das Bürgerliche Gesetzbuch auch lediglich im Voraus getroffene Vereinbarungen über die Zahlung von Zinseszinsen. Vereinbarungen über bereits entstandene Zinsen

---

1397 Denkschrift zum Entwurf eines Bürgerlichen Gesetzbuchs = Reichstagsdrucksache Nr. 87/9 vom 17.01.1896 S. 624.

1398 *Schmidt*, JZ 1982, 829 (829).

1399 *Schmidt*, JZ 1982, 829 (830).

1400 Bamberger/Roth/*Grothe*, Beck'scher Online-Kommentar BGB § 248 Rn. 1; Säcker/Rixender/*Grundmann*, MüKo BGB § 248 Rn. 1; *Schmidt*, JZ 1982, 829 (830); *Bezzenberger*, WM 2002, 1617 (1621 f., 1626); OLG Köln vom 12.02.1992 - 11 U 196/91 = BeckRS 9998, 10951.

sind hingegen zulässig.[1401] Diese Überlegungen sind nicht jedoch auf gesetzliche Verzinsungen übertragbar. Gesetzliche Verzinsungen werden nicht zwischen den Parteien vereinbart. Sie entstehen mit der Verwirklichung ihres Tatbestandes automatisch. Bei einer angemessenen Zinshöhe kann es daher weder zu einer Fehleinschätzung der Zinswirkungen durch den Schuldner kommen, noch zu einer Ausbeutung von Schwächen des Schuldners durch den Gläubiger.

Im Fall der Verzinsung des Steuerschuldrechts fehlt es nicht nur an einem Grund für den Ausschluss der Zinsesverzinsung. Der Ausschluss führt auch dazu, dass die Verzinsung ihrem Zweck – dem Ausgleich unterschiedlicher Veranlagungszeitpunkte – weniger gerecht werden kann.

Mit zunehmender Dauer des Zinslaufes wird die ausgleichende Wirkung einer steuerschuldrechtlichen Verzinsung ohne Zinseszinsen immer geringer. Denn die exponentielle Wirkung von Zinseszinsen ist nahezu jeder Verwendung von finanziellen Mitteln immanent. Das gilt sowohl für eine Verwendung in Unternehmen, die mit den Mitteln Erträge erwirtschaften und diese neu einsetzen können, als auch für Finanzanlagen oder Kredite. Sogar bei Festratenkrediten kommt es dazu, dass nicht rechtzeitig entrichtete Zinsen in einen Kontokorrentkredit eingestellt werden.[1402]

Ohne Zinseszinsen entspricht beispielsweise eine lineare steuerschuldrechtliche Verzinsung ohne Karenzzeit nach vier Jahren nur noch effektiv einer zinsesverzinslichen Verzinsung in Höhe von 5,53 %. Noch deutlicher trat die Wirkung der Zinseszinsen in der Zeit der Hyperinflation hervor. Die steuerschuldrechtliche Verzinsung war im Jahr 1923, auf Grund fehlender Zinseszinsen, nicht in der Lage, die tatsächlichen Geldentwertungen zu erfassen. Selbst der höchste jemals im deutschen Recht normierte gesetzliche Zinssatz von 400 % pro halben Monat verlor nach geringer Zeit seine Wirkung. Auf ein ganzes Jahr gesehen, entsprach er nur einer Verzinsung von 9.600 %. Mit einer halbmonatigen Einstellung der Zinsen in die Zinsbasis wäre die Zinsforderung hingegen innerhalb eines Jahres auf $59{,}6 * 10^{15}$ % gewachsen. Dieser Zinssatz wirkt unrealistisch. Er kam in der zweiten Jahreshälfte des Jahres 1923 der tatsächlichen Wertentwicklung der Währung im Vergleich zum US-Dollar jedoch deutlich näher, als die normierte Verzinsung ohne Zinseszinsen.

Zu Recht erklärt daher Robert Seckelmann zur gesetzlichen Verzinsung: „*Linearisierung führt auf… Widersprüche und ist logisch unhaltbar.*“[1403]

1401 *Schmidt*, JZ 1982, 829 (831); Kaser/Knütel Römische Privatrecht § 34 Rn. 29.
1402 Reifner, NJW 1992, 337 (337).
1403 Seckelmann, Zinsen in Recht und Wirtschaft S. 196.

Für die Berechnung eines Schadensersatzes hat bereits das Reichsgericht angenommen, dass mit den Zinsen, die durch eine verpasste Anlage erzielt worden wären, erneut Anlagen gezeichnet worden wären.[1404] § 289 S. 2 BGB nimmt dementsprechend das Geltendmachen eines weitergehenden Schadens explizit vom Zinseszinsverbot aus. Auch bei der Abschöpfung von Bereicherungen wird eine Zinseszinswirkung unterstellt.[1405] Die Verzinsung des Steuerschuldrechtes, die die Wirkung eines Schadenersatzes bzw. einer Bereicherungsherausgabe haben soll, muss daher ebenfalls die Wirkung der Zinsesverzinsung berücksichtigen und selbst eine jährliche Einstellung der Zinsen in die Zinsbasis besitzen.

2. Beginn des Zinslaufes

a) Abschaffung der Karenzzeit

„Die Karenzzeit ist... nichts anderes als eine verkappte Belastungsvorschrift. Sie verkompliziert mehr als sie vereinfacht, sodass ihre Abschaffung geboten ist.“[1406]

Die Schlussfolgerung dieser Aussage ist zutreffend. Die Karenzzeit ist jedoch keine Belastungsvorschrift – also eine Vorschrift, die den Bürger belastet und für den Fiskus vorteilhaft ist – sondern eine Entlastungsvorschrift.[1407] Richtig ist, dass ein großer Teil der Arbeitnehmer Vorauszahlungen leistet, die zu einem späteren Erstattungsanspruch führen und dass die dadurch veranlassten Erstattungen überwiegend bereits während der Karenzzeit erfolgen.[1408] Durch die Karenzzeit erleidet der durchschnittliche Arbeitnehmer folglich einen Zinsnachteil. Richtig ist auch, dass Nachzahlungsverpflichtungen von Unternehmen durch Außenprüfungen überwiegend erst nach Ablauf der Karenzzeit festgesetzt werden und daher zinspflichtig sind.[1409] Jedoch wirkt die Karenzzeit nicht im Sinne einer Freigrenze – so dass bei ihrem Überschreiten auch die ersten 15 bzw. 23 Monate seit der Entstehung der Steuer zinspflichtig werden – sondern im Sinne eines Freibetrages bzw. eines Freizeitraumes – so dass Zinsen in jedem Fall erst für den

1404 Reichsgericht vom 22.10.1936 = RGZ Bd. 152 S. 166. Ebenso: BGH vom 01.02.1974 - IV ZR 2/72 = BeckRS 2008, 19325.

1405 *Büttner*, BB 1970, 233 (233, 235).

1406 Seer, DB 2014, 1945 (1952).

1407 Vgl. auch Behrens, FR 2015, 214 (221): *„Die Karenzzeit wirkt so gut wie ausschließlich zugunsten der Finanzverwaltung.“*

1408 So auch in Seer/Klemke, Neuordnung der Verzinsung von Ansprüchen aus dem Steuerschuldverhältnis S. 121 f.

1409 Seer/Klemke, Neuordnung der Verzinsung von Ansprüchen aus dem Steuerschuldverhältnis S. 122.

Zeitraum nach dem Ablauf der Karenzzeit entstehen. Dem durchschnittlichen Arbeitnehmer entgeht daher eine Verzinsung für einen Zeitraum von weniger als 15 Monaten. Der durchschnittliche Unternehmer erspart sich hingegen Zinsen für die vollen 15 Monate, landwirtschaftliche Betriebe sogar für bis zu 23 Monate. Hinzu kommt, dass der Umfang der unternehmerischen Nachzahlungen den der privaten Erstattungen bei Weitem übertrifft.[1410] Der Verzinsung, die dem Fiskus entgeht, liegt daher nicht nur eine längere Laufzeit zu Grunde, als der Verzinsung, die der Fiskus erhält, sondern auch eine höhere Zinsbasis.

Die Karenzzeit ist insgesamt abzuschaffen. Denn der Vorteil der Unternehmen kann nicht eine Benachteiligung Privater rechtfertigen. Die Karenzzeit hat in der Vergangenheit möglicherweise ihr Ziel erfüllt und den Verwaltungsaufwand reduziert, indem sie viele Zinsberechnungen für Zeiträume unter 15 Monaten entfallen ließ. Sie hat jedoch zugleich auch die Berechnungen erheblich verkompliziert, insbesondere wenn es um rückwirkende Korrekturen geht. Mittlerweile hat der technische Fortschritt die Zinsberechnungen zudem erheblich erleichtert und in Standardfällen weitgehend automatisiert. Für die Ungleichbehandlung, die bei dem gegenwärtigen Zinssatz eine beträchtliche Höhe von bis zu 11,5 %[1411] der Steuersumme erreichen kann, fehlt es daher zunehmend an einer Rechtfertigung.

Die gegenwärtige Gestaltung der Karenzzeit ist zudem inkonsequent. Statt konsequent die ersten 15 Monate zinsfrei zu gestalten, erfasst die Karenzzeit ausschließlich die Vollverzinsung. Für alle weiteren Verzinsungstatbestände gilt hingegen keine Karenzzeit. Dies führt zu Fehlanreizen. Steuerpflichtige die beispielsweise eine Nachzahlung zu leisten haben sind gut beraten, ihre Erklärung möglichst so einzureichen, dass sie die zinslose Karenzzeit vollständig ausschöpfen können. Auch Informationen die zu einem Rechtsstreit führen könnten, sollten Steuerpflichtige möglichst erst nach Ablauf von 15 Monaten preisgeben. Denn anderenfalls könnten Stundungs-, Aussetzungs- oder Prozesszinsen entstehen, ohne Rücksicht auf eine noch andauernde Karenzzeit der Vollverzinsung.

b) Verzinsung von Vorauszahlungen

„Die Entstehung des Anspruches ist der frühest mögliche Zeitpunkt, an den die Zinspflicht anknüpfen kann."[1412]

Dies erklärte Heinrich Wilhelm Kruse in einer Abwägung unterschiedlicher Zeitpunkte für den Beginn des Zinslaufes der Vollverzinsung. Im Ergebnis sprach

---

1410 Drenseck/Seer/*Loose*, Festschrift Kruse S. 295 (303).

1411 Dies entspricht 23 Monaten bei 0,5 % Verzinsung.

1412 *Kruse*, FR 1988, 1 (5)

er sich – genau wie zuvor schon Willy Haubrichs – gegen eine Verzinsung vor der Fälligkeit von Ansprüchen aus.[1413] In Anlehnung an das Zivilrecht sollen, seiner Ansicht nach, Ansprüche solange nicht verzinslich sein können, wie die Zinsbasis noch nicht konkret bestimmbar ist.

Dieser Einwand dürfte jedoch längst überholt sein. Nicht nur, weil der Gesetzgeber frei darin ist, die unterschiedliche Situation im Steuerschuldrecht gegenüber dem Zivilrecht besonders zu behandeln, um so der *„überragenden Bedeutung des Gleichheitssatzes“*[1414] im Steuerrecht gerecht zu werden.[1415] Der Gesetzgeber verlangt schließlich sogar schon Vorauszahlungen, obwohl die Steuerschuld noch nicht konkret bestimmbar ist. Sondern auch, weil es nicht zutrifft, dass das Zivilrecht keine Verzinsung kennt, solange sich die Zinsbasis noch nicht konkretisiert hat. Im Zivilrecht können, wie auch im Steuerrecht, einzelne Bestandteile der Zinsbasis oder gar die gesamte Zinsbasis unklar sein, während der Zinslauf bereits begonnen hat. Die Prozessverzinsung in § 291 BGB zielt genau auf einen solchen Fall ab. Bereits mit der Rechtshängigkeit beginnt der Zinslauf. Die Zinsbasis steht hingegen erst mit dem Urteilsspruch fest. Auch das Rückgewährschuldverhältnis entsteht erst mit der Erklärung des Rücktrittes. Es fehlt zuvor folglich an einer konkreten Geldschuld. Gleichwohl hat der Rückgewehrschuldner gemäß § 347 Abs. 1 BGB auch für den Zeitraum vor der Erklärung des Rücktrittes Zinsen zu entrichten.[1416]

Die Verzinsung müsste jedoch nicht erst mit der Entstehung der Steuer beginnen. Sie müsste für den Steuerpflichtigen richtigerweise schon mit seinen Vorauszahlungen auf eine, noch entstehende, Steuerschuld beginnen.[1417] Auf die Körperschaftsteuer hat der Steuerpflichtige jeweils 12, 9, 6 und 3 Monate vor der Entstehung des Steueranspruches Vorauszahlungen zu leisten. Er begleicht seine Steuerschuld folglich durchschnittlich 7,5 Monate vor der Entstehung der Steuer – vorausgesetzt es sind keine Korrekturen oder Anpassungen der Voraus-

---

1413 *Kruse*, FR 1988, 1 (5 ff.); Haubrichs, Die Problematik der Vollverzinsung S. 12 ff.

1414 Seer/Klemke, Neuordnung der Verzinsung von Ansprüchen aus dem Steuerschuldverhältnis S. 124; Kommissionsbericht Vollverzinsung 1987 S. 60 Rn 2.3.6.2.2.6; *Bundessteuerberaterkammer*, DStR 1987, 703 (704); *Felix*, StKongrRep 1989, 399 (405); *Streck*, DStR 1991, 369 (373); Krabbe, Vollverzinsung im Steuerrecht S. 15 f.; Baum, Die Vollverzinsung nach § 233a AO Rn. 83 S. 33; Hahn/Iwanek, Vollverzinsung, Einleitung; *Koch*, BB 1970, 361 (367).

1415 Seer/Klemke, Neuordnung der Verzinsung von Ansprüchen aus dem Steuerschuldverhältnis S. 124.

1416 Schulze, Bürgerliches Gesetzbuch § 347 Rn. 1; Säcker/Rixender/*Gaier*, MüKo BGB 7. Aufl. § 347 Rn. 2; Staudinger/*Kaiser* § 347 Rn. 1.

1417 Zuerst wohl schon 1957: Schmölders, Forschungsberichte NRW Nr. 451 S. 61. Im Ergebnis auch: Tipke/Kruse/*Loose*, RAO Lfg. 143 Vor § 233 Rn. 4.

zahlungen notwendig. Bei den monatlichen Lohnsteuerabzügen wird die Steuer durch Vorauszahlungen am Ende eines jeden Monates entrichtet und damit durchschnittlich 5,5 Monate vor der Entstehung der Steuerschuld mit dem Ablauf des Jahres. Dies gewährt dem Steuergläubiger einen nicht berechtigten Vorteil, der bei einer gegenwärtigen Zinshöhe von 6 % immerhin 3,75 % bzw. 2,75 % der vorausgezahlten Steuer ausmacht.

Daraus resultiert nicht nur ein Gerechtigkeitsdefizit, sondern auch der Fehlanreiz, Vorauszahlungen möglichst gering zu halten. Ein reduzierter Verwaltungsaufwand kann diesen Missstand nicht rechtfertigen. Denn mit der Veranlagung müssen die Vorauszahlungen ohnehin berücksichtigt werden. Ihre zinswirksame Berücksichtigung kann folglich im Zuge der Veranlagung weitgehend automatisiert erfolgen.

c) *Beispiel gegenwärtige Situation*

Im Folgenden wird an einem Beispiel dargestellt, wie gravierend sich der gegenwärtig gewählte Beginn des Zinslaufes auf die effektive Zinshöhe auswirkt.

Beispiel:[1418]

Die Landwirte A, B, C und D erzielen im Jahr 2010 jeweils ein steuerpflichtiges Ergebnis von 1 Mio. €.

Landwirt A erzielt diesen Gewinn bereits seit Jahren konstant. Für ihn wurden daher Vorauszahlungen festgesetzt. Er entrichtet daher zu Beginn eines jeden Quartals jeweils 250.000 €.

Landwirt B muss hingegen keine Vorauszahlungen leisten. Auf Grund seiner vorbildlichen Buchführung kann er jedoch bereits mit der Entstehung der Steuer veranlagt werden. Er entrichtet noch im Januar 2011 seine Steuern.

Landwirt C hat ebenfalls eine vorbildliche Buchführung. Er möchte jedoch im Januar 2011 die Steuer nicht bezahlen und beantragt daher erfolgreich eine Stundung für 23 Monate. Zum Ende der Stundung entrichtet C die Steuer.

Landwirt D hat ebenfalls Anfang 2011 keine ungebundenen finanziellen Mittel. Statt wie C eine Stundung zu beantragen zögert D mit allen Mitteln seine Veranlagung erfolgreich 23 Monate hinaus. Nach seiner Veranlagung zahlt er unmittelbar.

Überlegungen zum Zinseszins sollen unberücksichtigt bleiben. Der Ertrag einer Anleihe am Markt soll exakt 6 % pro Jahr sein. Kreditzinsen und Anleiheerträge sollen jeweils gleich hoch sein.

1418 Für die Zwecke des Beispiels sollen weitere Einflüsse unberücksichtigt bleiben.

Landwirt A hat die größte Belastung. Er zahlt durchschnittlich bereits 7,5 Monate vor Landwirt B seine Steuer.

Landwirt B könnte 250.000 € noch ein Jahr lang anlegen, weitere 250.000 € für 9 Monate, nochmals 250.000 € für 6 Monate und 250.000 € für 3 Monate. So konnte er insgesamt 37.500 € Zinsen erwirtschaften.

Auch Landwirt C konnte diese Zinserträge erwirtschaften. Durch die Verpflichtung Stundungszinsen zu entrichten kann er trotz einer fast zwei Jahre späteren Veranlagung weitere Erträge erwirtschaften.

Landwirt D profitiert von seinem Verhalten. Er kann noch 23 weitere Monate über die finanziellen Mittel verfügen. Dies beschert ihm gegenüber B und C einen Vorteil von 115.000 €. Gegenüber A kann D sogar insgesamt 30,5 Monate länger mit einem Geld wirtschaften und so einen Vorteil von 152.500 € (= 15,25 % der Steuerschuld) erzielen.

Abwandlung 1:

Steigt der Zinsertrag von Anleihen auf 10 % pro Jahr, verdeutlicht sich der Nachteil des Steuerpflichtigen A der bereits Vorauszahlungen leisten musste. Gegenüber dem Landwirt B, der mit der Entstehung der Steuerpflicht leistet, B beträgt er bereits 62.500 €. Durch die Ausnutzung der maximalen Karenzzeit, kann ein zusätzlicher Vorteil von ca. 191.670 € erzielt werden. So dass der Steuerpflichtige A, der Vorauszahlungen leistet, effektiv eine Mehrbelastung von ca. 264.170 € (= 26,42 % der Steuerschuld) gegenüber dem Steuerpflichtigen D hat, der die zinsfreie Karenzzeit ausnutzen kann. Gegenüber dem Steuerpflichtgen C, der während der Stundung Zinsen in Höhe von 6 % zu entrichten hat, reduziert sich die Benachteiligung des vorauszahlenden Steuerpflichtigen A auf nur noch ca. 139.170 €.

Abwandlung 2:

Bei einem Zinsertrag für Anleihen von 2 % steht sich D weiterhin am besten. Gegenüber Landwirt A kann er einen Mehrertrag von ca. 50.830 € erwirtschaften. Der größte Nachteil entsteht jedoch für Landwirt C. Er kann zwar effektiv 7,5 Monate später zahlen als Landwirt A. Dies bedeutet einen geldwerten Vorteil von 12.500 €. Durch die Stundung entsteht ihm jedoch eine Zinsverpflichtung von jährlich 6 %, während sein jährlicher Vorteil aus der Stundung lediglich 2 % beträgt. Während der gesamten Dauer der Stundung entsteht Landwirt C so ein Nachteil von ca. 76.670 €. Saldiert verbleibt ein Nachteil von 64.170 € (= 6,42 % der Steuerschuld).

d) *Fazit*

Das Beispiel zeigt sehr deutlich die große Bedeutung des richtigen Ausgangspunktes für Zinsberechnungen. In einer Phase hoher Zinsen oder bei Steuerpflichtigen, die einer besonders hohen Zinsverpflichtung ausgesetzt sind, etwa weil sie Überziehungskredite zu zahlen haben, kann der Unterschied in der Belastung der Steuerpflichtigen schnell mehr als ein Viertel der Steuerschuld ausmachen. Zudem erfordert die Karenzzeit ein erheblich aufwendigeres Berechnungsverfahren und führt zu Fehlanreizen. Der Verwaltungsaufwand, der eingespart werden kann, ist demgegenüber marginal.

Soweit vorgetragen wird, dass ohne die Karenzzeit die Steuerberater unter Druck gesetzt werden, Steuererklärungen möglichst schnell anzufertigen,[1419] ist dies unzutreffend. Denn ein möglicher Druck kann nur dann entstehen, wenn der steuerschuldrechtliche Zinssatz unzutreffend hoch ist. Diesem Umstand kann jedoch nicht durch die Karenzzeit angemessen begegnet werden.

3. Keine Höchstdauer der Vollverzinsung

Der Gesetzgeber hatte den Lauf der Vollverzinsung ursprünglich auf vier Jahre begrenzt, um bei unverschuldet langen Außenprüfungen den Steuerpflichtigen so zu stellen, *„als sei die Steuerfestsetzung aufgrund der Außenprüfung zeitnah erfolgt"*.[1420] Die Wiedereinführung einer Höchstdauer für den Zinslauf könnte für die Finanzverwaltung einen Anreiz bieten, Außenprüfungen schneller durchzuführen.[1421] Der Steuerpflichtige würde durch die fehlende Verzinsung aber gerade nicht so gestellt, als wäre die Verzinsung zeitnah durchgeführt worden. Denn ihm verblieben alle Vorteile, die er aus der Nutzung der finanziellen Mittel, nach Ablauf von vier Jahren bis zur Zahlung der Steuer, ziehen kann. Eine Berechtigung ihm diese Vorteile zuzusprechen und ihn gegenüber Steuerpflichtigen, die bei einer Außenprüfung zeitnah veranlagt wurden, zu bevorteilen ist nicht ersichtlich. Zudem könnten die Steuerpflichtigen das Ende einer Außenprüfung, nach dem Ablauf der Höchstdauer des Zinslaufes, bewusst hinauszögern, um so länger zins-

1419 Vgl. Haubrichs, Die Problematik der Vollverzinsung S. 18; Krein, Die Reformvorschläge zur Abgabenordnung S. 63; Beermann/Gosch/*Kögel*, Abgabenordnung Lfg. 41 § 233 Rn. 8 S. 3.

1420 Begründung zum Entwurf eines Steuerreformgesetzes 1990 vom 19.04.1988 = BT-Drucksache 11/2157 S. 195.

1421 Seer/Klemke, Neuordnung der Verzinsung von Ansprüchen aus dem Steuerschuldverhältnis S. 124; *Seer*, SteuerStud 2014, Beilage 2 S. 5 f.; http://www.steuerzahler-nrw.de/Wider-die-Willkuer-im-Steuerrecht/59921c69555i1p128/index.html.

frei finanzielle Vorteile zu erzielen. Aus diesem Grund wurde die Höchstdauer im Jahr 1999 zu Recht abgeschafft.[1422] Die Wiedereinführung einer Höchstdauer ist folglich abzulehnen.

Ein Schutz vor zu langen Außenprüfungen könnte effektiver erreicht werden, indem dem Steuerpflichtigen bessere Einflussmöglichkeiten auf das Verfahren gegeben werden. Er könnte etwa einen Anspruch auf einen verbindlichen Zeitplan erhalten und Möglichkeiten die Einhaltung zu überprüfen. Aus der unbegründeten Nichteinhaltung des Zeitplanes könnte sodann ein Fortlauf der Verjährung resultieren. Gegenüber einer starren Höchstdauer hätte dies den Vorteil, dass die Verfahren in Abhängigkeit ihres Aufwandes beschleunigt werden. Kleinere Verfahren können bereits deutlich vor dem Erreichen einer Höchstdauer von beispielsweise vier Jahren Beschleunigungsbedarf besitzen. Sehr aufwendige und streitige Verfahren erfordern demgegenüber eine deutlich längere Dauer und würden eine starre Höchstdauer erreichen, ohne dass Möglichkeiten zur Verfahrensbeschleunigung bestanden.

4. Ertragssteuerliche Behandlung des Zinses

a) Bei Zinsaufwendungen des Steuerzahlers

In der Zahlung von Zinsen wird richtigerweise die Herausgabe erlangter Vermögensvorteile gesehen.[1423] Da Erträge, die durch die temporäre Verfügungsmöglichkeit von Kapital erzielt werden, grundsätzlich[1424] steuerpflichtig sind, muss die Steuerbelastung auch bei der Abschöpfung des Vorteiles Berücksichtigung finden. Dies kann auf zwei verschiedenen Wegen geschehen. Entweder können gezahlte steuerschuldrechtliche Zinsen bei der Einkommensermittlung berücksichtigt werden oder die Steuerbelastung wird bei der Bemessung des abzuschöpfenden Vorteiles beachtet und der steuerschuldrechtliche Zinssatz entsprechend reduziert. Anderenfalls käme es zu einer Besteuerung eines Vermögensvorteils bzw. einer Leistungsfähigkeit, über die der Steuerschuldner tatsächlich gar nicht verfügt.

Konnte ein Unternehmer, durch die spätere Erfüllung seiner Steuerverpflichtung, auf die Aufnahme eines Kredites verzichten, so ist der daraus resultierende

---

1422 Vgl. C.III.5.c) Abschaffung Höchstdauer S. 233; Begründung zum Entwurf des Steuerbereinigungsgesetzes 1999 vom 27.08.1999 = BT-Drucksache 14/1514 S. 48.

1423 Die gegenwärtige Maxime des Zinssatzes in § 238 AO ist die Abschöpfung hypothetisch erzielter Erträge. Siehe Fn. 1147 (mit umfassenden Belegen).

1424 Dies ist u. a. nicht der Fall bei der Wertsteigerung eines Hauses und der Veräußerung nach Ablauf von 10 Jahren (vgl. § 23 Abs. S. 1 Nr. 1 S. 1 EStG).

Vorteil nicht unmittelbar steuerbelastet. Es kommt durch die ersparten Kreditzinsen jedoch vielfach zu einer mittelbaren steuerlichen Mehrbelastung. Denn die Kreditzinsen hätten als Aufwendungen geltend gemacht werden können und entsprechend den steuerpflichtigen Ertrag gemindert. Kommt es zu keiner Kreditaufnahme und entsprechend zu keiner Zinsbelastung, entgeht dem Steuerpflichtigen dieser Steuervorteil. Es wäre daher konsequent, bei der Abschöpfung des Vorteils mindernd zu berücksichtigen, dass auch ersparte Kreditzinsen ein steuerpflichtiges Mehrergebnis bedingen.

Bei privaten Steuerpflichtigen können Zinsverpflichtungen für Kredite grundsätzlich nicht als steuermindernde Aufwendungen geltend gemacht werden. Eingesparte Kreditzinsen stellen daher in vollem Umfang einen Vorteil des Steuerpflichtigen dar.

Ohne einen Einzelnachweis lässt sich kaum feststellen, in wie weit eine Privatperson sich durch die spätere Zahlung von Steuern die Aufnahme von Krediten erspart hat. Es muss daher bei Privatpersonen zwangsläufig eine Pauschalierung erfolgen. Entweder muss pauschal angenommen werden, dass die Vorteile aus steuerbaren Kapitalerträgen entstammen oder es muss pauschal angenommen werden, dass die Vorteile aus der Vermeidung von Krediten entstammen. Infolge der zuvor aufgestellten statistischen Erwägungen empfiehlt es sich, die Pauschalisierung zu Gunsten der Annahme zu treffen, dass durch die verzögerte Steuerverpflichtung keine Kreditzinsen erspart wurden.[1425]

b) *Bei Zinseinkünfte des Steuerzahlers*

Durch die Verzinsung wird dem Steuerpflichtigen der Nachteil ersetzt, den er durch den zweitweisen Mittelverzicht erleiden musste. Besteht dieser Nachteil darin, dass der Steuerpflichtige Erträge nicht erzielen konnte, die er anderenfalls erzielt hätte, so ist es konsequent, die Kompensation so zu versteuern, wie auch die ausgebliebenen Erträge versteuert worden wären.

Besaß der Steuerpflichtige keine verfügbaren Mittel und musste er sich durch die überhöhte Steuerleistung verschulden, so kann er die Aufwendungen für die entstehenden Kreditzinsen – mit Ausnahme von privaten Krediten – steuermindernd geltend machen. Es ist daher konsequent, auch die steuerschuldrechtlichen Zinszahlungen als steuerpflichtige Einkünfte zu erfassen.

1425 Vgl. D.I.4.a)(3)(c)(i) Private Personen S. 292.

c) Kein Sonderfall bei Hinterziehungszinsen

Auch die Zahlung von Hinterziehungszinsen sollte bei der Einkünfteermittlung zu berücksichtigen sein. Zwar ist mit der Zahlung von Hinterziehungszinsen immer der Vorwurf einer Steuerhinterziehung verbunden. Jedoch dient die Hinterziehungsverzinsung nicht der Sanktion des Steuerpflichtigen. Sie soll einzig eine pauschale Abschöpfung der Vermögensvorteile ermöglichen, die durch die Hinterziehung gewonnen wurden. Dabei unterscheidet sie sich vom Wesen her nicht von der Nachforderungsverzinsung.[1426] Nur für darüberhinausgehende sanktionierende Elemente darf ein Abzugsverbot gelten. Diese Elemente sind jedoch Gegenstand des Strafverfahrens und nicht des Besteuerungsverfahrens.[1427]

d) Wirkung auf die effektive Zinshöhe am Beispiel Vollverzinsung

(1) Absetzbarkeit von Nachforderungszinsen

Die Absetzbarkeit von Zinsaufwendungen hat einen erheblichen Einfluss auf die tatsächliche Wirkung der Verzinsung. Steht dem Zinsschuldner der Ertrag aus einer Anlage steuerfrei für die Zahlung von Nachforderungszinsen zur Verfügung, muss die Anlage einen Zins von maximal 4,34 % aufweisen, da sie üblicherweise keine Karenzzeit besitzt und Zinseszinsen erwirtschaftet.[1428] Hat der Schuldner der Nachforderungszinsen jedoch auf die Zinserträge seiner Anlage Steuern zu entrichten und sind die Nachforderungszinsen aus den Nettoerträgen der Anlage zu entrichten, so muss die Anlage einen entsprechend höheren Ertrag aufweisen. Bei einer üblichen Steuerbelastung für Kapitalerträge von 25 %, die der Abgeltungssteuer entspricht, muss der notwendige Ertrag einer Anlage zur Erwirtschaftung der Zinsen schon ein Drittel größer sein als die zu zahlenden Nachforderungszinsen.

$$Anlageertrag - (Anlageertrag * Steuersatz) = Nachforderungszins$$

$$Anlageertrag * (1 - [1 * Steuersatz]) = Nachforderungszins$$

$$Anlageertrag = \frac{Nachforderungszinsen}{1 - (1 * Steuersatz)}$$

1426 Seer/Klemke, Neuordnung der Verzinsung von Ansprüchen aus dem Steuerschuldverhältnis S. 127.

1427 Seer/Klemke, Neuordnung der Verzinsung von Ansprüchen aus dem Steuerschuldverhältnis S. 127.

1428 Vgl. D.I.2 Die effektive Höhe der gegenwärtigen Verzinsung S. 245.

$$Steuersatz = 25\ \% \qquad Anlageertrag = \frac{Nachforderungszinsen}{1 - (1 * 0{,}25)}$$

$$Anlageertrag = \frac{Nachforderungszinsen}{0{,}75}$$

$$Anlageertrag = 1\frac{1}{3} * Nachforderungszinsen$$

Der Steuerpflichtige muss folglich, zur Zahlung von Nachforderungszinsen in Höhe von 300 Euro, einen Anlageertrag in Höhe von 400 Euro erwirtschaften. Bei der höchsten effektiven Belastung, die für Nachforderungszinsen 97 Monate nach der Entstehung der Steuer erreicht wird, muss der Zinsschuldner über die gleiche Zeit eine Anlage ohne Karenzzeit und mit Zinsesverzinsung zu einem Zinssatz von 5,79 % (= $1\frac{1}{3} * 4{,}34$ %) getätigt haben. Nach 97 Monaten hat der Nachforderungsschuldner 82-mal den monatlichen Zins von 0,50 % zu entrichten. Dies entspricht Zinsen in Höhe von insgesamt 41 %. Mit einer Anlage mit einem Zinssatz von 5,79 % pro Jahr, keiner Karenzzeit und Zinseszinsen kann der Nachforderungsschuldner nach 97 Monaten einen Gesamtertrag von 54,66 % erwirtschaften. Abzüglich der Abgeltungssteuer (25 %) verbleibt ihm ebenfalls ein Ertrag von knapp 41 %.

Hat der Nachforderungsschuldner, statt der Abgeltungssteuer in Höhe von 25 %, Körperschaftsteuern und Gewerbesteuern in Höhe von zusammen 30 % auf die Erträge, aus den ihm überlassenen finanziellen Mitteln, zu zahlen, so erhöhen sie die zur Bedienung der Nachforderungszinsen notwenigen Erträge auf bis zu 6,20 % (= $1\frac{3}{7} * 4{,}34$ %).

$$Steuersatz = 30\ \% \qquad Anlageertrag = \frac{Nachforderungszinsen}{1 - (1 * 0{,}30)}$$

$$Anlageertrag = \frac{Nachforderungszinsen}{0{,}70}$$

$$Anlageertrag = 1\frac{3}{7} * Nachforderungszinsen$$

Konnte der Nachforderungsschuldner die finanziellen Mittel einer Anlage zufügen, deren Erträge dem Spitzensteuersatz unterliegen, so müssen die Erträge dieser Anlage jährlich sogar bis zu 7,89 % (= $1\frac{9}{11} * 4{,}34$ %) betragen, um die Zinsen der Nachforderung auszugleichen. Der Anlageertrag müsste demnach knapp 82 % höher sein als die zu zahlenden den Nachforderungszinsen.

$$Steuersatz = 45\ \% \qquad Anlageertrag = \frac{Nachforderungszinsen}{1 - (1 * 0{,}45)}$$

$$Anlageertrag = \frac{Nachforderungszinsen}{0{,}55}$$

$$Anlageertrag = 1\frac{9}{11} * Nachforderungszinsen$$

(2) Steuerpflichtige Erstattungszinsen

Durch die Besteuerung von Erstattungszinsen reduziert sich der Vorteil, der tatsächlich für den Steuerpflichtigen nutzbar ist. Statt der nominalen 6 % verbleiben dem Zinsgläubiger bei einer Steuerbelastung von 25 % nur Zinsen in Höhe von 4,50 %. Eine entgangene steuerfreie Vergleichsanlage mit Zinseszinsverzinsung und ohne Karenzzeit könnte maximal einen Zinssatz von 3,26 % (= 4,34 % – [25 % * 4,34 %]) besitzen, um durch die Erstattungsverzinsung ausreichend kompensiert zu werden. In den ersten fünf Jahren des Zinslaufes (nach Ende der Karenzzeit) verbleibt dem Zinsgläubiger sogar nur ein durchschnittlicher Vorteil von 2,57 %.

Vorteil des Zinsgläubigers = Effektiver Zinsertrag – Steuerbelastung

Unterliegt der Zinsertrag nicht der Abgeltungssteuer i.H.v. 25 %, sondern einer Steuerbelastung aus Körperschaftsteuer und Gewerbesteuer in Höhe von zusammen 30 %, reduziert sich der für den Zinsgläubiger nutzbare Vorteile noch stärker. Nominal erhält er schon nur 4,20 %. Eine steuerfreie Vergleichsanlage mit Zinsesverzinsung und ohne Karenzzeit müsste einen Zinssatz von maximal 3,04 % (= 4,34 % – [30 % * 4,34 %]) besitzen, um einen gleichen Ertrag zu erzielen. In den ersten 5 Jahren des Zinslaufes verbleibt dem Zinsgläubiger jeweils nur ein durchschnittlicher, effektiver Jahreszins von 2,40 %.

Diese Rechnungen setzen jedoch voraus, dass die Vergleichsanlagen am Kapitalmarkt für den Gläubiger steuerfrei sind. Weisen die Vergleichsanlagen die gleiche Steuerbelastung auf, wie die Zinserträge aus dem Steuerschuldverhältnis – was grundsätzlich der Fall sein dürfte – reduzieren sich auch bei ihnen die verbleibenden Vorteile des Gläubigers entsprechend.

(3) Steuerfreie Erstattungszinsen

Ist die Erstattungsverzinsung steuerfrei und wären die alternativen Erträge steuerpflichtig – die der Steuerpflichtige mit den zur Steuerzahlung aufgewendeten Mitteln erzielt hätte, wenn er die erstattete Steuer nicht hätte zahlen müssen – so erhöht sich der effektive Wert der Erstattungsverzinsung, um den Vorteil der Steuerfreiheit. Die steuerfreie Erstattungsverzinsung entspricht demzufolge dem Ertrag, den der Erstattungsgläubiger, nach Abzug der Steuern, aus einer alternativen Anlage der Mittel erwirtschaftet hätte (Netto Anlageertrag). Der Ertrag der alternativen Anlage muss folglich vor dem Abzug der

Steuern (Anlageertrag) entsprechend höher ausfallen, als die Erstattungsverzinsung.

$$Erstattungszinsen = Netto\ Anlageertrag$$

$$Anlageertrag - Steuerbelastung_{Anlage} = Netto\ Anlageertrag$$

$$Anlageertrag - Steuerbelastung_{Anlage} = Erstattungszinsen$$

$$Anlageertrag - (Anlageertrag * Steuersatz) = Erstattungszinsen$$

$$Anlageertrag * (1 - Steuersatz) = Erstattungszinsen$$

$$Anlageertrag = \frac{Erstattungszinsen}{1 - Steuersatz}$$

Unterliegt die alternative Anlage einer Besteuerung in Höhe von 25 % – wie es für Kapitalerträge üblich ist – so muss sie vor der Steuerbelastung 1/3 höher sein als eine ihr entsprechende Kompensation in Form steuerfreier Erstattungszinsen. Die Erstattungsverzinsung stellt den Erstattungsgläubiger folglich so, als hätte er alternativ eine Anlage mit bis zu 5,79 % ($=1\frac{1}{3} * 4{,}34$ %) Verzinsung getätigt.

$$Steuersatz = 25\ \% \qquad Anlageertrag = \frac{Erstattungszinsen}{1 - (1 * 0{,}25)}$$

$$Anlageertrag = \frac{Erstattungszinsen}{0{,}75}$$

$$Anlageertrag = 1\frac{1}{3} * Erstattungszinsen$$

Führt die alternative Verwendung der Mittel zu Erträgen, die der Körperschaftsteuer und der Gewerbesteuer in Höhe von insgesamt 30 % unterlegen hätten, so kompensiert eine steuerfreie Erstattungsverzinsung sogar Anleiheerträge bis zu einer jährlichen Verzinsung in Höhe von 6,20 % ($=1\frac{3}{7} * 4{,}34$ %) pro Jahr.

$$Steuersatz = 30\ \% \qquad Anlageertrag = \frac{Erstattungszinsen}{1 - (1 * 0{,}30)}$$

$$Anlageertrag = 1\frac{3}{7} * Erstattungszinsen$$

Wären die alternativ erzielten Erträge mit dem Spitzensteuersatz von 45 % besteuert worden, so kompensieren die Erstattungszinsen einen Bruttoertrag von bis zu 7,89 % ($=1\frac{9}{11} * 4{,}34$ %) pro Jahr.

$$Steuersatz = 45\ \% \qquad Anlageertrag = \frac{Erstattungszinsen}{1 - (1 * 0{,}55)}$$

$$Anlageertrag = 1\frac{9}{11} * Erstattungszinsen$$

5. Abschaffung der Soll-Verzinsung

Mit der Einführung einer Soll-Verzinsung beabsichtigte der Gesetzgeber, die Berechnung der Zinsen zu vereinfachen.[1429] Statt vor jeder Zinsberechnung die gesamte Bankkorrespondenz nach faktischen Zahlungsvorgängen zu durchkämmen oder diese aufwendig gesondert zu dokumentieren, sollte die Finanzverwaltung sich schlicht auf die festgesetzten Sollbeträge stützen können.[1430] Zudem sollte die Soll-Verzinsung verhindern, dass die steuerschuldrechtliche Verzinsung durch freiwillige Zahlungen als Kapitalanlage missbraucht wird.[1431]

Die Soll-Verzinsung ist für sich gesehen schon bedenklich. Auf ihrer Grundlage kann die Kompensation finanzieller Vor- und Nachteile nur eingeschränkt stattfinden, da die tatsächlichen finanziellen Verhältnisse für die Berechnung der Vollverzinsung schlicht außer Acht gelassen werden. Teilweise hat der Gesetzgeber daher Ausnahmen zu einer konsequenten Soll-Verzinsung etabliert. Im Erstattungsfall erhält der Steuerzahler z. B. nur auf den Betrag Zinsen, den er in Erfüllung seiner Zahlungsverpflichtung tatsächlich geleistet hat (§ 233a Abs. 3 S. AO). Umgekehrt erlaubt die Finanzverwaltung dem Steuerzahler, im Wege eines Billigkeitserlasses die Entstehung von Nachforderungszinsen durch freiwillige Vorauszahlungen zu verhindern.[1432] Durch diese Einschränkungen hat die Sollverzinsung jedoch erheblich an Praktikabilität verloren. Denn für die Durchführung der Ausnahmen muss die Finanzverwaltung bereits die Verfügbarkeit der tatsächlichen Zahlungsvorgänge gewährleisten.[1433]

Ohnehin wirkt die Begründung des Gesetzgebers für die Sollverzinsung angesichts der technischen Entwicklung überholt. Bereits im Jahr 1995 stellte Michael App fest, die Begründung der Sollverzinsung sei *„eine Begründung, die im Zeitalter des Sollkartenverfahrens bei den Finanzkassen noch eine gewisse Plausibilität hätte in Anspruch nehmen können, die heute aber, nachdem Festsetzungs- und Erhebungsver-*

1429 Begründung zum Entwurf eines Steuerreformgesetzes 1990 vom 19.04.1988 = BT-Drucksache 11/2157 S. 195; Kommissionsbericht Vollverzinsung 1987 S. 9 Rn. 2.2.1; Unterrichtung durch die Bundesregierung vom 06.01.1978 = BT-Drucksache 8/1410 S. 6.

1430 *Behrens*, FR 2015, 214 (222).

1431 Begründung zum Entwurf eines Steuerreformgesetzes 1990 vom 19.04.1988 = BT-Drucksache 11/2157 S. 196.

1432 BMF-Schreiben vom 08.07.1993 – IV A 5 – S 0460 a – 24/93 = BStBl. I 1993, 527. Nunmehr Nr. 70 des Anwendungserlasses (AEAO) zu § 233a vom 15.07.1998 = BStBl. I 1998, 630.

1433 Seer/Klemke, Neuordnung der Verzinsung von Ansprüchen aus dem Steuerschuldverhältnis S. 64 f.

fahren bei den Finanzämtern längst vollautomatisiert sind, fadenscheinig anmutet."[1434] Mehr als 20 Jahre später gilt dies umso drastischer. Die Soll-Verzinsung hat keinen praktischen Vorteil mehr gegenüber der Ist-Verzinsung. Mehr noch, durch die mit dem Jahressteuergesetz 1997 eingeführte Unterteilung in Unterschiedsbeträge und Teilunterschiedsbeträge zur Erfassung rückwirkender Ereignisse, hat der Gesetzgeber eine der komplexesten Regelungen des deutschen Rechtes geschaffen. Die eingeführten Absätze 2a und 7 des § 233a AO gelten als der Hauptgrund für die Schwierigkeit der Verzinsung im Steuerschuldrecht.[1435] Für das Gros der Steuerpflichtigen sind sie schlicht nicht nachvollziehbar und auch für die Fachwelt bringen sie erhebliche Schwierigkeiten und Zusatzbelastungen mit sich.[1436] Der BFH hielt die Normen gar für so schwer verständlich, dass er sie aus diesem Grund dem Bundesverfassungsgericht vorlegte.[1437]

Im Ergebnis verbleiben durch die Soll-Verzinsung folglich nur Nachteile. Sie erspart der Finanzverwaltung keinen Aufwand. Stattdessen verlangt sie komplexe Ausnahmen und verkompliziert die Vollverzinsung in einem unerträglichen Ausmaß. Obendrein führt sie zu Verzinsungen, die nicht den tatsächlichen Verhältnissen entsprechen und so den Steuerpflichtigen übervorteilen. Ein Übergang zu einer vollständigen Ist-Verzinsung ist daher dringend notwendig.[1438]

III. Sind Korrekturen ohne Auswirkung auf die Zinshöhe notwendig?

1. Keine verschuldensabhängige Verzinsung

Die Verzinsung im Steuerschuldrecht ist verschuldensunabhängig.[1439] Weder führt ein Verschulden des Steuerpflichtigen zu einer höheren Verzinsung, noch kann ein Verschulden des Fiskus die Verzinsung mindern. Vorsätzliche oder fahrlässige Handlungen zum Nachteil des Steuerpflichtigen können einzig über Billigkeitserlasse (§§ 163, 227, 234 Abs. 2, 237 Abs. 4 AO) berücksichtigt werden. Daneben können vorsätzliches oder fahrlässiges Handeln auch einen Schadens-

---

1434 *App*, NJW 1995, 1529 (1530)

1435 Baum, Die Vollverzinsung nach § 233a AO Rn. 51 S. 27.

1436 Drenseck/Seer/*Loose*, Festschrift Kruse S. 295 (296) m. w. N.; Seer/Klemke, Neuordnung der Verzinsung von Ansprüchen aus dem Steuerschuldverhältnis S. 66.

1437 *Gosch*, StBp 1999, 334 (335).

1438 Im Ergebnis auch: Seer/Klemke, Neuordnung der Verzinsung von Ansprüchen aus dem Steuerschuldverhältnis S. 67.

1439 Hübschmann/Hepp/Spitaler/*Heuermann*, Abgabenordnung Lfg. 233 § 233a S. 62 Rn. 92.

ersatzanspruch auslösen (z. B. § 839 BGB i.V.m. Art. 34 GG). Der Nachweis des Verschuldens eines Finanzbeamten oder eines Organisationsverschuldens der Behörde ist jedoch besonders aufwendig und gelingt den Steuerpflichtigen nur selten. Im umgekehrten Fall ist der Ausschluss der Prozessverzinsung auf Erstattungsbeträge, im Falle der Auferlegung der Prozesskosten in § 236 Abs. 3 AO, praktisch ausgehebelt, da Erstattungszinsen auch zu zahlen sind, wenn ein Anspruch auf Prozesszinsen gemäß § 236 Abs. 3 AO ausscheidet.[1440]

Die Verzinsung im Masseverfahren verschuldensabhängig zu gestalten, ist praktisch nicht mit vertretbarem Verwaltungsaufwand durchzuführen. Selbst eine Darlegungslast des Steuerpflichtigen würde zu aufwendigen Überprüfungen führen. Die bestehenden Möglichkeiten in Einzelfällen mit Billigkeitserlassen Abhilfe zu schaffen reichen aus. Ob der Fiskus oder der Steuerpflichtige ein Verschulden an der Dauer eines Zinslaufes trifft, wird ohnehin nur dann erheblich, wenn durch die Verzinsung Nachteile für den Steuerpflichtigen entstehen. Ein Verschulden des Steuerpflichtigen könnte als Argument für die Hinnahme von Nachteilen herangezogen werden. Ein Verschulden des Fiskus könnte hingegen als Argument gegen die Hinnahme von Nachteilen angeführt werden. Stellt der Zins einen zutreffenden Ausgleich für die Vor- und Nachteile während des Verzinsungszeitraumes dar, ist die Frage nach einem Verschulden ohnehin entbehrlich. Denn selbst bei einem vorwerfbaren Verhalten wäre die Zahlung eines angemessenen Zinssatzes zum Ausgleich von Vor- und Nachteilen geboten.

Der Vorwurf des Verschuldens ist daher unweigerlich mit dem Nachweis der Unangemessenheit der Zinshöhe verbunden. Dies würde erheblichen zusätzlichen Verwaltungsaufwand bedeuten und im Ergebnis dazu führen, dass jeweils ohnehin bereits Schadenersatzansprüche eröffnet sind. Der verschuldensabhängigen Verzinsung bliebe daher nur noch Raum, soweit dem Steuerpflichtigen ein Verschulden vorzuhalten ist. Denn in diesem Fall ist der Nachteil des Fiskus durch die steuerschuldrechtliche Verzinsung bereits vollständig abgegolten. Für einen Schadenersatzanspruch würde es folglich bereits an einem Schaden des Fiskus fehlen. Es wäre daher denkbar, bei einem Verschulden des Steuerpflichtigen diesem die konkreten Vorteile durch eine höhere verschuldensabhängige Verzinsung oder gar einen verschuldensabhängigen, bereicherungsrechtlichen Herausgabeanspruch zu entziehen. Die vorwerfbare Erlangung von Steuervorteilen kann jedoch bereits von den Strafvorschriften (§§ 369 ff. AO) und dem Verspätungszuschlag (§ 152 AO) ausreichend erfasst werden.

1440 Tipke/Kruse/*Loose, Abgabenordnung* Lfg. 143 § 233a Rn. 88.

Anders stellt sich die Situation bei Säumniszuschlägen dar. Sie haben nicht den Anspruch, lediglich der Abschöpfung von Vorteilen des Steuerpflichtigen zu dienen. Sie sollen einen darüber hinausgehenden Druck auf den Steuerpflichtigen ausüben. Entfällt das Druckelement, weil der Steuerpflichtige objektiv nicht in der Lage ist, die Steuer zu leisten, so können nach Auffassung des Bundesfinanzhofes, die Säumniszuschläge ausnahmsweise hälftig entfallen.[1441] Eine ausdrückliche dahingehende Regelung ist den §§ 233a ff. AO bisher nicht zu entnehmen. Es wäre jedoch zu begrüßen, wenn der Gesetzgeber sie ergänzt und klarstellt, dass bei einer unverschuldeten Säumnis der Säumniszuschlag auf seinen vorteilsabschöpfenden Teil zu reduzieren ist. Angemessen erscheint hierbei, die Beweislast dem Steuerpflichtigen in der Weise aufzuerlegen, dass zunächst eine Vermutung besteht, dass dem Steuerpflichtigen ein Verschulden vorzuwerfen ist und ihm der Beweis des Gegenteils freisteht. Die mangelnde Verfügbarkeit von finanziellen Mittel darf allerdings nur dann ausreichen, wenn der Steuerpflichtige Insolvenz angemeldet hat. Denn in diesem Fall würde der Schutz nicht mehr ihm zugutekommen, sondern den weiteren Gläubigern.

Einen dementsprechenden Ansatz verfolgte bereits der Reichsminister der Finanzen im Jahr 1931.[1442] Die erhöhte Verzugsverzinsung (ähnlich der heutigen Säumniszuschläge) sollte seiner Anordnung nach nur einsetzen, sofern dem Steuerpflichtigen ein Verschulden an der zu späten Entrichtung der Steuer vorzuhalten war.

2. Keine Säumnisverzinsung gegen den Fiskus

Denkbar wäre es die Säumnisverzinsung auch zu Lasten des Fiskus auszugestalten. Wenngleich es selten sein dürfte, ist es nicht ausgeschlossen, dass auch der Fiskus – etwa auf Grund nachlässigen Handelns – auf fällige Ansprüche zu spät leistet. Gegenüber vergleichbaren Zwangsgeldern wie z. B. § 328 Abs. 1 AO besitzen die Säumniszuschläge eine klar definierte Höhe und erfordern kein behördliches Ermessen. Sie können daher theoretisch auch gegen die Verwaltung festgesetzt werden. Zielführend wäre dies jedoch nicht. Zum einen wirkt der Säumniszuschlag nicht gegen die nachlässig agierenden Beamten. Denn weder sie persönlich, noch ihre Abteilung hätten die Säumniszuschläge zu tragen. Sie

1441 BFH vom 07.07.1999 – X R 87/96 = BeckRS 1999, 30065904; BFH vom 29.08.1991 – V R 78/86 = BeckRS 1991, 22010090 m. w. N.; FG München vom 21.05.2013 – 10 K 1310/10 = BeckRS 2013, 96120.

1442 Vgl. oben; StuW 1932, 1217 (1217); Reichsfinanzhof vom 13.05.1931 = RFHE Bd. 28 S. 342.

können schon jetzt ausreichend auf dem Disziplinarweg belangt werden. Zudem käme dem Steuerpflichtigen durch die Zusprache der Säumniszuschläge ein unbegründeter Vorteil zugute. Bereits die Vollverzinsung sollte im Idealfall ausreichen, um die Nachteile zu kompensieren, die der Steuerpflichtige durch einen Mittelverzicht erleidet. Der Erhalt eines darüber hinausgehenden finanziellen Vorteiles würde eine Ungleichbehandlung gegenüber anderen Steuerpflichtigen darstellen.

3. Vollverzinsung für alle Steuern und Nebenleistungen

Die Vollverzinsung beschränkt sich auf fünf große Steuern. Durch die Aussetzung der Vermögenssteuer findet sie gegenwärtig sogar nur bei der Einkommensteuer, der Körperschaftsteuer, der Umsatzsteuer und der Gewerbesteuer Anwendung. Der Zweck dieser Beschränkung ist die Vermeidung von Verwaltungsaufwand. Im Jahr 1923 hat der Gesetzgeber mit der gleichen Begründung, für nahezu dieselben Steuern, zunächst einen besonderen Säumniszuschlag angeordnet,[1443] bevor er für sie wiederum weitreichend die Stundungsverzinsung ausschloss[1444]. Soweit Steuern ohnehin mit ihrer Entstehung fällig werden und zudem keine Vorauszahlungen notwendig sind, ist die Erweiterung der Vollverzinsung tatsächlich nicht notwendig.[1445] Dem kann jedoch allein dadurch begegnet werden, dass mindestens ein voller Monat verstreichen muss, ehe die Vollverzinsung einsetzt. Eine nachvollziehbare Begründung, weshalb jedoch die Erbschaft- und Schenkungsteuer und die Grundsteuer von der Vollverzinsung ausgenommen bleiben ist nicht ersichtlich.[1446] Insbesondere der vom Gesetzgeber angeführte und von der Bundesregierung im Jahr 2008 wiederholte Grund, dass die Verfahren der Erbschaftbesteuerung häufig sehr langwierig seien,[1447] kann nicht überzeugen. Denn gerade eine besonders lange Zeit zwischen der Entstehung und der Ent-

---

1443 Einkommensteuer, Körperschaftsteuer, Erbschaftsteuer, Vermögensteuer und Umsatzsteuer: § 1 Abs. 1 des Gesetzes über die Berücksichtigung der Geldentwertung in den Steuergesetzen vom 20.03.1923.

1444 Einkommensteuer, Körperschaftsteuer, Vermögensteuer, Umsatzsteuer, Grundsteuer und Gewerbesteuer: § 127a RAO 1961.

1445 Vgl. Begründung zum Entwurf eines Steuerreformgesetzes 1990 vom 19.04.1988 = BT-Drucksache 11/2157 S. 194.

1446 Tipke/Kruse/*Loose*, Abgabenordnung Lfg. 143 § 233a Rn. 7. Im Ergebnis auch: *Kruse*, FR 1988, 1 (1)

1447 Begründung zum Entwurf eines Steuerreformgesetzes 1990 vom 19.04.1988 = BT-Drucksache 11/2157 S. 194 f.; Schriftliche Fragen mit den Antworten der Bundesregierung vom 25.01.2008 = BT-Drucksache 16/7892 Frage 45 S. 26 f. Vgl. auch Krabbe, Vollverzinsung im Steuerrecht S. 21.

richtung der Steuer, führt zu besonders großen Vorteilen der Steuerpflichtigen, die abzuschöpfen sind, um ihm keinen unberechtigten Vorteil gegenüber anderen Steuerpflichtigen zu gewähren.[1448] Noch stärker drängt sich die Einbeziehung des Solidaritätszuschlages in die Vollverzinsung auf. Er wird jeweils in einem Zuge mit der Einkommensteuer oder Körperschaftsteuer veranlagt und müsste konsequenterweise in die Vollverzinsung einbezogen werden. Seine Aussparung bei der Vollverzinsung kann nur mit der ursprünglichen Absicht des Gesetzgebers erklärt werden, den Solidaritätszuschlag bereits nach wenigen Jahren wieder abzuschaffen.

Insgesamt bietet es sich an, alle Forderungen und Ansprüche des Steuerschuldverhältnisses umfassend zu verzinsen. Selbst ein Verzicht auf die Verzinsung von Nebenleistungen kann nur gerechtfertigt werden, soweit eine Verzinsung unverhältnismäßigen Aufwand bedeutet. Dem kann jedoch durch die Abrundungen in § 238 Abs. 2 AO und § 239 Abs. 2 AO begegnet werden. Der Steuerpflichtige kann aus einer verzögerten Entrichtung von Zuschlägen, Kosten oder Zwangs- und Verspätungsgeldern gleichermaßen Vorteile ziehen, wie aus einer verzögerten Steuerzahlung. Zudem würde eine Gleichbehandlung aller Forderungen und Ansprüche für die Zwecke der Verzinsung die Regelung zur Reihenfolge der Tilgung (§ 225 AO) weitgehend überflüssig machen. Diese stellt gegenwärtig eine Benachteiligung für den unkundigen Steuerzahler dar, indem sie Zahlungen, die ohne besondere Bestimmung des Schuldners erfolgen, zunächst auf die Tilgung der unverzinslichen Forderungen anrechnet (§ 225 Abs. 2 S. 1 AO). Dem kundigen Steuerzahler wird hingegen die Möglichkeit eingeräumt, durch eine ausdrückliche Bestimmung seiner Zahlungen zunächst die verzinslichen Forderungen zu tilgen, so einen weiteren Zinslauf zu verhindern und dann erst auf die unverzinslichen Forderungen zu leisten.

4. Wiedereinführung der Hinterlegungsverzinsung

Vom 1919 bis 1934 enthielt das Steuerschuldrecht eine Verzinsung von Geldern die als Sicherheit hinterlegt wurden. Zwischen den Jahren 1961 und 1977 erklärte der Gesetzgeber noch ausdrücklich, dass eine Verzinsung von Sicherheiten in den einzelnen Steuergesetzen zu regeln sei. Seitdem ordnet die Abgabenordnung in § 242 S. 2 AO explizit die Zinslosigkeit von Hinterlegungen an. Dies führt nicht nur zu einer unbegründeten Ungleichbehandlung mit anderen Hinterlegungsgegenständen, wie etwa Aktien, deren Wertsteigerungen dem Hinterlegenden

1448 Tipke/Kruse/*Loose*, Abgabenordnung Lfg. 143 § 233a Rn. 7.

herauszugeben sind.[1449] Es führt auch zu der paradoxen Situation, dass der Hinterleger auf seine Mittel verzichtet, folglich aus ihnen keine Vorteile ziehen kann und gleichwohl der vorteilsabschöpfenden Verzinsung des Steuerschuldrechtes ausgesetzt ist. Zahlt der Steuerpflichtige statt auf eine Hinterlegungsverpflichtung unmittelbar auf die Steuerschuld, so erhält er, im Falle einer Erstattung, eine Verzinsung und muss, sofern seine Zahlung zu Recht erfolgte, keine weiteren Nachforderungszinsen entrichten.

Der Fiskus kann durch eine sogenannte aufgedrängte Aussetzung der Vollziehung gegen Sicherheitsleistung diesen Missstand zu seinen Gunsten ausnutzen. Er kann sogar bereits gezahlte Mittel zurückgewähren, um sie unlängst als Sicherheitsleistung wieder einzufordern. So erhält er einen zinslosen Kredit in Form des hinterlegten Geldes, statt einer hochverzinsten Erstattungsforderung ausgesetzt zu sein. Zudem kann er neben dem zinslosen Kredit sogar noch Nachforderungszinsen vom Steuerpflichtigen verlangen. Erst im Wege des Billigkeitserlasses wäre dieses Ergebnis wieder korrigierbar.

5. Billigkeitserlass und Billigkeitsverzinsung

Das Gesetz sieht in § 234 Abs. 2 AO und § 237 Abs. 4 AO ausdrücklich vor, dass der Fiskus in besonders unbilligen Situationen auf Aussetzungszinsen und Stundungszinsen verzichten kann. Für die anderen Formen der Verzinsung kennt das Gesetz keine spezielle Billigkeitsregelung. Dadurch kann der Eindruck entstehen, dass ein Umkehrschluss zulässig sei, demnach ein Erlass nur bei Aussetzungszinsen und Stundungszinsen zulässig sein soll. Es ist jedoch anerkannt, dass auf Grundlage der allgemeinen Erlassregelungen in §§ 163, 227 AO auch bei den anderen Formen der Verzinsung ein Billigkeitserlass erfolgen kann.[1450] Da die speziellen Regelungen sich inhaltlich nicht von den allgemeinen Erlassregelungen unterscheiden, besteht für sie keine ersichtliche Notwendigkeit. Das Gesetz könnte an dieser Stelle gestrafft werden und zugleich den fehlerhaften Eindruck vermeiden.

Grundsätzlich wendet der Bundesfinanzhof den Erlass auf die Verzinsung im Steuerschuldrecht eher zurückhaltend an.[1451] Hat der Steuerpflichtige bereits freiwillige Zahlungen geleistet, so soll ein Erlass von Zinsen grundsätzlich geboten

---

1449 Freiherr von Canstein, Erstattungsanspruch im Steuerrecht S. 139 ff.

1450 Hübschmann/Hepp/Spitaler/*Heuermann*, Abgabenordnung Lfg. 233 § 233a S. 61 Rn. 89 m. w. N.

1451 Jakob, Abgabenordnung § 8 Rn 535.

sein.[1452] Teilweise lehnt der Bundesfinanzhof einen Erlass jedoch selbst dann ab, wenn der Steuerpflichtige tatsächlich über keine zusätzlichen Mittel verfügen konnte und die Erzielung von Vorteile, aus der späteren Entrichtung einer Steuer, schon rechtlich ausgeschlossen ist.[1453]

Vorteilhaft wäre es daher, wenn der Gesetzgeber statt zweier spezieller Erlass-Regelungen, die sich inhaltlich mit den allgemeinen Erlassregelungen decken, eine spezielle Billigkeitsregelung für das Steuerschuldrecht schaffen würde, die alle Formen der Verzinsung erfasst. Diese sollte Regelbeispiele benennen. Zum Beispiel sollte sie gezielt auf eine nachträgliche Veränderungen von Zuordnungen zu Steuerarten eingehen. Wird etwa ein versicherungssteuerpflichtiges Geschäft nachträglich als nicht versicherungssteuerpflichtig und daher als umsatzsteuerpflichtig eingestuft, so hätte der Steuerpflichtige einen Anspruch auf die Erstattung abgeführter Versicherungssteuern und in gleicher Höhe eine Pflicht zur Nachzahlung von Umsatzsteuern. Für die Nachforderung der Umsatzsteuern muss der Steuerpflichtige Nachforderungszinsen leisten. Die Vollverzinsung erfasst jedoch nicht auch die Versicherungssteuer. Im Zuge der Erstattung der Versicherungssteuer erhält der Steuerpflichtige daher keine Erstattungszinsen. Soweit nicht die Vollverzinsung auf alle Steuerformen ausgedehnt wird, wäre es folglich angebracht den Steuerpflichtigen ausdrücklich von seiner Zinszahlungsverpflichtung zu befreien. Im umgekehrten Fall sollte die Billigkeitsregelung vorsehen, ausnahmsweise einen Zinsanspruch des Steuerpflichtigen abzulehnen, wenn dieser mit einer zinslosen Nachforderung die Erstattung einer Steuer einhergeht, die von der Vollverzinsung erfasst wird. Denn die Billigkeitswirkung sollte durch die Einführung von Regelbeispielen in beide Richtungen wirken können.

Daneben wäre es – vor allem in Anbetracht der wachsenden Bedeutung der grenzüberschreitenden Sachverhalte – angebracht, explizit auch auf grenzüberschreitende Fälle einzugehen. Durch die unterschiedlichen Rechtsordnungen kann es z. B. dazu kommen, dass eine Verrechnungspreiskorrektur eine verzinsliche Nachforderung in Deutschland begründet, ihr jedoch im Ausland nur ein zinsloser Erstattungsanspruch gegenübersteht.[1454] Dies müsste durch eine Billigkeitsregelung genauso korrigiert werden, wie der gegenläufige Fall, bei dem einer verzinslichen Erstattung in Deutschland, eine zinslose Nachforderung im Ausland gegenübersteht.

1452 Hübschmann/Hepp/Spitaler/*Heuermann*, Abgabenordnung Lfg. 233 § 233a S. 63 Rn. 93 m.w.N; Jakob, Abgabenordnung § 8 Rn 535.

1453 Vgl. z. B. BFH vom 03.07.2014 – III R 53/12 = DStRE 2014, 1396.

1454 Auf Grundlage der bestehenden Rechtslage in einem solchen Fall einen Billigkeitserlass ablehnend: BFH vom 03.07.2014 – III R 53/12 = DStRE 2014, 1396.

In grenzüberschreitenden Fällen ist auf Grund der unterschiedlichen Steuergläubiger zudem die Einführung einer Billigkeitsverzinsung notwendig. Wird z. B. nachträglich festgestellt, dass für Kapitalerträge, statt des deutschen Besteuerungsrechtes, ein ausländisches Besteuerungsrecht besteht, erhält der Steuerpflichtige in Deutschland keine Erstattungsverzinsung für bereits gezahlte Steuern. Er könnte jedoch im Ausland Nachforderungszinsen zu entrichten haben. Zwar wäre es denkbar, dass in diesem Fall der ausländische Fiskus auf die Nachforderungszinsen verzichtet. Sachgerechter wäre es jedoch, wenn der deutsche Fiskus billigkeitshalber Erstattungszinsen zu entrichten hätte, da er bis zur Erstattung über die finanziellen Mittel verfügen und Vorteile ziehen konnte. Der ausländische Fiskus musste derweil auf die ihm zustehenden Mittel verzichten und hat ein berechtigtes Interesse an einer Kompensation. Dafür spricht auch, dass der Ausgleich staatlicher Vor- und Nachteile zwar nicht der zentrale Zweck der steuerschuldrechtlichen Verzinsungen ist. Jedoch geht zumindest die deutsche Rechtsprechung davon aus, dass die Verzinsungen auch diesem Zweck dienen sollen.[1455] Alternativ wäre die Verzinsung bei grenzüberschreitenden Korrekturen zwischenstaatlich auszuschließen, soweit die Zahlungen sich betragsmäßig entsprechen.

Die erhöhte Billigkeitsverzinsung kann auch dann eingreifen, wenn der Steuerpflichtige einen Nachteil erlitten hat, der durch die gesetzliche Zinshöhe nicht ausreichend kompensiert werden kann. Dabei muss sich die Verzinsung jedoch auf extreme Ausnahmesituationen beschränken. Anderenfalls würde durch die Billigkeitsregelung der Weg zu einer individuellen Einzelfallverzinsung eröffnet werden. Es wäre daher erforderlich, dass der Steuerpflichtige erfolglos alle Rechtsmittel ausgeschöpft hat, dass er zudem vergeblich eine Stundung oder Aussetzung der Vollziehung angestrebt hat und dass er durch die Steuerzahlung einen Nachteil erlitten hat, der in einem auffälligen Missverhältnis zu der ihm zukommenden Verzinsung steht. Dies könnte beispielsweise der Fall sein, weil der Steuerpflichtige für die Zahlung einer Steuer genötigt war, Güter mit großem Verlust zu veräußern oder weil der Steuerpflichtige durch die Steuerzahlung in die Insolvenz getrieben wurde.

6. Keine Verzinsung von Verlustvor- und -rückträgen

In der Bilanzierung und Buchführung kommt es regelmäßig vor, dass Vorgänge mit Auswirkungen auf das steuerpflichtige Ergebnis abgebildet werden, denen

1455 BFH vom 02.09.2008 – VIII R 2/07 = DStRE 2009, 318 (320); BFH vom 19.03.1997 – I R 7/96 = DStR 1997, 965; BFH vom 21.02.1991 – V R 105/84 = BeckRS, 1991 22009876; BFH vom 24.07.1979 – III R 67/76 = DStR 1979, 660.

noch keine tatsächlichen finanziellen Auswirkungen zu Grunde liegen, bzw. deren tatsächlichen finanziellen Auswirkungen bereits in einem der vorangehenden Jahre erfolgten. Beispielhaft seien die Bilanzierung von Forderungen, Abschreibungen, Rückstellungen oder nicht aktivierbare immaterielle Wirtschaftsgüter genannt. Dies hat vielfältige Gründe. Insbesondere beruht diese gesetzgeberische Entscheidung auf der praktischen Überlegung, dass eine zutreffende Bilanzierung nicht mit vertretbarem Aufwand möglich ist.

Durch Verlustvor- und -rückträge hat auch das Steuerrecht aus praktischen Erwägungen einen jahresübergreifenden Belastungsausgleich außerhalb der Jahre geregelt, in denen die Verluste anfallen. Dies entspricht der Maxime, für Verluste keine negative Steuer auszuzahlen. Verluste werden außerhalb der Jahre ihres Eintritts mit Gewinnen anderer Jahre verrechnet. Beim Verlustrücktrag wird ein bereits in Vorjahren entstandener Gewinn durch Verluste späterer Jahre reduziert. Beim Verlustvortrag werden Gewinne in Jahren nach dem Eintritt des Verlustes gemindert. Bei der Vollverzinsung hat der Gesetzgeber zunächst Verlustvor- und -rückträge in den Jahren erfasst, in denen sie sich steuermindernd ausgewirkt haben. Mit dem Jahressteuergesetz 1997 hat der Gesetzgeber jedoch für Verlustrückträge eine Änderung vorgenommen. Demnach sollen Verlustrückträge nicht mehr in der Lage sein, zinswirksam das Ergebnis eines vorangehenden Zeitraumes zu mindern. Stattdessen sollen sie für Zwecke der Verzinsung so behandelt werden, als habe der Steuerpflichtige mit dem Verlust eine negative Steuer erhalten. Dies scheint auf den ersten Blick konsequent, da die Reduzierung der Leistungsfähigkeit erst in dem Jahr des Verlustes eingetreten ist. Tatsächlich wird jedoch nicht die Reduzierung der Leistungsfähigkeit besteuert, sondern die zuvor bestehende, nunmehr reduzierte Leistungsfähigkeit rückwirkend geringer besteuert.[1456] Richtigerweise müsste daher das Jahr, in das der Verlust zurückgetragen wird, so behandelt werden, als habe der Steuerpflichtige von Anfang an eine geringere Leistungsfähigkeit besessen. Als habe er für zu erwartende Zahlungen, die zu Verlusten in den Folgejahren führen, bereits eine steuermindernde Rückstellung gebildet. Denn hätte der Steuerpflichtige die Kenntnis, dass bei gegenwärtigen Gewinnen Verluste in der Zukunft zu erwarten sind, könnte er diese gestalterisch über mehrere Jahre verteilen. Dadurch würde er jedoch

1456 Beispiel: Im Jahr 1 erzielt ein Unternehmen einen Gewinn von 100. Im Jahr 2 erzielt es einen Verlust von 50. Die Leistungsfähigkeit des Unternehmens im Jahr 2 ist geringer als 0 (Reduzierung der Leistungsfähigkeit). Dadurch reduziert sich die Leistungsfähigkeit des Unternehmens in einer Gesamtbetrachtung der Jahre 1 und 2 auf insgesamt 50 (reduzierte Leistungsfähigkeit).

nicht tatsächlich leistungsfähiger, als ein Steuerpflichtiger, der nach Gewinnen unerwartet Verluste macht.

Sofern der Gesetzgeber die Reduzierung der Leistungsfähigkeit und nicht die reduzierte Leistungsfähigkeit zinstechnisch erfassen wollte, hätte er folgerichtig auch bei den Verlustvorträgen das Jahr für maßgeblich für die Verzinsung erklären müssen, in dem der Verlust entsteht. Dies entspräche auch dem tragenden Argument des Gesetzgebers für die Änderung im Jahressteuergesetz 1997, dass der Fiskus nur Zinsen für Zeiträume zahlt, in denen der Verlust eingetreten ist.[1457] Eine solche korrespondierende Änderung für Verlustvorträge ist jedoch bisher nicht erfolgt. Hätte der Gesetzgeber sie eingeführt, so stäche noch deutlicher hervor, dass das steuerbare Ergebnis für Zwecke der Verzinsung so behandelt wird, als käme es tatsächlich zu einer negativen Steuer.

Für andere rückwirkende Ereignisse ist diese Argumentation entsprechend übertragbar.[1458] Auch bei ihnen soll die Reduzierung der Leistungsfähigkeit und nicht die reduzierte Leistungsfähigkeit zinswirksam sein. Fälle in denen für vorwirkende Ereignisse an die Reduzierung der Leistungsfähigkeit und nicht an die reduzierte Leistungsfähigkeit angeknüpft wird, gibt es derweil keine. Immerhin soll die Nachforderungsverzinsung für rückwirkende Ereignisse auch an den Zeitpunkt der Reduzierung der Leistungsfähigkeit anknüpfen.[1459]

Der Gesetzgeber sollte dazu zurückkehren, konsequent an die bilanzielle Erfassung von Vorgängen anzuknüpfen. Die Änderung des Jahressteuergesetzes 1997 lässt annehmen, dass der Gesetzgeber davon ausgegangen ist, dass der Steuerbasis stets tatsächliche Vermögensveränderungen zu Grunde liegen, womöglich sogar in Gestalt von Zu- oder Abflüssen liquider Mittel. Dem ist jedoch nicht so. Für die Ermittlung der Steuerbasis ist – jedenfalls dort wo es regelmäßig zu Verlustvor- und -rückträgen kommt – eine Bilanz zu erstellen. Diese nimmt ohnehin umfänglich in Kauf, dass steuerwirksame Gewinne und Verluste ausgewiesen werden, denen keine entsprechenden tatsächlichen Veränderungen der finanziellen Situation gegenüberstehen. Häufig entstehen Verluste gar nicht durch einen tatsächlichen Abfluss von Mitteln oder auch nur zeitlich korrespondierende Ereignisse, sondern als bilanzielle Reaktion auf vorangehende Ereignisse oder Erwartungen. Daher kann auch für die Zwecke der Verzinsung im Steuerschuldrecht hingenommen werden, dass der Mittelabfluss nur bilanziell im Jahr seiner Zinswirksamkeit erfolgt und mit ihm keine tatsächliche Veränderung

---

1457 Zweiter schriftlicher Bericht des Finanzausschusses zum Entwurf eines Jahressteuergesetzes 1997 vom 05.11.1996 = BT-Drucksache 13/5952 S. 56.

1458 Vgl. *Greulich/Krohn*, DStR 2005, 1433 (1433 ff.); *Suhrbier-Hahn*, DStR 1997, 389.

1459 Klein/*Rüsken*, Abgabenordnung § 233a Rn. 30 ff.

der finanziellen Verhältnisse korrespondiert.[1460] Alternativ sollte der Gesetzgeber wenigstens folgerichtig auch für vortragende Ereignisse an die Reduzierung der Leistungsfähigkeit und nicht an die reduzierte Leistungsfähigkeit anknüpfen. Verluste wären dann entsprechend vor einer Verrechnung mit späteren Gewinnen zu diskontieren.

IV. Wie kann die Verzinsung besser normiert werden?

1. Bestimmung der Zinshöhe

a) Unterschiedliche Zinssätze

Die Verzinsung im Steuerschuldrecht hat gegenwärtig einen einheitlichen Zinssatz. Sie differenziert weder zwischen den einzelnen Formen der Verzinsungen, noch danach, ob der Zinsschuldner der Fiskus oder der Steuerpflichtige ist oder zwischen einzelnen Gruppen von Steuerschuldnern.

(1) Für unterschiedliche Verzinsungsformen

Verschiedene Zinssätze für die einzelnen Steuerarten können eine besser zutreffende Typisierung ermöglichen. Während sich die Annahme treffen lässt, dass unverschuldete Zinsschuldner grundsätzlich über eine finanzielle Liquidität verfügen und daher ein idealtypischer Zinssatz an der Habenverzinsung Maß nehmen müsste, gilt für Stundungs- und Aussetzungszinsen etwas anderes. Im Gegensatz zur Vollverzinsung ist dem Steuerpflichtigen bei der Stundungs- und Aussetzungsverzinsung bewusst, dass er einer Steuerverpflichtung nachzukommen hat. Abgesehen von aufgedrängten Aussetzungen der Vollziehung muss der Steuerpflichtige selbst tätig werden, um einen Zahlungsaufschub zu erreichen. Dies wird er nur tun, wenn er sich davon Vorteile verspricht. Die Zinshöhe der Stundungs- und Aussetzungsverzinsung kann daher bedenkenlos an einer Kreditverzinsung Maß nehmen. Bei einer Abbedingung der aufgedrängten Aussetzung der Vollziehung können alle Steuerpflichtigen, die über liquide Mittel verfügen, auf die Stundung oder die Aussetzung verzichten. Sie können die Steuer entrichten und sich so die hohen Zinszahlungen ersparen. Bei der gegenwärtigen Zinshöhe der Stundungs- und Aussetzungsverzinsung strebt daher beispielsweise ein Steuerpflichtiger eine Stundung und Aussetzung nur dann an, wenn er anderenfalls Nachteile erleiden würde, die mehr als 6 % der Steuerschuld pro Jahr ausmachen. Der idealtypische Zinssatz einer Stundungs- und Aussetzungsver-

1460 Krein, Die Reformvorschläge zur Abgabenordnung S. 58.

zinsung ist daher – abweichend von der Vollverzinsung – für alle Steuerpflichtigen an der Höhe von Kreditzinsen zu bemessen.

(2) *Nicht für Erstattungen und Nachforderungen innerhalb der Vollverzinsung*

Neben einer Differenzierung zwischen den einzelnen Formen der Verzinsung kann auch zwischen Verzinsungen bei denen der Zinsschuldner der Fiskus ist und Verzinsungen bei denen der Zinsschuldner der Steuerpflichtige ist unterschieden werden.[1461] Eine dahingehende Differenzierung ist jedoch nur dann angebracht, wenn sich herausstellen sollte, dass der typische Nachforderungsschuldner sich vom typischen Erstattungsgläubiger unterscheidet. Unter der Prämisse, dass beispielsweise der typische Erstattungsgläubiger eine Privatperson ist und der typische Nachforderungsschuldner ein Unternehmer ist, kann geschlussfolgert werden, dass der typische Erstattungsgläubiger unverschuldet und der typische Nachforderungsschuldner verschuldet ist, sofern – wie zuvor angenommen – gilt, dass ein Großteil der Unternehmen verschuldet ist und der überwiegende Teil der Privatpersonen nicht. Dies würde es rechtfertigen, den Zinssatz der Nachforderungsverzinsung höher anzusetzen, als den der Erstattungsverzinsung.

Zusammen mit der vorangehenden Annahme dass der typische Schuldner der Stundungs- und Aussetzungsverzinsung ebenfalls verschuldet ist, könnte sogar jegliche Verzinsung zu Gunsten des Fiskus an der Höhe von Kreditzinsen bemessen werden. Verzinsungen zu Gunsten des Steuerschuldners können sich derweil auf eine, mit sicheren Anleihen vergleichbare, Zinshöhe beschränken. Positiver Nebeneffekt dieser Differenzierung wäre überdies, dass für den Steuerschuldner kein Fehlanreiz besteht, zu hohe Zahlungen zu leisten, um Zinsvorteile zu erzielen oder zu geringe Zahlung zu leisten, um einen günstigen Kredit zu erhalten.[1462]

Eine pauschale Differenzierung zwischen der Nachforderungs- und der Erstattungsverzinsung könnte jedoch gegen den allgemeinen Gleichheitssatz in Art. 3 Abs. 1 GG verstoßen.[1463] Sie unterstellt den Steuerpflichtigen im Erstattungsfall, dass sie unverschuldet sind und sich zugleich im Nachforderungsfall Kreditzinsen ersparen konnten. Diese Unterscheidung innerhalb der Gruppe der Steuerpflichtigen ist nur dann zu rechtfertigen, wenn der Eingriff verhältnismäßig ist. Dafür

---

1461 *Seer*, DB 2014, 1945 (1951).

1462 Seer, DB 2014, 1945 (1951); *Koch*, DStZ 1961, 194 (196); *Koch*, BB 1970, 361 (367).

1463 Haubrichs, Die Problematik der Vollverzinsung S. 16; *Weber* DStR 1969, 72 (76); Freiherr von Canstein, Erstattungsanspruch im Steuerrecht S. 142 f.

dürfte keine weniger belastende, gleichermaßen zielführende Regelungsmöglichkeit bestehen.

(3) Für verschiedene Gruppen Steuerpflichtiger

Die Unterscheidung der Zinshöhe der Erstattungsverzinsung und der Zinshöhe der Nachforderungsverzinsung basiert nicht, wie bei der Stundungs- und Aussetzungsverzinsung, darauf, dass eine spezielle Form der Verzinsung, eine besondere Differenzierung innerhalb einer homogenen Gruppe von Steuerpflichtigen ermöglicht. Sie basiert einzig darauf, dass sich die Gesamtheit der Steuerpflichtigen in Gruppen aufteilen lässt, denen typischerweise eine bestimmte Kreditwürdigkeit zuzuordnen ist und – unabhängig von ihrer Kreditwürdigkeit – typischerweise Erstattungsgläubiger oder Nachforderungsschuldner sind. Wird zum Beispiel angenommen, dass sechs von zehn Unternehmern verschuldet sind und dass Unternehmen 75 % der Nachforderungsschuldner ausmachen, während nur vier von zehn verschuldet sind und Privatpersonen 90 % der Erstattungsgläubiger ausmachen, so ließe sich schlussfolgern, dass ein Nachforderungsschuldner zu 55 % unverschuldet ist und ein Erstattungsschuldner zu 58 % unverschuldet ist.[1464]

Anders als bei der der Stundungs- und Aussetzungsverzinsung gilt daher: Würde eine Privatperson zum Schuldner von Nachforderungszinsen werden, so würde sich ihre Typisierung nicht ändern. Sie wäre weiterhin mit einer Wahrscheinlichkeit von 60 % unverschuldet. Umgekehrt würde auch ein Unternehmer nicht mit einer höheren Wahrscheinlichkeit unverschuldet sein, nur weil er zum Gläubiger von Erstattungszinsen wird.

Die Steuerschuldner lassen sich für die Zwecke der Verzinsung jedoch auch voneinander unterscheiden, indem statt an die Form der Verzinsung, an andere Merkmale angeknüpft wird, die auf die finanzielle Liquidität und Kreditwürdigkeit der einzelnen Steuerschuldner schließen lassen. In anderen Ländern, wie etwa Kanada, den USA oder Dänemark wird sogar bereits schon jetzt für die Zwecke der Verzinsung zwischen Körperschaften und natürlichen Personen unterschieden.[1465] Statt zwischen typischen Gläubigern der Erstattungsverzinsung und typischen Schuldnern der Nachforderungsverzinsung zu unterscheiden, denen jeweils typische Eigenschaften zugeschrieben werden, wäre es effektiver, direkt

---

1464 75 % Unternehmen * 60 % verschuldet + 25 % Private * 40 % verschuldet = 45 % + 10 % = 55 %
90 % Private * 60 % unverschuldet + 10 % Unternehmen * 40 % unverschuldet = 54 % + 4 % = 58 %.

1465 Seer/Klemke, Neuordnung der Verzinsung von Ansprüchen aus dem Steuerschuldverhältnis S. 94 ff.

zwischen typischerweise verschuldeten Steuerschuldnern und typischerweise unverschuldeten Steuerschuldnern zu unterscheiden. Dadurch könnte nicht nur die Höhe der Nachforderungsverzinsung von verschuldeten Steuerschuldnern und die der Erstattungsverzinsung von unverschuldeten Steuerschuldnern weitgehend zutreffend bestimmt werden, sondern jeweils auch die Höhe der Erstattungsverzinsung von verschuldeten Steuerschuldnern und die der Nachforderungsverzinsung von unverschuldeten Steuerschuldnern.

Der Nachteil dieser Differenzierung im Vergleich zu einer Unterscheidung zwischen der Zinshöhe für Erstattungen und Nachforderungen ist jedoch, dass für atypische Steuerschuldner – im Beispiel: verschuldete Privatpersonen oder unverschuldete Unternehmen – weiterhin Fehlanreize bestehen bleiben.[1466] Verschuldete Privatpersonen könnten einen Anreiz haben, ihre Steuerzahlung hinauszuzögern, um sich so einen Kredit beim Fiskus zu nehmen. Unternehmen könnten möglichst hohe Abgaben leisten, um die Steuerzahlungen als Kapitalanlage zu missbrauchen.

(4) Freiwillige Vorauszahlungen

Im Folgenden soll dargestellt werden, wie ungewollte Benachteiligungen durch freiwillige Vorauszahlungen reduziert werden können. Zu diesem Zweck soll die Annahme gelten, dass Unternehmen grundsätzlich verschuldet sind, Privatpersonen grundsätzlich unverschuldet sind und sich Privatpersonen und Unternehmen für die Zwecke der Verzinsung im Steuerschuldrecht weitgehend zutreffend trennen lassen.

(a) Unternehmen

Für Unternehmen kann die Nachforderungsverzinsung unberechtigt hoch sein, wenn sie tatsächlich nicht verschuldet sind und sich keine Kreditzinsen ersparen konnten. Eine daraus resultierende Belastung kann jedoch abgewendet werden, wenn den Unternehmen die Möglichkeit gegeben wird, zinswirksam freiwillige Vorauszahlungen zu leisten, die spätere Nachforderungen reduzieren.[1467] Freiwillige Vorauszahlungen können jedoch nicht in gleicher Höhe verzinst werden wie Nachforderungen. Zum einen, weil sie ohnehin nur von den Steuerpflichtigen geleistet werden, die über liquide Mittel verfügen und die anderenfalls Anlagezinsen erzielt hätten. Denn Steuerschuldner die für eine Vorauszahlung einen

---

1466 *Seer*, DB 2014, 1945 (1951); *Koch*, DStZ 1961, 194 (196); *Koch*, BB 1970, 361 (367).

1467 Vgl. Bundesministerium der Finanzen, Gutachten zur Reform der direkten Steuern – Heft 9 S. 44.

Kredit aufnehmen müssten, könnten genauso gut auch eine Nachforderungsverzinsung in Kauf nehmen. Zum anderen, weil sonst die missbräuchliche Nutzung von freiwilligen Vorauszahlungen als hochverzinsliche Kapitalanlagen verhindert werden müsste – wozu nach Einschätzung des Berichtes über die Vollverzinsung der Bundesregierung von 1978 eine „*...außerordentliche komplizierte Regelung, die zu einer Quelle von Fehlern und Rechtsbehelfen werden dürfte*“[1468] notwendig ist. Kruse formuliert es noch direkter: „*Zur Praktikabilität einer solchen Regelung ist jeder Kommentar überflüssig.*“[1469]

Eine reduzierte Zinshöhe für Vorauszahlungen dürfte sich jedoch nicht auch auf unfreiwillige Zahlungen des Steuerpflichtigen übertragen. Für unfreiwillige Zahlungen des Steuerpflichtigen muss es bei einem Erstattungszinssatz bleiben, der der Annahme gerecht wird, dass ein Großteil der steuerpflichtigen Unternehmen verschuldet ist. Es wäre folglich neben einem einheitlichen Zinssatz für Nachforderungen und Erstattungen ein spezieller reduzierter Zinssatz für freiwillige Vorauszahlungen anzusetzen.

Die unzutreffend hohe Erstattungsverzinsung für unverschuldete Unternehmen bleibt daneben weiter bestehen. Sie dürfte jedoch nach einer Saldierung von Nachforderungen und Erstattungen bei Unternehmen ohnehin selten zum Tragen kommen. Das gilt insbesondere für missbräuchlich herbeigeführte Erstattungsverzinsungen. Denn so sehr Steuerpflichtige auch eine Erstattungsverzinsung ersehnen, noch mehr ersehenen sie es, ihre Steuerschuld gering zu halten. Unternehmen erklären ihre Steuer folglich in einer für sie möglichst vorteilhaften Art und Weise, in der Hoffnung, einige gewagte Auslegungen des Steuerrechtes gegenüber einer späteren Prüfung behaupten zu können. Die absichtliche Herbeiführung einer zu hohen Veranlagung birgt demgegenüber das Risiko, provozierte Fehler und nachteilige Auslegungen später nicht mehr korrigieren zu können.

(b) Private

Sofern auch Privatpersonen die Möglichkeit eröffnet wird, freiwillige Vorauszahlungen zu leisten, könnte auch bei Privatpersonen die Zinshöhe für Nachzahlungen an der Höhe von Kreditzinsen bemessen werden. Denn durch die freiwilligen Vorauszahlungen sind alle Steuerpflichtigen in der Lage, die Nachforderungsverzinsung, durch die Entrichtung von Vorauszahlungen, zu vermeiden. Die hohen Nachforderungszinsen würden nur noch von den Steuerpflichtigen in

1468 Unterrichtung durch die Bundesregierung vom 06.01.1978 = BT-Drucksache 8/1410, Anlage 3. Ebenso: Kommissionsbericht Vollverzinsung 1987 S. 57 Rn 2.3.6.2.2.3.

1469 *Kruse,* FR 1988, 1 (9).

Anspruch genommen, die für eine freiwillige Zahlung einen Kredit aufnehmen müssten oder für die es zu einer unvorhersehbaren, überraschenden Nachforderung kommt. Zudem wäre der Anreiz für die Steuerpflichtigen genommen, die Nachforderung als günstigen Kredit zu missbrauchen. Die Erhöhung der Nachforderungsverzinsung hat jedoch zwei entscheidende Nachteile.

Zum einen wären alle Steuerpflichtigen genötigt, ihre Steuerschuld möglichst schnell selbstständig und weitgehend zutreffend zu ermitteln, um zu hohe Nachforderungszinsen abzuwenden. Gegenwärtig vermag trotz der Unterstützung von Steuerberatern und von Software weniger als die Hälfte aller Steuerpflichtigen, überhaupt eine Steuererklärung abzugeben.[1470] Der Aufwand einer komplizierten, eigenverantwortlichen, zeitnahen und flächendeckenden Selbsteinschätzung steht in keinem Verhältnis dazu, einem potentiell eher geringen Teil der Steuerpflichtigen einen unberechtigten Vorteil zu entziehen.

Zudem wäre ein gewaltiges Akzeptanzproblem in der Bevölkerung zu erwarten. Denn die Erstattungsverzinsung müsste sich unverändert an der Höhe sicherer Anlagen orientieren. Würde sie dies nicht, würde für den häufigsten Fall der Verzinsung privater Steuerschuldner die Verzinsung unzutreffend hoch ausfallen. Der Vorteil einer höheren Nachforderungsverzinsung wäre weitreichend überkompensiert. Eine höhere Zinshöhe zu Lasten privater Steuerpflichtiger, als zu ihren Gunsten, ist jedoch für den einfachen Bürger nicht nachvollziehbar. Er würde sich grundlos benachteiligt fühlen. Ein Verweis auf die Möglichkeit, potentielle Nachteile durch eine Selbsteinschätzung und eine freiwillige Zahlung abzuwenden, würde diesen Unmut wohl eher noch vergrößern, als zu einem Verständnis in der Bevölkerung führen.

Trotz der Möglichkeit, die niedrige Nachforderungsverzinsung als günstigen Kreditzins zu missbrauchen, kann die Zinshöhe für Nachforderungsverzinsungen privater Steuerpflichtiger daher nicht auf das Niveau von Kreditzinsen angehoben werden.[1471] Ohne eine Anhebung der Zinshöhe der Nachforderungsverzinsung bestehen keine Bedenken gegen die Leistung zinswirksamer freiwilliger Vorauszahlungen durch Privatpersonen. Sie ermöglicht dem privaten Steuerpflichtigen, die – wenn auch geringe – Nachforderungsverzinsung zu vermeiden.

1470 20 Millionen Einkommensteuererklärungen in 2015 (https://www.elster.de/elster_stat_nw.php). Über 43 Millionen Erwerbstätige in Deutschland 2015 (https://de.statista.com/statistik/daten/studie/1376/umfrage/anzahl-der-erwerbstaetigen-mit-wohnort-in-deutschland/).

1471 Vgl. *Seer*, DB 2014, 1945 (1951); *Koch*, DStZ 1961, 194 (196); *Koch*, BB 1970, 361 (367).

(c) Gesetzliche Normierung

Die Möglichkeit, zinswirksam freiwillige Vorauszahlungen zu leisten, ist gegenwärtig bereits gängige Praxis. Statt einer ausdrücklichen gesetzlichen Lösung wurde jedoch schon im Gesetzgebungsverfahren der Vollverzinsung, seitens der Bundesregierung beabsichtigt, freiwillige Vorauszahlungen im Verwaltungsweg zu ermöglichen.[1472] Seit dem Jahr 1998 sieht der Anwendungserlass zur Abgabenordnung vor, dass auf Nachforderungszinsen im Wege eines Billigkeitserlasses insoweit zu verzichten ist, wie der Steuerpflichtige freiwillig Vorauszahlungen geleistet hat.[1473] Soweit die Vorauszahlungen allerdings zu einer Erstattung führen, werden sie nicht verzinst. Auch eine Diskontierung bis zum Entstehungszeitpunkt der Steuerforderung findet nicht statt.

Statt des Umweges über den Billigkeitserlass im Verwaltungsweg müsste der Gesetzgeber dazu übergehen, freiwillige Vorauszahlungen ausdrücklich gesetzlich zu normieren.[1474] Billigkeitskorrekturen dürfen nur für atypische, unvorhersehbare Einzelfälle vorgesehen werden.[1475] Die Notwendigkeit einer detaillierten, dauerhaften Regelung in den Verwaltungsanweisungen zeigt jedoch, dass freiwillige Vorauszahlungen keine solchen Einzelfälle sind. Lediglich genauere Umstände, wie etwa die Höhe der Verzinsung von zu erstattenden oder zu diskontierenden Vorauszahlungen, dürfen in der Hand der Exekutive bleiben, ohne dass der Wesentlichkeitsvorbehalt in Art. 80 Abs. 1 GG verletzt wird.

(5) Ergebnis

Eine möglichst den bezweckten Zielen entsprechende Verzinsung erfordert die Normierung verschiedener Zinssätze. Die geringste Zinshöhe sollten freiwillige Vorauszahlungen besitzen. Ihre wesentliche Zinswirkung sollte sich auf die Vermeidung von Nachforderungszinsen beschränken. Statt jedoch gänzlich auf eine Verzinsung zu erstattender Vorauszahlungen zu verzichten, wäre es angemessen, sie jedenfalls vergleichbar mit entsprechenden Staatsanleihen zu verzinsen.

1472 Erster Bericht des Finanzausschusses vom 21.06.1988 = BT-Drucksache 11/2536 S. 61.

1473 Nr. 70 des Anwendungserlasses (AEAO) zu § 233a vom 15.07.1998 = BStBl. I 1998, 630. Zuvor ähnlich schon im BMF-Schreiben vom 08.07.1993 - IV A 5 - S 0460 a - 24/93 = BStBl. I 1993, 527.

1474 http://www.steuerzahler-nrw.de/Wider-die-Willkuer-im-Steuerrecht/59921c69555i1p128/index.html.

1475 Vgl. D.I.5.d)(3)(d) Keine Rechtsfertigung durch Billigkeitserlasse S. 345; Seer/Klemke, Neuordnung der Verzinsung von Ansprüchen aus dem Steuerschuldverhältnis S. 57; BVerfG vom 03.09.2009 - 1 BvR 2539/07 = BeckRS 2009, 39175.

Für die Vollverzinsung sind die Steuerpflichtigen in zwei unterschiedliche Gruppen zu unterscheiden. Zum einen die, die grundsätzlich verschuldet sind und für die daher Vor- und Nachteile in Höhe einer Kreditverzinsung auszugleichen sind. Zum anderen die, die grundsätzlich unverschuldet sind und bei denen nur geringere Vor- und Nachteile auszugleichen sind. Dies gilt sowohl für Erstattungen, als auch für Nachforderungen.

Bei der Stundungs- und Aussetzungsverzinsung ist es hingegen nicht notwendig, dass eine solche Unterscheidung zwischen den Steuerpflichtigen getroffen wird. Da grundsätzlich anzunehmen ist, dass die Steuerpflichtigen im Falle einer Stundung oder Aussetzung über keine ausreichende Solvenz verfügen, um die Steuerschuld zu begleichen, wären in jedem Fall Zinsen in Höhe einer Kreditverzinsung sachgerecht.

b) Dynamische Zinshöhe

„Starre Zinssätze sind – gemessen an der tatsächlichen Zinsbereicherung des Schuldners oder dem tatsächlichen Zinsschaden des Gläubigers – im Regelfall zu hoch oder zu niedrig. Aufgrund der ständigen Bewegung der Marktzinsen liegen sie stets unter oder über diesen.“[1476]

Durch Veränderungen des Zinsniveaus müssen in unregelmäßigen Abständen die Zinssätze des Steuerschuldrechtes angepasst werden, um eine unverhältnismäßig hohe oder tiefe Verzinsung zu vermeiden. Dies kann grundsätzlich auf zwei verschiedene Arten erfolgen. Zum einen kann der Gesetzgeber selbstständig tätig werden und die normierten Zinssätze anpassen, sobald sie in einem bestimmten Umfang von den idealtypischen Zinssätzen abweichen. Zum anderen kann der Gesetzgeber Referenzgrößen bestimmen, deren Veränderungen in regelmäßigen Abständen vom jeweiligen gesetzlichen Zinssatz nachgezeichnet werden. Die exakteste Methode wäre dabei eine tagesgenaue Übernahme der einzelnen idealtypischen Zinssätze.[1477]

(1) Keine Koppelung an die Entwicklung des Basiszinssatzes

Schon in der Vergangenheit hat sich in der deutschen Gesetzgebung eine Koppelung an eine klar definierte Referenzgröße für die Bestimmung von gesetzlichen Verzinsungen bewährt: Den Diskontsatz der Reichsbank, Bank deutscher Länder

1476 Kindler, Gesetzliche Zinsansprüche S. 304.

1477 So z. B. in § 155 Abs. 3 S. 1 ZVG.

oder der Deutschen Bundesbank.[1478] Seit dem Jahr 2002 hat der Basiszins in § 247 BGB diese Aufgabe übernommen. Er wird halbjährlich von der Bundesbank im Bundesanzeiger bekanntgegeben und zeichnet die Veränderungen des Zinssatzes für Hauptrefinanzierungsoperationen der Europäischen Zentralbank seit der letzten Anpassung des Basiszinses nach. Dadurch wird gewährleistet, dass die Beständigkeit und Verlässlichkeit des Rechtes gewährt bleibt und die jeweils betroffenen Parteien nicht von plötzlichen Zinsschwankungen überrascht werden.

Auch im Steuerschuldrecht ist eine Koppelung der Zinshöhe an den Diskontsatz bzw. Basiszins kein Novum. Zu Beginn der 1950er wurden in der Verwaltungspraxis der Länder bereits Veränderungen des Diskontsatzes bei den Festlegungen der Zinshöhe der steuerschuldrechtlichen Stundungsverzinsung berücksichtigt. Die Anpassungen erfolgten jedoch noch manuell durch Erlasse der Finanzminister.[1479] Im Jahr 1962 wurde erstmals auch auf Bundesebene ein Entwurf eingebracht, der vorsah die Entwicklung des Diskontsatzes bei einer steuerschuldrechtlichen Verzinsung zu berücksichtigen. Die SPD-Fraktion beabsichtigte, im Rahmen der Einkommensbesteuerung eine umfassende Verzinsung einzuführen.[1480] Statt eines fixen Zinssatzes sollte die Verzinsung einen dynamischen Zinssatz erhalten, der jeweils zwei Prozentpunkte über dem jeweiligen Diskontsatz liegen sollte.[1481] So sollte besser dem „*Gang der wirtschaftlichen Entwicklung*“[1482] entsprochen werden, als durch eine fixe Zinshöhe.[1483] Die Initiative der SPD-Fraktion wurde jedoch zurückgestellt und sollte erst im Rahmen einer weitreichenden Überarbeitung des Veranlagungsverfahrens erfolgen.[1484] Grundsätzlich stieß der Vorschlag einer dynamischen Zinshöhe auf Zustimmung. Auch im Gutachten zur Reform der direkten Steuern von 1967 schlug der Wissenschaftliche Beirat des

---

1478 Vgl. u. a. § 1 Abs. 1 des Gesetzes über die Wechsel- und Scheckzinsen vom 03.07.1925, § 64 Abs. 5 S. 2 2. Var. der Wirtschaftsbestimmungen für die Reichsbehörden vom 11.02.1929 (RWB) oder § 2 der Soll-Zinsabkommen in den Fassungen vom 23.12.1936 und vom 23.04.1940.

1479 Vgl. z. B.: Erlass des niedersächsischen Finanzministers vom 21.11.1950 = BB 1951, 17 (17); Erlass des baden-württembergischen Finanzministers vom 24.10.1952 – S 1152 = BB 1952, 908 (908).

1480 Entwurf eines Gesetzes zur Änderung des Einkommensteuergesetzes und des Gewerbesteuergesetzes vom 08.11.1962 = BT-Drucksache 4/722 S. 1.

1481 Entwurf eines Gesetzes zur Änderung des Einkommensteuergesetzes und des Gewerbesteuergesetzes vom 08.11.1962 = BT-Drucksache 4/722 S. 1.

1482 Protokoll 64. Sitzung des Bundestages vom 13.03.1963 S. 2995.

1483 Entwurf eines Gesetzes zur Änderung des Einkommensteuergesetzes und des Gewerbesteuergesetzes vom 08.11.1962 = BT-Drucksache 4/722 S. 1.

1484 Protokoll 64. Sitzung des Bundestages vom 13.03.1963 S. 2996.

Bundesministeriums der Finanzen vor, die Zinshöhe des Steuerschuldrechtes durch einen Aufschlag von zwei Prozentpunkten auf den Diskontsatz zu ermitteln.[1485] Obwohl bereits in einzelnen Gesetzen eine Koppelung an den Diskontsatz praktiziert wurde,[1486] setzten sich jedoch Bedenken durch. Insbesondere wurde die Verwaltungspraktikabilität der dynamischen Zinshöhe im Masseverfahren der Einkommensbesteuerung in Frage gestellt.[1487]

Mit dem Abrücken von der Bestrebung eine partielle Verzinsung im Bereich der Einkommensbesteuerung einzuführen und der Absicht, stattdessen eine umfassende Vollverzinsung im Steuerschuldrecht zu schaffen, nahmen die Bedenken gegen die Praktikabilität einer Koppelung an den Diskontsatz weiter zu. Die Bundesregierung äußerte in ihrer Unterrichtung über die Möglichkeit der Einführung einer Vollverzinsung im Steuerschuldrecht 1978: *„Eine Anpassung an den jeweiligen Diskontsatz würde wegen dessen Flexibilität zu erheblichen praktischen Schwierigkeiten führen*“[1488]. Obwohl sich die Einführung der Vollverzinsung noch mehr als zehn Jahre hinauszögerte und erhebliche technische Fortschritte zu verzeichnen waren, verzichtete der Gesetzgeber aus Gründen der Praktikabilität darauf, die Koppelung an den Diskontsatz für die Verzinsung im Steuerschuldrecht zu übernehmen.[1489] Kruse überspitzte im Jahr 1988: *„Der bloße Gedanke an eine Veröffentlichung des jeweils geltenden Diskontsatzes im Bundessteuerblatt nach dem Vorbild der Umsatzsteuer-Umrechnungskurse wirkt abschreckend.*“[1490]

Spätestens seit der Gesetzgeber jedoch im Jahr 2000 für die bürgerlichrechtliche Verzugs- und Prozessverzinsung eine Anknüpfung an den Basiszinssatz normierte, dürften die praktischen Bedenken ausgeräumt sein.[1491]

1485 Bundesministerium der Finanzen, Gutachten zur Reform der direkten Steuern – Heft 9 S. 44.

1486 Vgl. Weber, Der Erstattungsanspruch S. 138.

1487 Hessischer Minister der Finanzen, Entwurf eines Gesetzes zur Einführung der Selbstveranlagung und Vollverzinsung S. 25; Krein, Die Reformvorschläge zur Abgabenordnung S. 62.

1488 Unterrichtung durch die Bundesregierung vom 06.01.1978 = BT-Drucksache 8/1410, Anlage 4.

1489 BVerfG vom 03.09.2009 – 1 BvR 2539/07 = BeckRS 2009, 39175; BFH vom 29.05.2013 – X B 233/12 = BeckRS 2013, 95516; FG Hamburg vom 23.05.2013 – 2 K 50/12 = DStRE 2014, 691 (693); Baum, Die Vollverzinsung nach § 233a AO Rn. 64 S. 32. Vgl. auch Kommissionsbericht Vollverzinsung 1987 S. 34 Rn 2.3.2.2.4;

1490 *Kruse*, FR 1988, 1 (9).

1491 Bernd Heuermann erachtet eine einmalige Anpassung der Zinshöhe pro Jahr für einen sachgerechten Kompromiss zwischen Rechtssicherheit und wirtschaftlicher

Sofern es Privatpersonen zuzumuten ist, eine Verzinsung auf Grundlage eines dynamischen Basiszinssatzes zu ermitteln, muss dies dem Gesetzgeber in einem weitgehend automatisierten Besteuerungsverfahren erst recht zumutbar sein.[1492] Entsprechend wurde vermehrt gefordert, auch im Steuerschuldrecht einen dynamischen Zinssatz unter Anknüpfung an den Basiszinssatz in § 247 BGB einzuführen.[1493]

Eine alternative, regelmäßige manuelle Anpassung der Zinshöhe könnte kaum zu einem besseren Ergebnis führen.[1494] Sie wäre mit großem Aufwand verbunden und könnte bei einer direkten Regelung durch das Parlament, auf Grund langwieriger Verfahren nur jeweils nachgelagert oder rückwirkend greifen. Zudem bestände die Gefahr, dass der Gesetzgeber, zu seinem eigenen Vorteil, notwendige Anpassungen aufschiebt – wie es bei dem Ausgleich der kalten Progression in der Einkommensbesteuerung zu beobachten ist.

Die verbreitet geforderte Koppelung der steuerschuldrechtlichen Verzinsung an die Entwicklung des Basiszinssatzes hat Schwächen. Ein Vergleich der durchschnittlichen Tagesgeldverzinsung[1495] und der Verzinsung von Unternehmenskrediten[1496] mit dem jeweiligen Basiszinssatz zeigt, dass der Basiszinssatz über einen Zeitraum von sieben Jahren (Juli 2009 bis Juli 2016) durch einen Aufschlag von 0,9 Prozentpunkten bzw. 3,3 Prozentpunkten dem jeweiligen Zinssatz der Tages-

Notwendigkeit (Hübschmann/Hepp/Spitaler/*Heuermann*, Abgabenordnung Lfg. 231 § 238 S. 2 Rn. 3).

1492 Vgl. *Drüen*, FR 2014, 218 (227).

1493 *Loose*, StuW 2003, 377 (383); *Loose*, DStJG 31 (2008), 203 (213); *Loose*, EFG 2010, 1972; *Seer*, SteuerStud 2014, Beilage 2 S. 9; Seer/Klemke, Neuordnung der Verzinsung von Ansprüchen aus dem Steuerschuldverhältnis S. 112 (m. w. N.); *Jonas*, UBG 2011, 960 (961); *Ortheil*, BB 2012, 1513 (1513 ff.). A.A. *Ruff*, ZKF 2015, 129 (130); BFH vom 01.07.2014 - IX R 31/13 = DStRE 2014, 1453 Rn. 10; FG Hamburg vom 23.05.2013 - 2 K 50/12 = DStRE 2014, 691 (693).

1494 Befürwortet wird eine Anpassung durch regelmäßige Rechtsverordnungen von Joachim Lang im Rahmen eines Muster-Steuergesetzbuches für ost- und mitteleuropäische Staaten (Bundesministerium der Finanzen/*Lang*, Entwurf eines Steuergesetzbuches - Schriftenreihe Heft 49 S. 400 § 911 Abs. 1).

1495 Deutsche Bundesbank: Zeitreihe BBK01.SUD101: Effektivzinssätze Banken DE / Neugeschäft / Einlagen privater Haushalte, täglich fällig. Durchschnitt 2014: 0,3 % (http://de.statista.com/statistik/daten/studie/202273/umfrage/entwicklung-des-zinssatzes-fuer-tagesgeld-in-deutschland/).

1496 Deutsche Bundesbank: Zeitreihe BBK01.SUD013: Effektivzinssätze Banken DE / Bestände / Kredite an nichtfinanzielle Kapitalgesellschaften, Ursprungslaufzeit über 1 bis 5 Jahre.

geldverzinsung bzw. der Verzinsung von Unternehmenskrediten weitgehend entspricht.[1497] Die Abweichungen beschränken sich in der Spitze auf deutlich weniger als 0,5 Prozentpunkte. Die Betrachtung eines längeren Zeitraumes zeigt jedoch, dass der Basiszinssatz nicht in der Lage ist, dauerhaft die Entwicklung der idealtypischen Zinssätze nachzuzeichnen.[1498] Im Jahr 2008 übertraf der Basiszinssatz sogar ohne einen Aufschlag den Zinssatz für Tagesgelder. Statt eines Aufschlages von 0,9 Prozentpunkten wäre ein Abschlag von mehr als einem Prozentpunkt notwendig, um der Zinshöhe von Tagesgeldern weitgehend zu entsprechen. Diese Unbeständigkeit resultiert daraus, dass der, dem Basiszinssatz zu Grunde liegende, Hauptrefinanzierungssatz kein durch den Markt gewachsener Zinssatz ist. Statt durch Angebot und Nachfrage zu entstehen, wird er durch die Europäische Zentralbank bewusst gesetzt, um das Zinsniveau des Finanzmarktes zu beeinflussen. Dementsprechend neigt er dazu, deutlicher und schneller anzusteigen, bzw. abzusinken, als die einzelnen Verzinsungen des Finanzmarktes. Es ist möglich, den politischen Effekt des Basiszinssatzes zu reduzieren, indem statt eines fixen Aufschlages ein dynamischer Aufschlag gewählt wird, der in Abhängigkeit zur Entwicklung des Basiszinssatzes steht. Dadurch würde allerdings die Berechnung der Verzinsung deutlich an Praktikabilität verlieren.

Der Basiszinssatz ist folglich nur sehr eingeschränkt geeignet, die mittel- oder langfristigen Entwicklungen der einzelnen idealtypischen Zinshöhen nachzuzeichnen. Eine Koppelung an den Basiszinssatz würde eine manuelle Anpassung der Aufschläge erfordern, sobald die Europäische Zentralbank ihre Strategie am Finanzmarkt verändert oder andere Gründe dazu führen, dass die gewählten Aufschläge ihre Eignung verlieren. Die erforderlichen manuellen Anpassungen müssten für den Gesetzesanwender nachvollziehbar dokumentiert werden, damit auch über mehrere Jahre zurückwirkend die Berechnung der Verzinsung ohne zu großen Aufwand möglich bleibt. Dadurch wird jedoch jeder Vorteil einer Bezugnahme auf Basiszinssatz hinfällig.

1497 Vgl. Abbildung 35: Simultaner Verlauf mit Basiszinssatz 2009–2016 S. 393; Abbildung 36: Ideale Aufschläge auf den Basiszinssatz 2009–2016 S. 393.

1498 Vgl. Abbildung 37: Kein simultaner Verlauf mit Basiszinssatz 2003–2016 S. 394.

Abbildung 35: Simultaner Verlauf mit Basiszinssatz 2009–2016

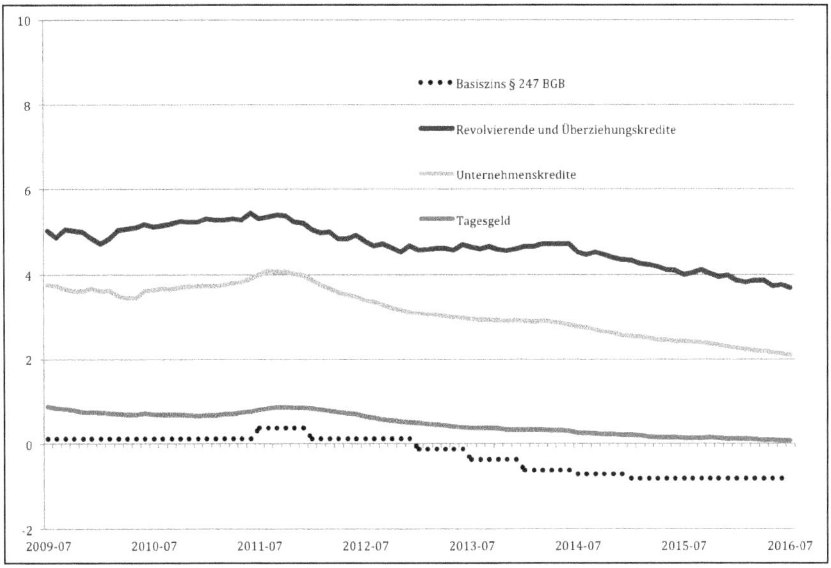

Erläuterungen zur Abbildung: Siehe S. 394.

Abbildung 36: Ideale Aufschläge auf den Basiszinssatz 2009–2016

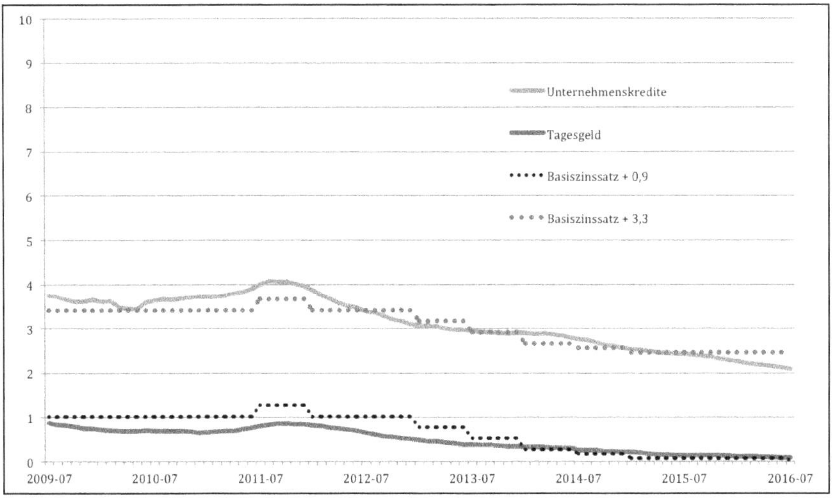

Erläuterungen zur Abbildung: Siehe S. 394.

Abbildung 37: Kein simultaner Verlauf mit Basiszinssatz 2003–2016

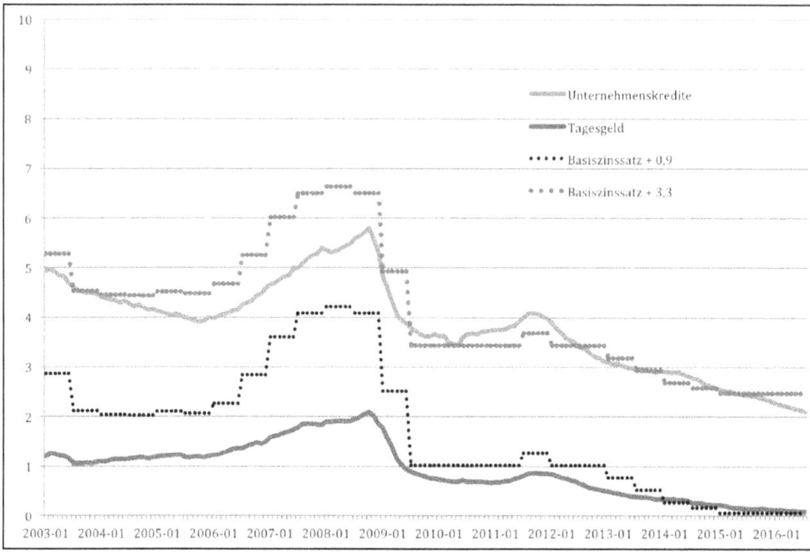

Erläuterungen zu Abbildung 35 – Abbildung 37:

Abbildung 35 zeigt, dass der Basiszinssatz seit dem Juli 2009 (x-Achse [Jahr, Monat]) weitgehen parallel zur Höhe (y-Achse[in %]) von Unternehmenskrediten und Tagesgeldanleihen verlief.

Abbildung 36 zeigt, dass durch einen Zuschlag zum Basiszinssatz um jeweils 0,9 Prozentpunkte weitgehend der Verlauf der Tagesgeldanleihen seit dem Juli 2009 (x-Achse) nachgezeichnet werden kann. Durch einen Zuschlag von 3,3 Prozentpunkten lässt sich im gleichen Zeitraum der Verlauf von Unternehmenskrediten nachzeichnen.

Abbildung 37 zeigt, dass der weitgehende Gleichlauf des Basiszinssatzes mit der Verzinsung von Tagesgeldern und Unternehmenskrediten sich lediglich auf die Zeit nach der Finanzkrise beschränkt. Zuvor führen die gewählten Zuschläge zu erheblichen Abweichungen.

Quellen: Tagesgeldanleihen = Einlagen privater Haushalte mit täglicher Fälligkeit = Zeitreihe der Bundesbank mit der Kennung BBK01.SUD101; Unternehmenskredite = Kredite an nichtfinanzielle Kapitalgesellschaften mit einer Ursprungslaufzeit von einem bis fünf Jahren = Zeitreihe der Bundesbank mit der Kennung BBK01.SUD013.

(2) Statistiken der Bundesbank

Die Erforderlichkeit regelmäßig die Auf- bzw. Abschläge auf eine politisch motivierte Referenzgrößte, wie den Basiszinssatz oder den Hauptrefinanzierungssatz, zu korrigieren, schränkt die Praktikabilität einer Kopplung an diese Referenzgrößen erheblich ein. Es wäre daher sinnvoller, unmittelbar die idealtypischen Zinssätze selbst zu übernehmen. Neben der Veröffentlichung des Basiszinssatzes gibt die Bundesbank monatsgenau die Entwicklungen der Zinshöhen für zahlreiche Anlagen und Kredite aus. Es ist ohne Weiteres möglich, diese Zinssätze für die steuerschuldrechtliche Verzinsung zu übernehmen. Für die Verzinsung bei unverschuldeten Privatpersonen wäre beispielsweise die Zeitreihe BBK01.SUD101 aussagekräftig. Sie erfasst die Effektivzinssätze deutscher Banken für neu abgeschlossene Einlagen privater Haushalte mit täglicher Fälligkeit und wird jeweils am letzten Tag eines Monats für den Vormonat veröffentlicht. Für die Verzinsung bei verschuldeten Unternehmen wäre unterdessen die Zeitreihe BBK01.SUD013 aussagekräftig. Sie erfasst die Effektivzinssätze deutscher Banken für Kredite an nichtfinanzielle Kapitalgesellschaften mit einer Ursprungslaufzeit von einem bis fünf Jahren und wird ebenfalls am letzten Tag eines Monats für den Vormonat veröffentlicht.

Die Zeitreihen könnten jeweils rückwirkend die Zinshöhe vorgeben. Dadurch würde der Zinssatz optimal der idealtypischen Zinshöhe entsprechen. Es käme jedoch gegebenenfalls zu Unsicherheiten, soweit der Steuerpflichtige ein berechtigtes Interesse daran hat, die Zinshöhe bereits im Vorfeld zu kennen, z. B. um davon abhängige Entscheidungen zu treffen. Daher könnte alternativ die Zinshöhe des vorangehenden Monats für den jeweils folgenden Monat übernommen werden. Dadurch käme es zu Abweichungen von der idealtypischen Zinshöhe. Sie würden sich bei extrem schnellen und starken Veränderungen der Zinssätze spürbar auswirken. Grundsätzlich zeigte die Entwicklung der Zeitreihen jedoch eine gewisse Trägheit. Die Zeitreihe BBK01.SUD013 weist zwischen Januar 2003 und Juni 2016 eine durchschnittliche monatliche Veränderung von nur gut 0,05 Prozentpunkten auf. Für die Zeitreihe BBK01.SUD101 ist die durchschnittliche Veränderung zum Vormonat mit ca. 0,025 Prozentpunkten sogar nur halb so groß. Zudem saldieren sich die Anstiege und Absenkungen der Zinssätze weitreichend, so dass der verbleibende Vor- bzw. Nachteil des Steuerpflichtigen durchschnittlich jeweils weniger als 0,018 Prozentpunkte bzw. 0,007 Prozentpunkte ausmacht und in seiner effektiven Wirkung vernachlässigt werden kann.

Um weiterreichende Rechtssicherheit zu gewährleisten, könnten die Zinssätze statt monatlich auch quartalsweise, halbjährlich oder jährlich an die Entwicklung der Zeitreihen angepasst werden. Die monatlich erfolgende Veröffentlichung der Umsatzsteuerumrechnungskurse hat jedoch bereits bewiesen, dass auch eine monatliche Aktualisierung mit vertretbarem Verwaltungsaufwand möglich ist. Zudem wird der Steuerpflichtige nur in den seltensten Fällen steuerschuldrechtliche Entscheidungen davon abhängig machen, dass er durch eine beständige Zinshöhe ein Mehr an Planungssicherheit erhält. Zumal die Planungssicherheit nur im Falle der Stundung oder der Aussetzung der Vollziehungen sachgerecht genutzt werden kann. Im Falle der Vollverzinsung sollte hingegen ein Interesse des Steuerpflichtigen, bewusst Erstattungen oder Nachforderungen zu generieren, nicht noch durch ein Zugeständnis an Planungssicherheit gefördert werden.

2. Das Steuergirokonto / Saldierungen

„Die Frage des sogenannten Steuerkontokorrents mit dem Finanzamt ist ja ein uralter Schuh.“[1499]

Dies sagte der Abgeordnete Helmut Artzinger bereits im Jahr 1963 im Deutschen Bundestag. Der Begriff „Steuerkonto“ wird nicht einheitlich verwendet. Zu unterscheiden ist zwischen einem verwaltungsinternen Steuerkonto, nach dem Vorbild der doppelten Buchführung, und einem externen Steuerkonto, im Verhältnis zum Steuerpflichtigen. Das verwaltungsinterne Steuerkonto, als Nachfolger einer kameralistischen Buchhaltung, wurde bereits Mitte der 1950er von der Frankfurter Finanzverwaltung erprobt.[1500] Ein externes Steuerkonto, nach Art eines Bankkontos, mit vollständiger Soll- und Habenverzinsung, wurde im Jahr 1956 von Günter Schmölders im Forschungsbericht des Wirtschafts- und Verkehrsministeriums Nordrhein-Westfalen vorgestellt und als Forderung an künftige Steuerreformen formuliert.[1501] Mehr als 60 Jahre später steht eine Erprobung des externen Steuerkontos jedoch noch aus.

Das externe Steuerkonto zeichnet sich dadurch aus, dass es möglichst umfassend die Forderungs- und Anspruchsbeziehung zwischen dem Fiskus und dem Steuerpflichtigen abbildet und dadurch eine Saldierung ermöglicht. Neben den Steuerforderungen und den Erstattungsansprüchen, können auch Nebenforderungen (§ 3 Abs. 4 AO) in das Steuerkonto aufgenommen werden. Das Steuerkonto kann als Soll-Konto ausgestaltet werden und nur die verwaltungsrechtlich beschiedenen Zahlungen erfassen oder als Ist-Konto – ähnlichen einem Bankkonto – und alle tatsächlichen Zahlungsvorgänge erfassen. Das saldierte Ergebnis aller Forderungen und Ansprüche bildet den Kontostand des Steuerkontos. Er zeigt an, ob der Steuerpflichtige gegenüber dem Fiskus zu weiteren Leistungen verpflichtet ist oder ob er vom Fiskus Zahlungen erwarten kann. Das Steuerkonto kann jedoch auch rückwirkend Forderungen aufnehmen, deren Existenz den Parteien im Zeitpunkt ihrer Entstehung noch nicht bekannt war. Dadurch ist es in der Lage, Unter- und Überzahlungen aufzuzeigen, die der Steuerpflichtige nutzen konnte oder aus denen dem Steuerpflichtigen Nachteile entstanden sind. Der Kontostand

1499 Protokoll 64. Sitzung des Bundestages vom 13.03.1963 S. 44.
1500 ZfgK 1956, 121 (122). Vgl. auch Schmölders, Forschungsberichte NRW Nr. 451 S. 60.
1501 Schmölders, Forschungsberichte NRW Nr. 451 S. 60 f.

des Steuerkontos eignet sich somit als Grundlage einer steuerschuldrechtlichen Verzinsung.[1502] Insbesondere ermöglicht das Steuerkonto einen, sonst nur sehr schwer nachvollziehbaren, Umgang mit einer möglichen Zinsesverzinsung und mit unterschiedlichen Zinshöhen für Erstattungen und Nachzahlungen. Zudem kann es, soweit Vorauszahlungen zulässig oder notwendig sind, auch diese zinswirksam erfassen. Für freiwillige Vorauszahlungen ist dabei nicht einmal die Zuweisung zu einer bestimmten Steuer notwendig. Sie können schlicht als abstraktes Guthaben für potentielle Zahlungsverpflichtungen auf dem Steuerkonto verbucht werden. Ein gemeinschaftliches Steuerkonto – etwa für verbundene Gesellschaften oder Lebenspartner und Ehegatten – kann sogar eine Saldierung zwischen verschiedenen Steuerpflichtigen ermöglichen.

Sofern jedoch für freiwillige Vorauszahlungen oder Stundungs- und Aussetzungsverzinsungen andere Zinssätze als für die Vollverzinsung angesetzt werden sollen, gerät das Steuerkonto an praktische Grenzen. Es ist lediglich in der Lage zwischen einer Soll- und Habenverzinsung zu unterscheiden und so für die Erstattungsverzinsung und die Nachforderungsverzinsung unterschiedliche Zinssätze zu handhaben. Darüber hinausgehende Unterscheidungen müssen aus der allgemeinen Kontoführung (Hauptkonto) und der damit verbundenen Saldierung ausgeklammert werden, indem sie auf gesondert verzinste Nebenkonten umgebucht werden. Erst nachdem die Grundlage für die gesonderte Verzinsung entfällt, kann eine Rückführung der Forderung in das Hauptkonto vollzogen werden und gegebenenfalls eine Auflösung von Nebenkonten erfolgen.

Das Steuerkonto hat selbst keine materiellen Auswirkungen auf die Verzinsung im Steuerschuldrecht. Es ermöglicht jedoch eine deutlich leichtere und übersichtliche Handhabung des Steuerschuldverhältnisses, indem es eine Darstellung offeriert, mit der alle Steuerpflichtigen auf Grund ihrer Bankbeziehungen ohnehin bereits vertraut sind. Notwendig ist jedoch, dass die Verteilung des Zinsaufkommens in § 3 Abs. 5 S. 1, 2 AO neu geregelt wird. Statt, wie bisher, der steuerberechtigten Körperschaft das Zinsaufkommen zuzusprechen, müsste, auf Basis empirischer Erfahrungen, ein pauschaler Verteilungsschlüssel zwischen Bund, Ländern und Kommunen ermittelt werden. Anderenfalls können die Zinsforderungen und Zinsschulden nur saldiert werden, wenn sie gegenüber der gleichen Körperschaft bestehen. Dadurch wären einzelne Steuerkonten gegenüber den jeweiligen Körperschaften notwendig und die Vorteile von Steuerkonten erheb-

1502 Seer/Klemke, Neuordnung der Verzinsung von Ansprüchen aus dem Steuerschuldverhältnis S. 120; *Behrens*, FR 2015, 214 (222); Krein, Die Reformvorschläge zur Abgabenordnung S. 58.

lich eingeschränkt. Da die Länder den überwiegenden Teil der Steuerverwaltung erbringen und auch die Steuerkonten durch sie geführt werden müssten, bietet es sich an, zunächst ihnen das Zinsaufkommen zuzusprechen. Es könnte jedoch auch dem Bund zugesprochen werden, um den Ländern den Anreiz zu nehmen, durch langwierige Verfahren Zinserträge zu erzielen. Zudem entfiele so der Aufwand einer Übertragung des Steuerkontos im Falle des Umzuges des Steuerpflichtigen in ein anderes Bundesland.

3. Besondere Zinstatbestände

a) Keine gesonderte Hinterziehungsverzinsung

Sofern eine umfassende Nachforderungsverzinsung besteht, bedarf es keiner gesonderten Hinterziehungsverzinsung mehr.[1503] Die Verzinsung hinterzogener Steuern hat schon heute nur noch praktische Bedeutung, soweit innerhalb der Karenzzeit noch keine Nachforderungszinsen entstehen.[1504]

Eine Begründung für eine, von der Vollverzinsung abweichende Höhe der Hinterziehungsverzinsung ist nicht ersichtlich. Insbesondere besitzt die Hinterziehungsverzinsung keinen Strafcharakter.[1505] Die strafrechtliche Würdigung der Hinterziehung ist ausschließlich dem Strafgericht vorbehalten und entzieht sich der Finanzverwaltung.[1506] Der Steuerhinterzieher unterscheidet sich auch nicht dergestalt von einem Nachforderungsschuldner, dass für ihn eine abweichende idealtypische Zinshöhe auszumachen wäre. Matthias Loose tritt dafür ein, die Hinterziehungen vollständig von einer gesetzlichen Verzinsung auszunehmen

---

1503 Krein, Die Reformvorschläge zur Abgabenordnung S. 57; Seer/Klemke, Neuordnung der Verzinsung von Ansprüchen aus dem Steuerschuldverhältnis S. 12.

1504 Tipke/Kruse/*Loose*, Abgabenordnung 143. Aufl. § 233 Rn. 87; Seer/Klemke, Neuordnung der Verzinsung von Ansprüchen aus dem Steuerschuldverhältnis S. 30; *Seer*, SteuerStud 2014, Beilage 2 S. 6; Krabbe, Vollverzinsung im Steuerrecht S. 85.

1505 FG Düsseldorf vom 13.07.2010 – 6 K 4585/07 = BeckRS 2011, 96040 Nr. 1; FG Baden-Württemberg vom 10.03.2010 – 11 K 62/10 = BeckRS 2010, 26028968; BFH vom 01.08.2001 – II R 48/00 = BeckRS 2001, 25006461; BFH vom 27.09.1994 – VIII B 21/94 = DStR 1995, 97; BFH vom 27.08.1991 – VIII R 84/89 = BeckRS 1991, 22010087; Seer/Klemke, Neuordnung der Verzinsung von Ansprüchen aus dem Steuerschuldverhältnis S. 127; Hübschmann/Hepp/Spitaler/*Heuermann*, Abgabenordnung Lfg. 234 § 235 S. 5 Rn. 8; Beermann/Gosch/*Kögel*, Abgabenordnung Lfg. 45 § 233 Rn. 39 S. 9; Heine, SteuK 2014, 23 (24); Klein/*Rüsken* Abgabenordnung § 235 Rn. 1; *Bilsdorfer*, NJW 2003, 2281 (2287); Baum, Die Vollverzinsung nach § 233a AO Rn. 11 S. 21; Krabbe, Vollverzinsung im Steuerrecht S. 18.

1506 Kritisch: *Kruse*, FR 1988, 1 (8).

und den tatsächlichen Vorteil aus der Hinterziehung im Rahmen des Strafverfahrens exakt zu bemessen und abzuschöpfen.[1507] Dadurch könnte es jedoch zu dem Wertungswiderspruch kommen. Denn der Steuerhinterzieher, der keine oder nur geringe Vorteile aus der zeitweisen Nutzungsmöglichkeit der finanziellen Mittel ziehen konnte, könnte besser dastehen, als der ehrliche Steuerzahler, dessen Veranlagung lediglich spät erfolgte. Daher ist es angemessen, die Nachforderungsverzinsung auch auf die Fälle hinterzogener Steuern zu erstrecken und dadurch eine Mindestabschöpfung finanzieller Vorteile vorzunehmen, unabhängig davon, ob sie tatsächlich gezogen werden konnten oder nicht. Im Rahmen eines Strafverfahrens könnte dann lediglich eine darauf aufbauende, weitergehende Abschöpfung erfolgen, sofern der tatschlich gezogene Nutzen aus der Hinterziehung die Nachforderungsverzinsung übersteigt.[1508]

b) Prozesszinsen auf Erstattungsbeträge abschaffen

Der Anwendungsraum der Prozessverzinsung auf Erstattungsbeträge beschränkt sich auf Steuern, die von der Vollverzinsung ausgenommen sind.[1509] Sie kann daher vollständig in einer umfassenden Vollverzinsung ohne Karenzzeit aufgehen.[1510]

c) Stundungs- und Aussetzungsverzinsung nicht in Nachforderungsverzinsung aufgehen lassen

Sofern eine Nachforderungsverzinsung, in Form einer Ist-Verzinsung, über den Zeitpunkt der Fälligkeit hinausreichen und für den gesamten Zeitraum von der Entstehung eines Anspruches bis zu seiner Erfüllung abdecken würde, verbliebe für die Stundungs- und die Aussetzungsverzinsung kein exklusiver Anwendungszeitraum mehr.

Sie sollte jedoch gleichwohl nicht in der Nachforderungsverzinsung aufgehen. Denn die Stundungs- und Aussetzungsverzinsung folgt – sofern es sich nicht um eine aufgedrängte Aussetzungsverzinsung handelt – auf die bewusste Entscheidung

1507 Tipke/Kruse/*Loose*, Abgabenordnung 143. Aufl. § 235 Rn. 1.

1508 Seer/Klemke, Neuordnung der Verzinsung von Ansprüchen aus dem Steuerschuldverhältnis S. 127.

1509 Seer/Klemke, Neuordnung der Verzinsung von Ansprüchen aus dem Steuerschuldverhältnis S. 31.

1510 Krein, Die Reformvorschläge zur Abgabenordnung S. 57; Seer/Klemke, Neuordnung der Verzinsung von Ansprüchen aus dem Steuerschuldverhältnis S. 126; *Seer*, DB 2014, 1945 (1952).

des Steuerpflichtigen. Der Steuerpflichtige zieht es vor, statt einer (vorläufigen) Steuerzahlung, eine Stundung oder Aussetzung zu beantragen. Wird für die Stundungs- und Aussetzungsverzinsung eine Zinshöhe in Höhe eines Kontokorrentkredites angesetzt, so wären alle solventen oder kreditwürdigen Steuerpflichtigen gut beraten, durch die Zahlung der Steuer die Stundungs- und Aussetzungsverzinsung zu vermeiden. Einzig die Steuerpflichtigen, die nicht kreditwürdig sind oder deren Zinsbelastung für einen Kredit noch höher wäre, als die Belastung durch die Stundungs- oder Aussetzungsverzinsung, würden eine Stundung oder Aussetzung beantragen. Der hohe Zinssatz der Stundungs- und Aussetzungsverzinsung würde folglich nur die Steuerpflichtigen treffen, für die er angemessen wäre. Daher kann für die Stundungs- und Aussetzungsverzinsung auch bedenkenlos für alle Steuerpflichtigen ein hoher Zinssatz herangezogen werden. Eine Aufteilung der Steuerpflichtigen in eine typischerweise verschuldete und eine typischerweise unverschuldete Gruppe ist nicht notwendig. Selbst innerhalb der grundsätzlich unverschuldeten Gruppe würde die hohe Zinsbelastung hauptsächlich die verschuldeten Steuerpflichtigen treffen. Die unverschuldeten Steuerpflichtigen könnten die Zinsverpflichtung durch freiwillige Zahlungen abwenden.

Lediglich sofern für die Stundungs- und die Aussetzungsverzinsung ein mit der Nachforderungsverzinsung identischer Zinssatz angesetzt werden soll und auf eine differenziertere Bestimmung der Zinshöhe verzichtet wird, wäre es möglich, die Stundungs- und die Aussetzungsverzinsung in der Nachforderungsverzinsung aufgehen zu lassen.[1511]

d) Säumniszuschlag

(1) Eigenschaften als Zins und Zwangsmittel trennen

Der Säumniszuschlag in § 240 AO besitzt auf Grund seiner prozentualen Bemessung an ausstehenden Steuerzahlungen wesentliche Gemeinsamkeiten mit der Verzinsung des Steuerschuldrechtes.[1512] Dies zeigt nicht zuletzt seine Entstehungsgeschichte. Soweit der BFH äußerte, „*Säumniszuschläge lassen sich… nicht mit Zinsen (Stundungszinsen, § 234 AO 1977, Prozeßzinsen, § 236 AO 1977 oder Aussetzungszinsen, § 237 AO 1977) vergleichen; sie stellen nicht – wie Zinsen – ein Entgelt für die Nutzung eines auf Zeit überlassenen Geldkapitals dar… Säumnis-*

1511 Dafür: Seer/Klemke, Neuordnung der Verzinsung von Ansprüchen aus dem Steuerschuldverhältnis S. 60; Krein, Die Reformvorschläge zur Abgabenordnung S. 57.

1512 Hübschmann/Hepp/Spitaler/*Heuermann*, Abgabenordnung Lfg. 231 § 240 S. 7 f. Rn. 11; *Koch*, KStZ 2004 121 (126 f.); Staudinger/*Blaschczok*, Bürgerliches Recht, § 246 Rn. 335.

zuschläge sind vielmehr ein Druckmittel eigener Art, durch das der Steuerpflichtige zur rechtzeitigen Entrichtung der fälligen Steuer angehalten werden soll",[1513] ließ er eine hinreichende Differenzierung vermissen.

Zwar erkannte der BFH zu Recht, dass der Vorgänger der Säumniszuschläge, die als Verzugsverzinsung bezeichnete Säumnisverzinsung in § 104 RAO 1919, einen an § 288 BGB 1900 angelehnten, reinen Zinscharakter hatte und dieser zur Zeit der Hyperinflation mehr und mehr der Funktion als Zwangsmittel wich.[1514] Jedoch betrifft dies lediglich die finale Zweckbestimmung der Säumniszuschläge.

In ihrer praktischen Umsetzung orientieren sich die Säumniszuschläge nach wie vor an der Höhe von Zinsen. Das Ziel, mögliche ersparte Zinsaufwendungen abzuschöpfen, war und ist – mit Ausnahme des einmaligen Säumniszuschlages zwischen 1934 und 1949 – stets die Grundlage der Bemessung der Höhe der Säumniszuschläge gewesen.[1515] Die Abschöpfung von finanziellen Vorteilen ist seit der Zeit der Hyperinflation lediglich nicht mehr der einzige Zweck der Säumniszuschläge. Bei der Begründung des aktuellen Säumniszuschlages zogen sowohl der Wirtschaftsrat des vereinigten Wirtschaftsgebietes 1949[1516] als auch der Bundestag 1961[1517] ausdrücklich die Zinshöhe von Überziehungskrediten zu Maß. Der Säumniszuschlag soll die Zinshöhe von Überziehungskrediten minimal übertreffen, um alle denkbaren Vorteile aus einer Säumnis abzuschöpfen. So soll er alle Anreize einer Säumnis nehmen und darüber hinaus einen Zahlungsdruck auf den Steuerpflichtigen ausüben. Damit ist die praktische Umsetzung der Säumniszuschläge durch einen Doppelcharakter aus Zins und Zwangsmittel

---

1513 BFH vom 14.01.1992 – IX R 226/87 = BeckRS 1992 22000131. Zurückzuführen auf die Rechtsprechung des BFH vom 17.09.1953 – V 10/53 = DStR 1953, 524 (524 f.); Ebenso: Hübschmann/Hepp/Spitaler/*Von Wallis,* Abgabenordnung Lfg. 57 StSäumG § 1 Anm. 1.

1514 Entwurf der Reichsabgabenordnung = Drucksache der Verfassungsgebenden deutschen Nationalversammlung Nr. 759 vom 06.08.1919 S. 587; Becker, Reichsabgabenordnung 3. Aufl. § 104 Rn. 1; Becker/Riewald, Reichsabgabenordnung 9. Aufl. Vor § 1 StSäumnG Abs. 1, 2.

1515 *Behrens*, FR 2015, 214 (215); Seer/Klemke, Neuordnung der Verzinsung von Ansprüchen aus dem Steuerschuldverhältnis S. 37; So auch die zitierte, nicht veröffentlichte Vorinstanz im Urteil des BFH vom 10.11.1955 – IV 628/54 U = BeckRS 1955, 21002713.

1516 Zweiter Entwurf des Zweiten Gesetzes zur vorläufigen Neuordnung von Steuern = Drucksache des Wirtschaftsrates Nr. 892 vom 04.02.1949 S. 16.

1517 Begründung zum ersten Entwurf eines Steueränderungsgesetzes 1961 vom 04.03.1961 = BT-Drucksache 3/2573 S. 34 zu Art. 11 § 1 Abs. 1.

geprägt.[1518] Dies zeigt auch die systematische Einordnung des Säumniszuschlages zusammen mit der Verzinsung in einem gemeinsamen Abschnitt Abgabenordnung – wenngleich dem Säumniszuschlag durch den Gesetzgeber ein gesonderter Unterabschnitt zugewiesen wurde.[1519]

Aus wirtschaftlicher Perspektive weist der Säumniszuschlag zudem alle Merkmale eines Zinses auf.[1520] Seine Höhe bemisst sich an der säumigen Steuerschuld und der Dauer der Säumnis.[1521] Für den Steuerschuldner erscheint der Säumniszuschlag daher als erhöhte Nachforderungsverzinsung, vergleichbar mit der Verzinsung von Überziehungskrediten.[1522] Der jetzige, seit 1961 unverändert bestehende Säumniszuschlag kann daher nicht nur mit Zinsen verglichen werden, er muss es sogar.[1523] Richtigerweise hat der BFH daher angenommen, *„daß mit*

1518 BFH vom 07.07.1999 - X R 87/96 = BeckRS, 1999 30065904; BFH vom 29.08.1991 – V R 78/86 = BeckRS 1991, 22010090; VG Cottbus vom 03.09.2014 – VG 1 K 977/12 = BeckRS 2014, 56768; Tipke/Kruse/*Loose*, Abgabenordnung 132. Aufl. § 240 Rn. 1; *Behrens*, FR 2015, 214 (215); Seer/Klemke, Neuordnung der Verzinsung von Ansprüchen aus dem Steuerschuldverhältnis S. 37; *Seer*, SteuerStud 2014, Beilage 2 S. 11; BFH vom 08.11.1955 – V 90/55 S = DB 1956, 36 (36); Hübschmann/Hepp/Spitaler/*Heuermann*, Abgabenordnung Lfg. 233 § 240 S. 6 f., 8 Rn. 9, 13. Zuvor noch BFH vom 10.11.1955 – IV 628/54 U = BeckRS 1955, 21002713; Hübschmann/Hepp/Spitaler/*Von Wallis*, Abgabenordnung Lfg. 76 StSäumG § 6 Anm. 1. Missverständlich die Äußerung des Gesetzgebers: *„Er ist ein dem Steuerrecht eigenes Druckmittel…"* (Begründung zum Entwurf einer Abgabenordnung 1974 vom 19.03.1971 = BT-Drucksache 6/1982 S. 173), da das Hervorheben der einen Eigenschaft nicht bedeutet, dass es keine Zweite Eigenschaft geben kann, wie die Gegenäußerung der Bundesregierung zu der Stellungnahme des Bundesrates zeigt (Stellungnahme des Bundesrates zum Entwurf einer Abgabenordnung 1974 vom 19.03.1971 = BT-Drucksache 6/1982 S. 218).

1519 FG München vom 21.05.2013 – 10 K 1310/10 = BeckRS 2013, 96120; *Koch*, KStZ 2004 121 (127).

1520 Der Rechtsausschuss des Bundes sieht in ihnen sogar: *„in erster Linie einen Zinssatz"* (Bericht und Antrag des Finanzausschusses vom 07.11.1975 = BT-Drucksache 7/4292 S. 15); Teske, Steueränderungsgesetz 1961 S. 53. Wohl auch: Krein, Die Reformvorschläge zur Abgabenordnung S. 53.

1521 A.A. BFH vom 08.11.1955 – V 90/55 S = DB 1955, 36 (36): Demnach sollen Säumniszuschläge unabhängig von der Dauer der Säumnis sein, da der Säumniszuschlag nach einem Tag Säumnis und nach einem Monat Säumnis gleich hoch ist.

1522 *Weber*, DStR 1969, 72 (74 Fn. 6); Becker/Riewald, Reichsabgabenordnung 9. Aufl. Vor § 1 StSäumnG Vor 1 Abs. 8; Reichsfinanzhof vom 03.01.1928 = RFHE Bd. 23 S. 2. A.A. BFH vom 10.11.1955 – IV 628/54 U = BeckRS 1955, 21002713.

1523 Becker/Riewald, Reichsabgabenordnung 9. Aufl. § 123 Anm. 3 Abs. 5; Vor § 1 StSäumnG Vor 1 Abs. 7.

den Säumniszuschlägen auch ein zusätzlicher Zweck verfolgt werde, nämlich die Gegenleistung für das Hinausschieben der Zahlung…".[1524]

In Fällen in denen die Eigenschaft als Zwangsmittel entfällt – etwa, weil der Steuerpflichtige auf Grund seiner Insolvenz außerstande war, der Zahlungsverpflichtung nachzukommen – ist der BFH sogar dazu übergegangen, die Eigenschaft des Säumniszuschlages als Gegenleistung für den Kapitalgebrauch von der Eigenschaft als Zwangsmittel zu trennen.[1525] Durch eine Reduzierung des Säumniszuschlages um monatlich 0,5 Prozentpunkte könne die vorteilsabschöpfende Gegenleistung für den Kapitalgebrauch als Äquivalent zur Stundungs- oder Aussetzungsverzinsung eigenständig fortbestehen, so der BFH.[1526] Auch soweit sich der Säumniszuschlag mit anderen Verzinsungen überschneidet, wird er zur Hälfte erlassen, da die Gegenleistung für den Kapitalgebrauch bereits durch diese Verzinsungen erbracht wurde.[1527]

Vergleichbare Zwangsgelder, wie etwa nach § 328 Abs. 1 AO, kennen eine solch enge Anknüpfung an eine offene Zahlungsverpflichtung nicht. Bei ihnen werden lediglich, über eine Verhältnismäßigkeitsprüfung, ersparte Zinsaufwendungen berücksichtigt. Stattdessen kennen sie sogar eine Deckelung – z. B. auf maximal 25.000 € (§ 329 AO) – die es dem Hoheitsträger auch dann verbietet, höhere Zwangsgelder festzulegen, wenn der Umfang der offenen Zahlungsverpflichtung annehmen lässt, dass der Schuldner deutlich darüber hinausgehende Nutzungen ziehen konnte.

1524 BFH vom 29.08.1991 – V R 78/86 = BeckRS 1991, 22010090 m. w. N. Zuletzt entsprechend: BFH vom 14.05. 2008 – II B 49/07 NV = DStRE 2008, 1099. Ebenso: FG München vom 21.05.2013 – 10 K 1310/10 = BeckRS 2013, 96120; VG Cottbus vom 03.09.2014 -VG 1 K 977/12 = BeckRS 2014, 56768.

1525 BFH vom 07.07.1999 – X R 87/96 = BeckRS 1999, 30065904; BFH vom 29.08.1991 – V R 78/86 = BeckRS 1991, 22010090 m. w. N.; FG München vom 21.05.2013 – 10 K 1310/10 = BeckRS 2013, 96120. Vgl. auch *Kohlhass*, DStR 2010, 2387 (2387 f.).

1526 BFH vom 14.05. 2008 – II B 49/07 NV = DStRE 2008, 1099; BFH vom 07.07.1999 – X R 87/96 = BeckRS 1999, 30065904; BFH vom 29.08.1991 – V R 78/86 = BeckRS 1991, 22010090. A.A. wohl Felix, Die Rechtsfolgen der Steuersäumnis S. 26. Obwohl er dennoch in anderen Fragestellungen der Zuschlag als Zins erachtet. Beispielsweise für die Anrechnung von Teilleistungen oder den Billigkeitserlass. (A.a.O. S. 53 f., S. 55 f.),

1527 AEAO zu § 233a Nr. 64; Hübschmann/Hepp/Spitaler/*Heuermann*, Abgabenordnung Lfg. 231 § 240 S. 8 Rn. 13; Seer/Klemke, Neuordnung der Verzinsung von Ansprüchen aus dem Steuerschuldverhältnis S. 37; *Seer,* SteuerStud 2014, Beilage 2 S. 11. Ablehnend: Tipke/Kruse/*Loose*, Abgabenordnung 143. Aufl. § 233a Rn. 84; *Kruse*, FR 1988, 1 (9).

Im Rahmen einer Reform der Verzinsung des Steuerschuldrechtes sollte die Doppelnatur des Säumniszuschlages aufgelöst werden.[1528] Dadurch würde ein differenzierter Umgang mit beiden Eigenschaften des gegenwärtigen Säumniszuschlages ermöglicht. Die vorteilsabschöpfende Gegenleistung für den Kapitalgebrauch könnte sich in Form einer echten Säumnisverzinsung dynamisch an den Zinshöhen des Finanzmarktes orientieren und das Druckelement könnte als Säumnisgeld – ähnlich dem Zwangsgeld in §§ 328, 329 AO – zielgenauer die Vorwerfbarkeit der Säumnis berücksichtigen.

(2) Zinseigenschaft nicht in Nachforderungsverzinsung aufgehen lassen

Die Eigenschaft des Säumniszuschlages als Gegenleistung für den Kapitalgebrauch, bzw. als pauschalisierte Abschöpfung der Nutzungsmöglichkeiten des Kapitals, könnte weitgehend in einer einheitlichen, über den Zeitpunkt der Fälligkeit hinausgehenden Nachforderungsverzinsung aufgehen. Für eine zweckmäßige Verzinsung muss jedoch – wie schon bei der Stundungs- und Aussetzungsverzinsung – berücksichtigt werden, dass die zur Bestimmung der Zinshöhe der Nachforderungsverzinsung gemachten Annahmen nicht übertragbar sind, sofern der Steuerpflichtige säumig ist. Für säumige Steuerpflichtige ist statt einer Zinshöhe von Anlagen oder gering verzinsten Unternehmenskrediten die Zinshöhe von Überziehungskrediten anzusetzen. Weder sind diejenigen säumigen Steuerpflichtigen schutzwürdig, die nur geringe Vorteile aus der längeren Nutzungsmöglichkeit der finanziellen Mittel ziehen konnten, noch ist die Gesamtheit der säumigen Steuerpflichtigen gegenüber den Steuerpflichtigen zu privilegieren, die eine Stundung oder eine Aussetzung der Vollziehung beantragt haben und dafür höhere Zinsen zu entrichten haben. Es wäre daher nötig, die Nachforderungsverzinsung während der Säumnis zu erhöhen oder sie durch eine, gegenüber der Nachforderungsverzinsung erhöhte, Säumnisverzinsung abzulösen.

e) Einheitliche Fälligkeitsverzinsung

Sowohl der Stundungs- und der Aussetzungsverzinsung als auch der Zinseigenschaft des Säumniszuschlages (Säumnisverzinsung) kann die Zinshöhe von Überziehungskrediten zu Grunde gelegt werden. Da die Verzinsungen zusammen alle denkbaren Formen der Verzinsung in einem gemeinsamen Zeitraum abdecken, können sie für die Zwecke der Verzinsung einheitlich behandelt werden. Zur

---

1528 Seer/Klemke, Neuordnung der Verzinsung von Ansprüchen aus dem Steuerschuldverhältnis S. 125 f.; *Seer*, DB 2014, 1945 (1953).

praktischen Handhabbarkeit sollte daher die aufschiebende Wirkung der Stundung oder der Aussetzung der Vollziehung für die Zwecke der steuerschuldrechtlichen Verzinsung schlicht unberücksichtigt bleiben. Dadurch entstände eine einfach zu handhabende, einheitliche Fälligkeitsverzinsung, beginnend mit dem regelmäßigen Eintritt der Fälligkeit.

Als Zinshöhe wäre für die einheitliche Fälligkeitsverzinsung – wie bereits zur Stundungs- und der Aussetzungsverzinsung bzw. zur Zinseigenschaft des Säumniszuschlages dargestellt – der Zinssatz von Überziehungskrediten anzusetzen. Sofern für die Zwecke der Nachforderungsverzinsung eine Differenzierung zwischen den Steuerpflichtigen erfolgt, die unterschiedliche idealtypische Überziehungszinssätze naheläge, könnten auch im Rahmen der Fälligkeitsverzinsung mehrere verschiedene Zinssätze zur Anwendung kommen. Eine Unterscheidung zwischen Unternehmen und Privatpersonen würde etwa die Möglichkeit eröffnen, für Unternehmen eine der Zeitreihe der Bundesbank mit der Kennung BBK01.SUD123 entsprechende Zinshöhe vorzusehen. Sie gibt den monatlichen durchschnittlichen effektiven Zinssatz deutscher Banken für die Neugeschäfte mit revolvierenden Krediten und Überziehungskrediten an nichtfinanzielle Kapitalgesellschaften aus. Für Privatpersonen könnte – sofern die Ansetzung einer höheren Verzinsung politisch durchsetzbar wäre – sodann eine Zinshöhe angesetzt werden, die der Zeitreihe der Bundesbank mit der Kennung BBK01. SUD112 entspräche. Sie gibt den monatlichen durchschnittlichen effektiven Zinssatz deutscher Banken für die Neugeschäfte mit revolvierenden Krediten, Überziehungskrediten und Kreditkartenkrediten an private Haushalte aus.

Sofern sich der Ansatz mehrerer, nach der Typisierung der Steuerpflichtigen differenzierender Überziehungszinssätze nicht anböte, wäre als einheitlicher Fälligkeitszins der Zinssatz deutscher Banken für die Neugeschäfte mit revolvierenden Krediten und Überziehungskrediten anzusetzen. Er fällt gegenüber dem Zinssatz deutscher Banken für die Neugeschäfte mit revolvierenden Krediten, Überziehungskrediten und Kreditkartenkrediten an private Haushalte geringer aus und verhinderte so eine zu starke, möglicherweise ruinöse Benachteiligung einzelner Steuerpflichtiger. Möglichem Missbrauch der Stundung oder der Aussetzung der Vollziehung kann der Gesetzgeber im Einzelfall durch die Ablehnung des Stundungs- oder Aussetzungsbegehrens begegnen. Der Ausnutzung einer kalkulierten Säumnis ständen bereits die, zur Säumnisverzinsung hinzukommenden Säumnisgelder entgegen.

f) Akzessorietät

Grundsätzlich herrscht bei Verzinsungen eine Akzessorietät zwischen der Zinsbasis und den Zinsen. Im Steuerschuldrecht hat der Gesetzgeber jedoch lediglich für die Vollverzinsung eine umfassende Akzessorietät vorgesehen (vgl. § 233a Abs. 5 AO). Bei der Hinterziehungsverzinsung, der Stundungsverzinsung, der Prozessverzinsung und den Säumniszuschlägen hat er die Akzessorietät hingegen explizit eingeschränkt und bestimmt, dass Änderungen, Aufhebungen und Berichtigungen der Steuerbescheide – und damit Änderungen der Zinsbasis – nicht zu einer rückwirkenden Korrektur von bereits entstandenen Zinsen führen. Dies muss als Fehler erachtet werden. Zinsen sind ausschließlich dafür da, Vermögensvor- und -nachteile auszugleichen. Sollte sich durch einen Fehler oder ein späteres Ereignis herausstellen, dass etwa eine Stundung oder Aussetzung der Vollziehung bei einer, von Anfang an zutreffenden Veranlagung gar nicht nötig gewesen wäre, so müsste auch die dafür geforderte Verzinsung erstattet werden. Denn der Zinsschuldner konnte tatsächlich gar keine unberechtigten Vorteile ziehen, die abzuschöpfen gewesen wären. Dies zeigt sich auch darin, dass der Gesetzgeber die Akzessorietät wahrt, soweit der Steuerpflichtige schlicht die Steuerschuld begleicht, statt eine Stundung oder Aussetzung der Vollziehung in Anspruch zu nehmen. Denn in diesen Fällen stehen ihm bei einer Änderungen, Aufhebungen und Berichtigungen des Steuerbescheides Erstattungszinsen zu. Spiegelbildlich verhält es sich bei Prozesszinsen auf Erstattungsbeträge.

Selbst bei der Hinterziehungsverzinsung müssen Änderungen, Aufhebungen und Berichtigungen des Steuerbescheides berücksichtigt werden. Sie ändern zwar nichts am subjektiven Unrecht der rechtswidrigen Tat. Sie führen jedoch dazu, dass der Vorteil, den der Hinterziehende aus seiner Tat ziehen konnte, im Ergebnis anders war, als es zunächst beschieden wurde. Da die Verzinsung keinen Strafcharakter hat, verbleibt kein Grund nicht auch die Verzinsung rückwirkend zu korrigieren.

Bei den Säumniszuschlägen ist hingegen zu differenzieren. Soweit der Säumniszuschlag als Zwangsgeld fungierte, muss er trotz Korrekturen der Steuerfestsetzung bestehen bleiben. Denn insoweit wird kein Vorteil ausgeglichen, sondern lediglich ein Druckmittel vollstreckt. Soweit jedoch die Zinseigenschaft des Säumniszuschlages im Vordergrund steht (Säumnisverzinsung) und lediglich die finanziellen Vorteile des Steuerpflichtigen abgeschöpft werden sollen, müssen Änderungen, Aufhebungen und Berichtigungen der Steuerfestsetzung bei der Verzinsung Berücksichtigung finden.

V. Gesetzesentwurf in Form eines Steuergirokontos

Auf Basis der zuvor gemachten Änderungsvorschläge soll der folgende Gesetzesentwurf ein Beispiel für eine mögliche praktische Umsetzung geben. Zu diesem Zweck sollen die Annahmen gelten, dass Privatpersonen grundsätzlich unverschuldet sind und Unternehmen grundsätzlich verschuldet sind. Im Rahmen des Entwurfes soll nicht streng zwischen einem Unternehmer und einer Privatperson unterschieden werden und sodann eine einheitliche Behandlung aller Einkünfte stattfinden. Stattdessen soll die aufwendigere Umsetzung einer Anknüpfung an die Qualifikation jedes Steuerbescheides dargestellt werden.

Die *kursiven Kommentierungen* dienen dem einfacheren Verständnis der Normen. Sie sind nicht selbst Gegenstand des Gesetzesentwurfes.

1. § 1 – Steuerkonten

(1) Ein oder mehrere Steuerpflichtige zusammen (Kontoinhaber) führen Steuerkonten. Die Steuerkonten bilden alle Zahlungen und Forderungen der Steuerschuldverhältnisse der Kontoinhaber ab.

Dies beinhaltet auch steuerliche Nebenleistungen (§ 3 Abs. 4 AO).

(2) Ein Steuerkonto besteht aus einem Hauptkonto, einem dazugehörigen Verrechnungskonto und einem dazugehörigen Fälligkeitskonto.

Für die Zinsbasen unterschiedlicher Zinssätze müssen jeweils einzelne Salden gebildet werden. Daher müssen Buchungen in getrennten Konten erfolgen.

(3) Ein Steuerkonto gilt als privates Steuerkonto, wenn auf ihm ausschließlich Buchungen vorgenommen werden, deren Grundlage nicht einer unternehmerischen Tätigkeit zuzuordnen ist. Nicht private Steuerkonten sind unternehmerische Steuerkonten.

Es gibt zwei Formen der Steuerkonten: Private Steuerkonten und unternehmerische Steuerkonten. Für sie gelten unterschiedliche Zinssätze, um die idealtypischen Zinssätze zielgerechter bestimmen zu können.

(4) Jeder Steuerpflichtige führt ein primäres Steuerkonto. Daneben kann er aus begründetem Anlass weitere optionale Steuerkonten führen.

Für einzelne Steuerpflichtige kann es sinnvoll sein, verschiedene, getrennte Steuerkonten zu führen, um einzelne Beziehungen übersichtlicher darzustellen. Zudem können mehrere Konten nötig sein, um unternehmerisch tätig zu sein, ohne dass es zu einer Infektionswirkung kommt und für alle Forderungen aus dem Steuerschuldverhältnis eine erhöhte Verzinsung zur Anwendung kommt.

(5) Ein optionales Steuerkonto ist zu führen, soweit der Steuerpflichtige mit anderen Steuerschuldnern als Gesamtschuldner (§ 44 AO) haftet. Diesem Konto sind alle Zahlungen und Forderungen zuzuordnen, auf die sich die Gesamtschuldnerschaft erstreckt. Gleiches gilt für die Gesamtgläubigerschaft.

Sofern beispielsweise Beteiligungen an Personengesellschaften bestehen, dient es der Übersichtlichkeit, für die Beteiligungen eigene Steuerkonten einzurichten.

(6) Ein optionales Steuerkonto kann geführt werden, soweit der Steuerpflichtige es für eine ausschließlich private Kontoführung benötigt.

Durch diesen Absatz wird eine strenge Differenzierung zwischen Privatpersonen und Unternehmen aufgegeben und die Verzinsung lediglich auf die Qualifizierung der Einkünfte gestützt. Ohne diesen Absatz wäre eine Schwelle festzulegen, bis zu der eine natürliche Person für die Zwecke der Verzinsung vollständig als Privatperson zu erachten wäre, bzw. ab wann sie vollständig als Unternehmen zu erachten wäre. Die Differenzierung nach der jeweiligen Qualifikation der Einkommen ermöglicht hingegen einen fließenden Übergang. Sie eröffnet zudem Gestaltungsmöglichkeiten. Insbesondere wäre der Steuerpflichtige geneigt, die jeweils höher verzinsten Steuerschulden priorisiert zu tilgen. Ein relevantes Missbrauchspotential kann bisher nicht ausgemacht werden.

(7) Soweit in diesem Abschnitt nicht anders bestimmt, finden auf die Kontoführung die Normen des Zivilrechtes Anwendung.

Das Steuergirokonto soll soweit wie möglich dem Girokonto im Privatrecht entsprechen. Fehlende Regelungen zu rein praktischen Umsetzungsfragen können daher durch eine Heranziehung der entsprechenden Normen des Zivilrechtes kompensiert werden.

(8) Das Bundesministerium der Finanzen wird ermächtigt, mit Zustimmung des Bundesrates durch Rechtsverordnung Einzelheiten des Steuerkontos und seiner Durchführung zu regeln.

Im Rahmen einer solchen Verordnung wären unter anderem die Begriffe „Unternehmen“ und „Privatpersonen“ zu definieren, bzw. in diesem Fall zu definieren, welche Einkünfte einem Privatprivatkonto zugeordnet werden können.

2. § 2 – Hauptkonto

(1) Geldleistungen an den Fiskus erfolgen ausschließlich von einem Hauptkonto.

Das Hauptkonto ist das zentrale Buchungskonto zur Zahlung von Steuern und Nebenleistungen.

(2) Sobald eine Steuerschuld oder eine sonstige Forderung entsteht, reduziert sie das Guthaben des Hauptkontos (Zahlung). Soweit das Guthaben nicht ausreicht, um die Schuld zu begleichen entsteht ein Fehlbetrag. Zahlungen können auch

rückwirkend zinswirksam auf das Guthaben des Kontos einwirken. Hinterzogene oder verkürzte Steuern reduzieren das Guthaben zu dem Zeitpunkt, zu dem die Forderung ohne die Hinterziehung entstanden wären.

Der Saldo des Hauptkontos bildet den Unterschied zwischen der tatsächlichen Steuerzahlung und der letztendlich beschiedenen Zahlungsverpflichtung ab. Jede Zahlungsverpflichtung wird im Moment ihrer Entstehung vom Konto erfasst.

(3) Durch Einzahlungen kann ein Fehlbetrag reduziert werden. Soweit Vorauszahlungen auf Steuern oder die Leistung von Sicherheiten in Geld erforderlich oder genehmigt sind (notwendiges Guthaben), kann eine Einzahlung über den Ausgleich eines Fehlbetrages hinausgehen und zu einem Guthaben auf dem Hauptkonto führen.

Steuerzahlungen und andere gestattete oder geforderte Zahlungen dienen der Saldierung des Hauptkontos. Sie reduzieren das Soll (Fehlbetrag) oder erhöhen das notwendige Guthaben.

(4) Bei berechtigtem Interesse des Kontoinhabers sollen auf Antrag freiwillige Vorauszahlungen auf das Hauptkonto genehmigt werden. Vorauszahlungen können sowohl auflösend bedingt, als auch zeitlich befristet genehmigt werden. Wird ein Antrag im Sinne dieses Absatzes genehmigt, so wird ein entsprechendes Guthaben, sobald und soweit verfügbar, vom Verrechnungskonto auf das Hauptkonto transferiert.

Effektiv führen die genehmigten Zahlungen dazu, dass der Steuerpflichtige eine erhöhte Habenverzinsung gegenüber dem Verrechnungskonto erhält. Dies könnte etwa der Fall sein, soweit der Kontoinhaber einen noch nicht rechtskräftigen Bescheid bereits erhalten hat. Grundsätzlich würde jedoch auch der Weg über das Verrechnungskonto ausreichen, um dem Interesse des Steuerpflichtigen zu genügen. Regelbeispiele können gegebenenfalls im Rahmen einer Rechtsverordnung normiert werden.

3. § 3 – Auszahlungen

Auf Verlangen des Kontoinhabers soll nicht erforderliches Guthaben auf einem Steuerkonto ausgezahlt werden.

Guthaben stehen dem Steuerpflichtigen grundsätzlich zur Auszahlung zu. Sofern jedoch auf eine Auszahlung unmittelbar eine Einzahlung folgen müsste, kann eine Auszahlung im Ermessen der Steuerverwaltung verweigert werden.

4. § 4 – Verrechnungskonto

(1) Freiwillige Zahlungen auf das Verrechnungskonto sind jederzeit ohne Genehmigung zulässig. Das Verrechnungskonto hat zu diesem Zweck eine IBAN und BIC-Kennung.

Das Verrechnungskonto ist das Konto mit der geringsten Zinshöhe. Es dient der Verzinsung von freiwilligen Vorauszahlungen. Der Steuerpflichtige soll auf dieses Konto durch einfache Überweisungen unkompliziert Einzahlungen vornehmen können.

(2) Entstehen auf dem Hauptkonto Fehlbeträge, so sind sie mit dem Guthaben des Verrechnungskonto zu verrechnen. Das gilt auch für den zinswirksamen Ausgleich rückwirkend entstehender Fehlbeträge, soweit zeitgleich ein Guthaben auf dem Verrechnungskonto vorhanden war.

Das Verrechnungskonto deckt auch rückwirkend alle Fehlbeträge auf dem Hauptkonto, soweit das dafür notwendige Guthaben vorhanden war.

(3) Nicht notwendiges Guthaben auf dem Hauptkonto soll auf das Verrechnungskonto übertragen werden.

Eine rückwirkende Verrechnung von Guthaben findet nicht statt. Insoweit kommt die erhöhte Erstattungsverzinsung zum Tragen. Erst durch eine aktive Umbuchung kann ein Guthaben auf das geringer verzinste Verrechnungskonto transferiert werden. Denn nur dann besteht für den Steuerpflichtigen die Möglichkeit sich das Guthaben auszahlen zu lassen und es zu nutzen.

(4) Sofern auf einem Hauptkonto oder einem Verrechnungskonto ein Guthaben existiert und für den gleichen Zeitraum auf dem Hauptkonto eines anderen Steuerkontos des gleichen Kontoinhabers ein Fehlbetrag vorhanden ist, findet eine Verrechnung statt. Dies gilt nicht bei Steuerkonten die von mehreren Steuerpflichtigen gemeinsam geführt werden, soweit ein Steuerpflichtiger der Verrechnung bis zur Rechtskraft der Bescheidung der Verrechnung widerspricht. Reicht das Guthaben nicht aus, um alle Fehlbeträge auszugleichen, richtet sich die Verrechnung nach der Zinsbelastung, mit der Maßgabe, dass höhere Zinsverpflichtungen zu meiden sind.

Es wäre nicht sinnvoll, wenn Steuerpflichtige niedrig verzinstes Guthaben auf einem Konto und hochverzinste Fehlbeträge auf einem anderen Konto hätten. Daher sollte eine steuerkontenübergreifende Verrechnung möglich sein. Die praktische Umsetzung ist der komplexeste Punkt des Steuerkontos. Dies gilt insbesondere für die Fälle mehrfacher gegenläufiger Korrekturen. Z.B. falls zunächst ein Fehlbetrag festgestellt wird, dieser dann verrechnet wird, der Grund des Fehlbetrages sodann entfällt und zwischenzeitlich auf einem anderen Konto ein Fehlbetrag auftritt. Detailfragen sind daher gegebenenfalls in Anwendungserlassen zu klären.

Der Widerspruch gegen Verrechnungen zwischen einem Konto und einem gemeinschaftlichen Konto dient der Trennung zwischen dem Vermögen von mehreren Personalgesellschaften oder zwischen Privatpersonen und Personengesellschaften.

5. § 5 – Fälligkeitskonto

(1) Soweit fällige Forderungen des Steuerschuldverhältnisses (§ 3 AO) zu einem Fehlbetrag führen, der durch das Verrechnungskonto nicht ausgeglichen werden kann, ist dieser auf das Fälligkeitskonto zu überführen. Dazu ist die zugrundeliegende Forderung vom Hauptkonto soweit zu entfernen, wie sie zu einem Fehlbetrag führt. Gleichzeitig ist sie entsprechend als Fehlbetrag auf das Fälligkeits-Konto einzustellen. Zahlungen auf Konten des Steuerkontos werden zunächst mit den betagtesten Fehlbeträgen des Fälligkeitskontos verrechnet.

Das Fälligkeitskonto erfasst die Verzinsung in den Fällen der Säumnis. Jede fällige Forderung wird, soweit sie nicht durch Guthaben gedeckt ist, auf das Fälligkeitskonto überführt und dadurch einer erhöhten Verzinsung ausgesetzt. Es versteht sich von selbst, dass Zahlungen, die während des Bestehens fälliger, nicht getilgter Forderungen eingehen, zunächst auf die fälligen Forderungen angerechnet werden.

(2) Rückwirkend entstehende Guthaben auf dem Verrechnungskontos oder dem Hauptkonto werden rückwirkend mit Fehlbeträgen des Fälligkeitskontos verrechnet. Rückwirkend entstehende Fehlbeträge des Hauptkontos führen zu einer Erhöhung des Fehlbetrages des Fälligkeitskontos, soweit eine rückwirkende Verrechnung des Fehlbetrages des Fälligkeitskontos mit einem Guthaben stattgefunden hatte.

Die Fälligkeitsverzinsung ist akzessorisch. Sie entfällt rückwirkend, wenn rückwirkend durch eine Korrektur dem fälligen Fehlbetrag ein Guthaben gegenübersteht. Sie lebt jedoch auch rückwirkend wieder auf, soweit es zu einer gegenläufigen Korrektur der vorherigen Korrektur kommt. Eine Einzahlung während des Bestehens eines Fehlbetrages auf dem Fälligkeitskonto saldiert den Fehlbetrag auf dem Fälligkeitskonto auch dann, wenn es rückwirkend zu einem Fehlbetrag auf dem Hauptkonto kommt. Das Fälligkeitskonto genießt insoweit eine Tilgungspriorität. Der zweite Satz des § 5 Abs. 2 stellt eine strenge Verzinsung für den Steuerpflichtigen dar. Erwartet er eine rückwirkende Korrektur zu seinen Gunsten und nimmt er daher das Bestehen eines Fehlbetrages auf dem Fälligkeitskonto in Kauf, ohne es durch eine Zahlung auszugleichen, so entstehen zunächst Fälligkeitszinsen. Kommt es sodann zu einer Korrektur zu seinen Gunsten und zu einem Guthaben auf dem Hauptkonto, so saldieren sich die Konten rückwirkend und die Fälligkeitszinsen gehen rückwirkend unter. Kommt es jedoch später zu einer gegenläufigen Korrektur, die seine Saldierung wieder entfallen lässt, so schuldet er erneut nicht nur die Nachforderungszinsen, sondern sogar die höheren Fälligkeitszinsen. Eine Streichung dieser Regelung würde dem Fiskus die Verantwortung mehrfacher widerstreitender Korrekturen zuschreiben. Denn ein einmal saldierter Fehlbetrag auf dem Fälligkeitskonto könnte ohne die Regelung nur noch als Fehlbetrag auf dem Hauptkonto „zurückkommen".

(3) Stundungen, Aussetzungen der Vollziehung und Säumnisgelder haben keinen Einfluss auf Abs. 1 und 2 dieser Norm.

Die Stundung und die Aussetzung der Vollziehung beeinflussen die Fälligkeit für die Zwecke der Verzinsung nicht (einheitliche Fälligkeitsverzinsung)[1529].

6. § 6 – Verzinsung

(1) Fehlbeträge und Guthaben auf den Steuerkonten tragen Zinsen.

Dieser Absatz dient lediglich der Orientierung und Übersicht.

(2) Die Verzinsung findet an jedem ersten Tag eines Monates auf Basis des durchschnittlichen Saldos des Vormonats statt. Mit der Verzinsung gelten die Zinsen als entstanden. Zinsen werden in das Konto eingestellt, auf dem sie entstehen (Novation). Nach ihrer Einstellung wirken sie sich auf die Zinsbasis aus (Zinseszinsen). Zinsen werden auf volle Cent abgerundet.

Als Zinszyklus soll eine monatliche Verzinsung gewählt werden. Die auf Jahresbasis bestimmten Zinsen sind zu diesem Zweck auf ihre effektive monatliche Höhe herunterzurechnen. Die Betrachtung des Monatsdurchschnittes erscheint sachgerecht, da das reine Abstellen auf einen einzelnen Tag des Monats zu Ergebnissen führt, die nicht den finanziellen Verhältnissen entsprechen, die den Steuerpflichtigen zuteilwurden. Großzügigere Abrundungen sind angesichts der modernen Datenverarbeitung nicht mehr notwendig.

(3) Der Zinssatz des Hauptkontos entspricht dem Zinssatz des Vormonates in der Zeitreihe der Bundesbank mit der Kennung BBK01.SUD013 (Kredite an nichtfinanzielle Kapitalgesellschaften mit einer Ursprungslaufzeit von einem bis fünf Jahren). Für rein privat geführte Steuerkonten entspricht der Zinssatz dem Zinssatz des Vormonates in der Zeitreihe der Bundesbank mit der Kennung BBK01. SUD101 (Einlagen privater Haushalte mit täglicher Fälligkeit).

Die gewählten Referenzzinssätze entsprechen den idealtypischen Verzinsungen unter der vorangestellten Annahme, dass Privatpersonen grundsätzlich unverschuldet sind und Unternehmen verschuldet.

(4) Der Zinssatz des Fälligkeitskontos entspricht dem Zinssatz des Vormonates in der Zeitreihe der Bundesbank mit der Kennung BBK01.SUD123 (Revolvierenden Krediten und Überziehungskrediten an nichtfinanzielle Kapitalgesellschaften). Für rein privat geführte Steuerkonten entspricht der Zinssatz der Zeitreihe des Vormonates in der Bundesbank mit der Kennung BBK01.SUD112 (Revolvie-

1529 Vgl. D.IV.3.e) Einheitliche Fälligkeitsverzinsung S. 404.

renden Krediten, Überziehungskrediten und Kreditkartenkrediten an private Haushalte).

Die Verwendung unterschiedlicher Konten ermöglicht eine Unterscheidung zwischen einer unternehmerischen und privaten Zinshöhe. Aus politischer Motivation könnte auch ein einheitlicher Zinssatz gewählt werden.

(5) Die Zinshöhe für Guthaben des Verrechnungskontos wird vom Bundesminister der Finanzen im Bundesanzeiger spätestens drei Tage vor ihrer Anwendung veröffentlicht.

Die Zinshöhe sollte sich an der Höhe der kürzesten vom Bund öffentlich ausgegebenen Bundesschuldverschreibungen orientieren. Gegenwärtig wären dies Bundesschatzanweisungen. Ein kleiner Abschlag ist jedoch vorzunehmen, damit das Steuerschuldverhältnis nicht zu einem Teil des Kapitalmarktes verkommt und eine mengenmäßige Steuerung der Ausgabe von Schuldverschreibungen durch den Bund gewehrleistet bleibt.

(6) In einem Monat, in dem der Steuerpflichtige durch eine Zahlung einen oder mehrere Fehlbeträge vollständig ausgleicht, ist für die betroffenen Konten ein durchschnittliches Monatssaldo von 0 € für die Ermittlung der Zinsbasis anzunehmen. Das gilt nicht, sofern weitere, auch rückwirkende, Ereignisse, zu einem Fehlbetrag für diesen Monat führen

Diese Abrundung der Zinsbasis ist notwendig, um dem Schuldner eine Tilgung zu ermöglichen. Anderenfalls müsste er den Fehlbetrag mehr als vollständig bezahlen, um zu gewährleisten, dass durch die Berechnung der Zinsen, die auf Basis des Monatsdurchschnittes erfolgt, nicht am Ende des Monates, trotz sichtbarem Saldo von Null, erneut Zinsforderungen entstehen. Die Abrundung erfolgt ausschließlich bei der erfolgreichen Tilgung. Ein erneuter Fehlbetrag führt zu einer Ermittlung der Zinsbasis auf Basis des durchschnittlichen Saldos. Die Abrundung entfällt in diesem Fall vollständig.

(7) Zinsen auf dem Hauptkonto werden mit ihrer Festsetzung fällig. Zinsen auf dem Fälligkeitskonto werden mit ihrer Entstehung fällig.

Da § 220 AO die Regelung der Fälligkeit von Ansprüchen an die Einzelsteuergesetze verweist, erfordert die Verzinsung eine eigene Fälligkeitsregelung. Zinsen auf dem Fälligkeitskonto können mit ihrer Entstehung fällig werden, da sie ohnehin in die Berechnung der Zinsbasis des Fälligkeitskontos einfließen.

7. § 7 – Säumnisgelder

(1) Wird eine Steuer oder eine Nebenleistung nicht bis zum Ablauf des Fälligkeitstages entrichtet, so ist der Steuerschuldner säumig. Für jeden angefangenen Monat der Säumnis entsteht neben der Fälligkeitsverzinsung ein Säumnisgeld.

Entstandene Säumnisgelder sind mit ihrer Entstehung fällig und in das Fälligkeitskonto einzustellen.

Die Säumnisgelder stellen ein Sanktionselement für die Säumnis dar. Sie sind neben der Fälligkeitsverzinsung der zweite Teil der gegenwärtigen Säumniszuschläge.

(2) Säumnisgelder entstehen nicht auf eine Steuer und die mit ihr zusammenhängenden Nebenleistungen, soweit die Steuer gestundet oder ihre Vollziehung ausgesetzt wurde.

Diese Regelung soll nur klarstellen, dass für die Zwecke der Säumnisgelder die Stundung und die Aussetzung der Vollziehung relevant sind.

(3) Die Säumnisgelder betragen 0,25 % der fälligen Steuerschuld. Eine abweichende Höhe ist zulässig, wenn sie vorher angedroht wurde. §§ 332, 333 AO finden entsprechende Anwendung.

Die Auswertung der verschiedenen gesetzlichen Verzinsungen der deutschen Rechtsordnung hat gezeigt, dass der Gesetzgeber jeweils eine Verzinsung von 2 Prozentpunkten über dem Basiszinssatz anordnet, sofern die Verzinsung lediglich einen Vermögensvor- oder -nachteil ausgleichen soll. Kommt der Verzinsung die Aufgabe zu, Druck auf den Schuldner zur Zahlung auszuüben, beträgt die Zinshöhe überwiegend 5 Prozentpunkte über dem Basiszinssatz. Mithin stellt die Differenz von 3 Prozentpunkten aus der Sicht des Gesetzgebers ein angemessenes Druckelement dar, um den Schuldner zur Zahlung zu motivieren. Die Wahl eines individuellen Zinssatzes soll überdies möglich sein, um zielgerichtet den Druck zu erhöhen oder um unnötigen Härten vom Steuerpflichtigen abzuhalten.

(4) Weist der Zahlungspflichtige nach, dass er unverschuldet säumig gewesen ist, so sollen Säumnisgelder erlassen werden.

Im Falle der Schuldlosigkeit ist neben dem Fälligkeitszins kein weiteres Säumnisgeld notwendig. Der Beweis ist jedoch zu Gunsten der Verfahrensökonomie durch den Steuerpflichtigen zu erbringen.

(5) Säumnisgelder werden auf volle Cent abgerundet.

8. § 8 – Verwaltung der Steuerkonten

(1) Die Steuerkonten werden durch das zuständige Finanzamt des Kontoinhabers geführt (§§ 18 ff. AO). Wird ein Steuerkonto von mehreren Kontoinhabern geführt, so ist § 25 AO entsprechend anzuwenden.

Es ist sachgerecht, die mit der Besteuerung betrauten Finanzämter die Verwaltung der Konten übernehmen zu lassen.

(2) Den Ländern steht das Aufkommen der Zinsen und Säumniszuschläge zu.

Das Aufkommen steht jeweils dem Bundesland zu, in dessen Gebiet sich das mit der Verwaltung betraute Finanzamt befindet.

VI. Alternative Ansätze

1. Das privatwirtschaftliche materielle Steuergirokonto

Die Ermittlung idealer Zinshöhen könnte durch die Zwischenschaltung von Geschäftsbanken geschehen. Grundlage dieser Überlegung ist, dass die Steuerkonten nicht beim Fiskus geführt werden, sondern bei einer Geschäftsbank. Die Geschäftsbank hat dem Fiskus gegenüber für Steuerzahlungen einzustehen. Sie führt jeweils die Steuern bei ihrer Entstehung ab. Soweit die Höhe einer Steuer im Moment ihrer Entstehung noch nicht feststeht, ist sie unabhängig zu schätzen. Durch eine Vielzahl von Fällen wird im Verhältnis zwischen Bank und Fiskus eine ausreichende Diversifikation erreicht, um das tatsächlich abzuführende Ergebnis aller Steuerpflichtigen insgesamt weitgehend zutreffend zu erfassen. Verbleibende Abweichungen können über die Zinssätze der Refinanzierungsfazilitäten der Europäischen Zentralbank auf- bzw. abgezinst werden. Alternativ können für potentielle Über- und Unterzahlungen in einem Tenderverfahren Guthaben vergeben werden. Führt die Bank in einem Umfang Steuern zu gering ab, der ihr im Tenderverfahren erworbenes Guthaben überschreitet, so wird ein höherer Strafzins fällig.

Die Banken stehen derweil gegenüber ihren Kunden in einem Wettbewerb. Sie bieten die Führung eines Steuerkontos mit dazugehörigen Soll- und Habenzinsen, nach der Art eines Girokontos, individuell für jeden Kunden an.

Vorteile: Jeder Steuerpflichtige kann individuell von den Banken auf Grundlage seiner persönlichen Verhältnisse bewertet werden und so einen idealen Zins bekommen. Der Fiskus hat weder einen Anreiz noch eine Möglichkeit auf die Bestimmung der Zinssätze Einfluss zu nehmen.

Nachteile: Die Banken müssen für die Steuerzahlungen haften. Dieses Risiko kann in einer Finanzkrise systemrelevant werden. Daneben entsteht ein gewaltiger Aufwand durch die Bewertung der Steuerpflichtigen. Zudem ist das Steuergeheimnis gefährdet. Auch haben die Banken keine Hoheitsrechte und sind auf den Zivilrechtsweg angewiesen, um ihre Forderungen einzutreiben. Insbesondere bei finanziell schwachen Steuerpflichtigen wäre daher ein Kontrahierungszwang notwendig, um jedem Steuerpflichtigen die Führung eines Steuerkontos zu ermöglichen.

2. Der Zinssatz aus Angebot und Nachfrage

Der Zinssatz der steuerschuldrechtlichen Verzinsung könnte auch durch Angebot und Nachfrage bestimmt werden. Dafür müsste der Steuerpflichtige die Möglichkeit haben, nach Belieben freiwillige Vorauszahlungen zu leisten. Für diese erhält er statt eines Zinses monatlich einen Aufrechnungscoupon. Mit diesem können im gleichen Umfang Zinsen für Nachforderungen getilgt werden. Der Aufrechnungscoupon kann jedoch nicht nur vom Vorauszahlenden selbst genutzt werden. Er kann auch verkauft werden. Eine Tilgung von Nachforderungszinsen durch Geld ist daneben nicht möglich. Im Ergebnis kommt es durch diese Methode zu einem Marktpreis für den Aufrechnungscoupon und damit effektiv zu einem Marktzins.

Vorteile: Kein Einfluss des Staates auf die Zinshöhe. Weitgehende zeitliche Neutralität des Steueraufkommens für den Staat.

Nachteile: Ein einheitlicher Zinssatz wird entstehen, der die Höhe von Anlagen besitzt. Zeitliche Neutralität für die Steuerpflichtigen ist durch dieses Verfahren nicht zu erreichen. Steuerpflichtige die überdurchschnittliche Vorteile aus einer späteren Steuerzahlung erzielen können – insbesondere verschuldete Steuerpflichtige – erzielen in diesem Verfahren Vorteile. Steuerpflichtige die unterdurchschnittliche Vorteile aus einer späteren Steuerzahlung erzielen können – insbesondere unverschuldete Steuerpflichtige – erleiden durch dieses Verfahren Nachteile. Durch Typisierungen und spezielle, an die Eigenschaften des Steuerpflichtigen gebundene Coupons könnten diese Ungleichheiten abgeschwächt werden. Es verbliebe allerdings das Risiko, dass die Coupons zum Gegenstand spekulativer Geschäfte werden.

3. Die Verzinsung gegenwärtig ganz aussetzen

Angesicht des gegenwärtig besonders niedrigen Zinsniveaus bietet es sich an, die Verzinsung vorrübergehend vollständig auszusetzen. Dies gilt insbesondere für private Steuerpflichtige, da bei ihnen gegenwärtig nicht nur der idealtypische Zinssatz kaum über 0 % liegt, sondern auch die Zinsbasis regelmäßig nur sehr gering ist. Eine sinnvolle Verzinsung stände daher vielfach kaum mehr in einem angemessenen Verhältnis zu dem Verwaltungsaufwand, den die Durchführung der Verzinsung mit sich bringt.

E. Ende

Der Reformbedarf des Steuerschuldrechtes ist immens. Effektiv lässt sich die gegenwärtige Situation der steuerschuldrechtlichen Verzinsung mit dem Ausspruch kommentieren, der schon in der ersten dokumentierten Entscheidung zur steuerschuldrechtlichen Verzinsung zu finden ist: *„Fiscus ex suis contractibus usuras non dat, sed ipse accipit“.*[1530]

1530 Geheimes Königliches Obertribunal vom 24.08.1840 = Entscheidungen des Geheimen Königlichen Obertribunals Bd. 5 S. 283 (286). Frei übersetzt: Der Staat gibt keine Zinsen, aber er nimmt sie.

Literaturverzeichnis

Absolon, Rudolf	Die Wehrmacht im Dritten Reich Bd. 1 – 30. Januar 1933 bis 2. August 1934 Mit einem Rückblick auf das Militärwesen in Preußen, im Kaiserreich und in der Weimarer Republik, Boppard am Rhein 1969
Albers, Willi	Handwörterbuch der Wirtschaftswissenschaft Bd. 3, Stuttgart 1981
Altehoefer, Klaus / Wolf, Edgar / Zeller, Gabriele / Zeller, Gerhard	Steuerreform 1990 – Die vollständigen geänderten Gesetzestexte, München 1988
Altenburg & Tewes AG	Steuerreform 1990 – Auswirkungen und Gestaltungshinweise, Hamburg 1988
Aly, Götz / Gruner, Wolf	Die Verfolgung und Ermordung der europäischen Juden durch das nationalsozialistische Deutschland: 1933–1945 / Bd. 1: Deutsches Reich 1933–1937, München und Oldenburg 2008
Aly, Götz / Heim, Susanne	Die Verfolgung und Ermordung der europäischen Juden durch das nationalsozialistische Deutschland: 1933–1945 / Bd. 2: Deutsches Reich 1938 – August 1939, München und Oldenburg 2009
Ambrosius, Gerold	Die öffentliche Wirtschaft in der Weimarer Republik – Schriften zur öffentlichen Verwaltung und öffentlichen Wirtschaft Bd. 78, Baden-Baden 1984
Bamberger, Heinz Georg / Roth, Herbert / *Bearbeiter*	Beck'scher Online-Kommentar Bürgerliches Gesetzbuch, 41. Auflage, München 2016
Barske, Kurt / Woerner, Lothar	Finanzgerichtsordnung – Der Finanzprozeß und das außergerichtliche Vorverfahren, Stuttgart 1966
Baum, Michael	Die Vollverzinsung nach § 233a AO – Systematische Darstellung des ab 1997 geltenden Rechts mit zahlreichen Beispielen, Herne und Berlin 1997
Becker, Enno	Die Reichsabgabenordnung, 1. Auflage Berlin 1921

Becker, Enno	Die Reichsabgabenordnung, 2. Auflage Berlin 1922
Becker, Enno	Die Reichsabgabenordnung, 3. Auflage Berlin 1924
Becker, Enno	Die Reichsabgabenordnung, 4. Auflage Berlin 1925
Becker, Enno	Die Reichsabgabenordnung, 5. Auflage Berlin 1926
Becker, Enno	Die Reichsabgabenordnung, 7. Auflage Berlin 1930
Becker, Enno / Riewald, Alfred	Reichsabgabenordnung, 9. Auflage Köln, Berlin 1963
Beermann, Albert / Gosch, Dietmar / *Bearbeiter*	Abgabenordnung Finanzgerichtsordnung mit Nebengesetzen / EuGH-Verfahrensrecht, Bonn
Bensch, Walter	Die Steuerschuld nach der Reichsabgabenordnung, Königsberg 1924
Bergkemper, Wilfried	Steuerliche Nebenleistungen (AO 1977) – Juristische Schriftenreihe Bd. 24, Münster und Hamburg 1992
Beusch, Paul	Besitzsteuergesetz und Kriegssteuergesetz, Mönchengladbach 1917
Birkholz, Hans	Die neue Abgabenordnung als BT-Drucksache 7/79 vom 25. 1. 1973 – Eine Einführung in das noch nicht verabschiedete Gesetz, Stuttgart und Wiesbaden 1974
Bodenheim, Franz	Der Steuervereinheitlichungsgedanke in dem Entwurf des Steuervereinheitlichungsgesetzes vom Jahre 1927, Köln 1929
Böhm von Bawerk, Eugen	Kapital und Kapitalzins – Bd. 1: Geschichte und Kritik der Kapitalzins-Theorien, 4. Auflage (Nachdruck) Stuttgart 1961
Böhmer, Malene B.	Preußische Steuern unter dem Aspekt der Steuergerechtigkeit, 1. Auflage Marburg 2004
Booth, Melanie	Die Entwicklung der Arbeitslosigkeit in Deutschland, http://www.bpb.de/system/files/pdf/KUAAB0.pdf
Bösl, Konrad	Integrative Risikobegrenzung, Wiesbaden 1993
Buck, Ludwig	Kommentar zum Besitzsteuergesetz, Köln 1916

Buck, Ludwig	Kommentar zum Kriegssteuergesetz, 3. Auflage Düsseldorf 1918
Buck, Ludwig / Lucas, Rudolf	Handausgabe der Reichsabgabenordnung vom 13. Dezember 1919 mit Erläuterungen, 2. Auflage Berlin 1920
Bund der Steuerzahler/ *Verfasser*	Einzeldarstellung Nr. 14 – Rudolf Mitze, Betrachtung zu Problemen der Säumniszuschläge und Verzugszinsen, Stuttgart 1955
Bund der Steuerzahler/ *Verfasser*	Einzeldarstellung Nr. 60 – Rudolf Mitze, Steuersäumnisrecht, Stuttgart 1961
Bundesagentur für Arbeit	Arbeitslosigkeit im Zeitverlauf 01/2016, http://www.bpb.de/wissen/H9NU28,0,Arbeitslose_und_Arbeitslosenquote.html 2016
Bundesministerium der Finanzen	Bericht des Arbeitskreises über die Reform der Reichsabgabenordnung – Schriftenreihe Heft 13, Bonn 1970
Bundesministerium der Finanzen	Gutachten zur Reform der direkten Steuern in der Bundesrepublik Deutschland erstattet vom Wissenschaftlichen Beirat beim Bundesministerium der Finanzen – Schriftenreihe Heft 9, Bonn 1967
Bundesministerium der Finanzen / *Verfasser*	Entwurf eines Steuergesetzbuches – Schriftenreihe Heft 49, Joachim Lang, Bonn 1992
Busse, Daniel	Internationales Bereicherungsrecht, Tübingen 1998
Cambeis, Kurt	Der öffentlichrechtliche Erstattungsanspruch und die §§ 812 ff. BGB, Freiburg 1953
Carlé, Dieter / Korn, Klaus / Stahl, Rudolf / *Bearbeiter*	Herausforderungen – Steuerberatung im Spannungsfeld der Teilrechtordnungen – Festgabe für Günther Felix zum 60. Geburtstag, Köln 1989
Depenheuer, Otto / Heintzen, Markus / et alia / *Bearbeiter*	Der Staat schuldet nichts als das Gesetz – Festschrift Isensee, Heidelberg 2007
Deutsche Bundesbank	Monatsbericht, Frankfurt am Main

Dietz, Kurt	Das Recht der Rückforderung nach der Reichsabgabenordnung vom 12. XII. 1919 Erstattungen und Vergütungen, Leipzig 1922
Dölemeyer, Barbara	200 Jahre Allgemeines Landrecht für die preußischen Staaten, Frankfurt am Main 1995
Dölle, Hans / Rheinstein, Max / Zweigert, Konrad / *Bearbeiter*	Festschrift für Ernst Rabel Band 1 – Rechtsvergleichung und internationales Privatrecht, Tübingen 1954
Drenseck, Walter	Das Erstattungsrecht der Abgabenordnung 1977, Köln 1977
Drenseck, Walter / Seer, Roman / *Bearbeiter*	Festschrift für Heinrich Wilhelm Kruse zum 70. Geburtstag, Köln 2001
Ebel, Friedrich	Rechtsgeschichte ein Lehrbuch Bd. 2 Neuzeit, Heidelberg 1993
Eisenberg, Friedrich / Stengel, Christian	Beiträge zur Kenntniß der Justizverfassung Bd. 5, Berlin 1798
Eisenberg, Friedrich / Stengel, Christian	Beiträge zur Kenntniß der Justizverfassung Bd. 9, Berlin 1799
Eisenhardt, Ulirch	Grundrisse des Rechtes: Deutsche Rechtsgeschichte, 5. Auflage München 2008
Epping, Volker / Hillgruber, Christian / *Bearbeiter*	Beck'scher Online-Kommentar Grundgesetz, 31. Auflage München 2016
Erman, Walter / *Bearbeiter*	Bürgerliches Gesetzbuch – Handkommentar mit AGG, EGBGB, ErbbauRG, HausratsVO, LPartG, ProdHaftG, UKlaG, VAHRG und WEG, 14. Auflage Köln 2014
Esser, Josef / Weyers, Hans-Leo	Schuldrecht Bd. 2 – Besonderer Teil – Teilband 2 Gesetzliche Schuldverhältnisse, 8. Auflage Heidelberg 2000
Europäisches Parlament	Generaldirektion Wissenschaft Arbeitsdokument – Die Bestimmung der Zinssätze, Luxemburg 2000
Felix, Günter	Die Rechtsfolgen der Steuersäumnis – Eine systematische Darstellung, Düsseldorf 1958

Ficker, Hans Claudius / König, Detelef / et alia / *Bearbeiter*	Festschrift für Ernst von Caemmerer zum 70. Geburtstag, Tübingen 1978
Fischer, Otto / Henle, Wilhelm	Kommentar zum Bürgerlichen Gesetzbuch, 3. Auflage München 1899
Fleiner, Fritz	Institutionen des Deutschen Verwaltungsrechtes, 2. Auflage Tübingen 1912
Flume, Werner	Studien zur Lehre der ungerechtfertigten Bereicherung, Tübingen 2003
Freiherr von Canstein, Raban	Der Erstattungsanspruch im Steuerrecht, Düsseldorf 1966
Frotscher, Werner / Pieroth, Bodo	Grundrisse des Rechtes: Verfassungsgeschichte, 6. Auflage München 2007
Fuisting, Bernhard	Das Preußische Einkommensteuergesetz, Berlin 1892
Fuisting, Bernhard	Die preußischen direkten Steuern Bd. 2, Berlin 1899
Funk, Albert	Kleine Geschichte des Föderalismus: vom Fürstenbund zur Bundesrepublik, Paderborn 2010
Fürstenthal, Johann August Ludwig	Corpus juris civilis, canonici et germanici Bd. 1, Berlin 1828
Gambacorta, Leonardo	Temi di discussione del Servizio Studi – How do banks set interest rates?, Rom 2005
Gellert, Lothar	Zollkodex und Abgabenordnung: Analyse über das Verhältnis der Vorschriften der Abgabenordnung zu den Vorschriften des Zollkodexes der Europäischen Gemeinschaft, Aachen 2003
Gerloff, Wilhelm	Die Finanz- und Zollpolitik des Deutschen Reiches: nebst ihren Beziehungen zu Landes- und Gemeindefinanzen von der Gründung des Norddeutschen Bundes bis zur Gegenwart, Jena 1913
Gerloff, Wilhelm	Handbuch der Finanzwissenschaften Bd. 1,1, 3. Auflage Tübingen 1977
Giese, Frank Paul	Abgabenordnung im Dritten Reich, Frankfurt am Main 1998

Glück, Christian Friedrich von — Ausführliche Erläuterung der Pandecten nach Hellfeld – ein Commentar 13. Teil 1. Abteilung, Erlangen 1811

Görlitz, Walter — Aufzeichnungen des Chef des Marinekabinetts Admiral Georg Alexamder v. Müller über die Ära Wilhelms II., 1. Auflage Göttingen 1965

Grabitz, Eberhard / Hilf, Meinhard / *Bearbeiter* — Das Recht der Europäischen Union Bd. 1, 40. Auflage München 2009

Grosser, Alfred — Geschichte Deutschlands seit 1945. Eine Bilanz. 9. Auflage München 1981

Guangyu Fu — Das Causaproblem im deutschen Bereicherungsrecht: eine rechtshistorische Untersuchung, Tübingen 2010

Hagemann, Rudolf — Die Hinterlegungsordnung vom 21. April 1913, Berlin 1914

Hagmann, Birke — Gewinnherausgabe im Rahmen des Nutzungsherausgabeanspruchs gemäß § 818 I 1. Alt. BGB, Freiburg 2006

Hahn, Helmut / Iwanek, Silvia — Vollverzinsung, Bonn 1988

Hattenhauer, Hans — Allgemeines Landrecht für die Preußischen Staaten von 1794, 2. Auflage Kiel 1994

Haubrichs, Willy — Die Problematik der Vollverzinsung – Ein Diskussionsbeitrag, Saarbrücken 1973

Heck, Philipp — Grundriss des Schuldrechtes, 2. Auflage (Nachdruck) Tübingen 1929

Heinitz, Ernst — Kommentar zum Preußischen Stempelsteuergesetz, 3. Auflage Berlin 1909

Heintschel-Heinegg, Bernd von / *Bearbeiter* — Beck'scher Online Kommentar Strafgesetzbuch, 33. Lieferung München 2016

Helms, Tobias — Gewinnherausgabe als haftungsrechtliches Problem, Tübingen 2007

Hennrichs, Joachim / Kleindiek, Detlef / Watrin, Christoph / *Bearbeiter* — Münchener Kommentar zum Bilanzrecht Bd. 2, 1. Auflage München 2013

Hensel, Albert | Steuerrecht, 3. Auflage Berlin 1933

Herberger, Maximilian / Martinek, Michael / et alia / *Bearbeiter* | juris PraxisKommentar Bürgerliches Gesetzbuch Bd. 2, 8. Auflage 2017

Hessischer Minister der Finanzen | Entwurf eines Gesetzes zur Einführung der Selbstveranlagung und Vollverzinsung, Wiesbaden 1972

Hoffmann, Albrecht | Kommentar zum Wehrbeitragsgesetz, Berlin 1913

Holste, Heiko | Der deutsche Bundesstaat im Wandel (1867–1933), Berlin 2002

Holtferich, Carl-Ludwig | Die deutsche Inflation, 1914–1923: Ursachen und Folgen in internationaler Perspektive, Berlin 1980

Homburger, Paul | Die Entwicklung des Zinsfusses in Deutschland von 1870–1903, Frankfurt 1905

Homer, Sidney | A History of Interest Rates, 4. Auflage Hobock NJ, USA 2005

Hoyer, Vitor / Gaupp, Berthold | Die Preußische Stempelgesetzgebung für die alten und neuen Landestheile, 5. Auflage Berlin 1895

Hübschmann, Walter / Hepp, Ernst / Spitaler, Armin / *Bearbeiter* | Abgabenordnung – Finanzgerichtsordnung, 240. Lieferung Köln 2016

Humar, Josef | Wehrbeitragsgesetz, Reichsbesitzsteuergesetz, Reichsstempelgesetz, München 1913

Jagmann, Rainer | Wertersatz oder Gewinnhaftung?, Freiburg 1979

Jakob, Wolfgang | Abgabenordnung, 5. Auflage München 2010

Jakobs, Horst Heinrich | Eingriffserwerb und Vermögensverschiebung – In der Lehre der ungerechtfertigten Bereicherung, Bonn 1964

Jellinek, Georg / Jellinek, Walter | Allgemeine Staatslehre, 3. Auflage Berlin 1914

Joecks, Wolfgang / Miebach, Klaus / *Bearbeiter* | Münchener Kommentar zum Strafgesetzbuch, 2. Auflage München 2014

Kahn, Otto / Obermeyer, Moritz | Wehrbeitragsgesetz, München, Berlin und Leipzig 1914

Kahn, Julius	Geschichte des Zinsfusses in Deutschland seit 1815 und die Ursachen seiner Veränderung, Stuttgart 1884
Kaiserliches Statistisches Amt	Statistisches Jahrbuch für das Deutsche Reich, Jahrgang 1899, Berlin 1900
Kaser, Max / Knütel, Rolf	Römisches Privatrecht: Ein Studienbuch, 20. Auflage München 2014
Kemmler, Iris	Geldschulden im Öffentlichen Recht – Entstehung, Erlöschen und Verzinsung von Zahlungsansprüchen im Abgabenrecht, Sozialrecht und Allgemeinen Verwaltungsrecht, Tübingen 2015
Kindler, Peter	Gesetzliche Zinsansprüche im Zivil- und Handelsrecht, Tübingen 1995
Klein, Franz / *Bearbeiter*	Abgabenordnung, 13. Auflage München 2016
Kniep, Karl Friedrich Ferdinand	Die Mora des Schuldners nach Römischem und heutigem Recht, Rostock 1872
Kobbelt, Arne	Der Schutz von Immaterialgütern, Hamburg 1999
Koch, Christian F.	Allgemeines Landrecht für die Preußischen Staaten Teil 1 Bd. 2, 4. Auflage Berlin 1870
Koch, Christian F.	Allgemeines Landrecht für die Preußischen Staaten Bd. 2, 8. Auflage Berlin und Leipzig 1886
Koch, Karl / *Bearbeiter*	Abgabenordnung – AO 1977, Köln, Berlin und Bonn 1986
Kochendörfer, Walter	Schriftenreihe Rechtsarchiv der Wirtschaft – Heft 33 – Stundung und Erlaß von Steuern mit den wichtigsten Bestimmungen über die Betreibung, Stuttgart, München und Hannover 1953
Koenig, Ulrich	Abgabenordnung, 3. Auflage München 2014
Koenig, Ulrich / *Bearbeiter*	Abgabenordnung, 3. Auflage München 2014
Kommissionsbericht Vollverzinsung 1987	Untersuchung über eine Vollverzinsung im Steuerrecht aus Sicht der Steuerzahler und der Steuerberatung, 1987
Königlich Preußische Staaten	Gesetzsammlung für die Königlichen Preußischen Staaten 1831, Berlin 1831

Koppe, Fritz / Varnhagen, Paul	Kriegssteuergesetz und Besitzsteuergesetz, 4. Auflage Berlin 1917
Koppe, Fritz / Varnhagen, Paul	Umsatzsteuergesetz und Luxussteuer, Berlin 1918
Koppensteiner, Hans-Georg / Kramer, Ernst	Ungerechtfertigte Bereicherung, 2. Auflage Berlin 1988
Krabbe, Helmut	Vollverzinsung im Steuerrecht, 2. Auflage Bonn 1992
Krein, Rainer	Die Reformvorschläge zur Abgabenordnung, zur Einkommensteuer und zur Körperschaftsteuer unter Berücksichtigung der bis Ende 1976 verkündeten Gesetzesänderungen und ihre Auswirkungen auf die Steuerpflichtigen, Zürich und Frankfurt am Main 1977
Kühn, Rolf	Abgabenordnung (Reform 1977) – Finanzgerichtsordnung / Nebengesetze, 12. Auflage Stuttgart 1977
Kühn, Rolf	Reichsabgabenordnung – Steueranpassungsgesetz / Finanzverwaltungsgesetz / Nebengesetze, 5. Auflage Stuttgart 1958
Kuller, Christiane	Bürokratie und Verbrechen: antisemitische Finanzpolitik und Verwaltungspraxis im nationalsozialistischen Deutschland, München und Oldenburg 2013
Lackner, Karl / Kühl, Kristian / *Bearbeiter*	Strafgesetzbuch, 28. Auflage München 2014
Lassar, Gerhard	Der Erstattungsanspruch im Verwaltungs- und Finanzrecht, Berlin 1921
Lerche, Peter	Übermass und Verfassungsrecht – Zur Bindung des Gesetzgebers an die Grundsätze der Verhältnismäßigkeit und der Erforderlichkeit, 2. Auflage Köln 1961
Liese, Helmut	Die condictio indebiti des öffentlichen Rechts und der Rechtsweg, Tübingen 1934
Limbach, Jutta / Herzog, Roman / Grimm, Dieter	Die deutschen Verfassungen, München 1999

Loges, Magrit	Der Wirtschaftsrat des vereinigten Wirtschaftsgebietes (1947–1949), Bonn 1979
Lottner, Walter	Die Besteuerung nach der Reichsabgabenordnung, Hamburg, Berlin und Leipzig 1927
Löwenberg, Berward	Die Geltendmachung von Geldforderungen im Verwaltungsrecht, Trier 1967
Lübtow, Urlich von	Beiträge zur Lehre von der Condictio nach römischem und geltendem Recht, Berlin 1952
Lücke, Jörg	Begründungszwang und Verfassung: zur Begründungspflicht der Gerichte, Behörden und Parlamente, Tübingen 1987
Luttermann, Claus	Unternehmen, Kapital und Genußrechte: eine Studie über Grundlagen der Unternehmensfinanzierung und zum internationalen Kapitalmarktrecht, 1998
Mannkopff, Adolph Julius	Ergänzungen und Abänderungen der Preußischen Gesetzbücher, Berlin 1835
Marcuse, Paul	Umsatzsteuergesetz, Berlin 1918
Maunz, Theodor / Dürig, Günter / *Bearbeiter*	Grundgesetz, 78. Lieferung München 2016
Mayer, Otto	Deutsches Verwaltungsrecht Bd. 1, 2. Auflage München und Leipzig 1914
Mayr, Robert von	Der Bereicherungsanspruch des deutschen bürgerlichen Rechtes, Leipzig 1902
Medicus, Dieter / Petersen, Jens	Bürgerliches Recht, 23. Auflage Köln 2016
Merk, Wilhelm	Deutsches Verwaltungsrecht Bd. 1, Berlin 1970
Merkel, Erich	Kriegssteuergesetz und Besitzsteuergesetz, Leipzig 1916
Mittelsteiner, Karl-Heinz / Schaumburg, Harald	Materialien zur Abgabenordnung 1977, 2. Auflage Köln 1977
Moesle, Stephan	Wehrbeitrag mit Ausführungsbestimmungen, Besitzsteuer und Finanzgesetz, Mannheim und Leipzig 1914

Mollat, Georg	Einführung in das Kriegssteuergesetz, 2. Auflage Siegen 1917
Möller, Horst	Europa zwischen den Weltkriegen, München 1998
Morawietz, Markus	Rentabilität und Risiko deutscher Aktien- und Rentenanlagen seit 1870, Wiesbaden 1994
Mrozek, Alfons	Besitzsteuergesetz, Berlin 1917
Mrozek, Alfons	Kommentar zur Reichsabgabenordnung, 1. Auflage Köln 1921
Mrozek, Alfons	Kommentar zur Reichsabgabenordnung, 3. Auflage Köln 1924
Mrozynski, Peter	Sozialgesetzbuch I – Allgemeiner Teil, 5. Auflage München 2014
Mugdan, Benni	Die gesammten Materialien zum Bürgerlichen Gesetzbuch für das Deutsche Reich Bd. 1, Berlin 1899
Mugdan, Benni	Die gesammten Materialien zum Bürgerlichen Gesetzbuch für das Deutsche Reich Bd. 2, Berlin 1899
Muthesius, Volkmar	Reform der Abgabenordnung Stellungnahme zum Regierungsentwurf, Wiesbaden 1971
Nieberl, Albert	Reichsabgabenordnung, 1. Auflage Berlin und Leipzig 1922
Nieberl, Albert	Reichsabgabenordnung, 2. Auflage Berlin und Leipzig 1927
Nieberl, Albert	Reichsabgabenordnung, 3. Auflage Berlin und Leipzig 1932
Nipperdey, Thomas	Deutsche Geschichte 1866–1918 Bd. 2 Machtstaat vor der Demokratie, München 1992
Norddeutsche Bank Hamburg	Norddeutschen Bank Hamburg, 59. Geschäftsbericht für das Jahr 1915, Hamburg 1916
Norden, Artur / Friedlaender, Martin	Das Kriegssteuergesetz, Berlin 1916
Peukert, Alexander	Güterzuordnung als Rechtsprinzip, Tübingen 2008
Pickert, Albrecht	Beiträge zur Lehre von der condictio indebiti nach römischem und preußischem Recht, Göttingen 1891

Planck, Gottlieb	Bürgerliches Gesetzbuch nebst Einführungsgesetz, Bd. 2 Recht der Schuldverhältnisse, 2. Auflage Berlin 1900
Poschinger, Heinrich von	Fürst Bismarck als Volkswirth Bd. 3 von 1885 bis März 1890, Berlin 1891
Rademacher, Wolfgang	Reichsabgabenordnung, München 1972
Reeb, Hartmut	Grundprobleme des Bereicherungsrechts, München 1975
Reichard, Ernst	Wirtschaftsbestimmungen für die Reichsbehörden, 3. Auflage Berlin 1956
Reichsamt des Inneren	Zentralblatt für das Deutsche Reich, Berlin 1913
Reuter, Dieter / Martinek, Michael / Gernhuber Joachim (Hrsg.)	Handbuch des Schuldrechtes in Einzeldarstellungen – Bd. 4 Ungerechtfertigte Bereicherung, Tübingen 1983
Rheinstrom, Heinrich	Besitzsteuergesetz, 2. Auflage München 1917
Rheinstrom, Heinrich	Gesetz über einen einmaligen außerordentlichen Wehrbeitrag, 1. Auflage München 1913
Rheinstrom, Heinrich	Gesetz über einen einmaligen außerordentlichen Wehrbeitrag, 2. Auflage München 1914
Rheinstrom, Heinrich / Blum, Leo	Ausführungsbestimmungen vom 30. November 1916 zum Kriegssteuergesetz, München 1917
Roesler, Konrad	Die Finanzpolitik des Deutschen Reiches im Ersten Weltkrieg, Berlin 1967
Romic, Daniel	Zinsen – Entstehungsursachen, Verbotsgrundlagen, Rechtfertigungen, Marburg 2009
Rönne, Ludwig von	Ergänzung und Erläuterung der Preußischen Rechtsbücher durch Gesetzgebung und Wissenschaft Bd. 1, 4. Auflage Berlin 1858
Säcker, Franz Jürgen	Recht und Rechtslehre im Nationalsozialismus Bd. 1: Ringvorlesung der Rechtswissenschaftlichen Fakultät der Christian-Albrechts-Universität zu Kiel, Kiel 1992
Säcker, Franz Jürgen / Rixecker, Roland / et alia / *Bearbeiter*	Münchener Kommentar zum Bürgerlichen Gesetzbuch, 7. Auflage München 2017

Schaal, Peter	Geldtheorie und Geldpolitik, 2. Auflage München und Wien 1989
Schauhoff, Stephan	Die Bereicherungshaftung wegen der Nutzung rechtsgrundlos erlangten Geldes, Berlin 1992
Schmidt, Karsten	Geldrecht – Geld, Zins und Währung im deutschen Recht, Berlin 1983
Schmölders, Günter	Forschungsberichte des Wirtschafts- und Verkehrsministeriums Nordrhein-Westfalen Nr. 451 Rationalisierung und Steuersystem, Köln 1957
Schoele, Werner	Stundung, Niederschlagung und Erlaß gemeindlicher Forderungen, Stuttgart und Hannover 1952
Schönke, Adolf / Schröder, Horst / *Bearbeiter*	Strafgesetzbuch, 29. Auflage München 2014
Schorer, Edgar	Das Wesen des Zinses, Jena 1939
Schremmer, Eckart	Steuern und Staatsfinanzen während der Industrialisierung Europas: England, Frankreich, Preußen und das Deutsche Reich 1800 bis 1914, Berlin 1994
Schulze, Reiner	Bürgerliches Gesetzbuch, 9. Auflage Baden-Baden 2016
Schulze, Wolfgang Georg	Die laesio enormis in der deutschen Rechtsgeschichte, Münster 1973
Schüßler, Wilhelm	Die gesammelten Werke Band 12 Reden 1878 bis 1885, 2. Auflage Berlin 1929
Seckelmann, Robert	Zinsen in Wirtschaft und Recht, Frankfurt am Main 1989
Seer, Roman / Klemke, Sina	Neuordnung der Verzinsung von Ansprüchen aus dem Steuerschuldverhältnis ifst-Schrift 490, Berlin 2013
Skaupy, Walther	Die ungerechtfertigte Bereicherung im öffentlichen Recht, Berlin 1934
Solleis, Michael	Geschichte des öffentlichen Rechts in Deutschland Bd. 3: Staats- und Verwaltungsrechtswissenschaft in Republik und Diktatur: 1914–1945, München 1999

Spellmann, Frank	Gesamtrisiko-Messung von Banken und Unternehmen, Wiesbaden 2002
Spiethoff, Arthur	Die wirtschaftlichen Wechsellagen – Aufschwung, Krise, Stockung Bd. 2, Tübingen und Zürich 1955
Staub, Hermann / Canaris, Claus-Wilhelm / et alia / *Bearbeiter*	Handelsgesetzbuch Großkommentar, 4. Auflage Berlin 2004
Staudinger, Julius von / *Blaschczok, Andreas (Bearbeiter)*	Kommentar zum Bürgerlichen Gesetzbuch mit Einführungsgesetz und Nebengesetzen, Berlin 1997
Staudinger, Julius von / *Horn, Norbert (Bearbeiter)*	Kommentar zum Bürgerlichen Gesetzbuch mit Einführungsgesetz und Nebengesetzen, Berlin 2006
Staudinger, Julius von / *Kaiser, Dagmar (Bearbeiter)*	Kommentar zum Bürgerlichen Gesetzbuch mit Einführungsgesetz und Nebengesetzen, Berlin 2012
Staudinger, Julius von / *Lorenz, Werner (Bearbeiter)*	Kommentar zum Bürgerlichen Gesetzbuch mit Einführungsgesetz und Nebengesetzen, Berlin 2007
Staudinger, Julius von / *Löwisch, Manfred (Bearbeiter)*	Kommentar zum Bürgerlichen Gesetzbuch mit Einführungsgesetz und Nebengesetzen, Berlin 2014
Staudinger, Julius von / *Merten, Detlef (Bearbeiter)*	Kommentar zum Bürgerlichen Gesetzbuch mit Einführungsgesetz und Nebengesetzen, Berlin 2013
Staudinger, Julius von / *Omlor, Sebastian (Bearbeiter)*	Kommentar zum Bürgerlichen Gesetzbuch mit Einführungsgesetz und Nebengesetzen, Berlin 2016
Staudinger, Julius von / *Reuter, Dieter (Bearbeiter)*	Kommentar zum Bürgerlichen Gesetzbuch mit Einführungsgesetz und Nebengesetzen, Berlin 2006
Staudinger, Julius von / *Schiemann, Gottfried (Bearbeiter)*	Kommentar zum Bürgerlichen Gesetzbuch mit Einführungsgesetz und Nebengesetzen, Berlin 2017
Stier-Somlo, Fritz	Kriegssteuergesetz und Besitzsteuergesetz, 1. Auflage Berlin 1916
Stier-Somlo, Fritz	Kriegssteuergesetz und Besitzsteuergesetz, 2. Auflage Berlin 1917

Stier-Somlo, Fritz / *Bearbeiter*	Festschrift Zitelmann, 2. Abteilung, 3. Abhandlung: Bereicherung und Schaden, München und Leipzig 1913
Stoepel, Paul	Preußisch-Deutscher Gesetz-Codex Bd. 1, Frankfurt Oder 1881
Strutz, Georg	Kommentar zum Kriegssteuergesetz, Berlin 1917
Sudan, Alfred / Brauel, Heinz / *Bearbeiter*	Abgabenordnung und Finanzgerichtsordnung und Nebengesetze, 2. Auflage Düsseldorf 1967
Sudan, Alfred / Lammerding, Jo / Brauel, Heinz / *Bearbeiter*	Abgabenordnung und Finanzgerichtsordnung und Nebengesetze, 6. Auflage Düsseldorf 1977
Suppan, Arnold	Jugoslawien und Österreich 1918–1938: bilaterale Außenpolitik im europäischen Umfeld, Wien 1996
Teske, Günter	Steueränderungsgesetz 1961, Bonn 1961
Theise, Manuel René / *Bearbeiter*	Gedenkschrift zum 50. Todestag von Dr. h.c. Enno Becker 1869–1940, Oldenburg 1990
Theisinger, Josef / Löffelhol, Karl	Die Bank – Lehrbuch und Nachschlagewerk des Bank- und Sparkassenwesens Bd. 2, Wiesbaden 1952
Thier, Andreas	Steuergesetzgebung und Verfassung in der konstitutionellen Monarchie Staatssteuerreformen in Preußen 1871–1893, Frankfurt am Main 1999
Tipke, Klaus	Abgabenordnung (AO 1977) mit vergleichender Übersicht AO/RAO/AO, 3. Auflage Köln 1977
Tipke, Klaus / Kruse, Heinrich W. / *Bearbeiter*	Abgabenordnung – Finanzgerichtsordnung: AO, FGO, 146. Lieferung Köln 2016
Tipke, Klaus / Kruse, Heinrich W. / *Bearbeiter*	Reichsabgabenordnung mit Nebengesetzen (ohne Steuerstrafrecht), 1. Auflage Köln 1961
Tipke, Klaus / Lang, Joachim / *Bearbeiter*	Steuerrecht, 21. Auflage Köln 2013
Ule, Carl Hermann	Entwurf eines Verwaltungsgerichtsgesetzes, Berlin 1969
Ullmann, Hans-Peter	Politik im deutschen Kaiserreich 1871–1918, München 2005

Valcavi, Giovanni	Scritti Giuridici Scelti, Varese 2005
Vogel, Walter / Werner, Wolfram / Plum, Günter / *Bearbeiter*	Akten zur Vorgeschichte der Bundesrepublik Deutschland: 1945–1949 / Bd. 5: Januar – September 1949, München und Oldenburg 1981
Wagner, Edgar	Packt an! Habt Zuversicht!“ (Über die Entstehung des Landes Rheinland-Pfalz und seinen Beitrag zur Gründung der Bundesrepublik Deutschland), Mainz 2007
Waldstein, Wolfgang / Rainer, Michael	Römische Rechtsgeschichte: Ein Studienbuch, 11. Auflage München 2014
Wank, G.	Gesetz über einen einmaligen außerordentlichen Wehrbeitrag, Nürnberg 1914
Wappäus, Heinrich	Zur Lehre von den dem Rechtsverkehr entzogenen Sachen nach römischen und heutigem Recht, Göttingen 1867
Warneyer, Otto	Rechtsprechung des Reichsgerichts auf dem Gebiete des Zivilrechtes 22. Jahrgang, Leipzig 1930
Weber, Eckart	Der Erstattungsanspruch – Die ungerechtfertigte Bereicherung im öffentlichen Recht, Berlin 1970
Weigang, Peter	Geldpolitik der Deutschen Bundesbank und DM-Zinssätze, Konstanz 1995
Westphal, Raimund	Das Wehrbeitragsgesetz 1913 und seine historische Bedeutung, Berlin 1923
Wilke, Dieter / *Bearbeiter*	Festschrift zum 125jährigen Bestehen der Juristischen Gesellschaft zu Berlin, Berlin 1984
Windscheid, Bernhard / Kipp, Theodor	Lehrbuch des Pandektenrechts Bd. 2, 9. Auflage Frankfurt am Main 1906
Wolff, Jörg / *Bearbeiter*	Das Preußische allgemeine Landrecht – Politische, rechtliche und soziale Fortentwicklung, Heidelberg 1995
Wollschläger, Christian	Geschäftsführung ohne Auftrag im öffentlichen Recht und Erstattungsanspruch, Berlin 1977

Zachäria, Heinrich Albert	Deutsches Staats- und Bundesrecht 2. Teil, 3. Auflage Göttingen 1876
Ziemer, Herbert / Birkholz, Hans	Finanzgerichtsordnung, 2. Auflage München 1970
Ziemer, Herbert / Birkholz, Hans	Finanzgerichtsordnung mit ergänzenden Vorschriften, 3. Auflage München 1978
Zimmermann, Emil	Kriegsgewinn- und Besitzsteuer Gesetz, Stuttgart 1916

Aufsätze

App, NJW 1995, 1529	Michael App, Zur Handhabung der Vollverzinsung nach § 233a AO durch die Finanzverwaltung
Arnim, BB 1973, 621	Hans Herbert von Arnim, Steuerrecht bei Geldentwertung
Bauer, Finanzarchiv 1905, 5	Joseph R. v. Bauer, Das Recht auf Vergütungszinsen bei Rückersatz öffentlicher Abgabe
Behrens, BB 2014, 996	Stefan Behrens, Anmerkung zum Urteil des BFH vom 12.11.2013 - VIII R 36/10
Behrens, FR 2015, 214	Stefan Behrens, Reformbedarf bei der Vollverzinsung im Steuerverfahrensrecht
Belke, JZ 1969, 586	Rolf Belke, Abstrakte Schadensberechnung und Anscheinsbeweis am Beispiel des Zinsschadens
Bezzenberger, WM 2002, 1617	Tilman Bezzenberger, Das Verbot des Zinseszinses
Bilsdorfer, NJW 2003, 2281	Peter Bilsdorfer, Die Entwicklung des Steuerstraf- und Steuerordnungswidrigkeitenrechts
Bundessteuerberaterkammer, DStR 1987, 703	Bundessteuerberaterkammer, Untersuchung über eine Vollverzinsung im Steuerrecht aus Sicht der Steuerzahler und der Steuerberatung
Büttner, BB 1970, 233	Hermann Büttner, Der Anspruch auf Herausgabe von Kapitalnutzungen
Canaris, WM 1981, 978	Claus-Wilhelm Canaris, Der Bereicherungsausgleich bei sittenwidrigen Teilzahlungskrediten
Crisolli, DJZ 1926, 167	Crisolli, Mehr als 4 % Zinsen in bürgerlichen Rechtsstreitigkeiten
Drüen, FR 2014, 218	Klaus-Dieter Drüen, Plädoyer für eine Reform der Vollverzinsung im Steuerrecht
Eggesiecker, BB 2004, 745	Fritz Eggesiecker, Zinsen auf Steuern – Guthabenzinsen versteuern, Schuldzinsen absetzen?

Felix, StKongrRep 1989, 399	Günther Felix, Die unerwünschte Vollverzinsung – Überlegungen zur Schadensminimierung
Freckel, BB 1967, 1465	Erdmann Freckel, Fug und Unfug von Zinsen im Steuerrecht
Glässing, Annalen des Deutschen Reiches 1896, 46	Wilhelm Glässig, Das Recht der Rückforderung
Gosch, StBp 1999, 334	Dietmar Gosch, Anmerkung zum Urteil BFH vom 18.05.1999 – I R 60/98
Gretter, DB 1995, 516	Bettina Gretter, Bereicherungsansprüche bei Rückabwicklung eines nichtigen Kaufvertrages: Ersparte Schuldzinsen als herauszugebende Nutzungen i. S. von § 818 II BGB?
Greulich / Krohn, DStR 2005, 1433	Matthias Greulich / Dirk Krohn, Zinsfalle Betriebsprüfung durch Vollverzinsung nach § AO § 233a AO?
Groß, DÖV 2006, 856	Thomas Groß, Von der Kontrolle der Polizei zur Kontrolle des Gesetzgebers
Haueisen, NJW 1954, 977	Fritz Haueisen, Erstattungsansprüche im öffentlichen Recht
Hebeler, DÖV 2010, 754	Timo Hebeler, Ist der Gesetzgeber verfassungsrechtlich verpflichtet, Gesetze zu begründen?
Heine, SteuK 2014, 23	Sonja Heine, Verzinsung hinterzogener Steuern gemäß § AO § 235 AO
Höllig, Schriftenreihe Der Betrieb, Nr. 7 Das Steueränderungsgesetz 1961, 19	Henri Höllig, Die Änderungen auf dem Gebiet des Allgemeinen Abgabenrechts
Jonas, UBG 2011, 960	Bernd Jonas, Das Ärgernis der Nachzahlungszinsen
Jung / Zimmerling, DÖV 1987, 94	Jung / Zimmerling: Die Verzinsung öffentlichrechtlicher Geldforderungen

Kiesling, DStZ 1990, 159	Werner Kiesling, Zur Abziehbarkeit von Nebenleistungen in der Körperschaftbesteuerung
Koch, BB 1970, 361	Karl Koch, Reform der Abgabenordnung
Koch, DStZ 1961, 194	Karl Koch, Das neue Steuersäumnis- und Zinsrecht
Koch, DStZ 1976, 451	Karl Koch, Entstehungsgeschichte und Zielsetzung der AO-Reform
Koch, KStZ 2004, 121	Andreas Koch, Druckmittel oder auch Finanzierungsinstrument
Kohlhass, DStR 2010, 2387	Karl-Friedrich Kohlhaas, Vollständiger Erlass von Säumniszuschlägen bei erfolgreichem Rechtsbehelfsverfahren?
Koppe, DStZ 1931, 465	Fritz Koppe, Die steuerlichen Vorschriften der neunen Notverordnung
Koppensteiner, NJW 1971, 588	Peter Koppensteiner, Probleme des Bereicherungsrechtlichen Wertersatzes
Kroitzsch, NJW 1994, 1032	Hermann Kroitzsch, Wegfall der Begründungspflicht – Wandel der Staatsform der Bundesrepublik
Kruse, FR 1988, 1	Heinrich Wilhelm Kruse, Über Vollverzinsung
Lemke, ZfZ 1909, 206	Lemke, Verzinsung rückständiger indirekter Steuern und Zölle
Loose, DStJG 31 (2008), 203	Matthias Loose, Funktion der steuerlichen Nebenleistungen für den Steuervollzug
Loose, EFG 2010, 1972	Matthias Loose, Rechtsentwicklung im Zusammenhang mit Nachzahlungszinsen
Loose, StuW 2003, 377	Matthias Loose, Fiskalpolitisch geprägte Vollverzinsung (§ 233a AO)
Mannhardt JW 1926, 1791	Mannhardt, Zur Rechtsprechung über Zinsen
Mersmann, DStZ 1961, 193	Wolfgang Mersmann, Zum Steueränderungsgesetz 1961

Ortheil, BB 2015, 675	Joachim Ortheil, Wann wird bzw. wurde der Zinssatz von 6 % p. a. gemäß § 238 Abs. 1 AO verfassungswidrig?
Panzer/Gebert, DStR 2011, 741	Andreas Panzer / Daniel Gebert, Steuerbarkeit von Erstattungszinsen nach § 233a AO – § 20 Abs. 1 Nr. 7 S. 3 EStG ein weiterer zahnloser Tiger?
Pestalozza, NJW 1981, 2081	Christian Pestalozza, Gesetzgebung im Rechtsstaat
Popitz, DStZ 1921, 288	Johannes Popitz, Die Anzahlung auf die Umsatzsteuer und ihre Verzinsung
Rau/Höllig, DB 1954, Beilage 3 S. 1	Wilh. Rau / A. Höllig, Der Steuer-Säumniszuschlag
Redeker/Karpenstein, NJW 2001, 2825	Konrad Redeker / Ulrich Karpenstein, Über Nutzen und Notwendigkeiten, Gesetze zu begründen
Reifner, NJW 1992, 337	Udo Reifner, Das Zinseszinsverbot im Verbraucherkredit
Reimann, Vierteljahresschrift für Steuer- und Finanzrecht 1928, 355	Kurt Reimann, Der Erstattungsanspruch aus Rechtsgründen im Reichssteuerrecht
Reinhard, DStZ 1934, 1109	Fritz Reinhardt, Der Antizinsparagraph im neuen Steuerrecht und die Liste der säumigen Steuerzahler – Wichtiger Fristablauf am 31. Dezember 1934
Reinhard, DStZ 1934, 480	Fritz Reinhardt, Reinhardt´sche Steuerreform-Plan
Reinhard, DStZ 1935, 2	Fritz Reinhardt, Das Steuersäumnisgesetz vom 24.12.1934 – Wichtiger Fristablauf am 31. Januar 1935
Reinhard, DStZ 1944, 369	Fritz Reinhardt, Begründung zur Steuervereinfachungs-Verordnung
Ritter, BB 1987, 2237	Wolfgang Ritter, Steuerreform – und was nun? (Vorabdruck des Vortrages auf dem Fachkongress der Steuerberater in Köln am 23.11.1987)
Roll, DRiZ 1973, 339	Achim Roll, Die Höhe der Verzinsung

Rötelmann, NJW 1954, 1222 — Wilhelm Rötelmann, Wucherungen im Patentrecht

Rublack, FR 2011, 173 — Carolin Rublack, Zur Einführung der Steuerpflicht von Erstattungszinsen durch das JStG 2010

Ruff, ZKF 2015, 129 — Erwin Ruff, Zur Höhe der Aussetzungszinsen bei Aussetzung der Vollziehung kommunaler Abgabenbescheide

Schmauser, AöR 1903, 423 — Georg Schmauser, Die Rechtssätze der deutschen Zolltarifgesetzgebung

Schmidt, JZ 1982, 829 — Karsten Schmidt, Das „Zinseszinsverbot" – Sinnwandel, Geltungsanspruch und Geltungsgrenzen

Schön, NJW 1993, 3289 — Wolfgang Schön, Bereicherungszinsen der öffentlichen Hand

Schulz, AcP 105 (1909), 1 — Fritz Schulz, System der Rechte auf den Eingriffserwerb

Schwarz/Bravidor, JZ 2011, 653 — Kyrill-Alexander Schwarz / Christoph Bravidor, Kunst der Gesetzgebung und Begründungspflichten des Gesetzgebers

Sebiger, StKR 1973, 65 — Heinz Sebiger, Verzinsung von Steuerforderungen

Seer, DB 2014, 1945 — Roman Seer, Verfassungswidrigkeit der kapitalmarktunabhängigen Verzinsung von Steueransprüchen und Reformbedarf

Seer, SteuerStud 2014, Beilage 2 — Roman Seer, Verzinsung von Ansprüchen aus dem Steuerschuldverhältnis

Soltermann, JW 1926, 1791 — Soltermann, Höhe der Verzugszinsen

Staub, DJZ 1900, 64 — Hermann Staub, Höhe der Verzugszinsen nach neuem Recht

Steinhauff, EStB 2014, 91 — Dieter Steinhauff, Steuerpflicht auf Erstattungszinsen

Strauß, DStZ 1931, 371 — Fritz Strauß, Zuschläge auf Steuerrückstände (Die Verordnung des Reichspräsidenten vom 20. Juli 1931)

Streck, DStR 1991, 369	Michael Streck, Beratungs-Wissen zu Steuerzinsen
Suhrbier-Hahn, DStR 1997, 389	Ute Suhrbier-Hahn, Die Neuregelungen zur sog. Vollverzinsung in § AO § 233a AO
Unger, Zeitschrift für das Privat- und öff. Recht 1904, 107	Joesph Unger, Über die Haftung des Staates für Verzugs- und Vergütungszinsen
Van der Borght, Finanzarchiv 1920, 136	R. van der Borght, Die Reichssteuergesetze von 1919
Weber, DStR 1969, 72	Manfred Weber, Zur Verzinsung von Steueransprüchen
Wilburg, AcP 163 (1964), 346	Walter Wilburg, Zusammenspiel der Kräfte im Aufbau des Schuldrechts
Wolff, DÖV 1998, 872	Heinrich Amadeus Wolff, Zinsen im öffentlichen Recht
Zarden, DJZ 1923, 74	Arthur Zarden, Der Entwurf eines Gesetzes über die Berücksichtigung der Geldentwertung in den Steuergesetzen
Zarden, DJZ 1924, 99	Arthur Zarden, Die zweite Steuernotverordnung

Abbildungsverzeichnis

Dieses Werk enthält zusätzliche Informationen als Anhang. Sie können von unserer Website heruntergeladen werden:
http://dx.doi.org/10.3726/b15570
Dazu müssen Sie den folgenden Freischaltcode eingeben: PL19Dx25T

www.ingramcontent.com/pod-product-compliance
Ingram Content Group UK Ltd.
Pitfield, Milton Keynes, MK11 3LW, UK
UKHW021828290926
8980IPUK00004B/319

9 783631 786604